张耀建周易研究丛书

新梅花易数

张耀建　著

目录

卷四

卷五

自序

　　读《易》若不占筮，难以真正进入易学的殿堂。而占筮若不读《易》，就只会停留在匠人的水准。本书介绍"梅花易数"给易学爱好者，并在"梅花易数"的前面加上"新"字，因为在本书里，不仅起卦和断卦的方法和规则，与清朝出版的《梅花易数》有很大不同，而且把占筮和读《易》结合为一体，为读者提供在占筮的过程可以研读古经文的读本。笔者重写"梅花易数"，把宋代梅花易数失传的筮法，介绍给易学爱好者。

　　对于易学爱好者来说，读《易》和占筮是一个完整的学习过程，对提高学习的兴趣和效果是必要的。在占术方面，本系列易学专著所做的安排，是在本书中介绍《应用易学》里最适合事业和其他大事预测的三种预测术。这三种预测术，或称为筮法，是以卦象解析为基础的古筮法，配合当事人的八字、大运推断命局和运程的四柱法，以及将卦象转化为干支的新筮法，此三法与梅花易数起卦法结合，可对事进行决断前的准确预测。古筮法卦象解析，适合于局势判断。当事人的命局推演，则是决定事情成败的人事因素配合。新筮法，把本卦、变卦转化为两组干支，并与起卦时间的八字四柱合并，形成一件事的卦象六柱，适合对大事进行分类占断。此三法的有机结合，配合梅花易数用先天数起卦的快捷，乃回归文王易道的数术。掌握它，有利于企业界的朋友用《周易》为自己决疑。本书的出版，配合"《周易》卦象解析与企业战略"一书的应用，将为企业家和易学爱好者，提供一个在事业发展中决疑的预测分析工具。

　　读《易》结合占筮，是本书的重点，笔者希望学习占术的读者，能在占筮的过程，结合读《易》，提高对易理的认识。本书的卷五、卷六，按文王卦序排列，采用爻辞注释、卦象解析结合干支预测术，把读《易》和占筮结合起来。

　　为什么要为读者重写《梅花易数》呢？这是因为笔者在实践中遇到过不少的

占例，用旧版《梅花易数》的起卦、断卦方法，就会得到相反的结果，吉凶颠倒，成败颠倒，预测结果不可避免的出现错误。如此状况，在近代出版的《梅花新易》或《梅花心易》之类的著作里多有记载，而不得其解。客观的说，对《梅花易数》有极高热情的易学爱好者，用旧的梅花易数的方法规则断卦，几次错误后，就会怀疑自己学《易》的天分，丧失信心。这也是笔者决心修正《梅花易数》断卦方法和规则，为易学爱好者重写一本《梅花易数》的原因。清朝的《梅花易数》托名邵雍，实非康节先生本人所写，亦非邵康节先生的口授亲传。因此我们可以设想，能写出《皇极经事》流传后世、学问极为渊深的大学问家康节先生，不会在断卦中只使用准确率仅达八成的体用卦象生克法。

笔者正是在断卦中不断思考康节先生的思维方法，并探究旧版《梅花易数》的缺陷，从而产生了让《梅花易数》回归的思路，加"新"字，实为《梅花易数》溯源归宗。追溯的源头，要回归到文王先天数的推演方法，和宋代易学一代宗师张载推崇的，占筮与读《易》相结合的易学实践。

读者还会发现本书的起卦新规则，改变了用"时分"起卦导致卦象空间丢失一半的情况。近百十年来流传于世的"时分"起卦法，沿袭了旧法规则的缺陷，导致卦象空间里"独发"序列的卦象与"梅花易数"起卦之间的不完全对应，笔者制定了新的规则，用"时空震荡"的对应方法，弥补了这一缺陷。

唐朝虞世南推崇《周易》时，曾说过一句名言："不读《易》不可为将相。"要成为将相之才，首先就要精通易理。在知识经济的时代，读懂易理，并能掌握《易》占在生活、事业中的应用方法的人，才堪称行业精英中的睿智者。企业界的朋友们，易友们，让我们一起在应用中走近《周易》吧！

张耀建　于福州陋室

2016 年 12 月 21 日

卷一

第一章　梅花易数的特色

　　作为区别于其他周易筮法的"梅花易数"，从它形成到它未来的发展、变化，它的特色究竟是什么？"梅花易数"的特色，和它的优势，是否能让它长期得以单独存在？答案是肯定的。在众多占术中，梅花易数以它独特的简单、快捷，赢得不少易学爱好者的青睐。

　　但是，"梅花易数"作为独立于其他占术、筮法的预测术，它未来的生命力还取决于它的准确率。特别是在未来的时间长河里，其他的周易筮法在过去和现在被认为太难，而在未来的普及中，难也会转变为容易。掌握一种占术，难易并不是问题，重点在于准确率和系统的完备性。

　　应该说，"梅花易数"在清朝出现，在客观条件上是一种必然，其最主要的原因，是钟表从瑞士、英国等西方国家流入。

　　钟表的使用和普及，让计时的准确性大大提高，时间的记录从十二时辰转变为时分，时间普遍以几点几分来记录。有了钟表，时间记录变得十分方便，不是什么困难的事。这大大推动了起卦用时间来对应数，时间的流动就可以对应卦象空间的不断变化。于是，在人们的思维模式里，卦象空间的切换，可以对应时间数的变化和流动，这样的思维自然就产生了，时空对应的思维模式也就产生了，这是"梅花易数"产生的客观技术条件。

　　尽管在清朝版本《梅花易数》里，时间转化为数，伏羲先天数确定卦的过程，还是使用了一天的十二时辰，但可以肯定的是，时间这个人们可以获取的时空信息要素，在清朝的时候已经被人们用来起卦了。

　　起卦方法，走出了采用铜钱法摇卦的阶段，也就是说，使用"阴阳"定卦的时代终于迈出了接受"数字"定卦的重要一步。这种改变，不仅仅是新颖，而且是一种创新的思维。

在"阴阳"定卦的思维方法里，"太极生两仪，两仪生四象"，定卦所用的基本要素是"四象"，即少阳、少阴、老阳、老阴。蓍草占卦的古法，和铜钱摇卦的新法，都依赖于四象作为定卦的依据，在四象里含有阴阳和变卦的思想，且四象出现的概率基本相同，从初爻（一爻）到上爻（六爻）可逐一确定其阴阳和动静。

而在"数字"定卦的思维方法里，定卦所用的基本要素是人们在起卦一瞬间所获取的数，使用伏羲先天数，不再从初爻往上逐一定六爻的阴阳和动静，而是转变为用时间的数字，一次性确定上下卦的经卦和动爻的位置。这是思维方式的跳跃和创新，从"四象"的阴阳动静自下而上的确定法，转变为使用先天数直接确定卦象和动爻。

在解卦方面，清朝版《梅花易数》参考了干支预测的两种筮法，即四柱法和纳甲筮法的思维方法，参考四柱法以"日干"为我的思维模式，以及纳甲筮法以"世爻"为我的思维模式，"梅花易数"很自然的产生了以"体卦"为我的思维模式。从某种意义或思维判断来看，它是一种带有模仿性质的筮法。

故，"梅花易数"，其新颖之处，最具特色的创新，就是卦象时空伴随时间流动的切换，是起卦的创新。

涉及到具体的预测，预测者使用的方法是否可以定义为使用了梅花易数？最准确的判断方法，就是看他是否使用了先天数起卦。这是因为用先天数起卦，是梅花易数的易理思想之所在，其象数关系体现了梅花易数的核心易理。

对于梅花易数，核心易理就是宇宙空间抽象为卦象空间后，卦象空间按一定的规律随时间在变换。流动的时间按照一定的时间间隔，体现着时间与卦象空间的对应。但很显然，梅花易数把这个不停在变换的空间限定在只出现一根爻变的所谓"独发"（也称为"独爻动"）特色的卦象空间。这个限定，也可以认为是思维的创新，它的特色就是：把铜钱摇卦时代一卦变六十四卦的卦象变化，限定为一卦变六卦。

作为起卦方法，获取时间的方便，决定了梅花易数的优势。在今天及今后的时代，特别是在手机普及的时代，某一刻的时间是几点几分是随时可以获取的。故，只要心有所思，要获得某时刻心中所想、所疑虑的事所对应的卦象，没有哪种方法会比梅花易数更便捷、快速。正因如此，梅花易数在未来会有很强的生命力，人们会随时使用梅花易数起卦，为生活中的事情决疑。尽管在重大事情的决策时，也会使用其他的占术来获得卦象，但"梅花易数"始终不会退出应用易学的领域。也正因为如此，在应用易学的领域里，让"梅花易数"的方法体系更具完备性，弥补其原有方法的缺陷，就显得十分必要。

第二章　梅花易数的缺陷

梅花易数的筮法，作为一种创新，在清朝时期开始兴起，但始终没有一位堪称"大家"的人物为它做一次品级的提升。在清朝版本《梅花易数》之后，尽管得到众多易学爱好者的青睐，追随者趋之若鹜，普及率很高，但始终身带缺陷，爱好者都在"随心所欲"创造属于自己的"梅花易数"筮法，还洋洋自得的夸耀已得其"心易"精要，岂不知这样做最终只会是"竹篮打水"。

清朝之后，对"心易"的随心所欲，更多的是错误的理解，不去探究清朝版《梅花易数》的缺陷，梅花易数在占术与易学的象、数、理方面，始终没有实质性的进步，这与易学一代宗师张载所说的"续往圣之绝学"的宗旨实在是有很大的背离，而且爱好者还常常把自己也带进困惑之中，因为清朝版《梅花易数》的最大缺陷，就是解卦方法会导致不可避免的错误。不论现在"梅花易数"的新派怎样做方法的修正，都只是治标不治本，本源性的错误始终存在。这也是笔者之所以会想到为易学爱好者重新写一本《新梅花易数》的主要原因。

第一节　"梅花易数"起卦规则的缺陷

在起卦方面，"梅花易数"对动爻做了规定，简化了古法一卦变六十四卦的卦变，采用仅有一根爻变的规定，来起动爻。我们就来看《梅花易数》一书中所记载的"观梅占"一节（年月日时占例）：辰年十二月十七日申时，康节先生偶观梅，见二雀争枝坠地。先生曰："不动不占，不因事不占。今二雀争枝坠地，怪也。"因占之，辰年五数，十二月十二数，十七日十七数，共三十四数，除四八三十二，得二，属兑，为上卦；加申时九数，总得四十三数，五八除四十，零得三数，为离，作下卦。又上下总四十三数，以六除，六七除四十二，余数得一，为动爻，是为泽火革，初爻变，变卦为咸，互见乾巽。以上就是"观梅占"一节里记载的起卦过程，定变爻使用的数，同于定下卦使用的数。

《梅花易数》一书中，记载的以年月日时起卦的占例，规则是一样的。按照这样的规则，我们对任何一年时间从元月一日的子时，作为一年起卦的第一卦，顺着时间的流动，一个时辰接一个时辰的推移，来统计一下卦象出现的情况，我们会发现，在一年之内起卦，可以得到六十四卦所有的卦作为本卦，也可以得到六十四卦所有的卦作为变卦，但是任何一个本卦都仅出现不同位置的三根动爻。比如《梅花易数》里的"观梅占"，得到的是《革》之《咸》，初爻变。在一年里，《革》卦的动爻还能出现的位置是三爻和五爻，《革》卦不会出现二爻变，也不会出现四爻、六爻变。六十四卦的任何一个卦，都是如此。按照梅花易数来起卦，任何一个本卦都仅会有三根爻变，另外三根爻不会出现爻变。这样，梅花易数的卦象空间以"独发"为特点，即一根爻变的"独发"之卦，只能出现一半。本来以"独发"为特点，理所当然的应该是一卦变六卦，出现本卦与变卦的配对应该是384个卦象空间，但按照《梅花易数》书中的起卦规则，仅能一卦变三卦，本卦与变卦的配对只出现192个卦象空间。

当然，卦象空间本身是完整的，作为"独发"（也称为"独爻动"）空间序列，与时间对应，必然是384个空间跟随时间流动，按一定的时间间隔有序的进行变换。卦象空间本身是完备的，不会有缺失，问题当然是出在起卦规则上。

具体可以拿一年的起卦结果来做一次统计。以2014年的甲午年来统计，在元月，午年七数，元月一数，从一日起到三十日止，上卦从乾卦起，到坤卦止，完整变换三轮后结束在坎卦。元月一日的下卦从兑卦起，完成一个半的八卦循环后结束在巽卦。元月二日下卦从离卦起，同样完成一个半的八卦循环，结束在坎卦。下卦每天都完成一个半的八卦循环，直至三十天结束。

还是以2014年的元月作统计，出现的卦象空间多达180个次；六十四卦在本卦里都有出现，但每个本卦都只出现奇偶相同的三根爻变。这是因为按年月日时起卦法，梅花易数的定卦规则，确定下卦的数，就是确定变爻的数，尽管下卦以八数为循环，变爻以六数为循环，但相同之数除以六、八，其余数同奇偶。故，在下卦的数为奇数之时，以八为循环，得到的余数都为奇数，而在定变爻之时，按六循环，余数也皆为奇数，变爻就只出现奇数之爻：初爻、三爻、五爻。而在下卦的数为偶数之时，以八为循环，得到的余数都为偶数，在定变爻之时，按六循环，余数也都为偶数，故，变爻只会出现在偶数之爻：二爻、四爻、六爻。

2014年二月（卯月）的统计情况，与元月基本相同，二月的上卦是从兑卦起，八个经卦从二月一日起到三十日止，完整循环三轮后结束在艮卦。二月的下卦从地支月的二月一日起至三十日止，每天也都完成一个半的八卦循环。在二月里，出现的卦象空间同样多达180个次。因为相同的下卦其数相差八，故相同的下卦同奇偶，同奇偶之数按六循环，又得到相同奇偶的余数。于是，相同的下卦，在按六循环余数为奇数之时，变爻就出现在初爻、三爻、五爻；在按六循环余数为偶数之时，变爻就出现在二爻、四爻、六爻。故，相同的下卦，都只会有相同奇偶的三根爻变。这样状态的出现，是由定卦规则而确定的，故三月至十二月的情况也一样，下卦相同的卦，其数为奇数时，变爻只会出现在初爻、三爻、五爻；下卦数为偶数时，变爻只会出现在二爻、四爻、六爻。

通过统计发现，梅花易数起卦法定变爻，相同的本卦，变爻只会出现三根，与哪一年起卦没有关系，这是定变爻的规则造成的。也就是说，旧版《梅花易数》推介的定变爻的方法，与完整的"独发"（也称为"独爻动"）卦象空间序列的联系并没有建立起来。

那么，在现代流行使用时间的"时分"起卦后，情况又是怎样呢？近百十年来，时分起卦的方法已很普及，其起卦规则是：二十四小时按先天数联系上卦，小时数以八为循环，余数定上卦；六十分钟按先天数联系下卦，分钟数也以八为循环，余数定下卦；小时之数加上分钟之数以六为循环，用余数定变爻。这样的定卦规则会丢失卦象空间吗？回答是肯定的。"时分"起卦法与完整的"独发"（也称为"独爻动"）卦象空间序列的联系同样没有建立起来。这是因为用年月日时起卦的方法，其定卦规则的缺陷，在过去就没有被发现。故而，在转向使用时分起卦法时，同样的缺陷仍旧存在。

我们来看一下，"时分"起卦法所对应的空间。尽管"时分"定卦的规则，动爻的确定，以小时数和分钟数之和为参照，按六循环，用余数定变爻，看似有改变，其实结果一样。本卦一经确定，上卦数加下卦数之和，其奇偶就是确定的，根据确定本卦的规则，小时数定上卦，最大数为24，故上卦相同的本卦，会在相差8的小时数里重复3次。同样道理，分钟数定下卦，最大数为60，故下卦相同的本卦，会在相差8的分钟数里重复出现7次。以火山《旅》卦为例，上卦"离"最小的数为3，下卦"艮"最小的数为7，任何一天3点7分起卦得到的就是《旅》卦，其动爻按照3加7为10，除以六余数为4，变爻在四爻。任何的一天里，可占得《旅》卦的时间是：3点7分、3点15分、3点23分、3点31分、3点39分、3点47分、3点55分、11点7分、11点15分、11点23分、11点31分、11点39分、11点47分、11点55分、19点7分、19点15分、19点23分、19点31分、19点39分、19点47分、19点55分。小时数和分钟数之和，出现的数的序列是：10、18、26、34、42、50、58、66、74，这个序列的数皆为偶数，用这个数的序列来定变爻，得到对应的变爻数顺次为：4、6、2、4、6、2、4、6、2 。也就是说，按照现在流行的"时分"起卦法，《旅》卦的变爻只出现在二爻、四爻、六爻。

我们再看一个卦例，本卦为水山《蹇》卦，上卦"坎"最小的数为6，下卦"艮"最小的数为7，故任何一天6点7分起卦得到的就是《蹇》卦，其动爻按照6加7为13，除以六余数为1，变爻在初爻。任何的一天里，可以占得《蹇》卦的时间是：6点7分、6点15分、6点23分、6点31分、6点39分、6点47分、6点55分、14点7分、14点15分、14点23分、14点31分、14点39分、14点47分、14点55分、22点7分、22点15分、22点23分、22点31分、22点39分、22点47分、22点55分。小时数和分钟数之和，出现的数的序列是：13、21、29、37、45、53、61、69、77，这个数的序列皆为奇数，用这个序列的数来定变爻，得到对应的变爻数顺次为：1、3、5、1、3、5、1、3、5 。也就是说，按照现在流行的"时分"起卦法，《蹇》卦的变爻，只会出现在初爻、三爻、五爻。

对于现代流行的"时分"起卦法，占卦时的小时数和分钟数之和为奇数的，变爻只出现在奇数爻位，即初爻、三爻、五爻；占卦时的小时数和分钟数之和为偶数的，变爻只出现在偶数爻位，即二爻、四爻、六爻。

也就是说，按现今流行的"梅花易数"起卦规则，任何一个本卦都仅会有三根爻变，另外三根爻不会出现爻变。这样，梅花易数的卦象空间以"独发"为特点，即一根爻变的"独发"之卦，它的整体序列只出现一半。本来以"独发"为特点，理所当然的应该是一卦变六卦，出现本卦与变卦的配对应该是384个卦象空间，但是按现今流行的"梅花易数"起卦规则，仅能一卦变三卦，本卦与变卦的配对只出现192个卦象空间。

第二节 "梅花易数"解卦存在的缺陷

"梅花易数"在解卦存在的缺陷，与起卦方法带来卦象空间整体缺失一半的缺陷相比，更隐蔽也更致命。因为，用"梅花易数"预测，最终出现误判的，就在于解卦的阶段。到了断卦结论的阶段，是对还是错，只能跟着判断规则走。故，"梅花易数"的使用，到了断卦阶段，判断规则作为指挥棒，引导着预测的思维，由系统存在缺陷而导致误判，其后果可想而知。

"梅花易数"的解卦，同样以快速、简洁而著称，被认为是优点。但也就是俗话所说的"萝卜快了不洗泥"，你也许刚好咬到的是一团泥巴。

"梅花易数"的解卦规则，表面上好像是独立思考的创新思维，而实际上，它参考了干支预测的两种筮法，即四柱法和纳甲筮法的思维方法。它参考了四柱法以"日干"为我的思维模式，同时参考了纳甲筮法以"世爻"为我的思维模式，也就很自然的产生了以"体卦"为我的思维模式。因此，从某种意义或思维判断来看，它是一种带有模仿性质的解卦思维方法。那么，这种模仿会带来什么致命的问题呢？

当你深入研究了命理学的四柱法，你就会感叹古代先贤在四柱法里面倾注的心血，它的思维是那样的严谨。而当你再走进纳甲筮法，你会再次惊叹古代先贤的智慧，那是一个构建极为严密的大厦。不论是四柱法的以"日干"为我，还是纳甲筮法的以"世爻"为我，都体现了干支循环在宇宙时空里的规律。不把

"我"简单处理，才会恰当的把"我"放在一个适当的位置，让宇宙时空里的各种因素和力量围绕着"我"相互作用。

而"梅花易数"设定的本卦为"我"，就换了一种思维。它把宇宙时空里的一种五行之气作为"我"，并让"己方"参与了从始至终的所有对抗，而外部的因素被简化为"对抗性"、"相生性"和"比和"三类。并把爻变后得到的变卦的作用，作为最终的决定性因素。这样的思维，违背了易理。

简单的举一个例，当占问得到《乾》之《夬》，《乾》的卦象☰，《夬》的卦象☱，按照"梅花易数"的断卦规则，体卦为乾金，用卦也就是最终的变卦为兑金，这是体用"比和"，求事必成。但是，《乾》之《夬》，是《乾》卦走到上爻的卦变，爻辞是"亢龙有悔"，结果是必然的失败。

再看一个例，占问得到《否》之《遁》，《否》卦的卦象☷，《遁》卦的卦象☶，按照"梅花易数"的断卦规则，体卦为乾金，用卦也就是最终的变卦为艮土，土生金，求事必成。但是，《否》之《遁》，是《否》卦走到三爻的卦变，爻辞是"包羞"，处在否极的状态，什么也做不成，当年韩信受胯下之辱，就是"包羞"；《否》之《遁》的卦象，就是当年孔子四处碰壁，儽如丧家之犬的写照，哪里还有什么"求事必成"。

"梅花易数"的断卦规则，出现吉凶颠倒、成败颠倒的例子很多。在384个卦象空间的循环流动中，会出现误判的几率大约为百分之十到百分之二十。

"梅花易数"断卦规则的致命缺陷，就在于"体用卦象生克"。而体用卦象生克，几乎可称为梅花易数的当家菜，学"梅花易数"，怎么会不做这道菜呢？读者在读完这本《新梅花易数》后，会发现笔者还真的不做这道菜了，菜单改了。不仅更可口，还会让你感觉这也许就是张载、邵康节先生当年的菜谱。

以下就要进入到卷二，卷二安排"梅花易数"这门占术所涉及到的象、数方面的知识，以及占筮所要用到的五行方面的基础知识。

卷二

第三章　象、数

　　远古的时代，伏羲仰观天象，俯察地理，观察天地日月星辰及万物的形态，远取之于天地间的日月星辰、山川河海，近取之于身，于是做八卦。以"象"的符号将天地万物纳入八卦。

　　八卦是一套符号系统，卦中只包含两个符号；用两条短横线"－－"代表阴；用一条长横线"━"代表阳。阴阳被视为宇宙万事万物的基本元素。

　　☰是伏羲最早画出的卦，也就是后人说的"一画开天"，其开辟人类文明的意义十分重大，被后代称为开天明道、文明肇启。

　　伏羲根据天地间阴阳变化之理，创制八卦，即以八种简单却寓义深刻的符号来概括天地之间的万事万物。伏羲先画出了☰，代表天；继而，又用阴阳元素组合，画出了八卦，就是：乾、坤、艮、兑、坎、离、震、巽，八个卦图，分别代表天、地、山、泽、水、火、雷、风。伏羲作八卦的目的，如《周易·系辞》记载："以通神明之德，以类万物之情"。八卦如下：

　　　　乾☰为天，坤☷为地。
　　　　艮☶为山，兑☱为泽。
　　　　坎☵为水，离☲为火。
　　　　震☳为雷，巽☴为风。

　　从伏羲"一画开天"到八卦融进完备的阴阳学说，就像触动了弓弩的机关，一发而不可收。就是《说卦》中讲到的"观变于阴阳而立卦"，阴阳是六十四卦宇宙系统的基本元素。阴阳学说的思想，认为宇宙有两种最基本的元素，这两种元素体现出的是两股基本的原力，一正一反，正的为"阳力"，反的为"阴力"，阳力又称为"复力"，阴力又称为"剥力"。两股原力交替、消长，规范着宇宙物质世界的生存和发展过程，是万物生存发展规律的内在力量。

八卦又称为八经卦，八个经卦两两相重叠，就组成了重卦的六十四卦。重卦的象，是两个象的重叠，但象的含义在重叠后就有了变化。特别是在有了变爻之后，本卦又生出了变卦，也就是常说的"之卦"，本卦与之卦有内在的联系，结合具体事物的占问，其预测结果，依赖于卦象含义的准确提取，也就是取象。

取象要做到准确和尽意，依赖于对八经卦的卦象含义完整的理解，比如对于兑☱之象，兑不仅代表泽，还代表羊，代表少女、花等等多个含义。

要交代的是，清代出现的、托名宋代大易学家邵雍的《梅花易数》，原本就应该把预测术建立在象、数之上。我们来看一看《梅花易数》一书对其书之所以得名的那一卦，即"观梅占"的描述：

辰年十二月十七日的申时，邵康节先生偶然观赏梅花，看见两只麻雀为抢占枝头而坠落地上。先生说："不动不占，不因事不占。今二雀争枝坠地，怪也。"因此起卦占断，得到泽火《革》卦，初爻变，得到泽山《咸》卦，《革》卦中爻互卦为乾和巽。康节先生按卦推断说："细推这一卦，明晚应当有女子来此折花，管花的园丁不明就里，于是赶走她，女子惊慌而摔倒在地，伤了大腿。"

我们就从这一段描述，看康节先生是怎么得到这个推断的。起卦结果得到《革》之《咸》，《革》卦卦象☲，《咸》卦卦象☶，卦中的兑，为少女，为花，为折，离为恶人，指园丁，互巽为陨落，为摔倒，为大腿。故，康节先生从卦象中看到有少女折花，被园丁驱赶而摔倒，伤了大腿，这件即将发生的事。

康节先生的起卦，用的是时间转换为数，由数得到卦。而万物类象，是康节先生在解卦过程中的主要信息来源。至于卦分体用，以及对体卦、用卦进行五行生克的分析，仅是预测的细化。离开卦象信息就不会有精彩的解卦。

再来看下方图1的伏羲八卦图，它也被称为先天八卦图。从正下方的坤卦，按逆时针方向走到巽卦，刚好是000、001、010、011四个二进制数从小到大的排列，从巽卦画一条横线到半圆另一面的震卦，再从震卦按顺时针方向走到乾卦，又刚好是100、101、110、111四个二进制数从小到大的排列，这就是人们所说的伏羲八卦的先天数排列，其走向从坤卦到乾卦完成一个倒 S 形，刚好从0走到7，是一个极为完美的顺序。正南、正北、正东、正西四个方位，称为四个正卦方位，刚好是天、地、日、月四象，人们认为这很符合宇宙自然固有的先天排列，故认为伏羲八卦图是重在观察、预测宇宙自然中奥秘的卦象排列。

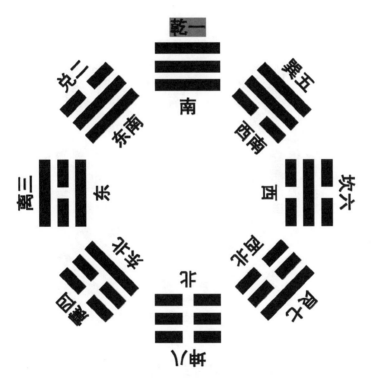

图1. 伏羲八卦图（先天八卦）

伏羲排出八卦图，把八卦所对应的"先天数"留给了后代。所谓"先天数"，即：乾一，兑二，离三，震四，巽五，坎六，艮七，坤八。卦、数的联系，依赖于"先天数"，它是由数而得"卦"、梅花易数预测术的根据。

伏羲传给后代的"卦"和数，几乎同时完成。卦，及其阴、阳元素的出现，只略早于数。用于预测术的"万物类象"，到文王之时才得以完成。从卦到万物类象，中间隔了三千多年。完成的次序为：卦、数、象。象和数，使"卦"具有了预测功能。

由于《梅花易数》在应用中，有用方位五行判断吉凶。故，有必要介绍一下文王推演《周易》留给后世的"后天八卦"。文王在被囚禁于羑里之时，在伏羲八卦图的基础上，创建了文王八卦的新方位排列图。

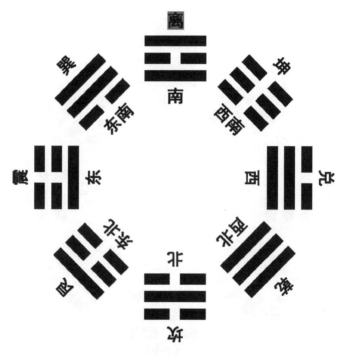

图2. 文王八卦图（后天八卦）

图2的文王八卦图，八卦的排列记载于《说卦》："万物出乎震，震，东方也。齐乎巽，巽，东南也；齐也者，言万物之洁齐。离也者，明也，万物皆相见，南方之卦也；圣人南面而听天下，向明而治，盖取诸此也。坤也者，地也，万物皆致养焉，故曰致役乎坤。兑，正秋也，万物之所说也，故曰说言乎兑。战乎乾，乾，西北之卦也，言阴阳相薄也。坎者，水也，正北方之卦也，劳卦也，

万物之所归也，故曰劳乎坎。艮东北之卦也，万物之所成终而所成始也，故曰成言乎艮。"《说卦》的这段话虽具体交代了卦象排列的空间次序，但没有说明如此排列的理由和推导过程是怎样的。

根据笔者的研究，文王八卦图的推导过程是这样：四正卦对应的是上古时代定下的四方之神灵，东方为苍龙，南方为朱鸟，西方为咸池，北方为玄武。这在《史记·天宫书》里有记载："东宫苍龙、南宫朱鸟、西宫咸池、北宫玄武。"这就是最早的四方之主。文王后天八卦，重点是放在方位的确定上。

震卦为雷、为龙，主春天，故居东方。西方是咸池，五谷之星，主秋季，因五谷是在秋天有收成的，《正义》曰："咸池三星在五车中，天潢南，鱼鸟所托也。"咸池在远古还被解释为太阳洗浴之所，《淮南子·天文篇》记载："日出于旸谷，浴于咸池，拂于扶桑，是谓晨明。"咸池在远古是碱水湖或沼泽地之意，兑卦为泽，主秋天，故兑卦的方位必居西方。

玄武，即真武大帝，为水神，坎卦为水，故居北方。朱鸟为火的象征，离卦为火，故居南方。

文王排八卦，阴阳各居半圈。四方正卦确定后，因南方离卦代表中女，西方兑卦代表少女，故作为长女的巽卦和代表母亲的坤卦就与之紧紧相邻。而巽卦为风，自古有风、雷相随之说，巽卦要靠在震卦旁边，故巽卦居东南；这样，坤卦排列在离卦和兑卦之间也就别无选择了，且坤为地，兑为泽，地与泽相邻很合理，故坤卦居西南。剩下艮卦（少男）、乾卦（父）与震卦（长男）、坎卦（中男）相邻是必然的排列。乾卦为天、为君，与坤卦相对而居于东北本亦合理，但因为周文王是在西北起家的，且乾、兑五行同属金，故他就让乾卦居于西北，与兑卦相邻。乾卦定为西北之卦，艮卦就只能为东北之卦，艮、坤五行同属土，故艮坤位相对也有合理之处。这就是周文王排列后天八卦图时的方位推导过程。

故，认识文王后天八卦，重要的就是方位，其应用性也在方位。后天八卦的方位可用于起卦，人物特点确定上卦，方位确定下卦，上下卦的数之和确定变爻。在断卦时，方位的五行可以配合吉凶分析。

文王后天八卦，结合五行的理论，就产生出文王后天之数，文王在被囚羑里之时，推演八卦的方位，再结合五行的生成数，排出了后天之数如下图：

文王八卦后天之数图

巽（东南）4	离（南）9	坤（西南）2
震（东）3	（中）5	兑（西）7
艮（东北）8	坎（北）1	乾（西北）6

文王后天之数，仅用于卦象解析，不用于起卦。故，在卦象解析中又有了：坎一，坤二，震三，巽四，乾六，兑七，艮八，离九，卦象的后天之数。

后天之数的应用在于它与方位的结合，是方位的五行之数。在《梅花易数》预测术中，起卦使用伏羲先天数，后天之数不用于起卦，这是要记取的。

象、数的方法，即用先天数起卦，再用卦象解析来解卦，这就是古筮法象数的精华，宋代易学大师邵雍当年真正使用的方法，就是古筮法。

这里，列出笔者在"《周易》卦象解析与企业战略"一书中使用过的易象，供易学爱好者参考。这些"象"，在解卦中都会用到，备查如下：

乾☰

乾为天，乾为龙，乾为健，乾为上，乾为刚，乾为直，乾为道，乾为父，乾为君王，乾为后，乾为人，乾为老，乾为日，乾为光明，乾为天福，乾为虎，乾为大，乾为大人，乾为金，乾为德，乾为禄福，乾为岁，乾为首，乾为衣，乾为马，乾为百，乾为果决，乾为功，乾为富，乾为西北，乾为赐，乾为大明，乾为福喜，乾为周，乾为河海，乾为至德，乾为祖宗，乾为光荣，乾为施惠，乾为昼，乾为元，乾为上帝，乾为永，乾为长久，乾为信，乾为实，乾为夏，乾为赤，乾为干，乾为珠宝，乾为盛隆，乾为盈满，乾为惕，乾为坚，乾为寒，乾为冰，乾为福祉，乾为资财，乾为肥，乾为族，乾为圣，乾为圆，乾为富实，乾为玉，乾为开，乾为生，乾为万年，乾为长安，乾为南，乾为故旧，乾为木果，乾为盛茂，乾为仁德，乾为天门，乾为百福，乾为根，乾为千万，乾为山巅。

坤☷

坤为地，坤为顺，坤为收藏，坤为仓庾，坤为囊，坤为载，坤为国，坤为政，坤为事，坤为后，坤为母，坤为身，坤为腹，坤为民众，坤为江河，坤为海，坤为聚，坤为麒麟，坤为凤，坤为牛，坤为心，坤为志，坤为邑，坤为黑，坤为暮，坤为夜，坤为旧，坤为牧，坤为牝马，坤为雉，坤为忧，坤为思，坤为祸患，坤为贱下，坤为吝啬，坤为冬，坤为黄，坤为衣，坤为下，坤为裳，坤为义，坤为礼，坤为西南，坤为我，坤为藏，坤为多，坤为重，坤为船，坤为大舆，坤为多载重负，坤为田，坤为帛，坤为失，坤为军，坤为兵，坤为虎狼，坤为死，坤为亡，坤为鬼，坤为怯，坤为庶众，坤为毒，坤为丧，坤为病，坤为饥，坤为虚，坤为无，坤为劳，坤为孤寡，坤为衰落，坤为闭，坤为山野，坤为荒原，坤为霜，坤为阶，坤为昏暗，坤为败，坤为门户，坤为文，坤为天门，坤为茅茹，坤为枝条，坤为天下，坤为万国，坤为大道，坤为平陆，坤为万里，坤为年岁，坤为胡，坤为四夷，坤为文章，坤为书，坤为书信，坤为证件，坤为抽屉，坤为云，坤为风，坤为大水，坤为鱼，坤为渊。

震☳

震为雷，震为动，震为摇，震为征伐，震为奔，震为生，震为出，震为东，震为木，震为仁德，震为乐，震为解，震为开，震为车，震为舟，震为筐，震为载，震为龙，震为帝，震为趾，震为足，震为涉，震为春，震为耕，震为言，震为告，震为呼号，震为南，震为卫，震为武，震为君王，震为储君，震为长子，震为功业，震为昌盛，震为繁茂，震为晨，震为时，震为马，震为战，震为鼓，震为惊，震为卫士，震为武人，震为履，震为做，震为立，震为进，震为登，震为行，震为逐，震为射，震为速，震为宾客，震为黄鸟，震为翼，震为飞，震为兔，震为鹿，震为薇兰，震为桃李，震为绿，震为碧，震为勤，震为岁，震为粮，震为年谷，震为稷，震为苗，震为禾稼，震为农人，震为大道，震为神，震为兴，震为福，震为善。

巽☴

巽为风，巽为入，巽为进，巽为齐，巽为木，巽为木屋，巽为志，巽为鸡，巽为长久，巽为双，巽为秋，巽为东南，巽为宾客，巽为顺，巽为命，巽为谦逊，巽为利，巽为万物，巽为长女，巽为陨落，巽为蛇，巽为虫，巽为蛰伏，巽为潜，巽为绳，巽为系，巽为牵手，巽为随，巽为门，巽为心，巽为忧，巽为茅蓐，巽为草莽，巽为豕，巽为寇贼，巽为商贾，巽为利市，巽为鱼，巽为香，巽为犹豫，巽为进退，巽为石，巽为谷，巽为敏捷，巽为敝漏，巽为利市三倍，巽为股，巽为松柏，巽为长青，巽为高，巽为禾麦，巽为粮，巽为败坏，巽为散，巽为群，巽为同，巽为约，巽为床，巽为丝绵，巽为女工，巽为桑，巽为枝条。

坎☵

坎为水，坎为月，坎为孤，坎为险，坎为困，坎为陷，坎为忧，坎为穴，坎为隐，坎为河，坎为祸患，坎为疾，坎为思，坎为恶，坎为破，坎为冬，坎为北，坎为寇贼，坎为盗，坎为兵戎，坎为隐伏，坎为弩，坎为钩，坎为弓，坎为矢，坎为伏，坎为中男，坎为心，坎为云，坎为泥泞，坎为沟渠，坎为劳，坎为愁苦，坎为阴暗，坎为犹豫，坎为巢，坎为荆棘，坎为蒺藜，坎为针刺，坎为牢，坎为孚，坎为信，坎为饱，坎为得，坎为有孕，坎为酒，坎为肉，坎为猪，坎为幽谷，坎为哀，坎为血，坎为害，坎为伤，坎为病，坎为折损，坎为毁，坎为怯，坎为耳，坎为听，坎为庶民，坎为西邻，坎为栋，坎为叶，坎为雨，坎为阻，坎为难，坎为低谷，坎为耜，坎为犁。

离☲

离为火，离为日，离为日新，离为君王，离为光明，离为文，离为目，离为见，离为明察，离为礼，离为雉，离为牛，离为南，离为赤，离为夏，离为东，离为东邻，离为乌鹊，离为朱雀，离为麟凤，离为鸠，离为恶人，离为巢，离为室，离为宫，离为孚，离为空虚，离为饥饿，离为网，离为明，离为昼，离为智，离为中女，离为文明，离为阳光，离为暑，离为敬，离为日中，离为午，离为旱灾，离为焦枯，离为反目，离为戈兵，离为戟，离为兵患，离为虐乱，离为明珠，离为干燥，离为温，离为聪，离为昭，离为灯，离为巷，离为凤，离为文章，离为誉，离为成就。

艮☶

艮为山，艮为止，艮为鸟，艮为鸢，艮为飞，艮为高冈，艮为贤人，艮为阻，艮为犬，艮为东北，艮为求，艮为安，艮为待，艮为成，艮为虎狼，艮为狐，艮为手，艮为友，艮为庐，艮为府，艮为门，艮为庭，艮为丈夫，艮为背，艮为鼻，艮为几案，艮为床，艮为屋，艮为次舍，艮为家，艮为居，艮为火，艮为观，艮为国，艮为君子，艮为忠，艮为石，艮为金，艮为贝，艮为温，艮为仓庾，艮为庙，艮为位，艮为上，艮为果，艮为星，艮为牵，艮为牛，艮为兵刃，艮为操练，艮为戴，艮为辉光，艮为高贵，艮为藩，艮为守，艮为獐鹿，艮为鸟兽，艮为鳖，艮为高岸，艮为拜，艮为敬，艮为道路，艮为时，艮为少男，艮为鸿雁。

兑☱

兑为泽，兑为悦，兑为海，兑为羊，兑为口，兑为含，兑为衔，兑为言，兑为呼，兑为舌，兑为鸣，兑为吞，兑为食，兑为饮，兑为秋，兑为西，兑为润，兑为雨，兑为花，兑为华，兑为繁茂，兑为丰，兑为辅佐，兑为井，兑为少女，兑为友，兑为和，兑为媚，兑为耳，兑为恩泽，兑为雨露，兑为谷，兑为月，兑为夜，兑为暗昧，兑为毁折，兑为倾危，兑为斧钺，兑为破，兑为虎，兑为哺，兑为豕，兑为戎争，兑为害，兑为弊，兑为祀，兑为巫，兑为祷，兑为鸡。

记住上面这些易象，对于解卦的取象，是绝对必要的。有了"象"，由"数"而得"卦"才有意义，六十四卦才会成为一个具有完备性的预测体系。

第四章 五行

　　五行的金木水火土，是古人对物质世界的认识。从朴素的物质归类开始，最初的五行只有四个，金的出现要相对晚一些。古人最初认识物质是从水、土、木开始，然后开始使用火，就有了水、火、木、土四种物质分类的认识。到了冶铜的时代，人们开始认识物质类别的"金"，于是有了对"五行"的认识。

　　五行学说认为，宇宙万物都由金、木、水、火、土五种基本物质要素的运行和变化所构成。随着这五个物质要素的盛衰、变化，大自然产生变化，人的身体及社会环境也会产生变化。它影响到宇宙万物的生长循环，也影响到人。

　　五行学说的思想，把世界分为五种有形之质和相应的五种无形之气，根据其特性和运化规律将宇宙归纳为五种元素金、木、水、火、土的运行和循环。

　　五行的特性如下：

　　金主"义"，其性刚，其质烈，凡具肃杀、收敛的事物均属金。金曰"从革"，从为顺从，是金气柔和特性的一面，革为变革，是金气刚强特性的一面。

　　木主"仁"，其性直，其质和，凡具生长、升发的事物均属木。木曰"曲直"，有能屈能伸的特征。直为伸，伸体现阳刚之性，曲为屈，屈还其阴柔之质。

　　水主"智"，其性聪，其质善，凡具寒凉、滋润、向下的事物均属水。水曰"润下"，润为湿润，下为向下，水体现出的是"太阴"的至柔之性。

　　火主"礼"，其性急，其质恭，凡具有温热、升腾性质的事物均属火。火曰"炎上"，炎为热，上为向上，具驱寒之功，锻炼金属之能，体现出的是"太阳"的至刚之性。

　　土主"信"，其性重，其质厚，凡具承载、生化、受纳性质的事物均属土。

土曰"稼穑"，稼为播种，穑为收获，播种庄稼，收获五谷。土具有生长、化育万物的作用，其义引申为具有承载、化育、成就、长养的特性。所以土载四方，并为万物之母。

五行的五种要素之间有着紧密的相互关系：

五行相生：金生水，水生木，木生火，火生土，土生金。

五行相克：金克木，木克土，土克水，水克火，火克金。

五行相生相克，指的是五行元素之"气"的相生相克。在五行系统里，五行生克还存在内在的自我调节机制，这也是五行系统之所以能保持循环运动的持续性和保持动态平衡的内在原因。

五行系统内部存在两种自行调节的机制，一种是"生"的功能起主要作用的"制化"调节机制，一种是"克"的功能起主要作用的"胜复"调节机制。

五行的"制化"调节机制如下：

木能克土，但土能生金，金又能克木，通过生克调节木，使土不至衰竭。

火能克金，但金能生水，水又能克火，通过生克调节火，使金不至衰竭。

土能克水，但水能生木，木又能克土，通过生克调节土，使水不至衰竭。

金能克木，但木能生火，火又能克金，通过生克调节金，使木不至衰竭。

水能克火，但火能生土，土又能克水，通过生克调节水，使火不至衰竭。

"制化"调节机制是一种"弱调节"机制，也就是说，是强度较弱的调节，是五行系统处在正常情况下的自行调节。

五行的"胜复"调节机制如下：

"胜"指"胜气"，意思就是某行（比如火）之气太强、太过，导致对自己所克的行（比如金）之气的过度克制，在局部就出现了较大的不平衡，五行系统处在反常情况。"胜气"一旦出现，五行系统内在的强调节机制就会自行启动，一种相反的力量就会立刻出现，即出现所谓的"复气"。"胜气"有多重，"复气"就有多重；"胜气"略轻，"复气"也略轻，达到平衡。

五行系统的"胜复"调节机制具体如下：如，火气太盛、火的"胜气"出现，则会过度的克金，使金气偏衰；金气衰则不能制木，则木气就会偏盛，木的

"胜气"就会出现，加剧木气制土，使土气偏衰，减弱土气制水的作用；这样水气就会偏盛，水的"胜气"就会出现，水的"胜气"会加剧水气制火，于是火气太盛的状态就被压制住了，系统恢复正常。在这过程中，火、木、水三次"胜气"出现，导致系统的"复气"产生并运行，最终"修复"了系统的反常状态，五行系统又恢复了正常。

　　反之，如火气不足，则不能克金，使金气偏盛，金气盛则加强制木，使木气衰，木气衰则不能制土，使土气偏盛，土气偏盛则加强制水，使水气衰，水气衰则不能制火，使火气得到加强，于是火气不足的局部失衡得到纠正，五行系统的反常状态得到"修复"，系统恢复正常。

　　五行学说，大约在春秋战国时期，与阴阳学说结合在一起，发展成为阴阳五行学说。在阴阳学说里，阳气动到极点称为太阳（即老阳），阴气静到极点称为太阴（即老阴）；阳气刚刚开始被称为少阳，阴气刚刚开始被称为少阴。在八卦卦象里，太阳为火，太阴为水，少阳为木，少阴为金，太阳、太阴、少阳、少阴合称四象，并分主四方，少阳（木）主东，少阴（金）主西，太阳（火）主南，太阴（水）主北，金木水火四气相冲结为土，土主中央。因此，阴阳四象的变化可以产生五行。这样，阴阳学说与五行也就联系在一起了。

　　五行的提出，应该在炎帝的中后期，早于黄帝的时期。到黄帝的时期，五行理论就已臻于成熟。到我们这个时代，所能接触到的文献资料，最早有记载五行的，就是商周时代的《国语》。在《国语》里，五行的次序排列为：金木水火土，著名的《本草纲目》同样用这个次序排列，而不按生克的次序。

　　中国的哲学，对宇宙世界和事物的循环往复，有特别的偏爱。于是，五行的物质分类一出现，就有了相生相克的循环往复的认识。

五行生克循环图

木生火，火生土，土生金，金生水，水生木，这就是"木火土金水"的五行次序。水克火，火克金，金克木，木克土，土克水，这就是"水火金木土"的五行次序。古人把相生的五行循环，定为正向的循环，即顺时针的循环，土居中，于是五行循环，把土放到中央，顺时针的循环就会出现："木、火、金、水"与四方"东、南、西、北"的对应。这就是"五方配五行"的方位图，如下：

五方配五行之方位图

在方位图的五方中，土居中，水、火为上下一对，木、金分居左右也是一对，上下、左右的这两对，古人偏爱水和木，认为：水先于火，木先于金；这与古人认为水、木是生命之本有关，故，五行的次序排列又有了"水、火、木、金、土”的次序，这个五行次序记载在《洪范九畴》里，故称为“洪范五行”。
按“洪范五行”的次序，配以一、二、三、四、五的生数，即：水配生数一，火
配生数二，木配生数三，金配生数四，土配生数五。生数加五，即为成数。

　　卦的基本要素为阴阳，阳爻为天，其画一，阴爻为地，其画二。阳数为奇
数，阴数为偶数。故曰：天一，地二，天三，地四，天五，地六，天七，地八，
天九，地十。古人把中央也作为一方，四方的概念就扩充为五方的概念，然后依
据洪范五行“水、火、木、金、土”的次序，古人将天地之数分配进五方，于是
就有了“五行”的生成之数：天一生水，地六成之；地二生火，天七成之；天三
生木，地八成之；地四生金，天九成之；天五生土，地十成之。生、成数之间，
相差五。这就是“五行”的生成之数：一六水，二七火，三八木，四九金，五十
土，五行配以天地之数的来源。

　　五行的生成之数，配进北（水）、南（火）、东（木）、西（金）、中（土）的
方位图里，就是下面这个“五方五行”的生成数图：

（南）二七火

（东）三八木　　　　（中）五十土　　　　（西）四九金

（北）一六水

五方五行的生成数图

　　五方五行的生成数图，与传说中带有神话色彩的龙马背上的“河图”是一样
的图。理性的思考之，这也许就是“河图”的来源，“河图”如下：

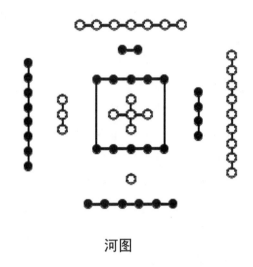

河图

五行与八卦相配后，八卦就有了五行的属性。乾卦、兑卦属金，震卦、巽卦属木，坤卦、艮卦属土，离卦属火，坎卦属水。于是，先天之数配合以生成之数，就有了乾卦之数一、四、九，坤卦之数八、五、十，震卦之数四、三、八，巽卦之数五、三、八，坎卦之数为一、六，离卦之数三、二、七，艮卦之数七、五、十，兑卦之数二、四、九，八卦配数的说法。

古人把相克的五行循环，定为逆向的循环，即逆时针的循环，土居中。于是，从北方的一六水开始，北方为正位，为天数一，西北为地数六，按逆时针方向，先转动到西方和西南，按水克火的次序，要取二七火之数，西方为正位，取火的天数七，西南取火的地数二；然后转动到南方和东南，按火克金的次序，这两个方位要取四九金之数，南方为正位，取金的天数九，东南取金的地数四；然后继续按逆时针方向转到东方和东北，按金克木的次序，这两个方位要取三八木之数，东方为正位，取木的天数三，东北取木的地数八；最后是木克土，转到中位，取天数五居中。五行相克的逆向循环配以生成数，得到下面的九宫数图：

南（东南）四九金

东（东北）三八木　　　中宫寄数五　　　西（西南）二七火

北（西北）一六水

四正（四维）加中宫寄数五的九宫数图

把北为一、西北六、西为七、西南二、南为九、东南四、东为三、东北八、中为五，总共九个数排出来就是三行三列的九宫格，如下图：

4	9	2
3	5	7
8	1	6

九宫格

我们可以看出，九宫格的这个图，其实就是现代数学常说的幻方，是用数字1到9排列的三阶幻方。如果把这个三阶幻方的数字改换成黑白的圆点，那出现在我们面前的，就会是古代神话传说中的"洛书"。从数的角度来看"洛书"，对于重新认识"洛书"，理解象数学派的各种观点都是必要的。

请看下图的洛书：

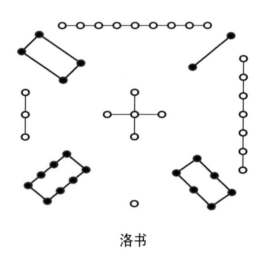

洛书

把"洛书"九个方位的黑白点用数写出来，就是前面的"九宫格"。因此，理性的思考之，古人也许是先排出三阶幻方的"九宫格"之后，联想到神龟背上的图案，才创造出带有神话色彩的"洛书"。

五行与方位的结合，让古人浮想联翩，创造出龙马献"河图"与伏羲，神龟负图献"洛书"与禹王，这样两个带着"王天下"祥瑞的美好神话，这是古人对方位与数的关系的探索取得成果后，出于对天神的崇拜，故配之以神话，以利于思想的传播。

无论我们怎么理解"河图"和"洛书"，都不可否认"河图"和"洛书"中含有五方、五行与数的关系，它是学习《周易》和术数的一把钥匙，对于想深入研究卦象与数的关系的易学爱好者来说，知道了五方、五行与数的关系，就不会产生疑惑，还可由此处入门探究其内涵的奥秘。

三阶幻方（九宫格）的数，配合文王后天八卦的方位，就是文王后天之数，请看下图的"文王八卦后天之数图"：

巽（东南）4　　　离（南）9　　　坤（西南）2

震（东）3　　　（中）5　　　兑（西）7

艮（东北）8　　　坎（北）1　　　乾（西北）6

文王八卦后天之数图

文王后天之数，用于方位，不用于起卦。于是，卦象解析中又有了：坎一，坤二，震三，巽四，乾六，兑七，艮八，离九，卦象方位的后天之数。

古人还按照"五"之数，创造性的把一年的四季改变为"五季"，让五行的生克循环进入到季节推移的时间轴线，让季节的推移也有了五行循环的规律。在改造四季成为"五季"的具体规定上，有两种规定。一种规定，在夏秋之交加进了"季夏"，于是就有了春、夏、季夏、秋、冬五季，在时间上规定"季夏"为夏天的最后一个月。另一种规定，把四个季节之末的18天分割出来（即立春、立夏、立秋、立冬这四个节气前的各18天），定为五行属土，这四个18天共有72天，刚好是一年的五分之一，这四个季节之末的18天就是属土的第五季，但它的季节名称叫做"四季"，排在春夏秋冬的后面，于是就有了春、夏、秋、冬、四季，共五季；这里"冬"之后的"四季"是第五季的名称，要特别注意。

五行在所主的季节里处于"旺"的状态，而在其他季节时段里分别处在"相"、"休"、"囚"、"死"的状态。"旺"是时令的当令之季，其五行处于旺盛的状态，容易理解。而其他四个状态是这样："相"为生的正向循环的下一个状态，比如春为木，木生火，生的正向循环的下一个状态就是"相"，亦即若以春天为当令，则五行中"火"的状态就是"相"，"相"就是"次旺"。"休"为生的正向循环的上一个状态，还以春天为当令的季节，则五行里生木的"水"的状态就是"休"，"休"就是退休的意思，不再管事。"囚"为克的逆向循环的上一个状态，是"克我"者在我所处当令季节的所处状态，还以春天为当令的季节，春为木，克木者为金，此时木旺，金衰落无力，故五行里"金"的状态就是"囚"，"囚"就是被圈禁而不起作用。"死"为克的逆向循环的下一个状态，是"我克"者在我所处当令季节的状态，还以春天为当令的季节，春为木，木克土，木旺，土被克，此时五行里"土"的状态就是"死"。

古人使用旺、相、休、囚、死，来判断处在某个季节之时，五行的影响力，和所处的状态。

春天当令之时，春属木，五行：木旺，火相，水休，金囚，土死。

夏天当令之时，夏属火，五行：火旺，土相，木休，水囚，金死。

季夏当令之时，季夏属土，五行：土旺，金相，火休，木囚，水死。

秋天当令之时，秋属金，五行：金旺，水相，土休，火囚，木死。

冬天当令之时，冬属水，五行：水旺，木相，金休，土囚，火死。

时间轴线里，季节的五行变化，给人的感受特别深刻，人们可以明显感受到春天万物萌生，夏天日照如火，季夏日火收敛，秋天草木凋零，冬天寒风萧瑟，五行的特征最为明显。在不同的季节里，五行的影响力不同，所处状态不同，故，季节的五行影响力很大，这就是时空推移对五行的影响。

除了时空的影响，五行力量本身有着量变到质变的变化，这种量变到质变的结果，就是反生、反克。看起来是生，由于量的变化而变为克；或者看起来是克，由于量的变化而得到了生的结果。反生、反克是五行平衡理论的辩证法，宋代的徐大升论述了反生、反克的规律，给后世的人们从量变到质变正确认识五行生克的内在规律提供了方向。徐大升的论述相当精辟，后代的人们反复诵读他的论述，一直流传到今日，现摘录如下，作为学习五行生克理论的重要补充：

　　金赖土生，土多金埋；土赖火生，火多土焦；火赖木生，木多火炽；木赖水生，水多木漂；水赖金生，金多水浊。

　　金能生水，水多金沉；水能生木，木多水缩；木能生火，火多木焚；火能生土，土多火晦；土能生金，金多土弱。

　　金能克木，木坚金缺；木能克土，土重木折；土能克水，水多土流；水能克火，火多水干；火能克金，金多火熄。

金衰遇火，必见销熔，火弱逢水，必为熄灭；水弱逢土，必为淤塞；土弱遇木，必被倾陷；木弱遇金，必被砍斫。

强金得水，方锉其锋；强水得木，方缓其势；强木得火，方泄其英；强火得土，方敛其焰；强土得金，方化其顽。

反生、反克的理论，在五行平衡的推断过程中经常被使用，是用四柱法推断人的命局，以及在事物成败的推断中，正确判断五行宜忌的的重要依据。

卷三

第五章　天干、地支

　　古代的传说中，天干、地支起源于黄帝。相传在黄帝时代，蚩尤作乱，黄帝与蚩尤大战于涿鹿。天帝命九天玄女授兵书与黄帝，让黄帝在涿鹿之战中战胜并活捉了蚩尤。平定中原后，黄帝斋戒沐浴，筑坛祀天，天乃降十天干（甲乙丙丁戊己庚辛壬癸）、十二地支（子丑寅卯辰巳午未申酉戌亥），这就是天干、地支的传说。黄帝将十干圆布以像天形，十二支方布以像地形，干为天，支为地。

　　十干圆布以像天形，寓意：天干主气，为圆，动而不居。如下图：

天干圆布图

天干是天体运动的符号，圆象征动、变化，十天干对应的状态在周流，影响着地球上的万物和生命。

十二支方布以像地形，寓意：地支主质，为方，居而不动。如下图：

地支方布图

十二地支反映的是，地球自转而产生的四时变化，蕴含天时在十二支之中，十二支的五行之气也在一年或一天里面轮回变化。

天干是宇宙中的十个外部因素，天干数十，含五个二，两两为一组，对应的五行为：甲乙木、丙丁火、戊己土、庚辛金、壬癸水。

天干分阴阳，数十，含两个五，奇数为阳，偶数为阴。故，甲、丙、戊、庚、壬为阳干；乙、丁、己、辛、癸为阴干；配以五行，如下表：

阴阳五行	阳木	阴木	阳火	阴火	阳土	阴土	阳金	阴金	阳水	阴水
天干	甲	乙	丙	丁	戊	己	庚	辛	壬	癸

天干的五行确定后，就有天干五行生克的关系如下：

甲乙木生丙丁火，丙丁火生戊己土，戊己土生庚辛金，庚辛金生壬癸水，壬癸水生甲乙木。

壬癸水克丙丁火，丙丁火克庚辛金，庚辛金克甲乙木，甲乙木克戊己土，戊己土克壬癸水。

天干动而不居，故，天干的生克，因天干的动而具有主动性。这也是古人把天干之间的关系叫做"生克制化"的缘故。

"梅花易数"的预测方法，在涉及到人的时候，比如预测人与人之间的关系，人对事的影响，那就要分析主人公的主观能动性，此时出现在事情中的人的命局，就会影响事情的成败。而且，在本书中介绍的新筮法采用世事如人的思路，介绍了在历史上曾经出现但已经失传的、把一对本卦和变卦转化为两组干支的筮法，故，本章的干支分析，是"梅花易数"的重要组成部分。

十天干与五方对应，就有了"五方与天干对应图"，如下：

丙丁（南方）火

甲乙（东方）木　　　戊己（中）土　　　庚辛（西方）金

壬癸（北方）水

五方与天干对应图

天干相克的关系，产生出天干之间关系的两个特殊概念，叫做天干"相冲"和天干"相合"。

天干的相冲有四组：庚甲相冲，辛乙相冲，壬丙相冲，癸丁相冲。戊己土，居中无冲。

天干的相合有五组：甲己相合，乙庚相合，丙辛相合，丁壬相合，戊癸相合。这五组天干的合，皆为相克的五行阴阳相遇。

相冲的关系，是剧烈的相克。而相合的关系，原本是相克，却因为阴阳相遇，导致柔和而矜持的连系。

天干相合的连系，在五行关系里，最具辩证法的思维特色，含有无尽的奥秘。天干的合，代表合伙、和解、交友、恋爱，等很祥和的吉象；同时又代表牵绊、受制，不能独立发挥出原来的能量，原来的生克关系被牵制而不能进行。

遇合的一种结果为合化，合化出新的五行，天干的合化如下：

甲己合（中正之合），化土，主信。

乙庚合（仁义之合），化金，主义。

丙辛合（威势之合），化水，主智。

丁壬合（仁寿之合），化木，主仁。

戊癸合（多礼之合），化火，主礼。

这种合化被称为"正化"，它遵守的次序是：把土作为合化的第一位，甲己合化土作为开端，然后遵循土生金、金生水、水生木、木生火的次序，依次合化出金、水、木、火。

遇合而能化，需要两个天干有一个较强，能主导"化"。如果两个天干合，但没有一个天干能作为"化"的主导者，就会出现"合而不化"的结果。另外，八字中的天干，与大运、流年的天干的"合"，仅为"合"，而不会有"化"。阳干逢财，阴干逢官，都仅为合。男子命局里的正财被合，女子命局里的正官被合，都代表伴侣的婚外情，或婚姻有发生变故的因素出现。在命局分析中，合而不化是极为重要的一种状态。

命局中的用神若被流年的天干合住，用神不能用力，主流年不利。命局中的忌神若被流年的天干合住，忌神的干扰、伤害减轻，主流年有利。这也就是有时"运"会胜过"命"的缘故。

除了"正化"，相合在一定条件下会出现"反化"，这与相合的两个天干的强弱有关。但不论结局如何，都因合而生化，合的关系总在其先。合与化，都会影响天干之间的生克；故，对合化的分析，往往决定命局分析的走向。

天干的强弱，在四季中都会受到其它五行的生克影响而有变化。故，五行在不同季节里的宜忌，历来在命理推演的理论和应用中受到很大的重视。天干宜忌也就成为五行生克的辩证法。

《滴天髓》对天干宜忌做了很精彩的论述，细心领悟之，可得其精髓，加深对十天干的特性的理解。

以下节选《滴天髓》论天干宜忌的一段：

> 甲木参天，脱胎要火。春不容金，秋不容土。火炽乘龙，水荡骑虎。地润天和，植立千古。乙木虽柔，割羊解牛，怀丁抱丙，跨凤乘猴；虚湿之地，骑马亦忧；藤萝系甲，可春可秋。丙火猛烈，欺霜侮雪；能锻庚金，从辛反怯；土众生慈，水猖显节；虎马犬乡，甲来成灭。丁火柔中，内性昭融；抱乙而孝，合壬而忠；旺而不烈，衰而不穷；如有嫡母，可秋可冬。戊土固重，既中且正，静翕动辟，万物司命。水润物生，土燥物病，若在艮坤，怕冲宜静。己土卑湿，中正蓄藏；不愁木盛，不畏水狂；火少火晦，金多金光；若要物旺，宜助宜帮。庚金带煞，刚健为最；得水而清，得火而锐；土润则生，土干则脆；能赢甲兄，输于乙妹。辛金软弱，温润而清；畏土之多，乐水之盈；能扶社稷，能救生灵；热则喜母，寒则喜丁。壬水通河，能泄金气，刚中之德，周流不滞；通根透癸，冲天奔地；化则有情，从则相济。癸水至弱，达于天津；得龙而运，功化斯神；不愁火土，不论庚辛；合戊见火，化象斯真。

十天干，在不同的季节环境里，以它的特性，体现出它在不同时空的宜忌，同时也影响着不同的空间气场。

天干，又以其五行的特性，在不同季节里，依环境条件，决定其自身的旺衰。对此，宋代的《穷通宝鉴》有很精辟的论述，附文于下，以作对照。

论四时之木宜忌：

> 春月之木，余寒犹存，喜火温暖，则无盘曲之患；藉水资扶，而有舒畅之

美。春初不宜水盛，阴浓湿重，则根损枝枯；又不可无水，阳气烦燥，则根干叶萎。须水火既济方佳。土多则损力，土薄则财丰。忌逢金重，克伐伤残；设使木旺，得金则美。

夏月之木，根干叶枯，欲得水盛，而成滋润之功，切忌火旺，而招自焚之患。土宜其薄，不可厚重，厚重反为灾咎；金忌其多，不可欠缺，欠缺不能斩削。重重佳木，徒以成林；叠叠逢华，终无结果。

秋月之木，气渐凋零。初秋火气未除，犹喜水火以相滋；中秋果已成实，欲得刚金之修削。霜降后不宜水盛，水盛则木漂；寒露后又喜火炎，火炎则木实。木盛有多材之美，土厚无任才之能。

冬月之木，盘曲在地，欲土多以培养，恶水盛而忘形。金纵多，克伐无害；火重见，温燠有功。归根复命之时，木病安能辅助？须忌死绝之地，只宜生旺 之方。

论四时之火宜忌：

春月之火，木旺子相，势力并行。喜木生扶，不宜过旺，旺则火炎；欲水既济；不宜太多，多则火灭。土多则晦光，火盛则燥烈。见金可以施功，纵重见财富犹遂。

夏月之火，乘旺秉权。逢水制则免自焚之咎，见木助必招天折之忧。逢金必作良工，得土遂成稼穑。然金土虽为美利，无水则金燥土焦，再加木助，势必倾危。

秋月之火，性息体休。得木生，则有复明之庆；遇水克，难免损灭之灾。土重而掩息其光，金多而损伤其势。火见木以光辉，纵叠见而有利。

冬月之火，体绝形亡。喜木生而有救，遇水克以为殃。欲土制为荣，爱火比为利。见金则难任为财，无金则不遭磨折。

论四时之土宜忌：

春月之土，其势孤虚。喜火生扶，恶木太过；忌水泛滥，喜土比助。得金而制木为祥，金多则仍盗土气。

夏月之土，其势燥烈。得水滋润成功，忌火锻烧焦坼。木助火炎，生克不取；金生水泛，妻财有益。见比助则寒滞不通，如太过又宜木袭。

秋月之土，子旺母衰。金多而耗盗其气，木盛须制伏纯良。火重重而不厌，水泛泛而非祥。得比肩则能助力，至霜降不比无防。

冬月之土，外寒内温。水旺财丰，金多子秀。火盛有荣，木多无咎。再加比助为佳，更喜身强为寿。

论四时之金宜忌：

春月之金，余寒未尽，贵乎火气为荣；体弱性柔，宜得厚土为辅。水盛增寒，失锋锐之势；木旺损力，有锉钝之危。金来比助，扶持最妙，比而无火，失类非良。

夏月之金，尤为柔弱，形质未备，更嫌死绝。火多不厌，水润呈祥。见木助鬼伤身，遇金扶持精壮。土薄最为有用，土厚埋没无光。

秋月之金，得令当权。火来煅烧，遂成钟鼎之材；土多培养，反有顽浊之气。见水则精神越秀，逢木则斩削施威。金助愈刚，过刚则折；气重愈旺，旺极则衰。

冬月之金，形寒性冷。木多难施斧凿之功，水盛未免沉潜之患。土能制水，金体不寒；火来生土，子母成功。喜比肩聚气相扶，欲官印温养为利。

论四时之水宜忌：

春月之水，性滥滔淫。再逢水助，必有崩堤之势；若加土盛，则无泛涨之忧。喜金生扶，不宜金盛；欲火既济，不宜火炎。见木而可施功，无土仍愁散漫。

夏月之水，执性归源，时当涸际，欲得比肩。喜金生助体，忌火旺太炎。木盛则泄其气，土旺则制其流。

秋月之水，母旺子相。得金助则清纯，逢土旺则混浊。火多而财盛，木重而身荣。重重见水，增其泛滥之忧，叠叠见土，始得清平之意。

冬月之水，司令当权。遇火则增暖除寒，见土则形藏归化。金多反致无义，木盛是谓有情。水流泛滥，赖土堤防；土重高亢，反成涸辙。

应该说，不论是《滴天髓》对天干宜忌的论述，还是宋代《穷通宝鉴》对四时五行宜忌的论述，都是字字珠玑。

十天干，结合应用，还体现以下的特性：

甲木：栋梁之木，性刚强，华美上进，有恻隐之心，多劳苦。

乙木：花果之木，性柔软，谦虚和蔼，富有同情心。

丙火：太阳之火，性炎而炳照，朝气蓬勃，热情开朗，善交际。

丁火：灯烛之火，性弱而不稳定，得时有力，失时无力，多疑虑。

戊土：城墙之土，性厚重，沉稳可靠，为人憨直，

己土：田园之土，性宜栽植，多才多艺，有内涵。

庚金：斧钺之金，性刚烈，重义，豪爽易相处。

辛金：钗钏之金，性自尊虚荣，重情感，缺乏坚强意志。

壬水：江河之水，性涛涛大势，清浊并容，宽宏大量，但漫不经心。

癸水：雨露之水，性润物益生，柔和细腻，内向，易猜忌。

把天干理解为天外宇宙中影响地球的因素。天干降到地球与地支结合，产生了"干支"的不同空间。因此，地支就是地球上对应宇宙的不同时空。

地支之数十二，是古人最早用于纪月的数字，与月份数相合。古人使用地支纪月，并用地支纪时。地支用于纪月，是以冬至日所在的月为子月，依次推移，地支数按照子丑寅卯辰巳午未申酉戌亥的次序顺布，由于冬至日所在的农历月份为农历十一月，故与农历对照，就有十二"地支月"如下表：

十二"地支月"对照表

月份	正月	二	三	四	五	六	七	八	九	十	十一	十二
地支	寅	卯	辰	巳	午	未	申	酉	戌	亥	子	丑

　　地支纪时，则是将一天分为十二个时辰，从夜里的子时起，按照地支数子丑寅卯辰巳午未申酉戌亥的顺布，对应着昼夜时间的推移。地支纪时，每个时辰为现在的两个小时。因为子时跨越了夜里的两天之间的交界，子时从夜里的11点（即23点）到凌晨1点，从子时开始，十二时辰顺布推移开始。故，对子时的处理存在两种纪时方法。其中的一种方法是：子时的上一半，归上一天，0点开始进入下一天。另一种方法是：夜里的11点开始，就进入到下一天的子时。

　　地支，与天干在数上的区别，在于它不是五的整倍数。地支在两个五之外，多出了二，这多出的两个，使得五行与地支的对应不可能是简单的阴阳各对两，地支是四个三，四组地支顺布，对应水、木、火、金，而土暂缺，所形成是地支三会局与季节、方位的对应，如下表：

地支三会局与季节、方位对应表

季节	冬	春	夏	秋
（方位）五行	（北方）水	（东方）木	（南方）火	（西方）金
地支	亥子丑	寅卯辰	巳午未	申酉戌

　　上表，同季节的地支合会一气。亥是初生之水，子是极盛之水，丑是渐衰之水，亥子丑会为北方水，并代表冬季。寅是初生之木，卯是极盛之木，辰是渐衰之木，寅卯辰会为东方木，并代表春季。巳是初生之火，午是极盛之火，未是渐衰之火，巳午未会为南方火，并代表夏季。申是初生之金，酉是极盛之金，戌是渐衰之金，申酉戌会为西方金，并代表秋季。

　　五行的土支（土的地支），从四个三的第三位抽取，取出：丑、辰、未、戌，归属土。故曰：土支为辰戌丑未。于是，对应五行的地支又有下表：

地支五行对应表

五行	水	木	火	金	土
地支	亥子	寅卯	巳午	申酉	辰戌丑未

地支为地之气，故相对于天干，地支属性为阴。地支自身，同样分为阳支和阴支。但地支的阴阳划分，除了遵循隔一相间，奇数位为阳，偶数位为阴的规律，即：子、寅、辰、午、申、戌，为阳支；丑、卯、巳、未、酉、亥，为阴支。还有一种规定：寅卯辰巳午未，为阳支；申酉戌亥子丑，为阴支。寅卯辰为少阳之木气，巳午未为老阳之火气，申酉戌为少阴之金气，亥子丑为老阴之水气。

地支，居而不动。故，地支之间没有主动的生克，古人谈地支之间的关系就不说"生克制化"，而是说"刑冲合害"，它是引动的生克，其中"合"与"冲"影响力度相对大，刑次之，害又次之。

地支隔六相冲，也称为六冲。即：子午相冲，丑未相冲，寅申相冲，卯酉相冲，辰戌相冲，巳亥相冲。在地支方布图或地支掌的方位上，相冲表现出的就是方位的对冲。

刑，就是相互折磨、妨碍。寅巳申为"无恩之刑"，丑未戌为"恃势之刑"，子卯为"无礼之刑"，除了这三刑，还有辰午酉亥为"自刑"，即辰刑辰、午刑午、酉刑酉、亥刑亥。

地支之间有相害的关系，相害有其位数合九相害的规律，子（一）未（八）相害，丑（二）午（七）相害，寅（三）巳（六）相害，卯（四）辰（五）相害，位数过十的有申酉戌亥，酉（鸡）戌（狗）为鸡飞狗跳无法相处，余下的申亥，为最后一对。这六对相害，组成六条平行线，与地磁南北轴的轴线平行。

地支相合的关系，分为六合与三合两种。地支的六合，子午两位，为：子丑相合，午未相合。其余的地支以其位数之和为十五即相合，寅（三）亥（十二）位数和为十五，故，寅亥相合，卯（四）戌（十一）相合，辰（五）酉（十）相合，巳（六）申（九）相合。

地支的六合，其数的关系，正好是地球的地理南北极轴线，与地磁南北极轴线的夹角（15度）之数。地磁的南北轴线正好穿过子丑两个地支之间，也穿过午未两个地支之间。而子丑、寅亥、卯戌、辰酉、巳申、午未，六对相合的地支，其连线就是地磁向量的经线。

地支的三合，每三个地支为一组，相合的地支有四组，规律是隔三为一组，三合的地支：子（一）辰（五）申（九）相合，丑（二）巳（六）酉（十）相合，寅（三）午（七）戌（十一）相合，卯（四）未（八）亥（十二）相合。

构成三合局的四对地支，每一对里面含有地支"四正"的一个支，即"四正"的"子午卯酉"，而"四正"处于十二长生的"帝旺"，故三合局的力量很大，比六合局大2倍。

这里说的"十二长生"，是命局之主"日干"所处的十二种状态，这十二种状态决定了日干的生死轮回的十二个阶段，分别是：绝、胎、养、长生、沐浴、冠带、临官、帝旺、衰、病、死、墓。这里的"绝"是空的状态，"胎"是有孕，"养"是在母腹中，"长生"是刚出生，"沐浴"是出生后三天的洗浴，"冠带"是成年，"临官"是开花结果，"帝旺"是生命旺盛，"衰"是开始衰落，"病"是人老多病，"死"是死亡，"墓"是收藏入库。归墓后，万物又处在受天地之气的阶段，开始新一轮的循环。

地支三合局，都由五行的长生、帝旺、墓库三者联结而成。日干的阳水壬，长生在申，帝旺在子，归库在辰，故"申子辰"合，为水局。阳木甲，长生在亥，帝旺在卯，归库在未，故"亥卯未"合，为木局。阳火丙，长生在寅，帝旺在午，归库在戌，故"寅午戌"合，为火局。阳金庚，长生在巳，帝旺在酉，归库在丑，故"巳酉丑"合，为金局。

十二地支的关系，有数的规律蕴含其中。而在利用干支作为预测基本元素的应用中，见到天干地支的符号，能想到它们之间的关系，才能运用自如。

地支与天干相配，就配成了干支六十甲子，用于纪日，也用于纪年。天干、地支配成六十甲子的规则是：天干顺布循环在上，地支顺布循环在下，上与下的循环重叠，于是阳干只与阳支相遇，阴干只与阴支相遇。六十甲子的次序表如下：

六十甲子次序表

甲子	乙丑	丙寅	丁卯	戊辰	己巳	庚午	辛未	壬申	癸酉
甲戌	乙亥	丙子	丁丑	戊寅	己卯	庚辰	辛巳	壬午	癸未
甲申	乙酉	丙戌	丁亥	戊子	己丑	庚寅	辛卯	壬辰	癸巳
甲午	乙未	丙申	丁酉	戊戌	己亥	庚子	辛丑	壬寅	癸卯
甲辰	乙巳	丙午	丁未	戊申	己酉	庚戌	辛亥	壬子	癸丑
甲寅	乙卯	丙辰	丁巳	戊午	己未	庚申	辛酉	壬戌	癸亥

由于天干数为十，地支数为十二，上与下的循环重叠，若以天干循环一轮为一旬，则第一旬为甲子旬，甲子旬缺的地支是戌亥，称为"戌亥旬空"；"旬空"也称为"空亡"，它的产生，是因为天干只有十个，地支有十二个，一旬之中，十二个地支只能用其中十个来配十个天干，余下两个进入下一旬。

紧跟着的是第二旬，为甲戌旬，同样有两个地支出现"旬空"，甲戌旬出现的是"申酉旬空"；接着是第三旬，为甲申旬，出现的是"午未旬空"；接着是第四旬，为甲午旬，出现的是"辰巳旬空"；接着是第五旬，为甲辰旬，出现的是"寅卯旬空"；最后是第六旬，为甲寅旬，出现的是"子丑旬空"。走过六旬，地支循环了完整的五轮，回到"子"的位置。天干的六旬顺布循环，与地支的五轮顺布循环，上下重叠后形成六十甲子的干支相配，又回到原点。

"空亡"影响年柱和日柱的力量最大。以干支代表时空，空亡就是时空中的"奇点"。以下列出六甲旬的空亡表：

六甲旬空亡表

甲旬	甲子旬	甲戌旬	甲申旬	甲午旬	甲辰旬	甲寅旬
空亡	戌亥空	申酉空	午未空	辰巳空	寅卯空	子丑空

六十甲子循环往复，用于纪年、纪日，并有五行的循环寓于其中。故，六十

甲子自身就是一个五行循环的系统。

古人对六十甲子，设计了一套独特的五行循环规则，使六十甲子的循环往复有名副其实的五行循环。古人把这个五行循环规则，叫做"纳音五行"，有假借五音的规律之意，但名为"纳音五行"的五行循环规则，与音律并无太大的关联，只是从音律的五音出发，作为出发点，最后曲曲折折的走到了另一条路上。这个最后被确定下来，作为"纳音五行"的规则是这样的：按"金火木水土"的五行次序循环，且隔三去一，顺布循环为：金、火、木、（水）、土、金、火、（木）、水、土、金、（火）、木、水、土、（金）、火、木、水、（土）、金、火、木、（水）、土、金、火、（木）、水、土，循环往复。六十甲子，两两为一组，分为三十组，按以上的五行次序顺布循环。即：甲子、乙丑为金，丙寅、丁卯为火，戊辰、己巳为木，庚午、辛未为土，壬申、癸巳为金，甲戌、乙亥为火，按以上的五行次序顺布，一直循环下去。

纳音五行里，对五行赋予了有强弱区别和特性区分的五行，使之具有特质和品味的不同。古人编了一首歌诀，以利于六十甲子纳音五行的记忆，如下：

甲子乙丑海中金，　　丙寅丁卯炉中火，
戊辰己巳大林木，　　庚午辛未路旁土，
壬申癸酉剑锋金，　　甲戌乙亥山头火，
丙子丁丑涧下水，　　戊寅己卯城头土，
庚辰辛巳白蜡金，　　壬午癸未杨柳木，
甲申乙酉泉中水，　　丙戌丁亥屋上土，
戊子己丑霹雳火，　　庚寅辛卯松柏木，
壬辰癸巳长流水。

甲午乙未沙中金，　　丙申丁酉山下火，
戊戌己亥平地木，　　庚子辛丑壁上土，
壬寅癸卯金箔金，　　甲辰乙巳覆灯火，

丙午丁未天河水，　　戊申己酉大驿土，

庚戌辛亥钗钏金，　　壬子癸丑桑柘木，

甲寅乙卯大溪水，　　丙辰丁巳沙中土，

戊午己未天上火，　　庚申辛酉石榴木，

壬戌癸亥大海水。

纳音五行与六十甲子相配，让每一个甲子的五行属性都一目了然。在纳音五行里，每一种五行都被赋予了六个不同的个性。

在天干与地支的关系里，把天干看作是苗，地支就是天干在地上的根，苗要有根，才会长得好。天干地支，苗与根的对应，如下表：

天干地支的苗根对应表

苗（天干）	甲	乙	丙	丁	戊	己	庚	辛	壬	癸
根（地支）	寅	卯	巳	午	辰戌	丑未	申	酉	亥	子

天干之苗，在地支上有属于自己的根，天干的力量才会强大。故，地支藏干，是天干的力量源泉。天干的五行力量，除了月令外，主要力量来自地支"通根"。地支藏干，也就是"通根"。地支所藏天干，被称为"人元"。

天干，被认为是人受天之气，得以生之元，故称之为天人合一的"人元"。根据天地人三才的理论，地人也必须合一，才会化生出人，故"人元"必然存在于地支之中，这就是"地支藏干"的理论依据。

古人为了便于记忆地支藏干，编了一首歌诀如下：

子宫癸水在其中，丑癸辛金己土同。

寅宫甲木秉丙戊，卯宫乙木独相逢。

辰藏乙戊三分癸，巳中庚金丙戊丛。

午宫丁火并己土，未宫乙巳丁共宗。

申位庚金壬水戊，酉宫辛字独丰隆。

戌宫辛金及丁戊，亥藏壬甲是真踪。

从这首歌诀可以看出，十二地支都藏有与之相对应的天干之气。十二地支中的"子午卯酉"为四正，气专，子卯酉只藏本气，唯有午藏本气丁火外还藏己土。"寅申巳亥"为四生，"辰戌丑未"为四墓，除了藏本气，还藏有其他天干。

我们把地支藏本气，列表如下：

地支藏本气表

地支	子	丑	寅	卯	辰	巳	午	未	申	酉	戌	亥
含本气	癸	己	甲	乙	戊	丙	丁	己	庚	辛	戊	壬

地支"寅申巳亥"四生，藏本气外，所含其他天干，单独列表如下：

地支"四生"含其他天干表

地支	寅	巳	申	亥
含其他天干	丙、戊	戊、庚	戊、壬	甲

地支"辰戌丑未"四墓，藏本气外，所含其他天干，也单独列表如下：

地支"四墓"含其他天干表

地支	丑	辰	未	戌
含其他天干	辛、癸	乙、癸	乙、丁	丁、辛

本气外的其他天干，与本气为相生关系的称为"中气"，与本气为相克关系的称为"余气"，中气和余气统称为杂气。

月令的五行力量发动，都是由中气、余气先行发动。在"四生"的月令中，余气最先发动，其次中气发动，最后本气才发动。在"四墓"之月，余气先发动，其次墓气发动，最后本气发动。在"四正"之月，同样是由余气先发动，然后才由本气发动。这样的发动次序，叫做"人元司令分野"，它是节气进退确定天干旺衰的最权威的依据。

月令的起始节气，和月令的天干当令时间，列表如下：

月份	起始点	天干当令时间
寅月	立春	戊土7日，到丙火7日，再到甲木16日
卯月	惊蛰	甲木10日，再到乙木20日
辰月	清明	乙木9日，到癸水3日，再到戊土18日
巳月	立夏	戊土5日，到庚金9日，再到丙火16日
午月	芒种	丙火10日，到己土9日，再到丁火11日
未月	小暑	丁火9日，到乙木3日，再到己土18日
申月	立秋	己土10日，到壬水3日，再到庚金17日
酉月	白露	庚金10日，再到辛金20日
戌月	寒露	辛金9日，到丁火3日，再到戊土18日
亥月	立冬	戊土7日，到甲木5日，再到壬水18日
子月	大雪	壬水10日，再到癸水20日
丑月	小寒	癸水9日，到辛金3日，再到己土18日

从上表我们可以看出，月令的天干当令时间，都是地支月的地支藏干分别占有一小段时间，各自当令几天到十几天，而且每个月的头几天都是上个月的本气当令的延续，上个月的本气会延续到下个月成为余气，而余气首先发动，成为每个月最初几天的当令天干。比如：寅月的本气甲木，会延续到卯月，甲木会在卯

月的头十天继续当令；巳月的本气丙火，会延续到午月，丙火会在午月的头十天继续当令；申月的本气庚金，会延续到酉月，庚金会在酉月的头十天继续当令；亥月的本气壬水，会延续到子月，壬水会在子月的头十天继续当令。

季节交替，五行之气会有衰退、生进。以"四墓"之月为例，辰月的谷雨后，木气竭，火气生；未月的大暑前火气旺，大暑后火气退，土气生；申月过半之时金气渐生，戌月的霜降前，金有余气，霜降后金气退，水气进；丑月的大寒前，水有余气，大寒后水气退，木气进。

从地支月的五行力量发动，可以看到天干五行的当令，及其作用。天干作用于地支，在相互配合下，五行之气的进退，推动着季节的交替，也决定了具体的月份地支藏干的五行之气，也就是人元之气当令的进退。

月令记载的，是地球在围绕太阳公转的位置与气候，五行旺衰的力量较大。月令在预测中是天时，是真正的当令之神。

地支的藏干，若透出在天干，则天干动于上，而地支藏干即人元应之，地气就会动于下，引动五行的力量作用于命局。比如，寅月生人，日干为土，若简单判断，就会想到寅月春天到来，木旺土死，会得出日主走死地的结论。但日主的生日若正好在寅月的头7日，天干的当令就是戊土，那日主在月令的天时里就是当令的，没有走到甲木当令的死地，应作为旺来论之。故，以上列出的月令在具体的地支月里的当令情况，地支藏干所对应的人元司令的细致时间划分，是准确判断日干旺衰的依据。

而日支，则通过地球自转的位置变化，在一天内的不同时辰，可以处在不同的空间。比如，同样是在夏天的午月（公历6月），午月的子时空间，就不同于午月的午时空间；子时空间温度低，凉爽；午时空间温度高，炎热。

故，年、月、日、时，共同代表一个四维的时空。时间在流动，空间也同时在转动和变化，通过空间的转换，可以调节改变季节时令的影响力，"地利"能影响天时，地支决定天干的不同存在形式，导致气场的变化。故，六十甲子代表的是四维时空，天干、地支也就成为了预测术的基本元素。

第六章　四柱法精要

　　天干地支，在数千年的人类历史中，始终与中国人的生活息息相关。它最早应用在历法中，由于历法以及与五行理论的结合，干支的组合被赋予了时空的含义，并又被赋予了与五行生克有关的吉凶的内涵。

　　在"梅花易数"的占术，或者说是预测术中，干支是反映五行生克关系的主要元素。除了阴阳、卦象作为分析元素的一套系统外，干支之间的运算，是判断和提取卦象空间内涵信息的另一套系统，在方法体系上几乎是完全独立的。干支在"梅花易数"断卦中的具体应用，笔者会用最后的卷五、卷六里，用大量篇幅介绍解卦实例和备查的卦象系统。而在本章里，先把干支在命理学八字四柱法的应用做一个介绍。

　　用"梅花易数"起卦后，得到独爻变的本卦和变卦。在这之后，解卦要根据具体情况进行，先用古筮法的卦象解析得到对大局的判断，对于谋划大事，这是方向性的把握，十分重要。由于卦象解析对于绝大部分易学爱好者，都难以在短时期内学成，故本书在最后的卷五、卷六中，依文王卦序把六十四卦384个独爻变的卦象序列顺次列出，附上卦象解析，供易学爱好者学习和解卦时备查。

　　在得到古筮法的卦象解析后，对大事的谋划者，有两件事要考虑：

　　其一，是对求问的具体事情进一步的分类占断，在已经占得的卦象上进行。分类占断的方法采用新筮法，即把占得的本卦、变卦转变为两组干支，再与起卦时间的八字四柱合并，就得到卦象的干支六柱，然后进行六柱的干支运算。本书在最后的卷五、卷六中用通篇的篇幅对六十四卦独爻变的卦象序列，本卦、变卦转变为两组干支的结果，详尽列出，供易学爱好者学习，也提供给读者在解卦时备查。这部分，请读者在阅读本书最后的卷五、卷六的各章时加以留意。

其二，就是选做事的主持人，也可以说是选将，三军易得，一将难求，好多事情都是败在主将身上，成功也在于主将选择正确，这是很重要的做事环节。特别是事业已做得很大的企业集团，企业主已不可能对所有项目都亲力亲为，选择职业经理人是必要的。对于职业经理人的选择考察，除了正常的人事考察之外，应选之人的生辰八字也要进行分析，看他（或她）承担任务后能否成事。

选将，就涉及到使用四柱法进行命局的推演，进而分析此人的性格特征，对所要委派的任务的影响，以及能否胜任。故，本章介绍推断命局的四柱法给读者。这是本书《新梅花易数》推介给读者的"应用易学"知识的重要组成部分，不可轻视，它对于"天道及于人事"的运作，是强调人的因素。

第一节　四柱的干支信息与中国的历法

四柱法的四柱，就是年月日时四柱，在得到一个人的出生年月日之后，再问他（或她）出生的具体时间，就得到年月日时的信息，然后就可以把年月日时的信息转化为天干地支，也就是转为干支八字，也称四柱。

先看如何排出八字四柱。在得到一个人的出生年、月、日、时的信息后，从年可以得到年柱，即年的天干和年的地支，比如2016年是丙申年，天干是丙，地支是申；2017年是丁酉年，天干是丁，地支是酉。再从万年历里查日的干支，同时在万年历里查到此日是地支月的哪一个月。

查日期的干支，是很直接的，不论阳历的出生日期，还是阴历的出生日期，在万年历里都能很方便的查到。在查日的同时，要看一下出生日所在月的节令，出生日的上一个节令到下一个节令之间就是出生日的地支月。比如，某男出生于2005年阴历6月12日午时，查万年历此日期已经过了小暑节令，因此月令就是未月，他的年月日时的干支就是乙酉年未月壬寅日午时。

查万年历，要区别节气的"节"与"气"。我国的历法，一年的二十四节气其实是十二个节和十二个气，节也称为节令，气也称为中气。

一年中的十二个节是：立春、惊蛰、清明、立夏、芒种、小暑、立秋、白露、寒露、立冬、大雪、小寒。一年中的十二个气是：雨水、春分、谷雨、小满、夏至、大暑、处暑、秋分、霜降、小雪、冬至、大寒。十二个节和十二个气，合称二十四节气。

出生日如果刚好在某个节令的那一天，就应该算在这个节令之后的地支月。比如，2005年阴历3月27日，查万年历此日正好是立夏节，进入立夏节令后的巳月，是乙酉年巳月己丑日。

再看一个例，某女出生于2004年阴历12月26日，查万年历，此日正好是2005年的立春节，按一年的起始日起于立春节的历法规定，此日的年份就不能算在2004年的甲申年，而是进入了乙酉年，故，此女子的年月日的干支应该是：乙酉年寅月己未日。

接着来学习排完整的四柱。以2005年阴历6月12日为例，某男的出生时辰在午，约11点42分出生。年、月、日、时的八字四柱，可在万年历里查到的是年的干支，月的地支，日的干支，时的地支，四柱中缺月干和时干，如下：

年	月	日	时
乙		壬	
酉	未	寅	午

接着要做的就是，推算月干和时干。月干从年干推得，时干从日干推得。从干支在历法应用中的循环特点看，不论年，还是月、日、时，使用的都是六十甲子的循环。故，六十甲子在配月的循环里，每年的十二个地支月配上天干，都会在一年里多用二个天干，每次进入下一年，正月的寅月配的天干就会顺进二位。故，古人为配月的天干，编了一首《年上起月古歌》，歌诀如下：

甲己之年丙作首，

乙庚之岁戊为头，

丙辛之岁寻庚上，

丁壬壬寅顺行流。

更有戊癸何处起？

甲寅之上好追求。

歌诀的第一句，讲到的是对应年干为甲的年份，正月从丙寅起，丙寅作首，然后逐月顺布六十甲子；己年是甲年后五年重复一个循环，规则同甲。

从歌诀可以看出甲乙丙丁戊，五年完成了一个六十甲子的循环，故紧接其后的己庚辛壬癸就会重复同样的一个六十甲子循环。从甲己年的"丙作首"开始，从年干推月干，就有丙、戊、庚、壬、甲这样的起月顺序。

回到上面那个例子，2005年阴历6月12日午时，年干为乙，推算月干的起月要从戊开始，从戊寅排到癸未，得到月干癸。

与年推月的道理一样，从日干推时干，也同样有天干顺进二位的规律，只是时是从子起，故起日的顺序为甲、丙、戊、庚、壬。依日干推出时干，古人同样编了一首歌诀，歌诀如下：

甲己还作甲，

乙庚丙作初，

丙辛从戊起，

丁壬庚子居。

戊癸何处发？

壬子是真途。

再回到上面那个例子，2005年阴历6月12日午时，日干为壬，推算时干的起时要从庚开始，从庚子排到丙午，得到时干丙。完成了月干和时干的推算，完整的八字四柱就排出如下：

年	月	日	时
乙	癸	壬	丙
酉	未	寅	午

八字四柱的规范标准写法，只在日柱的位置标注"日"字，故，我们推算出2005年阴历6月12日午时对应的八字四柱，标准的记法如下：

		日	
乙	癸	壬	丙
酉	未	寅	午

八字四柱的规范标准记法，为天干地支上下列出，是很形象的四个"柱"，故，在本书后面介绍干支六柱之时，都使用同样的规范标准记法。

第二节 天干与六亲、十神

四柱法把日干作为"我"，日柱是命主所在的柱，故日干也称为日主，日干之外的干支都围绕日干确定身份。日主为我，与我五行相同的，其"六亲"定位为兄弟。生我者，"六亲"定位为父母。克我者，"六亲"定位为官鬼。我生者，"六亲"定位为子孙。我克者，"六亲"定位为妻财。五行的以上关系，虽然只有五种分类，但习惯都称为"六亲"。

"六亲"又因日主（即日干）的天干有阴阳之分，故，日干之外的干支围绕日干确定身份，其五行关系就又细分为阴阳相同和阴阳不同的两类。比如日干为甲木，克甲木的，就有庚金（与甲木同为阳）和辛金（与甲木阴阳相异）两种。于是，"六亲"的五种分类，就因为阴阳的不同，而分为十类，称为"十神"。五行相同的，为兄弟，兄弟被分为"比肩"（同阴阳）、"劫财"（不同阴阳）。生我的，为父母，父母也称为"印星"，被分为"正印"（不同阴阳）、"偏印"（同阴阳），"偏印"又称为"枭神"。我生者，为子孙，子孙也称"食伤"，被分为"食神"（同阴阳）、"伤官"（不同阴阳）。克我者，为官鬼，官鬼被分为"正官"（不同阴阳）、"偏官"（同阴阳），"偏官"又称为"七煞"、"鬼"或"七杀"。我克者，为"妻财"，妻财也称"财星"，财星分为"正财"（不同阴阳）、"偏财"（同阴阳）。

天干的生克关系，在分析中经常被转化为"六亲"、"十神"的生克关系，这种转化后的语言，更贴近人事的关系。故，在分析中经常会直接使用六亲、十神，分析它们之间相互的生克、扶助、抑制关系，这已成为八字四柱分析中十分通用的方法和用语。本书在后面的干支分析中，同样会经常使用六亲、十神的用语来进行分析，这在分类占断中，能更直接的显示出命局中的各种关系。

第三节　大运的概念和应用

命理学认为，人出生的八字四柱的干支信息，是相对静止的，而人的一生在出生后就进入到岁月流逝的阶段，年、月的干支在变化，就会有相对动态的干支影响着原命局，这就是大运和流年。

大运，是一个人八字四柱里月柱的扩展。这个月柱的扩展，被称为大运，在起大运的那一年开始，每一对大运干支停留十年，影响原命局一个十年的运程，也改变了八字四柱的五行格局和状态。

大运排出的方法、次序如下：先算出起运的时间点；然后从起运时间点开始每十年对应一个扩展的月柱干支，这个月柱干支就是管这十年的大运干支。

具体排出的方法分为顺排、逆排两种。对于男命来说，年干为阳干时，计算起运时间和排大运都采用顺排；年干为阴干时，计算起运时间和排布大运都采用逆排。举例说明如下：

男命，1940年出生，八字四柱为：

```
        日
庚  丁  甲  戊
辰  亥  戌  辰
```

此命局排大运，男命，年干为阳干，故计算起运时间和排出大运皆为顺排，甲戌日是阴历10月28日，下一个节令是阴历11月9日的大雪节，顺着数，从阴历10月28日数到阴历11月9日，是10天，按3天折合1年计算，10天折合3年零4个月，将3年零4个月加进1940年10月，得到1944年2月，这就是起运的时间，故第一个大运从1944年阴历2月起。大运的干支对于本命局的男子也是顺排，从丁亥朝顺向扩展，第一个大运是戊子，第二个大运为己丑。故，对于此例男子的命局，得到以下的大运基本情况表：

性别：男　出生：1940 年 阴历 10 月 28 日 辰 时

四柱：

```
        日
（男）庚  丁  甲  戊
        辰  亥  戌  辰
```

起运时间　　（岁）	大运	编号
1944 年2月起　（4岁）	戊子	第一个
1954 年2月起　（14岁）	己丑	第二个
1964 年2月起　（24岁）	庚寅	第三个
1974 年2月起　（34岁）	辛卯	第四个
1984 年2月起　（44岁）	壬辰	第五个
1994 年2月起　（54岁）	癸巳	第六个
2004 年2月起　（64岁）	甲午	第七个

年柱（甲戌旬）空亡：申酉
日柱（甲戌旬）空亡：申酉
月 壬水 当令，日干旺。

对于男命来说，年干为阴干时，计算起运时间和排大运采用逆排。下面具体举例如下：

男命，2005年出生，八字四柱为：

		日	
乙	癸	壬	丙
酉	未	寅	午

此命局排大运，男命，年干为阴干，故计算起运时间和排出大运皆为逆排，壬寅日是阴历6月12日，向上数会遇到的节令是阴历6月2日的小暑，逆着数，从出生日的壬寅日数到小暑节，是10天，按3天折合1年计算，10天折合3年零4个月，将3年零4个月加进2005年6月，得到2008年10月，这就是起运的时间，故第一个大运从2008年10月起。大运的干支，对于本命局的男子也是逆排，从月柱干支的癸未朝逆向扩展，第一个大运是壬午，第二个大运为辛巳。故，对于此例男子的命局，得到以下的大运基本情况表：

性别：男 出生：2005 年 阴 历 6 月 12 日 午 时

四柱：

		日	
（男） 乙	癸	壬	丙
酉	未	寅	午

年柱（甲申旬）空亡：午未
日柱（甲午旬）空亡：辰巳
月 乙木 当令，日干偏弱。

起运时间 （岁）	大运	编号
2008 年10月起 （4岁）	壬午	第一个
2018年10月起（14岁）	辛巳	第二个
2028年10月起（24岁）	庚辰	第三个
2038年10月起（34岁）	己卯	第四个
2048年10月起（44岁）	戊寅	第五个
2058年10月起（54岁）	丁丑	第六个
2068年10月起（64岁）	丙子	第七个

再看女命排大运。对女命来说，年干为阳干时，计算起运时间和排大运采用逆排，而年干为阴干时，计算起运时间和排大运要用顺排。具体举例如下：

女命，1970年出生，八字四柱为：

```
        日
庚   壬   癸   乙
戌   午   亥   卯
```

此命局排大运，女命，年干为阳干，故计算起运时间和排出大运皆为逆排，癸亥日是阴历5月9日，向上数会遇到的节令是阴历5月3日的芒种，逆着数，从出生日的癸亥日数到芒种节，是6天，按3天折合1年计算，6天折合2年，将2年加进1970年5月，得到1972年5月，这就是起运的时间，故第一个大运从1972年5月起。排大运干支，对于本命局也是逆排，从月柱干支的壬午朝逆向扩展，第一个大运是辛巳，第二个大运是庚辰。故，对于此例女子的命局，得到以下的大运基本情况表：

性别：女　出生：1970　年 阴 历 5 月 9 日 卯 时

四柱：

```
        日
（女）庚   壬   癸   乙
      戌   午   亥   卯
```

年柱（甲辰旬）空亡：寅卯
日柱（甲寅旬）空亡：子丑
月 丙火 当令，日干偏弱。

起运时间　　（岁）	大运	编号
1972 年5月起　（2岁）	辛巳	第一个
1982 年5月起　（12岁）	庚辰	第二个
1992 年5月起　（22岁）	己卯	第三个
2002 年5月起　（32岁）	戊寅	第四个
2012 年5月起　（42岁）	丁丑	第五个
2022 年5月起　（52岁）	丙子	第六个
2032 年5月起　（62岁）	乙亥	第七个

对于女命来说，年干为阴干时，计算起运时间和排大运皆为顺排。下面具体举例如下：

女命，1987年出生，八字四柱如下：

```
              日
    丁    戊    丙    戊
    卯    申    午    戌
```

此命局排大运，女命，年干为阴干，故计算起运时间和排出大运皆为顺排，丙午日是阴历7月2日，下一个节令是阴历7月16日的白露节，顺着数从阴历7月2日数到阴历7月16日，是14天，按3天折合1年计算，14天折合4年零8个月，将4年零8个月加进1987年7月，得到1992年3月，这就是起运时间，故第一个大运从1992年3月起。排大运干支，对本命局也是顺排，从月柱干支的戊申朝顺向扩展，第一个大运是己酉，第二个大运是庚戌。故，对于此例女子的命局，得到以下的大运基本情况表：

性别：女 出生：1987 年 阴 历 7 月 2 日 戌 时

四柱：

```
              日
（女）  丁    戊    丙    戊
      卯    申    午    戌
```

年柱（甲子旬）空亡：戌亥
日柱（甲辰旬）空亡：寅卯
月 庚金 当令，日干不弱。

起运时间　（岁）	大运	编号
1992 年3月起　（5岁）	己酉	第一个
2002 年3月起　（15岁）	庚戌	第二个
2012 年3月起　（25岁）	辛亥	第三个
2022 年3月起　（35岁）	壬子	第四个
2032 年3月起　（45岁）	癸丑	第五个
2042 年3月起　（55岁）	甲寅	第六个
2052年3月起　（65岁）	乙卯	第七个

第四节　八字四柱在人事上的应用

排出了八字四柱和大运，接着就可以通过命理推演，知道所用之人的命局和近期所谋之事上的作为。以命局为据，把人的命局与所谋之事挂钩，就可以用人的因素，推动所谋之事的顺利进展。

我们来看一个（男性）四柱：

<pre>
            日
  乙   丁   庚   辛
  酉   亥   午   巳
</pre>

日干庚金，生于亥月，水寒金冷，坐沐浴位，身弱，喜火暖身，更需丙火炼之，方可成器。丁火透出，又有乙木助火，巳藏丙火，成才的条件已具备，可以成器。乙木正财透出，亥藏天干甲木，财生官，七杀旺盛，有做事的冲劲，也会出成就。亥水食神抑制七杀，故为厚道之人，也是性情中人，有错也会认错，为可用之才。

看到上面这个四柱，已经很明确，这是一个难得的、能开创新局面的人才，任用这样四柱的人，所谋之事会有很大的成就。

再看一个（女性）四柱：

<pre>
            日
  癸   乙   乙   丙
  亥   卯   卯   子
</pre>

日干乙木，生于仲春，坐临官，为自坐禄位，身旺。二月春寒，喜火暖身，丙火调候，且为伤官透出，为透秀，灵气充盈，天生丽质。年日支为亥卯，卯为将星，有组织能力和领导才干，对周围同事有影响力和感召力。年干癸水透出，

且有根，得到长辈关照，亥水生木，常能得到助力。命局中，子为桃花，与透出的伤官丙同在时柱，故形貌清丽，得到众人的喜欢，特别有男人缘。

看到上面这位女性的四柱，可断定是个可以重用的人才，得到她的辅佐可以成就一番大的事业。

再看一个推荐为经理人（男性）的四柱：

		日	
辛	辛	己	戊
巳	丑	巳	辰

日干己土，生于丑月，寒冬之土，坐帝旺位，得巳火暖身，辛金食神透出在年柱和月柱，坐下地支有根，能较早展示才华，丑湿土生辛金泄秀，才华显露，得巳火印星扶助，事业顺利。任用这个四柱的人作为项目经理人，所谋的事业也就会风生水起，赢得声誉。

再看一个推荐为经理人（女性）的四柱：

		日	
庚	壬	癸	乙
戌	午	亥	卯

日干癸水，生于炎炎夏季，壬水通之，庚金为壬水之源，坐下亥水为根，庚壬透出，才华和力量源源不绝，卯木为食神，泄体身弱，但其位在日主十二宫的长生，也有泄秀之功。乙木透秀，且透秀是在时柱，是为长青树的象征。故，此四柱之女子，可委以重任，成就一番事业。

最后看一个推荐为经理人（男性）的四柱：

```
          日
乙    己    辛    壬
卯    丑    酉    辰
```

日干辛金，生于丑月，坐酉金藏干辛，有根，且坐禄身强，酉丑半合金局，助力强大，壬水旺，己土透出，伤官配印，生泄配合得当，辰酉合，辰为水库，金水相生，土金相合，利于运程的发展。酉为将星，有组织和领导才干，对周围同事有感召力。故，此四柱的男子，可委以重任，可成就一番事业。

通过对身边可用之人的四柱的推演，用人方面有疑的，即可解疑，最终方能到达用人不疑的境界，这对事业是有帮助的。

在选经理人时，命局中出现以下情况的，要特别注意：

第一，日干偏弱且无根，印星又不现，出现日主受克过重，或泄体过于严重，不能成事。

第二，地支出现三刑，或自刑的地支多达三个以上，属于性格偏执、阴暗，难以在团队中起到领导作用。

第三，命局中官多化煞，官煞混杂，难免引灾，难有大的成就。

第四，日干坐下藏鬼，又无食伤为护神，且印星不现，难成气候。

用四柱法分析身边所用的人，择其可助我者，去掉会伤害事业者，事业自然就会兴旺。

第五节　特殊干支组合的应用

特殊干支组合，在命理分析中被称为神煞。历代对于神煞的研究和应用，在多年积累之后，变得十分庞大，并夹带进了民间方士的一些夸张说法，对于命理推演造成某些不利影响。但应该承认的是，神煞系统是一种经过实践检验、有效的特殊干支组合，对于命局分析是不可缺少的。故，在干支预测中，有选择的使用这种含义精炼的干支组合，是很有必要的。在本节里，笔者就实践中的经验，把不可缺少的特殊干支组合列表如下，提供给读者学习、使用。

天乙贵人

年日干	甲戊	乙己	丙丁	庚辛	壬癸
天乙贵人	丑未	子申	酉亥	寅午	巳卯

　　天乙贵人是至贵之神，在八字四柱的应用中，天乙贵人的年、日天干组合，必须符合以上列出的这五个组合。

天德贵人

月支	子	丑	寅	卯	辰	巳	午	未	申	酉	戌	亥
天德贵人	巳	庚	丁	申	壬	辛	亥	甲	癸	寅	丙	乙

文昌贵人

年日干	甲	乙	丙	丁	戊	己	庚	辛	壬	癸
文昌贵人	巳	午亥	申戌	酉	申	酉	亥	子	寅	卯

福星贵人

年日干	甲	乙	丙	丁	戊	己	庚	辛	壬	癸
福星贵人	寅 子	丑 亥	戌	亥 酉	申	未	午	巳	辰	丑

太极贵人

日干	甲乙	丙丁	戊己	庚辛	壬癸
太极贵人	子午	卯酉	辰戌、丑未	寅亥	巳申

　　太极贵人的条件严格，必须"始终相保"，也就是必须子午全见、卯酉全见、辰戌全见、丑未全见、寅亥全见、巳申全见，缺一即不构成太极贵人。

红鸾天喜

年支	子	丑	寅	卯	辰	巳	午	未	申	酉	戌	亥
红鸾	卯	寅	丑	子	亥	戌	酉	申	未	午	巳	辰
天喜	酉	申	未	午	巳	辰	卯	寅	丑	子	亥	戌

干禄

日干	甲	乙	丙	丁	戊	己	庚	辛	壬	癸
禄	寅	卯	巳	午	巳	午	申	酉	亥	子

驿马（马星）

日支	寅午戌	申子辰	亥卯未	巳酉丑
驿马	申	寅	巳	亥

将星

年日支	寅午戌	申子辰	亥卯未	巳酉丑
将星	午	子	卯	酉

华盖

年日支	寅午戌	申子辰	亥卯未	巳酉丑
华盖	戌	辰	未	丑

羊刃

日干	甲	乙	丙	丁	戊	己	庚	辛	壬	癸
羊刃	卯	寅	午	巳	午	巳	酉	申	子	亥

白虎煞

年支	子	丑	寅	卯	辰	巳	午	未	申	酉	戌	亥
白虎煞	午	卯	子	酉	午	卯	子	酉	午	卯	子	酉

桃花

年日支	寅午戌	申子辰	亥卯未	巳酉丑
桃花	卯	酉	子	午

桃花在年月两支者，为"墙内桃花"。在日、时柱两支者，为"墙外桃花"。墙内桃花，主清秀、美丽。墙外桃花，主多情、浪漫。

红艳

年干	甲	乙	丙	丁	戊	己	庚	辛	壬	癸
时支	午	申	寅	未	辰	辰	戌	酉	子	申

年干、时支共同构成甲午、乙申、丙寅、丁未这样的组合，这样的干支组合就是命局所带有的红艳。红艳主风流，且能主动大胆追求情爱。

天厨贵人

年日干	甲	乙	丙	丁	戊	己	庚	辛	壬	癸
天厨贵人	巳	午亥	子戌	巳	午	申	寅	午	酉	亥

天厨入命的人，如不逢刑冲克破和空亡，一生不愁吃穿。此贵人与正官正印同宫时，功名蒸蒸日上，可得高官厚禄，富贵双全。普通百姓，也衣食丰厚。

在命理分析中，弄清楚是否有以上的特殊干支组合存在于八字四柱之中，对于进一步的命局推演很有好处。

神煞干支系统存在于八字之中，是客观的，是古代先贤在命理推演中长期实践的总结。以上选出的神煞干支组合，是命理推演中最基本的。

第六节　命局推演的有序分析方法

四柱法推命的理论，经过汉唐宋明清历代学者、名家的不断改进、提升，已达到十分精深的程度。系统的学习四柱法，对于有志于掌握命理在《应用易学》中的运用，是必要的，也是易学"天道及于人事"不可缺少的一课。以下，就把命理推演的分析过程，做一个有序的过程介绍，以利于读者在将来的自学。

在推出八字四柱和大运之后，查年、日柱的空亡，以作干支之间生克的参考依据。接着，通过对月令的五行当令，以及日干坐十二宫的气数状态进行分析，得出日干旺衰的初步结论，然后对八字中会生、克、扶、助、耗、泄日干的字，进一步分析之，对日干的旺衰、喜忌做出准确的判断。

在以上的初步分析之后，对天干的生、克、冲、合化关系，和地支的刑、冲、害、合化关系，做进一步的深入分析，做出八字格局的合理判断，并找出命局中主流能量的源流走向。同时，对本命局的神煞干支组合进行分析，作为命运分析的重要参考。

最后，对大运、流年进行分析，详尽的对大运、流年表逐一进行分析。读者掌握了以上的分析程序，就可以自如的进行命理推演。

卷四

第七章　梅花易数的起卦

在卷一的第二章里，我们说到了旧版本的"梅花易数"使用年月日时的数字起卦方法有缺陷，这个缺陷延续了下来，到现今流行"时分"起卦法，依然如故。起卦时小时数和分钟数之和为奇数的，变爻只出现在奇数爻位，即初爻、三爻、五爻；起卦时小时数和分钟数之和为偶数的，变爻只出现在偶数爻位，即二爻、四爻、六爻。也就是说，按现今流行的"梅花易数"起卦规则，任何一个本卦都仅对应三个爻位的爻变，另外三根爻不会出现爻变。这样，梅花易数的卦象空间以"独发"为特点，即一根爻变的"独发"之卦，它的整体卦象序列只出现一半。本来以"独发"为特点，理所当然的应该是一卦变六卦，出现本卦与变卦的配对应该是384个卦象空间，但是按现今流行的"梅花易数"起卦规则，仅能一卦变三卦，本卦与变卦的配对只出现192个卦象空间。

"梅花易数"起卦的这个缺陷，使占问可以得到的卦象仅为整体卦象序列的一半。也许有人会有这样的看法，得到192个卦象空间也够用了，不必强求卦象空间的完整。但是，卦象空间不完整，就会有两种情况出现：其一就是我们本应提取到的卦象信息丢失了大部分；其二就是我们提取到的卦象信息是被替换的，不是所占问之事的卦象信息。这两种情况都会影响到占筮的准确性，故卦象空间的丢失不是可以忽视的小问题。

这个丢失卦象空间的缺陷，是因为整体卦象序列随时间流动时的变换，在现实的宇宙空间里是呈现震荡特点的，有上行和下行交替的震荡发生。而我们现今流行的起卦方法并没有考虑到空间交替的上下行震荡，也就无法准确对应现实中的宇宙卦象空间，故只能对应一半的卦象空间，即仅仅对应到上行的卦象空间，丢失的是下行的卦象空间。卦象空间的整体丢失，对应的是下行的那一半。

　　解决起卦规则的这个缺陷，可以用"空间震荡"的思维来弥补，即确定下行的时间起点和终点，在卦象空间震荡下行的时间段，采用下行的规则进行对应，就会得到原本会缺失的下行卦象空间。

　　在具体的操作中，确定每个小时25分到48分作为卦象下行震荡的时间段。震荡下行，数从上往下看，1、2、3、4、5、6对应的就是6、5、4、3、2、1 。比如《蹇》卦，6点7分、6点15分、6点23分，这三个时间点是在卦象空间的上行时间段，得到确定变卦爻位的三个数：1、3、5 ，对应的是《蹇》卦初爻、三爻、五爻的三对卦变。而到6点31分、6点39分、6点47分，这三个时间点起卦，落在卦象下行震荡的时间段里，尽管同样得到1、3、5这三个数，但按照卦象下行震荡的新规则，要对应下行的三个爻位：六爻、四爻、二爻的三对卦变；下行的时间段里1、3、5对应6、4、2 。

　　同样的，14点7分、14点15分、14点23分，得到《蹇》卦上行时间段里对应的三爻、五爻、初爻的三对卦变；14点31分、14点39分、14点47分，得到《蹇》卦在下行时间段里对应的四爻、二爻、六爻的三对卦变。22点7分、22点15分、22点23分，得到《蹇》卦上行时间段里对应的五爻、初爻、三爻的三对卦变；22点31分、22点39分、22点47分，得到《蹇》卦在下行时间段里对应的二爻、六爻、四爻的三对卦变。

　　明确卦象空间上行时间段和下行时间段，再明确下行时间段按六循环得到的余数要进行爻位的反方向对应，即1、2、3、4、5、6对应6、5、4、3、2、1 。这样下行时间段里出现奇、偶数互变，卦象空间与时间的对应就完整了。

　　客观、公允的评价之，有了梅花易数"独发"卦象序列对应时间而变换的新规则，梅花易数快速、准确的特色才能得以保存。卦象空间震荡是客观存在的，旧规则若不修正，卦象空间的转换就有一半对应不到起卦的数，卦象的丢失就在所难免。因此，知道旧版本梅花易数留下的时间起卦方法存在的缺陷后，我们就不会对它继续保持足够的自信。同样的，我们对"时分"起卦法在时空对应上的缺陷，照样没有自信，因为我们本应得到的卦象丢失了，我们得到的卦象有一半是被替换的，不是所占之事的对应卦象，卦象信息丢失和失真的现象肯定存在。

而有了卦象空间震荡的新规则，卦象空间的转换与时间流动对应的关系就建立起来了，时空对应的完整性就得到了保证。有了这点保证，梅花易数才更容易被人接受，这关系到梅花易数在今后百年的传世。

梅花易数的起卦，最重要的就是得到时间的数，依据时间数得到卦象。这对于任何时候想要获取信息，就是卦由心生，最为便捷，不受任何制约，获取卦象甚至不需要问测人的配合。故，梅花易数被称为"心易"，最便捷的就是看时间，然后立即起卦。比如，你心里想一件事，看手机的时间是11点10分，用时间起卦，11点按八循环余数3为上卦，10分按八循环余数2为下卦，11加10总数按六循环余数3为变爻，占得上离下兑的《睽》卦为本卦，三爻变得到《大有》卦，占问得到的就是《睽》之《大有》。

至于利用外应的因素起卦，如看到老人、年轻人以及他走来的方位起卦，听到声音起卦，看到某人衣着特点后起卦，按字的笔画起卦等等，都属于观察外应而得到卦象，是"心易"的枝节手段，可用于配合，知之即可。

第八章　断卦原则

　　得到卦象后，就进入到解卦阶段。解卦也称为断卦，是得到预测结果的阶段。梅花易数的断卦原则，是以卦象作为首要的判断，但遇到特殊的凶卦，又刚好在特殊的卦变爻位，卦辞就是首要的判断。这样的凶卦有四个：《无妄》、《遁》、《否》、《剥》。

　　为了提高断卦的准确性，对所断之事进行分类是绝对必要的，这在周易筮法里已得到大量的体现。笔者的研究系列里，"《周易》卦象解析与企业战略"就是突出了占断之事的分类，把企业战略作为占断之事的核心，这样的占断分类也是周易筮法的重要断卦原则。

　　梅花易数的断卦，是以卦象作为首要的判断，这本是古筮法的特点。但梅花易数所处的时代是在宋朝，其方法的总结则是在进入清朝之后的事，故，干支和五行成为预测术的主元素，是筮法不断创新发展的必然。但应该指出的是，五行生克的影响融入到卦象分析之中，是在春秋战国时代，《左传》留下的仅是屈指可数的几个涉及到五行生克影响预测结果的卦例，其方法在其后的年代里并没有得到总结。而到了西汉年代，以焦延寿的《焦氏易林》、京房的《纳甲筮法》为代表的两种风格截然不同的预测术问世，京房是焦延寿的弟子，师从焦延寿学习周易。京房的纳甲筮法，创新性的把干支五行纳入到卦象六爻之中，用爻位干支五行生克的分析代替卦象五行的分析。在纳甲筮法中，干支五行已脱离了卦象，卦象五行仅体现在京房八宫的五行特性上，京房八宫的五行特性只是本宫卦整体的五行，应用上仅仅服务于干支纳卦时"兄弟爻"的确定，以及用于找到"伏爻"，本卦、变卦的上下卦以及经卦、互卦的概念已不存在，干支五行的分析，已经完全脱出了卦象。

回顾清朝版本《梅花易数》的断卦，在古筮法的卦象应用之上，已最大限度的融入了五行生克分析。而且，《梅花易数》的传世，已把可占问的事情的类别扩大到了极致，几乎无所不包。因此，对各种类别的兼顾，是确定梅花易数断卦原则时必须考虑的。而分类占断做得最好的，就是京房创造的纳甲筮法。在纳甲筮法中，"用神"与"六亲"相联系，可确定占问之事的类别。"用神"的确定，大大提高了占筮的准确性。尽管"梅花易数"断卦使用"体卦"作为"我"，但却没有引入"用神"对事物的分类进行辅助分析。

读者也许会认为，两种不同的筮法，是不允许随意混合使用的。但我们应该很清楚的认识到，"梅花易数"断卦方法里的"体卦"概念就是参考了干支预测的两种筮法，即四柱法和纳甲筮法的思维方法。它参考了四柱法以"日干"为我的思维模式，同时参考了纳甲筮法以"世爻"为我的思维模式，也就自然产生了以"体卦"为我的思维模式。因此，从某种意义或思维判断来看，"梅花易数"本身就是一种带有模仿性质的解卦方法。

因此，不同筮法之间，思维方法是可以借用并予以改进的。比如纳甲筮法，其使用的"用神"和"六亲"，是从命理推演的八字四柱法那边照搬过来的，与四柱法的用语几乎一致。但后世的人们，从来没有把纳甲筮法作为八字四柱法的翻版。故，思维方法乃至术语的继承使用，并不会产生问题，重要的是目的方向要正确，青出于蓝，要胜于蓝，要产生出自己的颜色。

笔者为易学爱好者重写"梅花易数"，本着续往圣之绝学，遵循易理的原则，继承并有所发展，绝不轻易拼凑不同的方法而贻笑大方。在思维方法的继承上，笔者认为，邵康节先生这位先贤、往圣，生活在宋朝，那是干支预测方法已得到完善发展的朝代，四柱法和纳甲筮法到宋朝之时已发展成熟，预测元素使用干支绝不是问题。像邵康节先生这样的易学大师，其占法完全可能使用干支作为预测元素。而融合卦象与干支，对康节先生应该是信手拈来。

故而，在梅花易数的断卦原则确定上，以卦象法为主体，结合干支预测元素的使用，笔者将为易学爱好者推出一个全新的断卦法。在梅花易数中，卦象解析会独立存在，把握着分析的方向，而干支预测元素将通过卦象转换而得到体现，本卦和变卦会转换为两组干支，再与起卦时间的八字四柱合并，形成卦象的干支六柱。这样，五行生克就完全体现在干支预测元素之上，避免了错断、误判，而月令、日辰的影响也直接体现在干支六柱中。

同时，求事的成败还在于当事人的参与。故，当事人的八字命局，会客观的体现在一件事的占问中，这也是梅花易数的断卦新原则。

以上设定的"梅花易数"的断卦新原则，其总原则都是为了提高占筮的准确率，不求简单，也不求新颖，只求准确。

第九章　本卦五行的我

　　本卦中"我"的位置，选用正确与否，直接影响到预测结果的准确率。旧版《梅花易数》是以体卦为"我"，其存在的问题，就是相同的用卦会有上卦位置和下卦位置的不同。

　　比如乾卦为体卦，坤卦为用卦，坤卦位置在上卦时卦象为《泰》卦，坤卦位置在下卦时卦象为《否》卦，吉凶的趋势是相反的；但对于过去制定的断卦原则来说，都看作是"用卦"生"体卦"，同为"用生体"，故无法判别吉凶的不同，这就带来错误的判断。

　　同样情况，还有乾卦为体卦，艮卦为用卦。艮卦在上卦时卦象为《大畜》卦，是吉卦，《大畜》卦无论是本卦还是变卦，变卦组合都是成功的居多。艮卦位置在下卦时卦象为《遁》卦，《遁》卦是四大凶卦之一，《遁》卦无论是本卦还是变卦，都是失败居多。还有《无妄》卦和《剥》卦，也都是这样，只要有《无妄》卦和《剥》卦出现在卦象组合之中，失败的概率就很大。《无妄》卦的上下经卦颠倒是《大壮》卦，两卦凶爻的位置完全不同。而《剥》卦更为特别，《剥》卦上下经卦颠倒后是《谦》卦，《剥》卦除了三爻（六三）爻辞为"剥之无咎"，结果是好的，其他的五根爻全部是凶爻，结果皆为失败。而《剥》卦上下卦交换后得到的《谦》卦，却是六爻皆为成功的吉卦。只要这些卦出现在卦象组合里，"梅花易数"旧规则就会出现误判、错断。

　　对于卦象，把"我"确定在爻位上是更合理的，动爻在六爻之间变动，"我"的位置也随之变动，符合易理。而且可以继续沿用"体"作为"我"的代称，建立起"体"与动爻以及其他各爻的干支关系。

　　在卦象中，两根爻的"有应"是相对的。把与动爻有应的爻位，确定为

"体"的爻位，"体"就是"我"，其"应"为动爻。把"动"的外因放在爻位"体"的应爻之上，通过卦象与干支之间的转化，得到卦象的两对干支，这两对干支与起卦时间的四柱合并，就得到卦象所对应的六对干支，简称卦象六柱。这样，就建立起"体"与动爻，以及所有爻位之间的分析模型。

"体"爻的五行属性，也就是"我"的五行确定，可以通过所在爻位在八宫卦中的五行属性来判定。

按照这样的规则，把"我"确定在与动爻间隔两根爻的应爻之上，保留"体"的名称，根据相对性原则，动爻就成为了"体"爻的应爻。这样，把起卦得到的卦象转化为干支六柱，就可以进行干支的运算，得到分类占断的预测结果。这个占筮新法，也就是本书在卷五和卷六将要介绍给易学爱好者的新筮法。

在卷五、卷六中，384个独爻动的卦象空间，都配以古筮法的卦象解析，作为新筮法的比照。这是本书引导易学爱好者，在占筮的同时读《易》的一种安排，笔者希望，能培养读者在占筮的同时读《易》、思考易理的习惯。这也是笔者把古筮法与新筮法进行结合，推荐给读者的用心所在。

第十章　用神的引入

　　梅花易数应用在预测上，其占问的事物分类几乎无所不包，故，进行"分类"占断才能提高预测的准确性。

　　在分类占断方法中，"用神"法是理论体系最完善的分类法，从唐代开始就在文人雅士、高人的参与下，留下了诸多的学术著作传世，成为理论与实践紧密结合的高格调的分类占断法。故，引入"用神"作为分类占断的主体方法，会大大强化分类占断的适用性，提高占筮的准确率。清代开始流行的《梅花易数》既然托名邵雍，以易学大师邵雍的广博学识，定然会使用了"用神"法，只是没有文字记载。笔者此次写《新梅花易数》，当然不会落入旧版《梅花易数》的俗套而继续使用错误的卦象体用分类法，更不会故求新颖而排斥理论体系最为完善的分类"用神"法。

　　本书为梅花易数引入分类占断的"用神"法，同样不落入纳甲筮法的套路，不使用纳卦的套路将六爻纳入地支，而是用"世事如人"的思维，把卦象对应的人事，作为如同一个人的出生，把卦象和占问的年、月、日、时作为信息来源和依据，模拟出一个经过扩展的四柱，得到的是卦象的两组干支和年、月、日、时四柱干支的组合。这样的思维方法，配合古筮法的卦象解析，实际上是以纯粹的卦象解析为主骨架，配合以天干地支的五行分析作为有筋骨的强壮肌肉，以干支的六亲关系为依据，得到分类占断的目的和效果。

　　本书采用古筮法和新筮法相结合的方法，其目的就是挖掘古筮法卦象解析的解卦潜力，同时最大限度的吸收天干地支作为预测元素所含有的分类占断优势。这种全新的尝试，也是为了挖掘先贤、往圣尚未有文字传世的、已佚失的绝学，回归先贤、往圣或许使用过的周易筮法。

　　为了达到把新筮法讲解透彻的目的，也为了让易学爱好者可以通过本书查找新法最难掌握的卦象转化干支的方法及其结果，本书在下面开始的"卷五"部分安排详细备查的六十四卦完整的解卦案例。编排次序，按照文王卦序顺次进行。把"独发"（也称为独爻动）序列的卦象空间，总共384个爻变空间，逐一列出并予以详解，以帮助初学者学会"梅花易数"的解卦。

　　读者可以通过学习、研读卷五、卷六的解卦案例，与纳甲筮法的解卦做个对比。读者会发现，本书的案例，与纳甲筮法的最大不同，在于不使用"纳卦"的方法得到六爻的地支。在用新筮法得到卦象的干支六柱后，结合进天干的运算，天干与地支并重。纳甲筮法则是使用"纳卦"的方法得到六爻的地支，并把运算分析限定在地支。也许对纳甲筮法来说，有了地支的运算也就足够了，但在地支运算的基础上，结合进天干的运算分析，会弥补单纯地支运算分析的不足。

卷五

第十一章　乾、坤

梅花易数的解卦案例，从乾、坤开始。乾、坤作为祖卦，在文王卦序中排在最前面。解卦案例从祖卦开始，是学习解卦循序渐进的安排。

《乾》为天 ☰（卦序号：1）

乾：元亨利贞。

☰《乾》卦的卦象，是乾上乾下，其象代表天。以下从初爻开始，介绍《乾》卦独爻变的卦象解析、干支五行分析方法和分类占断。先看爻辞：

☰**初九：潜龙勿用。**

现代文注释：

初九，六爻的最低位，按天、地、人三才的位置来看，初九、九二皆为地，而初九在地的下位，是低于地面的深渊，故可以比作潜伏在深渊下的龙。初九，阳气初生，暂不发挥作用，这是爻位的初始阶段"待时"的勿用。

《乾》卦初九爻变，得到《乾》之《姤》。卦象解析如下：

从卦象看，《乾》卦卦象☰，《姤》卦卦象☰，两卦卦象结合起来看，乾为君，巽为柔顺，为臣，为草木，为万物，为利，伏震为春，半艮为求，为果，为成，艮巽为门，这是君臣合好，草木逢春而自然生长，进入利门，求利有果，得小成之象。

占到《乾》卦六爻皆不变，是雄花不育，有花无果；而此占的初爻变，得到的之卦《姤》卦，阴爻从下方进入，阴阳得以调和，是求事有果之象。

起卦时间：2016年阳历5月25日17点25分。占问得到《乾》之《姤》，动爻在初爻。"体"的位置在四爻，"用"在初爻。

"体"在四爻，在本宫卦（乾卦）里的五行属性为午火，六亲为官鬼，故"体"的天干为丁。

体干在四爻，配丁火；坐下的地支，由十二宫的帝旺，动化为冠带。即体干坐地支巳，动化未，于是得到卦象的两组干支为：

丁　　丁
巳　　未

2016年阳历5月25日17点25分，对应的八字四柱是：

　　　　　日
丙　　癸　　丁　　己
申　　巳　　未　　酉

卦象的两组干支与起卦时间的八字四柱合并，就得到《乾》之《姤》的卦象干支六柱：

　　　　　体　　日　　　　用
丙　　癸　　丁　　丁　　己　　丁
申　　巳　　巳　　未　　酉　　未

　　此占问，若分类占断为求财，用神为财。求财，忌神为兄弟，元神为子孙。卦象六柱中，金为兄弟，水为子孙，木为财，火为官鬼，土为父母。卦中，丁火官鬼临体干，宜财旺生官，得财之象。日柱空亡寅卯，木不现天干，木藏木库未中，是为财入墓之象。年支太岁申金克寅卯，故，木为真空，且处在入墓状态。癸水无根，元神不能通关。是暂时不会得财之象。

　　从问财的分类占断，也让我们认识到《乾》卦初九的爻辞"潜龙勿用"的含义，时间未到，尚需等待。

　　若此次占问，不问财，而是问职务的升迁，用神的选用就要改变。占问职务升迁，用神为官鬼，忌神为子孙，元神为财。卦象六柱中，丁火官鬼临体干，坐下的巳火，在十二宫的帝旺之位，月令巳火旺，日干助体干，体现的是事业顺遂之吉象。但，日柱空亡寅卯，元神乙木入墓，木缺位，癸水子孙克官鬼，忌神克用神，官运衰。太岁申克寅卯，元神木被克，为真空。求官运，宜元神旺，不受克，不宜元神入墓、空亡、受克。故，结论为：近期得不到升迁机会。

　　分类占断求官运，《乾》卦初九爻辞的"潜龙勿用"，再一次得到印证。

　　继续看《乾》卦九二的爻变。先看爻辞：

☰九二：见龙在田，利见大人。

现代文注释：

　　九二，也为地，但在"地"的上位，故曰"在田"。龙出现在田间，有利于大德大才之人出现。龙显现了，贤人的理想可以推行了，大德大才的伟大人物可以显见了。九二，阳刚居中位，具备"刚中"之德，品格修养已经成熟；故，居此位的龙可以浮出水面，走在田间，显露才华，不必再躲藏掩饰。君子到了这一阶段，其品德、才干被人们所认识，是崭露头角的最好时机。此时，利于"见"的环境出现了。君子，等待符合他志向的机会，等待利于"见"的社会环境，现在，实现理想的时间节点到了，去显见自己的才华吧！

《乾》卦九二爻变，得到《乾》之《同人》。卦象解析如下：

从卦象看，《乾》卦卦象☰，《同人》卦卦象☲，两卦卦象结合起来看，乾为老，为老人，离为巢，离中虚为空，这是老人多，空巢之象；乾为富，为富人，三乾为富人多，巽覆兑，兑为华，为辅佐，覆兑为无华，为失辅，离为麟凤，巽为利，为散，巽伏震，震为开，为通利，伏震为闭，为不通利，这是麟凤散去，春华不再，失辅佐，不通利之象。对于事业而言，卦象信息，有一次大的成功，出现富人的群体，其后失去创业时的斗志，步入老态，富人多，实干的人少，麟凤散去，从人才的角度，近于空巢，故不通利，在大成功后走向败落；得此占，初吉终吝。

起卦时间：2016年阳历6月2日9点17分。占问得到《乾》之《同人》，动爻在二爻。"体"的位置在五爻，"用"在二爻。

"体"在五爻，在本宫卦（乾卦）里的五行属性为申金，六亲为兄弟，故"体"的天干为庚。

体干在五爻，配庚金；坐下的地支，由十二宫的临官，动化为养。即，体干坐地支申，动化辰，于是得到卦象的两组干支为：

庚　　庚
申　　辰

2016年阳历6月2日9点17分，对应的八字四柱是：

```
                    日
      丙    癸    乙    辛
      申    巳    卯    巳
```

卦象的两组干支与起卦时间的八字四柱合并，得到《乾》之《同人》的卦象干支六柱：

```
            体          日    用
      丙    庚    癸    乙    庚    辛
      申    申    巳    卯    辰    巳
```

此占问，若分类占断为求财，用神为财。求财，忌神为兄弟，元神为子孙。卦象六柱中，金为兄弟，水为子孙，木为财，火为官鬼，土为父母。卦中，庚金兄弟临体干，忌神临体，财不能靠近，得不到财之象。卦中金多，兄弟多现，为夺财之象。日干空亡子丑，癸水失去主根。月令为巳火，元神癸水犯月破，处在休囚。辰藏干癸，但元神有空亡、月破，癸水只能入墓，不能通关，忌神临体的问题无解。体干坐下地支，申动化辰，化出的是仇神回头生，仇神生忌神，忌神更凶悍，财不可得。故，此占问结果，得不到财。

从求财的分类占断，我们对卦象解析里的结论"初吉终吝"更有感受。

继续看《乾》卦九三的爻变。先看爻辞：

☰ 九三：君子终日乾乾，夕惕若，厉无咎。

现代文注释:

九三，位置在六爻的天、地、人三才里，居于"人"的位置，是"上不在天，下不在田"的阳刚之位，处在上乾与下乾的相重之地，自身又不居中位，无地位可言，故着重谈"人"的努力。九三，君子终日勤奋工作，努力不懈，到夜间，心还总是放不下，还在思虑白天的工作有无差错、疏漏；始终努力、谨慎的坚持，随时反省检讨，并保持着成功前的高度警惕，故尽管处在危险的处境，却可以做到没有咎害。

《乾》卦九三爻变，得到《乾》之《履》。卦象解析如下：

从卦象看，《乾》卦卦象☰，《履》卦卦象☱，两卦卦象结合起来看，兑为倾危，半震为起，这是倾而复起之象，但复起的力量小；离伏坎，离为明，坎为忧，为祸患，坎伏为无祸，无忧，半艮为安，乾为福，这是祸伏而转安，有福无忧之象；卦象中含有转危为安之意，符合《乾》九三的爻辞"夕惕若，厉无咎"，虽有"厉"，但无咎害，不会受到伤害。倾而复起，最终成功。卦中震象和艮象，皆为半象，是矮小之象，力量不足之象。得此占，会有成功。

起卦时间：2016年阳历6月8日17点41分。占问得到《乾》之《履》，动爻在三爻。"体"的位置在上爻，"用"在三爻。

"体"在上爻，在本宫卦（乾卦）里的五行属性为戌土，六亲为父母，故"体"的天干为戊。

体干在上爻，配戊土；坐下的地支，由十二宫的帝旺，动化为沐浴。即体干坐地支午，动化卯，于是得到卦象的两组干支为：

戊　　己

午　　卯

2016年阳历6月8日17点41分，对应的八字四柱是：

```
            日
丙    甲    辛    丁
申    午    酉    酉
```

卦象的两组干支与起卦时间的八字四柱合并，得到以下的的干支六柱：

```
体                用    日
戊    丙    甲    己    辛    丁
午    申    午    卯    酉    酉
```

此占问，若分类占断为问财，用神为财。求财，忌神为兄弟，元神为子孙。卦象六柱中，金为兄弟，水为子孙，木为财，火为官鬼，土为父母。卦中，戊土父母临体干，宜财旺，喜财来克体，亦喜火通关，财间接生体干，皆为财来就体，得财之象。日柱空亡子丑，水缺位，忌神可直接克用神。但，丙辛合，合化水，忌神化为元神，元神生财，财旺。体干坐下地支，午动化卯，动化回头生，财生官，财旺生官的条件具备。故，此占问结果，可得财。

继续看《乾》卦九四的爻变。先看爻辞：

☰ 九四：或跃在渊，无咎。

现代文注释：

九四，进入上卦，逼近九五尊位，故多惧，九四仍居于全卦的"人"位，是经九三"进德修业"的努力，进入到下一个阶段，即奋身一跃的阶段，要从深渊中直接跃出升空，需要的能量就要更大。故，勇气、准备、时机三者都不可或缺，九四试图"跃"出深渊，飞上九天，成功就成为"飞龙"，不成功就毅然返身于深渊，继续在渊中做"潜龙"。渊者，龙潭也，本就是龙的居所，故无咎。

《乾》卦九四爻变，得到《乾》之《小畜》。卦象解析如下：

从卦象看，《乾》卦卦象☰，《小畜》卦卦象☰，两卦卦象结合起来看，乾为福，互离伏坎，坎为灾祸，为忧，伏坎为祸伏而灾自免，这是有福无忧之象；互兑伏艮，艮为星，艮数七，为北斗，伏艮居上卦，罡魁在上，天罡顺向无冲，是乾天顺行之象。对于事业功名而言，卦象信息，有福无忧，灾祸自免，无灾患，天象是乾天顺行，故，事业会顺利，但占者要知惧而慎，以《小畜》卦的危厉为警示，过于勉强的事，时止则止；得此占，事业成功。

起卦时间：2016年阳历5月26日17点17分。占问得到《乾》之《小畜》，动爻在四爻。"体"的位置在初爻，"用"在四爻。

"体"在初爻，在本宫卦（乾卦）里的五行属性为子水，六亲为子孙，故"体"的天干为癸。

体干在初爻，配癸水；坐下的地支，由十二宫的帝旺，动化为冠带。即体干坐地支亥，动化丑，于是得到卦象的两组干支为：

癸　　癸
亥　　丑

2016年阳历5月26日17点17分，对应的八字四柱是：

　　　　日
丙　癸　戊　辛
申　巳　申　酉

卦象的两组干支与起卦时间的八字四柱合并，得到《乾》之《小畜》的卦象干支六柱：

		用	日		体
丙	癸	癸	戊	辛	癸
申	巳	丑	申	酉	亥

此占问，若分类占断是问某位高中生的高考结果，用神有两个，为官鬼和父母。忌神也有两个，为子孙和财。卦象六柱中，金为兄弟，水为子孙，木为财，火为官鬼，土为父母。卦中，癸水子孙临体干，忌神临体，不利。日柱空亡寅卯，忌神空，对录取结果有利，考取有希望。丙火有根在巳，可受生，官鬼通关，父母不受克，用神两旺，录取有希望。体干坐下地支，亥动化丑，子孙动化父母，忌神化出用神，考取有望。故，此占问结果，可考取。

继续看《乾》卦九五的爻变。先看爻辞：

☰ 九五：飞龙在天，利见大人。

现代文注释：

九五，居三才的天位，故"飞龙在天"。与九二一样，都有"利见大人"的爻辞，利于"见"的环境是一样的，只是九五已居君王的尊位，阳刚的九五，居中又得正，有德又有地位，故九五是乾动的生命最为完美、自由的状态，在天的龙，正如孔子所说的"从心所欲而不逾矩"，刚健而自由。九五刚健而自由的完美生命状态，只有得到在下的贤人的辅佐，才会更加的完美，懂得"用贤"之道，创造最有利的"利见大人"的环境，让"大贤"出世而得大用，才是九五"飞龙在天，利见大人"的真正意义，也更能体现飞龙的成功。

《乾》卦九五爻变，得到《乾》之《大有》。卦象解析如下：

从卦象看，《乾》卦卦象☰，《大有》卦卦象☲，两卦卦象结合起来看，离为日，为乾宫，离居上代表未来，为大光明，半艮为安，互兑为悦喜，伏艮为北斗，天罡无冲，乾天顺行，这是快乐且安宁之象；离象柔爻居中位，其象虚中，虚中为有孚之象，其下乾为德，为信，君位与众阳爻孚信相交，以诚信为道德基础，又不失尊，是大光明之象。对于谋求事业发展，卦象信息，天象吉祥，未来光明，飞龙以威济柔，得吉而长安，事业会成功。

起卦时间：2016年阳历8月4日9点41分。占问得到《乾》之《大有》，动爻在五爻。"体"的位置在二爻，"用"在五爻。

"体"在二爻，在本宫卦（乾卦）里的五行属性为寅木，六亲为财，故"体"的天干为甲。

体干在二爻，配甲木；坐下的地支，由十二宫的临官，动化为养。即，体干坐地支寅，动化戌。于是得到卦象的两组干支为：

甲　甲
寅　戌

2016年阳历8月4日9点41分，对应的八字四柱是：

　　　　　日
丙　乙　戊　丁
申　未　午　巳

卦象的两组干支与起卦时间的八字四柱合并，得到《乾》之《大有》的卦象干支六柱：

	用		日	体	
丙	甲	乙	戊	甲	丁
申	戌	未	午	寅	巳

此占问，若分类占断为求财，用神为财。求财，忌神为兄弟，元神为子孙。卦象六柱中，金为兄弟，水为子孙，木为财，火为官鬼，土为父母。卦中，甲木财临体干，宜旺。日柱空亡子丑，水缺位。巳午未三会火局，寅午戌三合火局，两个火局，地支一片大火，申金被丙火盖头，又被地支一片大火包围，金几近于绝灭。忌神受制，甲木有根，财旺。故，此占问结果，可得财。

此占问，若分类占断为求问仕途、职务升迁，用神为官鬼，元神为财。求官，子孙成为忌神。日柱空亡子丑，子水忌神空亡，利官位升迁。丙丁火有根在巳午，用神旺，又得财生之，天干甲乙木透出有力，元神强大，官运很顺。问职务升迁、求官的结果，与爻辞的"飞龙在天，利见大人"很合，可得到职务升迁。

继续看《乾》卦上九的爻变。先看爻辞：

☰上九：亢龙有悔。

现代文注释：

上九，自我膨胀的龙，骄傲的龙，为了自我的满足而亢奋，只知进，不知退，走向迷乱、狂乱的状态。物极必反，亢奋的龙，最终有悔。

《乾》卦上九爻变，得到《乾》之《夬》。卦象解析如下：

从卦象看，《乾》卦卦象☰，《夬》卦卦象☱，两卦卦象结合起来看，兑伏艮，艮为夫，艮伏为不见其夫，重乾为不见其妻之象。对事业而言，这是阴阳不配合的卦象，不会有成果，归于失败。

起卦时间：2016年阳历9月9日17点49分。占问得到《乾》之《夬》，动爻在上爻。"体"的位置在三爻，"用"在上爻。

"体"在三爻，在本宫卦（乾卦）里的五行属性为辰土，六亲为父母，故"体"的天干为戊。

体干在三爻，配戊土；坐下的地支，由十二宫的帝旺，动化为沐浴。即体干坐地支午，动化卯。于是得到卦象的两组干支为：

戊　　己
午　　卯

2016年阳历9月9日17点49分，对应的八字四柱是：

　　　　　　日
丙　丁　甲　癸
申　酉　午　酉

卦象的两组干支与起卦时间的八字四柱合并，就得到《乾》之《夬》的卦象干支六柱：

```
用              体  日
己   丙   丁   戊   甲   癸
卯   申   酉   午   午   酉
```

此占问，若分类占断为求财，用神为财。求财，忌神为兄弟，元神为子孙。卦象六柱中，金为兄弟，水为子孙，木为财，火为官鬼，土为父母。卦中，戊土父母临体干，宜财旺，喜财来克体，亦喜火通关，财间接生体干，皆为财来就体，得财之象。日柱空亡辰巳，巳藏干丙，巳火空，丙火无根。丁火有根在午，可受生，丁火通关成功，财间接生体干。寅亥不现，甲木无根，财不受生。癸水无根，不受生，元神不能通关，金直接克木，忌神直接克用神，财受克，财衰。故，此占问结果，得不到财。

若分类占断为职务升迁，用神为官鬼。求官，忌神为子孙，元神为财。卦中，戊土父母临体干，坐下地支，午动化卯，动化回头生，内含信息是财生官。日柱空亡辰巳，丙火无根。丁火有根在午，午火在日柱得甲木相生，日令午火旺，助官运旺。戊土有根在申，可受生，丁火旺，戊土得丁火相生，为旺象，官鬼生体干，官运助体之象。但，甲木无根，不受生，木衰弱，火旺木焚，不能长久。故，虽可得到官位升迁，亦有官运走到尽头的时候，亢龙最终有悔。

占到此卦象，要看到《乾》卦上九的爻辞"亢龙有悔"，在人生的宦海沉浮中，不可陷入迷乱的状态。

《坤》为地 ䷁（卦序号：2）

坤：元亨，利牝马之贞。君子有攸往，先迷，后得主，利。西南得朋，东北丧朋。安贞吉。

䷁ 《坤》卦的卦象，是坤上坤下，其象代表地。以下从初爻开始，介绍《坤》卦独爻变的卦象解析、干支五行分析方法和分类占断。先看爻辞：

䷁ **初六：履霜，坚冰至。**

现代文注释：

初六，坤的最下方，踏在深秋的寒霜之上，能感觉到严冬即将到来。"坚冰"从"易象"上是指乾阳，乾为冰，为坚，故"履霜，坚冰至"是指《坤》的初六将会爻变为初九；而初六变为初九，《坤》卦就变为《复》卦。故，这句话预示着《坤》卦之后紧跟着的就是《复》卦。

《坤》卦初六爻变，得到《坤》之《复》。卦象解析如下：

从卦象看，《坤》卦卦象䷁，《复》卦卦象䷗，两卦卦象结合起来看，震为步，为履，坤为重载多负，是负重而步履沉重之象；震为行，为惊，为商旅，坤为寒冬，为夜暮，为暗，为惧，震覆艮，艮为居，覆艮为无居所，这是商旅在寒冬的夜暮中行走，无居所而心有惊惧之象。卦象信息，寓意初始阶段的艰辛和环境的恶劣。爻辞说，走在寒霜覆地的路上，能感觉到严冬的到来。对创业而言，初始阶段的艰难，就如同寒霜覆地，尽管企业的创造力开始转盛，但企业要度过一段寒冬期；得此占，不会成功。

起卦时间：2016年阳历2月23日16点32分。占问得到《坤》之《复》，动爻在初爻。"体"的位置在四爻，"用"在初爻。

"体"在四爻，在本宫卦（坤卦）里的五行属性为丑土，六亲为兄弟，故"体"的天干为己。

体干在四爻，配己土；坐下的地支，由十二宫的冠带，动化为长生。即体干坐地支未，动化酉。于是得到卦象的两组干支为：

己　　己
未　　酉

2016年阳历2月23日16点32分，对应的八字四柱是：

　　　　　　日
丙　　庚　　乙　　甲
申　　寅　　亥　　申

卦象的两组干支与起卦时间的八字四柱合并，就得到《坤》之《复》的卦象干支六柱：

　　　　　　体　　日　　　　用
丙　　庚　　己　　乙　　甲　　己
申　　寅　　未　　亥　　申　　酉

此占问，若分类占断为求财，用神为财。求财，忌神为兄弟，元神为子孙。卦象六柱中，土为兄弟，金为子孙，水为财，木为官鬼，火为父母。卦中，己土兄弟临体干，忌神临体，财不能靠近，得不到财之象。日柱空亡申酉，庚金无根，不受生，元神不受生，不能通关，用神直接受克，财衰。己土有根在未，坐禄，忌神旺，故，用神受克，受伤严重，忌神临体干的问题无解。故，此占问结果，得不到财。

继续看《坤》卦六二的爻变。先看爻辞：

☷ 六二：直方大，不习无不利。

现代文注释：

六二，爻位居中得正，坤为地，为下，故"坤"以下为主，六二是下卦的主位，因此也是《坤》卦的主位，为卦主，故六二爻要充分表达坤德。"直"，其意为正行，不偏不邪，是"刚"的外在体现。在易象中，乾为直，而坤德顺而承天，"坤元"为"乾元"之所达，"坤元"中含有"乾元"，坤德合于天德，故，坤亦为直；"方"是整齐、有规矩的意思，是原则性。"大"，是说坤德广大，无处不至。六二，为《坤》之主位，故而统言坤道，以"直方大"形容其德用。有如此德用，无需加进别的，故曰"不习"。"不习"亦指坤德之"静"，《坤》德之静，自有其利，故曰"不习无不利"。

《坤》卦六二爻变，得到《坤》之《师》。卦象解析如下：

从卦象看，《坤》卦卦象☷，《师》卦卦象☷，两卦卦象结合起来看，爻变，坤变坎，坤为虚，坎中实，为得，这是由虚转实，有得之象；互震为登，坤为台阶，坤象重叠，为远，为劳苦，这是由虚转实，但路途遥远，登高劳苦之象；坤伏乾，乾为富，为福喜，伏乾为不见福喜，不见富余。但，卦象信息，中实而有得，最终是有果的结局，会有成功。

起卦时间：2016年阳历3月12日16点16分。占问得到《坤》之《师》，动爻在二爻。"体"的位置在五爻，"用"在二爻。

"体"在五爻，在本宫卦（坤卦）里的五行属性为亥水，六亲为财，故"体"的天干为壬。

体干在五爻，配壬水；坐下的地支，由十二宫的冠带，动化为胎。即体干坐地支戌，动化午。于是得到卦象的两组干支为：

```
壬      壬
戌      午
```

2016年阳历3月12日16点16分，对应的八字四柱是：

```
            日
丙    辛    癸    庚
申    卯    巳    申
```

卦象的两组干支与起卦时间的八字四柱合并，就得到《坤》之《师》的卦象干支六柱：

```
      体          日    用
丙    壬    辛    癸    壬    庚
申    戌    卯    巳    午    申
```

此占问，若分类占断为求财，用神为财。求财，忌神为兄弟，元神为子孙。卦象六柱中，土为兄弟，金为子孙，水为财，木为官鬼，火为父母。卦中，壬水财临体干，宜旺。日柱空亡午未，未土空，忌神减力，求财有利；午火空，天干丁火不现，但，丙火有根在巳，火不缺位。壬水有根在申，财可受生。庚金有根在申，辛金有根在戌，庚辛金可受生，元神可受生，可通关，忌神反成为财源，财有源，财旺。故，此占问结果，可得财。

继续看《坤》卦六三的爻变。先看爻辞：

☷ 六三：含章可贞。或从王事，无成有终。

现代文注释：

六三，阴爻居阳位，力量有限，处下卦之极位，迫近上卦而多凶，"含章"为内含章美，蕴含美德，"可贞"为守持正道，这就是周文王的"含晦"之道。六三之位，必须恪守臣道，守职以终王事，"含藏"而不争功，故可"无成"，可以无"可赞美之善"，而后必能"有终"。周文王在灭商之前，施行"含晦"之道，恪守臣道，守职以终其王事，在这上面可谓"无成"，不能改变商纣王的暴政。但，周文王用"含晦"之道，保全了自己，在韬光养晦中固守正道，故有其善终，终于等来了有足够力量伐纣的那一天。故曰"无成有终"。

《坤》卦六三爻变，得到《坤》之《谦》。卦象解析如下：

从卦象看，《坤》卦卦象☷，《谦》卦卦象☶，两卦卦象结合起来看，坤为年岁，为国，为邑，互震为帝王，为乐，互震伏巽，巽为风，伏巽为风止，艮为安，伏兑为雨停，这是风雨过后，国邑为安之象。对照爻辞，爻变后得到的是《谦》卦九三，爻辞"九三，劳谦，君子有终，吉。"是之卦所含信息；可以看到本卦的《坤》卦六三爻辞的"有终"，也出现在之卦《谦》九三的爻辞里，两个"有终"都有"利建侯"的指向，最终成就王侯的基业。风雨过后，国邑得安，有成功的含义；得此占，终有成功。

起卦时间：2016年阳历3月13日8点32分。占问得到《坤》之《谦》，动爻在三爻。"体"的位置在上爻，"用"在三爻。

"体"在上爻，在本宫卦（坤卦）里的五行属性为酉金，六亲为子孙，故"体"的天干为辛。

体干在上爻，配辛金；坐下的地支，由十二宫的临官，动化为墓。即，体干坐地支酉，动化辰。于是得到卦象的两组干支为：

辛　　庚

酉　　辰

2016年阳历3月13日8点32分，对应的八字四柱是：

　　　　　　日

丙　辛　甲　戊

申　卯　午　辰

卦象的两组干支与起卦时间的八字四柱合并，就得到《坤》之《谦》的卦象干支六柱：

体　　　　　用　日

辛　丙　辛　庚　甲　戊

酉　申　卯　辰　午　辰

此占问，若分类占断为求财，用神为财。求财，忌神为兄弟，元神为子孙。卦象六柱中，土为兄弟，金为子孙，水为财，木为官鬼，火为父母。卦中，辛金子孙临体干，忌空破，忌被克。日柱空亡辰巳，对火土有影响，但火土不缺位。庚辛有根在申酉，可受生，可通关，元神通关，忌神反成为财源，财有源，财旺。辰藏干癸，财藏墓中，且辰在旬内空亡，需等待出旬，子水值日最为有利。故，此占问结果，可得财，得财的应期不远，仅在月内出旬后六天的庚子日。

继续看《坤》卦六四的爻变，先看爻辞：

▤▤六四，括囊，无咎，无誉。

现代文注释：

六四，为接近六五君位的爻，为"多惧"之位，有"誉"则可致"君疑"而招祸。括囊，即扎紧囊口而不露出也。对"誉"，会有过度之名，而招君王之忌，故"括囊口"而不露，闭口不言，深藏不露，亦是"含晦"之道，可得"无咎"。君子处乱世，唯有谨慎而不炫其才智，如括囊口，方可得"无咎"。而此时君子的心须安于"无誉"，不为"贤名"所累，不在乎其"贤名"的失去，不图虚名，安其"无用"，方可安其"无誉"。

《坤》卦六四爻变，得到《坤》之《豫》。卦象解析如下：

从卦象看，《坤》卦卦象▤▤，《豫》卦卦象▤▤，两卦卦象结合起来看，震为玉，互艮为君子，为坚，为温，坤为志，为厚，这是君子志坚如玉，温厚如玉之象；此象与豫卦的志向相合。但卦象中，互艮为时，坤为虚，为无果之象；与坤卦六四的爻辞"无誉"相合。故，安于"无誉"而勿用，合于时势，谋求事业暂无成功。

起卦时间：2016年阳历2月19日16点24分。占问得到《坤》之《豫》，动爻在四爻。"体"的位置在初爻，"用"在四爻。

"体"在初爻，在本宫卦（坤卦）里的五行属性为未土，六亲为兄弟，故"体"的天干为己。

体干在初爻，配己土；坐下的地支，由十二宫的冠带，动化为长生。即体干坐地支未，动化酉。于是得到卦象的两组干支为：

```
己    己
未    酉
```

2016年阳历2月19日16点24分，对应的八字四柱是：

```
           日
丙    庚    辛    丙
申    寅    未    申
```

卦象的两组干支与起卦时间的八字四柱合并，就得到《坤》之《豫》的卦象干支六柱：

```
           用    日         体
丙    庚    己    辛    丙    己
申    寅    酉    未    申    未
```

此占问，若分类占断为求财，用神为财。求财，忌神为兄弟，元神为子孙。卦象六柱中，土为兄弟，金为子孙，水为财，木为官鬼，火为父母。卦中，己土兄弟临体干，忌神临体，财不能靠近，得不到财之象。日柱空亡戌亥，无影响。天干财不透出，地支壬子水皆不现，财弱。壬水藏干于申，申金在年柱、时柱同时被丙火盖头，失去活力，财也失去活力，财衰，无财之象。故，此占问结果，得不到财。

继续看《坤》卦六五的爻变，先看爻辞：

☷ 六五：黄裳，元吉。

现代文注释：

六五，居尊位，在卦位里常为君王之位，然而《坤》卦为至柔之卦，为臣道，故，坤卦之六五，居者仍为臣，只是臣之极贵者而已，如同封建制度里的诸侯王，相对天子而言，诸侯王为臣，这里六五以"中和"之德居臣子之职。黄，中色也，裳，下饰也。六五，阴居尊位，为中顺之德。其占，为大善之吉。元，大而善也。黄裳，亦为元吉，同义也，故云"黄裳，元吉"。

《坤》卦六五爻变，得到《坤》之《比》。卦象解析如下：

从卦象看，《坤》卦卦象☷，《比》卦卦象☵，两卦卦象结合起来看，坎为幽谷，艮为鸟翼，为飞，这是艮阳可出幽谷之象；艮为辉光，为国，坤为天下，为万国，这是辉光普照万国的大光明之象。《坤》卦的六五爻变，成为《比》卦的九五，居君位并为盟主。这与《坤》卦六五的"黄裳，元吉"寓意相同，会有大成功。

起卦时间：2016年阳历2月28日16点40分。占问得到《坤》之《比》，动爻在五爻。"体"的位置在二爻，"用"在五爻。

"体"在二爻，在本宫卦（坤卦）里的五行属性为巳火，六亲为父母，故"体"的天干为丙。

体干在二爻，配丙火；坐下的地支，由十二宫的帝旺，动化为胎。即，体干坐地支午，动化子。于是得到卦象的两组干支为：

```
丙    丙
午    子
```

2016年阳历2月28日16点40分，对应的八字四柱是：

```
            日
丙    庚    庚    甲
申    寅    辰    申
```

卦象的两组干支与起卦时间的八字四柱合并，就得到《坤》之《比》的卦象干支六柱：

```
      用          日    体
丙    丙    庚    庚    丙    甲
申    子    寅    辰    午    申
```

此占问，若分类占断为求财，用神为财。求财，忌神为兄弟，元神为子孙。卦象六柱中，土为兄弟，金为子孙，水为财，木为官鬼，火为父母。卦中，丙火父母临体干，宜财旺，喜财来克体，亦喜木通关，财间接生体干，皆为财来就体，得财之象。日柱空亡申酉。申子辰三合水局，水旺，申不论空。日柱庚辰，辰土在柱内直接生庚金，忌神生元神，元神通关成功，忌神反成为财源，财有源，财旺。故，此占问结果，可得财。

继续看《坤》卦上六的爻变，先看爻辞：

☷☷ 上六：龙战于野，其血玄黄。

现代文注释：

上六，坤道之极位。"龙"，指乾。"战"，乃阴阳之消息，阳息阴，阴消阳，阴阳消长，乃自然规律的运行。"野"，开阔之地，寓意天穹之下的大地，大地即为"坤"，故"龙战于野"其意即为"乾战于坤"。"战"为阴阳消息，阴阳之间有长、消之道，推动着四时循环。"其血玄黄"，言其"色"，可理解为天地"其色玄黄"。

《坤》卦上六爻变，得到《坤》之《剥》。卦象解析如下：

从卦象看，《坤》卦卦象☷☷，《剥》卦卦象☶☷，两卦卦象结合起来看，艮为止，为果，艮覆震，震为进，为开，为事遂，震覆为退，为闭，为事不遂，坤为怯，为亡，这是天地闭，怯而退，事不遂，终无果之象。故，谋求事业发展的占问，以《坤》卦上六为断，只有遗憾，君子无作为，不能成功。

起卦时间：2016年阳历3月8日16点56分。占问得到《坤》之《剥》，动爻在上爻。"体"的位置三爻，"用"在上爻。

"体"在三爻，在本宫卦（坤卦）里的五行属性为卯木，六亲为官鬼，故"体"的天干为乙。

体干在三爻，配乙木；坐下的地支，由十二宫的临官，动化为衰。即，体干坐地支卯，动化丑。于是得到卦象的两组干支为：

乙　　乙

卯　　丑

2016年阳历3月8日16点56分，对应的八字四柱是：

```
            日
丙      辛      己      壬
申      卯      丑      申
```

卦象的两组干支与起卦时间的八字四柱合并，就得到《坤》之《剥》的卦象干支六柱：

```
用              体      日
乙      丙      辛      乙      己      壬
丑      申      卯      卯      丑      申
```

此占问，若分类占断为求财，用神为财。求财，忌神为兄弟，元神为子孙。卦象六柱中，土为兄弟，金为子孙，水为财，木为官鬼，火为父母。卦中，乙木官鬼临体干，喜财旺生官，得财之象。日柱空亡午未，地支不现，无影响。日干己土坐禄，有根可受生，忌神旺。财爻壬水天干透出，且与日柱紧贴，引来兄弟夺财成为必然，财被克，财衰。乙木有根在卯，可受财生，但财衰，旺财生官的条件不具备。故，此占问结果，得不到财。

第十二章　复、姤

地雷《复》䷗（卦序号：3）

复：亨。出入无疾，朋来无咎。反复其道，七日来复，利有攸往。

　　本章介绍《复》、《姤》两卦的独爻变卦象空间，本节进入《复》卦。以下从初爻开始，介绍《复》卦独爻变的卦象解析、干支五行分析方法和分类占断的分析过程。先看初爻的爻辞：

䷗初九：不远复，无祇悔，元吉。

现代文注释：

　　初九，是复卦唯一的一根阳爻。一爻为主，故初九就是复卦的卦主。爻辞的最后，是"元吉"，意思是从一开始就繁茂亨通的"吉"，是大吉。"不远复，无祇悔"，"不远"即"近"，其意是："走近复，不会后悔。"不远离君子之道，走近"复"。复者，将曾失去的美好恢复起来。阳气曾失，今阳返，来复，记忆中的善与仁，其念犹存。既有复，"近复"而守之，不可再失。

　　《复》卦初九爻变，得到《复》之《坤》。卦象解析如下：

　　从卦象看，《复》卦卦象䷗，《坤》卦卦象䷁，两卦卦象结合起来看，震为乾元，为君王，为武，为马，为雄，坤为牝马，为军，牝马忠诚的追随雄马，暗喻西南联盟的军队坚定的追随武王；震为帝，为征伐，坤为牧，为野，这是武王伐纣，牧野决战之象。对于谋求事业发展，卦象信息，初阳的元吉，牧野决战的胜利，明示中兴的到来，明示成功。

起卦时间：2017年阳历3月21日8点28分。占问得到《复》之《坤》，动爻在初爻。"体"的位置在四爻，"用"在初爻。

"体"在四爻，在本宫卦（坤卦）里的五行属性为丑土，六亲为兄弟，故"体"的天干为己。

体干在四爻，配己土；坐下的地支，由十二宫的长生，动化为冠带。即体干坐地支酉，动化未，于是得到卦象的两组干支为：

己　　己
酉　　未

2017年阳历3月21日8点28分，对应的八字四柱是：

　　　　日
丁　癸　丁　甲
酉　卯　未　辰

卦象的两组干支与起卦时间的八字四柱合并，就得到《复》之《坤》的卦象干支六柱：

　　　　体　日　　　用
丁　癸　己　丁　甲　己
酉　卯　酉　未　辰　未

此占问，若分类占断为求问仕途的未来，求职务升迁，用神为官鬼。求官，忌神为子孙，元神为财。卦象六柱中，土为兄弟，金为子孙，水为财，木为官鬼，火为父母。卦中，己土兄弟临体干。甲木官鬼透出，坐下水库辰，藏财助官，为财生官之象。癸水透出，坐地支卯，财生官，官运旺。年柱丁酉，丁火在柱内直接克制坐下的忌神酉金，忌神受制，求官有利。故，通观全局，忌神受制，元神助力，用神旺，官运顺遂，此占问结果，求官可得。

继续看《复》卦六二的爻变。先看爻辞：

䷗ 六二：休复，吉。

现代文注释：

六二，居中得正，与初九为亲比，接近无障碍，故，"走近复"是六二的愿望和行动。休，是指美好的事物。"休复"之意，让美好的事物回到身边，特别是指道德的回归。复归"善良"与"仁"的美德于己身，故是吉祥的。

《复》卦六二爻变，得到《复》之《临》。卦象解析如下：

从卦象看，《复》卦卦象䷗，《临》卦卦象䷒，两卦卦象结合起来看，震为德，为履，为升，坤为义，为重，为阶梯，为顺，这是履德重义，顺利升阶之象；坤为大道，为万里，为平陆，为国，为顺，兑为辅，为盛，震为马，为奔，为兴，这是国有良辅，顺达兴盛，如骏马奔跑在万里平川之象。对于谋求事业发展，卦象信息，天时、地利、人和俱备；得此占，事业成功。

起卦时间：2017年阳历5月7日16点4分。参加《周易》沙龙活动的某位企业家，问他2年前开刀一直没有痊愈，会不会慢慢好起来。占问得到《复》之《临》，动爻在二爻。"体"的位置在五爻，"用"在二爻。

"体"在五爻，在本宫卦（坤卦）里的五行属性为亥水，六亲为财，故"体"的天干为壬。

体干在五爻，配壬水；坐下的地支，由十二宫的长生，动化为沐浴。即体干坐地支申，动化酉，于是得到卦象的两组干支为：

$$
\begin{array}{cc}
壬 & 癸 \\
申 & 酉
\end{array}
$$

2017年阳历5月7日16点4分，对应的八字四柱是：

$$
\begin{array}{cccc}
 & & 日 & \\
丁 & 乙 & 甲 & 壬 \\
酉 & 巳 & 午 & 申
\end{array}
$$

卦象的两组干支与起卦时间的八字四柱合并，就得到《复》之《临》的卦象干支六柱：

$$
\begin{array}{cccccc}
 & 体 & & 日 & 用 & \\
丁 & 壬 & 乙 & 甲 & 癸 & 壬 \\
酉 & 申 & 巳 & 午 & 酉 & 申
\end{array}
$$

此占问，分类占断确定为问病能否痊愈，用神为体干。问病，忌神为官鬼，元神为子孙，忌神为病，元神为药。卦象六柱中，土为兄弟，金为子孙，水为财，木为官鬼，火为父母。卦中，壬水财临体干，体宜旺。日柱空亡辰巳，对天干无影响。体柱壬申，时柱并之，申金在柱内直接生壬水，元神生体干，体干旺，是吉祥之象。地支申酉金旺，金为子孙，问病子孙为福神，福神旺。甲乙木无根，不受生，故，忌神官鬼终会衰弱，病情终会有痊愈之日。卦象中，体干坐下地支，申动化酉，子孙爻动化进神，为治疗有进展，药有效果，福神日进。故，要坚持治疗，不要放弃。

　　继续看《复》卦六三的爻变。先看爻辞：

☳ 六三：频复，厉无咎。

现代文注释：

　　六三，阴居刚位，不得正，故其特点就是力量柔弱，意志不坚定，"频"，通"颦"，颦为皱眉的样子，愁眉苦脸的，很勉强并且有多次的反复，也会不断传来其"复"的成绩，但心志不定，频繁的改变。这是一位志向不坚定者，求复过程摇摆不定，这样的状况有"厉"，即有危厉，但这不会受到怪罪，毕竟不是危害他人的过错，可得"无咎"，故曰"厉无咎"。

　　《复》卦六三爻变，得到《复》之《明夷》，卦象解析如下：

　　从卦象看，《复》卦卦象☳，《明夷》卦卦象☷，两卦卦象结合起来看，震为帝，为圣王，为乐，离为王宫，为光明，离数三，艮为拜，坎为酒，坤为礼，这是尧舜禹三圣礼聚饮酒之象，禹王拜酒尧舜；卦象吉。对于谋求事业发展，此卦象含有光明大道有圣贤指引之意，可以大胆向前；其后光明就会复出，照耀大地；得此占，会有事业的成功。

起卦时间：2017年阳历5月9日16点36分。一位男青年经朋友介绍，到周易工作室，求问婚姻，问他的求婚是否会顺利。占问得到《复》之《明夷》，动爻在三爻。"体"的位置在上爻，"用"在三爻。

"体"在上爻，在本宫卦（坤卦）里的五行属性为酉金，六亲为子孙，故"体"的天干为辛。

体干在上爻，配辛金；坐下的地支，由十二宫的临官，动化为养。即，体干坐地支酉，动化丑，于是得到卦象的两组干支为：

辛　　辛
酉　　丑

2017年阳历5月9日16点36分，对应的八字四柱是：

　　　　　　日
丁　乙　丙　丙
酉　巳　申　申

卦象的两组干支与起卦时间的八字四柱合并，得到《复》之《明夷》的卦象干支六柱：

体　　　　　用　日
辛　丁　乙　辛　丙　丙
酉　酉　巳　丑　申　申

此占问，分类占断为男子求问婚姻，问能否和心仪的女子结婚，用神为财。男子求婚姻，忌神为兄弟，元神为子孙。卦象六柱中，土为兄弟，金为子孙，水为财，木为官鬼，火为父母。日柱空亡辰巳，丙火无根。辛金子孙临体干，坐下酉金动化丑土，子孙动化兄弟，化出忌神，且为元神入墓之象，事会有拖延。但，辛金有根在酉，可受生，用爻辛丑，丑土在柱内直接生辛金，忌神生元神，求婚有利；且酉金动化丑土，动化回头生，也是忌神生元神，求婚有利。故，此占问结果，求婚先会有拖延，但最终求婚成功。

继续看《复》卦六四的爻变。先看爻辞

䷗六四：中行独复。

现代文注释：

六四，居四爻之位，居群阴之中，上下都有两根阴爻，当此情势，六四尚能独自与初九的阳爻应与，这是六四与众同行，而不畏惧众意的坚强，是六四独能从善、亲仁之易象。《复》卦，一阳从下发生，当此之时可谓阳气微弱，还不足以说在不久的将来就必有作为，六四爻中行独复，可谓仁者无惧。古代之贤士，谓此爻之义最宜玩味，有"慎独"之义，唯有内心的憬然自觉，才能使之如此。故，唯有仁义之士，方能守其志，而独行此道矣。

《复》卦六四爻变，得到《复》之《震》。卦象解析如下：

从卦象看，《复》卦卦象䷗，《震》卦卦象䷲，两卦卦象结合起来看，震为德，为车，为载，坤为天下，这是大德载天下之象；上下为震，震为百里，为南，为行，艮为秦，这是百里奚南行赴秦之象，其位先微而后显，是未来大富贵之象。对于谋求事业发展，卦象信息是百里奚从奴隶直升宰相之位的吉兆，寓意事业发展会有意外的好结果。六四位中正，走在中行之道上，爻辞的"中行独复"，是六四独得的好处，有大富贵的结局；得此占，会有大成功。

起卦时间：2017年阳历5月7日16点12分。参加《周易》沙龙活动的某位企业家，问企业未来发展趋势。占问得到《复》之《震》，动爻在四爻。"体"的位置在初爻，"用"在四爻。

"体"在初爻，在本宫卦（震卦）里的五行属性为子水，六亲为父母，故"体"的天干为癸。

体干在初爻，配癸水；坐下的地支，由十二宫的病，动化为长生。即，体干坐地支酉，动化卯，于是得到卦象的两组干支为：

癸　　癸
酉　　卯

2017年阳历5月7日16点12分，对应的八字四柱为：

　　　　　日
丁　乙　甲　壬
酉　巳　午　申

卦象的两组干支与起卦时间的八字四柱合并，就得到《复》之《震》的卦象干支六柱：

　　　用　　日　　　　体
丁　乙　癸　甲　壬　癸
酉　巳　卯　午　申　酉

此占问，求问企业发展的前景，用神为财。求财，忌神为兄弟，元神为子孙。卦象六柱中，木为兄弟，火为子孙，土为财，金为官鬼，水为父母。卦中，癸水父母临体干，宜财旺，喜财来克体，亦喜金通关，财间接生体干，皆为财来就体，得财之象。日柱空亡辰巳，辰为财，看似财空，财缺位。但午藏干己土，申藏干戊土，土并不缺位，财不空。丁火有根在午，可受生，元神通关，忌神反成为财源，财有源，财旺。故，此占问结果，可得财，企业发展前景很好。

继续看《复》卦六五的爻变，先看爻辞：

䷗ 六五：敦复，无悔。

现代文注释：

六五，居上卦坤的中位，有坤德，敦，为厚，故曰"敦复"。六五，虽在《复》卦中不为卦主，但六五守持中道，厚道之至，亦可无悔。敦，在古文里还有巡视、督查和催促的意思，六五对上六的督查，会使上六走入中正之道。六五与六二无应，但六五的"敦复"与六二的"休复"却似有呼应，六五的"敦复"，厚德载物，其结果必然会使"美好的复"盛大起来、强大起来。

《复》卦六五爻变，得到《复》之《屯》。卦象解析如下：

从卦象看，《复》卦卦象䷗，《屯》卦卦象䷂，两卦卦象结合起来看，爻变，坤变坎，坤为虚，坎中实，为得，这是由虚变实，有得之象；艮为手，为牵，坤震为妻儿、子女，这是手牵妻儿、子女，拖家带口之象；艮为贵，为望，为求，坎为阻，其下的坤为贫贱，这是望求富贵反归贫贱之象；上坎象征产难，难生，这是遇到很大困难，如同孕妇的难产。对事业而言，卦象信息，寓意事业发展会受阻，有长期很困难的过程，要做长时间的等待和积蓄，但，最终会成功。

起卦时间：2017年阳历5月11日8点36分。占问得到《复》之《屯》，动爻在五爻。"体"的位置在二爻，"用"在五爻。

"体"在二爻，在本宫卦（震卦）里的五行属性为寅木，六亲为兄弟，故"体"的天干为甲。

体干在二爻，配甲木；坐下的地支，由十二宫的衰，动化为胎。即，体干坐地支辰，动化酉。于是得到卦象的两组干支为：

甲　乙
辰　酉

2017年阳历5月11日8点36分，对应的八字四柱是：

　　　　　日
丁　乙　戊　丙
酉　巳　戌　辰

卦象的两组干支与起卦时间的八字四柱合并，就得到《复》之《屯》的卦象干支六柱：

　　用　　　　日　体
丁　乙　乙　戊　甲　丙
酉　酉　巳　戌　辰　辰

此占问，若分类占断为求财，用神为财。求财，兄弟为忌神，子孙为元神。卦象六柱中，木为兄弟，火为子孙，土为财，金为官鬼，水为父母。卦中，甲木兄弟临体干，忌神临体，财不能靠近，得不到财之象。日柱空亡辰巳，地支藏干癸水的辰落入空亡，水缺位，忌神木无助，由旺转衰。戊土有根在戌，可受生，得丁火生之，财旺。丁火有根在戌，可受生，可通关，元神通关，忌神临体的问题得解。故，此占问结果，可得财。

　　继续看《复》卦上六的爻变，先看爻辞：

☷☳ 上六：迷复，凶，有灾眚。用行师，终有大败，以其国君凶，至于十年不克征。

现代文注释：

　　上六，已到复卦的极位，是上而无位的状态，在《复》卦里，上六是指那些对自己无严格道德要求的散漫之人。"复"，一阳生于下，君子之道长，小人之道消。"迷"，是"心"的迷失，心窍为鬼所迷，是真正意义的"迷"，"复"也没有了居所，故曰"迷复"。而心的迷失来自内心，是己过，是自作孽，故"凶"，会有人祸发生。《复》为君子之道，要近复，而不远离复，更不能"迷失"复。"心"迷失"复"之后，还勉强出征用兵，以至于十年时间都无法恢复国力，已没有力量再赢得一场征伐。

　　《复》卦上六爻变，得到《复》之《颐》。卦象解析如下：

　　从卦象看，《复》卦卦象☷☳，《颐》卦卦象☶☳，两卦卦象结合起来看，爻变得艮，艮为贤人，是得到贤人之象；震为君王，正反震方向相对，震为言，为乐，震阳与上方刚进入的阳爻对话，是君王与贤人对话之象；艮为止，为居，为安，这是贤人来了之后都能安居，快乐无忧的与君王交流对话之象。对于谋发展，卦象信息，是得到了人和，有长久的安定；得此占，会有事业的成功。

　　起卦时间：2017年阳历5月13日16点20分。占问得到《复》之《颐》，动爻在上爻。"体"的位置在三爻，"用"在上爻。

"体"在三爻，在本宫卦（震卦）里的五行属性为辰土，六亲为财，故"体"的天干为戊。

体干在三爻，配戊土；坐下的地支，由十二宫的病，动化为墓。即，体干坐地支申，动化戌。于是得到卦象的两组干支为：

戊　　戊
申　　戌

2017年阳历5月13日16点20分，对应的八字四柱是：

　　　　　　日
丁　乙　庚　甲
酉　巳　子　申

卦象的两组干支与起卦时间的八字四柱合并，就得到《复》之《颐》的卦象干支六柱：

用　　　　　　体　日
戊　丁　乙　戊　庚　甲
戌　酉　巳　申　子　申

此占问，若分类占断为求财，用神为财。求财，忌神为兄弟，元神为子孙。卦象六柱中，木为兄弟，火为子孙，土为财，金为官鬼，水为父母。卦中，戊财临体干，宜旺。日柱空亡辰巳，对天干无影响。戊土有根在戌，可受生，元神丁火生之，财旺。丁火有根在戌，可受生，可通关，元神通关，忌神反成为财源，财有源，财旺。故，此占问结果，可得财。

天风《姤》☰☴（卦序号：4）

姤：女壮，勿用取女。

本章介绍《复》、《姤》两卦的独爻变卦象空间，本节进入到《姤》卦。以下从初爻开始，介绍《姤》卦独爻变的卦象解析、干支五行分析方法和分类占断的分析过程。先看初爻的爻辞：

☰☴ **初六：繫于金柅，贞吉；有攸往，见凶，羸豕孚蹢躅。**

现代文注释：

初六，阴爻从下方进入，与五阳相遇，从形势上看，未来必然会出现阴继续进入而不断消阳的趋势。但从目前来说，阳的力量并不弱，足以控制住一根阴爻。故，初六要约束自己，不要随便行动，就如同牵引车闸控制车辆，固守正道才会吉利。初六与九四有应，故"有攸往"，但前往相会，有可预见的"凶"，初六被约束而没有前往，如同一只被绳子捆绑住的猪，在焦躁的不停挣扎。

《姤》卦初六爻变，得到《姤》之《乾》。卦象解析如下：

从卦象看，《姤》卦卦象☰☴，《乾》卦卦象☰☰，两卦卦象结合起来看，乾为君德，巽为柔顺，为臣，为草木，为生，为利，巽伏震为春，半艮为求，这是君臣合好，生命逢春而自然生长，求利可得之象。《姤》卦作为本卦，初爻变，变卦为《乾》，其卦象信息，并非回到《乾》卦雄花不育，有花无果的状态；这是雄恋其雌，众阳追求与"一爻为主"的阴爻相遇合之象；明白这个道理，抓住阴阳遇合的生机，事业发展就会成功。

起卦时间：2017年阳历5月11日9点45分。占问得到《姤》之《乾》，动爻在初爻。"体"的位置在四爻，"用"在初爻。

"体"在四爻，在本宫卦（乾卦）里的五行属性为午火，六亲为官鬼，故"体"的天干为丁。

体干在四爻，配丁火；坐下的地支，由十二宫的冠带，动化为临官。即体干坐地支未，动化午。于是得到卦象的两组干支为：

```
丁      丙
未      午
```

2017年阳历5月11日9点45分，对应的八字四柱是：

```
            日
丁    乙    戊    丁
酉    巳    戌    巳
```

卦象的两组干支与起卦时间的八字四柱合并，就得到《姤》之《乾》的卦象干支六柱：

```
            体    日          用
丁    乙    丁    戊    丁    丙
酉    巳    未    戌    巳    午
```

此占问，若分类占断为求财，用神为财。求财，忌神为兄弟，元神为子孙。卦象六柱中，金为兄弟，水为子孙，木为财，火为官鬼，土为父母。卦中，丁火官鬼临体干，宜财旺生官，得财之象。日柱空亡辰巳。巳午未三会火局，火旺，巳不论空。年柱丁酉，酉金被丁火盖头，忌神受制，无活力，财不受克，财旺。丁火有根在午，可受生。乙丁同坐地支巳，坐同一板凳，通过地支相通，乙木直接生丁火，财旺生官的条件具备。故，此占问结果，可得财。

继续看《姤》卦九二的爻变，先看爻辞：

☰ 九二：包有鱼，无咎；不利宾。

现代文注释：

九二，刚居中位，地位、家境不错，厨房有鱼，九二居巽体之中，巽为鱼，和初六的"繫于金柅"相联系，控制初六的就是九二，故曰"包有鱼"，"包"为控制之意，阴爻被控制，故，无咎害。但，爻辞仍然强调九二的控制不能放松，九二与初六的遇合只利于居主导的控制，而不利于宾服于壮女，与壮女的邂逅要有节制，故曰"不利宾"，这里的"宾"为宾服之意，而不是指宾客。

《姤》卦九二爻变，得到《姤》之《遁》。卦象解析如下：

从卦象看，《姤》卦卦象☰，《遁》卦卦象☰，两卦卦象结合起来看，巽为忧伤，伏震，震为乐，震伏为欢乐离去，乾为惕，艮为居室，为虎狼，虎狼盘踞居室，这是没有了欢乐，忧伤气氛笼罩，虎狼盘踞居室，危惕之象。对于谋求发展，卦象信息，虎狼当政，乾阳陨落，都是很不利的状况，形势环境危厉，进入危惕阶段，君子忧伤，贤人离去，故，归于失败。

起卦时间：2017年阳历5月12日9点5分。占问得到《姤》之《遁》，动爻在二爻。"体"的位置在五爻，"用"在二爻。

"体"在五爻，在本宫卦（乾卦）里的五行属性为申金，六亲为兄弟，故"体"的天干为庚。

体干在五爻，配庚金；坐下的地支，由十二宫的临官，动化为墓。即，体干坐地支申，动化丑。于是得到卦象的两组干支为：

庚　辛
申　丑

2017年阳历5月12日9点5分，对应的八字四柱是：

日

| 丁 | 乙 | 己 | 己 |
| 酉 | 巳 | 亥 | 巳 |

卦象的两组干支与起卦时间的八字四柱合并，就得到《姤》之《遁》的卦象干支六柱：

体 日 用

| 丁 | 庚 | 乙 | 己 | 辛 | 己 |
| 酉 | 申 | 巳 | 亥 | 丑 | 巳 |

此占问，若分类占断为求财，用神为财。求财，忌神为兄弟，元神为子孙。卦象六柱中，金为兄弟，水为子孙，木为财，火为官鬼，土为父母。卦中，庚金兄弟临体干，忌神临体，财不能靠近，得不到财之象。日柱空亡辰巳，巳酉丑三合金局，金旺，巳不论空，忌神强大。乙木无根，不受生，亥水有根无苗，元神不能通关，忌神临体的问题无解。故，此占问结果，得不到财。

继续看《姤》卦九三的爻变，先看爻辞：

☰ 九三：臀无肤，其行次且，厉，无大咎。

现代文注释：

九三，为了与壮女邂逅，结局有点惨，屁股的皮都打破了，走路一瘸一拐，这是阳刚过盛"得敌"之故，过于阳刚的九三与其他刚爻有冲突，这种状况危险啊！九三为九二所阻隔，不能降下与初六遇合，没有大的咎害。

《姤》卦九三爻变，得到《姤》之《讼》。卦象解析如下：

从卦象看，《姤》卦卦象☰，《讼》卦卦象☰，两卦卦象结合起来看，坎为灾，为害，巽为利，为蝗，这是有蝗灾，害利之象；坎为忧，巽伏震，巽为鸡，震为时，为鸣，这是鸡鸣失时，有忧之象。对于谋求事业发展，卦象信息，失时，有危厉，原定计划要考虑停止；得此占，归于失败。

起卦时间：2017年阳历6月12日9点37分。占问得到《姤》之《讼》，动爻在三爻。"体"的位置在上爻，"用"在三爻。

"体"在上爻，在本宫卦（乾卦）里的五行属性为戌土，六亲为父母，故"体"的天干为戊。

体干在上爻，配戊土；坐下的地支，由十二宫的帝旺，动化为养。即，体干坐地支午，动化丑。于是得到卦象的两组干支为：

戊　　己
午　　丑

2017年阳历6月12日9点37分，对应的八字四柱是：

　　　　日
丁　丙　庚　辛
酉　午　午　巳

卦象的两组干支与起卦时间的八字四柱合并，就得到《姤》之《讼》的卦象干支六柱：

体				用	日
戊	丁	丙	己	庚	辛
午	酉	午	丑	午	巳

此占问，若分类占断为求财，用神为财。求财，忌神为兄弟，元神为子孙。卦象六柱中，金为兄弟，水为子孙，木为财，火为官鬼，土为父母。卦中，戊土父母临体干，宜财旺，喜财来克体，亦喜火通关，财间接生体干，皆为财来就体，得财之象。日柱空亡戌亥，不影响天干。卦中，木缺位，无财之象。水藏于丑，天干不透出，天干无苗，乃元神余气入墓，且无木的配合，元神不能生财。故，此占问结果，得不到财。

继续看《姤》卦九四的爻变，先看爻辞：

☰☴ 九四：包无鱼，起凶。

现代文注释：

九四，进入上卦，离开巽，巽为鱼，故曰"包无鱼"，九四与初六有应而被阻隔，阴为鱼，亦即"包无鱼"。这里"无鱼"有诸多的寓意，在经济条件上指的没有鱼吃，在男女关系上指的没有鱼水之欢或没有女人，在政务权力上指君子失去了地位，君王失其民，这样的情况凶险起也，故曰"起凶"。

《姤》卦九四爻变，得到《姤》之《巽》。卦象解析如下：

从卦象看，《姤》卦卦象☰，《巽》卦卦象☴，两卦卦象结合起来看，爻变失乾得巽，乾为福，失乾为失福，巽为忧伤，为败落，巽伏震，震为动，伏震为不动，爻变得大坎，大坎为灾，这是不动也有灾患，失福有忧，事业败落之象；与爻辞的"起凶"合。对于谋求事业发展，占问信息，寓意有凶祸到来，未来更多的是不利，战略调整要以迅速退出为宜；得此占，归于失败。

起卦时间：2017年阳历2月18日9点13分。占问得到《姤》之《巽》，动爻在四爻。"体"的位置在初爻，"用"在四爻。

"体"在初爻，在本宫卦（巽卦）里的五行属性为丑土，六亲为财，故"体"的天干为己。

体干在初爻，配己土；坐下的地支，由十二宫的病，动化为墓。即，体干坐地支卯，动化丑。于是得到卦象的两组干支为：

己　　己
卯　　丑

2017年阳历2月18日9点13分，对应的八字四柱是：

　　　　　　日
丁　壬　丙　癸
酉　寅　子　巳

卦象的两组干支与起卦时间的八字四柱合并，就得到《姤》之《巽》的卦象干支六柱：

```
        用     日        体
丁    壬    己    丙    癸    己
酉    寅    丑    子    巳    卯
```

此占问，若分类占断为求财，用神为财。求财，忌神为兄弟，元神为子孙。卦象六柱中，木为兄弟，火为子孙，土为财，金为官鬼，水为父母。卦中，己土财临体干，宜旺。日柱空亡申酉，官鬼空亡，忌神不受制约。月柱寅木当令，得壬水在柱内生之，忌神旺。日柱丙子，子水在柱内直接克丙火，截脚之象，元神被克，受伤，不生财，也不能通关，财直接受克。体柱己卯，卯木在柱内直接克己土，忌神克用神，财被克，财衰。故，此占问结果，得不到财。

继续看《姤》卦九五的爻变，先看爻辞：

≡≡ 九五：以杞包瓜，含章，有陨自天。

现代文注释：

九五，"杞"是杞柳，九五阳刚居中得正，"以杞包瓜，含章，"是说用杞柳做的筐盛放甜瓜，含藏香气，寓意君王与贤人的遇合，九五与九二无应而志合，君王与贤人美德相互吸引而走到一起。与此同时，阳刚的君王守持中正之道，既抑制阴爻，又遵守天地之常道，如象辞中所说的"天地相遇，品物咸章"，九五接受阴爻初六在下方进入的天命规律，而初六就如同自天而降的陨石，从"天位"降下到初六的地位，这里，寓意《姤》卦的阴爻初六就是《夬》卦上六的那根阴爻从上方出，而后自天而下，到达初位，这是从天而降的遇合。

《姤》卦九五爻变，得到《姤》之《鼎》。卦象解析如下：

从卦象看，《姤》卦卦象☰，《鼎》卦卦象☰，两卦卦象结合起来看，离为麟凤，互乾为太公，为大，巽为命，巽承乾，为大命，巽伏震为功业，为君侯，互兑伏艮为拜，这是姜太公拜受大命，功成名就，最终封侯之象。卦象信息，寓意知遇有德之大才，得大贤而问鼎成功。

起卦时间：2017年阳历2月19日9点29分。占问得到《姤》之《鼎》，动爻在五爻。"体"的位置在二爻，"用"在五爻。

"体"在二爻，在本宫卦（巽卦）里的五行属性为亥水，六亲为父母，故"体"的天干为壬。

体干在二爻，配壬水；坐下的地支，由十二宫的帝旺，动化为养。即，体干坐地支子，动化未。于是得到卦象的两组干支为：

壬　　癸
子　　未

2017年阳历2月19日9点29分，对应的八字四柱是：

　　　　　日
丁　　壬　　丁　　乙
酉　　寅　　丑　　巳

卦象的两组干支与起卦时间的八字四柱合并，就得到《姤》之《鼎》的卦象干支六柱：

	用		日		体
丁	癸	壬	丁	壬	乙
酉	未	寅	丑	子	巳

此占问，若分类占断为求财，用神为财。求财，忌神为兄弟，元神为子孙。卦象六柱中，木为兄弟，火为子孙，土为财，金为官鬼，水为父母。卦中，壬水父母临体干，宜财旺，喜财来克体，亦喜金通关，财间接生体干，皆为财来就体，得财之象。日柱空亡申酉。巳酉丑三合金局，金旺，酉不论空。时柱乙巳，乙木在柱内直接生巳火，乙木贪生忘克，元神通关成功，忌神反成为财源，财有源，财旺。故，此占问结果，可得财。

继续看《姤》卦上九的爻变，先看爻辞：

☰ 上九：姤其角，吝，无咎。

现代文注释：

上九，隐士在荒远的边角之地，居穷极之位而无法遇合，有所遗憾，但隐士已与世无争，故无咎。

《姤》卦上九爻变，得到《姤》之《大过》。卦象解析如下：

从卦象看，《姤》卦卦象☰，《大过》卦卦象☱，两卦卦象结合起来看，上乾下巽，乾为玉，巽为工，攻玉之象；兑为辅，伏艮为石，即"他山之石"，攻玉之器，贤人藏器在身之象；震为出，巽伏震为不出，这是良辅成隐士之象。对于谋事业发展，卦象中的攻玉，是琢玉成器；贤人隐而不出山，无良辅，事业难成大气候；得此占，暂无成功；待良辅到位之时，会有成功。

起卦时间：2017年阳历2月25日9点21分。占问得到《姤》之《大过》，动爻在上爻。"体"的位置在三爻，"用"在上爻。

"体"在三爻，在本宫卦（巽卦）里的五行属性为酉金，六亲为官鬼，故"体"的天干为辛。

体干在三爻，配辛金；坐下的地支，由十二宫的临官，动化为沐浴。即体干坐地支酉，动化亥。于是得到卦象的两组干支为：

辛　　辛
酉　　亥

2017年阳历2月25日9点21分，对应的八字四柱是：

　　　　　　日
丁　　壬　　癸　　丁
酉　　寅　　未　　巳

卦象的两组干支与起卦时间的八字四柱合并，得到《姤》之《大过》的卦象干支六柱：

用　　　　　　　　体　　日
辛　　丁　　壬　　辛　　癸　　丁
亥　　酉　　寅　　酉　　未　　巳

此占问，若分类占断为求财，用神为财。求财，忌神为兄弟，元神为子孙。

卦象六柱中，木为兄弟，火为子孙，土为财，金为官鬼，水为父母。卦中，辛金官鬼临体干，宜财旺生官，得财之象。日柱空亡申酉，辛金的根在酉，无根不受生，体干不受财生，但旬内空，出旬不空。丁火有根在未，可受生，月令为寅，春寒喜火暖身，寅与丁配合，调候、通关同时完成，寅木生丁火，丁火通关成功，元神通关，忌神反成为财源，财有源，财旺。故，此占问结果，旬内有财，出旬后辛金有根，可得财。

第十三章　颐、大过、屯、鼎

山雷《颐》☶☳（卦序号：5）

颐：贞吉。观颐，自求口实。

本章介绍四个卦的独爻变卦象空间，本节进入《颐》卦。以下从初爻开始，介绍《颐》卦独爻变的卦象解析、干支五行分析方法和分类占断的分析过程。先看初爻的爻辞：

☶☳ 初九：舍尔灵龟，观我朵颐，凶。

现代文注释：

初九，居下位的人士，劳动强度大，食欲旺盛，贪吃嘴馋，故舍弃了灵明的态度，流着口水看着我大快朵颐。初九口中无物，主"动"而不能动，只能张着嘴看别人的嘴在动；初九位虽居正，而不能守正，这是食欲太强，失去了尊贵。但对于吃不饱饭的下层人民，这又有什么办法呢？这是农业年景不好之时下层百姓的行为体现；占为凶，是指农业欠收这种情况若持续多年，有凶。

《颐》卦初九爻变，得到《颐》之《剥》。卦象解析如下：

从卦象看，《颐》卦卦象☶☳，《剥》卦卦象☶☷，两卦卦象结合起来看，爻变导致震失而变坤，震为足，为根基，这是足被阴所消，无足不能行之象，也是根基损毁之象；其上方艮为屋顶，屋顶虽在，基石已毁，有塌陷之危；坤为水，艮为火，处水火之中；艮为身，坤为万物役，为劳，此乃身劳之象。对于谋求事业发展，卦象信息，是说做的很辛苦，身劳心疲，虽不辞赴汤蹈火，却不能前行，发展的状况得不到改观，没有好的前景，不会成功。

起卦时间：2017年阳历2月21日7点12分。占问得到《颐》之《剥》，动爻在初爻。"体"的位置在四爻，"用"在初爻。

"体"在四爻，在本宫卦（艮卦）里的五行属性为戌土，六亲为兄弟，故"体"的天干为戊。

体干在四爻，配戊土；坐下的地支，由十二宫的长生，动化为绝。即，体干坐地支寅，动化亥。于是得到卦象的两组干支为：

戊　　己
寅　　亥

2017年阳历2月21日7点12分，对应的八字四柱是：

　　　　　　日
丁　　壬　　己　　戊
酉　　寅　　卯　　辰

卦象的两组干支与起卦时间的八字四柱合并，就得到《颐》之《剥》的卦象干支六柱：

　　　　　　体　　日　　　　　用
丁　　壬　　戊　　己　　戊　　己
酉　　寅　　寅　　卯　　辰　　亥

此占问，若分类占断为求财，用神为财。求财，忌神为兄弟，元神为子孙。卦象六柱中，土为兄弟，金为子孙，水为财，木为官鬼，火为父母。卦中，戊土兄弟临体干，忌神临体，财不能靠近，得不到财之象。日柱空亡申酉，元神落入空亡，求财之忌。戊土有根，可受生，忌神旺。壬水财透出，壬戊同坐地支寅，坐同一板凳，通过地支相通，戊土克壬水，财被克，财衰，忌神临体的问题无解。故，此占问结果，得不到财。

继续看《颐》卦六二的爻变，先看爻辞：

䷚六二：颠颐，拂经于丘颐，征凶。

现代文注释：

六二，阴爻得正居中，"颠"，是颠簸，勤劳、奔波的意思，来回上下奔波于丘陵山坡，是为了到山丘上开荒，填饱肚子，这是守持正道。六二居下卦震的中位，震为动，为征伐。此时六二的"动"是奔波于山坡上辛勤开荒种地、颠簸劳碌呢？还是去征伐邻国、抢夺邻国的收成呢？爻辞警示：征有凶。

《颐》六二爻变，得到《颐》之《损》。卦象解析如下：

从卦象看，《颐》卦卦象䷚，《损》卦卦象䷨，两卦卦象结合起来看，下震为君，为行，上艮为止，损卦的初爻到六五，互卦是《临》，故，君之行，君王之临，都为上艮所止，天下没有不散的宴席，都到此为止了。颐伏《大过》，阳刚的力量就要被阴的势力完全封锁而失去功用了；临伏《遁》，君子就要退出舞台了。对于谋求事业发展，这象征会有权力斗争出现，伴随着激烈、不正常的伤害，最终导致颓势的出现，事业失败。

起卦时间：2017年阳历2月27日15点44分。占问得到《颐》之《损》，动爻在二爻。"体"的位置在五爻，"用"在二爻。

"体"在五爻，在本宫卦（艮卦）里的五行属性为子水，六亲为财，故"体"的天干为癸。

体干在五爻，配癸水；坐下的地支，由十二宫的长生，动化为沐浴。即体干坐地支卯，动化寅。于是得到卦象的两组干支为：

癸　　壬
卯　　寅

2017年阳历2月27日15点44分，对应的八字四柱是：

　　　　　　日
丁　　壬　　乙　　甲
酉　　寅　　酉　　申

卦象的两组干支与起卦时间的八字四柱合并，就得到《颐》之《损》的卦象干支六柱：

　　　体　　　　日　　　用
丁　　癸　　壬　　乙　　壬　　甲
酉　　卯　　寅　　酉　　寅　　申

此占问，若分类占断为求财，用神为财。求财，忌神为兄弟，元神为子孙。卦象六柱中，土为兄弟，金为子孙，水为财，木为官鬼，火为父母。卦中，癸水财临体干，宜旺。日柱空亡午未，午火空，丁火无根。日柱乙酉，时柱甲申，皆为木被截脚之象，申酉金在柱内直接克甲乙木。地支唯有金木，申酉金克寅卯木亦为必然。木被克严重，功能尽失，不受生，不能通关，木不受水生，水就直接克火。水克火，即财克父母，不是正常能量流的泄秀，而是体干的财去找父母，得财的是父母。故，此占问结果，得不到财。

继续看《颐》卦六三的爻变，先看爻辞：

☶☷ 六三：拂颐，贞凶。十年勿用，无攸利。

现代文注释：

六三，人位，三公大臣和封疆大吏，"拂"，这里是拂袖的意思，即意不合而离去，结盟的邻邦不能互助，反而争吵，不欢而散，互助之事没有结果，占凶。六三居坤中，坤数十，故曰"十年勿用"，大家都不会在交往中得到利益。

《颐》卦六三爻变，得到《颐》之《贲》。卦象解析如下：

从卦象看，《颐》卦卦象☶☷，《贲》卦卦象☶☲，两卦卦象结合起来看，震为怒，离为明智，怒变为明，明白之后就能好好商量，艮为果，是有了结果，这是协商最终有结果之象。对于谋求事业合作，卦象信息，合作最终成功，虽然刚开始意见不统一，最终还是达成了一致，有了合作的愿望，其结局是成功。

起卦时间：2017年阳历2月28日15点12分。占问得到《颐》之《贲》，动爻在三爻。"体"的位置在上爻，"用"在三爻。

"体"在上爻，在本宫卦（艮卦）里的五行属性为寅木，六亲为官鬼，故"体"的天干为甲。

体干在上爻，配甲木；坐下的地支，由十二宫的临官，动化为养。即，体干坐地支寅，动化戌。于是得到卦象的两组干支为：

甲　甲
寅　戌

2017年阳历2月28日15点12分，对应的八字四柱是：

　　　　　　日
丁　壬　丙　丙
酉　寅　戌　申

卦象的两组干支与起卦时间的八字四柱合并，就得到《颐》之《贲》的卦象干支六柱：

体　　　　　　　用　日
甲　丁　壬　甲　丙　丙
寅　酉　寅　戌　戌　申

此占问，若分类占断为求财，用神为财。求财，忌神为兄弟，元神为子孙。卦象六柱中，土为兄弟，金为子孙，水为财，木为官鬼，火为父母。卦中，甲木官鬼临体干，宜财旺生官，得财之象。日柱空亡午未，午火空，丁火无根，不受生，火不通关，忌神受克。壬水财透天干，有护神官鬼克制忌神，兄弟夺财不成。壬水有根在申，财可受生。申酉戌三会金局，金旺，元神可受生，可通关，元神通关，忌神反成为财源，财有源，财旺。甲木有根在寅，可受生，财旺生官的条件具备。故，此占问结果，可得财。

继续看《颐》卦六四的爻变，先看爻辞：

☲☳ 六四：颠颐，吉。虎视眈眈，其欲逐逐，无咎。

现代文注释：

六四，与初九有应，帮助下层人民度过艰难，上下互帮互助，填饱肚子，吉祥。尽管相互还有介意，在分粮食时因其强烈的欲望而"虎视眈眈"，也不断有"其欲逐逐"的相互计较，但互助是总的原则，故无咎。

《颐》卦六四爻变，得到《颐》之《噬嗑》。卦象解析如下：

从卦象看，《颐》卦卦象☲☳，《噬嗑》卦卦象☲☳，两卦卦象结合起来看，艮为星，离为日，震为随，跟随着太阳而运行，这是在说天象，太阳系中的九颗卫星包含地球都有这样的运行规律；互坎为肉，为酒，口中有肉类食物，有酒，艮为安，震为君，为乐，坤为国，这是年景转好，国安君乐之象；与爻辞对应，上下互助，已度过艰难，但刚度过饥荒，有粮食可分，故，分配时虎视眈眈、其欲逐逐；但总体来说无咎错。对事业而言，得此占，事业成功。

起卦时间：2017年阳历2月17日15点36分。占问得到《颐》之《噬嗑》，动爻在四爻。"体"的位置在初爻，"用"在四爻。

"体"在初爻，在本宫卦（震卦）里的五行属性为子水，六亲为父母，故"体"的天干为癸。

体干在初爻，配癸水；坐下的地支，由十二宫的病，动化为养。即，体干坐地支酉，动化辰。于是得到卦象的两组干支为：

癸　　壬
酉　　辰

2017年阳历2月17日15点36分，对应的八字四柱是：

　　　　　　日
丁　　壬　　乙　　甲
酉　　寅　　亥　　申

卦象的两组干支与起卦时间的八字四柱合并，得到《颐》之《噬嗑》的卦象干支六柱：

　　　　　用　　日　　　　　体
丁　　壬　　壬　　乙　　甲　　癸
酉　　寅　　辰　　亥　　申　　酉

此占问，若分类占断为求财，用神为财。求财，忌神为兄弟，元神为子孙。卦象六柱中，木为兄弟，火为子孙，土为财，金为官鬼，水为父母。卦中，癸水父母临体干，宜财旺，喜财来克体，亦喜金通关，财间接生体干，皆为财来就体，得财之象。日柱空亡申酉，官鬼空亡，财克父母。财不透天干，地支寅辰申，皆藏干戊土，财藏而不露。丁甲癸，三个天干，同时空亡坐下的地支，可以看作坐同一个板凳，或者说同坐在地板上，地支仍然相通，丁甲癸之间的相生关系不仅存在，反而更加突显。通过地支相通，癸水生甲木，壬水也并入癸水共同生甲木；而甲木生丁火，就是忌神生元神的相生关系，元神通关成功，忌神反成为财源，且财源长，财旺。故，此占问结果，可得财。

继续看《颐》卦六五的爻变，先看爻辞：

☶ 六五：拂经，居贞吉。不可涉大川。

现代文注释：

六五，君王鼓励大家勤劳养家，开荒种地；六五、上九为反震，不宜动，不动为居，故曰"居贞吉"，国力虚弱时，不可涉大川，即不可对外有大动作。

《颐》卦六五爻变，得到《颐》之《益》。卦象解析如下：

从卦象看，《颐》卦卦象☶，《益》卦卦象☴，两卦卦象结合起来看，震为行动，艮为安，互坤为顺，为台阶，巽为利，这是行动有利，登阶而上之象。对于谋求事业发展，大项目可以启动，但要缓，如登台阶，事业会成功。

起卦时间：2017年阳历2月12日15点20分。占问得到《颐》之《益》，动爻在五爻。"体"的位置在二爻，"用"在五爻。

"体"在二爻，在本宫卦（震卦）里的五行属性为寅木，六亲为兄弟，故"体"的天干为甲。

体干在二爻，配甲木；坐下的地支，由十二宫的衰，动化为冠带。即，体干坐地支辰，动化丑。于是得到卦象的两组干支为：

```
        甲   乙
        辰   丑
```

2017年阳历2月12日15点20分，对应的八字四柱是：

```
                    日
        丁   壬   庚   甲
        酉   寅   午   申
```

卦象的两组干支与起卦时间的八字四柱合并，就得到《颐》之《益》的卦象干支六柱：

```
            用           日   体
        丁   乙   壬   庚   甲   甲
        酉   丑   寅   午   辰   申
```

此占问，若分类占断为求财，用神为财。求财，忌神为兄弟，元神为子孙。卦象六柱中，木为兄弟，火为子孙，土为财，金为官鬼，水为父母。卦中，甲木兄弟临体干，忌神临体，财不能靠近，得不到财之象。日柱空亡戌亥，戌土空，辰丑不空，土不缺位。体干坐下地支，辰动化丑，动化退神，体干为兄弟，这是兄弟动化退神，乃忌神退却之象。丁火有根在午，可受生。五行贪生忘克，地支寅午，本是月令与日令的紧贴，通过三合局的半合关系，直接相生，寅木生午火，忌神生元神，元神通关成功，忌神反成为财源，忌神临体的问题得解。财不受克，财旺。故，此占问结果，可得财。

继续看《颐》卦上九的爻变，先看爻辞：

䷚ 上九：由颐，厉吉。利涉大川。

现代文注释：

上九，其地位可以得到较好的供养条件，但上九是世事通达的老人和贤人，处艮的主爻之位，得艮的"止"之道，能克制自己；"由"，自得，随缘。人生随缘，万事"由"它自来，"由"它自去，颐养在饥荒的年岁也要自得、随缘，这样的境界，通达的上九才会具备。自得、随缘的颐养，就是"由颐"，特别是在艰难岁月里，不求多给长辈照顾，才能保证儿孙不会饿死。虽然这样会有危险，但度过艰难就有吉祥。有仁爱、宽容的心和克己的态度，有利于涉过大川，这里的大川指饥荒年景的粮食困难。

《颐》卦上九爻变，得到《颐》之《复》，卦象解析如下：

从卦象看，《颐》卦卦象䷚，《复》卦卦象䷗，两卦卦象结合起来看，坤为文，震为周，为王，卦象为周文王，艮为拘，是文王被囚羑里之象；艮为虎狼，坤为身，为祸殃，震为逼近，这是虎狼逼近，祸殃近身之象；爻变失艮得坤，艮为囚，失艮是囚禁得解，坤为天下，得坤为得天下，这是文王解脱被囚之灾，得天下之象。以文王之贤明，他完全明白自己到商朝的都城会发生什么，但他还是去了，他为子孙后代着想，自己去犯险，其终为吉，这就是爻辞里的"厉吉"。对事业而言，卦象信息，提醒领导人在关键时刻要把艰难留给自己，会有终吉；得此占，会有成功。

起卦时间：2017年阳历2月12日15点28分。占问得到《颐》之《复》，动爻在上爻。"体"的位置在三爻，"用"在上爻。

"体"在三爻，在本宫卦（震卦）里的五行属性为辰土，六亲为财。故"体"的天干为戊。

体干在三爻，配戊土；坐下的地支，由十二宫的病，动化为临官。即，体干坐地支申，动化巳。于是得到卦象的两组干支为：

戊　　己
申　　巳

2017年阳历2月12日15点28分，对应的八字四柱是：

　　　　　　日
丁　　壬　　庚　　甲
酉　　寅　　午　　申

卦象的两组干支与起卦时间的八字四柱合并，就得到《颐》之《复》的卦象干支六柱：

用　　　　　　体　　日
己　　丁　　壬　　戊　　庚　　甲
巳　　酉　　寅　　申　　午　　申

此占问，若分类占断为求财，用神为财。求财，忌神为兄弟，元神为子孙。卦象六柱中，木为兄弟，火为子孙，土为财，金为官鬼，水为父母。卦中，戊土财临体干，宜旺。日柱空亡戌亥，不影响天干。戊土有根在巳，财可受生。用爻己巳，巳火在柱内直接生己土，元神生财，财旺。丁火有根在午，可受生。五行贪生忘克，地支寅午，本是月令与日令的时空相连，通过三合火局的半合关系，直接相生，寅木生午火，忌神生元神，元神通关成功，忌神反成为财源，财有源，财旺。故，此占问结果，可得财。

泽风《大过》䷛（卦序号：6）

大过：栋桡，利有攸往，亨。

本章介绍四个卦的独爻变卦象空间，本节进入《大过》卦。以下从初爻开始，介绍《大过》卦独爻变的卦象解析、干支五行分析方法和分类占断的分析过程。先看初爻的爻辞：

☵ 初六：藉用白茅，无咎。

现代文注释：

初六，上承四根刚爻，故有"慎"之状，"藉"，其意为铺垫，《大过》下卦为巽，巽为白，为茅，故初六就是"藉用白茅"中的白茅；恭敬的祭祀，铺上清洁的白茅，寓意行动前的慎重，是极为重视的态度。古人祭祀时有一项重要内容就是用酒浇地，此时在地上铺垫上白茅，把酒浇在地上的白茅之上，充分表达对天地和祖宗的尊敬，怀着如此虔诚而谨慎的心，必然会慎始慎终，故无论将来结果如何，皆为无咎。

《大过》卦初六爻变，得到《大过》之《夬》。卦象解析如下：

从卦象看，《大过》卦卦象䷛，《夬》卦卦象䷪，两卦卦象结合起来看，震阳回复，巽变乾，阳刚恢复生机，功用之失得以恢复，是失而复得之象；下卦乾为健，上爻兑为悦，回到刚健而喜悦的状态；乾为天福，巽伏震为随，是有天福相随之象。有了这些条件，此时虔诚、谨慎的做事，又有何咎呢？对于谋求事业发展，这是回复到很好的状态，事业成功。

起卦时间：2017年阳历2月7日10点21分。占问得到《大过》之《夬》，动爻在初爻。"体"的位置在四爻，"用"在初爻。

"体"在四爻，在本宫卦（兑卦）里的五行属性为亥水，六亲为子孙，故"体"的天干为壬。

体干在四爻，配壬水；坐下的地支，由十二宫的冠带，动化为帝旺。即体干坐地支戌，动化子。于是得到卦象的两组干支为：

壬　　壬
戌　　子

2017年阳历2月7日10点21分，对应的八字四柱是：

		日	
丁	壬	乙	辛
酉	寅	丑	巳

卦象的两组干支与起卦时间的八字四柱合并，得到《大过》之《夬》的卦象干支六柱：

		体	日		用
丁	壬	壬	乙	辛	壬
酉	寅	戌	丑	巳	子

此占问，若分类占断为求财，用神为财。求财，忌神为兄弟，元神为子孙。卦象六柱中，金为兄弟，水为子孙，木为财，火为官鬼，土为父母。卦中，壬水子孙临体干，忌空破，忌被克。日柱空亡戌亥，戌土空，丑土不空，土不缺位；亥水空，壬水无根，但壬水通过用爻壬子，壬水与癸水合流，亦为有根，且水势浩大，元神强大。月柱壬寅，壬水在柱内直接生寅木，元神生财，财旺。故，此占问结果，可得财。

继续看《大过》卦九二的爻变，先看爻辞：

九二：枯杨生稊，老夫得其女妻，无不利。

现代文注释：

九二，是盛大居中的阳刚，其伏象为震，震为老夫，九二在上卦与九五无应，故与初六的亲近会有结果，阴阳遇合，无不利，故曰"老夫得其女妻，无不利"。寓意：生繁华于枯萎；故曰"枯杨生稊"。君子始终不放弃的努力坚持，就会有生机出现；这样的生机，尽管存在着不够理想的地方，但毕竟足以济难。

《大过》卦九二爻变，得到《大过》之《咸》。卦象解析如下：

从卦象看，《大过》卦卦象，《咸》卦卦象，两卦卦象结合起来看，阳爻退却，《咸》卦初六往上至九五，互卦之象为《遁》卦，寓意遁离，《咸》卦六二往上至上六仍然是棺椁之象，下艮为门，上兑为虎，门外有虎，中爻巽为墙，为逃，翻墙而逃，脱离虎口；《大过》和《咸》，两卦卦象相近，都有翻墙而逃，尽快脱离虎口之象，这是虎口之下的生机；这样的生机尽管不值得夸耀，但能够脱离虎口已是得吉，没有不利。从事业发展的角度，预知危险之所在，而果断的脱离险地，就是明智的举动。能够遁离成功，更是重获生机，后福有望，这与爻辞里的"无不利"相合；得此占，可得成功。

起卦时间：2017年阳历2月8日10点37分。占问得到《大过》之《咸》，动爻在二爻。"体"的位置在五爻，"用"在二爻。

"体"在五爻，在本宫卦（兑卦）里的五行属性为酉金，六亲为兄弟，故"体"的天干为辛。

体干在五爻，配辛金；坐下的地支，由十二宫的衰，动化为墓。即，体干坐地支未，动化辰。于是得到卦象的两组干支为：

```
辛      庚
未      辰
```

2017年阳历2月8日10点37分，对应的八字四柱是：

```
              日
丁     壬     丙     癸
酉     寅     寅     巳
```

卦象的两组干支与起卦时间的八字四柱合并，得到《大过》之《咸》的卦象干支六柱：

```
        体            日     用
丁     辛     壬     丙     庚     癸
酉     未     寅     寅     辰     巳
```

此占问，若分类占断为求财，用神为财。求财，忌神为兄弟，元神为子孙。卦象六柱中，金为兄弟，水为子孙，木为财，火为官鬼，土为父母。卦中，辛金兄弟临体干，忌神临体，财不能靠近，得不到财之象。日柱空亡戌亥，戌土空，辰未不空，土不缺位；亥水空，壬水无根。体干坐下地支，未动化辰，动化退神，体干为兄弟，这是兄弟动化退神，乃忌神退却之象。天干丙辛合，合化水，辛金化为元神，忌神临体的问题得解。财藏地支，不透天干，兄弟无法夺财。癸水有根在辰，可受生，庚金靠近癸水，五行贪生忘克，相生关系很快就形成，元神通关成功，忌神反成为财源，财有源，财旺。故，此占问结果，可得财。

继续看《大过》卦九三的爻变，先看爻辞：

☲ 九三：栋桡，凶。

现代文注释：

九三，阳爻居阳位，虽得位而过于阳刚，从卦象看，刚爻集中在中爻，九三为其代表，阳刚控制了整个中间过程，对于阴的控制是很有力量的，阴爻居本末之位，而中间过程阳的力量过盛；九三居大坎之坎中，与九四皆为"栋"，此时栋梁已经不堪重负，栋梁弯曲，故曰"栋桡"。本末的虚弱，中间栋梁弯曲，危险即将发生，故凶。九三太过阳刚，又有九四、九五合而为乾，排斥了阴的应与，得不到底部和上部的辅助，故陷入困境，有凶。

《大过》卦九三爻变，得到《大过》之《困》。卦象解析如下：

从卦象看，《大过》卦卦象☲，《困》卦卦象☲，两卦卦象结合起来看，大坎变为小坎接中坎，阳爻被阴爻包围封锁之象并没有改变；变卦后，阳爻仍然陷在坎中；乾为门户，坎为河，兑为虎，虎未离去，虎从挡在门户前方改为蹲在河边，这是极为凶险的环境。卦象信息，吃人的猛虎先是门外据守，后又在河边拦截，大坎未变，又出现两坎的相接，故，得此占，难以成功。

起卦时间：2017年阳历2月9日18点21分。占问得到《大过》之《困》，动爻在三爻。"体"的位置在上爻，"用"在三爻。

"体"在上爻，在本宫卦（兑卦）里的五行属性为未土，六亲为父母，故"体"的天干为己。

体干在上爻，配己土；坐下的地支，由十二宫的病，动化为胎。即，体干坐地支卯，动化亥。于是得到卦象的两组干支为：

```
己      己
卯      亥
```

2017年阳历2月9日18点21分，对应的八字四柱是：

```
                日
丁      壬      丁      己
酉      寅      卯      酉
```

卦象的两组干支与起卦时间的八字四柱合并，得到《大过》之《困》的卦象干支六柱：

```
体                      用      日
己      丁      壬      己      丁      己
卯      酉      寅      亥      卯      酉
```

此占问，若分类占断为求财，用神为财。求财，忌神为兄弟，元神为子孙。卦象六柱中，金为兄弟，水为子孙，木为财，火为官鬼，土为父母。卦中，己土父母临体干，宜财旺，喜财来克体，亦喜火通关，财间接生体干，皆为财来就我，得财之象。日柱空亡戌亥，亥水空，壬水无根，不受生，元神不能通关，金直接克木，忌神直接克财，财受克，财衰。故，此占问结果，得不到财。

继续看《大过》卦九四的爻变，先看爻辞。

☳☰ 九四：栋隆，吉，有它吝。

现代文注释：

九四，阳居阴位，得到居阴位的用柔之道，使得九四不同于九三的一味用刚，对阴爻的排斥得以缓解，得到本末两端的支持，栋梁向上隆起而恢复平直，吉利。但栋梁的支撑如果有其他变故出现，刚恢复的平衡还会被打破，这是"有它"的字面含义；但其爻位的含义，是指九四靠近九五，有辅佐九五君王的重大责任，若九四有其他的志向，比如前往应初六，那就会有遗憾。

《大过》卦九四爻变，得到《大过》之《井》。卦象解析如下：

从卦象看，《大过》卦卦象☱☴，《井》卦卦象☵☴，两卦卦象结合起来看，爻变导致兑变坎，兑为喜，坎为忧，由喜转忧之象；忧的来源在下卦巽，巽为败坏，为腐变，巽上为乾，乾为德，这是德行开始败坏、腐变，德行有损之象；爻变还导致互乾变为互兑，乾为业，为仁德，兑为毁折，为损，爻变明显含有基业毁折，仁德有损之意；巽伏震，震为功业，震伏为无功；兑伏艮，艮为宗庙，艮伏为宗庙有失，宗庙寓意基业，故，这是基业有失之象；卦象明显是阳被封锁，阳刚在棺椁中腐变；爻变后，阳爻仍被阴爻封锁；不吉。卦象与爻辞的"有它吝"相合，也就是说，最终有遗憾，不会成功。

起卦时间：2017年阳历2月12日10点29分。占问得到《大过》之《井》，动爻在四爻。"体"的位置在初爻，"用"在四爻。

"体"在初爻，在本宫卦（巽卦）里的五行属性为丑土，六亲为财，故"体"的天干为己。

体干在初爻，配己土。坐下的地支，由十二宫的病，动化为胎。即，体干坐地支卯，动化亥。于是得到卦象的两组干支为：

己　　　　己
卯　　　　亥

2017年阳历2月12日10点29分，对应的八字四柱是：

　　　　　　　日
丁　　壬　　庚　　辛
酉　　寅　　午　　巳

卦象的两组干支与起卦时间的八字四柱合并，得到《大过》之《井》的卦象干支六柱：

　　　　　用　　　日　　　　　体
丁　　壬　　己　　庚　　辛　　己
酉　　寅　　亥　　午　　巳　　卯

此占问，若分类占断为求财，用神为财。求财，忌神为兄弟，元神为子孙。卦象六柱中，木为兄弟，火为子孙，土为财，金为官鬼，水为父母。卦中，己土财临体干，宜旺。日柱空亡戌亥，亥水空，壬水无根。天干丁壬合，合化木，化出的木为忌神，忌神得到助力。合化后，丁火的五行属性改变，合化为木，元神衰。元神藏于地支，地支巳午火在日柱、时柱皆起不到通关作用，元神不能通关，财直接受克，财衰。故，此占问结果，得不到财。

继续看《大过》卦九五的爻变，先看爻辞：

☳☰ 九五：枯杨生华，老妇得其士夫，无咎无誉。

现代文注释：

九五，阳刚居中得正，与九二无应，故与上六的亲近会有结果，九五是健壮男子，即"士夫"，上六是"老妇"，故有"枯杨生华，老妇得其士夫"的爻辞，此结果虽然不理想，无誉可言，但阴阳得以匹配，当然也是"无咎"的。中爻得乾乾之象，其过程已体现了自强不息的精神，已经做过努力了，故不必再强求，对俗世的看法更不必在意，阴阳遇合的结果，可能是有花无果，但不管是生出花朵还是长出小树，都无咎无誉。

《大过》卦九五爻变，得到《大过》之《恒》。卦象解析如下：

从卦象看，《大过》卦卦象☰，《恒》卦卦象☳，两卦卦象结合起来看，大坎为忧患，爻变得震，震在上，为已经走出忧患，震为福，为载，为春，为生，为木，为杨，兑为友，巽为利，为蛊，为腐，为枯木病树，这是忧患得解，枯杨逢春生华，载福同行，与利为友之象。对于事业发展，卦象信息，是天时到来，进入到很好的发展状态，事业成功。

起卦时间：2017年阳历2月13日10点13分。占问得到《大过》之《恒》，动爻在五爻。"体"的位置在二爻，"用"在五爻。

"体"在二爻，在本宫卦（巽卦）里的五行属性为亥水，六亲为父母，故"体"的天干为壬。

体干在二爻，配壬水；坐下的地支，由十二宫的病，动化为长生。即，体干坐地支寅，动化申。于是得到卦象的两组干支为：

　　壬　　壬
　　寅　　申

2017年阳历2月13日10点13分，对应的八字四柱是：

　　　　　　　　　日
　丁　　壬　　辛　　癸
　酉　　寅　　未　　巳

卦象的两组干支与起卦时间的八字四柱合并，得到《大过》之《恒》的卦象干支六柱：

　　　　　用　　　　　日　体
　丁　　壬　　壬　　辛　　壬　　癸
　酉　　申　　寅　　未　　寅　　巳

此占问，若分类占断为求财，用神为财。求财，忌神为兄弟，元神为子孙。卦象六柱中，木为兄弟，火为子孙，土为财，金为官鬼，水为父母。卦中，壬水父母临体干，宜财旺，喜财来克体，亦喜金通关，财间接生财，皆为财来就体，得财之象。日柱空亡戌亥，亥水空，壬水无根，不受生，受财克。戊己土，天干不透，藏地支中，财不缺位。丁火有根在未，可受生，又得地支巳火助力，火旺，未为木库，未的两边为寅木，火旺不缺木，丁火通关，木生火，火生土，忌神反成为财源，财有源，财旺。故，此占问结果，可顺利得财。

继续看《大过》卦上六的爻变，先看爻辞：

☱☴ 上六：过涉灭顶，凶。无咎。

现代文注释：

上六，阴爻虽得正，但一阴凌乘群阳，受到阳刚的逼斥，为居险之象，老妇有过河、涉过大川的勇气和行动，故，即使水淹过了头顶，有危险，也没有咎错，因为这是形势使然，这样的努力没有过错。上六爻揭示的道理就是，刚爻的力量过盛，会导致产生"灭阴"的趋向，故有凶；阴爻没有过失，故无咎。

《大过》卦上六爻变，得到《大过》之《姤》。卦象解析如下：

从卦象看，《大过》卦卦象☱☴，《姤》卦卦象☰☴，两卦卦象结合起来看，兑为害，乾为人，巽为鞭，鞭打为害之人，这是有人祸，不和谐之象；巽为鱼，乾为河海，巽伏震，震为功，震伏为无功，这是河海捕鱼，劳而无功之象。对于谋求事业发展，这是不得地利，也不得人和，没有助力发展的有利条件，故不会有成效，虽无灾殃，但也无功，得不到利，归于失败。

起卦时间：2017年阳历2月14日10点45分。占问得到《大过》之《姤》，动爻在上爻。"体"的位置在三爻，"用"在上爻。

"体"在三爻，在本宫卦（巽卦）中的五行属性为酉金，六亲为官鬼，故"体"的天干为辛。

体干在三爻，配辛金；坐下的地支，由十二宫的沐浴，动化为临官。即体干坐地支亥，动化酉。于是得到卦象的两组干支为：

辛　　辛
亥　　酉

2017年阳历2月14日10点45分，对应的八字四柱是：

```
            日
丁    壬    壬    乙
酉    寅    申    巳
```

卦象的两组干支与起卦时间的八字四柱合并，得到卦象的干支六柱：

```
用              体  日
辛    丁    壬    辛    壬    乙
酉    酉    寅    亥    申    巳
```

此占问，若分类占断为求财，用神为财。求财，忌神为兄弟，元神为子孙。卦象六柱中，木为兄弟，火为子孙，土为财，金为官鬼，水为父母。卦中，辛金官鬼临体干，宜财旺生官，得财之象。日柱空亡戌亥，戌土空，未土不空，土不缺位；亥水空，壬水有根在申。辛金有根在酉，可受生，财生官鬼，本为得财之象，但，不可或缺的前提是：财要旺。丁壬合，合化木，木为忌神，丁为元神，天干合化的结果是，元神化为忌神，同时失去通关神，忌神直接克用神，财被克，财衰。故，此占问结果，得不到财。

水雷《屯》䷂（卦序号：7）

屯：元亨，利贞，勿用有攸往，利建侯。

本章介绍四个卦的独爻变卦象空间，本节进入《屯》卦。以下从初爻开始，介绍《屯》卦独爻变的卦象解析、干支五行分析方法和分类占断的分析过程。先看初爻的爻辞：

䷂ **初九**：磐桓，利居贞，利建侯。

现代文注释：

初九，一阳处于群阴之下，是这一卦的卦主。志向纯正，又能以贵居下，礼贤下士，大得民心。坎险在前，不能直通向前，故"磐桓"，初九耐心的多磐桓几日，不是浪费时间，是"居正"守正道的表现，有利于建立王侯的基业。

《屯》卦初九爻变，得到《屯》之《比》。卦象解析如下：

从卦象看，《屯》卦卦象䷂，《比》卦卦象䷇，两卦卦象结合起来看，震为粮，为耕，为功业，坤为国，为兵，中爻艮为城，为刀兵，为防卫，君位九五成为比卦的盟主，这是以粮、兵为基础，做长久御敌准备之象；卦象体现"建侯"的战略意图。对于事业而言，这是定下"建侯"的战略方向，做长期的积累和等待，恪守正道；但，得此占，处在固守、防御阶段，尚未成功。

起卦时间：2017年阳历2月15日14点28分。占问得到《屯》之《比》，动爻在初爻。"体"的位置在四爻，"用"在初爻。
"体"在四爻，在本宫卦（坎卦）里的五行属性为申金，六亲为父母，故"体"的天干为庚。

体干在四爻，配庚金；坐下的地支，由十二宫的养，动化为死。即，体干坐地支辰，动化子。于是得到卦象的两组干支为：

庚　　庚
辰　　子

2017年阳历2月15日14点28分，对应的八字四柱是：

　　　　　　日
丁　　壬　　癸　　己
酉　　寅　　酉　　未

卦象的两组干支与起卦时间的八字四柱合并，就得到《屯》之《比》的卦象干支六柱：

　　　　　　体　　日　　　　用
丁　　壬　　庚　　癸　　己　　庚
酉　　寅　　辰　　酉　　未　　子

此占问，若分类占断为求财，用神为财。求财，忌神为兄弟，元神为子孙。卦象六柱中，水为兄弟，木为子孙，火为财，土为官鬼，金为父母。卦中，庚金父母临体干，宜财旺，喜财来克体，亦喜土通关，财间接生体干，皆为财来就体，得财之象。日柱空亡戌亥，戌土空，辰未不空，土不缺位；亥水空，壬水无根，癸水有根在子，忌神仍可受生。丁火透出，引来兄弟夺财，财不旺。寅木天干不透，有根无苗，元神不旺，没有能力生财，不能通关。卦中，金水旺，木火衰，求财不得。故，此占问结果，得不到财。

继续看《屯》卦六二的爻变，先看爻辞：

䷂ 六二：屯如邅如，乘马班如。匪寇，婚媾，女子贞不字，十年乃字。

现代文注释：

六二，居中得正，与九五有应，本应前往，但九五居坎中，六二阴爻无能力入险再出险，又为其上二阴爻所阻，阴遇阴则止，故彷徨不前，欲前行而又止，故曰"屯如邅如，乘马班如"；前方坎中之九五，对于六二，不是寇盗，是婚媾，六二柔爻守其贞正，等待着有一天能和九五一起出坎险，六二之上为互坤，坤数为十，在"屯"之时空，六二往应九五被阻隔了十年，但无论如何，六二与九五的正应，最终能得以实现，故曰"女子贞不字，十年乃字"。

《屯》卦六二爻变，得到《屯》之《节》。卦象解析如下：

从卦象看，《屯》卦卦象䷂，《节》卦卦象䷻，两卦卦象结合起来看，坎为北，震为南，为君，为立，坤为国，六二变为九二，九二为新君，这是南国立新君之象；艮为安，正反艮为相安，震为语，正反震为相向而语，坎兑为友，这是南北两国结为友好之象。对于事业发展，卦象信息无凶，且有吉，含有得圣明英主的意思，且外部的发展环境在改善，建立了友好的合作，事业会成功。

起卦时间：2017年阳历2月16日14点12分。占问得到《屯》之《节》，动爻在二爻。"体"的位置在五爻，"用"在二爻。

"体"在五爻，在本宫卦（坎卦）里的五行属性为戊土，六亲为官鬼，故"体"的天干为戊。

体干在五爻，配戊土；坐下的地支，由十二宫的长生，动化为沐浴。即体干坐地支寅，动化卯。于是得到卦象的两组干支为：

```
戊      己
寅      卯
```

2017年阳历2月16日14点12分，对应的八字四柱是：

```
              日
丁     壬     甲     辛
酉     寅     戌     未
```

卦象的两组干支与起卦时间的八字四柱合并，就得到《屯》之《节》的卦象干支六柱：

```
        体            日     用
丁     戊     壬     甲     己     辛
酉     寅     寅     戌     卯     未
```

此占问，若分类占断为求财，用神为财。求财，忌神为兄弟，元神为子孙。卦象六柱中，水为兄弟，木为子孙，火为财，土为官鬼，金为父母。卦中，戊土官鬼临体干，宜财旺生官，得财之象。日柱空亡申酉，辛金有根在戌，金不缺位。丁火有根在戌未，可受生。甲木有根在寅，可受生，可通关，元神通关，忌神反成为财源，财有源，财旺。戊土有根在戌，可受生，财旺生官的条件具备。故，此占问结果，可得财。

继续看《屯》卦六三的爻变，先看爻辞：

☷ 六三：即鹿无虞，惟入于林中，君子几不如舍，往吝。

现代文注释：

六三，阴爻居阳位，柔弱性格的人也参加勇敢者的训练活动。训练骑射，安排打猎，追逐野鹿进入了山林，鹿钻进了密林，看不清密林里面的情况，此时向导和林官都不在，六三面临选择，是进入密林，还是停下来，有远大志向追求的君子，此时明智的决定就是："几不如舍"，停止追逐。如果太蛮撞冒失而进入密林，会有危险，前往有吝。

《屯》卦六三爻变，得到《屯》之《既济》。卦象解析如下：

从卦象看，《屯》卦卦象☷，《既济》卦卦象☷，两卦卦象结合起来看，中爻本有虚空之忧，爻变后，中爻坤虚变为实，《屯》卦的艮阳得《既济》九三之辅，栋梁更坚固，下震为车，也得九三之辅而更坚强，可以载物，故得成功；艮阳为高贵，发出辉光，震阳为福乐，与艮阳的高贵配合，是为吉象。对事业发展，这是在出现危险之时，及时得到了援助，危险解除，得到成功的结果；此时，如有项目正在进行，无需放弃，可以顺利的走向成功。

起卦时间：2017年阳历2月17日14点44分。占问得到《屯》之《既济》，动爻在三爻。"体"的位置在上爻，"用"在三爻。

"体"在上爻，在本宫卦（坎卦）里的五行属性为子水，六亲为兄弟，故"体"的天干为癸。

体干在上爻，配癸水；坐下的地支，由十二宫的冠带，动化为养。即，体干坐地支丑，动化辰。于是得到卦象的两组干支为：

癸　　壬

丑　　辰

2017年阳历2月17日14点44分，对应的八字四柱是：

		日	
丁	壬	乙	癸
酉	寅	亥	未

卦象的两组干支与起卦时间的八字四柱合并，得到《屯》之《既济》的卦象干支六柱：

体			用	日	
癸	丁	壬	壬	乙	癸
丑	酉	寅	辰	亥	未

此占问，若分类占断为求财，用神为财。求财，忌神为兄弟，元神为子孙。卦象六柱中，水为兄弟，木为子孙，火为财，土为官鬼，金为父母。卦中，癸水兄弟临体干，忌神临体，财不能靠近，得不到财之象。日柱空亡申酉，天干庚辛不现，金藏墓库，不能生水，官鬼直接克兄弟，忌神受制约。丁火有根在未，财可受生。乙木有根在辰，得寅木助力，可受生，可通关，元神通关，忌神反成为财源，忌神临体的问题得解。财有源，财旺。故，此占问结果，可得财。

继续看《屯》卦六四的爻变，先看爻辞：

䷂ 六四：乘马班如，求婚媾，往吉，无不利。

现代文注释：

六四，其位得正，有初九的正应，但其下方也有两阴爻的阻隔，其应也不顺利，欲前又止，故曰"乘马班如"；初九乘马而来，是求婚媾，故六四前往迎接初九，前往大吉，无不利。

《屯》卦六四爻变，得到《屯》之《随》。卦象解析如下：

从卦象看，《屯》卦卦象☳，《随》卦卦象☱，两卦卦象结合起来看，爻变导致失坎得兑，坎为忧，兑为悦，这是从忧转为喜悦之象；震为福，为功业，为王侯，为喜，中爻艮为星，为成，巽为高，这是福星高照，功成，喜得封侯之象。对于谋事业而言，喜得封侯，是目标达到，事业成功。

起卦时间：2017年阳历2月16日14点20分。占问得到《屯》之《随》，动爻在四爻。"体"的位置在初爻，"用"在四爻。

"体"在初爻，在本宫卦（震卦）里的五行属性为子水，六亲为父母，故"体"的天干为癸。

体干在初爻，配癸水；坐下的地支，由十二宫的胎，动化为沐浴。即，体干坐地支巳，动化寅。于是得到卦象的两组干支为：

癸　　壬
巳　　寅

2017年阳历2月16日14点20分，对应的八字四柱是：

　　　　　日
丁　　壬　　甲　　辛
酉　　寅　　戌　　未

卦象的两组干支与起卦时间的八字四柱合并，就得到《屯》之《随》的卦象干支六柱：

		用	日		体
丁	壬	壬	甲	辛	癸
酉	寅	寅	戌	未	巳

此占问，若分类占断为求财，用神为财。求财，忌神为兄弟，元神为子孙。卦象六柱中，木为兄弟，火为子孙，土为财，金为官鬼，水为父母。卦中，癸水父母临体干，宜财旺，喜财来克体，亦喜金通关，财间接生体干，皆为财来就体，得财之象。日柱空亡申酉，辛金无根，不受生，土直接克水，财克体干。丁火有根在戌未，可受生，可通关，元神通关，忌神反成为财源，财有源，财旺。故，此占问结果，可得财。

继续看《屯》卦九五的爻变，先看爻辞：

☵☳ 九五：屯其膏，小贞吉，大贞凶。

现代文注释：

九五，虽得正居中，但所居为坎中，故九五所谋的事，首先就是出坎险，而不能有大的作为，坎在上为云，而不为雨，故不能施恩泽于下民，故曰"屯其膏"。屯其"膏泽"而不施，实为"无民"；故九五爻提醒：密云不雨，无膏泽施予下民，这对九五不利，有凶。九五与六二皆为正中，为正应，故皆称"贞"；"小"，指阴爻，"小贞"为臣道，指六二，六二的"臣道"守正，其等待应于上是吉祥的；"大"，指阳爻，"大贞"为君王之道，说的是九五，九五的"君道"暂处密云不雨的状态，因无膏泽施予下民，虚有其位，膏泽无处可施只能"屯其膏"，其占为凶，故曰"小贞吉，大贞凶"。

《屯》卦九五爻变，得到《屯》之《复》。卦象解析如下：

从卦象看，《屯》卦卦象☳☵，《复》卦卦象☳☷，两卦卦象结合起来看，爻变导致失坎得坤，坎为难，为苦，坤为甘，为国，为土，这是苦尽甘来，得国土之象；坤伏乾，乾为惕，乾伏为无忧惕，震为乐，乐可解忧，卦象吉。对事业发展而言，得国土，是得到市场；卦象已显示，并无凶事发生，爻辞"大贞凶"是说九五的君王之道暂且还不能行之天下，与卦旨的积蓄、等待是相合的，不必过多忧虑；卦象信息，已明确没有灾患，苦尽甘来，事业会成功。

起卦时间：2017年阳历2月17日14点36分。占问得到《屯》之《复》，动爻在五爻。"体"的位置在二爻，"用"在五爻。

"体"在二爻，在本宫卦（震卦）里的五行属性为寅木，六亲为兄弟，故"体"的天干为甲。

体干在二爻，配甲木；坐下的地支，由十二宫的养，动化为临官。即，体干坐地支戌，动化寅。于是得到卦象的两组干支为：

　　甲　　甲
　　戌　　寅

2017年阳历2月17日14点36分，对应的八字四柱是：

　　　　　　日
　　丁　壬　乙　癸
　　酉　寅　亥　未

卦象的两组干支与起卦时间的八字四柱合并，就得到《屯》之《复》的卦象干支六柱：

	用		日	体	
丁	甲	壬	乙	甲	癸
酉	寅	寅	亥	戌	未

此占问，若分类占断为求财，用神为财。求财，忌神为兄弟，元神为子孙。卦象六柱中，木为兄弟，火为子孙，土为财，金为官鬼，水为父母。卦中，甲木兄弟临体干，忌神临体，财不能靠近，得不到财之象。日柱空亡申酉，金藏于戌。甲木有根在寅，可受生，可通关，月柱壬寅，壬水在柱内直接生寅木，木通关，水不克火，元神不受克。丁火有根在未，可受生，可通关，元神通关，忌神反成为财源，忌神临体的问题得解，财有源，财旺。故，此占问结果，可得财。

继续看《屯》卦上六的爻变，先看爻辞：

䷂ 上六：乘马班如，泣血涟如。

现代文注释：

上六，物极必反，太过随意的求婚媾，必然有被拒之门外，哭着回来的场面，这种事也不稀奇。《屯》卦，最上的这一爻与前面有呼应，上六与六三无正应，故骑在马上盘旋，不知该往何处，六四爻求婚媾成功，到了上六，求婚媾的结局就变为不成功，这就是有笑也就有哭的自然规律。上六，居坎之上爻，下无应，"泣血"暗喻此时的坎会成为血卦，有难，凶险。

《屯》卦上六爻变，得到《屯》之《益》。卦象解析如下：

从卦象看，《屯》卦卦象☳☵，《益》卦卦象☴☳，两卦卦象结合起来看，爻变导致失坎得巽，坎为难，巽为入，为利市，这是新产品在难产之后终于面世，进入市场，企业面对的将是，利市是好还是坏的严峻考验；震为行动，坤为劳，为虚，为忧，这是虽积极行动，但多劳而无功，利市为虚，忧愁常伴之象。对于新产品而言，市场反应冷淡，利市仍然为虚，此时营销工作就有很多的劳苦。市场打不开，劳而无功，企业与忧愁相伴，此种状况对于企业是不利的，拖延时日则有凶，会拖垮一个企业，要努力改变现状，打开局面。得此占，有艰难，但成功就在前面，努力加上营销策划得当，就会成功。

起卦时间：2017年阳历2月17日14点52分。占问得到《屯》之《益》，动爻在上爻。"体"的位置在三爻，"用"在上爻。

"体"在三爻，在本宫卦（震卦）里的五行属性为辰土，六亲为财，故"体"的天干为戊。

体干在三爻，配戊土；坐下的地支，由十二宫的胎，动化为冠带。即，体干坐地支子，动化辰。于是得到卦象的两组干支为：

戊　　戊
子　　辰

2017年阳历2月17日14点52分，对应的八字四柱是：

　　　　　　日
丁　　壬　　乙　　癸
酉　　寅　　亥　　未

卦象的两组干支与起卦时间的八字四柱合并，就得到《屯》之《益》的卦象

干支六柱：

		用		体	日
戊	丁	壬	戊	乙	癸
辰	酉	寅	子	亥	未

此占问，若分类占断为求财，用神为财。求财，忌神为兄弟，元神为子孙。卦象六柱中，木为兄弟，火为子孙，土为财，金为官鬼，水为父母。卦中，戊土财临体干，宜旺。日柱空亡申酉，金缺位。戊土有根在辰，财可受生。丁火有根在未，可受生，可通关，元神通关，忌神反成为财源，财不受克，元神生财，财旺。但，金空亡而缺位，土不能生金，就直接克水，财直接克父母，能量流不是正常的泄秀。财克父母，就是财找父母，得财的是父母。故，此占问结果，旬内得不到财，要等待出旬后，申值日，也就是月内的甲申日，可得财。

火风《鼎》䷱（卦序号：8）

鼎：元吉，亨。

本章介绍四个卦的独爻变卦象空间，本节进入《鼎》卦。以下从初爻开始，介绍《鼎》卦独爻变的卦象解析、干支五行分析方法和分类占断的分析过程。先看初爻的爻辞：

䷱ **初六：鼎颠趾，利出否，得妾以其子，无咎。**

现代文注释：
　　初六，鼎足朝上，这是有利于倒出鼎中的陈旧食物，故曰"颠趾"；为了延绵子嗣而得到了一个称心的妾室，也没有咎害。这里的倒出陈旧食物，以及得到一个称心的妾室，都是寓意君王会得到新的贤臣，象征王朝的兴旺，推陈出新，不断有新的气象。

　　《鼎》卦初六爻变，得到《鼎》之《大有》。卦象解析如下：

　　从卦象看，《鼎》卦卦象䷱，《大有》卦卦象䷍，两卦卦象结合起来看，上卦离为日，日新之象，下卦巽为松柏，长青之象；爻变，巽变为乾，乾为百年，乾伏坤，坤为忧，伏坤为无忧，这是百年无忧之象。对于事业而言，卦象信息，寓意事业的长青要靠不断推陈出新，可得百年无忧；得此占，事业成功。

　　起卦时间：2017年阳历2月19日11点37分。占问得到《鼎》之《大有》，动爻在初爻。"体"的位置在四爻，"用"在初爻。
　　"体"在四爻，在本宫卦（离卦）里的五行属性为酉金，六亲为财，故"体"的天干为辛。

　　体干在四爻，配辛金；坐下的地支，由十二宫的死，动化为临官。即，体干坐地支巳，动化酉。于是得到卦象的两组干支为：

　　　　辛　　辛
　　　　巳　　酉

　　2017年阳历2月19日11点37分，对应的八字四柱是：

　　　　　　　　　　日
　　丁　　壬　　丁　　丙
　　酉　　寅　　丑　　午

　　卦象的两组干支与起卦时间的八字四柱合并，得到《鼎》之《大有》的卦象干支六柱：

　　　　　　　　体　　日　　　　用
　　丁　　壬　　辛　　丁　　丙　　辛
　　酉　　寅　　巳　　丑　　午　　酉

　　此占问，若分类占断为求财，用神为财。求财，忌神为兄弟，元神为子孙。卦象六柱中，火为兄弟，土为子孙，金为财，水为官鬼，木为父母。卦中，辛金财临体干，宜旺。日柱空亡申酉，辛金有根在丑，财可受生，财不缺位。巳酉丑三合金局，金旺，酉不论空，金局为财局，财旺。日柱丁丑，丁火在柱内直接生丑土，忌神生元神，元神通关成功，忌神反成为财源，财有源，财旺。故，此占问结果，可得财。

继续看《鼎》卦九二的爻变，先看爻辞：

☲ **九二：鼎有实，我仇有疾，不我能即，吉。**

现代文注释：

九二，通过初六倒出陈旧食物后，进入"鼎有实"的阶段；九二阳刚居中，具刚中之德，有真才实学，能发挥作用。有人对我有妒害之意，但却不能靠近我、亲近我，又能奈我何！吉祥。这里"仇"是"相对应的人物"，"疾"是"妒害"的意思，连起来"我仇有疾"就是对我有妒害之心的、相对应的人物，而要做到不为其所妒害，就不能给他靠近自己、亲近自己的机会。故，"我仇有疾，不我能即，"寓意很深，君子应做到不让小人接近，不接受贿赂、不接受奉承，不让小人有可趁之机，所谓"无欲则刚"，小人又能奈我何！

《鼎》卦九二爻变，得到《鼎》之《旅》。卦象解析如下：

从卦象看，《鼎》卦卦象☲，《旅》卦卦象☲，两卦卦象结合起来看，离为文，乾为王，巽为旅客，艮为安，这是文王客居殷商，得安之象；从爻位看，《鼎》卦二爻进入鼎有实的阶段，《旅》卦二爻是商旅得安，巽为商贾，为利，艮为求，为得，为时，这是商旅求利得时，得利而平安之象。爻变后，九三成为艮，艮为鸟，艮伏兑为号，这是古代射日的羿所用"乌号"之弓，离为后羿，羿张开乌号之弓射的是卦中的天狼星，艮位为天狼。对于事业而言，卦象信息，是志在射天狼，勇于进取，有能力做惊天动地的大事，有实且得安，即目标远大，利有实，且得平安；得此占，事业成功。

起卦时间：2017年阳历2月19日11点21分。占问得到《鼎》之《旅》，动爻在二爻。"体"的位置在五爻，"用"在二爻。

"体"在五爻，在本宫卦（离卦）里的五行属性为未土，六亲为子孙，故

"体"的天干为己。

体干在五爻，配己土；坐下的地支，由十二宫的帝旺，动化为墓。即，体干坐地支巳，动化丑。于是得到卦象的两组干支为：

```
己      己
巳      丑
```

2017年阳历2月19日11点21分，对应的八字四柱是：

```
            日
丁    壬    丁    丙
酉    寅    丑    午
```

卦象的两组干支与起卦时间的八字四柱合并，就得到《鼎》之《旅》的卦象干支六柱：

```
        体              日    用
丁    己    壬    丁    己    丙
酉    巳    寅    丑    丑    午
```

此占问，若分类占断为求财，用神为财。求财，忌神为兄弟，元神为子孙。卦象六柱中，火为兄弟，土为子孙，金为财，水为官鬼，木为父母。卦中，己土子孙临体干，忌空破，忌被克。日柱空亡申酉，但，金不缺位，巳藏干庚，丑藏干辛。体干坐下地支，巳动化丑，兄弟动化子孙，忌神化出元神，为生财之象。丁己同坐地支丑，坐同一板凳，通过地支相通，丁火生己土，忌神生元神，元神通关，忌神反成为财源，财有源，财旺。故，此占问结果，可得财。

继续看《鼎》卦九三的爻变，先看爻辞：

九三：鼎耳革，其行塞，雉膏不食，方雨亏悔，终吉。

现代文注释：

九三，居人位的下者，阳刚之才，做事有点粗心鲁莽，鼎耳掉了，道路堵塞不通，事先都不知道；导致鼎不能搬动到就餐的地点，美食没能派上用场，天上又正下着雨，其悔能少吗？好在得到教训，改正后认真做事，终为吉祥。

《鼎》卦九三爻变，得到《鼎》之《未济》。卦象解析如下：

从卦象看，《鼎》卦卦象，《未济》卦卦象，两卦卦象结合起来看，爻变，巽失而得坎，巽为利，坎为灾祸，这是利失而祸来之象；巽为利，为蝗，半震为稼禾受害，故矮小，萎靡不振，半艮为收获减半，互兑为秋，这是蝗灾肆虐，黍稷受损，秋天收获减半之象。爻辞有"终吉"之断，是说九三事情没做好，有悔，改正后能认真做事，由未济而得到必济的未来，故言"终吉"。对于事业发展，卦象信息，利失而祸来，明示失败。

起卦时间：2017年阳历2月20日11点29分。占问得到《鼎》之《未济》，动爻在三爻。"体"的位置在上爻，"用"在三爻。

"体"在上爻，在本宫卦（离卦）里的五行属性为巳火，六亲为兄弟，故"体"的天干为丙。

体干在上爻，配丙火；坐下的地支，由十二宫的病，动化为胎。即，体干坐地支申，动化子。于是得到卦象的两组干支为：

丙　　丙

申　　子

2017年阳历2月20日11点29分，对应的八字四柱是：

日

丁　壬　戊　戊

酉　寅　寅　午

卦象的两组干支与起卦时间的八字四柱合并，得到《鼎》之《未济》的卦象干支六柱：

体　　　　　　用　日

丙　丁　壬　丙　戊　戊

申　酉　寅　子　寅　午

此占问，若分类占断为求财，用神为财。求财，忌神为兄弟，元神为子孙。卦象六柱中，火为兄弟，土为子孙，金为财，水为官鬼，木为父母。卦中，丙火兄弟临体干，忌神临体，财不能靠近，得不到财之象。日柱空亡申酉，金缺位，财空。月柱壬寅，壬水在柱内直接生寅木，水生木，贪生忘克，水不克土，官鬼不克忌神，忌神不受制约。戊土的根在申，申空亡，戊土无根，不受生，不能通关。无元神通关，忌神临体的问题无解。故，此占问结果，得不到财。

继续看《鼎》卦九四的爻变，先看爻辞：

☲ 九四：鼎折足，覆公餗，其形渥，凶。

现代文注释：

九四，居人位的上者，已经得到了地位，但任人的不当，同样会有凶。鼎足折了，为王公做的美食撒了一地，其形象会好看吗？所任非人，凶。九四之凶，是初六的上应所致，九四任用了能力差的初六，把重要工作交给不能胜任工作的下属，出了问题，自己就要承担用人不当的责任。

《鼎》卦九四爻变，得到《鼎》之《蛊》。卦象解析如下：

从卦象看，《鼎》卦卦象☲☴，《蛊》卦卦象☶☴，两卦卦象结合起来看，爻变导致中爻失乾得兑，乾为盈满，为福，兑为食，为倾覆，为毁折，巽为利，这是鼎倾覆，食物撒了一地，鼎有毁折之象，也是失福，利有折损之象；艮为求，为止，为道路，巽为商贾，为利，大坎为险，为陷，为曲折难行，这是求利的道路难行之象。对于事业发展，卦象信息，寓意失败，求事难成。

起卦时间：2017年阳历2月20日19点21分。占问得到《鼎》之《蛊》，动爻在四爻。"体"的位置在初爻，"用"在四爻。

"体"在初爻，在本宫卦（巽卦）里的五行属性为丑土，六亲为财，故"体"的天干为己。

体干在初爻，配己土；坐下的地支，由十二宫的冠带，动化为病。即，体干坐地支未，动化卯。于是得到卦象的两组干支为：

己　　己

未　　卯

2017年阳历2月20日19点21分，对应的八字四柱是：

```
              日
丁      壬      戊      壬
酉      寅      寅      戌
```

卦象的两组干支与起卦时间的八字四柱合并，就得到《鼎》之《蛊》的卦象干支六柱：

```
              用      日              体
丁      壬      己      戊      壬      己
酉      寅      卯      寅      戌      未
```

此占问，若分类占断为求财，用神为财。求财，忌神为兄弟，元神为子孙。卦象六柱中，木为兄弟，火为子孙，土为财，金为官鬼，水为父母。卦中，己土财临体干，宜旺。日柱空亡申酉，金空亡，官鬼缺位，忌神不受制约，忌神旺。丁壬合，合化木，丁火子孙化为忌神，忌神更加强大。丁火在合化后改变了五行属性，元神消失，无元神生财，财衰。故，此占问结果，得不到财。

继续看《鼎》卦六五的爻变，先看爻辞：

☲☴ 六五：鼎黄耳，金铉，利贞。

现代文注释：

六五为鼎耳，黄色为中色，是吉祥的色，铉为抬鼎之器物，为鼎做了如此华美的黄色鼎耳和金铉，是对鼎的重视，利于固守正道。

《鼎》卦六五爻变，得到《鼎》之《姤》。卦象解析如下：

从卦象看，《鼎》卦卦象☲☴，《姤》卦卦象☰☴，两卦卦象结合起来看，乾为德，为玉，巽为石，这是贤人之德如玉，经砥石的磨砺，可成为旷世奇才之象；巽为命，乾为太公，为大，巽承乾为大命，巽伏震为功业，为君侯，中爻伏艮为拜，这是姜太公拜受大命，功成名就，最终封侯之象。对于谋求事业发展，卦象信息，是得贤人辅佐而问鼎成功，强调人才的作用，有大德的贤才加盟，可完成大的功业；得此占，可得成功。

起卦时间：2017年阳历2月21日11点45分。占问得到《鼎》之《姤》，动爻在五爻。"体"的位置在二爻，"用"在五爻。

"体"在二爻，在本宫卦（巽卦）里的五行属性为亥水，六亲为父母，故"体"的天干为壬。

体干在二爻，配壬水；坐下的地支，由十二宫的冠带，动化为帝旺。即体干坐地支戌，动化子。于是得到卦象的两组干支为：

壬　　壬
戌　　子

2017年阳历2月21日11点45分，对应的八字四柱是：

　　　　　日
丁　壬　己　庚
酉　寅　卯　午

卦象的两组干支与起卦时间的八字四柱合并，就得到《鼎》之《姤》的卦象干支六柱。

```
        用        日  体
   丁  壬  壬  己  壬  庚
   酉  子  寅  卯  戌  午
```

此占问，若分类占断为求财，用神为财。求财，忌神为兄弟，元神为子孙。卦象六柱中，木为兄弟，火为子孙，土为财，金为官鬼，水为父母。卦中，壬水父母临体干，宜财旺，喜财来克体，亦喜金通关，财间接生体干，皆为财来就体，得财之象。日柱空亡申酉，庚金无根，不受生，不能通关，财直接克体干。丁火有根在午，可受生，可通关，元神通关，忌神反成为财源，财不受克，元神生财，财旺。故，此占问结果，可得财。

继续看《鼎》卦上九的爻变，先看爻辞：

☰☴ 上九：鼎玉铉，大吉，无不利。

现代文注释：

上九，居柔位。故，鼎配了玉铉，以玉代表柔美的品德，上九是刚柔相济的人才，其位为鼎外的铉，铉为鼎杠，可杠起巨鼎，有扛鼎、行鼎之功。爻辞，以鼎外配的玉铉来比喻上九，寓意：鼎功已告成，到了鼎"功成致用"的状态了。故大吉，无所不利。

《鼎》卦上九爻变，得到《鼎》之《恒》。卦象解析如下：

从卦象看，《鼎》卦卦象☰☴，《恒》卦卦象☳☴，两卦卦象结合起来看，震为仁德，为兴，为车，为载，巽为利，乾为禄福，为百年，伏坤为无忧，这是仁德以兴，有福载利，百年无忧之象；离为麟凤，巽为松柏，互大坎为雨露，震为君，为乐，为功业，互兑为辅佐，这是松林得雨露滋润，麟凤栖息，君王得辅，功业有成，常乐无忧之象。对事业而言，卦象信息，已明确事业成功。

　　起卦时间：2017年阳历2月21日11点13分。占问得到《鼎》之《恒》，动爻在上爻。"体"的位置在三爻，"用"在上爻。

　　"体"在三爻，在本宫卦（巽卦）里的五行属性为酉金，六亲为官鬼，故"体"的天干为辛。

　　体干在三爻，配辛金；坐下的地支，由十二宫的养，动化为长生。即，体干坐地支丑，动化子。于是得到卦象的两组干支为：

　　　　辛　　庚
　　　　丑　　子

2017年阳历2月21日11点13分，对应的八字四柱是：

　　　　　　　　　日
　　丁　　壬　　己　　庚
　　酉　　寅　　卯　　午

　　卦象的两组干支与起卦时间的八字四柱合并，就得到《鼎》之《恒》的卦象干支六柱：

　　用　　　　　　　　体　　日
　　庚　　丁　　壬　　辛　　己　　庚
　　子　　酉　　寅　　丑　　卯　　午

此占问，若分类占断为求财，用神为财。求财，忌神为兄弟，元神为子孙。卦象六柱中，木为兄弟，火为子孙，土为财，金为官鬼，水为父母。卦中，辛金官鬼临体干，宜财旺生官，得财之象。日柱空亡申酉，辛金失去主根。但，体柱辛丑，丑土在柱内直接生辛金，财生官。己土有根在丑，财可受生。丁火有根在午，可受生，可通关，元神通关，忌神反成为财源，财不受克，元神生财，财旺。故，此占问结果，可得财。

第十四章　益、恒、震、巽

风雷《益》䷩（卦序号：9）

益：利有攸往，利涉大川。

本章介绍四个卦的独爻变卦象空间，本节进入《益》卦。以下从初爻开始，介绍《益》卦独爻变的卦象解析、干支五行分析方法和分类占断的分析过程。先看初爻的爻辞：

䷩ **初九：利用为大作，元吉，无咎。**

现代文注释：

初九，虽然居于最下位，但以贵处下，大得民心，有利于初九被启用做大事，初阳得正，且带来乾元之吉，故曰"元吉"。下卦与《复》卦相同，故"无咎"即为"朋来无咎"，这里有大事可做，朋友都会来参与，朋友指上卦的两根阳爻，朋友都来参与共同行动，无咎害。

《益》卦初九爻变，得到《益》之《观》。卦象解析如下：

从卦象看，《益》卦卦象䷩，《观》卦卦象䷓，两卦的卦象结合起来看，震为鹤，为飞，为随，坤为凤，这是鹤在追随凤凰之象；巽为鱼，艮为家，这是家有鱼之象；巽为风，艮为鸿鹄，为翅，震为展，为飞，为举，坤亦为风，为千里，这是鸿鹄乘风展翅一举千里之象。对于谋求事业发展，卦象信息，有鱼吃，是没有出现经济困难，鸿鹄乘风一举千里，象征宏图大志和机会，鹤追随凤凰，象征人和，得此占，事业可成功。

起卦时间：2017年阳历2月11日13点12分。占问得到《益》之《观》，动爻在初爻。"体"的位置在四爻，"用"在初爻。

"体"在四爻，在本宫卦（巽卦）里的五行属性为未土，六亲为财，故"体"的天干为己。

体干在四爻，配己土；坐下的地支，由十二宫的长生，动化为冠带。即体干坐地支酉，动化未。于是得到卦象的两组干支为：

己　　　己
酉　　　未

2017年阳历2月11日13点12分，对应的八字四柱是：

　　　　　　日
丁　　壬　　己　　辛
酉　　寅　　巳　　未

卦象的两组干支与起卦时间的八字四柱合并，就得到《益》之《观》的卦象干支六柱：

　　　　　体　　日　　　　用
丁　　壬　　己　　己　　辛　　己
酉　　寅　　酉　　巳　　未　　未

此占问，若分类占断为求财，用神为财。求财，忌神为兄弟，元神为子孙。卦象六柱中，木为兄弟，火为子孙，土为财，金为官鬼，水为父母。卦中，己土财临体干，宜旺。日柱空亡戌亥，戌土空，未土不空，己土有根在未，财可受生。体干坐下地支，酉动化未，动化回头生，体干为财，回头生内含生财之象。丁己同坐地支酉，坐同一板凳，通过地支相通，丁火直接生己土，元神生财，财旺。丁火有根在未，可受生，可通关，元神通关，忌神反成为财源，财有源，财旺。故，此占问结果，可得财。

继续看《益》卦六二的爻变，先看爻辞：

䷩六二：或益之十朋之龟，弗克违。永贞吉。王用享于帝，吉。

现代文注释：

六二，与初九比邻，且是亲比，故初九要做大事，六二会有响应。九五艮象为宗庙之象，故这一句是说在宗庙举行祭祀；二、三、四爻坤象为牛，用大牲祭祀；坤之数为十，故象征十朋之龟，即六二为初九献上十朋之龟；震象为帝象，故曰"王用享于帝"。

《益》卦六二爻变，得到《益》之《中孚》。卦象解析如下：

从卦象看，《益》卦卦象䷩，《中孚》卦卦象䷼，两卦卦象结合起来看，巽为利，为志，震为君，为车，为载，为仁德，为兴，互坤为天下，为民，这是君王立志，以德载天下，仁德以兴，利天下万民之象；兑为祷，为祭祀，坤为牛，震为上帝，这是用大牲祭祀享于帝，用虔诚和孚信感格上帝之象。对于谋求事业发展，卦象信息，是要以仁德牵引事业发展，做利天下万民的大事，故虔诚祈祷，以求顺利；得此占，仁德以兴，享帝而得吉，事业会成功。

起卦时间：2017年阳历2月11日13点28分。占问得到《益》之《中孚》，动爻在二爻。"体"的位置在五爻，"用"在二爻。

"体"在五爻，在本宫卦（巽卦）里的五行属性为巳火，六亲为子孙，故"体"的天干为丙。

体干在五爻，配丙火；坐下的地支，由十二宫的长生，动化为沐浴。即，体干坐地支寅，动化卯。于是得到卦象的两组干支为：

丙　　丁
寅　　卯

2017年阳历2月11日13点28分，对应的八字四柱是：

　　　　　　日
丁　　壬　　己　　辛
酉　　寅　　巳　　未

卦象的两组干支与起卦时间的八字四柱合并，得到《益》之《中孚》的卦象干支六柱：

　　　体　　　　日　用
丁　　丙　　壬　　己　　丁　　辛
酉　　寅　　寅　　巳　　卯　　未

此占问，若分类占断为求财，用神为财。求财，忌神为兄弟，元神为子孙。

卦象六柱中，木为兄弟，火为子孙，土为财，金为官鬼，水为父母。卦中，丙火子孙临体干，忌空破，忌受克。日柱空亡戌亥，戌土空，未土不空，己土有根在未，财可受生。体干坐下地支，寅动化卯，动化进神，体干为元神，动化进神含有生财的进程有利之象。日柱己巳，巳火在柱内直接生己土，元神生财，财旺。丙火有根在巳，可受生，可通关。体柱丙寅，寅木在柱内直接生丙火，忌神生元神，元神通关成功，忌神反成为财源，财不受克，元神生财，财旺。故，此占问结果，可得财。

继续看《益》卦六三的爻变，先看爻辞：

☳ 六三：益之用凶事，无咎。有孚，中行，告公用圭。

现代文注释：

六三，爻位规律三多凶。故六三"益之用凶事，无咎"，六三也确实有"凶"事，从象上看，初九为震，六三居坤之中，有地震灾害之凶。故"益之"六三，用在地震灾害的凶事，故无咎。"有孚，中行，告公用圭"乃是春秋时期天子与诸侯的一种约定制度，无论报喜讯还是报灾害，都要如实有孚；要有中道可行之议论附上；见天子、诸侯王，要持圭，圭为玉器，留作信物。

《益》卦六三爻变，得到《益》之《家人》。卦象解析如下：

从卦象看，《益》卦卦象☴，《家人》卦卦象☲，两卦卦象结合起来看，震为乐，为善，艮为安，互坎为孚信，坎中实，为得，离为麟凤，为文明，坤为国，为政，为民，这是国有善政，麟凤呈祥，民得安乐之象；中爻水火俱备，是阴阳和调之象，利于生。卦象信息，国有善政，利于发展，事业会成功。

起卦时间：2017年阳历2月12日13点20分。占问得到《益》之《家人》，动爻在三爻。"体"的位置在上爻，"用"在三爻。

"体"在上爻，在本宫卦（巽卦）里的五行属性为卯木，六亲为兄弟，故"体"的天干为乙。

体干在上爻，配乙木；坐下的地支，由十二宫的绝，动化为养。即，体干坐地支酉，动化未。于是得到卦象的两组干支为：

乙　　乙
酉　　未

2017年阳历2月12日13点20分，对应的八字四柱是：

　　　　日
丁　壬　庚　癸
酉　寅　午　未

卦象的两组干支与起卦时间的八字四柱合并，得到《益》之《家人》的卦象干支六柱：

体　　　　用　日
乙　丁　壬　乙　庚　癸
酉　酉　寅　未　午　未

此占问，若分类占断为求财，用神为财。求财，忌神为兄弟，元神为子孙。卦象六柱中，木为兄弟，火为子孙，土为财，金为官鬼，水为父母。卦中，乙木兄弟临体干，忌神临体，财不能靠近，得不到财之象。日柱空亡戌亥，戌土空，未土不空，财不缺位。丁火有根在午，可受生，乙丁同坐地支酉，坐同一板凳，通过地支相通，乙木直接生丁火，忌神生元神，元神通关成功，忌神反成为财源，忌神临体的问题得解。财有源，财旺。故，此占问结果，可得财。

继续看《益》卦六四的爻变，先看爻辞：

☶☷ 六四：中行，告公从，利用为依迁国。

现代文注释：

六四，君王九五身边的重臣，阴爻居阴位，在中爻坤象的最上方，坤为臣，阴爻居正，为柔顺守正之臣，有"中行"之德，能够持中而行，六四居震象之上，震为告，九五为公，故曰"中行，告公从"，这是六四以其益民之志向，及时禀报下情给君王决策。坤象为国，靠近九五阳爻是为了有依靠，故称"为依迁国"。六四，已居益卦上体，主持赈灾事务，在发生自然灾害之时，提出迁国的方案，是为了让灾民可以有新的家园，是遵循"益"道的益民之举。

《益》卦六四爻变，得到《益》之《无妄》。卦象解析如下：

从卦象看，《益》卦的卦象☴☳，《无妄》卦的卦象☰☳，两卦卦象结合起来看，坤为水，为海，巽为鱼，震为游，为东，这是鱼儿顺水自西向东顺利游向东海之象；艮为求，为财贝，乾为大，为恩福，震为迁，坤为国，这是为了灾民迁移，求得国家大笔财政支持的卦象；乾为天，为福祉，震为龙，为乐，为东，艮为飞，为往，为乡，为邦国，为安居，这是龙飞往东方，到东乡邦国可快乐安居，得到福祉。对于谋求发展，卦象信息，有开辟新家园的含义，鱼游向东海的顺利，和求得大笔国家财政补贴之象，都体现了在解除灾难过程中得到了支持，虽被迫迁移，但新家园已经建成，已得安，事业有成；得此占，事业成功。

起卦时间：2017年阳历2月13日21点36分。占问得到《益》之《无妄》，动爻在四爻。"体"的位置在初爻，"用"在四爻。

"体"在初爻，在本宫卦（震卦）中的五行属性为子水，六亲为父母，故"体"的天干为癸。

体干在初爻，配癸水；坐下的地支，由十二宫的冠带，动化为帝旺。即体干坐地支丑，动化亥。于是得到卦象的两组干支为：

癸　　癸
丑　　亥

2017年阳历2月13日21点36分，对应的八字四柱是：

		日	
丁	壬	辛	己
酉	寅	未	亥

卦象的两组干支与起卦时间的八字四柱合并，得到《益》之《无妄》的卦象干支六柱：

		用	日		体
丁	壬	癸	辛	己	癸
酉	寅	亥	未	亥	丑

此占问，若分类占断为求财，用神为财。求财，忌神为兄弟，元神为子孙。卦象六柱中，木为兄弟，火为子孙，土为财，金为官鬼，水为父母。卦中，癸水父母临体干，宜财旺，喜财来克体，亦喜金通关，财间接生体干，皆为财来就体，得财之象。日柱空亡戌亥，戌土空，未丑不空，财不缺位；亥水空，壬水无

根，但癸水有根在丑，可受生。亥酉丑三合金局，金旺，亥不论空，金可受生。月柱壬寅，壬水在柱内直接生寅木。己土有根在未，可受生。卦中，除了寅木在柱内直接受生，其它五行皆有根，可受生。于是，五行的有情相生链形成，所有五行连环相生。于是，丁火作为相生链的一环，可受生，可通关，元神通关，忌神反成为财源，财有源，财旺。故，此占问结果，可得财。

继续看《益》卦九五的爻变，先看爻辞：

䷩九五：有孚惠心，勿问，元吉。有孚，惠我德。

现代文注释：

九五，下据众坤阴，且为尊位；坤象为顺，为心。九五与上九，为乾天之位，乾之德，有信，惠及天下，进入下坤的民众之心，“问”是指占筮，九五下据群阴，有信而惠民，不用占就知道是大吉，故曰“有孚惠心，勿问，元吉”。尊位之乾为天道，为德，有孚是指九五有孚下坤的三根阴爻，故曰“有孚，惠我德”。九五真诚“益下”，得《益》卦之时义，大吉。

《益》卦九五爻变，得到《益》之《颐》。卦象解析如下：

从卦象看，《益》卦卦象䷩，《颐》卦卦象䷚，两卦卦象结合起来看，巽为陨，为倾，坤为地，为灾患，为心忧，艮为止，为安，为居，震为惊，为解，为速，为行动，这是突发大地倾陷之灾难，先有惊惧和心忧，而后迅速行动起来救灾，不再有惊惧和心忧，得安之象。对于事业发展，卦象信息，是君王的孚信和益下的德行惠及民众，才有灾患中忧虑解除的结果，在有善德又坚强有力的政府领导下，可得安定而无忧，这样的大环境，“勿问，元吉”，事业可成功。

起卦时间：2017年阳历2月14日21点20分。占问得到《益》之《颐》，动爻在五爻。"体"的位置在二爻，"用"在五爻。

"体"在二爻，在本宫卦（震卦）里的五行属性为寅木，六亲为兄弟，故"体"的天干为甲。

体干在二爻，配甲木；坐下的地支，由十二宫的衰，动化为死。即，体干坐地支辰，动化午。于是得到卦象的两组干支为：

甲　　甲
辰　　午

2017年阳历2月14日21点20分，对应的八字四柱是：

　　　　　　　　日
丁　　壬　　壬　　辛
酉　　寅　　申　　亥

卦象的两组干支与起卦时间的八字四柱合并，就得到《益》之《颐》的卦象干支六柱：

　　　用　　　　　日　　体
丁　　甲　　壬　　壬　　甲　　辛
酉　　午　　寅　　申　　辰　　亥

此占问，若分类占断为求财，用神为财。求财，忌神为兄弟，元神为子孙。卦象六柱中，木为兄弟，火为子孙，土为财，金为官鬼，水为父母。卦中，甲木兄弟临体干，忌神临体，财不能靠近，得不到财之象。日柱空亡戌亥，戌土空，辰土不空，财不缺位；亥水空，壬水有根在申，可受生。体干坐下地支，辰动化午，动化回头生，午火生辰土，元神生财之象。丁火有根在午，可受生，可通关。用爻甲午，甲木在柱内直接生午火，忌神生元神，元神通关成功，忌神反成为财源，忌神临体的问题得解，财不受克，财旺。故，此占问结果，可得财。

继续看《益》卦上九的爻变，先看爻辞：

☶ 上九：莫益之，或击之，立心勿恒，凶。

现代文注释：

　　上九，居极致之位，就有极致而走向反面的可能，其下为大离之象，上九居大离之象的上方，离象为兵戈，为乖离，依其卦象，故曰"莫益之，或击之"，这是对六三而言，上九产生与"益下"相背离的念头，这对于上九是凶险的，故曰"立心勿恒，凶"；是对上九的警示，上九避其凶，可随九五共同益下。

　　《益》卦上九爻变，得到《益》之《屯》。卦象解析如下：

　　从卦象看，《益》卦卦象☳，《屯》卦卦象☵，两卦卦象结合起来看，爻变导致巽变坎，巽为谷，巽数五，为五谷，坎为酒，为肉，这是五谷酿酒，有肉吃之象；寓意五谷丰登，年岁好；初九至九五为大离之象，坤在离中，坤为民，为文明，这是民得教化，文明在中之象；震为德，为乐，为言，艮为君子，震艮相向，坤在中，为渊泓，这是君子和乐沟通，德行渊泓之象。对于事业而言，卦象信息，寓意有丰实的收获，五谷可以拿来酿酒又有肉吃，年岁收获有余；民得教化，君子德行渊泓，人的素质提高，故吉祥，无凶；得此占，事业可成功。

　　起卦时间：2017年阳历2月14日13点36分。占问得到《益》之《屯》，动爻在上爻。"体"的位置在三爻，"用"在上爻。

"体"在三爻，在本宫卦（震卦）里的五行属性为辰土，六亲为财，故"体"的天干为戊。

体干在三爻，配戊土；坐下的地支，由十二宫的帝旺，动化为胎。即，体干坐地支午，动化子。于是得到卦象的两组干支为：

戊 　　戊
午 　　子

2017年阳历2月14日13点36分，对应的八字四柱是：

　　　　　　　日
丁　　壬　　壬　　丁
酉　　寅　　申　　未

卦象的两组干支与起卦时间的八字四柱合并，就得到《益》之《屯》的卦象干支六柱：

用　　　　　　体　日
戊　　丁　　壬　　戊　　壬　　丁
子　　酉　　寅　　午　　申　　未

此占问，若分类占断为求财，用神为财。求财，忌神为兄弟，元神为子孙。卦象六柱中，木为兄弟，火为子孙，土为财，金为官鬼，水为父母。卦中，戊土财临体干，宜旺。日柱空亡戌亥，戌土空，未土不空，财不缺位；亥水空，壬水有根在申，可受生。戊土有根在申，可受生，体柱戊午，午火在柱内直接生戊土，元神生财，财旺。丁火有根在午，可受生，可通关，元神通关，忌神反成为财源，财有源，财旺。故，此占问结果，可得财。

雷风《恒》䷟（卦序号：10）

恒：亨，无咎，利贞，利有攸往。

本章介绍四个卦的独爻变卦象空间，本节进入《恒》卦。以下从初爻开始，介绍《恒》卦独爻变的卦象解析、干支五行分析方法和分类占断的分析过程。先看初爻的爻辞：

䷟ **初六：浚恒，贞凶，无攸利。**

现代文注释：

初六，伏象为乾之初，即潜龙之渊，渊之深为浚，故曰"浚恒"。初六，离开中道而求"恒"道，不会有结果，所求不能实现，占为凶，没有利。

《恒》卦初六为断，得到《恒》之《大壮》。卦象解析如下：

从卦象看，《恒》卦卦象䷟，《大壮》卦卦象䷡，两卦卦象结合起来看，震覆艮，艮为肌肤，覆艮为肌肤不生，互兑为伤，巽为木，为蠹，为朽，这是用壮而受内伤，肌肤不生，枯朽之象；乾为刚，兑为鲁猛，为毁折，是过刚则折之象。对于事业发展而言，卦象信息，寓意过度鲁猛用强，有内伤，受伤的积累，影响到机能的恢复，机能日益走向衰落，进入没落期；如若不调整思路，事业发展就会很快进入到没落、衰亡；得此占，不会成功，归于失败。

起卦时间：2017年阳历3月6日12点13分。占问得到《恒》之《大壮》，动爻在初爻。"体"的位置在四爻，"用"在初爻。

"体"在四爻，在本宫卦（震卦）里的五行属性为午火，六亲为子孙，故"体"的天干为丁。

体干在四爻，配丁火；坐下的地支，由十二宫的冠带，动化为病。即，体干坐地支未，动化卯。于是得到卦象的两组干支为：

丁　　丁
未　　卯

2017年阳历3月6日12点13分，对应的八字四柱是：

　　　　日
丁　癸　壬　丙
酉　卯　辰　午

卦象的两组干支与起卦时间的八字四柱合并，得到《恒》之《大壮》的卦象干支六柱：

　　　　体　日　　　用
丁　癸　丁　壬　丙　丁
酉　卯　未　辰　午　卯

此占问，若分类占断为求财，用神为财。求财，忌神为兄弟，元神为子孙。卦象六柱中，木为兄弟，火为子孙，土为财，金为官鬼，水为父母。卦中，丁火子孙临体干，忌空破，忌被克。日柱空亡午未，丁火无根。丁壬合，合化木，化为忌神临体干的格局。合化后，丁火的五行属性改变，丁合化为木。丙火无根，不受生，元神不能通关，财直接受克，财衰。故，此占问结果，得不到财。

继续看《恒》卦九二的爻变，先看爻辞：

䷞ 九二：悔亡。

现代文注释：

九二，阳居阴，本有悔，但阳刚居中位，中正自守，后悔就没有了。执"中"即可得"恒"道。"中"道之于"恒"道的意义，为中行，不偏不邪；故只有中行，方可守"恒"。九二得其中行的"恒"道，又有何悔！

《恒》卦九二爻变，得到《恒》之《小过》。卦象解析如下：

从卦象看，《恒》卦卦象䷞，《小过》卦卦象䷽，两卦卦象结合起来看，艮为山，为室，震为迁徙，为生，为子，为兴，兑为孙，乾为族，为千万，伏坤为国，大坎为室，为舍，为家，这是家族迁徙后，繁衍子孙后代，家国人口兴旺之象；隐喻周部落当年迁徙至西岐，发展壮大成为周国王朝。从当年周部落时代，古公亶父的经历来看，从躲避灾难开始，迁徙到新的地方，艰难和悔恨本来也会有的，但坚持下去后悔就会消失，一切从头做起，建立新家园，最终形成大气候。对于事业，卦象信息，寓意做正确的事，终会有成就；得此占，事业成功。

起卦时间：2017年阳历3月18日12点29分。占问得到《恒》之《小过》，动爻在二爻。"体"的位置在五爻，"用"在二爻。

"体"在五爻，在本宫卦（震卦）里的五行属性为申金，六亲为官鬼，故"体"的天干为庚。

体干在五爻，配庚金；坐下的地支，由十二宫的衰，动化为墓。即，体干坐地支戌，动化丑。于是得到卦象的两组干支为：

庚　　辛

戌　　丑

2017年阳历3月18日12点29分，对应的八字四柱是：

　　　　　　　日

丁　　癸　　甲　　庚

酉　　卯　　辰　　午

卦象的两组干支与起卦时间的八字四柱合并，得到《恒》之《小过》的卦象干支六柱：

　　　体　　　　日　　　用

丁　　庚　　癸　　甲　　辛　　庚

酉　　戌　　卯　　辰　　丑　　午

此占问，若分类占断为求财，用神为财。求财，忌神为兄弟，元神为子孙。卦象六柱中，木为兄弟，火为子孙，土为财，金为官鬼，水为父母。卦中，庚金官鬼临体干，宜财旺生官，得财之象。日柱空亡寅卯，甲木无根，忌神减力。丁火有根在午，可受生，可通关，元神通关，财不受克，财旺。体干坐下地支，戌动化丑，动化进神，戌丑土为财，财动化进神，财旺。体柱庚戌，戌土在柱内生庚金，财旺生官的条件具备。故，此占问结果，财旺生体干，可得财。

继续看《恒》卦九三的爻变，先看爻辞：

☳☴九三：不恒其德，或承之羞，贞吝。

现代文注释：

　　九三，阳居中爻互乾之中，乾为德，故九三宜静而守其德，但九三求与上六之应强烈，对机遇的盲目追求，使他失去了对德行的坚守。故，警示九三要思考其"德行"的守"恒"持久，不要去追求不切实际的机遇，否则就会蒙受耻辱，会有遗憾。九三与上六的应，受到九四的阻隔，不得应，故，九三在客观条件下能守住其"恒"道，而不蒙羞。

　　《恒》卦九三爻变，得到《恒》之《解》。卦象解析如下：

　　从卦象看，《恒》卦卦象☴☳，《解》卦卦象☵☳，两卦卦象结合起来看，震为飞鸟，为飞，为出，坎为忧患，为困，互兑为暗昧，巽为志，震在上，为已离开暗昧，脱出困境。对于事业发展，卦象信息，寓意摆脱了暗昧之困，走出了困境；得此占，事业成功。

　　起卦时间：2017年阳历3月20日12点21分。占问得到《恒》之《解》，动爻在三爻。"体"的位置在上爻，"用"在三爻。

　　"体"在上爻，在本宫卦（震卦）里的五行属性为戌土，六亲为财，故"体"的天干为戊。

　　体干在上爻，配戊土；坐下的地支，由十二宫的病，动化为胎。即，体干坐地支申，动化子。于是得到卦象的两组干支为：

　　戊　　　戊
　　申　　　子

　　2017年阳历3月20日12点21分，对应的八字四柱是：

日

丁	癸	丙	甲
酉	卯	午	午

卦象的两组干支与起卦时间的八字四柱合并，就得到《恒》之《解》的卦象干支六柱：

体		用	日		
戊	丁	癸	戊	丙	甲
申	酉	卯	子	午	午

此占问，若分类占断为求财，用神为财。求财，忌神为兄弟，元神为子孙。卦象六柱中，木为兄弟，火为子孙，土为财，金为官鬼，水为父母。卦中，戊土财临体干，宜旺。日柱空亡寅卯，甲木无根，不受生。戊土有根在申，财可受生。丁火有根在午，可受生，可通关。日柱、时柱，丙甲同坐地支午，坐同一板凳，通过地支相通，甲木直接生丙火，忌神生元神，元神通关成功，忌神反成为财源，财不受克，元神生财，财旺。故，此占问结果，可得财。

继续看《恒》卦九四的爻变，先看爻辞：

䷟ 九四：田无禽。

现代文注释：

九四，三才之人位的上者，以"恒"德而言，尽人事即可。遇到天时不利，田无禽，空有一身本事也无法建功，隐喻九四不当位而求"恒"道，徒劳而无功。此时，"无所得"的人生应放下，如庄子所言："得者时也，失者顺也。"君子安时而处顺，生活才会再次得到充实。九四，时位不利，不是得恒道的时位，故爻辞的警示为不得"禽"，即得不到想要的。九四与初六正应，故此时，九四应当坚定的等待初六的上应，才能改变其时位，方为有利的所往，才能实现卦辞里的"利有攸往"。

《恒》卦九四爻变，得到《恒》之《升》。卦象解析如下：

从卦象看，《恒》卦卦象☳☴，《升》卦卦象☷☴，两卦卦象结合起来看，坤为野，为虚，为无，震为禽鸟，这是田野无禽之象；巽为商人，为利，震为往，为生，这是出现另外的一线生机之象。对事业而言，这是原来的方向失去机会，而同时又发现有另外的机会，此时，动则有利；得此占，事业会有成功。

起卦时间：2017年阳历3月23日12点45分。占问得到《恒》之《升》，动爻在四爻。"体"的位置在初爻，"用"在四爻。

"体"在初爻，在本宫卦（巽卦）里的五行属性为丑土，六亲为财，故"体"的天干为己。

体干在初爻，配己土；坐下的地支，由十二宫的长生，动化为病。即，体干坐地支酉，动化卯。于是得到卦象的两组干支为：

己　　己
酉　　卯

2017年阳历3月23日12点45分，对应的八字四柱是：

日

丁　　癸　　己　　庚

酉　　卯　　酉　　午

卦象的两组干支与起卦时间的八字四柱合并，就得到《恒》之《升》的卦象干支六柱：

用　　日　　　　体

丁　　癸　　己　　己　　庚　　己

酉　　卯　　卯　　酉　　午　　酉

此占问，若分类占断为求财，用神为财。求财，忌神为兄弟，元神为子孙。卦象六柱中，木为兄弟，火为子孙，土为财，金为官鬼，水为父母。卦中，己土财临体干，宜旺。日柱空亡寅卯，木缺位，忌神空。丁己同坐地支酉，坐同一板凳，通过地支相通，丁火直接生己土，元神生财，财旺。丁火有根在午，可受生，可通关，元神通关，忌神反成为财源，财不受克，元神生财，财旺。故，此占问结果，可得财。

继续看《恒》卦六五的爻变，先看爻辞：

䷟六五：恒其德，贞，妇人吉，夫子凶。

现代文注释：

六五，恒守其德，是正道。但应当明白"恒"之道亦有刚柔之别，六五阴爻，恒守女性柔顺之德，是吉祥的，若守男人的阳刚，对于六五却不当，有凶。永恒的事，同样是刚柔有别。六五为《恒》卦的卦主，为守恒之爻，故爻辞说六五之恒德应为柔顺之德。六五是柔爻得中，故有"妇人吉，夫子凶"之辞，寓意事业发展中的方法取舍，宜取柔中之道，不宜取刚中之道，对于很想获取的目标，要以柔顺取，不宜以刚强取。

《恒》卦六五爻变，得到《恒》之《大过》。卦象解析如下：

从卦象看，《恒》卦卦象☳☴，《大过》卦卦象☱☴，两卦卦象结合起来看，巽为商贾，为利，为陨，震为功业，互乾为福，兑为毁折，为损，大坎为灾患，这是有灾患，利损福陨，功业毁折之象。对于事业发展，卦象信息，利损福陨，功业毁折，已明确了失败。

起卦时间：2017年阳历3月28日12点53分。占问得到《恒》之《大过》，动爻在五爻。"体"的位置在二爻，"用"在五爻。

"体"在二爻，在本宫卦（巽卦）里的五行属性为亥水，六亲为父母，故"体"的天干为壬。

体干在二爻，配壬水；坐下的地支，由十二宫的长生，动化为沐浴。即体干坐地支申，动化酉。于是得到卦象的两组干支为：

壬　　癸
申　　酉

2017年阳历3月28日12点53分，对应的八字四柱是：

　　　　　日
丁　　癸　　甲　　庚
酉　　卯　　寅　　午

卦象的两组干支与起卦时间的八字四柱合并，得到《恒》之《大过》的卦象干支六柱：

	用		日	体	
丁	癸	癸	甲	壬	庚
酉	酉	卯	寅	申	午

此占问，若分类占断为求财，用神为财。求财，忌神为兄弟，元神为子孙。卦象六柱中，木为兄弟，火为子孙，土为财，金为官鬼，水为父母。卦中，壬水父母临体干，宜财旺，喜财来克体，亦喜金通关，财间接生体干，皆为财来就体，得财之象。日柱空亡子丑，子水空，癸水无根；丑土空，土缺位，财空。甲木有根在寅，可受生，忌神强大。丁火有根在午，可受生，可通关，但财缺位，元神生财不能到位。故，此占问结果，得不到财。

继续看《恒》卦上六的爻变，先看爻辞：

☷☴ 上六：振恒，凶。

现代文注释：

上六，走向极致。"恒"也有不同的状态，不一定都是好的。"震荡不安"如果成为"恒"态，那就是处于"天下大乱"的时局，凶。

《恒》卦上六爻变，得到《恒》之《鼎》。卦象解析如下：

从卦象看，《恒》卦卦象☳☴，《鼎》卦卦象☲☴，两卦卦象结合起来看，巽为利，互乾为实，震为行，为功业，半艮为小成，这是利为实，功业小成之象；爻变得鼎铉，是鼎功告成之象；卦象吉。对于事业发展，卦象吉祥，爻辞之凶有特定指向，故，避开凶，贴合《恒》卦亨通的正向而行，可得吉。在卦象吉的前提之下，对爻辞之凶不必疑惧，事业会成功。

起卦时间：2017年阳历3月27日12点37分。占问得到《恒》之《鼎》，动爻在上爻。"体"的位置在三爻，"用"在上爻。

"体"在三爻，在本宫卦（巽卦）里的五行属性为酉金，六亲为官鬼，故"体"的天干为辛。

体干在三爻，配辛金；坐下的地支，由十二宫的临官，动化为养。即，体干坐地支酉，动化丑。于是得到卦象的两组干支为：

$$\begin{matrix} 辛 & 辛 \\ 酉 & 丑 \end{matrix}$$

2017年阳历3月27日12点37分，对应的八字四柱是：

$$\begin{matrix} & & 日 & \\ 丁 & 癸 & 癸 & 戊 \\ 酉 & 卯 & 丑 & 午 \end{matrix}$$

卦象的两组干支与起卦时间的八字四柱合并，就得到《恒》之《鼎》的卦象干支六柱：

$$\begin{matrix} 用 & & & 体 & 日 & \\ 辛 & 丁 & 癸 & 辛 & 癸 & 戊 \\ 丑 & 酉 & 卯 & 酉 & 丑 & 午 \end{matrix}$$

此占问，若分类占断为求财，用神为财。求财，忌神为兄弟，元神为子孙。卦象六柱中，木为兄弟，火为子孙，土为财，金为官鬼，水为父母。卦中，辛金官鬼临体干，宜财旺生官，得财之象。日柱空亡寅卯，木缺位，忌神空。丁火有根在午，可受生，可通关，元神通关，忌神反成为财源，财不受克，财旺。时柱戊午，午火在柱内直接生戊土，元神生财，财旺。辛金有根在酉，官鬼可受生，财旺生官的条件具备。故，此占问结果，可得财。

《震》为雷 ䷲（卦序号：11）

震：亨。震来虩虩，笑言哑哑。震惊百里，不丧匕鬯。

本章介绍四个卦的独爻变卦象空间，本节进入《震》卦。以下从初爻开始，介绍《震》卦独爻变的卦象解析、干支五行分析方法和分类占断的分析过程。先看初爻的爻辞：

䷲ **初九，震来虩虩，后笑言哑哑，吉。**

现代文注释：

初九，初阳居下，是震卦的卦主，其上为重阴，阳遇阴而通，故初九"吉"。这是认识雷声的第一阶段，打雷了，炸雷的声响令人感到害怕；雷雨过后，觉得刚才害怕的样子确实很好笑，大家相视而笑；一场雷雨过后，旱情舒解，万物得雨水滋润而获生机，吉祥。

《震》卦初九爻变，得到《震》之《豫》。卦象解析如下：

从卦象看，《震》卦卦象䷲，《豫》卦卦象䷏，两卦卦象结合起来看，艮为虎，正反艮为两虎对峙，坤为野，为军队，坎为忧惧，为弓弩，艮为刀剑，这是兵藏于野，剑拔弩张，临战而有忧惧之卦象。对于事业发展，两虎对峙是遇到了强劲对手，此时有忧惧会少犯错；得此占，会有成功。

起卦时间：2017年阳历2月11日12点36分。占问得到《震》之《豫》，动爻在初爻。"体"的位置在四爻，"用"在初爻。

"体"在四爻，在本宫卦（震卦）里的五行属性为午火，六亲为子孙，故"体"的天干为丁。

体干在四爻，配丁火；坐下的地支，由十二宫的长生，动化为沐浴。即体干坐地支酉，动化申。于是得到卦象的两组干支为：

丁　　丙
酉　　申

2017年阳历2月11日12点36分，对应的八字四柱是：

　　　　　　日
丁　　壬　　己　　庚
酉　　寅　　巳　　午

卦象的两组干支与起卦时间的八字四柱合并，就得到《震》之《豫》的卦象干支六柱：

　　　　　　体　　日　　　　用
丁　　壬　　丁　　己　　庚　　丙
酉　　寅　　酉　　巳　　午　　申

此占问，若分类占断为求财，用神为财。求财，忌神为兄弟，元神为子孙。卦象六柱中，木为兄弟，火为子孙，土为财，金为官鬼，水为父母。卦中，丁火子孙临体干，忌空破，忌被克。日柱空亡戌亥，戌土空，地支巳申藏干戊，己土天干透出，财不缺位；亥水空，壬水有根在申，可受生。月柱壬寅，壬水在柱内直接生寅木，木通关，水生木，水不克火，元神不受克。丁火有根在午，可受生，可通关，元神通关，忌神反成为财源，财不受克。日柱己巳，巳火在柱内直接生己土，元神生财，财旺。故，此占问结果，可得财。

继续看《震》卦六二的爻变，先看爻辞：

☷ 六二： **震来厉，亿丧贝；跻于九陵，勿逐，七日得。**

现代文注释：

　　六二，居中得正，故能守中正之道，但在雷声中总还是心存恐惧，感觉身处危险之境，有危厉不安的感觉，故曰"震来厉"；原因是六二之位凌驾初九卦主之上的缘故，为阴乘刚的关系，因此在雷声大作的时候，会有惊惧。对于雷雨的认识也是一样，知道雷击的危险，在雷雨中，六二大失财贝，但他不顾一切的躲避于九陵，七日后，财贝失而复得，隐喻六二守持无为之道，失去的可以在将来再得到，不以物为念。六二有中正之德，故只要恪守中正之道就会平安。

　　《震》卦六二爻变，得到《震》之《归妹》。卦象解析如下：

　　从卦象看，《震》卦卦象☳，《归妹》卦卦象☳，两卦卦象结合起来看，三震一兑，震为德，为福，为时，为开，为乐，兑为花，为华，为月，为美好，这是有德多福，花好月圆，喜乐之象；互艮为贤人，为居，为安，互离为巢，为麟凤，互坎中实，为得，兑为辅，震为君王，为乐，这是君王得麟凤之才辅佐，贤人安居，君乐臣安之象。对于事业发展，卦象信息，有德多福，花好月圆，寓意有善德自有福报，多积善德，就多得福报，有福相随，可得圆满的结果；君王得良辅，君乐臣安，寓意得人和，上下同心而相安；得此占，事业成功。

　　起卦时间：2017年阳历2月13日12点20分。占问得到《震》之《归妹》，动爻在二爻。"体"的位置在五爻，"用"在二爻。

　　"体"在五爻，在本宫卦（震卦）里的五行属性为申金，六亲为官鬼，故"体"的天干为庚。

　　体干在五爻，配庚金；坐下的地支，由十二宫的临官，动化为帝旺。即体干坐地支申，动化酉。于是得到卦象的两组干支为：

庚 辛
申 酉

2017年阳历2月13日12点20分，对应的八字四柱是：

日
丁 壬 辛 甲
酉 寅 未 午

卦象的两组干支与起卦时间的八字四柱合并，得到《震》之《归妹》的卦象干支六柱：

体 日 用
丁 庚 壬 辛 辛 甲
酉 申 寅 未 酉 午

此占问，若分类占断为求财，用神为财。求财，忌神为兄弟，元神为子孙。卦象六柱中，木为兄弟，火为子孙，土为财，金为官鬼，水为父母。卦中，庚金官鬼临体干，宜财旺生官，得财之象。日柱空亡戌亥，戌土空，未土不空，土不缺位，财不空。体干坐下地支，申动化酉，动化进神，体干为官鬼，官鬼动化进神，有利。丁火有根在午，可受生，可通关。时柱甲午，甲木在柱内直接生午火，忌神生元神，元神通关成功，忌神反成为财源，财有源，财旺。庚金有根在申，官鬼可受生，财旺生官的条件具备。故，此占问结果，可得财。

继续看《震》卦六三的爻变，先看爻辞：

䷲ 六三：震苏苏，震行无眚。

现代文注释：

六三，柔爻居刚位，其质本弱，位失中正，故在惊雷声中，其身体酥麻几乎瘫软，不能动弹，六三处在下卦雷与上卦雷的接续之处，迅雷交替发生，雷声使六三惊恐万状，这是六三"位不当"且胆小的缘故；六三往上是中爻的互坎，故担心前行有灾祸，六三无上应，亦无阴凌乘刚的情况，故只要慎行，就不会有眚，"眚"为人祸；六三质弱才疏，不惹事生非，没有人祸。

《震》卦六三爻变，得到《震》之《丰》。卦象解析如下：

从卦象看，《震》卦卦象䷲，《丰》卦卦象䷶，两卦卦象结合起来看，爻变导致中爻现巽象，巽为寇，震为战，互艮为城，这是都城被寇兵包围之象；坤为国，坎为危，离为戈兵，这是兵争起，国家出现危难之象。对于谋求事业发展，这是主产品市场遇到各种品牌的挑战，走向激烈的红海竞争，不成功。

起卦时间：2017年阳历2月15日12点28分。占问得到《震》之《丰》，动爻在三爻。"体"的位置在上爻，"用"在三爻。

"体"在上爻，在本宫卦（震卦）里的五行属性为戌土，六亲为财，故"体"的天干为戌。

体干在上爻，配戌土；坐下的地支，由十二宫的长生，动化为病。即，体干坐地支寅，动化申。于是得到卦象的两组干支为：

戌　　戌
寅　　申

2017年阳历2月15日12点28分，对应的八字四柱是：

日

丁　壬　癸　戊

酉　寅　酉　午

卦象的两组干支与起卦时间的八字四柱合并，就得到《震》之《丰》的卦象干支六柱：

体　　　　　用　日

戊　丁　壬　戊　癸　戊

寅　酉　寅　申　酉　午

此占问，若分类占断为求财，用神为财。求财，忌神为兄弟，元神为子孙。卦象六柱中，木为兄弟，火为子孙，土为财，金为官鬼，水为父母。卦中，戊土财临体干，宜旺。日柱空亡戌亥，戊土空，戊土有根在申，可受生，财不缺位。体柱戊寅，寅木在柱内直接克戊土，兄弟夺财。丁火有根在午，可受生，可通关，五行贪生忘克，元神通关也在进行，时柱戊午，午火在柱内直接生戊土，元神生财。但，此占问结果，兄弟夺财之象明显，财不旺，故，得不到财。

继续看《震》卦九四的爻变，先看爻辞：

☳☳ 九四：震遂泥。

现代文注释：

九四，上卦卦主，雷雨大作，被雷声吓到，在雷雨中跌进泥水中了。按爻位规律，四多惧，故对四爻的描写，跌进泥水中是很自然的。这里，隐喻君王身边的权臣，包括"摄政王"地位的王公显贵，要守住自己的位份，不要轻举妄动。从卦象看，九四有正反震之易象，向上为正向的震，向下为反向的震，故，九四若不守正，就会违背正道逆向而动。易象，震为君，为帝，两震相叠，象征两代帝王先后登大位，九四为继位君王，不可违时逆行而动。"震遂泥"的警示，其意就是坠入泥中，这既是对其不要轻举妄动的提醒，也是对其不会有大作为的比喻。初九是新王朝的创建者，亨通又吉祥。而到九四，若逆时而动，就会有坠入泥中的遗憾。

《震》卦九四爻变，得到《震》之《复》。卦象解析如下：

从卦象看，《震》卦卦象☳☳，《复》卦卦象☷☳，两卦卦象结合起来看，爻变导致上震消失，震为龙，为行动，居上的龙消失，变为坤，坤为渊，为灾殃，为隐，这是逆时而动，导致灾殃，龙潜入深渊，有咎过而潜伏之象。对于事业，卦象信息，是行动有过失，有咎害发生，龙回到深渊，意味着回到原点，变为潜龙，要重头再来；得此占，不会成功。

起卦时间：2017年阳历2月13日12点52分。占问得到《震》之《复》，动爻在四爻。"体"的位置在初爻，"用"在四爻。

"体"在初爻，在本宫卦（震卦）里的五行属性为子水，六亲为父母，故"体"的天干为癸。

体干在初爻，配癸水；坐下的地支，由十二宫的长生，动化为沐浴。即体干坐地支卯，动化寅。于是得到卦象的两组干支为：

癸　　壬

卯　　寅

2017年阳历2月13日12点52分，对应的八字四柱是：

日

丁　　壬　　辛　　甲

酉　　寅　　未　　午

卦象的两组干支与起卦时间的八字四柱合并，就得到《震》之《复》的卦象干支六柱：

用　　日　　　　体

丁　　壬　　壬　　辛　　甲　　癸

酉　　寅　　寅　　未　　午　　卯

此占问，若分类占断为求财，用神为财。求财，忌神为兄弟，元神为子孙。卦象六柱中，木为兄弟，火为子孙，土为财，金为官鬼，水为父母。卦中，癸水父母临体干，宜财旺，喜财来克体，亦喜金通关，财间接生体干，皆为财来就体，得财之象。日柱空亡戌亥，戌土空，未土不空，土不缺位，财不空；亥水空，壬水无根，不受生。甲木有根在寅，可受生，忌神旺。丁壬合，合化木，丁火改变五行属性，元神消失，化为忌神。元神缺位，不生财，不通关，忌神直接克用神，财被克，财衰。故，此占问结果，得不到财。

继续看《震》卦六五的爻变，先看爻辞：

䷗六五：震往来厉；亿无丧，有事。

现代文注释：

六五，居君位，感觉到雷声往来的动荡，有危险存在。但六五感受到的，也只是潜在的威胁，六五居尊而有柔中之德，行中正之道，其才虽不足济世，其德足以自守，作为君王的他，不会失去地位，爻辞中的"亿无丧"，亿为大，指君王的"大位"，他的大位不会失去，天上的炸雷只是警示他，肯定有事要发生。六五要做好准备，要以中正之道去面对即将到来的危厉的事。

《震》卦六五爻变，得到《震》之《随》。卦象解析如下：

从卦象看，《震》卦卦象☳，《随》卦卦象☱，两卦卦象结合起来看，震为君子，为乐，为前行，为随，为功业，兑为悦，为友，互坎中实，为得，互艮为时，为成，这是得时，又得友悦随，功业有成之象；爻变，中爻得巽，且二爻以上互象为乾在坤中，坤为囊，乾为富实，巽为利，这是得利而囊中富实之象。对于事业发展，卦象信息，得时寓意得天时；得友悦随，寓意得人和，团队力量增大且内部团结，能快乐相处，功业有成，得利而富实，事业成功。

起卦时间：2017年阳历2月16日12点44分。占问得到《震》之《随》，动爻在五爻。"体"的位置在二爻，"用"在五爻。

"体"在二爻，在本宫卦（震卦）里的五行属性为寅木，六亲为兄弟，故"体"的天干为甲。

体干在二爻，配甲木；坐下的地支，由十二宫的死，动化为长生。即，体干坐地支午，动化亥。于是得到卦象的两组干支为：

甲　乙

午　亥

2017年阳历2月16日12点44分，对应的八字四柱是：

```
                  日
     丁      壬      甲      庚
     酉      寅      戌      午
```

卦象的两组干支与起卦时间的八字四柱合并，就得到《震》之《随》的卦象干支六柱：

```
          用              日      体
     丁      乙      壬      甲      甲      庚
     酉      亥      寅      戌      午      午
```

此占问，若分类占断为求财，用神为财。求财，忌神为兄弟，元神为子孙。卦象六柱中，木为兄弟，火为子孙，土为财，金为官鬼，水为父母。卦中，甲木兄弟临体干，忌神临体，财不能靠近，得不到财之象。日柱空亡申酉，庚金无根，官鬼减力。用爻乙亥，亥水在柱内直接生乙木，木通关，水生木，不克火，元神不受克。寅午戌三合火局，火旺，元神三合局，旺。丁火有根在午，可受生，可通关，元神通关，忌神反成为财源，忌神临体的问题得解。元神生财，财旺。故，此占问结果，可得财。

继续看《震》卦上六的爻变，先看爻辞：

☷☳ 上六，震索索，视矍矍，征凶。震不于其躬，于其邻，无咎。婚媾有言。

现代文注释：

上六，柔弱居上位者，在雷声中索索发抖的弱者，雷击并不对着他而来，可是他却惊惶的四处张望，想逃跑，但此时不可动，动则有凶。雷打在邻里附近，没有正对他，故曰"无咎"。而举行婚礼时，若遇到打雷，就有说法，是不吉利的。这里的"婚媾"，象征阴阳的相合，阴阳的相合本是正常的天道，也是正常的人道，但在本爻里却起了争执，故曰"有言"，这是上六居震卦极致之位的原因，也因为"有言"，故不会再有进一步的发展，动则不利，不宜妄动。"婚媾"代表人生大事，故，爻辞的"婚媾有言"，寓意上六不能做大事。

《震》卦上六爻变，得到《震》之《噬嗑》。卦象解析如下：

从卦象看，《震》卦卦象 ䷲，《噬嗑》卦卦象 ䷔，两卦卦象结合起来看，变爻出现离象，离为日，中爻艮为止，为舍，这是日中而止，止于舍中之象；与之相对应，中爻有互坎，坎为心，为恶，此乃心生畏恶，止而休息于舍中；震为出行，正反震为出行而复返，震数为三，艮为里，意为行三里路就复返，卦象中的人物出行不远就心生畏恶而放弃前行，仅到日中就止而休息于舍中，而后就折返回来，是不能做大事的人，没有决心做事，想放弃就放弃，随时会当逃兵，更不用说做大事要闯难关、要拼搏；得此占，事业不会成功，归于失败。

起卦时间：2017年阳历2月15日20点52分。占问得到《震》之《噬嗑》，动爻在上爻。"体"的位置在三爻，"用"在上爻。

"体"在三爻，在本宫卦（震卦）里的五行属性为辰土，六亲为财，故"体"的天干为戊。

体干在三爻，配戊土；坐下的地支，由十二宫的长生，动化为墓。即，体干坐地支寅，动化戌。于是得到卦象的两组干支为：

戊　　戊
寅　　戌

2017年阳历2月15日20点52分，对应的八字四柱是：

<table>
<tr><td></td><td>日</td><td></td><td></td></tr>
<tr><td>丁</td><td>壬</td><td>癸</td><td>壬</td></tr>
<tr><td>酉</td><td>寅</td><td>酉</td><td>戌</td></tr>
</table>

卦象的两组干支与起卦时间的八字四柱合并，得到《震》之《噬嗑》的卦象干支六柱：

<table>
<tr><td>用</td><td></td><td></td><td>体</td><td>日</td><td></td></tr>
<tr><td>戊</td><td>丁</td><td>壬</td><td>戊</td><td>癸</td><td>壬</td></tr>
<tr><td>戌</td><td>酉</td><td>寅</td><td>寅</td><td>酉</td><td>戌</td></tr>
</table>

此占问，若分类占断为求财，用神为财。求财，忌神为兄弟，元神为子孙。卦象六柱中，木为兄弟，火为子孙，土为财，金为官鬼，水为父母。卦中，戊土财临体干，宜旺。日柱空亡戌亥，戊土空，戊土无根，不受生，财直接被克；亥水空，壬水无根。丁壬合，合化木，丁火五行属性改变，元神功能尽失，合化为忌神，财受克，财衰。故，此占问结果，得不到财。

《巽》为风 ䷸（卦序号：12）

巽：小亨，利有攸往，利见大人。

本章介绍四个卦的独爻变卦象空间，本节进入《巽》卦。以下从初爻开始，介绍《巽》卦独爻变的卦象解析、干支五行分析方法和分类占断的分析过程。先看初爻的爻辞：

䷸ **初六：进退，利武人之贞。**

现代文注释：

初六，柔爻居阳位，不得正，故其意志不坚定，缺乏信心，心里犹豫。初六上为阳爻，可进，但其在上卦无应，又无需进，故曰"进退"；初六是下卦巽体的主爻，初六的弱和犹豫，象征秋风在初始阶段是更为柔和的和风，到上卦，巽风才会猛烈起来，才会带有明显的秋天的凉意，故，居下卦的初六的"进退"之状是秋风刚开始的规律。但这些都要往前发展，初六巽伏震，震为武人，故爻辞告诫初六要改变，要像武人一样刚毅果决，守正不疑，坚定向前。

《巽》卦初六爻变，得到《巽》之《小畜》。卦象解析如下：

从卦象看，《巽》卦卦象䷸，《小畜》卦卦象䷈，两卦卦象结合起来看，离为目，互兑为眇，为暗昧不明，离伏坎，坎为耳，伏坎为耳失聪，这是不明方向、耳不聪、得不到正确信息之象；中爻伏艮为顶，伏坎为水，伏坤为渊，为灭，这是大水灭顶之象。对于事业发展，卦象之凶，其根本是在于耳不聪、目不明，没有精明强干的团队，故，不会成功。

起卦时间：2017年阳历2月16日13点29分。占问得到《巽》之《小畜》，动爻在初爻。"体"的位置在四爻，"用"在初爻。

"体"在四爻，在本宫卦（巽卦）里的五行属性为未土，六亲为财，故"体"的天干为己。

体干在四爻，配己土；坐下的地支，由十二宫的冠带，动化为衰。即，体干坐地支未，动化辰。于是得到卦象的两组干支为：

己　　戊

未　　辰

2017年阳历2月16日13点29分，对应的八字四柱是：

　　　　日

丁　　壬　　甲　　辛

酉　　寅　　戌　　未

卦象的两组干支与起卦时间的八字四柱合并，得到《巽》之《小畜》的卦象干支六柱：

　　　　体　　日　　　　用

丁　　壬　　己　　甲　　辛　　戊

酉　　寅　　未　　戌　　未　　辰

此占问，若分类占断为求财，用神为财。求财，忌神为兄弟，元神为子孙。卦象六柱中，木为兄弟，火为子孙，土为财，金为官鬼，水为父母。卦中，己土财临体干，宜旺。日柱空亡申酉，金失去主根，官鬼减力，忌神不受制约，忌神旺。丁壬合，合化木，丁火五行属性改变，元神功能尽失，合化为忌神，财受克，财衰。故，此占问结果，得不到财。

继续看《巽》卦九二的爻变，先看爻辞：

☴ 九二：巽在床下，用史巫纷若，吉，无咎。

现代文注释：

九二，居中位，然而不得其正，阳爻居阴，这象征他还没有得到权柄。巽为床，"床下"指初六，九二在上无应，接受初六顺承之亲比，故曰"巽在床下"。来的史巫不少，走来走去，频繁的传话，故曰"用史巫纷若"，九二工作有效率，快速的传达君王的申命，这样能得到君王的信任，自然就有吉祥，无咎。

《巽》卦九二爻变，得到《巽》之《渐》。卦象解析如下：

从卦象看，《巽》卦卦象☴，《渐》卦卦象☶，两卦卦象结合起来看，巽为利，艮为山丘，三巽一艮，是利多如山丘之象；艮为贤人，坎中实，为得，是得忠臣之象。对于事业发展，卦象信息，得利又得忠臣，事业成功。

起卦时间：2017年阳历2月19日13点13分。占问得到《巽》之《渐》，动爻在二爻。"体"的位置在五爻，"用"在二爻。

"体"在五爻，在本宫卦（巽卦）里的五行属性为巳火，六亲为子孙，故"体"的天干为丙。

体干在五爻，配丙火；坐下的地支，由十二宫的墓，动化为绝。即，体干坐地支戌，动化亥。于是得到卦象的两组干支为：

丙　　丁

戌　　亥

2017年阳历2月19日13点13分，对应的八字四柱是：

日

丁 壬 丁 丁
酉 寅 丑 未

卦象的两组干支与起卦时间的八字四柱合并，就得到《巽》之《渐》的卦象干支六柱：

体 日 用

丁 丙 壬 丁 丁 丁
酉 戌 寅 丑 亥 未

此占问，若分类占断为求财，用神为财。求财，忌神为兄弟，元神为子孙。卦象六柱中，木为兄弟，火为子孙，土为财，金为官鬼，水为父母。卦中，丙火子孙临体干，忌空破，忌被克。日柱空亡申酉，金藏于丑。财藏地支，寅藏干戊，丑未藏干己，财不缺位。日柱丁丑，丁火在柱内直接生丑土，元神生财，财旺。月柱壬寅，壬水在柱内直接生寅木，木通关，水不克火，元神不受克。天干四个丁火相并，丁火旺，对生财有利。丁火有根在未，可受生，可通关，元神通关，忌神反成为财源，元神旺，财亦旺。故，此占问结果，可得财。

继续看《巽》卦九三的爻变，先看爻辞：

☴ 九三：频巽，吝。

现代文注释：

九三，位正，而不得中，失刚中之德，"巽"即"筹"，占筮也，"频巽"为多次不断的占筮，寓意九三心多疑虑，不尽快行动，会有遗憾。心中多疑虑，导致九三频频占筮，爻辞警示：立下志向后，更重要的是付诸积极的行动。

《巽》卦九三爻变，得到《巽》之《涣》。卦象解析如下：

从卦象看，《巽》卦卦象☴，《涣》卦卦象☵，两卦卦象结合起来看，巽为利，爻变得坎，坎中实，为得，是得利之象；爻变导致中爻兑失而得震，兑为毁折，为倾，震为起，为兴，这是倾而复起，毁而复兴，利为实之象；中爻为正反艮相向，正反震亦相向，艮为贤人，震为语，为动，这是贤人互语，且互动之象；巽为占筮，三巽为频频占筮。对于谋求事业发展而言，贤人聚，事业倾而复起，是处在复兴的阶段，虽有疑虑而频频占筮，亦无害，终可得成功。

起卦时间：2017年阳历2月16日13点45分。占问得到《巽》之《涣》，动爻在三爻。"体"的位置在上爻，"用"在三爻。

"体"在上爻，在本宫卦（巽卦）里的五行属性为卯木，六亲为兄弟，故"体"的天干为乙。

体干在上爻，配乙木；坐下的地支，由十二宫的临官，动化为胎。即，体干坐地支卯，动化申。于是得到卦象的两组干支为：

乙　　甲

卯　　申

2017年阳历2月16日13点45分，对应的八字四柱是：

```
              日
    丁    壬    甲    辛
    酉    寅    戌    未
```

卦象的两组干支与起卦时间的八字四柱合并，就得到《巽》之《涣》的卦象干支六柱：

```
    体              用    日
    乙    丁    壬    甲    甲    辛
    卯    酉    寅    申    戌    未
```

此占问，若分类占断为求财，用神为财。求财，忌神为兄弟，元神为子孙。卦象六柱中，木为兄弟，火为子孙，土为财，金为官鬼，水为父母。卦中，乙木兄弟临体干，忌神临体，财不能靠近，不能得财之象。体干坐下地支，卯动化申，动化回头克，体干为忌神，宜动化回头克，动化出官鬼克忌神。日柱空亡申酉，辛金藏根在戌。丁火有根在未，可受生，可通关，元神通关，忌神反成为财源，忌神临体的问题得解。元神生财，财旺。故，此占问结果，可得财。

继续看《巽》卦六四的爻变，先看爻辞：

☴ 六四：悔亡，田获三品。

现代文注释：

六四，位得正，居天地人三才的人位的上位，其位为阴乘阳，本来有悔；但其位上承九五则又表现出六四的"柔以顺乎刚"，其顺逊之德利于建功，故经过努力而有所建树，后悔消失。"田获三品"用打猎来隐喻大收获和建功。

《巽》卦六四爻变，得到《巽》之《姤》。卦象解析如下：

从卦象看，《巽》卦卦象☴，《姤》卦卦象☰，两卦卦象结合起来看，巽为风，为高，艮为飞，乾为龙，为天，这是龙乘风飞上云天之象；巽为利市三倍，乾伏坤为田，这是田获利三倍之象；巽为商贾，为长，艮为安，乾伏坤为邑，这是商旅之邑长久安宁之象。对于事业发展，飞龙在天，获利三倍，商旅之邑长安，皆为吉，与爻辞相合，事业大获成功。

起卦时间：2017年阳历2月18日13点21分。占问得到《巽》之《姤》，动爻在四爻。"体"的位置在初爻，"用"在四爻。

"体"在初爻，在本宫卦（巽卦）里的五行属性为丑土，六亲为财，故"体"的天干为己。

体干在初爻，配己土；坐下的地支，由十二宫的墓，动化为帝旺。即，体干坐地支丑，动化巳。于是得到卦象的两组干支为：

己　　　己
丑　　　巳

2017年阳历2月18日13点21分，对应的八字四柱是：

　　　　　　日
丁　　壬　　丙　　乙
酉　　寅　　子　　未

卦象的两组干支与起卦时间的八字四柱合并，就得到《巽》之《姤》的卦象干支六柱：

		用	日		体
丁	壬	己	丙	乙	己
酉	寅	巳	子	未	丑

此占问，若分类占断为求财，用神为财。求财，忌神为兄弟，元神为子孙。卦象六柱中，木为兄弟，火为子孙，土为财，金为官鬼，水为父母。卦中，己土财临体干，宜旺。日柱空亡申酉，金看似缺位。但，巳酉丑三合金局，金旺，酉不论空，官鬼三合局，官鬼旺，受生，财可正常泄秀。丁火有根在未，可受生，可通关，元神通关，忌神反成为财源，财旺。用爻己巳，巳火在柱内直接生己土，元神生财，财旺。故，此占问结果，可得财。

继续看《巽》卦九五的爻变，先看爻辞：

☴九五：贞吉，悔亡，无不利。无初有终，先庚三日，后庚三日，吉。

现代文注释：

九五，阳爻居阳位，在体现顺逊的巽卦中，略显得过刚，不够谦逊，故先有悔，但九五居君王的中位，得其中正，下孚六四，有贞正之吉，悔亡，巽为利，故曰"贞吉，悔亡，无不利"。在《巽》卦中，两巽重叠，不断重申尊者的命令，九五就是卦中的尊者，体现巽风的"申命"和君王的志行天下。巽伏震，震伏为"无"，巽显为"有"，震为初阳，其伏而"无初"，震之终为巽，故"有终"，寓意此刻不见震而见巽；震走到巽，走过六个月，爻辞用六日来象征，以震纳庚"先庚三日，后庚三日，"来寓意震卦与巽卦的循环变化，此爻的爻辞是《巽》卦与《震》卦雷风相与、雷风相生的写照，这是天道在运行，故为吉。

《巽》卦九五爻变，得到《巽》之《蛊》。卦象解析如下：

从卦象看，《巽》卦卦象☴，《蛊》卦卦象☶，两卦卦象结合起来看，爻变导致巽失而得艮，巽为利，艮为贤人，为高贵，这是失去一些利益换来贤人的加盟，企业的外在气质更加高贵之象；中爻互震为君，为德，互兑为悦，是贤人的加盟让君王喜悦不禁之象。对于事业发展，艮阳的光明在上，是吉象，与爻辞相合，故无不利，巽为商贾，在艮下，艮为居，为安，为不迁徙，这是商人得到安定之象。故，此占所显示的，是事业发展的高级阶段，在充沛的利润基础上，增大了吸收高端人才的力度，使事业发展建立在更加强大的人才基础上；贤人加盟，带进好的观念和作风，以正压邪，使事业发展建立在稳固的道德基础上。得此占，事业成功。

起卦时间：2017年阳历2月19日13点37分。占问得到《巽》之《蛊》，动爻在五爻。"体"的位置在二爻，"用"在五爻。

"体"在二爻，在本宫卦（巽卦）里的五行属性为亥水，六亲为父母，故"体"的天干为壬。

体干在二爻，配壬水；坐下的地支，由十二宫的冠带，动化为衰。即，体干坐地支戌，动化丑。于是得到卦象的两组干支为：

壬　　癸

戌　　丑

2017年阳历2月19日13点37分，对应的八字四柱是：

```
              日
    丁    壬    丁    丁
    酉    寅    丑    未
```

卦象的两组干支与起卦时间的八字四柱合并，就得到《巽》之《蛊》的卦象干支六柱：

```
         用         日    体
    丁    癸    壬    丁    壬    丁
    酉    丑    寅    丑    戌    未
```

此占问，若分类占断为求财，用神为财。求财，忌神为兄弟，元神为子孙。卦象六柱中，木为兄弟，火为子孙，土为财，金为官鬼，水为父母。卦中，壬水父母临体干，宜财旺，喜财来克体，亦喜金通关，财间接生体干，皆为财来就体，得财之象。日柱空亡申酉，金藏墓库丑，金不缺位。丁火有根在未，可受生，可通关，元神通关，财不受克。日柱丁丑，丁火在柱内直接生丑土，时柱丁未，丁火在柱内直接生未土，皆为元神生财，财旺。故，此占问结果，可得财。

继续看《巽》卦上九的爻变，先看爻辞：

☴ 上九：巽在床下，丧其资斧，贞凶。

现代文注释：

上九，巽为床，"床下"指六四，巽卦的特点是阴顺阳，能顺逊上九的爻是上卦的四爻，也就是六四，故曰"巽在床下"；其意为：上九欲得六四顺逊的比应，得到六四的帮助。"资斧"，为俸禄和职权，上六居太上皇之位，就是说他已失去了应得的俸禄和权力，已到了穷极的地步，故曰"丧其资斧，贞凶"；从卦象上看，巽为陨落，陨落即为丧，故到了巽卦的天位，即最上位，其陨落就是必然的，就有尽丧俸禄和权力的状况出现，占为凶。

《巽》卦上九爻变，得到《巽》之《井》。卦象解析如下：

从卦象看，《巽》卦卦象☴，《井》卦卦象☵，两卦卦象结合起来看，天位阳陨，是失去福禄之象；坎为阳之陷，坎下出现正覆巽和正覆兑，皆为阳被阴掩，这是阳的功能有失，君子无作为之象；正覆巽相背向，为利不合，利益有冲突，正覆兑相背，则为缄口不言，无交流。对于事业发展，卦象的这种状态，就是到了穷极的地步，没有了生机活力，如同僵尸，不会成功。

起卦时间：2017年阳历2月24日13点5分。占问得到《巽》之《井》，动爻在上爻。"体"的位置在三爻，"用"在上爻。

"体"在三爻，在本宫卦（巽卦）里的五行属性为酉金，六亲为官鬼，故"体"的天干为辛。

体干在三爻，配辛金；坐下的地支，由十二宫的衰，动化为死。即，体干坐地支未，动化巳。于是得到卦象的两组干支为：

辛　　辛

未　　巳

2017年阳历2月24日13点5分，对应的八字四柱是：

```
                 日
    丁      壬      壬      丁
    酉      寅      午      未
```

卦象的两组干支与起卦时间的八字四柱合并，就得到《巽》之《井》的卦象干支六柱：

```
    用                  体      日
    辛      丁      壬      辛      壬      丁
    巳      酉      寅      未      午      未
```

此占问，若分类占断为求财，用神为财。求财，忌神为兄弟，元神为子孙。卦象六柱中，木为兄弟，火为子孙，土为财，金为官鬼，水为父母。卦中，辛金官鬼临体干，宜财旺生官，得财之象。日柱空亡申酉，辛金无根，不受生，财不生官，体干得不到财。丁壬合，合化木，丁火的五行属性改变，元神的功能尽失，合化为忌神，财受克，财衰。故，此占问结果，得不到财。

第十五章　噬嗑、井、随、蛊

火雷《噬嗑》☲☳（卦序号：13）

噬嗑：亨。利用狱。

　　本章介绍四个卦的独爻变卦象空间，本节进入《噬嗑》卦。以下从初爻开始，介绍《噬嗑》卦独爻变的卦象解析、干支五行分析方法和分类占断的分析过程。先看初爻的爻辞：

☲☳ **初九：屦校灭趾，无咎。**

现代文注释：

　　初九，基层的执行者，刚居刚位，用狱严厉的有些过。"屦"，古代用麻葛制成的一种鞋。"屦校"，戴上脚镣。"校"，铐足的刑具。所有的犯人都穿着麻葛的鞋，脚镣盖住了足趾，对于犯小罪的人这是福啊！加重惩戒后就不会发展成"大恶"了，初九的过刚执法，没有带来咎害。

　　初九，身份换做阳刚勤奋的市场营销人员，有句话叫做"踏破铁鞋无觅处"，说的就是寻找市场四处奔波的辛苦，铁鞋都踏破了，脚趾自然也磨破了，说的也就是初九的情况，麻葛的鞋穿破了好几双，脚趾也破了，但无咎。

　　《噬嗑》卦初九爻变，得到《噬嗑》之《晋》。卦象解析如下：

从卦象看，《噬嗑》卦卦象☲☳，《晋》卦卦象☲☷，两卦卦象结合起来看，爻变导致失震得坤，震为前行，震失为不再前行，坤为劳，为事，艮为止，这是事情难以成功，劳而止步之象；离为饥，坤为冰霜，震为行，中爻互坎为难，为困，为忧，这是有饥寒之忧，长久在困难中前行之象。对于事业发展，卦象信息，是前行困难，劳而止步，对照爻辞的前一半，是被困的状况，后一半"无咎"，只是没有人为的过失，故，事业前景暗淡，事业不会成功。

起卦时间：2017年阳历2月18日11点20分。占问得到《噬嗑》之《晋》，动爻在初爻。"体"的位置在四爻，"用"在初爻。

"体"在四爻，在本宫卦（离卦）里的五行属性为酉金，六亲为财，故"体"的天干为辛。

体干在四爻，配辛金；坐下的地支，由十二宫的沐浴，动化为死。即，体干坐地支亥，动化巳。于是得到卦象的两组干支为：

辛　　辛
亥　　巳

2017年阳历2月18日11点20分，对应的八字四柱是：

　　　　　　　日
丁　　壬　　丙　　甲
酉　　寅　　子　　午

卦象的两组干支与起卦时间的八字四柱合并，得到《噬嗑》之《晋》的卦象干支六柱：

	体		日		用
丁	壬	辛	丙	甲	辛
酉	寅	亥	子	午	巳

此占问，若分类占断为求财，用神为财。求财，忌神为兄弟，元神为子孙。卦象六柱中，火为兄弟，土为子孙，金为财，水为官鬼，木为父母。卦中，辛金财临体干，宜旺。日柱空亡申酉，辛金无根，财不受生。戊己土不现，元神缺位，辛金受克。丙丁火、巳午火呈现上下一片大火之象，忌神旺。用爻辛巳，巳火在柱内直接克辛金，财被克，财衰。故，此占问结果，得不到财。

继续看《噬嗑》卦六二的爻变，先看爻辞：

☲☳ 六二：噬肤灭鼻，无咎。

现代文注释：

六二，阴爻居中得正，对于用狱，刚柔适中，犯人被教育软化，就像坚硬的肉被烹制成为松软的嫩肉，捧到嘴边一咬，肉都淹没了鼻子，没有咎害。

六二，身份换做商界人士，柔爻居中得正，已是小有成就的市场部经理了，与客户一起吃饭，吃肉时咬到了嘴唇，肉还遮住了鼻子，有点尴尬，但没有咎害。有条件吃吃喝喝了，一高兴，吃相就不好，有些难为情，但无咎。

《噬嗑》卦六二爻变，得到《噬嗑》之《睽》。卦象解析如下：

从卦象看，《噬嗑》卦卦象☲☳，《睽》卦卦象☲☱，两卦卦象结合起来看，离为文章，兑为华，为盛茂，为辅，震为君王，为福，为功业，艮为贤人，为时，为成，震艮相对，为君王与贤人对话，这是君王有福得时，贤人辅佐，功业有成，华章盛茂之象。对于谋求事业发展，卦象信息，已明示事业成功。

　　起卦时间：2017年阳历2月19日11点36分。占问得到《噬嗑》之《睽》，动爻在二爻。"体"的位置在五爻，"用"在二爻。

　　"体"在五爻，在本宫卦（离卦）里的五行属性为未土，六亲为子孙，故"体"的天干为己。

　　体干在五爻，配己土；坐下的地支，由十二宫的长生，动化为临官。即，体干坐地支酉，动化午。于是得到卦象的两组干支为：

　　　　己　　　戊
　　　　酉　　　午

2017年阳历2月19日11点36分，对应的八字四柱是：

　　　　　　　　　　日
　　丁　　壬　　丁　　丙
　　酉　　寅　　丑　　午

　　卦象的两组干支与起卦时间的八字四柱合并，得到《噬嗑》之《睽》的卦象干支六柱：

　　　　　　体　　　　　日　　　用
　　丁　　己　　壬　　丁　　戊　　丙
　　酉　　酉　　寅　　丑　　午　　午

　　此占问，若分类占断为求财，用神为财。求财，忌神为兄弟，元神为子孙。

卦象六柱中，火为兄弟，土为子孙，金为财，水为官鬼，木为父母。卦中，己土子孙临体干，忌空破，忌受克。日柱空亡申酉，金藏于墓库丑，金不缺位，财藏墓库，兄弟不能夺财。己土有根在丑，可受生，可通关。日柱丁丑，丁火在柱内直接生丑土，忌神生元神，元神通关成功，忌神反成为财源，财不受克，财旺。故，此占问结果，可得财。

继续看《噬嗑》卦六三的爻变，先看爻辞：

☲☳ 六三：噬腊肉，遇毒；小吝，无咎。

现代文注释：

六三，阴爻居刚位，不得正，位居艮下，为肉，中爻有坎象，坎为毒害，故曰"嚼腊肉，遇毒"，这是有条件吃腊肉了，但还有坎难，腊肉味道太重，太难吃，寓意谈判不顺利，条款苛刻，有怨，其如毒，小有遗憾，但无咎。

《噬嗑》卦六三爻变，得到《噬嗑》之《离》。卦象解析如下：

从卦象看，《噬嗑》卦卦象☲☳，《离》卦卦象☲☲，两卦卦象结合起来看，一震三离，震为君，为乐，离为麟凤，是人才济济，君王喜乐之象；震伏巽，震为人，巽为权，艮为拜，为授，这是用人得当，授权之象。对于事业发展，卦象信息，着重于人才，和用人的得当，结合爻辞，人才选好了，具体业务谈判过程的小吝就不算什么，即使遇毒也无咎，发挥麟凤之才的作用，实行授权的做法，当权者自己也因此少操心，避免了自己遇毒，故无咎；得此占，事业成功。

起卦时间：2017年阳历2月16日11点52分。占问得到《噬嗑》之《离》，动爻在三爻。"体"的位置在上爻，"用"在三爻。

"体"在上爻，在本宫卦（离卦）里的五行属性为巳火，六亲为兄弟，故"体"的天干为丙。

体干在上爻，配丙火；坐下的地支，由十二宫的长生，动化为养。即，体干坐地支寅，动化丑。于是得到卦象的两组干支为：

丙　　丁
寅　　丑

2017年阳历2月16日11点52分，对应的八字四柱是：

　　　　　　日
丁　　壬　　甲　　庚
酉　　寅　　戌　　午

卦象的两组干支与起卦时间的八字四柱合并，得到《噬嗑》之《离》的卦象干支六柱：

体　　　　　　用　　日
丙　　丁　　壬　　丁　　甲　　庚
寅　　酉　　寅　　丑　　戌　　午

此占问，若分类占断为求财，用神为财。求财，忌神为兄弟，元神为子孙。卦象六柱中，火为兄弟，土为子孙，金为财，水为官鬼，木为父母。卦中，丙火兄弟临体干，忌神临体，财不能靠近，得不到财之象。日柱空亡申酉，庚金无根，地支丑藏干辛，财不缺位。财在天干透出，但并不受克，元神天干不透，藏于地支。日柱和体柱配合，甲木生丙火，丙火生戌土，元神不受克。用爻丁丑，丁火在柱内直接生丑土，忌神生元神，元神通关成功，忌神反成为财源，忌神临体的问题得解，财有源，财旺。故，此占问结果，可得财。

继续看《噬嗑》卦九四的爻变，先看爻辞：

☲☳ 九四：噬乾胏，得金矢，利艰贞，吉。

现代文注释：

九四，就是本卦的"口中之物"，"胏"，干肉，九四在互艮之上，艮为金，中爻亦为坎中，坎为矢，故曰"得金矢"，咬嚼干肉，从骨头里得到金矢，金矢可以象征"干戈"也可以象征"誓约"，在商业上可以理解为艰难的谈判，最终得到约定或合同，这样的过程和结果，都有利于在艰苦中坚持，吉利。

《噬嗑》卦九四爻变，得到《噬嗑》之《颐》。卦象解析如下：

从卦象看，《噬嗑》卦卦象☲☳，《颐》卦卦象☶☳，两卦卦象结合起来看，爻变导致中爻失坎得坤，坎中实，坤为虚，为艰难，为劳，这是由实转虚，艰难和劳苦留给新一代，新人接班之象；震为行，为功业，艮为成，坤为台阶，为远，为万里，爻变失去中爻九四的艮阳，故初爻的震阳，离上九的艮阳更远，下震阳前行，要行万里路，登上很长的台阶，成功要走的路更长，与爻辞的"利艰贞"同义。对于谋求事业发展，卦象信息，寓意形势转为困难，会有艰难的磨练，但终会成功。

起卦时间：2017年阳历2月19日11点28分。占问得到《噬嗑》之《颐》，动爻在四爻。"体"的位置在初爻，"用"在四爻。

"体"在初爻，在本宫卦（震卦）里的五行属性为子水，六亲为父母，故"体"的天干为癸。

体干在初爻，配癸水；坐下的地支，由十二宫的胎，动化为病。即，体干坐地支巳，动化酉。于是得到卦象的两组干支为：

癸　　癸
巳　　酉

2017年阳历2月19日11点28分，对应的八字四柱是：

　　　　　　日
丁　　壬　　丁　　丙
酉　　寅　　丑　　午

卦象的两组干支与起卦时间的八字四柱合并，得到《噬嗑》之《颐》的卦象干支六柱：

　　　　　　用　　日　　　　体
丁　　壬　　癸　　丁　　丙　　癸
酉　　寅　　酉　　丑　　午　　巳

此占问，若分类占断为求财，用神为财。求财，忌神为兄弟，元神为子孙。卦象六柱中，木为兄弟，火为子孙，土为财，金为官鬼，水为父母。卦中，癸水父母临体干，宜财旺，喜财来克体，亦喜金通关，财间接生体干，皆为财来就体，得财之象。日柱空亡申酉，天干金不现，金藏墓中。日柱本有元神生财的机会，但，丁壬合，合化木，丁火的五行属性改变，元神的功能尽失，合化为忌神，财被克，财衰。故，此占问结果，得不到财。

继续看《噬嗑》卦六五的爻变，先看爻辞：

☲☲ 六五：噬乾肉，得黄金；贞厉，无咎。

现代文注释：

六五，上卦的主角，咬嚼乾肉，得到黄金，意思是上卦变卦为乾，全卦变为《无妄》卦，会有意外之喜，也会有意想不到、从天而降的人祸，严厉的环境下固守正道，是因为危险随时存在，守正道虽艰难，但可得无咎。

《噬嗑》卦六五爻变，得到《噬嗑》之《无妄》。卦象解析如下：

从卦象看，《噬嗑》卦卦象☲☲，《无妄》卦卦象☰☰，两卦卦象结合起来看，震为君，巽为志，为高，艮为求，乾为富贵，这是君子志高，求富贵之象；卦中大离之象，是旱灾之象；震为行，互艮为止，覆震为返回，这是遇到灾患，不利行，止步返回之象。对于事业发展，卦象信息，寓意志高而不遇天时，目标成为虚幻，故爻辞中有"贞厉"，守正虽"无咎"，但难违天时，事业归于失败。

起卦时间：2017年阳历2月18日11点12分。占得《噬嗑》之《无妄》，动爻在五爻。"体"的位置在二爻，"用"在五爻。

"体"在二爻，在本宫卦（震卦）里的五行属性为寅木，六亲为兄弟，故"体"的天干为甲。

体干在二爻，配甲木；坐下的地支，由十二宫的沐浴，动化为衰。即，体干坐地支子，动化辰。于是得到卦象的两组干支为：

甲　　甲
子　　辰

2017年阳历2月18日11点12分，对应的八字四柱是：

　　　　　日
丁　　壬　　丙　　甲
酉　　寅　　子　　午

卦象的两组干支与起卦时间的八字四柱合并，就得到《噬嗑》之《无妄》的卦象干支六柱：

　用　　　　　日　　体
丁　　甲　　壬　　丙　　甲　　甲
酉　　辰　　寅　　子　　子　　午

此占问，若分类占断为求财，用神为财。求财，忌神为兄弟，元神为子孙。卦象六柱中，木为兄弟，火为子孙，土为财，金为官鬼，水为父母。卦中，甲木兄弟临体干，忌神临体，财不能靠近，得不到财之象。日柱空亡申酉，天干庚辛金不现，官鬼缺位，忌神不受制约。丙火无根，不受生，不能通关。丁壬合，合化木，丁火的五行属性改变，元神的功能尽失，化为忌神，财受克，财衰，忌神临体的问题无解。故，此占问结果，得不到财。

继续看《噬嗑》卦上九的爻变，先看爻辞：

☰☳ 上九：何校灭耳，凶。

现代文注释：

上九，走到极致上位，商业活动走向反面，贿赂、贪污、不正当争夺资源，各种不正当的商业手段最终带来犯罪，罪与罚并行。"何"同荷，负荷的意思。"校"，为刑具。厚重的枷械盖住了他的耳朵，有凶。

《噬嗑》卦上九爻变，得到《噬嗑》之《震》。卦象解析如下：

从卦象看，《噬嗑》卦卦象☳☰，《震》卦卦象☳☳，两卦卦象结合起来看，爻变失去上九的艮阳，得上震，出现了重叠的震，震为奔驰，为马，双马为匹，为马车，互艮为道，艮阳在坎中，坎为险，这是马车奔跑在险道上之象；上九为缰绳，失去缰绳的马车奔跑在险道上，随时会有灾祸发生，故，这是奔驰的马车已失控之象。对于事业发展，卦象信息里，马车在奔驰中失控，与爻辞里的商业活动走向反面，都寓意有覆灭的风险；得此占，事业会有失败。

起卦时间：2017年阳历2月22日11点44分。占问得到《噬嗑》之《震》，动爻在上爻。"体"的位置在三爻，"用"在上爻。

"体"在三爻，在本宫卦（震卦）里的五行属性为辰土，六亲为财，故"体"的天干为戊。

体干在三爻，配戊土；坐下的地支，由十二宫的墓，动化为长生。即，体干坐地支戌，动化寅。于是得到卦象的两组干支为：

戊　　戊
戌　　寅

2017年阳历2月22日11点44分，对应的八字四柱是：

		日	
丁	壬	庚	壬
酉	寅	辰	午

卦象的两组干支与起卦时间的八字四柱合并，得到《噬嗑》之《震》的卦象干支六柱：

用			体	日	
戊	丁	壬	戊	庚	壬
寅	酉	寅	戌	辰	午

此占问，若分类占断为求财，用神为财。求财，忌神为兄弟，元神为子孙。卦象六柱中，木为兄弟，火为子孙，土为财，金为官鬼，水为父母。卦中，戊土财临体干，宜旺。但，日柱空亡申酉，庚金无根，金弱，忌神不受制约。体干坐下地支，戌动化寅，动化回头克，化出的是忌神，回头克财。用爻戊寅，寅木在柱内直接克戊土，忌神克用神，财衰。丁壬合，合化木，丁火的五行属性改变，元神的功能尽失，合化为忌神，财被克，财衰。故，占问结果，得不到财。

水风《井》䷯（卦序号：14）

井：改邑不改井，无丧无得，往来井井。汔至亦未繘井，羸其瓶，凶。

本章介绍四个卦的独爻变卦象空间，本节进入《井》卦。以下从初爻开始，介绍《井》卦独爻变的卦象解析、干支五行分析方法和分类占断的分析过程。先看初爻的爻辞：

䷯ **初六：井泥不食，旧井无禽。**

现代文注释：

初六，阴爻居下，故有井泥之象，井底有污浊的泥水，人们就不会来汲水了；"禽"，通假"擒"，是"获取"的意思，这样废旧的井，不清理整治，将无法获取清水，"井养"就会出问题。

《井》卦初六爻变，得到《井》之《需》。卦象解析如下：

从卦象看，《井》卦卦象䷯，《需》卦卦象䷄，两卦卦象结合起来看，巽为商贾，为市，乾为帝，为祖，为长者，伏坤为地，坎为酒，为浇，互兑为祷，这是迁邑后，邑中的长者用酒浇地，祷告上帝和祖宗，祈求平安之象。此象与爻辞里井的废弃有关，迁邑是找到理想的井泉而定居，长者找到可定居之地后，行祭祀礼，祈求祖先和神明保佑，祈求搬迁到新的定居点后可得长安和富有，以虔诚的心来感格神明和祖先，充满信心的迎接未来。对于事业发展，卦象信息，找到了新的井泉，完成了迁邑，意味着旧的结束，事业有了新的开始，故虔诚祝福平安和富有。得此占，事业会成功。

起卦时间：2017年阳历2月21日14点53分。占问得到《井》之《需》，动爻在初爻。"体"的位置在四爻，"用"在初爻。

"体"在四爻，在本宫卦（坎卦）里的五行属性为申金，六亲为父母，故"体"的天干为庚。

体干在四爻，配庚金；坐下的地支，由十二宫的临官，动化为长生。即，体干坐地支申，动化巳。于是得到卦象的两组干支为：

庚　　辛
申　　巳

2017年阳历2月21日14点53分，对应的八字四柱是：

　　　　　　日
丁　　壬　　己　　辛
酉　　寅　　卯　　未

卦象的两组干支与起卦时间的八字四柱合并，就得到《井》之《需》的卦象干支六柱：

　　　　　　体　　日　　　　　用
丁　　壬　　庚　　己　　辛　　辛
酉　　寅　　申　　卯　　未　　巳

此占问，若分类占断为求财，用神为财。求财，忌神为兄弟，元神为子孙。卦象六柱中，水为兄弟，木为子孙，火为财，土为官鬼，金为父母。卦中，庚金父母临体干，宜财旺，喜财来克体，亦喜土通关，财间接生体干，皆为财来就体，得财之象。日柱空亡申酉，庚金藏根于巳，金不缺位，可受生。丁火有根在未，财可受生。月柱壬寅，壬水在柱内直接生寅木，忌神生元神，元神通关，忌神反成为财源，财不受克，财旺。故，此占问结果，可得财。

继续看《井》卦九二的爻变，先看爻辞：

☲☴ 九二：井谷射鲋，瓮敝漏。

现代文注释：

九二，虽有阳刚之才，但居中而不得正，有地位而不干正事，不能带领大家共同关心公益事业，水井长年失修，泉眼被污泥堵塞，泉眼射出的水仅够养活几只小鱼，井的辅助设施也都坏了，取水的瓮也破了漏了，事态不好。

《井》卦九二爻变，得到《井》之《蹇》。卦象解析如下：

从卦象看，《井》卦卦象☵☴，《蹇》卦卦象☵☶，两卦卦象结合起来看，互兑为子孙，为食，坎为困厄，为难，这是子孙后代难得饶足之象；巽为弊，为幽谷，艮为贤人，为辉光，坎在上为困，为险难，这是艮阳困于幽谷，贤人无作为之象；卦象不吉。爻辞中也有不好的事态，是人事上有问题。对事业而言，卦象信息，是贤人受困而无作为，经济上很难得到饶足的保障，爻辞是主管不作为，导致很不好的事态，皆明示事业失败。

起卦时间：2017年阳历3月24日14点45分。占问得到《井》之《蹇》，动爻在二爻。"体"的位置在五爻，"用"在二爻。

"体"在五爻，在本宫卦（坎卦）里的五行属性为戊土，六亲为官鬼，故"体"的天干为戊。

体干在五爻，配戊土；坐下的地支，由十二宫的冠带，动化为墓。即，体干坐地支辰，动化戊。于是得到卦象的两组干支为：

戊　　戊

辰　　戊

2017年阳历3月24日14点45分，对应的八字四柱是：

日

丁	癸	庚	癸
酉	卯	戌	未

卦象的两组干支与起卦时间的八字四柱合并，就得到《井》之《蹇》的卦象干支六柱：

	体		日	用	
丁	戊	癸	庚	戊	癸
酉	辰	卯	戌	戌	未

此占问，若分类占断为求财，用神为财。求财，忌神为兄弟，元神为子孙。卦象六柱中，水为兄弟，木为子孙，火为财，土为官鬼，金为父母。卦中，戊土官鬼临体干，宜财旺生官，得财之象。戊土有根在戌，可受生，财可生体干。但，日柱空亡寅卯，元神空亡，无元神通关，忌神直接克用神，财受克，财衰。故，此占问结果，得不到财。

继续看《井》卦九三的爻变，先看爻辞：

☷ 九三：井渫不食，为我心恻；可用汲，王明，并受其福。

现代文注释：

九三，得正而不居中位，故为阳刚之质、有用之才，却被闲置，未得其用，就像井水已经清澈甘甜，却无人饮用，让人心中恻然惋惜。希望王道圣明，贤才能被使用，清澈的井水不穷而养民，百姓并受福泽。

《井》卦九三爻变，得到《井》之《坎》。卦象解析如下：

从卦象看，《井》卦卦象☵☴，《坎》卦卦象☵☵，两卦卦象结合起来看，坎象多现，坎为陷，是陷阱环布之象；互震为君王，互艮为贤人，震艮之阳皆陷入阴爻包围；互离为罗网，坎为弓矢，震为射，巽为香，为饵，陷阱环布，凶险之象。对于事业发展，卦象提醒，机会如同罗网和捕兽器里放置的香饵，引诱前来吃香饵的猎物，前往就会被射杀。得此占，只能停止行动，不会成功。

起卦时间：2017年阳历3月26日14点13分。占问得到《井》之《坎》，动爻在三爻。"体"的位置在上爻，"用"在三爻。

"体"在上爻，在本宫卦（坎卦）里的五行属性为子水，六亲为兄弟，故"体"的天干为癸。

体干在上爻，配癸水；坐下的地支，由十二宫的冠带，动化为胎。即，体干坐地支丑，动化巳。于是得到卦象的两组干支为：

癸　　癸
丑　　巳

2017年阳历3月26日14点13分，对应的八字四柱是：

　　　　日
丁　癸　壬　丁
酉　卯　子　未

卦象的两组干支与起卦时间的八字四柱合并，就得到《井》之《坎》的卦象
干支六柱：

		体		用	日
癸	丁	癸	癸	壬	丁
丑	酉	卯	巳	子	未

此占问，若分类占断为求财，用神为财。求财，忌神为兄弟，元神为子孙。
卦象六柱中，水为兄弟，木为子孙，火为财，土为官鬼，金为父母。卦中，癸水
兄弟临体干，忌神临体，财不能靠近，得不到财之象。日柱空亡寅卯，子孙空
亡，元神缺位。无元神通关，忌神可直接克用神，忌神临体的问题无解。卦中，
忌神癸水强大，财受克，财衰。故，此占问结果，得不到财。

继续看《井》卦六四的爻变，先看爻辞：

☷ 六四：井甃，无咎。

现代文注释：

六四，柔爻居阴位，得其正，但六四阴柔才弱，其才不能胜大任，故他先做
修井的工作，"甃"，砌垒井壁，修治的意思，而"井养无穷"的大功还得等待
时日，但无咎害。

《井》卦六四爻变，得到《井》之《大过》。卦象解析如下：

从卦象看，《井》卦卦象☲☵，《大过》卦卦象☱☴，两卦卦象结合起来看，互坎与上坎相连，爻变后成为大坎，大坎为棺椁，为死亡之象，为阳刚的功能有失，这是阳陷坎中，做不成事之象。对于事业发展，卦象信息，寓意能力和条件受到限制，不会成功。

起卦时间：2017年阳历3月24日14点37分。占问得到《井》之《大过》，动爻在四爻。"体"的位置在初爻，"用"在四爻。

"体"在初爻，在本宫卦（巽卦）里的五行属性为丑土，六亲为财，故"体"的天干为己。

体干在初爻，配己土；坐下的地支，由十二宫的胎，动化为病。即，体干坐地支亥，动化卯。于是得到卦象的两组干支为：

己　　己
亥　　卯

2017年阳历3月24日14点37分，对应的八字四柱是：

　　　　　日
丁　　癸　　庚　　癸
酉　　卯　　戌　　未

卦象的两组干支与起卦时间的八字四柱合并，得到《井》之《大过》的卦象干支六柱：

　　　　用　日　　体
丁　　癸　己　庚　癸　己
酉　　卯　卯　戌　未　亥

此占问，若分类占断为求财，用神为财。求财，忌神为兄弟，元神为子孙。卦象六柱中，木为兄弟，火为子孙，土为财，金为官鬼，水为父母。卦中，己土财临体干，宜旺。日柱空亡寅卯，卯木空，癸水不生卯木，直接克丁火，丁火被克，元神衰，不生财，财亦衰。故，此占问结果，得不到财。

继续看《井》卦九五的爻变，先看爻辞：

☵ 九五：井冽寒泉，食。

现代文注释：

九五，具阳刚之才，居中正之位，为君王之尊，受到大家认可，有如清凉的井泉，为人所喜欢饮用。

《井》卦九五爻变，得到《井》之《升》。卦象解析如下：

从卦象看，《井》卦卦象☵，《升》卦卦象☷，两卦卦象结合起来看，坤为朝政，为国，为文，坤伏乾为周，震为君王，这是周文王和周王朝之象；互兑为华，为丰，巽为长久，震数为三、八，坤数十，坤伏乾，乾为百，这是周朝传三十世，历八百年，福佑丰实长久之象。对于事业发展，卦象信息，寓意会得到长久福佑和丰实，事业成功。

起卦时间：2017年阳历2月19日14点21分。占问得到《井》之《升》，动爻在五爻。"体"的位置在二爻，"用"在五爻。

"体"在二爻，在本宫卦（巽卦）里的五行属性为亥水，六亲为父母，故

"体"的天干为壬。

体干在二爻，配壬水；坐下的地支，由十二宫的胎，动化为临官。即，体干坐地支午，动化亥。于是得到卦象的两组干支为：

壬　　癸
午　　亥

2017年阳历2月19日14点21分，对应的八字四柱是：

　　　　　　日
丁　　壬　　丁　　丁
酉　　寅　　丑　　未

卦象的两组干支与起卦时间的八字四柱合并，就得到《井》之《升》的卦象干支六柱：

　　　用　　　　日　　体
丁　　癸　　壬　　丁　　壬　　丁
酉　　亥　　寅　　丑　　午　　未

此占问，若分类占断为求财，用神为财。求财，忌神为兄弟，元神为子孙。卦象六柱中，木为兄弟，火为子孙，土为财，金为官鬼，水为父母。卦中，壬水父母临体干，宜财旺，喜财来克体，亦喜金通关，财间接生体干，皆为财来就体，得财之象。日柱空亡申酉，天干庚辛不现，金藏于金库丑。丁火有根在午，可受生，可通关，元神通关，忌神反成为财源，财不受克，财旺。日柱丁丑，丁火在柱内直接生丑土，元神生财，财旺。故，此占问结果，可得财。

继续看《井》卦上六的爻变，先看爻辞：

☷ 上六：井收勿幕，有孚，元吉。

现代文注释：

上六，是井德的至美的境界，井养的大功此时得以告成，水井归公众共用，不要加个盖子锁上，井养的信用才能够最终保持住。井德、井功得以大成，这是理所当然的"元吉"。

《井》卦上六爻变，得到《井》之《巽》。卦象解析如下：

从卦象看，《井》卦卦象☵，《巽》卦卦象☴，两卦卦象结合起来看，互离为夏，巽为草木，为万物，伏震为春，互兑为华，为繁茂，这是草木春生夏茂，万物欣欣向荣之象；与爻辞"元吉"相合。《井》卦到上爻，进入到井功告成的阶段，故而有"元吉"之赞美。对谋求事业发展而言，这是事业发展从一开始就很顺利，很快就到达昌盛的阶段，事业成功。

起卦时间：2017年阳历2月24日14点29分。占问得到《井》之《巽》，动爻在上爻。"体"的位置在三爻，"用"在上爻。

"体"在三爻，在本宫卦（巽卦）里的五行属性为酉金，六亲为官鬼，故"体"的天干为辛。

体干在三爻，配辛金；坐下的地支，由十二宫的沐浴，动化为临官。即体干坐地支亥，动化酉。于是得到卦象的两组干支为：

辛　　　辛

亥　　　酉

2017年阳历2月24日14点29分，对应的八字四柱是：

		日	
丁	壬	壬	丁
酉	寅	午	未

卦象的两组干支与起卦时间的八字四柱合并，就得到《井》之《巽》的卦象干支六柱：

用			体	日	
辛	丁	壬	辛	壬	丁
酉	酉	寅	亥	午	未

此占问，若分类占断为求财，用神为财。求财，忌神为兄弟，元神为子孙。卦象六柱中，木为兄弟，火为子孙，土为财，金为官鬼，水为父母。卦中，辛金官鬼临体干，宜财旺生官，得财之象。日柱空亡申酉，辛金无根。丁火有根在午，可受生，可通关，元神通关，忌神反成为财源，财不受克，财旺。时柱丁未，丁火在柱内直接生未土，元神生财，财旺。辛金有根在酉，酉空亡，但，旬内空，出旬不空。月内出旬，酉值日，即三天后的乙酉日，财可生体干，财旺生官的条件可具备。故，此占问结果，旬内有财，月内出旬可得财。

泽雷《随》䷐ （卦序号：15）

随：元亨，利贞。无咎。

本章介绍四个卦的独爻变卦象空间，本节进入《随》卦。以下从初爻开始，介绍《随》卦独爻变的卦象解析、干支五行分析方法和分类占断的分析过程。先看初爻的爻辞：

䷐**初九：官有渝，贞吉；出门交有功。**

现代文注释：

初九，阳刚得正，为下卦震主，震为主器的长子，王位的继承人，"官"为位，"渝"为变，其位因随六二而有变，不以震主居大，变为屈尊居下位，礼贤下士，得位守正道，吉，故曰"官有渝，贞吉"；初九，前方有重阴，震为出，六二居艮下，为门，故曰"出门"，初九出门之交就是六二，初九出门遇六二而得其随，象征初九交往的成功，故曰"出门交有功"。

《随》卦初九爻变，得到《随》之《萃》。卦象解析如下：

从卦象看，《随》卦卦象䷐，《萃》卦卦象䷬，两卦卦象结合起来看，兑为燕雀，为衔，巽为茅草，艮为家，为巢，互大坎为孚，这是燕雀衔茅草建巢孚雏之象；坎数为六，有六只雏鸟，震为子，为乐，为鸣叫，坤为母，艮为安，兑为和，这是母子和乐、安定之象。对于事业发展，卦象信息，燕雀建巢孚雏，寓意投资开发新项目；成功了六个，成绩不小。爻辞里的"出门交有功"，意思就是旗开得胜，事业成功。

起卦时间：2017年阳历2月26日10点44分。占问得到《随》之《萃》，动爻在初爻。"体"的位置在四爻，"用"在初爻。

"体"在四爻，在本宫卦（兑卦）里的五行属性为亥水，六亲为子孙，故"体"的天干为壬。

体干在四爻，配壬水；坐下的地支，由十二宫的长生，动化为冠带。即体干坐地支申，动化戌。于是得到卦象的两组干支为：

壬　　壬
申　　戌

2017年阳历2月26日10点44分，对应的八字四柱是：

　　　　　　日
丁　　壬　　甲　　己
酉　　寅　　申　　巳

卦象的两组干支与起卦时间的八字四柱合并，就得到《随》之《萃》的卦象干支六柱：

　　　　　体　　日　　　　用
丁　　壬　　壬　　甲　　己　　壬
酉　　寅　　申　　申　　巳　　戌

此占问，若分类占断为求财，用神为财。求财，忌神为兄弟，元神为子孙。卦象六柱中，金为兄弟，水为子孙，木为财，火为官鬼，土为父母。卦中，壬水子孙临体干，忌空破，忌受克。日柱空亡午未，午火空，丁火有根在戌，可受生。甲木有根在寅，坐禄，自身旺，财可受生。壬水有根在申，可受生，可通关，元神通关，忌神反成为财源，财有源，财旺。月柱壬寅，壬水在柱内直接生寅木，元神生财，财旺。故，此占问结果，可得财。

继续看《随》卦六二的爻变，先看爻辞：

☱ 六二：系小子，失丈夫。

现代文注释：

六二，与初九的比应关系是亲比，初九为震卦之主，震的易象为小子，六二向下为反巽，巽为系，故曰"系小子"，上卦的九五为六二的正应，为丈夫，六二已经随初九，不能再应九五，故曰"失丈夫"。六二与初九的相系，是"随"道的特点，与近邻的比应，会优先确定"随"的关系。

《随》卦六二爻变，得到《随》之《兑》。卦象解析如下：

从卦象看，《随》卦卦象☱，《兑》卦卦象☱，两卦卦象结合起来看，三爻以上正反巽，巽为心，为志，巽口相背为心志不同，震为东，为始，兑为西，为终，这是心志不同，从始至终各奔西东之象。六二不应九五，也是各奔西东，六二随其下，九五随其上。对于事业，卦象寓意重视地利，事业成功。

起卦时间：2017年阳历2月27日10点4分。占问得到《随》之《兑》，动爻在二爻。"体"的位置在五爻，"用"在二爻。

"体"在五爻，在本宫卦（兑卦）里的五行属性为酉金，六亲为兄弟，故"体"的天干为辛。

体干在五爻，配辛金；坐下的地支，由十二宫的沐浴，动化为冠带。即体干坐地支亥，动化戌。于是得到卦象的两组干支为：

辛　　庚

亥　　戌

2017年阳历2月27日10点4分，对应的八字四柱是：

```
          日
丁    壬    乙    辛
酉    寅    酉    巳
```

卦象的两组干支与起卦时间的八字四柱合并，就得到《随》之《兑》的卦象干支六柱：

```
     体         日    用
丁    辛    壬    乙    庚    辛
酉    亥    寅    酉    戌    巳
```

此占问，若分类占断为求财，用神为财。求财，忌神为兄弟，元神为子孙。卦象六柱中，金为兄弟，水为子孙，木为财，火为官鬼，土为父母。卦中，辛金兄弟临体干，忌神临体，财不能靠近，得不到财之象。日柱空亡午未，午火空，丁火有根在戌。体干坐下地支，亥动化戌，动化回头克，体干为忌神，宜动化回头克，利求财。壬水有根在亥，可受生，可通关，元神通关，忌神反成为财源，忌神临体的问题得解。月柱壬寅，壬水在柱内直接生寅木，元神生财，财旺。故，此占问结果，可得财。

继续看《随》卦六三的爻变，先看爻辞：

䷐六三：系丈夫，失小子。随有求得，利居贞。

现代文注释：

六三，与六二的情况相反，靠近九四，九四为互艮，艮为丈夫，六三中爻为互巽，巽为系，故曰"系丈夫"；远离初九，又有六二的阻隔，六二已与初九相随，故六三不得随初九，初九震阳为小子，故曰"失小子"。六三顺承九四，其情况与九四的情况相同，皆为上下卦无应爻，故同气相求，以就近的亲比关系得以相随，六三和九四皆失位而不得正，相随后皆得正而求有所得，这利于居正而守正，故曰"利居贞"。

《随》卦六三爻变，得到《随》之《革》。卦象解析如下：

从卦象看，《随》卦卦象䷐，《革》卦卦象䷰，两卦卦象结合起来看，兑为雨水，下离为火，雨水浇灭大火，是不能相助之象；震为言语，为争，为功业，大坎为反目，兑为毁折，这是言语之争导致反目，功业毁折之象；乾为寒，为冰，离为火，兑为和，这是寒冰与火之和，不能相容之象。对于谋求事业发展，卦象信息，是内部的配合不协调，出现不和，本该相互助力，却相互抵消功用，如同寒冰与火放在一起，事业失败。

起卦时间：2017年阳历3月24日10点36分。占问得到《随》之《革》，动爻在三爻。"体"的位置在上爻，"用"在三爻。

"体"在上爻，在本宫卦（兑卦）里的五行属性为未土，六亲为父母，故"体"的天干为己。

体干在上爻，配己土；坐下的地支，由十二宫的长生，动化为墓。即，体干坐地支酉，动化丑。于是得到卦象的两组干支为：

己　　　己

酉　　　丑

2017年阳历3月24日10点36分，对应的八字四柱是：

	日		
丁	癸	庚	辛
酉	卯	戌	巳

卦象的两组干支与起卦时间的八字四柱合并，就得到《随》之《革》的卦象干支六柱：

体			用	日	
己	丁	癸	己	庚	辛
酉	酉	卯	丑	戌	巳

此占问，若分类占断为求财，用神为财。求财，忌神为兄弟，元神为子孙。卦象六柱中，金为兄弟，水为子孙，木为财，火为官鬼，土为父母。卦中，己土父母临体干，宜财旺，喜财来克体，亦喜火通关，财间接生体干，皆为财来就体，得财之象。巳酉丑三合金局，金旺，忌神强大。卯木天干无苗，财弱。丁火有根在戌，可受生。己土有根在丑，可受生。辛金有根在酉，可受生。癸水有根在丑，可受生，可通关。有情相生链从己土到达癸水。日柱空亡寅卯，木缺位，无财。元神通关的最后落实，无法到达财位。故，此占问结果，得不到财。

继续看《随》卦九四的爻变，先看爻辞：

☲☲ 九四：随有获，贞凶。有孚在道，以明何咎。

现代文注释：

九四，有六三的随从，已有收获，故曰"随有获"，但其位近君位，多惧也多凶，以"随"之道，九四得六三之随，本为阴顺承阳，亲比而得其随，但九四靠近君王九五，为君王身边大臣，九四隔开九五，而得到六三，从君王的角度看就是臣子阻隔君王而私下得民；大臣得民，自然会引起君王九五的忌恨，占为凶，故曰"随有获，贞凶"。"有孚"指九四下孚重阴，九四艮象为道，合乎正道，光明磊落，又有何过失呢？故曰"有孚在道，以明何咎。"

《随》卦九四爻变，得到《随》之《屯》。卦象解析如下：

从卦象看，《随》卦卦象☶，《屯》卦卦象☵，两卦卦象结合起来看，爻变失兑得坎，兑为折损，兑失，为不再有折损，坎中实，为获，为满，艮为仓庾，震为粮，坤为聚，为多，这是有富余，仓庾盈满之象。对于事业发展，卦象信息，是有富余和积累，是成功；爻辞"贞凶"是九五有疑于九四，"以明何咎"之辞已解了"贞凶"，故此爻是吉；得此占，事业成功。

起卦时间：2017年阳历3月15日10点12分。占问得到《随》之《屯》，动爻在四爻。"体"的位置在初爻，"用"在四爻。

"体"在初爻，在本宫卦（震卦）里的五行属性为子水，六亲为父母，故"体"的天干为癸。

体干在初爻，配癸水；坐下的地支，由十二宫的冠带，动化为胎。即，体干坐地支丑，动化巳。于是得到卦象的两组干支为：

癸　　癸

丑　　巳

2017年阳历3月15日10点12分，对应的八字四柱是：

```
              日
  丁     癸    辛    癸
  酉     卯    丑    巳
```

　　卦象的两组干支与起卦时间的八字四柱合并，就得到《随》之《屯》的卦象干支六柱：

```
           用    日        体
  丁    癸    癸    辛    癸    癸
  酉    卯    巳    丑    巳    丑
```

　　此占问，若分类占断为求财，用神为财。求财，忌神为兄弟，元神为子孙。卦象六柱中，木为兄弟，火为子孙，土为财，金为官鬼，水为父母。卦中，癸水父母临体干，宜财旺，喜财来克体，亦喜金通关，财间接生体干，皆为财来就体，得财之象。日柱空亡辰巳，辰土空，丑土不空，财不缺位。巳酉丑三合金局，金旺。癸水有根在丑，可受生，可通关，水通关的结果就是：金不克木，水不克火。月柱癸卯，癸水在柱内直接生卯木，五行贪生忘克，天干四个癸水相并，共同生卯木，卯木生癸水坐下的巳火，相生链到达元神的位置。时支的巳火，被两边的丑土紧夹，其象符合火把效应，巳火生丑土之象，元神生财，财旺。故，此占问结果，可得财。

　　继续看《随》卦九五的爻变，先看爻辞：

九五：孚于嘉，吉。

现代文注释:

九五,位正中,而有君王之尊,讲诚信,又有礼貌,态度谦和,这是君王的善德,九五刚下柔,屈尊以会贤人,有"孚"即极有诚信的安排与贤人的约会,此即为"嘉之会"的象征,"嘉之会"为亨,故此易象,显然象征亨通,这代表君王有信而天下贤人相随,就是"随"道的象,九五中正有信,自然受人爱戴,其"孚"乃"尚贤"也,"孚"于贤人,贤人即上六;故,其占为吉。

《随》卦九五爻变,得到《随》之《震》。卦象解析如下:

从卦象看,《随》卦卦象☱☳,《震》卦卦象☳☳,两卦卦象结合起来看,兑为谗言,巽为绳,为缢,这是谗言迫害忠良,忠良自缢之象;震为奔逃,坤为重,坎为耳,这是晋文公重耳当年奔逃避难之象;艮为贤人,为安,震为君主,为仁德,兑为悦喜,这是君王有德,贤人得安而悦之象;卦象先凶后吉。对于谋求事业发展,卦象信息,寓意恶的环境现已得到净化,得天下贤人而安之,尚贤而有孚,就有"嘉之会"的亨通。故,得此占,事业开始走向成功。

起卦时间:2017年阳历3月15日18点44分。占问得到《随》之《震》,动爻在五爻。"体"的位置在二爻,"用"在五爻。

"体"在二爻,在本宫卦(震卦)里的五行属性为寅木,六亲为兄弟,故"体"的天干为甲。

体干在二爻,配甲木;坐下的地支,由十二宫的死,动化为长生。即,体干坐地支午,动化亥。于是得到卦象的两组干支为:

甲　乙
午　亥

2017年阳历3月15日18点44分,对应的八字四柱是:

```
            日
丁     癸     辛     丁
酉     卯     丑     酉
```

卦象的两组干支与起卦时间的八字四柱合并，就得到《随》之《震》的卦象干支六柱：

```
      用           日     体
丁     乙     癸     辛     甲     丁
酉     亥     卯     丑     午     酉
```

此占问，若分类占断为求财，用神为财。求财，忌神为兄弟，元神为子孙。卦象六柱中，木为兄弟，火为子孙，土为财，金为官鬼，水为父母。卦中，甲木兄弟临体干，忌神临体，财不能靠近，得不到财之象。日柱空亡辰巳，辰土空，丑土不空，财不缺位。丁火有根在午，可受生，可通关。体柱甲午，甲木在柱内直接生午火，忌神生元神，元神通关成功，忌神反成为财源，忌神临体的问题得解，财有源，财旺。故，占问结果，可得财。

继续看《震》卦上六的爻变，先看爻辞：

☳ 上六：拘系之，乃从维之，王用亨于西山。

现代文注释：

上六，是"随"道的极致状态，故，此爻结合卦象，上卦兑为西，兑伏艮，艮为山，为西山之象，九五为王，兑为亨祭，故曰"王用亨于西山"，这是引用周文王从羑里的监狱平安返回西岐后，用亨于西山的历史典故。周文王从被拘到释放，民众从内心牵挂他，到心悦诚服的追随他，故曰"拘系之，乃从维之"；说明了"随"道真正的道理所在，故此爻寓意：坚守信念，终有所成就。上六，讲的是周文王的事，但上六所代表的人物，是天下的贤人。

《随》卦上六爻变，得到《随》之《无妄》。卦象解析如下：

从卦象看，《随》卦卦象☵，《无妄》卦卦象☳，两卦卦象结合起来看，爻变得乾，乾为圣贤，乾伏坤，为茅茹，根相连，震为君子，这是圣贤君子相投合之象；艮为居，大离为巢，震为行旅，乾为类，为群，这是群旅分类投宿，安居其巢之象；乾下有大离之象，是旱灾之象，也是不得天时之象。对于谋求事业发展，君子选择符合自己志向的企业，分类择巢，是君子的类聚；但，卦象信息虽有人和，亦有灾患，不得天时。故，得此占，天时未到，事业不会成功。

起卦时间：2017年阳历3月19日10点20分。占问得到《随》之《无妄》，动爻在上爻。"体"的位置在三爻，"用"在上爻。

"体"在三爻，在本宫卦（震卦）里的五行属性为辰土，六亲为财，故"体"的天干为戊。

体干在三爻，配戊土；坐下的地支，由十二宫的长生，动化为病。即，体干坐地支寅，动化申。于是得到卦象的两组干支为：

戊　　戊
寅　　申

2017年阳历3月19日10点20分，对应的八字四柱是：

　　　　　　　日

丁　　癸　　乙　　辛

酉　　卯　　巳　　巳

　　卦象的两组干支与起卦时间的八字四柱合并，得到《随》之《无妄》的卦象干支六柱：

用　　　　　　　　体　　日

戊　　丁　　癸　　戊　　乙　　辛

申　　酉　　卯　　寅　　巳　　巳

　　此占问，若分类占断为求财，用神为财。求财，忌神为兄弟，元神为子孙。卦象六柱中，木为兄弟，火为子孙，土为财，金为官鬼，水为父母。卦中，戊土财临体干，宜旺。日柱空亡寅卯，乙木无根，得不到水，遇火则焚，元神丁火终会因缺失生火之木，而不能长久，无源不长久之象。日柱乙巳，乙木生巳火，木焚火熄。故，此占问结果，得不到财。

山风《蛊》☶☴（卦序号：16）

蛊：元亨，利涉大川。先甲三日，后甲三日。

本章介绍四个卦的独爻变卦象空间，本节进入《蛊》卦。以下从初爻开始，介绍《蛊》卦独爻变的卦象解析、干支五行分析方法和分类占断的分析过程。先看初爻的爻辞：

☶☴ **初六：干父之蛊，有子，考无咎，厉终，吉。**

现代文注释：

初六，其位不居中，也不得正，说明六五的接班是在父辈没有成就的前提下进行的，初六没有父辈的成就可以继承，没有父辈的威望可以借用，甚至还有父辈失败的耻辱压在头上，肩膀上的重担更为沉重。"干"，为"习"，"蛊"为"事"，子承父业，必须先熟悉这个行业。有了继承业业的儿子，父亲就没有了罪过，往事即使不堪回首，也都过去了，故曰"厉终"，吉祥。

《蛊》卦初六爻变，得到《蛊》之《大畜》。卦象解析如下：

从卦象看，《蛊》卦卦象☶☴，《大畜》卦卦象☶☰，两卦卦象结合起来看，互震为雷，为功业，互兑为雨，乾为大，巽为长，艮为止，这是长时间大雨，水灾成患，功业止步之象。对于谋求事业发展，卦象信息，是面对一场长时间的灾害，进入到应对灾患的非正常时期，经济利益受到很大影响，这是处在灾患的环境里，事业尚未成功。

起卦时间：2017年阳历2月18日15点45分。占问得到《蛊》之《大畜》，动爻在初爻。"体"的位置在四爻，"用"在初爻。

"体"在四爻，在本宫卦（艮卦）里的五行属性为戌土，六亲为兄弟，故"体"的天干为戌。

体干在四爻，配戌土；坐下的地支，由十二宫的冠带，动化为病。即，体干坐地支辰，动化申。于是得到卦象的两组干支为：

戊　　戊

辰　　申

2017年阳历2月18日15点45分，对应的八字四柱是：

　　　　　　日

丁　　壬　　丙　　丙

酉　　寅　　子　　申

卦象的两组干支与起卦时间的八字四柱合并，得到《蛊》之《大畜》的卦象干支六柱：

　　　　　体　　日　　　　用

丁　　壬　　戊　　丙　　丙　　戊

酉　　寅　　辰　　子　　申　　申

此占问，若分类占断为求财，用神为财。求财，忌神为兄弟，元神为子孙。卦象六柱中，土为兄弟，金为子孙，水为财，木为官鬼，火为父母。卦中，戊土兄弟临体干，忌神临体，财不能靠近，得不到财之象。日柱空亡申酉，天干庚辛不现，金缺位，元神空，忌神直接克用神。申子辰三合水局，水旺，申不论空，财旺，但财局虽旺，到达不了体干。丙火有根在寅，可受生，可通关，火通关的结果就是：木不克土，火不克金。忌神不受克，忌神强大，元神缺位，财直接受克，忌神临体的问题无解。故，此占问结果，得不到财。

继续看《蛊》卦九二的爻变，先看爻辞：

☲ 九二：干母之蛊，不可贞。

现代文注释：

九二，与六五有应，六五阴爻在卦中为"后"，故称母，父辈在世时接班，实为有利条件。九二阳刚之才，居阴位而得柔顺之质，得到内刚外柔的优点，故他承业，不与母争，顺从母意之下有自己新的的安排，"贞"，其意就是"争"，同音而通假。"不可贞"意思，就是不急于改变老母旧的做法，等待时机。

《蛊》卦九二爻变，得到《蛊》之《艮》。卦象解析如下：

从卦象看，《蛊》卦卦象☲，《艮》卦卦象☲，两卦卦象结合起来看，巽为利，兑为危，为毁折，正反巽背向，为利益不合，震为言，为责备，正反震为相互指责，艮为子，为止，为时，为待，这是接班人所处的环境不得人和，利折而有危，等待时机之象。对于事业发展，卦象信息，是内部看法不一致，形不成人和，利有折损，暂无成功。

起卦时间：2017年阳历2月19日15点5分。占问得到《蛊》之《艮》，动爻在二爻。"体"的位置在五爻，"用"在二爻。

"体"在五爻，在本宫卦（艮卦）里的五行属性为子水，六亲为财，故"体"的天干为癸。

体干在五爻，配癸水；坐下的地支，由十二宫的冠带，动化为墓。即，体干坐地支丑，动化未。于是得到卦象的两组干支为：

癸　　癸
丑　　未

2017年阳历2月19日15点5分，对应的八字四柱是：

　　　　　日
丁　　壬　　丁　　戊
酉　　寅　　丑　　申

卦象的两组干支与起卦时间的八字四柱合并，就得到《蛊》之《艮》的卦象干支六柱：

　　　体　　　　日　　用
丁　　癸　　壬　　丁　　癸　　戊
酉　　丑　　寅　　丑　　未　　申

此占问，若分类占断为求财，用神为财。求财，忌神为兄弟，元神为子孙。卦象六柱中，土为兄弟，金为子孙，水为财，木为官鬼，火为父母。卦中，癸水财临体干，宜旺。但，日柱空亡申酉，天干庚辛不现，金缺位，元神空亡。元神的缺位，导致忌神可直接克用神，财受克而衰。且无元神生财，财成为无源之水，财必然枯竭。丁火有根在未，可受生，可通关，忌神不受克。戊土有根在申，可受生，木火土相生链形成，戊土旺。忌神旺，元神缺位，财受克严重，财衰。故，此占问结果，得不到财。

继续看《蛊》卦九三的爻变，先看爻辞：

☶ 九三：干父之蛊，小有悔，无大咎。

现代文注释：

九三，居天地人三才的人位的下位，但却是一个阳刚且有能力的年轻人，他刚刚承父之业，还不太习惯这个位置，小有后悔，但这样的状态很正常，没有大的咎害。之所以无大咎，是因为他很快就投入精力去熟悉父辈的事业，掌握这项事业的新知识，总结前辈的经验教训，故后悔很快消失；九三刚爻居刚位，有过刚之嫌，做事会有"过急"的毛病，但没有大的咎害。

《蛊》卦九三爻变，得到《蛊》之《蒙》。卦象解析如下：

从卦象看，《蛊》卦卦象☶，《蒙》卦卦象☶，两卦卦象结合起来看，互兑为海，艮为涯，为边角地，坎为湍流，坤为深水，正覆艮为环抱，这是处天涯海角之地，深水湍流环抱之象；互震为行，坤为孤，这是环境不好，独行孤单之象。对于事业发展，卦象信息，是处在不利的险地，且孤军无援，前景不看好，无利可言，不会成功。

起卦时间：2017年阳历2月19日15点37分。占问得到《蛊》之《蒙》，动爻在三爻。"体"的位置在上爻，"用"在三爻。

"体"在上爻，在本宫卦（艮卦）里的五行属性为寅木，六亲为官鬼，故"体"的天干为甲。

体干在上爻，配甲木；坐下的地支，由十二宫的衰，动化为养。即，体干坐地支辰，动化戌。于是得到卦象的两组干支：

甲　甲
辰　戌

2017年阳历2月19日15点37分，对应的八字四柱是：

　　　　　　日
丁　壬　丁　戊
酉　寅　丑　申

卦象的两组干支与起卦时间的八字四柱合并，就得到《蛊》之《蒙》的卦象干支六柱：

体　　　　　用　日
甲　丁　壬　甲　丁　戊
辰　酉　寅　戌　丑　申

此占问，若分类占断为求财，用神为财。求财，忌神为兄弟，元神为子孙。卦象六柱中，土为兄弟，金为子孙，水为财，木为官鬼，火为父母。卦中，甲木官鬼临体干，宜财旺生官，得财之象。日柱空亡申酉，庚辛天干不现，金缺位，元神空。元神的缺位，导致忌神直接克用神，且没有元神生财，财没有源，无源之财受忌神克，财衰。故，此占问结果，得不到财。

继续看《蛊》卦六四的爻变，先看爻辞：

☷☶ 六四：裕父之蛊，往见吝。

现代文注释：

六四，居天地人三才的人位的上位，已经长时间承父之业，对父辈的事业也有了体会，但六四柔爻居柔位，过于柔弱，父辈的事业交托别人管理，自己整天悠然自得的闲处，这样长期以往的懈怠，有吝，即会有遗憾。六四若改变柔弱的性格，遗憾也就过去了。

《蛊》卦六四爻变，得到《蛊》之《鼎》。卦象解析如下：

从卦象看，《蛊》卦卦象☶☴，《鼎》卦卦象☲☴，两卦卦象结合起来看，兑为野羊，艮为獐鹿，为狐，坤为雉，为聚，为郊外，这是鸟兽聚于郊外之象；互震为猎，为追逐，为获，为乐，离为网罟，巽为绳网，为获利三倍，这是田猎禽兽，大有所得，喜乐之象。对于事业发展，卦象信息，寓意市场出现了大行情，且回报丰厚，抓住市场时机，可有所作为，事业可成功。

起卦时间：2017年阳历2月19日15点13分。占问得到《蛊》之《鼎》，动爻在四爻。"体"的位置在初爻，"用"在四爻。

"体"在初爻，在本宫卦（巽卦）里的五行属性为丑土，六亲为财，故"体"的天干为己。

体干在初爻，配己土；坐下的地支，由十二宫的墓，动化为养。即，体干坐地支丑，动化戌。于是得到卦象的两组干支为：

己　　戊

丑　　戌

2017年阳历2月19日15点13分，对应的八字四柱是：

```
            日
丁      壬      丁      戊
酉      寅      丑      申
```

卦象的两组干支与起卦时间的八字四柱合并，就得到《蛊》之《鼎》的卦象干支六柱：

```
              用      日              体
丁      壬      戊      丁      戊      己
酉      寅      戌      丑      申      丑
```

此占问，若分类占断为求财，用神为财。求财，忌神为兄弟，元神为子孙。卦象六柱中，木为兄弟，火为子孙，土为财，金为官鬼，水为父母。卦中，己土财临体干，宜旺。日柱空亡申酉，天干庚辛不现，金藏墓库丑，官鬼功能缺失，忌神不受克，忌神呈现旺象。己土有根在丑，财可受生。丁火有根在戌，可受生，可通关，元神通关，忌神反成为财源，财有源，不受克，财旺。日柱丁丑，丁火在柱内直接生丑土，元神生财，财旺。故，此占问结果，可得财。

继续看《蛊》卦六五的爻变，先看爻辞：

☶☴ 六五：干父之蛊，用誉。

现代文注释：

六五，己居尊位，得中和之道，又阴爻居刚，刚柔相济，故没有过急的急躁，也没有过于悠然自得的懈怠，故而得到大家的信赖，从而能得到多方面的支援，呈现"多助胜"的有利状态，六五承父之业，能总结经验并用其"多助"的优势，又有了新的思路和具有智慧的方案，最终大功告成。"用"，为承父之业的实践过程，其过程见证了一个有才华、有事业心的青年的成长，在进入父辈的事业后，他的努力和聪明才智，他的组织能力，都得到见证，最终得到赞誉。

《蛊》卦六五爻变，得到《蛊》之《巽》。卦象解析如下：

从卦象看，《蛊》卦卦象☶，《巽》卦卦象☴，两卦卦象结合起来看，巽为芝兰香草，为利，互震为喜，互兑为悦，艮为安居，为贤人，正覆艮为贤人之间交往，这是得利有喜，贤人安居，芝兰高贵之象；卦象吉。对于谋求事业发展，卦象信息，寓意正处在发展的最佳阶段，市场获利丰厚，美誉如芝兰，人才汇聚，贤人安居为乐，事业成功。

起卦时间：2017年阳历2月19日15点29分。占问得到《蛊》之《巽》，动爻在五爻。"体"的位置在二爻，"用"在五爻。

"体"在二爻，在本宫卦（巽卦）里的五行属性为亥水，六亲为父母，故"体"的天干为壬。

体干在二爻，配壬水；坐下的地支，由十二宫的冠带，动化为帝旺。即体干坐地支戌，动化子。于是得到卦象的两组干支为：

壬　　壬
戌　　子

2017年阳历2月19日15点29分，对应的八字四柱是：

```
            日
丁    壬    丁    戊
酉    寅    丑    申
```

卦象的两组干支与起卦时间的八字四柱合并，就得到《蛊》之《巽》的卦象干支六柱：

```
      用          日    体
丁    壬    壬    丁    壬    戊
酉    子    寅    丑    戌    申
```

此占问，若分类占断为求财，用神为财。求财，忌神为兄弟，元神为子孙。卦象六柱中，木为兄弟，火为子孙，土为财，金为官鬼，水为父母。卦中，壬水父母临体干，宜财旺，喜财来克体，亦喜金通关，财间接生体干，皆为财来就体，得财之象。日柱空亡申酉，天干庚辛不现，金藏墓库丑，官鬼功能缺失。壬水有根在申，但申空亡，壬水不受生。丁火有根在戌，可受生，可通关，元神通关，忌神反成为财源，财有源，不受克，财旺。日柱丁丑，丁火在柱内直接生丑土，元神生财，财旺。故，此占问结果，可得财。

继续看《蛊》卦上九的爻变，先看爻辞：

☷☴ 上九：不事王侯，高尚其事。

现代文注释：

上九，居艮的上位，艮为居，为安，居有安之象，上九在下无应，其下的中爻有震象，震为王侯，上九已归隐，与王侯无事可涉，故曰"不事王侯"。老人放心的隐退了，超然退出世事；后辈已经接班，上九可以做他自己喜欢的、无须讨王侯欢心的事情，故曰"高尚其事"。

《蛊》卦上九爻变，得到《蛊》之《升》。卦象解析如下：

从卦象看，《蛊》卦卦象☶☴，《升》卦卦象☷☴，两卦卦象结合起来看，巽为鸡，为利，艮为山，为狐，覆震方向往下，为狐下山，鸡为狐所逐之象；巽为齐，兑为食，艮为狐，坤为聚，这是狐齐聚而有食之象；巽为商贾，为利，为长，艮为安，震为出，坤为地，为天下，这是利商人走出家门，推广其商业模式，可得长安之象。对于事业发展，狐代表逐利的相关者，也代表自己，鸡代表利，有获利的机会，就会引来狐狸的追逐，大家共得其利，得到利益链中的一环，无咎害；这是一个新的可获利的商业模式，此时出现利益相关者都来逐利的好形势，说明商业模式是成功的。得此占，事业成功。

起卦时间：2017年阳历2月19日15点21分。占问得到《蛊》之《升》，动爻在上爻。"体"的位置在三爻。"用"在上爻。

"体"在三爻，在本宫卦（巽卦）里的五行属性为酉金，六亲为官鬼，故"体"的天干为辛。

体干在三爻，配辛金；坐下的地支，由十二宫的衰，动化为沐浴。即体干坐地支未，动化亥。于是得到卦象的两组干支为：

辛　辛

未　亥

2017年阳历2月19日15点21分，对应的八字四柱是：

```
                    日
        丁      壬      丁      戊
        酉      寅      丑      申
```

卦象的两组干支与起卦时间的八字四柱合并，就得到《蛊》之《升》的卦象干支六柱：

```
        用                      体      日
        辛      丁      壬      辛      丁      戊
        亥      酉      寅      未      丑      申
```

此占问，若分类占断为求财，用神为财。求财，忌神为兄弟，元神为子孙。卦象六柱中，木为兄弟，火为子孙，土为财，金为官鬼，水为父母。卦中，辛金官鬼临体干，宜财旺生官，得财之象。日柱空亡申酉，但金不缺位，天干辛金藏根在丑，可受生，官鬼可受财生。丁火有根在未，可受生，可通关，元神通关，财不受克，忌神反成为财源，财旺。官鬼可受财生，财旺生官的条件具备。故，此占问结果，可得财。

第十六章　无妄、升、明夷、讼

天雷《无妄》☰☳（卦序号：17）

无妄：元亨，利贞。其匪正有眚，不利有攸往。

本章介绍四个卦的独爻变卦象空间，本节进入《无妄》卦。以下从初爻开始，介绍《无妄》卦独爻变的卦象解析、干支五行分析方法和分类占断的分析过程。先看初爻的爻辞：

☳ **初九：无妄，往吉。**

现代文注释：

初九，纯阳无虚，是"无妄"的主体，卦主的作用亦无虚幻，始终在行动，没有"妄"念的行动，这样自然符合天道，故无往而不吉，前往吉祥。

《无妄》卦初九爻变，得到《无妄》之《否》。卦象解析如下：

从卦象看，《无妄》卦卦象☳，《否》卦卦象☷，两卦卦象结合起来看，震为时，为德，乾为天，是天时之象；坤为我，为民众，艮为敬，为贤人，这是敬贤得人，合天道，亲民众，人和之象；互大离为文明，艮为安居，乾为福惠，这是地利之象；坤为大车，巽为齐，为利，艮为手，为抱，乾为禄福，震为载，为乐，为归，这是利和禄福齐得，抱福载利而归，喜乐之象。对于谋求事业发展，卦象信息，天时、地利、人和三者俱备，事业发展顺利推进，得利而长安，贤人得其所，禄福常有；得此占，事业成功。

起卦时间：2017年阳历2月19日9点4分。占问得到《无妄》之《否》，动爻在初爻。"体"的位置在四爻，"用"在初爻。

"体"在四爻，在本宫卦（乾卦）里的五行属性为午火，六亲为官鬼，故"体"的天干为丁。

体干在四爻，配丁火；坐下的地支，由十二宫的胎，动化为病。即，体干坐地支亥，动化卯。于是得到卦象的两组干支为：

丁　　丁
亥　　卯

2017年阳历2月19日9点4分，对应的八字四柱是：

　　　　　　　日
丁　　壬　　丁　　乙
酉　　寅　　丑　　巳

卦象的两组干支与起卦时间的八字四柱合并，得到《无妄》之《否》的卦象干支六柱：

　　　　　　体　　日　　　　用
丁　　壬　　丁　　丁　　乙　　丁
酉　　寅　　亥　　丑　　巳　　卯

此占问，若分类占断为求财，用神为财。求财，忌神为兄弟，元神为子孙。

卦象六柱中，金为兄弟，水为子孙，木为财，火为官鬼，土为父母。卦中，丁火官鬼临体干，宜财旺生官，得财之象。日干空亡申酉。但，巳酉丑三合金局，金旺，酉不论空。乙木有根在卯，财可受生。月柱壬寅，壬水在柱内直接生寅木，元神生财，财旺。壬水有根在亥，可受生，可通关，元神通关，忌神反成为财源，财有源，财旺。用爻丁卯，卯木在柱内直接生丁火，财旺生官的条件具备。故，此占问结果，可得财。

继续看《无妄》卦六二的爻变，先看爻辞：

☲☰ 六二：不耕获，不菑畬，则利有攸往。

现代文注释：

六二，位居中得正，而其象为田，所处时势为春耕之时，故以"耕获"为喻，"菑"，为垦荒，指刚开垦一年的田地，"畬"，指耕种多年的熟田，"则"，意为"岂能"，不耕耘，就不期待有收获，不经过多年的开垦，田地高产的耕耘之利岂能获得。六二为阴爻，本卦对阴爻皆有警示。六二居中得正，正行则不妄，故，六二辛勤耕耘，不存有任何虚幻的期求，所往有利。

《无妄》卦六二爻变，得到《无妄》之《履》。卦象解析如下：

从卦象看，《无妄》卦卦象☰，《履》卦卦象☰，两卦卦象结合起来看，震为春，为耕种，为乐，为庆，兑为秋，为酒，为饮，为悦，正反兑方向相对，这是秋收欢乐对饮，庆祝之象；乾为福，震为乐，艮为贤人，为安居，为得，巽为利，为齐，这是利与禄福齐得，贤人安居，喜乐之象。对于事业发展，卦象信息，寓意辛勤耕耘自会成功；卦象信息中有成功后的喜庆，事业成功。

起卦时间：2017年阳历2月19日9点44分。占问得到《无妄》之《履》，动爻在二爻。"体"的位置在五爻，"用"在二爻。

"体"在五爻，在本宫卦（乾卦）里的五行属性为申金，六亲为兄弟，故"体"的天干为庚。

体干在五爻，配庚金；坐下的地支，由十二宫的养，动化为衰。即，体干坐地支辰，动化戌。于是得到卦象的两组干支为：

　　庚　　　庚
　　辰　　　戌

2017年阳历2月19日9点44分，对应的八字四柱是：

　　　　　　　　日
　　丁　　壬　　丁　　乙
　　酉　　寅　　丑　　巳

卦象的两组干支与起卦时间的八字四柱合并，得到《无妄》之《履》的卦象干支六柱：

　　　体　　　　　　日　　　用
　丁　　庚　　壬　　丁　　庚　　乙
　酉　　辰　　寅　　丑　　戌　　巳

此占问，若分类占断为求财，用神为财。求财，忌神为兄弟，元神为子孙。卦象六柱中，金为兄弟，水为子孙，木为财，火为官鬼，土为父母。卦中，庚金兄弟临体干，忌神临体，财不能靠近体干，得不到财之象。日柱空亡申酉，忌神减力。乙木有根在辰，财可受生。体干坐下地支，辰动化戌，辰戌冲，墓库门冲开，辰为水库，库中藏干戊、癸、乙释放，通过辰藏干的释放，体干庚金生癸水，癸水生乙木，元神通关，且生财。月柱壬寅，壬水在柱内直接生寅木，元神生财。故，此占问结果，可得财。

继续看《无妄》卦六三的爻变，先看爻辞：

☳☰ 六三：无妄之灾，或繫之牛，行人之得，邑人之灾。

现代文注释：

六三，阴爻，虽居正而为虚，故因自身的无"实"而被疑。中爻出现互巽和互艮之象，巽为盗，艮为牛，为牵；中爻之象，有人盗牛，把牛牵走，产生无妄之灾；故爻辞以"繫牛"为喻，"繫"，是牵的意思。有时，没有过失，也会有意外的灾祸，就像系在村中的牛，被路过的行人牵走，村里的人反而有盗牛之嫌，而蒙受不白之冤；故曰"行人之得，邑人之灾"。这是意外的人祸，也与六三阴爻之"虚"有关联，六三没有"实诚"之信誉，故受到怀疑。

《无妄》卦六三爻变，得到《无妄》之《同人》。卦象解析如下：

从卦象看，《无妄》卦卦象☳☰，《同人》卦卦象☲☰，两卦卦象结合起来看，震为行，巽为盗，艮为门户，乾为开，乾伏坤为夜，离伏坎为阴蜺，寓意黑夜里隐伏阴蜺，这是有人在夜里偷行妄为之事的卦象。对于谋求事业发展，社会环境会对事业有很大影响，卦象信息，已有人在黑暗中偷行妄为之事，故，此占提醒，已有暗昧之事发生；得此占，归于失败。

起卦时间：2017年阳历2月19日9点12分。占问得《无妄》之《同人》，动爻在三爻。"体"的位置在上爻，"用"在三爻。

"体"在上爻，在本宫卦（乾卦）里的五行属性为戌土，六亲为父母，故"体"的天干为戊。

体干在上爻，配戊土；坐下的地支，由十二宫的病，动化为墓。即，体干坐地支申，动化戌。于是得到卦象的两组干支为：

戊　　戊
申　　戌

2017年阳历2月19日9点12分，对应的八字四柱是：

　　　　　　日
丁　壬　丁　乙
酉　寅　丑　巳

卦象的两组干支与起卦时间的八字四柱合并，就得到《无妄》之《同人》的卦象干支六柱：

体　　　　用　　日
戊　丁　壬　戊　丁　乙
申　酉　寅　戌　丑　巳

此占问，若分类占断为求财，用神为财。求财，忌神为兄弟，元神为子孙。卦象六柱中，金为兄弟，水为子孙，木为财，火为官鬼，土为父母。卦中，戊土父母临体干，宜财旺，喜财来克体，亦喜火通关，财间接生体干，皆为财来就体，得财之象。日柱空亡申酉，天干庚辛不现，金藏墓库丑，然而，巳酉丑三合金局，酉不论空，金旺，忌神不缺位，忌神旺。乙木无根，且势单。乙丁同坐在金局的板凳上，乙木被截脚，木受克，财衰。故，此占问结果，得不到财。

继续看《无妄》卦九四的爻变，先看爻辞：

☲☰ 九四：可贞，无咎。

现代文注释：

九四，刚爻居阴位，刚柔相济，上为阳无亲比，在下又无应，故九四心无所系，行动自由，可以固守正道，故无咎。

《无妄》卦九四爻变，得到《无妄》之《益》。卦象解析如下：

从卦象看，《无妄》卦卦象☰，《益》卦卦象☲，两卦卦象结合起来看，巽为鱼，为齐，震为游，为乐，为东，为龙，乾为天，为河海，艮为飞，为家，为安，这是鱼在水中游，龙在天上飞，齐奔东海和东方家园，快乐且平安之象。对于事业发展，卦象信息，有平安走向新家园，奔向理想目标之含义，进入新开辟的领域；得此占，事业成功。

起卦时间：2017年阳历2月19日9点36分。占问得到《无妄》之《益》，动爻在四爻。"体"的位置在初爻，"用"在四爻。

"体"在初爻，在本宫卦（震卦）里的五行属性为子水，六亲为父母，故"体"的天干为癸。

体干在初爻，配癸水；坐下的地支，由十二宫的长生，动化为冠带。即体干坐地支卯，动化丑。于是得到卦象的两组干支为：

```
癸      癸
卯      丑
```

2017年阳历2月19日9点36分，对应的八字四柱是：

```
            日
丁    壬    丁    乙
酉    寅    丑    巳
```

卦象的两组干支与起卦时间的八字四柱合并，得到《无妄》之《益》的卦象干支六柱：

```
            用    日         体
丁    壬    癸    丁    乙    癸
酉    寅    丑    丑    巳    卯
```

此占问，若分类占断为求财，用神为财。求财，忌神为兄弟，元神为子孙。卦象六柱中，木为兄弟，火为子孙，土为财，金为官鬼，水为父母。卦中，癸水父母临体干，宜财旺，喜财来克体，亦喜金通关，财间接生体干，皆为财来就体，得财之象。日柱空亡申酉，天干庚辛不现，金藏墓库丑中。但，巳酉丑三合金局，地支的六个字，呈现的是寅卯木和金局坐一个板凳，必然是寅卯木受制于三合金局，忌神受制，财不受克。故，此占问结果，出旬遇土值日，可得财。得财的应期，在出旬后九天的丙戌日。

继续看《无妄》卦九五的爻变，先看爻辞：

☲☰ 九五：无妄之疾，勿药有喜。

现代文注释：

九五，刚爻居中得正，虽无吉而有喜，故若身体感到不适，不是真的生病了，不要吃药就会好转，实为喜庆。九五的爻辞，寓意会有问题发生，就是"疾"，但对于九五，这些问题会自行消失；在"无妄"的时空，这就是喜事。

《无妄》卦九五爻变，得到《无妄》之《噬嗑》。卦象解析如下：

从卦象看，《无妄》卦卦象☰，《噬嗑》卦卦象☲，两卦卦象结合起来看，艮为抱，为安，震为子，是得安抱子之象；震为功业，为喜，乾为天，巽为命，为系，为商贾，为利，互坎中实，这是功业为天命所系，商人得利为实之象。对于事业发展，卦象信息，抱子寓意新产品问世；功业为天命所系，是得天时，新产品符合消费潮流；得利为实，是经济效益好，新产品有赢利，事业进展顺利；得此占，无忧有喜，事业成功。

起卦时间：2017年阳历2月19日9点20分。占得《无妄》之《噬嗑》，动爻在五爻。"体"的位置在二爻，"用"在五爻。

"体"在二爻，在本宫卦（震卦）里的五行属性为寅木，六亲为兄弟，故"体"的天干为甲。

体干在二爻，配甲木；坐下的地支，由十二宫的临官，动化为养。即，体干坐地支寅，动化戌。于是得到卦象的两组干支为：

甲　甲

寅　戌

2017年阳历2月19日9点20分，对应的八字四柱是：

$$
\begin{array}{cccc}
& & 日 & \\
丁 & 壬 & 丁 & 乙 \\
酉 & 寅 & 丑 & 巳
\end{array}
$$

卦象的两组干支与起卦时间的八字四柱合并，就得到《无妄》之《噬嗑》的卦象干支六柱：

$$
\begin{array}{cccccc}
用 & & & 日 & 体 & \\
丁 & 甲 & 壬 & 丁 & 甲 & 乙 \\
酉 & 戌 & 寅 & 丑 & 寅 & 巳
\end{array}
$$

此占问，若分类占断为求财，用神为财。求财，忌神为兄弟，元神为子孙。卦象六柱中，木为兄弟，火为子孙，土为财，金为官鬼，水为父母。卦中，甲木兄弟临体干，忌神临体，财不能靠近体干，得不到财之象。日柱空亡申酉，天干庚辛不现，但，巳酉丑三合金局，金旺，酉不论空。甲木有根在寅，忌神亦旺。丁火有根在戌，可受生，可通关，元神通关，忌神反成为财源，忌神临体的问题得解，财有源，财旺。故，此占问结果，可得财。

继续看《无妄》卦上九的爻变，先看爻辞：

☰☳ 上九：无妄，行有眚，无攸利。

现代文注释：

上九，无妄的穷极状态，自己不妄为，但一行动却也有祸生，无利益。处于穷尽之时，不妄为的行动，也会遭遇灾祸。在《无妄》卦的时空里，人祸的几微端倪已出现之时，停止行动是最明智的。

《无妄》卦上九爻变，得到《无妄》之《随》。卦象解析如下：

从卦象看，《无妄》卦卦象☰☰，《随》卦卦象☰☰，两卦卦象结合起来看，爻变导致失乾而得兑，乾为天福，兑为毁折，为倾，艮为国，为家，震为君王，为社稷，为功业，这是失去天福，社稷基业毁折之象，也是家业破败之象；卦象不吉，与爻辞的"有眚"相合，灾患将会到来。对于谋求事业发展，卦象和爻辞的信息，都显示不利，事业不会成功。

起卦时间：2017年阳历2月19日9点28分。占问得到《无妄》之《随》，动爻在上爻。"体"的位置在三爻，"用"在上爻。

"体"在三爻，在本宫卦（震卦）里的五行属性为辰土，六亲为财，故"体"的天干为戊。

体干在三爻，配戊土；坐下的地支，由十二宫的冠带，动化为衰。即，体干坐地支辰，动化未。于是得到卦象的两组干支为：

戊　　己

辰　　未

2017年阳历2月19日9点28分，对应的八字四柱是：

　　　　　日

丁　壬　丁　乙

酉　寅　丑　巳

卦象的两组干支与起卦时间的八字四柱合并，得到《无妄》之《随》的卦象干支六柱：

用			体	日	
己	丁	壬	戊	丁	乙
未	酉	寅	辰	丑	巳

此占问，若分类占断为求财，用神为财。求财，忌神为兄弟，元神为子孙。卦象六柱中，木为兄弟，火为子孙，土为财，金为官鬼，水为父母。卦中，戊土财临体干，宜旺。日柱空亡申酉，天干庚辛不现，但，巳酉丑三合金局，金旺，酉不论空，金可受生。丁壬合，合化木，忌神增力，丁火五行属性改变，元神的功能尽失，元神缺位，财受克，财衰。故，此占问结果，得不到财。

地风《升》䷭（卦序号：18）

升：元亨。用见大人，勿恤，南征吉。

本章介绍四个卦的独爻变卦象空间，本节进入《升》卦。以下从初爻开始，介绍《升》卦独爻变的卦象解析、干支五行分析方法和分类占断的分析过程。先看初爻的爻辞：

䷭初六：允升，大吉。

现代文注释：

初六，阴爻居阳位，力量弱小且不得位，且与六四无应，本不能升；"允升"的"允"从其直接的意思，是初六的"升"得到了六四乃至六五、上六整个上卦的允许。初六为下卦巽的初爻，也是下卦的主爻，有卦主的地位，巽为系，故从其卦义，初六必能系之九二得"允升"，初六，是有逊顺之德的卦主，自身力量弱小，就与九二、九三形成一个整体，跟着一起上升。整体的升，大吉祥。

《升》卦初六爻变，得到《升》之《泰》。卦象解析如下：

从卦象看，《升》卦卦象䷭，《泰》卦卦象䷊，两卦卦象结合起来看，互震为迁，为兴，坤为国，为邑，为安宁，乾为长久，为福，为盛隆，这是迁邑建国，得到长久安宁，盛隆有福之象。对于事业发展，迁邑建国，是进入新的领域，新项目是核心，新项目成功，会给企业带来长久安宁，卦象信息，寓意新项目已经成功，得盛隆而有福喜；得此占，事业成功。

起卦时间：2017年阳历3月9日16点21分。占问得到《升》之《泰》，动爻在初爻。"体"的位置在四爻，"用"在初爻。

"体"在四爻,在本宫卦(坤卦)里的五行属性为丑土,六亲为兄弟,故"体"的天干为己。

体干在四爻,配己土;坐下的地支,由十二宫的墓,动化为长生。即,体干坐地支丑,动化酉。于是得到卦象的两组干支为:

己　　己
丑　　酉

2017年阳历3月9日16点21分,对应的八字四柱是:

　　　　　　　日
丁　　癸　　乙　　甲
酉　　卯　　未　　申

卦象的两组干支与起卦时间的八字四柱合并,就得到《升》之《泰》的卦象干支六柱:

　　　　　　体　　日　　　　用
丁　　癸　　己　　乙　　甲　　己
酉　　卯　　丑　　未　　申　　酉

此占问,若分类占断为求财,用神为财。求财,忌神为兄弟,元神为子孙。卦象六柱中,土为兄弟,金为子孙,水为财,木为官鬼,火为父母。卦中,己土兄弟临体干,忌神临体,财不能靠近,得不到财之象。日柱空亡辰巳。体干坐下地支,丑动化酉,忌神动化元神,利生财。癸水有根在丑,财可受生。用爻己酉,己土在柱内直接生酉金,忌神生元神,元神通关成功,忌神反成为财源,忌神临体的问题得解。故,此占问结果,可得财。

继续看《升》卦九二的爻变，先看爻辞：

☷☴ 九二：孚乃利用禴，无咎。

现代文注释：

九二，阳刚居阴位，有柔顺、谦逊之德，居中位，有刚中之德，具备前往应六五的条件，九二就是周文王。"孚"，指九二与六五有孚；"禴"，是古代春天的薄祭，故曰"孚乃利用禴"。心存诚信，即使祭品俭朴，也无咎。

《升》卦九二爻变，得到《升》之《谦》。卦象解析如下：

从卦象看，《升》卦卦象☷☴，《谦》卦卦象☷☶，两卦卦象结合起来看，坤为大地，艮为丘陵，大坎为雨露，巽为松柏，互震为生长，为繁茂，这是松柏得雨露滋润，生长繁茂之象；互震为时，坤为顺，巽亦为顺，艮为得，为时，这是顺时、得时之象。对于事业发展，这是得时运之助，事业成功。

起卦时间：2017年阳历3月9日16点37分。占问得到《升》之《谦》，动爻在二爻。"体"的位置在五爻，"用"在二爻。

"体"在五爻，在本宫卦（坤卦）里的五行属性为亥水，六亲为财，故"体"的天干为壬。

体干在五爻，配壬水；坐下的地支，由十二宫的冠带，动化为墓。即，体干坐地支戌，动化辰。于是得到卦象的两组干支为：

壬　　壬
戌　　辰

2017年阳历3月9日16点37分，对应的八字四柱是：

		日	
丁	癸	乙	甲
酉	卯	未	申

卦象的两组干支与起卦时间的八字四柱合并，就得到《升》之《谦》的卦象干支六柱：

	体		日	用	
丁	壬	癸	乙	壬	甲
酉	戌	卯	未	辰	申

此占问，若分类占断为求财，用神为财。求财，忌神为兄弟，元神为子孙。卦象六柱中，土为兄弟，金为子孙，水为财，木为官鬼，火为父母。卦中，壬水财临体干，宜旺。日柱空亡辰巳。壬水有根在申，财可受生。申酉戌三会金局，金旺，元神旺，戌土进入三会金局，土化为金，元神通关成功，忌神化为元神。元神通关，财不受克，财旺。故，此占问结果，可得财。

继续看《升》卦九三的爻变，先看爻辞：

䷭ 九三：升虚邑。

现代文注释：

九三，阳刚居阳位，上方为坤的三阴，阳遇阴，顺畅无阻，下卦巽整体上升，进入上方，前行无阻如入无人之境，故曰九三升上了"虚邑"。阴为虚，故上卦的坤象整体为"虚邑"，坤为国，故这里"虚邑"隐喻"国邑"，有建国之隐喻。下卦巽整体上升，一起升上了虚邑。

《升》卦九三爻变，得到《升》之《师》。卦象解析如下：

从卦象看，《升》卦卦象䷭，《师》卦卦象䷆，两卦卦象结合起来看，震为鸢，鸟中之雄，为东，坤为聚，为郊，巽为蛇，为利，兑为食，坎中实，为饱，鸢以蛇为食，这是东郊有蛇，群鸢聚以饱食，利为实之象。对于事业发展，鸢的远视高飞，象征战略的正确，饱食和利为实，明确事业成功。

起卦时间：2017年阳历3月9日8点13分。占问得到 《升》之《师》，动爻在三爻。"体"的位置在上爻，"用"在三爻。

"体"在上爻，在本宫卦（坤卦）里的五行属性为酉金，六亲为子孙，故"体"的天干为辛。

体干在上爻，配辛金；坐下的地支，由十二宫的临官，动化为养。即，体干坐地支酉，动化丑。于是得到卦象的两组干支为：

辛	辛
酉	丑

2017年阳历3月9日8点13分，对应的八字四柱是：

		日	
丁	癸	乙	庚
酉	卯	未	辰

卦象的两组干支与起卦时间的八字四柱合并，就得到《升》之《师》的卦象干支六柱：

```
体            用    日
辛   丁   癸   辛   乙   庚
酉   酉   卯   丑   未   辰
```

此占问，若分类占断为求财，用神为财。求财，忌神为兄弟，元神为子孙。卦象六柱中，土为兄弟，金为子孙，水为财，木为官鬼，火为父母。卦中，辛金子孙临体干，忌空破，忌被克。日柱空亡辰巳。癸水有根在丑，财可受生。体干坐下地支，酉动化丑，动化回头生，元神动化回头生，有利。辛金有根在酉，可受生，可通关。用爻辛丑，丑土在柱内直接生辛金，忌神生元神，元神通关成功，忌神反成为财源，财有源，财旺。故，此占问结果，可得财。

继续看《升》卦六四的爻变，先看爻辞：

䷭六四：王用亨于岐山，吉，无咎。

现代文注释：

六四，人位的上者，此爻的王也是周文王，此时周文王尚未得天下，为殷商之臣，只能以祭祖的名义，在岐山举行祭祀仪式，故曰"王用亨于岐山"。文王脱离了被囚羑里的灾难，回到西岐之后，在岐山举行祭告天地、祖先的祭祀仪式，向神明、祖先表明心迹，欲行剪除殷商暴政的伟大志向，此事吉祥，无咎害。

《升》卦六四爻变，得到《升》之《恒》。卦象解析如下：

从卦象看，《升》卦卦象☷☴，《恒》卦卦象☳☴，两卦卦象结合起来看，震为君王，为动，为时，为通达，为乐，坤为万国，巽为心，为齐，为志，互兑为悦，为和，乾为天福，为长久，这是君王之志合天时，万国齐心，和悦相从，行动通达，天福长久之象。对于事业发展，卦象信息，寓意所立志向能够实现，有天福相伴，事业顺利通达，会有大成功。

起卦时间：2017年阳历3月9日16点29分。占问得到《升》之《恒》，动爻在四爻。"体"的位置在初爻，"用"在四爻。

"体"在初爻，在本宫卦（巽卦）里的五行属性为丑土，六亲为财，故"体"的天干为己。

体干在初爻，配己土；坐下的地支，由十二宫的病，动化为长生。即，体干坐地支卯，动化酉。于是得到卦象的两组干支为：

己	己
卯	酉

2017年阳历3月9日16点29分，对应的八字四柱是：

		日	
丁	癸	乙	甲
酉	卯	未	申

卦象的两组干支与起卦时间的八字四柱合并，就得到《升》之《恒》的卦象干支六柱：

		用	日		体
丁	癸	己	乙	甲	己
酉	卯	酉	未	申	卯

此占问，若分类占断为求财，用神为财。求财，忌神为兄弟，元神为子孙。卦象六柱中，木为兄弟，火为子孙，土为财，金为官鬼，水为父母。卦中，己土财临体干，宜旺。日柱空亡辰巳。己土有根在未，财可受生。丁火有根在未，可受生，可通关，元神通关，忌神反成为财源，财不受克，元神生财，财旺。故，此占问结果，可得财。

继续看《升》卦六五的爻变，先看爻辞：

☷ 六五：贞吉，升阶。

现代文注释：

六五，柔爻居上卦的中位，柔居刚位不得正，居至尊之位的六五在《升》卦的整体形势下，明白自身只有固守贞正之道，才能得吉，故曰"贞吉"。六五与九二有应，对九二没有疑虑，欢迎九二的到来，这体现了六五的德行，六五固守其柔顺之德，积极配合《升》卦的主旨。从整个卦的发展过程来看，周文王最终由九二升至六五之位，一路拾阶而上。"升"的时义，通过其时用，在周文王的身上见证了一位伟大的人物，故卦辞中写道："用见大人"。"升"，就如同登山，拾阶而上，其过程要坚守正道，方得吉祥。

《升》卦六五爻变，得到《升》之《井》。卦象解析如下：

从卦象看，《升》卦卦象☷，《井》卦卦象☵，两卦卦象结合起来看，爻变，坤变坎，坤为虚，坎中实，是由虚变实之象；震为功业，为车，为载，为归，巽为利，这是功业有了实绩，利由虚变实，大车载利而归之象。对于事业发展，卦象信息，是得到了实利，与爻辞的"升阶"相符，事业稳步向前，得到可持续发展的成功。

起卦时间：2017年阳历3月18日16点13分。占问得到 《升》之《井》，动爻在五爻。"体"的位置在二爻，"用"在五爻。

"体"在二爻，在本宫卦（巽卦）里的五行属性为亥水，六亲为父母，故"体"的天干为壬。

体干在二爻，配壬水；坐下的地支，由十二宫的病，动化为胎。即，体干坐地支寅，动化午。于是得到卦象的两组干支为：

　壬　　壬
　寅　　午

2017年阳历3月18日16点13分，对应的八字四柱是：

　　　　　　　日
　丁　　癸　　甲　　壬
　酉　　卯　　辰　　申

卦象的两组干支与起卦时间的八字四柱合并，就得到《升》之《井》的卦象干支六柱：

　　　用　　　　　日　　体
　丁　　壬　　癸　　甲　　壬　　壬
　酉　　午　　卯　　辰　　寅　　申

此占问，若分类占断为求财，用神为财。求财，忌神为兄弟，元神为子孙。

卦象六柱中，木为兄弟，火为子孙，土为财，金为官鬼，水为父母。卦中，壬水父母临体干，宜财旺，喜财来克体，亦喜金通关，财间接生体干，皆为财来就体，得财之象。日柱空亡寅卯，甲木无根，不受生，忌神减力。体干坐下地支，寅动化午，兄弟动化子孙，忌神动化元神，有利生财。丁火有根在午，可受生，可通关，元神通关，忌神反成为财源，财不受克，元神生财，财旺。故，此占问结果，可得财。

继续看《升》卦上六的爻变，先看爻辞：

䷭ 上六：冥升，利于不息之贞。

现代文注释：

上六，这是升卦的极致上位，"冥"，为暗，"冥升"，即为暗升，没有写出吉凶判断，只给出要一生永不停息坚守正道的警示，"升"在极致的"冥冥"之中，有因果的轮回，故"冥升"对于一生永不停息坚守正道的君子是有利的，鬼神也会暗中给予帮助。

《升》卦上六爻变，得到《升》之《蛊》。卦象解析如下：

从卦象看，《升》卦卦象䷭，《蛊》卦卦象䷑，两卦卦象结合起来看，巽为商贾，互震为行，为德，为福，坤为冥，艮为获，这是商业道德冥冥有知，祸福自获之象。此象合于爻辞之意。对于事业发展，此占问提醒占者，要有善德之本，种下善缘，才会有福报，顺与不顺自有冥冥中的因果之报，你收获的就是你自己种下的；得此占，以德行得冥升，事业成功。

起卦时间：2017年阳历3月18日16点45分。占问得到 《升》之《蛊》，动爻在上爻。"体"的位置在三爻，"用"在上爻。

"体"在三爻，在本宫卦（巽卦）里的五行属性为酉金，六亲为官鬼，故"体"的天干为辛。

体干在三爻，配辛金；坐下的地支，由十二宫的临官，动化为衰。即，体干坐地支酉，动化未。于是得到卦象的两组干支为：

辛 辛
酉 未

2017年阳历3月18日16点45分，对应的八字四柱是：

日
丁 癸 甲 壬
酉 卯 辰 申

卦象的两组干支与起卦时间的八字四柱合并，就得到《升》之《蛊》的卦象干支六柱：

用 体 日
辛 丁 癸 辛 甲 壬
未 酉 卯 酉 辰 申

此占问，若分类占断为求财，用神为财。求财，忌神为兄弟，元神为子孙。卦象六柱中，木为兄弟，火为子孙，土为财，金为官鬼，水为父母。卦中，辛金官鬼临体干，宜财旺生官，得财之象。日柱空亡寅卯，甲木无根，忌神减力。财天干不现，藏于地支，但财不缺位。丁火有根在未，可受生，可通关，元神通关，忌神反成为财源，财不受克，财旺。辛金有根在酉，可受生，用爻辛未，未土在柱内直接生辛金，财旺生官的条件具备。故，此占问结果，可得财。

地火《明夷》䷗（卦序号：19）

明夷：利艰贞。

本章介绍四个卦的独爻变卦象空间，本节进入《明夷》卦。以下从初爻开始，介绍《明夷》卦独爻变的卦象解析、干支五行分析方法和分类占断的分析过程。先看初爻的爻辞：

䷗ **初九：明夷于飞，垂其翼；君子于行，三日不食，有攸往，主人有言。**

现代文注释：

初九，居离之卦体最下，是鸟垂其翼受伤之象，鸣叫的鹈鹕飞行中受伤，垂下它受伤的左翼。君子舍弃一切，正在逃亡的路上，难免穷困，三天没有吃饭，虽有投奔的地方可以去，但被路人和投宿的主人讥笑为不识时务。初九，是阳刚的臣子，在《明夷》的时空里，最容易受伤，选择出走逃亡是明智的，初九暗喻从殷商都城出走的贤人，包括姜太公等一批贤臣。

《明夷》卦初九爻变，得到《明夷》之《谦》。卦象解析如下：

从卦象看，《明夷》卦卦象䷗，《谦》卦卦象䷗，两卦卦象结合起来看，爻变失离而得艮，离为光明，艮为居所，艮在地中，是黑暗的居所，这是光明不再，居所黑暗之象；艮为虎狼，坤为聚，为家园，为患，震在上，是已经出走，这是家有虎狼盘踞，不可居，出走成功之象。对事业而言，处在逆境中，家园被虎狼夺取，是凶兆；但已经出走成功，是得安的大吉；得此占，成功。

起卦时间：2017年阳历3月12日16点3分。占问得到《明夷》之《谦》，动爻在初爻。"体"的位置在四爻，"用"在初爻。

"体"在四爻，在本宫卦（坤卦）里的五行属性为丑土，六亲为兄弟，故

"体"的天干为己。

体干在四爻，配己土；坐下的地支，由十二宫的墓，动化为长生。即，体干坐地支丑，动化酉。于是得到卦象的两组干支为：

己　　己
丑　　酉

2017年阳历3月12日16点3分，对应的八字四柱是：

　　　　　　日
丁　癸　戊　庚
酉　卯　戌　申

卦象的两组干支与起卦时间的八字四柱合并，得到《明夷》之《谦》的卦象干支六柱：

　　　　体　日　　用
丁　癸　己　戊　庚　己
酉　卯　丑　戌　申　酉

此占问，若分类占断为求财，用神为财。求财，忌神为兄弟，元神为子孙。卦象六柱中，土为兄弟，金为子孙，水为财，木为官鬼，火为父母。卦中，己土兄弟临体干，忌神临体，财不能靠近，得不到财之象。日柱空亡辰巳。癸水有根在丑，财可受生。申酉戌三会金局，金旺，元神旺局。庚金有根在申，可受生，可通关，元神通关，忌神反成为财源，忌神临体的问题得解，财不受克，财旺。故，此占问结果，可得财。

继续看《明夷》卦六二的爻变，先看爻辞：

☷☲ 六二：明夷，夷于左股，用拯马壮，吉。

现代文注释：

六二，下卦光明之主，居臣位，为有柔顺之德者，居中得正，他就是周文王，光明之主岂能为昏君所容，现在情况不好，六二也受到昏君的伤害，六二为朝廷股肱之臣，故喻为左大腿受伤，拯救宜速，故要用壮马，其上的阳爻九三即为壮马，六二迅速被拯救，故为"吉"。

《明夷》卦六二爻变，得到《明夷》之《泰》。卦象解析如下：

从卦象看，《明夷》卦卦象☷☲，《泰》卦卦象☷☰，两卦卦象结合起来看，坤为悲，互坎为忧，震为解，为乐，互兑为悦，这是无忧之象；坤为我，为聚，乾为富实，为福喜，为长久，这是得富实，福喜长久伴我之象。对于事业发展，卦象信息，无忧而得长久富实，事业成功。

起卦时间：2017年阳历3月12日16点43分。占问得到《明夷》之《泰》，动爻在二爻。"体"的位置在五爻，"用"在二爻。

"体"在五爻，在本宫卦（坤卦）里的五行属性为亥水，六亲为财，故"体"的天干为壬。

体干在五爻，配壬水；坐下的地支，由十二宫的墓，动化为长生。即，体干坐地支辰，动化申。于是得到卦象的两组干支为：

壬　　壬

辰　　申

2017年阳历3月12日16点43分，对应的八字四柱是：

日
丁　癸　戊　庚
酉　卯　戌　申

卦象的两组干支与起卦时间的八字四柱合并，得到《明夷》之《泰》的卦象干支六柱：

体　　　　　日　　用
丁　壬　癸　戊　壬　庚
酉　辰　卯　戌　申　申

此占问，若分类占断为求财，用神为财。求财，忌神为兄弟，元神为子孙。卦象六柱中，土为兄弟，金为子孙，水为财，木为官鬼，火为父母。卦中，壬水财临体干，宜旺。日柱空亡辰巳。壬水有根在申，财可受生。申酉戌三会金局，金旺，元神旺局。庚金有根在申，可受生，可通关，元神通关，忌神反成为财源，财有源，财旺。用爻壬申，申金在柱内直接生壬水，元神生财，财旺。故，此占问结果，可得财。

继续看《明夷》卦九三的爻变，先看爻辞：

䷣ 九三：明夷于南狩，得其大首；不可疾，贞。

现代文注释：

九三，阳刚得正，象征"明夷"时空里的有希望的一股力量，阳之上是坤阴，阳遇阴则通，下卦在九三的带领之下，会整体升进，是光明复出之兆，《明夷》会变卦为《晋》。九三在卦中是指西岐这一方，在此"明夷"的时势下，西岐要往南方狩猎，以展其抱负，初次出动就得到大兽；这里的"南狩"，指的是西岐向其南方的征讨行动，斩获颇丰，大首是指大部落的首领；但西岐这一方还不能操之过急，要谨慎行动，固守贞正。

《明夷》卦九三爻变，得到《明夷》之《复》。卦象解析如下：

从卦象看，《明夷》卦卦象☷☲，《复》卦卦象☷☳，两卦卦象结合起来看，坎为耳，为听，离为目，为见，坤为虚，为妄，为身，为危，为死，震为君，震覆艮，艮为角，为脖颈，为虎狼，覆艮为断角折颈，为虎狼在暗中匍匐靠近，这是听为妄，见有虚，虎狼匍匐近身，身危之象。对于事业发展，卦象信息，是有在暗中近身的、尚未预见到的凶险；得此占，会有失败。

起卦时间：2017年阳历3月12日8点19分。占问得到《明夷》之《复》，动爻在三爻。"体"的位置在上爻，"用"在三爻。

"体"在上爻，在本宫卦（坤卦）里的五行属性为酉金，六亲为子孙，故"体"的天干为辛。

体干在上爻，配辛金；坐下的地支，由十二宫的绝，动化为胎。即，体干坐地支卯，动化寅。于是得到卦象的两组干支为：

辛　　庚

卯　　寅

2017年阳历3月12日8点19分，对应的八字四柱是：

```
                    日
    丁    癸    戊    丙
    酉    卯    戌    辰
```

卦象的两组干支与起卦时间的八字四柱合并，得到《明夷》之《复》的卦象干支六柱：

```
    体              用    日
    辛    丁    癸    庚    戊    丙
    卯    酉    卯    寅    戌    辰
```

此占问，若分类占断为求财，用神为财。求财，忌神为兄弟，元神为子孙。卦象六柱中，土为兄弟，金为子孙，水为财，木为官鬼，火为父母。卦中，辛金子孙临体干，忌空破，忌被克，亦忌财缺位。日柱空亡辰巳，辰空亡，癸水无根。癸戊合，合化火，癸水的五行属性改变，水缺位，即财缺位，无财之象。故，此占问结果，得不到财。

继续看《明夷》卦六四的爻变，先看爻辞：

䷗ 六四：入于左腹，获明夷之心，于出门庭。

现代文注释：

六四，为柔顺的近臣，爻位多惧，故心有恐惧又心存最后的善念见到君王，做最后的规劝，也了解商纣王的真实心意，并获其明夷之心，知纣王已无可救药，这位"入于左腹，获明夷之心"的人就是商纣王同父异母的庶兄微子，他最后决定出门庭而行遁，出走避难，后抱祭器归周。

《明夷》卦六四爻变，得到《明夷》之《丰》。卦象解析如下：

从卦象看，《明夷》卦卦象▤▤，《丰》卦卦象▤▤，两卦卦象结合起来看，离为日，互兑为月，震为运行，互坎为信，这是日月的运行遵其常而有信之象。对事业而言，这是有序的进展，事业成功。

起卦时间：2017年阳历3月12日8点43分。占问得到《明夷》之《丰》，动爻在四爻。"体"的位置在初爻，"用"在四爻。

"体"在初爻，在本宫卦（离卦）里的五行属性为卯木，六亲为父母，故"体"的天干为乙。

体干在初爻，配乙木；坐下的地支，由十二宫的死，动化为长生。即，体干坐地支亥，动化午。于是得到卦象的两组干支为：

乙　甲
亥　午

2017年阳历3月12日8点43分，对应的八字四柱是：

　　　　日
丁　癸　戊　丙
酉　卯　戌　辰

卦象的两组干支与起卦时间的八字四柱合并，得到《明夷》之《丰》的卦象干支六柱：

		用	日		体
丁	癸	甲	戊	丙	乙
酉	卯	午	戌	辰	亥

此占问，若分类占断为求财，用神为财。求财，忌神为兄弟，元神为子孙。卦象六柱中，火为兄弟，土为子孙，金为财，水为官鬼，木为父母。卦中，乙木父母临体干，宜财旺，喜财来克体，亦喜水通关，财间接生体干，皆为财来就体，得财之象。日柱空亡辰巳。地支酉戌藏干辛，财藏而不透，兄弟不能夺财。戊土有根在戌，可受生，可通关，元神通关，忌神反成为财源，财不受克，财旺。故，此占问结果，可得财。

继续看《明夷》卦六五的爻变，先看爻辞：

䷣ 六五：箕子之明夷，利贞。

现代文注释：

六五，柔爻居于阳刚之位，没有能力改变时局，但仍然决意留下坚守，纣王的伯父箕子就是代表选择留下的六五，虽失意，却坚守而不想遗弃国家，后被商纣王囚禁，箕子只得佯狂而晦其明，脱离囚禁之难后箕子独自隐居在箕山；箕子的行为尽管不智，但利于固守贞正。商朝灭亡后，周武王到箕山访箕子，向他询问怎样治理国家，箕子见武王有诚心，就把夏禹传下的《洪范九畴》陈述给武王听，史称箕子明夷。

《明夷》卦六五爻变，得到《明夷》之《既济》。卦象解析如下：

从卦象看，《明夷》卦卦象☷☲，《既济》卦卦象☵☲，两卦卦象结合起来看，坎为害，为隐，艮覆为无处可居，震为征战，离为戈兵，坤为败，这是纣王兵败，箕子无处可居，隐居在箕山之象。对事业而言，君主昏暗必败，忠臣的坚守仅为守其义，不能挽救大局；这是现实的提醒，也明示了失败。

起卦时间：2017年阳历3月12日8点51分。占问得《明夷》之《既济》，动爻在五爻。"体"的位置在二爻，"用"在五爻。

"体"在二爻，在本宫卦（离卦）里的五行属性为丑土，六亲为子孙，故"体"的天干为己。

体干在二爻，配己土；坐下的地支，由十二宫的病，动化为胎。即，体干坐地支卯，动化亥。于是得到卦象的两组干支为：

己　　　己
卯　　　亥

2017年阳历3月12日8点51分，对应的八字四柱是：

　　　　　日
丁　　癸　　戊　　丙
酉　　卯　　戌　　辰

卦象的两组干支与起卦时间的八字四柱合并，就得到《明夷》之《既济》的卦象干支六柱：

　　　用　　　　　　日　　体
丁　　己　　癸　　戊　　己　　丙
酉　　亥　　卯　　戌　　卯　　辰

此占问，若分类占断为求财，用神为财。求财，忌神为兄弟，元神为子孙。卦象六柱中，火为兄弟，土为子孙，金为财，水为官鬼，木为父母。卦中，己土子孙临体干，忌空破，忌被克。日柱空亡辰巳。月令为卯，元神犯月破，为元神大忌。体柱己卯，卯木在柱内直接克己土，元神被克，不生财，不能通关。年柱丁酉，酉金被丁火盖头，财处绝地，又得不到元神的生扶，乃不能得财之象。故，此占问结果，得不到财。

继续看《明夷》卦上六的爻变，先看爻辞：

䷗ 上六：不明，晦，初登于天，后入于地。

现代文注释：

上六，真正不光明且内心晦暗的上六，就是伤害光明的商纣王。其初，高高在上，最终，坠入地狱。

《明夷》卦上六爻变，得到《明夷》之《贲》。卦象解析如下：

从卦象看，《明夷》卦卦象䷗，《贲》卦卦象䷕，两卦卦象结合起来看，坤为地，离为光明，艮为山，光明在山下和明入地中的状况基本相同，这是阴阳失道，天道有失之象；震为君，为德，艮为国，坤为亡，这是君德亡，国亦亡之象。对事业而言，卦象信息，失道国亡，明确为失败。

起卦时间：2017年阳历3月12日8点35分。占问得到《明夷》之《贲》，动爻在上爻。"体"的位置在三爻，"用"在上爻。

　　"体"在三爻，在本宫卦（离卦）里的五行属性为亥水，六亲为官鬼，故"体"的天干为壬。

　　体干在三爻，配壬水；坐下的地支，由十二宫的病，动化为墓。即，体干坐地支寅，动化辰。于是得到卦象的两组干支为：

　　壬　　壬
　　寅　　辰

2017年阳历3月12日8点35分，对应的八字四柱是：

　　　　　　　　日
　　丁　　癸　　戊　　丙
　　酉　　卯　　戌　　辰

　　卦象的两组干支与起卦时间的八字四柱合并，得到《明夷》之《贲》的卦象干支六柱：

　　用　　　　　　体　日
　　壬　　丁　　癸　　壬　　戊　　丙
　　辰　　酉　　卯　　寅　　戌　　辰

　　此占问，若分类占断为求财，用神为财。求财，忌神为兄弟，元神为子孙。卦象六柱中，火为兄弟，土为子孙，金为财，水为官鬼，木为父母。卦中，壬水官鬼临体干，宜财旺生官，方为得财之象。日柱空亡辰巳，辰空亡，癸水无根，水不受生，即官不受财生。戊土有根在戌，可受生。但，年柱丁酉，酉金被丁火盖头，丁火直接制住酉金，金为财，财衰。财旺生官的两个条件都不具备。故，此占问结果，得不到财。

天水《讼》䷅（卦序号：20）

讼：有孚，窒惕，中吉，终凶。利见大人，不利涉大川。

本章介绍四个卦的独爻变卦象空间，本节进入《讼》卦。以下从初爻开始，介绍《讼》卦独爻变的卦象解析、干支五行分析方法和分类占断的分析过程。先看初爻的爻辞：

䷅ 初六：不永所事，小有言，终吉。

现代文注释：

初六，是柔弱居于低下地位的小人物，他的时间精力要用于养家糊口，故他不长久纠缠于争执之事，初六很明智的选择了示弱而"不讼"，故曰"不永所事"。初六为阴爻，《周易》中"阴"为"小"，"小有言"是说初六遭到言语的冒犯，冒犯初六的是九四，因为初六与九四有应，九四对初六有言语冒犯。"有言"只是言语摩擦，争执最终可以解除，不会发展成为大争端，最终吉祥。

《讼》卦初六爻变，得到《讼》之《履》。卦象解析如下：

从卦象看，《讼》卦卦象䷅，《履》卦卦象䷉，两卦卦象结合起来看，坎为灾，巽为蝗虫，乾为夏，兑为秋，为毁折，这是夏有蝗灾，秋无收获之象；乾为河海，坎兑亦为河海，巽为鱼，离为网，这是转到河海捕鱼，改变从业之象；兑为言，为和，正覆兑为争论，这是在激烈争论后有了意见的一致，得人和。对于事业发展，卦象信息，是遇到了天灾，市场出现不利，导致全面亏损，颗粒无收，改行却取得成功；得此占，先凶后吉，最终成功。

起卦时间：2017年阳历3月16日9点22分。占问得到《讼》之《履》，动爻在初爻。"体"的位置在四爻，"用"在初爻。

"体"在四爻，在本宫卦（乾卦）里的五行属性为午火，六亲为官鬼，故"体"的天干为丁。

体干在四爻，配丁火；坐下的地支，由十二宫的胎，动化为沐浴。即，体干坐地支亥，动化申。于是得到卦象的两组干支为：

　　　丁　　丙
　　　亥　　申

2017年阳历3月16日9点22分，对应的八字四柱是：

　　　　　　　日
　　丁　癸　壬　乙
　　酉　卯　寅　巳

卦象的两组干支与起卦时间的八字四柱合并，就得到《讼》之《履》的卦象干支六柱：

　　　　　　体　日　　　用
　　丁　癸　丁　壬　乙　丙
　　酉　卯　亥　寅　巳　申

此占问，若分类占断为求财，用神为财。求财，忌神为兄弟，元神为子孙。卦象六柱中，金为兄弟，水为子孙，木为财，火为官鬼，土为父母。卦中，丁火官鬼临体干，宜财旺生官，得财之象。日柱空亡辰巳。乙木有根在卯，财可受生。壬水有根在亥，可受生，可通关，元神通关，忌神反成为财源，财有源，财旺。日柱壬寅，壬水在柱内直接生寅木，元神生财，财旺。丙火有根在巳，官鬼可受财生，财旺生官的条件具备。故，此占问结果，可得财。

继续看《讼》卦九二的爻变，先看爻辞：

☰☵ 九二：不克讼，归而逋，其邑人三百户无眚。

现代文注释：

九二，刚爻居中而不得正，代表已经有一定地位，但不能守持正道，阳刚而气盛，故起讼争，九二居下卦险中，无法与上卦的刚健对抗，故他在起了讼争后，不能胜讼，只好逃回家来隐藏躲避，九二为坎，为祸，伏象为离，离数为三，故曰"其邑人三百户无眚"；亲人没有受牵连，免除了因他而导致的人祸。

《讼》卦九二爻变，得到《讼》之《否》。卦象解析如下：

从卦象看，《讼》卦卦象☰☵，《否》卦卦象☰☷，两卦卦象结合起来看，互离为灾殃，为网，坎为破，乾为君子，为财宝，坤为身，艮为安，这是君子遇祸，网破得逃，财破身安之象。对君子而言，身安是吉。得此占，归于成功。

起卦时间：2017年阳历3月16日9点38分。占问得到《讼》之《否》，动爻在二爻。"体"的位置在五爻，"用"在二爻。

"体"在五爻，在本宫卦（乾卦）里的五行属性为申金，六亲为兄弟，故"体"的天干为庚。

体干在五爻，配庚金；坐下的地支，由十二宫的养，动化为死。即，体干坐地支辰，动化子。于是得到卦象的两组干支为：

庚　　庚

辰　　子

2017年阳历3月16日9点38分，对应的八字四柱是：

```
            日
丁    癸    壬    乙
酉    卯    寅    巳
```

卦象的两组干支与起卦时间的八字四柱合并，就得到《讼》之《否》的卦象干支六柱：

```
        体          日    用
丁    庚    癸    壬    庚    乙
酉    辰    卯    寅    子    巳
```

此占问，若分类占断为求财，用神为财。求财，忌神为兄弟，元神为子孙。卦象六柱中，金为兄弟，水为子孙，木为财，火为官鬼，土为父母。卦中，庚金兄弟临体干，忌神临体，财不能靠近，得不到财之象。日柱空亡辰巳。丁壬合，合化木，木为财，为财增力，有财之象。癸水有根在子，可受生，可通关，元神通关，忌神反成为财源，忌神临体的问题得解，财有源，财旺。故，此占问结果，可得财。

继续看《讼》卦六三的爻变，先看爻辞：

☰☵ 六三：食旧德，贞厉，终吉。或从王事，无成。

现代文注释：

六三，阴爻居位不正，人位之下者，为士大夫的身份，柔弱无能力，亦无讼，而其无讼，是其"不争"而无讼，六三不与上九强讼，终吉。"旧德"为祖先留下的遗德，即食邑的微薄收入，从封邑即采邑那里收上来的田租，生活的境况虽艰难，但因无讼而最终平安吉祥。他也想跟随君王从政，但没有能力，也就没有成就，也就不妄动，以安处为吉。

《讼》卦六三爻变，得到《讼》之《姤》。卦象解析如下：

从卦象看，《讼》卦卦象☰☵，《姤》卦卦象☰☴，两卦卦象结合起来看，乾为游，互离为麟凤，坎为西，这是麟凤西游之象；乾为生长，为山，为南，巽为芝兰香草，这是芝兰在南山坡生长之象；皆为悠然自得、安处之象。对事业而言，能够自得安处，无忧无虑，就是一种成功。

起卦时间：2017年阳历3月16日9点6分。占问得到《讼》之《姤》，动爻在三爻。"体"的位置在上爻，"用"在三爻。

"体"在上爻，在本宫卦（乾卦）里的五行属性为戌土，六亲为父母，故"体"的天干为戊。

体干在上爻，配戊土；坐下的地支，由十二宫的胎，动化为冠带。即，体干坐地支子，动化辰。于是得到卦象的两组干支为：

戊　　　戊
子　　　辰

2017年阳历3月16日9点6分，对应的八字四柱是：

　　　　　　日
丁　　癸　　壬　　乙
酉　　卯　　寅　　巳

　　卦象的两组干支与起卦时间的八字四柱合并，就得到《讼》之《姤》的卦象干支六柱：

体			用	日	
戊	丁	癸	戊	壬	乙
子	酉	卯	辰	寅	巳

　　此占问，若分类占断为求财，用神为财。求财，忌神为兄弟，元神为子孙。卦象六柱中，金为兄弟，水为子孙，木为财，火为官鬼，土为父母。卦中，戊土父母临体干，宜财旺，喜财来克体，亦喜火通关，财间接生体干，皆为财来就体，得财之象。日柱空亡辰巳。丁壬合，合化木，木为财，为财增力。癸水有根在子，可受生，可通关，元神通关，忌神反成为财源，财有源，财旺。月柱癸卯，癸水在柱内直接生卯木，元神生财，财旺。故，此占问结果，可得财。

　　继续看《讼》卦九四的爻变，先看爻辞：

☰☵ 九四：不克讼，复即命渝，安贞，吉。

现代文注释：

　　九四，居人位的上者，有地位身份，他不能胜讼，是因为争讼无理，故回转心意，归向正理，改变自己，虽然丢了点面子，但其勇于改过的做法却得到赞许，从此安守正道，吉祥。

　　《讼》卦九四爻变，得到《讼》之《涣》。卦象解析如下：

从卦象看，《讼》卦卦象☰☵，《涣》卦卦象☴☵，两卦卦象结合起来看，坎为积蓄，乾为财富，为福，巽为交易，为进退，为得失，为转换，艮为贤人，为高贵，互震为德，为归，这是懂得进退、转换之道，积德而受福，用财富换取贤名，复归高贵之象。现实生活中的进退，会成为暂时说不清楚的得失转换，失去中会有积德受福的回报。对于事业发展，这是好的结果，会有成功。

起卦时间：2017年阳历3月16日9点30分。占问得到《讼》之《涣》，动爻在四爻。"体"的位置在初爻，"用"在四爻。

"体"在初爻，在本宫卦（坎卦）里的五行属性为寅木，六亲为子孙，故"体"的天干为甲。

体干在初爻，配甲木；坐下的地支，由十二宫的临官，动化为冠带。即体干坐地支寅，动化丑。于是得到卦象的两组干支为：

甲　　乙
寅　　丑

2017年阳历3月16日9点30分，对应的八字四柱是：

　　　　　日
丁　癸　壬　乙
酉　卯　寅　巳

卦象的两组干支与起卦时间的八字四柱合并，就得到《讼》之《涣》的卦象干支六柱：

　　　　用　　日　　　　体
丁　癸　乙　壬　乙　甲
酉　卯　丑　寅　巳　寅

此占问，若分类占断为求财，用神为财。求财，忌神为兄弟，元神为子孙。卦象六柱中，水为兄弟，木为子孙，火为财，土为官鬼，金为父母。卦中，甲木子孙临体干，忌空破，忌受克。日柱空亡辰巳。年柱丁酉，酉金被丁火盖头，金的功能尽失，土直接克水，忌神受制。丁壬合，合化木，元神得助力。乙木有根在卯，可受生，可通关，元神通关，忌神反成为财源，财有源，财旺。时柱乙巳，乙木在柱内直接生巳火，元神生财，财旺。故，此占问结果，可得财。

继续看《讼》卦九五的爻变，先看爻辞：

☲☵ 九五：讼，元吉。

现代文注释：

九五，阳刚居中正之位，能够决断争讼。九五，就是《象》辞中所说到的："利见大人，尚中正也，"的那位大人，他不是争讼之人，而是法官大人，他居位中正，断案无私、公正。其占为：大吉祥。

《讼》卦九五爻变，得到《讼》之《未济》。卦象解析如下：

从卦象看，《讼》卦卦象☲☵，《未济》卦卦象☲☵，两卦卦象结合起来看，震为德，为行，震阳陷坎中，乾为明，坎为恶，为蔽，为忧，离为辉光，离中虚为饥，这是德为恶所陷，德之辉光为恶所蔽，有饥寒忧患之象；半艮为门，坎为祸患，半艮连坎为祸门，巽为入，这是步入祸门之象；卦象不吉。对于谋求事业发展，卦象信息，寓意有德行亏缺的影响，要检讨企业行为，看德行是否有失，荣光若被遮蔽，离饥寒就不远了，这也是步入祸门的寓意，未来有饥寒为患，有祸殃之忧，不要被爻辞"元吉"迷惑，法官元吉，企业家有祸殃。

　　起卦时间：2017年阳历3月16日9点14分。占问得到《讼》之《未济》，动爻在五爻。"体"的位置在二爻，"用"在五爻。

　　"体"在二爻，在本宫卦（坎卦）里的五行属性为辰土，六亲为官鬼，故"体"的天干为戊。

　　体干在二爻，配戊土；坐下的地支，由十二宫的病，动化为墓。即，体干坐地支申，动化戌。于是得到卦象的两组干支为：

$$\begin{array}{cc} 戊 & 戊 \\ 申 & 戌 \end{array}$$

2017年阳历3月16日9点14分，对应的八字四柱是：

$$\begin{array}{cccc} & & 日 & \\ 丁 & 癸 & 壬 & 乙 \\ 酉 & 卯 & 寅 & 巳 \end{array}$$

　　卦象的两组干支与起卦时间的八字四柱合并，得到《讼》之《未济》的卦象干支六柱：

$$\begin{array}{cccccc} & 用 & & 日 & 体 & \\ 丁 & 戊 & 癸 & 壬 & 戊 & 乙 \\ 酉 & 戌 & 卯 & 寅 & 申 & 巳 \end{array}$$

　　此占问，若分类占断为求财，用神为财。求财，忌神为兄弟，元神为子孙。卦象六柱中，水为兄弟，木为子孙，火为财，土为官鬼，金为父母。卦中，戊土官鬼临体干，宜财旺生官，方为得财之象。日柱空亡辰巳，巳火空亡，财减力。体柱戊申，戊土在柱内直接生申金，金旺，申金助酉金，金多火晦，丁火在年柱被反克，财衰。故，此占问结果，得不到财。

　　继续看《讼》卦上九的爻变，先看爻辞：

☰☵　上九：或锡之鞶带，终朝三褫之。

现代文注释：

　　上九，以阳刚居《讼》卦的终极之位，象征那种强势争讼到底的执拗之人，这种强讼不止的人，往往以其财力和夺人财产的经验，利用社会关系，行其社会豪强的作为，这种人最终没有好下场。即使因六三不争而胜讼，也不光彩；也许会得到奖赏，得到一条金腰带，即"或锡之鞶带"，寓意夺到别人的财产；但，上九的结局最终走向反面，上九所应的六三居中爻离中，离数为三，故上九出现被否定、一日之间三次被夺去金腰带的结局，即"终朝三褫之"，他显示荣耀的赏赐和夺到的财产都得而复失。这里寓意：冥冥中报应不爽，做恶之人最终受到天谴，其强讼夺得的财产终不能平安享用。

　　《讼》卦上九爻变，得到《讼》之《困》。卦象解析如下：

　　从卦象看，《讼》卦卦象☰☵，《困》卦卦象☱☵，两卦卦象结合起来看，兑为口，互巽为心，巽兑相背向，心与口相背，这是蜜口蛇蝎心之象；巽为绳，巽伏震为跳，为行，有绳拌脚，跳着走，故其行不远，兑伏艮为不宁，这是蜜口蛇蝎心的恶人其行不远，居不宁，恶报会很快到来之象。对于谋求发展，巧取豪夺的恶行最为人所不齿，反过来对自身的伤害也最大；得此占，归于失败。

起卦时间：2017年阳历3月16日9点46分。占问得到《讼》之《困》，动爻在上爻。"体"的位置在三爻，"用"在上爻。

"体"在三爻，在本宫卦（坎卦）里的五行属性为午火，六亲为财，故"体"的天干为丁。

体干在三爻，配丁火；坐下的地支，由十二宫的病，动化为沐浴。即，体干坐地支卯，动化申。于是得到卦象的两组干支为：

丁　丙
卯　申

2017年阳历3月16日9点46分，对应的八字四柱是：

　　　　　　日
丁　癸　壬　乙
酉　卯　寅　巳

卦象的两组干支与起卦时间的八字四柱合并，就得到《讼》之《困》的卦象干支六柱：

用　　　　体　日
丙　丁　癸　丁　壬　乙
申　酉　卯　卯　寅　巳

此占问，若分类占断为求财，用神为财。求财，忌神为兄弟，元神为子孙。卦象六柱中，水为兄弟，木为子孙，火为财，土为官鬼，金为父母。卦中，丁火财临体干，宜旺。日柱空亡辰巳，巳火空，即财空，财减力。体干坐下地支，卯动化申，动化回头克，卯为元神，体干为财，财和元神皆被克，不生财，财衰。故，此占问结果，得不到财。

第十七章 贲、困、既济、未济

山火《贲》䷕（卦序号：21）

贲：亨。小利有攸往。

本章介绍四个卦的独爻变卦象空间，本节进入《贲》卦。以下从初爻开始，介绍《贲》卦独爻变的卦象解析、干支五行分析方法和分类占断的分析过程。先看初爻的爻辞：

䷕ 初九：贲其趾，舍车而徒。

现代文注释：

初九，居离之下位，故为趾，阳刚而得正，其与六二的半象为震，震为车，与六二的关系为"六二乘初九"，初九不得"乘"只能步行，故曰"舍车而徒"，初九徒步前行，往上卦应六四。

《贲》卦初九爻变，得到《贲》之《艮》。卦象解析如下：

从卦象看，《贲》卦卦象䷕，《艮》卦卦象䷳，两卦卦象结合起来看，艮为飞鸟，为成，坎为饱食，为巢，这是飞鸟成功觅食，饱食后归巢之象；艮为家，坎为思，是思家之象；艮为路，震为足，为呼，正反震为徒步相迎，这是相互呼叫、相迎之象。对于事业发展，这是在外的工作人员与在家的团队配合，完成了

重大的战略实施；思家和归巢，是员工心系企业，视企业为家；徒步代表事业初
创阶段的节约；得此占，事业可得成功。

起卦时间：2017年阳历3月18日15点27分。占问得到《贲》之《艮》，动爻在
初爻。"体"的位置在四爻，"用"在初爻。

"体"在四爻，在本宫卦（艮卦）里的五行属性为戌土，六亲为兄弟，故
"体"的天干为戊。

体干在四爻，配戊土；坐下的地支，由十二宫的墓，动化为死。即，体干坐
地支戌，动化酉。于是得到卦象的两组干支为：

戊　　己
戌　　酉

2017年阳历3月18日15点27分，对应的八字四柱是：

　　　　　日
丁　癸　甲　壬
酉　卯　辰　申

卦象的两组干支与起卦时间的八字四柱合并，就得到《贲》之《艮》的卦象
干支六柱：

　　　　体　日　　　用
丁　癸　戊　甲　壬　己
酉　卯　戌　辰　申　酉

此占问，若分类占断为求财，用神为财。求财，忌神为兄弟，元神为子孙。

卦象六柱中，土为兄弟，金为子孙，水为财，木为官鬼，火为父母。卦中，戊土兄弟临体干，忌神临体，财不能靠近，得不到财之象。日柱空亡寅卯，官鬼减力。壬水有根在申，财可受生。申酉戌三会金局，金为子孙，元神的三会局，元神旺。用爻己酉，己土在柱内直接生酉金，忌神生元神，元神通关成功，忌神反成为财源，忌神临体的问题得解。故，此占问结果，可得财。

继续看《贲》卦六二的爻变，先看爻辞：

六二：贲其须。

现代文注释：

六二，柔爻得正，就是体现文饰阳刚的柔爻，初九步行前往应六四，故六二转而为九三文饰，九三上无应，得六二之承，故接受六二的文饰；贲其须，即鬚；须为人的外表，附之于人，故"须"代表六二的"文饰"功用。

《贲》卦六二爻变，得到《贲》之《大畜》。卦象解析如下：

从卦象看，《贲》卦卦象，《大畜》卦卦象，两卦卦象结合起来看，乾为健，艮为止，这是健行而终止之象；离为日，艮为山，互坎为西，这是日落西山之象。对事业而言，卦象信息，健而止，是方向有问题，日落西山，是所做的产品几近于夕阳产业，发展走势趋向没落，此时对旧项目的包装、宣传和文饰，其功用都很有限，不能扭转局势，不会成功。

起卦时间：2017年阳历3月18日15点11分。占问得到《贲》之《大畜》，动爻在二爻。"体"的位置在五爻，"用"在二爻。

"体"在五爻，在本宫卦（艮卦）里的五行属性为子水，六亲为财，故"体"的天干为癸。

体干在五爻，配癸水；坐下的地支，由十二宫的墓，动化为病。即，体干坐地支未，动化酉。于是得到卦象的两组干支为：

癸　　癸
未　　酉

2017年阳历3月18日15点11分，对应的八字四柱是：

　　　　　日
丁　　癸　　甲　　壬
酉　　卯　　辰　　申

卦象的两组干支与起卦时间的八字四柱合并，得到《贲》之《大畜》的卦象干支六柱：

　　　　体　　　　日　　用
丁　　癸　　癸　　甲　　癸　　壬
酉　　未　　卯　　辰　　酉　　申

此占问，若分类占断为求财，用神为财。求财，忌神为兄弟，元神为子孙。卦象六柱中，土为兄弟，金为子孙，水为财，木为官鬼，火为父母。卦中，癸水财临体干，宜旺。体干坐下地支，未动化酉，兄弟动化子孙，动化出的是元神，元神通关之象，元神生财，财旺。日柱空亡寅卯，甲木无根，不受生，水不生木，水就直接克火。癸水为财，丁火为父母，财克父母，且财临体干，实为财外出找父母，父母得财。卦中，水旺，即财旺，但，财去找的是别人，得财的是别人。故，此占问结果，求卦者本人得不到财。

继续看《贲》卦九三的爻变，先看爻辞：

☰☰ **九三：贲如濡如，永贞吉。**

现代文注释：

　　九三，居下卦离位之极，初九已徒步前往应六四，卦中唯有九三得到六二的文饰，得"贲"之专，有沉溺"贲"道的可能，故得到警示之语"永贞吉"的告诚；这是提醒九三，要惕防自己阳刚的气质被阴柔侵蚀，长此以往会失去阳刚之质，不要沉溺此道；对九三来说，永远坚持固守贞正，可得吉祥。

　　《贲》卦九三爻变，得到《贲》之《颐》。卦象解析如下：

　　从卦象看，《贲》卦卦象☰☰，《颐》卦卦象☰☰，两卦卦象结合起来看，爻变导致中爻失坎得坤，坎中实，为饱，坤虚，为饥，震为年岁，这是年岁收成不好，民由饱食转为饥饿之象；震为功业，坤为虚，为无，为劳，艮为年终，这是终年劳苦无功之象。对于事业发展，得此占，劳苦无功，事业失败。

　　起卦时间：2017年阳历3月18日15点43分。占问得到《贲》之《颐》，动爻在三爻。"体"的位置在上爻，"用"在三爻。

　　"体"在上爻，在本宫卦（艮卦）里的五行属性为寅木，六亲为官鬼，故"体"的天干为甲。

体干在上爻，配甲木；坐下的地支，由十二宫的养，动化为病。即，体干坐地支戌，动化巳。于是得到卦象的两组干支为：

甲　　乙
戌　　巳

2017年阳历3月18日15点43分，对应的八字四柱是：

　　　　日
丁　癸　甲　壬
酉　卯　辰　申

卦象的两组干支与起卦时间的八字四柱合并，就得到《贲》之《颐》的卦象干支六柱：

体　　　　　用　日
甲　丁　癸　乙　甲　壬
戌　酉　卯　巳　辰　申

此占问，若分类占断为求财，用神为财。求财，忌神为兄弟，元神为子孙。卦象六柱中，土为兄弟，金为子孙，水为财，木为官鬼，火为父母。卦中，甲木官鬼临体干，宜财旺生官，得财之象。癸水有根在辰，壬水有根在申，水为财，财可受生。申酉戌三会金局，元神旺，元神生财，财旺。但，日柱空亡寅卯，地支木空亡，甲乙木无根，不受水生。财不能生体干，财旺生官的条件不具备。故，此占问结果，得不到财，出旬遇寅值班，即十天后的甲寅日，可得财。

继续看《贲》卦六四的爻变，先看爻辞：

☲☶ 六四：贲如皤如，白马翰如。匪寇，婚媾。

现代文注释：

六四，在上卦之位，《贲》卦的"贲"之道是以下卦离为主体，到了上卦就更强调朴素无华，重视实质。初九徒步而来，六四已见识了初九没有虚荣心，感觉到了志趣相投的精神追求，故不再迟疑，骑马前往迎接。起初，六四稍稍迟疑了一下，然后就正确判断不是敌寇，而是婚媾对象，是自己理想的追求者来了。于是，六四也没有文饰自己，素衣白马就去迎接初九了。

《贲》卦六四爻变，得到《贲》之《离》。卦象解析如下：

从卦象看，《贲》卦卦象☲☶，《离》卦卦象☲☲，两卦卦象结合起来看，整体为三离一艮之象，艮为城，为居所，离为麟凤，为明珠，为智，中爻坎为暗，为危，这是麟凤类聚，明珠不投暗处，智者不居危城之象；离为日，震为年岁，艮为终，互坎为酒，震为庆，为歌舞，这是年终共聚庆祝，对酒当歌，喜庆成功之象。贤者择主而随，不在风险大的领域停留，年终欢庆，事业成功。

起卦时间：2017年阳历3月18日15点19分。占问得到《贲》之《离》，动爻在四爻。"体"的位置在初爻，"用"在四爻。

"体"在初爻，在本宫卦（离卦）里的五行属性为卯木，六亲为父母，故"体"的天干为乙。

体干在初爻，配乙木；坐下的地支，由十二宫的衰，动化为养。即，体干坐地支丑，动化未。于是得到卦象的两组干支为：

乙　乙
丑　未

2017年阳历3月18日15点19分，对应的八字四柱是：

　　　　　　日
丁　癸　甲　壬
酉　卯　辰　申

卦象的两组干支与起卦时间的八字四柱合并，就得到《贲》之《离》的卦象干支六柱：

　　　　用　日　　　体
丁　癸　乙　甲　壬　乙
酉　卯　未　辰　申　丑

此占问，若分类占断为求财，用神为财。求财，忌神为兄弟，元神为子孙。卦象六柱中，火为兄弟，土为子孙，金为财，水为官鬼，木为父母。卦中，乙木父母临体干，宜财旺，喜财来克体，亦喜水通关，财间接生体干，皆为财来就体，得财之象。日柱空亡寅卯，甲乙木无根，不能受生，但可以受克，财克体干，亦为得财之象。体干坐下地支，丑动化未，动化冲，子孙因冲而动，元神生财之象。故，此占问结果，可得财。

继续看《贲》卦六五的爻变，先看爻辞：

☷ 六五：贲于丘园，束帛戋戋，吝，终吉。

现代文注释：

六五，上卦为艮体，艮为山，为丘园，这里的丘园指山野之地，并引申为居山野之地的贤人，丘园的贤人指的就是上九，居君王之位的六五只用了一束帛，作为招募贤人的礼金，虽然显得吝啬，但表达了心意，结果还是吉祥。

《贲》卦六五爻变，得到《贲》之《家人》。卦象解析如下：

从卦象看，《贲》卦卦象☷，《家人》卦卦象☲，两卦卦象结合起来看，艮为堂，为贤人，巽为齐，为芝兰香草，互震为乐，离为巢，为麟凤，这是贤人齐聚一堂，麟凤择巢而居，明主德如芝兰，香气沁人心脾，贤人乐从之象。对事业而言，卦象信息，寓意明主得人心，得人心者得天下，事业有了最大的优势，就是人和；得此占，事业成功。

起卦时间：2017年阳历3月18日15点35分。占问得到《贲》之《家人》，动爻在五爻。"体"的位置在二爻，"用"在五爻。

"体"在二爻，在本宫卦（离卦）里的五行属性为丑土，六亲为子孙，故"体"的天干为己。

体干在二爻，配己土；坐下的地支，由十二宫的墓，动化为冠带。即，体干坐地支丑，动化未。于是得到卦象的两组干支为：

己　　己

丑　　未

2017年阳历3月18日15点35分，对应的八字四柱是：

日

| 丁 | 癸 | 甲 | 壬 |
| 酉 | 卯 | 辰 | 申 |

卦象的两组干支与起卦时间的八字四柱合并，得到《贲》之《家人》的卦象干支六柱：

用　　　日　体

| 丁 | 己 | 癸 | 甲 | 己 | 壬 |
| 酉 | 未 | 卯 | 辰 | 丑 | 申 |

此占问，若分类占断为求财，用神为财。求财，忌神为兄弟，元神为子孙。卦象六柱中，火为兄弟，土为子孙，金为财，水为官鬼，木为父母。卦中，己土子孙临体干，忌空破，忌被克。体干坐下地支，丑动化未，动化冲，子孙因冲而动，元神生财之象。日柱空亡寅卯，甲木无根，但仍可生丁火。丁火有根在未，受生。己土有根在丑，可受生，可通关，元神通关，忌神反成为财源，元神生财，且财源长，财旺。故，此占问结果，可得财。

继续看《贲》卦上九的爻变，先看爻辞：

䷕ 上九：白贲，无咎。

现代文注释：

上九，作为丘园的主人，也就是六五招贤的对象，此爻是贲卦的极位，一切的装饰，都由极端返回素白的本来面目。人类的装饰是礼法，当礼法达到极致时，就会恢复朴素，故曰"白贲"。上九领悟到装饰的本义，而回归质朴，故无咎害。正如孔子所说："丹漆不文，白玉不雕，宝珠不饰，质有余者不受饰也。"

《贲》卦上九爻变，得到《贲》之《明夷》。卦象解析如下：

从卦象看，《贲》卦卦象☶☲，《明夷》卦卦象☷☲，两卦卦象结合起来看，离为明珠，为巢，坤为暗，艮为君子，为山，互坎为险，震覆艮为山崩，这是明珠投在暗处，君子居于险地之象。对事业而言，是尚在黑暗中摸索，处险地；卦象信息，已经明示战略选择有误。得此占，不会成功。

起卦时间：2017年阳历3月18日15点3分。占问得到《贲》之《明夷》，动爻在上爻。"体"的位置在三爻，"用"在上爻。

"体"在三爻，在本宫卦（离卦）里的五行属性为亥水，六亲为官鬼，故"体"的天干为壬。

体干在三爻，配壬水；坐下的地支，由十二宫的墓，动化为绝。即，体干坐地支辰，动化巳。于是得到卦象的两组干支为：

壬　　癸
辰　　巳

2017年阳历3月18日15点3分，对应的八字四柱是：

　　　　日
丁　癸　甲　壬
酉　卯　辰　申

卦象的两组干支与起卦时间的八字四柱合并，得到《贲》之《明夷》的卦象干支六柱：

用			体	日	
癸	丁	癸	壬	甲	壬
巳	酉	卯	辰	辰	申

此占问，若分类占断为求财，用神为财。求财，忌神为兄弟，元神为子孙。卦象六柱中，火为兄弟，土为子孙，金为财，水为官鬼，木为父母。卦中，壬水官鬼临体干，宜财旺生官，得财之象。日柱空亡寅卯，甲木无根，不受生，木衰。卦中火土不旺，木衰导致火土皆衰。壬癸水旺，用爻癸巳，巳火在柱内被癸水盖头，巳火被制，水独旺。元神天干不现，呈现的是墓之衰象，天干无苗，无活力。日柱甲辰，辰土被甲木盖头，被克，受制；体柱壬辰，壬水旺，辰土被壬水反克；元神功能尽失，不能生财，不能通关，忌神直接克用神；年柱酉金被丁火盖头，忌神在柱内直接克用神，财被克，财衰。故，此占问结果，得不到财。

泽水《困》☷ ☵（卦序号：22）

困：亨。贞，大人吉，无咎。有言不信。

本章介绍四个卦的独爻变卦象空间，本节进入《困》卦。以下从初爻开始，介绍《困》卦独爻变的卦象解析、干支五行分析方法和分类占断的分析过程。先看初爻的爻辞：

☰ 初六：臀困于株木，入于幽谷，三岁不觌。

现代文注释：

初六，阴爻处下，且位失中正，困且不能自济，境况很不好。"臀困"是坐而不行动，在"困"中坐以待毙的意思。"株木"是没有叶子的树木，暗喻初六已无躲风避雨之所。初六在坎的最深处，坎伏离，离数为三，如同在幽暗的山谷里三年见不到人，故曰"入于幽谷，三岁不觌"，喻初六在困境中难以脱身。

《困》卦初六爻变，得到《困》之《兑》。卦象解析如下：

从卦象看，《困》卦卦象☷☵，《兑》卦卦象☱，两卦卦象结合起来看，坎为危，为困，兑为呼，三兑为三次呼救，是危境中多次呼救而无应之象；互巽为谷，为进退，正覆巽为进退维谷。对于谋求事业发展，卦象信息，寓意处在长期的困穷，无法解脱，并处于无助的状态；得此占，归于失败。

起卦时间：2017年阳历3月21日10点38分。占问得到《困》之《兑》，动爻在初爻。"体"的位置在四爻，"用"在初爻。

"体"在四爻，在本宫卦（兑卦）里的五行属性为亥水，六亲为子孙，故"体"的天干为壬。

体干在四爻，配壬水；坐下的地支，由十二宫的胎，动化为沐浴。即，体干坐地支午，动化酉。于是得到卦象的两组干支为：

壬　　癸
午　　酉

2017年阳历3月21日10点38分，对应的八字四柱是：

　　　　　　　日
丁　　癸　　丁　　乙
酉　　卯　　未　　巳

卦象的两组干支与起卦时间的八字四柱合并，就得到《困》之《兑》的卦象干支六柱：

　　　　　　体　　日　　　　用
丁　　癸　　壬　　丁　　乙　　癸
酉　　卯　　午　　未　　巳　　酉

此占问，若分类占断为求财，用神为财。求财，忌神为兄弟，元神为子孙。卦象六柱中，金为兄弟，水为子孙，木为财，火为官鬼，土为父母。卦中，壬水子孙临体干，忌空破，忌受克。壬水无根，癸水也无根，元神不受生，元神衰。丁火有根在午，可受生；巳午未三会火局，火旺。火过旺，水衰，则有火旺水干的结局，水干，也就是元神最终会缺位，元神空，不生财。日柱空亡寅卯，地支财空，乙木无根，财不受生，无财之象。故，此占问结果，得不到财。

继续看《困》卦九二的爻变，先看爻辞：

☱ 九二：困于酒食，朱绂方来，利用亨祀；征凶，无咎。

现代文注释：

九二，刚居阴位不正，没有精神振作的对待困境，而是意志消沉，借酒浇愁，在酒食中打发日子，故曰"困于酒食"。"朱绂"，隐喻荣禄富贵，是祭祀大礼时穿的有朱色饰带的高贵祭服，刚刚送到。参加亨祀，九二可利用"朱绂"显示身份，借此机会得到九五的重视，重新得到俸禄，这要看他有没有带上友善、至诚的心。"征"，在这里的意思是"对抗"，特指九二与九五的对抗；九二若与九五对抗，则有凶险。带上友善、至诚的心，与九五沟通，则无咎。

《困》卦九二爻变，得到《困》之《萃》。卦象解析如下：

从卦象看，《困》卦卦象 ☱，《萃》卦卦象 ☷，两卦卦象结合起来看，兑为雨，互巽为风，坤为年岁，巽伏震为居而不出，坎为荆棘，艮为山路，坎艮合象为蹇，这是年岁风雨飘摇，行路多荆棘，处蹇难之象；大坎为灾，坤为亡，艮为虎狼，兑为毁折，为虎狼之口，这是虎狼为邻之象。对事业而言，此占的情况，遇到机会或是碰上某种际遇，要持有平静的心态，靠近自己的比邻也许是善邻，也许是虎狼，各种际遇都带着不测之灾；际遇也许会让你得到贵人的相助，也许会让你落入虎狼之口，为虎狼所噬；得此占，归于失败。

起卦时间：2017年阳历3月21日10点22分。占问得到《困》之《萃》，动爻在二爻。"体"的位置在五爻，"用"在二爻。

"体"在五爻，在本宫卦（兑卦）里的五行属性为酉金，六亲为兄弟，故"体"的天干为辛。

体干在五爻，配辛金；坐下的地支，由十二宫的养，动化为死。即，体干坐地支丑，动化巳。于是得到卦象的两组干支为：

辛　　辛

丑　　巳

2017年阳历3月21日10点22分，对应的八字四柱是：

　　　　日

丁　癸　丁　乙

酉　卯　未　巳

卦象的两组干支与起卦时间的八字四柱合并，就得到《困》之《萃》的卦象干支六柱：

体　　　　日　　用

丁　辛　癸　丁　辛　乙

酉　丑　卯　未　巳　巳

此占问，若分类占断为求财，用神为财。求财，忌神为兄弟，元神为子孙。卦象六柱中，金为兄弟，水为子孙，木为财，火为官鬼，土为父母。卦中，辛金兄弟临体干，忌神临体，财不能靠近，得不到财之象。巳酉丑三合金局，金旺，忌神强大。日柱空亡寅卯，地支财空，乙木无根，财不受生，故，元神不能生财，不能通关，忌神临体的问题无解。故，此占问结果，得不到财。

继续看《困》卦六三的爻变，先看爻辞：

☱ 六三：困于石，据于蒺藜；入于其宫，不见其妻，凶。

现代文注释：

六三，紧靠三、四、五的互巽之象，巽为石，六三又居坎之上，坎为蒺藜，故爻辞出现"困于石，据于蒺藜"，巽为入，坎为宫，故"入于其宫"，巽为妻，巽在坎之外，即其妻在宫外，故曰"入于其宫，不见其妻"，《困》卦的卦象，在六三爻很不吉祥，很凶险。

《困》卦六三爻变，得到《困》之《大过》。卦象解析如下：

从卦象看，《困》卦卦象☱，《大过》卦卦象☱，两卦卦象结合起来看，坎为灾患，兑为毁折，互乾为人，为老，伏坤为死，大坎为棺椁，这是困穷的老人油尽灯灭，寿终正寝之象；巽伏震，震为进，伏震为退，兑伏艮，艮为路，艮伏为无路，这是无路可退之象。对事业而言，卦象信息，是事业已无法继续经营，应该考虑退出；得此占，归于失败。

起卦时间：2017年阳历3月21日10点30分。占问得到《困》之《大过》，动爻在三爻。"体"的位置在上爻，"用"在三爻。

"体"在上爻，在本宫卦（兑卦）里的五行属性为未土，六亲为父母。故"体"的天干为己。

体干在上爻，配己土；坐下的地支，由十二宫的胎，动化为墓。即，体干坐地支亥，动化丑。于是得到卦象的两组干支为：

己　　　己

亥　　　丑

2017年阳历3月21日10点30分，对应的八字四柱是：

日

丁　　癸　　丁　　乙

酉　　卯　　未　　巳

卦象的两组干支与起卦时间的八字四柱合并，得到《困》之《大过》的卦象干支六柱：

体　　　　　　　用　　日

己　　丁　　癸　　己　　丁　　乙

亥　　酉　　卯　　丑　　未　　巳

此占问，若分类占断为求财，用神为财。求财，忌神为兄弟，元神为子孙。卦象六柱中，金为兄弟，水为子孙，木为财，火为官鬼，土为父母。卦中，己土父母临体干，宜财旺，喜财来克体，亦喜火通关，财间接生体干，皆为财来就体，得财之象。日柱空亡寅卯，地支财空，乙木无根，无根之木得不到水，财不受生，元神不能生财，不能起通关作用，导致忌神直接克用神，财被克，财衰。故，此占问结果，得不到财。

继续看《困》卦九四的爻变，先看爻辞：

☰☵ 九四：来徐徐，困于金车，吝，有终。

现代文注释：

九四，与初六有应，故前来应初六，但为坎所阻，故"来徐徐"；九四，往下到九二，为离之象，金车之象，困于离，故"困于金车"；这里也有困于囚笼之意，故"吝"；但君子终会有好的结果。

《困》卦九四爻变，得到《困》之《坎》。卦象解析如下：

从卦象看，《困》卦卦象☱☵，《坎》卦卦象☵☵，两卦卦象结合起来看，兑为海，坎为水流，这是水流归海之象；坎为冬，居上为走向寒冬；卦中阳为阴包围，是君子无作为之象。对于事业发展，水流归海寓意发展的走势不可改变，且是走向寒冬，阳为阴掩，君子无作为，不能成事，不会成功。

起卦时间：2017年阳历3月21日10点6分。占问得到《困》之《坎》，动爻在四爻。"体"的位置在初爻，"用"在四爻。

"体"在初爻，在本宫卦（坎卦）里的五行属性为寅木，六亲为子孙，故"体"的天干为甲。

体干在初爻，配甲木；坐下的地支，由十二宫的衰，动化为胎。即，体干坐地支辰，动化酉。于是得到卦象的两组干支为：

甲　乙
辰　酉

2017年阳历3月21日10点6分，对应的八字四柱是：

　　　　日
丁　癸　丁　乙
酉　卯　未　巳

卦象的两组干支与起卦时间的八字四柱合并，就得到《困》之《坎》的卦象干支六柱：

	用		日		体
丁	癸	乙	丁	乙	甲
酉	卯	酉	未	巳	辰

此占问，若分类占断为求财，用神为财。求财，忌神为兄弟，元神为子孙。卦象六柱中，水为兄弟，木为子孙，火为财，土为官鬼，金为父母。卦中，甲木子孙临体干，忌空破，忌被克。日柱空亡寅卯，地支木空，天干木无根，得不到水，木衰，元神衰弱。元神不受生，不能通关，忌神直接克用神，财衰。故，此占问结果，得不到财。

继续看《困》卦九五的爻变，先看爻辞：

☵ 九五：劓刖，困于赤绂；乃徐有说，利用祭祀。

现代文注释：

九五，位居中得正，在困境中慢慢摆脱不是问题，但暗伏的危机令人不安。"劓刖"即为"伏"象的象征，上卦的伏象是艮，艮为鼻，三、四、五爻的伏象是震，震为脚，伏象看不到，寓意看不到鼻和脚，象征"劓刖"，是暗伏的危机，令人不安。"赤绂"，祭祀大礼时穿的有朱色饰带的高贵祭服，也隐喻因衣，隐含危机之意。九二至九五的互象为上巽下离，巽为饰带，离为赤，九二至九五为"赤绂"之象，九五困于此地，故曰"困于赤绂"，这样刚好利于祭祀和无应的九二沟通，商量摆脱困境的办法，慢慢就有了愉悦心情，故曰"乃徐有说"。

《困》卦九五爻变，得到《困》之《解》。卦象解析如下：

从卦象看，《困》卦卦象☲☵，《解》卦卦象☵☳，两卦卦象结合起来看，坎为水患，兑为祸害，为湖海，震为舟船，这是水患严重，汪洋一片，陆地变为湖海，舟船行于水上之象；坎为民，互离中虚为饥，这是水灾后有饥荒之象。对于事业发展，大洪水象征发展环境中出现的灾患，舟船行于水上象征平安，可以慢慢等待大水退去；而灾后的饥荒就是暗伏的危机；得此占，归于失败。

起卦时间：2017年阳历3月21日10点46分。占问得到《困》之《解》，动爻在五爻。"体"的位置在二爻，"用"在五爻。

"体"在二爻，在本宫卦（坎卦）里的五行属性为辰土，六亲为官鬼，故"体"的天干为戊。

体干在二爻，配戊土；坐下的地支，由十二宫的病，动化为长生。即，体干坐地支申，动化寅。于是得到卦象的两组干支为：

戊　戊
申　寅

2017年阳历3月21日10点46分，对应的八字四柱是：

　　　　日
丁　癸　丁　乙
酉　卯　未　巳

卦象的两组干支与起卦时间的八字四柱合并，就得到《困》之《解》的卦象

干支六柱：

		用		日	体
丁	戊	癸	丁	戊	乙
酉	寅	卯	未	申	巳

此占问，若分类占断为求财，用神为财。求财，忌神为兄弟，元神为子孙。卦象六柱中，水为兄弟，木为子孙，火为财，土为官鬼，金为父母。卦中，戊土官鬼临体干，宜财旺生官，得财之象。日柱空亡寅卯，地支木空，天干木无根，无根之木，得不到水，即不能受水生，元神不能起到通关作用，忌神直接克用神，财直接受克，财衰。故，此占问结果，得不到财。

继续看《困》卦上六的爻变，先看爻辞：

☷☱ 上六：困于葛藟，于臲卼；曰动悔有悔，征吉。

现代文注释：

上六，位于《困》卦的极致上位，困的事理也达到极致，各种行动都没有达到济困、脱困的效果，故有"动悔"的深刻体会，从六三至上六，其象为正反巽，巽为葛藟，上六被葛藟所缠绕，不动则继续被缠，动则有动而无功的感觉，即动就有"动悔"的感受，此时的环境和心情，都处于危厉不安的极致状态，"臲卼"的意思就是不安。上六处兑之口部，故有自言自语之状，自语道："动悔有悔啊！"既有悔，就有新的感悟，感悟出新的出路，这个出路就是再次行动，果断的斩断葛藟，解脱缠绕之困，再次行动，得吉。

《困》卦上六爻变，得到《困》之《讼》。卦象解析如下：

从卦象看，《困》卦卦象☱☵，《讼》卦卦象☰☵，两卦卦象结合起来看，兑为暗昧，互离为明智，乾为光明，为果决，为行动，互巽为绳，为缚，坎为破，这是明智战胜暗昧，果决行动，破开绳缚之象。对于事业发展，也有暗昧、无形的绳缚，果决的行动，破开了那些无形的绳缚，光明得以普照，事业顺利进行；得此占，战略实施成功。

起卦时间：2017年阳历3月21日10点14分。占问得到《困》之《讼》，动爻在上爻。"体"的位置在三爻，"用"在上爻。

"体"在三爻，在本宫卦（坎卦）里的五行属性为午火，六亲为财，故"体"的天干为丁。

体干在三爻，配丁火；坐下的地支，由十二宫的病，动化为帝旺。即，体干坐地支卯，动化巳。于是得到卦象的两组干支为：

丁　　丁
卯　　巳

2017年阳历3月21日10点14分，对应的八字四柱是：

　　　　　日
丁　癸　丁　乙
酉　卯　未　巳

卦象的两组干支与起卦时间的八字四柱合并，就得到《困》之《讼》的卦象干支六柱：

用			体	日	
丁	丁	癸	丁	丁	乙
巳	酉	卯	卯	未	巳

　　此占问，若分类占断为求财，用神为财。求财，忌神为兄弟，元神为子孙。卦象六柱中，水为兄弟，木为子孙，火为财，土为官鬼，金为父母。卦中，丁火财临体干，宜旺。日柱空亡寅卯，乙木无根，元神无根，不受水生，癸水直接克丁火，出现水火不相容，对抗之势。年柱丁酉，酉金被丁火盖头，金受克被制，如同缺位，癸水得不到金生，忌神变弱；而且金缺位，官鬼直接克制忌神，忌神衰。用神丁火强大，六柱中有四个丁火、两个巳火，六把火的势头，在水火对抗中，火明显强势。与强大的火对抗，癸水处于劣势。火旺水干，水被火反克。丁火旺盛，体干财旺，得财之象。故，此占问结果，可得财。

水火《既济》䷾（卦序号：23）

既济：亨小，利贞，初吉终乱。

本章介绍四个卦的独爻变卦象空间，本节进入《既济》卦。以下从初爻开始，介绍《既济》卦独爻变的卦象解析、干支五行分析方法和分类占断的分析过程。先看初爻的爻辞：

䷾初九：曳其轮，濡其尾，无咎。

现代文注释：
初九，半象扩象为震，震为车船，渡河时，车船到达彼岸而获成功，但陷入岸边的泥中，需要艰苦的拖拽车船的前后轮让它上岸。小狐过河，到达彼岸，但是打湿了尾巴，没有咎害。隐喻：初战告捷，但付出了代价。

《既济》卦初九爻变，得到《既济》之《蹇》。卦象解析如下：

从卦象看，《既济》卦卦象䷾，《蹇》卦卦象䷦，两卦卦象结合起来看，离为凤凰，艮为飞，为居，为安，覆震为回，坎为巢，这是凤凰回巢，安居之象；半震之象重叠，震为喜，为德，为福，故，整体为有福无忧之象。对于事业发展，凤凰回巢是高端人才回流，有福无忧，事业成功。

起卦时间：2017年阳历3月28日14点11分。占问得到《既济》之《蹇》，动爻在初爻。"体"的位置在四爻，"用"在初爻。
"体"在四爻，在本宫卦（坎卦）里的五行属性为申金，六亲为父母，故"体"的天干为庚。
体干在四爻，配庚金；坐下的地支，由十二宫的养，动化为衰。即，体干坐地支辰，动化戌。于是得到卦象的两组干支为：

庚　　庚

辰　　戌

2017年阳历3月28日14点11分，对应的八字四柱是：

　　　　　　　日

丁　　癸　　甲　　辛

酉　　卯　　寅　　未

卦象的两组干支与起卦时间的八字四柱合并，得到《既济》之《蹇》的卦象干支六柱：

　　　　　　体　　日　　　　　用

丁　　癸　　庚　　甲　　辛　　庚

酉　　卯　　辰　　寅　　未　　戌

此占问，若分类占断为求财，用神为财。求财，忌神为兄弟，元神为子孙。卦象六柱中，水为兄弟，木为子孙，火为财，土为官鬼，金为父母。卦中，庚金父母临体干，宜财旺，喜财来克体，宜喜土通关，财间接生体干，皆为财来就体，得财之象。日柱空亡子丑，癸水无根，忌神衰。丁火有根在未，财可受生。甲木坐禄位，生于卯月，木旺，木生火，财旺。故，此占问结果，可得财。

继续看《既济》卦六二的爻变，先看爻辞：

☷ 六二：妇丧其茀，勿逐，七日得。

现代文注释：

六二，阴爻居中，有柔中之德，阴爻故称妇人；妇人丢了车幔，不能出行，不要去寻找，七日后有人归还。在小成之后，出现问题，而六二不能前往，只能忍耐。隐喻成功的初始要无为而治，用耐心和守持中道来维持局势的稳定。

《既济》卦六二爻变，得到《既济》之《需》。卦象解析如下：

从卦象看，《既济》卦卦象☵，《需》卦卦象☰，两卦卦象结合起来看，坎为暗，离为明，为明珠，乾为天，为龙，互兑为口，为衔，这是天空有龙口衔明珠，光照四方之象；乾为岁，互兑为食，坎为饱，这是岁食无忧之象。对于事业发展，天龙衔明珠之象，是得天时的吉兆；得此占，岁食无忧，事业成功。

起卦时间：2017年阳历3月28日14点27分。占问得到《既济》之《需》，动爻在二爻。"体"的位置在五爻，"用"在二爻。

"体"在五爻，在本宫卦（坎卦）里的五行属性为戊土，六亲为官鬼，故"体"的天干为戊。

体干在五爻，配戊土；坐下的地支，由十二宫的长生，动化为帝旺。即体干坐地支寅，动化午。于是得到卦象的两组干支为：

　戊　　戊
　寅　　午

2017年阳历3月28日14点27分，对应的八字四柱是：

日

丁	癸	甲	辛
酉	卯	寅	未

卦象的两组干支与起卦时间的八字四柱合并，得到《既济》之《需》的卦象干支六柱：

体　　　　　日　　用

丁	戊	癸	甲	戊	辛
酉	寅	卯	寅	午	未

此占问，若分类占断为求财，用神为财。求财，忌神为兄弟，元神为子孙。卦象六柱中，水为兄弟，木为子孙，火为财，土为官鬼，金为父母。卦中，戊土官鬼临体干，宜财旺生官。日柱空亡子丑，癸水无根，水不受生，金不能通关，戊土直接克癸水，忌神受制。丁火有根在午，财可受生。甲木和寅卯木呈旺象，元神生用神，财旺。戊土有根在寅，官鬼可受生；用爻戊午，午火在柱内直接生戊土，财旺生官的条件具备。故，此占问结果，可得财。

继续看《既济》卦九三的爻变，先看爻辞：

☵☲ 九三：高宗伐鬼方，三年克之；小人勿用。

现代文注释：

九三，三四爻为半震，震为帝，为征伐，故曰"高宗伐鬼方"，九三中爻坎伏离，离数为三，故曰"三年克之"。高宗武丁在国事衰微之时，平定内忧外患，中兴成果来之不易，小人始终是走向衰败的隐患，警之"小人勿用"。

《既济》卦九三爻变，得到《既济》之《屯》。卦象解析如下：

从卦象看，《既济》卦卦象☵☲，《屯》卦卦象☵☳，两卦卦象结合起来看，爻变，中爻失坎变坤，坎中实为饱，坤中虚为饥，是由饱转饥，遭遇饥荒之象；震为粮，坤为虚，为国，艮为仓庚，这是国中无粮，仓庚空虚之象。对于事业发展，卦象信息，是出现财政虚空，走向没落；得此占，会有失败。

起卦时间：2017年阳历3月28日14点19分。占问得到《既济》之《屯》，动爻在三爻。"体"的位置在上爻，"用"在三爻。

"体"在上爻，在本宫卦（坎卦）里的五行属性为子水，六亲为兄弟，故"体"的天干为癸。

体干在上爻，配癸水；坐下的地支，由十二宫的长生，动化为养。即，体干坐地支卯，动化辰。于是得到卦象的两组干支为：

癸　　壬
卯　　辰

2017年阳历3月28日14点19分，对应的八字四柱是：

　　　　日
丁　癸　甲　辛
酉　卯　寅　未

卦象的两组干支与起卦时间的八字四柱合并，得到《既济》之《屯》的卦象干支六柱：

体			用	日	
癸	丁	癸	壬	甲	辛
卯	酉	卯	辰	寅	未

此占问，若分类占断为求财，用神为财。求财，忌神为兄弟，元神为子孙。卦象六柱中，水为兄弟，木为子孙，火为财，土为官鬼，金为父母。卦中，癸水兄弟临体干，忌神临体，财不能靠近，得不到财之象。日柱空亡子丑，癸水有根在辰，忌神旺。丁火有根在未，但未土仅藏丁火的余气，为侧根，年柱与时柱远隔，远隔的侧根，能量输送不足，丁火不旺。丁火所在年柱，丁火克酉金，克耗严重，气的耗损重，在位置上又被癸水包围，在癸水的包围和自身气的克耗下，丁火气尽，财近于灭，乃无财之象。故，占问结果，得不到财。

继续看《既济》卦六四的爻变，先看爻辞：

☵☲ 六四：繻有衣袽，终日戒。

现代文注释：

六四，爻位四多惧，"繻"，为彩色的帛，就是华丽的衣服，"袽"，为败絮，就是破旧的衣裳，"繻有"，是说"有好的衣服"，"衣袽"，是说"穿着破旧的衣裳"，有好衣服却穿着破旧的衣裳，这是说六四整日戒备灾祸的发生，不敢有丝毫的放松；六四其下为离象，离为日，六四居离之上象征"终日"，寓意保持终日的戒心，守正而不懈怠。

《既济》卦六四爻变，得到《既济》之《革》。卦象解析如下：

从卦象看，《既济》卦卦象☵☲，《革》卦卦象☲☱，两卦卦象结合起来看，中爻离变乾，离为光明，乾为富实，这是乾阳回居离中，先光明后富足之象；互巽为命，乾为天，兑为虎，爻变得兑，为虎变之象，虎变为大人得尊之象，这是天命变革，大人显见而得其尊之象。对于事业，卦象信息，含天道在其中，先光明而后富足，不就是天道吗？此爻的主人，守其正，而不懈怠，在天命变革发生之时，不惊慌失措，知天命，并做好了准备；未来的视野，在此爻中得到体现；得此占，事业成功。

起卦时间：2017年阳历3月28日14点43分。占问得到《既济》之《革》，动爻在四爻。"体"的位置在初爻，"用"在四爻。

"体"在初爻，在本宫卦（离卦）里的五行属性为卯木，六亲为父母，故"体"的天干为乙。

体干在初爻，配乙木；坐下的地支，由十二宫的养，动化为沐浴。即，体干坐地支未，动化巳。于是得到卦象的两组干支为：

乙　　乙
未　　巳

2017年阳历3月28日14点43分，对应的八字四柱是：

　　　　日
丁　癸　甲　辛
酉　卯　寅　未

卦象的两组干支与起卦时间的八字四柱合并，得到《既济》之《革》的卦象干支六柱：

```
        用   日       体
  丁  癸  乙  甲  辛  乙
  酉  卯  巳  寅  未  未
```

此占问，若分类占断为求财，用神为财。求财，忌神为兄弟，元神为子孙。卦象六柱中，火为兄弟，土为子孙，金为财，水为官鬼，木为父母。卦中，乙木父母临体干，宜财旺，喜财来克体，亦喜水通关，财间接生体干，皆为财来就体，得财之象。日柱空亡子丑，癸水无根。辛金有根在酉，财可受生。时柱辛未，未土在柱内直接生辛金，元神生财，财旺。但，财在年柱被克，根受伤，财力减。且元神弱，天干无苗，不能通关。故，此占问结果，可得财，但得财有限。

继续看《既济》卦九五的爻变，先看爻辞：

☲☵ 九五：东邻杀牛，不如西邻之禴祭，实受其福。

现代文注释：

九五，其上的半象为兑，兑为祭祀，为斧，中爻离象，离为东邻，为牛，故曰"东邻杀牛"，这是盛大的亨祭；九五与六二有应，六二中爻为坎，坎为西邻，昔日中兴，六二禴祭也能得其福，故曰"不如西邻之禴祭，实受其富"。

《既济》卦九五爻变，得到《既济》之《明夷》。卦象解析如下：

从卦象看，《既济》卦卦象☲☵，《明夷》卦卦象☷☲，两卦卦象结合起来看，坤为鱼，离为网，震为食，为饵，坎为钩，坎震相连，为布下很多带饵的钩，网和钩已经布下，鱼儿怎能逃脱？对于事业发展，环境的四周布满带饵的钩和网，而只见其饵，不见其钩，这是死亡陷阱之象。对事业而言，能看到的危险并不可怕，看不到的危险才最可怕；此爻，饵对于企业家来说，指当下的机会；机会的信息往往带有假象，引诱你走进死亡陷阱；得此占，会有失败。

起卦时间：2017年阳历3月28日14点51分。占得《既济》之《明夷》，动爻在五爻。"体"的位置在二爻，"用"在五爻。

"体"在二爻，在本宫卦（离卦）里的五行属性为丑土，六亲为子孙，故"体"的天干为己。

体干在二爻，配己土；坐下的地支，由十二宫的胎，动化为死。即，体干坐地支亥，动化寅。于是得到卦象的两组干支为：

己　　戊
亥　　寅

2017年阳历3月28日14点51分，对应的八字四柱是：

　　　　　日
丁　　癸　　甲　　辛
酉　　卯　　寅　　未

卦象的两组干支与起卦时间的八字四柱合并，就得到《既济》之《明夷》的卦象干支六柱：

　　　用　　　　　日　　　体
丁　　戊　　癸　　甲　　己　　辛
酉　　寅　　卯　　寅　　亥　　未

此占问，若分类占断为求财，用神为财。求财，忌神为兄弟，元神为子孙。卦象六柱中，火为兄弟，土为子孙，金为财，水为官鬼，木为父母。卦中，己土子孙临体干，忌空破，忌受克。日柱空亡子丑，癸水无根。亥卯未三合木局，木旺，可受生，可通关，木局为丁火通关，丁火不受克，忌神旺。月令为卯，体干犯月破，被克，元神衰，不生财。年柱丁酉，酉金被丁火盖头，辛金的根受伤，财衰之象。故，此占问结果，得不到财。

继续看《既济》卦上六的爻变，先看爻辞：

☵☲ 上六：濡其首，厉。

现代文注释：

上六，小狐过河，头湿了，水淹过头，形势危险。（终局的乱象出现了。）

《既济》卦上六爻变，得到《既济》之《家人》。卦象解析如下：

从卦象看，《既济》卦卦象☵☲，《家人》卦卦象☴☲，两卦卦象结合起来看，巽为陨落，为颠覆，为倾，坎为心，为忧惧，这是危险出现，心中有遭灭顶之灾的忧惧之象；巽为山谷，为伏，离为戈兵，坎为弓矢，这是山谷藏兵，剑拔弩张之象；卦象有厉，是危机四伏的危厉之象。对于事业发展，卦象信息，危厉已显见，企业家可据此决定进退；得此占，会有失败。

起卦时间：2017年阳历3月28日14点35分。占得《既济》之《家人》，动爻在上爻。"体"的位置在三爻，"用"在上爻。

"体"在三爻，在本宫卦（离卦）里的五行属性为亥水，六亲为官鬼，故

"体"的天干为壬。

体干在三爻，配壬水；坐下的地支，由十二宫的胎，动化为病。即，体干坐地支午，动化寅。于是得到卦象的两组干支为：

壬　　壬
午　　寅

2017年阳历3月28日14点35分，对应的八字四柱是：

　　　　　　日
丁　　癸　　甲　　辛
酉　　卯　　寅　　未

卦象的两组干支与起卦时间的八字四柱合并，就得到《既济》之《家人》的卦象干支六柱：

用　　　　　　体　　日
壬　　丁　　癸　　壬　　甲　　辛
寅　　酉　　卯　　午　　寅　　未

此占问，若分类占断为求财，用神为财。求财，忌神为兄弟，元神为子孙。卦象六柱中，火为兄弟，土为子孙，金为财，水为官鬼，木为父母。卦中，壬水官鬼临体干，宜财旺生官。日柱空亡子丑，癸水无根，不受生。丁火有根在午，可受生，忌神旺。辛金有根在酉，但，酉金在年柱被丁火盖头，辛金的根受伤，失去受生的能力，财不受生，财衰之象。元神天干不现，地支未土势单，土有根无苗，时柱辛未，虽给未土直接生辛金的机会，但，未土自身不受生，无通关能力，源流上没有能量的补充，五行之气很快衰竭，生财有限。且元神不能通关，忌神直接克用神，财仍然受克，财衰。故，此占问结果，得不到财。

火水《未济》䷿（卦序号：24）

未济：亨。小狐汔济，濡其尾，无攸利。

本章介绍四个卦的独爻变卦象空间，本节进入《未济》卦。以下从初爻开始，介绍《未济》卦独爻变的卦象解析、干支五行分析方法和分类占断的分析过程。先看初爻的爻辞：

䷿ 初六：濡其尾，吝。

现代文注释：

初六，柔爻尚弱小，过于勉强做事，就会失败，就像小狐过河把尾巴打湿了，未能成功，有遗憾。

《未济》卦初六爻变，得到《未济》之《睽》。卦象解析如下：

从卦象看，《未济》卦卦象䷿，《睽》卦卦象䷥，两卦卦象结合起来看，兑为干戈，为戎争，离为戈兵，为祸乱，坎为忧，为困，这是忧患在，戎争起，终有祸之象。对于事业发展，戎争起，意味着市场的洗牌开始，没有实力就会被淘汰；得此占，会有失败。

起卦时间：2017年阳历3月30日11点14分。占问得到《未济》之《睽》，动爻在初爻。"体"的位置在四爻，"用"在初爻。

"体"在四爻，在本宫卦（离卦）里的五行属性为酉金，六亲为财，故"体"的天干为辛。

体干在四爻，配辛金；坐下的地支，由十二宫的养，动化为沐浴。即，体干坐地支丑，动化亥。于是得到卦象的两组干支为：

```
辛    辛
丑    亥
```

2017年阳历3月30日11点14分，对应的八字四柱是：

```
          日
丁    癸    丙    甲
酉    卯    辰    午
```

卦象的两组干支与起卦时间的八字四柱合并，得到《未济》之《睽》的卦象干支六柱：

```
          体    日         用
丁    癸    辛    丙    甲    辛
酉    卯    丑    辰    午    亥
```

此占问，若分类占断为求财，用神为财。求财，忌神为兄弟，元神为子孙。卦象六柱中，火为兄弟，土为子孙，金为财，水为官鬼，木为父母。卦中，辛金财临体干，宜旺。日柱空亡子丑，癸水有根在辰，可受生。甲木有根在亥，可受生，可通关。时柱甲午，甲木在柱内直接生午火，木通关，水不克火。丁火有根在午，可受生。辛金有根在丑，丑本为空亡，但辰为日令，辰丑冲，日令冲之，为冲实，不为空，财可受生。体柱辛丑，丑土在柱内直接生辛金，元神生财。日柱丙辰，丙火在柱内直接生辰土，忌神生元神，元神通关，相生链似乎形成，但，问题出在丙火，丙火无根，不受生，无木生火，丙火岂能长久，丙火生辰土这一环节有了问题，元神通关就不能成立。元神不能通关，忌神克用神就成为必然。年柱丁酉，酉金被丁火盖头，财衰。故，此占问结果，得不到财。

继续看《未济》卦九二的爻变，先看爻辞：

䷿ 九二：曳其轮，贞吉。

现代文注释：

九二，阳刚守下卦之中，中自有正，正自在于中道，拖曳车的后轮使之缓行，同心共济事业，谨慎行事，守中道以行正，吉祥。

《未济》卦九二爻变，得到《未济》之《晋》。卦象解析如下：

从卦象看，《未济》卦卦象䷿，《晋》卦卦象䷢，两卦卦象结合起来看，离为干旱，互艮覆震，震为粮，覆震为无粮，这是旱灾无收之象；爻变，下卦失坎得坤，坎中实，为饱，坤虚，为饥，饱转饥，是饥荒之象；艮象重叠，为止，为居，为休，这是止而休居之象。对于事业发展，得此占，不会成功。

起卦时间：2017年阳历3月30日11点30分。占问得到《未济》之《晋》，动爻在二爻。"体"的位置在五爻，"用"在二爻。

"体"在五爻，在本宫卦（离卦）里的五行属性为未土，六亲为子孙，故"体"的天干为己。

体干在五爻，配己土；坐下的地支，由十二宫的胎，动化为死。即，体干坐地支亥，动化寅。于是得到卦象的两组干支为：

己　　戊
亥　　寅

2017年阳历3月30日11点30分，对应的八字四柱是：

```
              日
   丁   癸   丙   甲
   酉   卯   辰   午
```

卦象的两组干支与起卦时间的八字四柱合并，得到《未济》之《晋》的卦象干支六柱：

```
       体           日    用
   丁   己   癸   丙   戊   甲
   酉   亥   卯   辰   寅   午
```

此占问，若分类占断为求财，用神为财。求财，忌神为兄弟，元神为子孙。卦象六柱中，火为兄弟，土为子孙，金为财，水为官鬼，木为父母。卦中，己土子孙临体干，忌空破，忌受克。日柱空亡子丑，丑土空，己土无根，不受生，受克。月令为卯，己土犯月破。元神同时犯月破、空亡，受克，元神衰，不生财。年柱酉金被丁火盖头，财被克，财衰。故，此占问结果，得不到财。

继续看《未济》卦六三的爻变，先看爻辞：

☲☵ 六三：未济，征凶，（不）利涉大川。

现代文注释：

六三，人位之下者，阴爻不得位，不居中，是能力差又未得到如何处"未济"中正之道的下层人士，事未成，自身主观条件欠缺，前进有风险。中爻亦为坎，六三居两坎之中，动则凶。经文疑有缺字，"利涉大川"缺"不"字。

《未济》卦六三爻变，得到《未济》之《鼎》。卦象解析如下：

从卦象看，《未济》卦卦象☲，《鼎》卦卦象☵，两卦卦象结合起来看，离为旱，为渴，为饥，艮为求，为愿望，坎为水，为泉，兑为雨，为溪流，巽为禾麦，乾为生长，为长安，这是旱灾得解，禾麦正常生长，所求愿望实现，饥渴不再之象。对于事业发展，卦象信息，是灾患解除，愿望实现，进入长安的状态；得此占，事业成功。

起卦时间：2017年阳历3月30日11点22分。占问得到《未济》之《鼎》，动爻在三爻。"体"的位置在上爻，"用"在三爻。

"体"在上爻，在本宫卦（离卦）里的五行属性为巳火，六亲为兄弟，故"体"的天干为丙。

体干在上爻，配丙火；坐下的地支，由十二宫的胎，动化为临官。即，体干坐地支子，动化巳。于是得到卦象的两组干支为：

丙	乙
子	巳

2017年阳历3月30日11点22分，对应的八字四柱是：

		日	
丁	癸	丙	甲
酉	卯	辰	午

卦象的两组干支与起卦时间的八字四柱合并，得到《未济》之《鼎》的卦象

干支六柱：

体		用		日	
丙	丁	癸	乙	丙	甲
子	酉	卯	巳	辰	午

此占问，若分类占断为求财，用神为财。求财，忌神为兄弟，元神为子孙。卦象六柱中，火为兄弟，土为子孙，金为财，水为官鬼，木为父母。卦中，丙火兄弟临体干，忌神临体，财不能靠近，得不到财之象。日柱空亡子丑，子水空，癸水有根在辰，可受生。丙火有根在巳，可受生，忌神旺。日柱丙辰，丙火在柱内直接生辰土，忌神生元神，元神通关成功，忌神反成为财源，忌神临体的问题得解，财有源，财旺。故，此占问结果，可得财。

继续看《未济》卦九四的爻变，先看爻辞：

☲ 九四：贞吉，悔亡。震用伐鬼方，三年有赏于大国。

现代文注释：

九四，阳刚居柔位，先有悔，四为人位之上者，说的是西岐君臣，尚为殷商的臣子，刚居柔，即为"明者居暗处"，韬晦其道，守持正道，吉祥，后悔消失。九四、六五半象为震，震为威武，故曰"震用"，出兵跟随殷商讨伐鬼方，得胜后得其赏赐，九四中爻为坎，坎伏离，离数为三，故曰"三年有赏于大国"。

《未济》卦九四爻变，得到《未济》之《蒙》。卦象解析如下：

从卦象看，《未济》卦卦象☲☵，《蒙》卦卦象☶☵，两卦卦象结合起来看，震为粮，坤为虚，坎为忧，这是无粮而忧之象；离为戈兵，离数三，震为征，艮为果，为得，这是三年出征，有所得之象，与爻辞相合；艮坤同为门，坤为穷，为鬼，震为进，为福，这是穷鬼把门，福难进门之象。对于事业发展，无粮，意味着资金困难；出征，是开展对外配合的业务，维持生计；穷鬼把门，福难进门，寓意得不到机会；得此占，不会成功。

起卦时间：2017年阳历3月30日11点46分。占问得到《未济》之《蒙》，动爻在四爻。"体"的位置在初爻，"用"在四爻。

"体"在初爻，在本宫卦（坎卦）里的五行属性为寅木，六亲为子孙，故"体"的天干为甲。

体干在初爻，配甲木；坐下的地支，由十二宫的养，动化为衰。即，体干坐地支戌，动化辰。于是得到卦象的两组干支为：

甲　甲
戌　辰

2017年阳历3月30日11点46分，对应的八字四柱是：

　　　　　日
丁　癸　丙　甲
酉　卯　辰　午

卦象的两组干支与起卦时间的八字四柱合并，得到《未济》之《蒙》的卦象干支六柱：

```
            用   日      体
   丁   癸   甲   丙   甲   甲
   酉   卯   辰   辰   午   戌
```

此占问，若分类占断为求财，用神为财。求财，忌神为兄弟，元神为子孙。卦象六柱中，水为兄弟，木为子孙，火为财，土为官鬼，金为父母。卦中，甲木子孙临体干，忌空破，忌受克。日柱空亡子丑。天干三甲，月令为卯，木旺，本为生财之象，财本该旺。然而财怕克耗，年柱酉金被丁火盖头，日柱辰土为丙火所生，皆为火的克耗和泄体。且丙火无根，不能吸收能量，财的耗泄得不到补充，旺木虽可生财，财耗泄过重，财并不旺。故，此占问结果，得不到财。

继续看《未济》卦六五的爻变，先看爻辞：

▤六五：贞吉，无悔。君子之光，有孚，吉。

现代文注释：

六五，守持中道，中自有正，吉祥，没有后悔。六五居离象之中，君子之德如太阳的光明，有信；六五就是周文王，此时已离开坎险，进入了光明；故上下刚爻齐心来相助济险，九二也前来相应，六五协众爻共济出险，对于整体而言这就是可济的机会，亦是有孚的应与，占为吉。

《未济》卦六五爻变，得到《未济》之《讼》。卦象解析如下：

从卦象看，《未济》卦卦象▤，《讼》卦卦象▤，两卦卦象结合起来看，离为麟凤，艮为安，为堂，为贤人，坎为信，震为乐，为功业，乾为圣君，为禄福，为德惠，为富实，这是圣君进入明堂，与贤臣会聚，惠民以信，喜乐与禄福齐至，得富实和安定之象。对于谋求事业发展，上下同心同德，带来的就是富实和安定，人和的优势，会带来丰厚的收益；得此占，事业成功。

起卦时间：2017年阳历3月30日11点54分。占问得到《未济》之《讼》，动爻在五爻。"体"的位置在二爻，"用"在五爻。

"体"在二爻，在本宫卦（坎卦）里的五行属性为辰土，六亲为官鬼，故"体"的天干为戊。

体干在二爻，配戊土；坐下的地支，由十二宫的长生，动化为帝旺。即体干坐地支寅，动化午。于是得到卦象的两组干支为：

戊　　戊
寅　　午

2017年阳历3月30日11点54分，对应的八字四柱是：

　　　　　日
丁　癸　丙　甲
酉　卯　辰　午

卦象的两组干支与起卦时间的八字四柱合并，得到《未济》之《讼》的卦象干支六柱：

　　用　　　　日　　体
丁　戊　癸　丙　戊　甲
酉　午　卯　辰　寅　午

此占问，若分类占断为求财，用神为财。求财，忌神为兄弟，元神为子孙。卦象六柱中，水为兄弟，木为子孙，火为财，土为官鬼，金为父母。卦中，戊土官鬼临体干，宜财旺生官，得财之象。日柱空亡子丑，子水空，癸水有根在辰，可受生。年柱丁酉，酉金被丁火盖头，金功能丧失，金不克木，元神可生财。金不能生水，癸水忌神受克，忌神衰。丁火有根在午，财可受生，时柱甲午，甲木在柱内直接生午火，元神生财，财旺。戊土有根在辰，可受生，用爻戊午，午火在柱内直接生戊土，财旺生官的条件具备。故，此占问结果，可得财。

继续看《未济》卦上九的爻变，先看爻辞：

☷ 上九：有孚于饮酒，无咎，濡其首，有孚失是。

现代文注释：

上九，六爻皆有应为"有孚"，六爻皆有坎象，坎为酒，故借饮酒隐喻坎水，庆祝众爻出坎，无咎害；但饮酒失态，酒弄湿了头发，"濡其首"隐喻上九下应六三会有重回两坎之中、被坎水淹没的危险；六爻皆失位，故曰"失是"；爻辞寓意在获得出坎的平安之后，若不知节制，成功后还会出现转化。

《未济》卦上九爻变，得到《未济》之《解》。卦象解析如下：

从卦象看，《未济》卦卦象☲，《解》卦卦象☳，两卦卦象结合起来看，下坎和互坎相连，卦中有四坎，水多，是水患之象；震为舟船，坎为忧，舟行在水上，江河决堤之水尚未退去，是平安中有忧之象。对于事业发展，卦象信息，是得到了脱离坎难的平安，但还处在忧患之中，提醒成功之时，要有忧患意识。事业发展的整体状况并未改观，爻辞中有被水"灭顶"的隐喻，不可盲目乐观，更不可大意，不可得意忘形而失去节制；得此占，出坎得平安，归于成功；但要防止走向反面。

　　起卦时间：2017年阳历3月30日11点38分。占问得到《未济》之《解》，动爻在上爻。"体"的位置在三爻，"用"在上爻。

　　"体"在三爻，在本宫卦（坎卦）里的五行属性为午火，六亲为财，故"体"的天干为丁。

　　体干在三爻，配丁火；坐下的地支，由十二宫的墓，动化为长生。即，体干坐地支丑，动化酉。于是得到卦象的两组干支为：

　　　　丁　　丁
　　　　丑　　酉

2017年阳历3月30日11点38分，对应的八字四柱是：

　　　　　　　　　日
　　　丁　　癸　　丙　　甲
　　　酉　　卯　　辰　　午

　　卦象的两组干支与起卦时间的八字四柱合并，得到《未济》之《解》的卦象干支六柱：

　　用　　　　　　　　体　　日
　　丁　　丁　　癸　　丁　　丙　　甲
　　酉　　酉　　卯　　丑　　辰　　午

　　此占问，若分类占断为求财，用神为财。求财，忌神为兄弟，元神为子孙。卦象六柱中，水为兄弟，木为子孙，火为财，土为官鬼，金为父母。卦中，丁火财临体干，宜旺。日柱空亡子丑，癸水有根在辰，可受生。天干金不现，年柱丁酉，酉金被丁火盖头，金被克，受制，故，金不克木。月令为卯，甲木无根，但得月令的助力，金受制，甲木不受克，元神可生财。月柱癸卯，癸水在柱内直接生卯木，忌神生元神，元神通关，忌神反成为财源，财有源，财旺。丁火有根在午，财可受生，天干三丁并，财自身旺。时柱甲午，甲木在柱内直接生午火，午火是丁火的根，元神生财。故，此占问结果，可得财。

第十八章　家人、解、丰、涣

风火《家人》䷤（卦序号：25）

家人：利女贞。

本章介绍四个卦的独爻变卦象空间，本节进入《家人》卦。以下从初爻开始，介绍《家人》卦独爻变的卦象解析、干支五行分析方法和分类占断的分析过程。先看初爻的爻辞：

䷤**初九：闲有家，悔亡。**

现代文注释：

初九，阳刚得其正，有"家邑"，生活有基本保障。"闲"，本义是栅栏，在这里意为"安宁"，预防从外而来的不测之事；"有家"之后，所求唯有安宁其家；做官清廉守正，才能避免从外而来的不测之事发生，才能"安宁"其家；能做到安宁其家，平时忙于国事，对家庭照顾不周的悔恨就会消失。

《家人》卦初九爻变，得到《家人》之《渐》。卦象解析如下：

从卦象看，《家人》卦卦象䷤，《渐》卦卦象䷴，两卦卦象结合起来看，巽为松柏，坎为水，为溪，为泉，离为灵鸟，艮为山，为居，为安，这是灵鸟在山间溪泉边松林安居之象。对于事业发展，卦象信息，是找到了适宜的生存环境，得以安居；得此占，事业成功。

起卦时间：2017年阳历4月3日13点35分。占问得到《家人》之《渐》，动爻在初爻。"体"的位置在四爻，"用"在初爻。

"体"在四爻，在本宫卦（巽卦）里的五行属性为未土，六亲为财，故"体"的天干为己。

体干在四爻，配己土；坐下的地支，由十二宫的长生，动化为墓。即，体干坐地支酉，动化丑。于是得到卦象的两组干支为：

己　　己
酉　　丑

2017年阳历4月3日13点35分，对应的八字四柱是：

　　　　　　日
丁　癸　庚　癸
酉　卯　申　未

卦象的两组干支与起卦时间的八字四柱合并，得到《家人》之《渐》的卦象干支六柱：

　　　　　　体　　日　　　　用
丁　癸　己　庚　癸　己
酉　卯　酉　申　未　丑

此占问，若分类占断为求财，用神为财。求财，忌神为兄弟，元神为子孙。卦象六柱中，木为兄弟，火为子孙，土为财，金为官鬼，水为父母。卦中，己土财临体干，宜旺。日柱空亡子丑，癸水有根在丑，可受生，可通关。月柱癸卯，癸水在柱内直接生卯木，通关的结果是：金不克木，水不克火。元神不受克，可生财。己土有根在未，财可受生。丁火有根在未，可受生，可通关，元神通关，忌神反成为财源，财有源，财旺。故，此占问结果，可得财。

　　继续看《家人》卦六二的爻变，先看爻辞：

六二：无攸遂，在中馈，贞吉。

现代文注释：

　　六二，柔爻居中得正，得中正之道，没有什么特别强烈的心愿追求，不指望家人有什么大的成就和大馈赠，家人能得到中等的馈赠就满意了，不给在外做官做事的家人施加压力，坚守正道，不追求过分的奢望，吉祥。

　　《家人》卦六二爻变，得到《家人》之《小畜》。卦象解析如下：

　　从卦象看，《家人》卦卦象，《小畜》卦卦象，两卦卦象结合起来看，乾为日，巽为乾缺口，为日食，互兑为月，兑的阴爻侵入乾，如同日食之时月亮遮盖太阳，巽为损，互兑为折，这是日食的折损之象。对于事业发展，卦象信息，日食的折损，及于人事，天象透出的信息，是利益追求的折损，结果不会圆满，与爻辞里的"在中馈"相合，只能得到中等的成就和馈赠，没有大的馈赠；得此占，君子视之为成功，小人视之为失败。

　　起卦时间：2017年阳历4月3日13点19分。占得《家人》之《小畜》，动爻在二爻。"体"的位置在五爻，"用"在二爻。

"体"在五爻，在本宫卦（巽卦）里的五行属性为巳火，六亲为子孙，故"体"的天干为丙。

体干在五爻，配丙火；坐下的地支，由十二宫的胎，动化为沐浴。即，体干坐地支子，动化卯。于是得到卦象的两组干支为：

丙　丁
子　卯

2017年阳历4月3日13点19分，对应的八字四柱是：

　　　　　　日
丁　癸　庚　癸
酉　卯　申　未

卦象的两组干支与起卦时间的八字四柱合并，就得到《家人》之《小畜》的卦象干支六柱：

　　　体　　　　日　用
丁　丙　癸　庚　丁　癸
酉　子　卯　申　卯　未

此占问，若分类占断为求财，用神为财。求财，忌神为兄弟，元神为子孙。卦象六柱中，木为兄弟，火为子孙，土为财，金为官鬼，水为父母。卦中，丙火子孙临体干，忌空破，忌被克。日柱空亡子丑，癸水无根。丁火有根在未，可受生，可通关。用爻丁卯，卯木在柱内直接生丁火，忌神生元神，元神通关成功，忌神反成为财源，财不受克，财旺。故，此占问结果，可得财。

继续看《家人》卦九三的爻变，先看爻辞：

☲ 九三：家人嗃嗃，悔厉，吉。妇子嘻嘻，终吝。

现代文注释：

九三，刚爻居刚位，象征家长严厉，家人畏惧，虽有悔，危厉，最终为吉。若纵容妇人小孩，整日嘻嘻哈哈，没有礼节，缺乏教养，最终会有遗憾。

《家人》卦九三爻变，得到《家人》之《益》。卦象解析如下：

从卦象看，《家人》卦卦象☲，《益》卦卦象☴，两卦卦象结合起来看，互艮为星，巽数五，这是天象中的五星之象；艮为星，震为奔马，故，艮之星为天马，这是天马之星独往独来，不受约束之象；震为行，艮为道，为飞，巽为利，这是天马之星飞向利市之象；离为麟凤，巽为松林，为木，艮为栖息，为安，这是麟凤在林间栖息安居之象；卦象吉祥。对于事业发展，卦象信息，寓意占问者有天马的特质和运程，不受发展环境的限制，发展领域会比较特立独行，项目的创意也会比较独特，会取得大的成就，会有大成功。

起卦时间：2017年阳历4月3日13点27分。占问得到《家人》之《益》，动爻在三爻。"体"的位置在上爻，"用"在三爻。

"体"在上爻，在本宫卦（巽卦）里的五行属性为卯木，六亲为兄弟，故"体"的天干为乙。

体干在上爻，配乙木；坐下的地支，由十二宫的养，动化为长生。即，体干坐地支未，动化午。于是得到卦象的两组干支为：

乙　甲
未　午

2017年阳历4月3日13点27分，对应的八字四柱是：

日

丁　　癸　　庚　　癸

酉　　卯　　申　　未

卦象的两组干支与起卦时间的八字四柱合并，得到《家人》之《益》的卦象干支六柱：

体　　　　　　用　　日

乙　　丁　　癸　　甲　　庚　　癸

未　　酉　　卯　　午　　申　　未

此占问，若分类占断为求财，用神为财。求财，忌神为兄弟，元神为子孙。卦象六柱中，木为兄弟，火为子孙，土为财，金为官鬼，水为父母。卦中，乙木兄弟临体干，忌神临体，财不能靠近，得不到财之象。日柱空亡子丑。丁火有根在午，可受生，可通关。用爻甲午，甲木在柱内直接生午火，元神通关成功，忌神反成为财源，忌神临体的问题得解。故，此占问结果，可得财。

继续看《家人》卦六四的爻变，先看爻辞：

䷤ 六四：富家，大吉。

现代文注释：

六四，阴爻得正，居人位的上者，上承九五，且进入巽体，巽为顺逊，谦逊的守正道，巽为系，系之九五得阳富之助，利于大业成而富家；大吉。

《家人》卦六四爻变，得到《家人》之《同人》。卦象解析如下：

从卦象看，《家人》卦卦象☲☴，《同人》卦卦象☲☰，两卦卦象结合起来看，离为日，乾为天，为大明，为富实，半艮为贵，互坎为孚，为信，巽为商贾，为逊，这是谦逊的守正道，诚信为本，如日在天空的大光明，高贵且富实之象；吉。卦象信息与爻辞相合。对于事业发展，卦象信息，守正道，先光明，后富实，光明正大的得到富实，这是天道及于人事的通途大道，也是履德而得福报的道理，富贵得来心安；得此占，事业成功。

起卦时间：2017年阳历4月3日13点51分。占得《家人》之《同人》，动爻在四爻。"体"的位置在初爻，"用"在四爻。

"体"在初爻，在本宫卦（离卦）里的五行属性为卯木，六亲为父母，故"体"的天干为乙。

体干在初爻，配乙木；坐下的地支，由十二宫的临官，动化为帝旺。即体干坐地支卯，动化寅。于是得到卦象的两组干支为：

乙　　甲
卯　　寅

2017年阳历4月3日13点51分，对应的八字四柱是：

　　　　　日
丁　癸　庚　癸
酉　卯　申　未

卦象的两组干支与起卦时间的八字四柱合并，就得到《家人》之《同人》的卦象干支六柱：

		用	日		体
丁	癸	甲	庚	癸	乙
酉	卯	寅	申	未	卯

此占问，若分类占断为求财，用神为财。求财，忌神为兄弟，元神为子孙。卦象六柱中，火为兄弟，土为子孙，金为财，水为官鬼，木为父母。卦中，乙木父母临体干，宜财旺，喜财来克体，亦喜水通关，财间接生体干，皆为财来就体，得财之象。日柱空亡子丑，癸水无根，不能通关，财直接克体干。日柱庚申，金自坐禄位，财旺。旺财克体干，得财之象。故，此占问结果，可得财。

继续看《家人》卦九五的爻变，先看爻辞：

䷤ 九五：王假有家，勿恤，吉。

现代文注释：

九五，有中正之德的尊者，"假"，在这里不做"格"（来到）解，"假"通嘉，嘉奖之意，"家"在这里是指君王给有功之臣封赐的"家邑"，这是臣子被封为"大夫"后的一种封赐；臣子的生活没有了忧虑，吉。

《家人》卦九五爻变，得到《家人》之《贲》。卦象解析如下：

从卦象看,《家人》卦卦象☲☴,《贲》卦卦象☶☲,两卦卦象结合起来看,离为明智,震为君王,为乐,坎为孚,震阳居互坎之中,为君王有孚,艮为家,为邑,为臣,为安,这是明智的君王赐功臣有家,臣安君乐之象;离为麟凤,巽为松柏,艮为高冈,为家,这是松林繁茂生长的高冈,麟凤安家栖身之象;卦象吉。对事业而言,麟凤安居,事业得长安;得此占,会有成功。

起卦时间:2017年阳历4月3日13点43分。占问得到《家人》之《贲》,动爻在五爻。"体"的位置在二爻,"用"在五爻。

"体"在二爻,在本宫卦(离卦)里的五行属性为丑土,六亲为子孙,故"体"的天干为己。

体干在二爻,配己土;坐下的地支,由十二宫的冠带,动化为长生。即体干坐地支未,动化酉。于是得到卦象的两组干支为:

己　　　己
未　　　酉

2017年阳历4月3日13点43分,对应的八字四柱是:

　　　　　　日
丁　　癸　　庚　　癸
酉　　卯　　申　　未

卦象的两组干支与起卦时间的八字四柱合并,得到《家人》之《贲》的卦象干支六柱:

　　　用　　　　　　日　　体
丁　　己　　癸　　庚　　己　　癸
酉　　酉　　卯　　申　　未　　未

此占问，若分类占断为求财，用神为财。求财，忌神为兄弟，元神为子孙。卦象六柱中，火为兄弟，土为子孙，金为财，水为官鬼，木为父母。卦中，己土子孙临体干，忌空破，忌受克。日柱空亡子丑。庚金有根在申，财可受生，日柱庚金坐禄，财旺。己土有根在未，可受生，可通关。丁己同坐地支酉，坐同一板凳，通过地支相通，丁火直接生己土，忌神生元神，元神通关，忌神反成为财源，财有源，财旺。故，此占问结果，可得财。

继续看《家人》卦上九的爻变，先看爻辞：

☲☴ 上九：有孚威如，终吉。

现代文注释：

上九，为"家人"的极致状态。"家人"之道虽为家门之内的事，但其内涵超出了单独的家庭，成为君王与"有家"阶层的，更大一个"家"的共同大事，"家"的安宁，关乎国家天下的安宁。家庭内外，家长威信的建立对家人有教化的影响，而有诚信就有威望，故家长重视自己的威望，终会带来吉祥。

《家人》卦上九爻变，得到《家人》之《既济》。卦象解析如下：

从卦象看，《家人》卦卦象☲☴，《既济》卦卦象☵☲，两卦卦象结合起来看，震为神，坎为信，巽为约，这是得神之信约之象；震为乐，为舞，卦象中三震重叠，这是天乐地舞之象。对于事业发展，卦象信息，有得天神之佑的吉兆，人与天地欢乐共舞，象征得天时、地利、人和，会有大成功。

起卦时间：2017年阳历4月3日13点11分。占得《家人》之《既济》，动爻在上爻。"体"的位置在三爻，"用"在上爻。

"体"在三爻，在本宫卦（离卦）里的五行属性为亥水，六亲为官鬼，故"体"的天干为壬。

体干在三爻，配壬水；坐下的地支，由十二宫的冠带，动化为胎。即，体干坐地支戌，动化午。于是得到卦象的两组干支为：

```
壬    壬
戌    午
```

2017年阳历4月3日13点11分，对应的八字四柱是：

```
          日
丁    癸    庚    癸
酉    卯    申    未
```

卦象的两组干支与起卦时间的八字四柱合并，就得到《家人》之《既济》的卦象干支六柱：

```
用              体    日
壬    丁    癸    壬    庚    癸
午    酉    卯    戌    申    未
```

此占问，若分类占断为求财，用神为财。求财，忌神为兄弟，元神为子孙。卦象六柱中，火为兄弟，土为子孙，金为财，水为官鬼，木为父母。卦中，壬水官鬼临体干，宜财旺生官，得财之象。丁火有根在午，可受生。但，用爻壬午，壬水在柱内直接克午火，忌神被克，受到制约。庚金有根在申，财可受生，元神土不缺位，元神可生财。庚金坐禄，财旺。日柱空亡子丑，癸水无根。但，壬水有根在申，可受生，官鬼可受财生，财旺生官的条件具备。故，此占问结果，可得财。

雷水《解》䷧（卦序号：26）

解：利西南。无所往，其来复吉。有攸往，夙吉。

本章介绍四个卦的独爻变卦象空间，本节进入《解》卦。以下从初爻开始，介绍《解》卦独爻变的卦象解析、干支五行分析方法和分类占断的分析过程。先看初爻的爻辞：

䷧ **初六：无咎。**

现代文注释：

初六，力量弱小的象征，初六顺承九二，又与九四有应，故初六代表与阳爻亲比且有应的基层力量。柔爻居刚位，虽有不正之咎，但其力量弱小而信念坚强，能做到阴顺阳，刚柔得以互济。刚能存正，柔能有容，"正而有容"有利于天地间万物的繁盛，这是《解》卦蕴含的重要道理，故曰"无咎"。

《解》卦初六爻变，得到《解》之《归妹》。卦象解析如下：

从卦象看，《解》卦卦象䷧，《归妹》卦卦象䷵，两卦卦象结合起来看，震为君，为春，为桃李，为生，为兴，兑为华，为花，互离为鸾凤，为妻，卦象正如《诗·召南》"桃之夭夭，灼灼其华。之子于归，宜其室家。"，这是女宜室家，有助于夫之象；震为神，为福，坎为获，兑为悦喜，为恩泽，这是得神恩的福泽之象；卦象吉。对于事业发展，归妹的姻缘有多种象征，有可能是并购的成功，得到一个好项目和团队，并得到长期渴望得到的销售渠道和市场份额，也可能是在资本市场获得投资商的有力支援，得到一次重大的发展机会；卦象信息，还有得神恩的福泽之象，意味着有好的运道，求事顺利，有实际经济利益，还得到多方面的好处，事业成功。

起卦时间：2017年阳历4月5日12点30分。占问得到《解》之《归妹》，动爻在初爻。"体"的位置在四爻，"用"在初爻。

"体"在四爻，在本宫卦（震卦）里的五行属性为午火，六亲为子孙，故"体"的天干为丁。

体干在四爻，配丁火；坐下的地支，由十二宫的胎，动化为沐浴。即，体干坐地支亥，动化申。于是得到卦象的两组干支为：

丁　　丙
亥　　申

2017年阳历4月5日12点30分，对应的八字四柱是：

　　　　　　日
丁　甲　壬　丙
酉　辰　戌　午

卦象的两组干支与起卦时间的八字四柱合并，得到《解》之《归妹》的卦象干支六柱：

　　　　体　日　　　用
丁　甲　丁　壬　丙　丙
酉　辰　亥　戌　午　申

此占问，若分类占断为求财，用神为财。求财，忌神为兄弟，元神为子孙。卦象六柱中，木为兄弟，火为子孙，土为财，金为官鬼，水为父母。卦中，丁火子孙临体干，忌空破，忌受克。日柱空亡子丑。申酉戌三会金局，金旺。壬水有根在亥，可受生，可通关，壬水通关的结果就是：金不克木，水不克火。相生链形成，相生链从三会金局直达丁火。丁火有根在午，可受生，可通关，元神通关，忌神反成为财源，财有源，财旺。故，此占问结果，可得财。

继续看《解》卦九二的爻变，先看爻辞：

☳☵九二：田获三狐，得黄矢，贞吉。

现代文注释：

九二，阳刚居中位，与六五君位有应，在就君王之位之前，田猎获三狐，这是象征能够清除君位近侧媚惑君王的小人，"矢"为誓言，黄色代表纯金的尊贵，"得黄矢"即为"得金矢"，是九二得到如同黄金一样贵而有信的誓言保证，占为吉。《解》卦与《升》卦一样，卦中的卦辞、爻辞都包含有周文王、周武王、周公的历史，九二爻的"黄矢"是历史上记载在《尚书》里的《牧誓》，是武王在商郊的牧野与商军决战前聚众田猎，之后举行誓师的誓言，称《牧誓》。

《解》卦九二爻变，得到《解》之《豫》。卦象解析如下：

从卦象看，《解》卦卦象☳☵，《豫》卦卦象☳☷，两卦卦象结合起来看，震为出征，为君王，为武，坤为军，为义，艮为成，这是武王伐纣成功之象；震为仁德，为粮，坤为民，为政，艮为邦国，为得，为安，离为麟凤，坎为饱，为充足，这是国家施行仁政，得麟凤之才，粮足民安之象。对于事业发展，武王伐纣意味着决战成功，粮足民安，寓意获利丰厚，企业安定，事业成功。

起卦时间：2017年阳历4月5日12点14分。占问得到《解》之《豫》，动爻在二爻。"体"的位置在五爻，"用"在二爻。

"体"在五爻，在本宫卦（震卦）里的五行属性为申金，六亲为官鬼，故"体"的天干为庚。

体干在五爻，配庚金；坐下的地支，由十二宫的临官，动化为帝旺。即体干坐地支申，动化酉。于是得到卦象的两组干支为：

庚　　辛
申　　酉

2017年阳历4月5日12点14分，对应的八字四柱是：

　　　　　　日
丁　　甲　　壬　　丙
酉　　辰　　戌　　午

卦象的两组干支与起卦时间的八字四柱合并，就得到《解》之《豫》的卦象干支六柱：

　　　　体　　　　　日　　用
丁　　庚　　甲　　壬　　辛　　丙
酉　　申　　辰　　戌　　酉　　午

此占问，若分类占断为求财，用神为财。求财，忌神为兄弟，元神为子孙。卦象六柱中，木为兄弟，火为子孙，土为财，金为官鬼，水为父母。卦中，庚金官鬼临体干，宜财旺生官，得财之象。日柱空亡子丑，丑土空，辰戌不空，财不缺位。申酉戌三会金局，金旺。壬水有根在申，可受生，可通关，壬水通关的结果就是：金不克木，水不克火。相生链形成，相生链从三会金局直达丁火。丁火有根在午，可受生，可通关，元神通关，忌神反成为财源，财不受克，元神生财，财旺。庚金有根在申，官鬼可受财生，财旺生官的条件具备。故，此占问结果，可得财。

继续看《解》卦六三的爻变，先看爻辞：

☷☵ 六三：负且乘，致寇至，贞吝。

现代文注释：

六三，暗指殷商朝廷里的佞臣、高官，六三与九二的关系为"乘"，与九四的关系为"承"，"承"亦即负重，故曰"负且乘"，坎象为寇盗，六三与九二、初六组成下坎，与九四、六五组成上坎，故曰"致寇至"，此爻暗喻：殷商王朝的佞臣高官欺凌天下，盘剥民众，如同天下的大寇盗，其进一步的发展就是天下大乱、兵戎之患四起，占为吝。

《解》卦六三爻变，得到《解》之《恒》。卦象解析如下：

从卦象看，《解》卦卦象☷☵，《恒》卦卦象☳☴，两卦卦象结合起来看，震为鸟，为飞，为出，为乐，坎为忧患，为困，为暗昧，互离为网，巽为志，为绳网，互兑为破，为口，震在上，为已从网破口处脱出，逃出绳网，脱离困境，离开险境和暗昧，这是飞鸟被绳网所困，有志脱困，终于从网破处脱出，奋力冲出绳网，飞向自由，困厄得解，心有快乐之象。对于事业发展，卦象信息，寓意摆脱了暗昧之困，走出了困境，终能放开手脚，正确的去做事；得此占，事业成功。

起卦时间：2017年阳历4月5日12点46分。占问得到《解》之《恒》，动爻在三爻。"体"的位置在上爻，"用"在三爻。

"体"在上爻，在本宫卦（震卦）里的五行属性为戊土，六亲为财，故"体"的天干为戊。

体干在上爻，配戊土；坐下的地支，由十二宫的胎，动化为冠带。即，体干坐地支子，动化辰。于是得到卦象的两组干支为：

> 戊　　戊
> 子　　辰

2017年阳历4月5日12点46分，对应的八字四柱是：

> 　　　　　日
> 丁　甲　壬　丙
> 酉　辰　戌　午

卦象的两组干支与起卦时间的八字四柱合并，就得到《解》之《恒》的卦象干支六柱：

> 体　　　　用　日
> 戊　丁　甲　戊　壬　丙
> 子　酉　辰　辰　戌　午

此占问，若分类占断为求财，用神为财。求财，忌神为兄弟，元神为子孙。卦象六柱中，木为兄弟，火为子孙，土为财，金为官鬼，水为父母。卦中，戊土财临体干，宜旺。日柱空亡子丑，丑土空，辰戌不空，财不缺位。戊土有根在辰，坐禄，财旺，财可受生。丁火有根在午，可受生，可通关，元神通关，忌神反成为财源，财有源，财旺。故，此占问结果，可得财。

继续看《解》卦九四的爻变，先看爻辞：

☳☵ 九四：解而拇，朋至斯孚。

现代文注释：

九四，居震的下位，为卦主，震为射箭，这是九四对六三"致寇至"的反应，拉弓射箭进行防御，故曰"解而拇"，古人的大拇指都戴着玉扳指，就是拉弓射箭用的。九四是西伯侯姬昌，还处在被囚之难中，对六三已做好了"御寇"的准备，震主的"动"将是为天下"兴正义之师"。九四阳刚，为卦主，故阴爻皆顺服九四，众阴孚于阳，九二与九四为朋类，九二来上卦应六五，会先遇到九四，故曰"朋至斯孚"。

《解》卦九四爻变，得到《解》之《师》。卦象解析如下：

从卦象看，《解》卦卦象☳☵，《师》卦卦象☷☵，两卦卦象结合起来看，中爻的爻变，失坎得坤，互坎为灾，为囚，坤为天下，这是周文王解脱被囚之灾，得天下之象；互震为君，为仁德，为载，为征伐，为兴，坤为天下，为义，为军，这是以德载天下，兴正义之师，征伐之象。九二的大将军，就是武王，隐喻武王伐纣。得此占，事业成功。

起卦时间：2017年阳历4月5日12点22分。占问得到《解》之《师》，动爻在四爻。"体"的位置在初爻，"用"在四爻。

"体"在初爻，在本宫卦（坎卦）里的五行属性为寅木，六亲为子孙，故"体"的天干为甲。

体干在初爻，配甲木；坐下的地支，由十二宫的沐浴，动化为临官。即体干坐地支子，动化寅。于是得到卦象的两组干支为：

```
甲    甲
子    寅
```

2017年阳历4月5日12点22分，对应的八字四柱是：

```
            日
丁    甲    壬    丙
酉    辰    戌    午
```

卦象的两组干支与起卦时间的八字四柱合并，就得到《解》之《师》的卦象干支六柱：

```
            用    日              体
丁    甲    甲    壬    丙    甲
酉    辰    寅    戌    午    子
```

此占问，若分类占断为求财，用神为财。求财，忌神为兄弟，元神为子孙。卦象六柱中，水为兄弟，木为子孙，火为财，土为官鬼，金为父母。卦中，甲木子孙临体干，忌空破，忌受克。日柱空亡子丑。寅午戌三合火局，火旺，财局旺。丙火有根在寅，丁火有根在午，天干坐禄，财旺，财可受生。元神甲木坐禄，旺，可受生，可通关。体柱甲子，子水在柱内直接生甲木，忌神生元神，元神通关成功，忌神反成为财源，财有源，财旺。故，此占问结果，可得财。

继续看《解》卦六五的爻变，先看爻辞：

䷧六五：君子维有解，吉。有孚于小人。

现代文注释：

六五，柔居中，宽厚而守持中道。六五与九二有应，配合九二解救了九四，"维"，是绑在君子身上的绳索，有六五的帮助，西伯侯姬昌在羑里被释放，吉。六五施惠于君子，也取信于小人，让小人有当下的既得利益，小人指商纣王身边得宠的佞臣费仲，六五配合西岐的计谋，让费仲接受了大量的金银和奇珍异宝。中爻坎象，坎为孚，坎象上下皆阴，孚于小人之象，故曰"有孚于小人"。

《解》卦六五爻变，得到《解》之《困》。卦象解析如下：

从卦象看，《解》卦卦象䷧，《困》卦卦象䷮，两卦卦象结合起来看，坎为蛰伏，互巽为虫，为木，为万物，震为雷，为惊，为起，为春，为生，兑为华，为丰，这是春雷惊醒冬眠的蛰虫，蛰虫振起，万物逢春而生之象；离坎交叠为阴阳调和之象。对于事业发展，春来万物苏醒，阴阳调和而生生不息，各得其所而相安，寓意发展环境在变好，适宜事业的重振，可以成功。

起卦时间：2017年阳历4月5日12点38分。占问得到《解》之《困》，动爻在五爻。"体"的位置在二爻，"用"在五爻。

"体"在二爻，在本宫卦（坎卦）里的五行属性为辰土，六亲为官鬼，故"体"的天干为戊。

体干在二爻，配戊土；坐下的地支，由十二宫的长生，动化为沐浴。即体干坐地支寅，动化卯。于是得到卦象的两组干支为：

戊　　己

寅　　卯

2017年阳历4月5日12点38分，对应的八字四柱是：

日

丁　甲　壬　丙

酉　辰　戌　午

卦象的两组干支与起卦时间的八字四柱合并，就得到《解》之《困》的卦象干支六柱：

用　　　　日　　体

丁　己　甲　壬　戊　丙

酉　卯　辰　戌　寅　午

此占问，若分类占断为求财，用神为财。求财，忌神为兄弟，元神为子孙。卦象六柱中，水为兄弟，木为子孙，火为财，土为官鬼，金为父母。卦中，戊土官鬼临体干，宜财旺生官，得财之象。日柱空亡子丑，丑土空，辰戌不空，天干戊土有根在辰，官鬼可受财生，体干得财的条件具备。寅午戌三合火局，火旺，财局旺，财天干透出，丁火有根，财可受生。甲木有根在寅，可受生，可通关，元神通关，忌神反成为财源，财有源，财旺。故，此占问结果，可得财。

继续看《解》卦上六的爻变，先看爻辞：

☱☵ 上六：公用射隼，于高墉之上，获之，无不利。

现代文注释：

上六，爻位乘九四，九四艮象为墙，为高，高墙为"墉"，震为公，为射，艮为隼，故曰"射隼，于高墉之上"，隼暗喻叛乱，公射落停在高墉之上的隼，是为平息叛乱，于国有利，故曰"获之，无不利。"在上六的爻辞里，隐含周公"东征"平叛的预兆。

《解》卦上六爻变，得到《解》之《未济》。卦象解析如下：

从卦象看，《解》卦卦象☷☵，《未济》卦卦象☲☵，两卦卦象结合起来看，坎为忧患，震为卫，为解，为乐，艮为国，为止，为安，三艮重叠为止之而后得安，这是国有忧患，止之而得安，无忧之象。对于事业发展，卦象信息，有积极消除内部祸患的寓意，明确防卫成功，得安无忧，事业成功。

起卦时间：2017年阳历4月5日12点54分。占问得到《解》之《未济》，动爻在上爻。"体"的位置在三爻，"用"在上爻。

"体"在三爻，在本宫卦（坎卦）里的五行属性为午火，六亲为财，故"体"的天干为丁。

体干在三爻，配丁火；坐下的地支，由十二宫的长生，动化为胎。即，体干坐地支酉，动化亥。于是得到卦象的两组干支：

丁　丁
酉　亥

2017年阳历4月5日12点54分，对应的八字四柱是：

　　　　日
丁　甲　壬　丙
酉　辰　戌　午

卦象的两组干支与起卦时间的八字四柱合并，得到《解》之《未济》的卦象干支六柱：

	用			体	日	
丁	丁	甲	丁	壬	丙
亥	酉	辰	酉	戌	午

此占问，若分类占断为求财，用神为财。求财，忌神为兄弟，元神为子孙。卦象六柱中，水为兄弟，木为子孙，火为财，土为官鬼，金为父母。卦中，丁火财临体干，宜旺。日柱空亡子丑。丁火有根在午，财可受生。天干三个丁火包围着甲木，木生火之象，元神生财，财旺。甲木有根在亥，可受生，可通关，元神通关，忌神反成为财源，财有源，财旺。故，此占问结果，可得财。

雷火《丰》䷶（卦序号：27）

丰：亨。王假之，勿忧，宜日中。

本章介绍四个卦的独爻变卦象空间，本节进入《丰》卦。以下从初爻开始，介绍《丰》卦独爻变的卦象解析、干支五行分析方法和分类占断的分析过程。先看初爻的爻辞：

䷶ 初九：遇其配主，虽旬无咎，往有尚。

现代文注释：

初九，初阳得正，暗喻有能力的正人君子，地位低的贤人，初九、六二半象为震，震为动，故震主初九虽无上应，也会"动"而前往上卦，初九到达上卦会遇到它的配主，配主就是受"天命"的君王，也就是六五。相遇需要等待，初阳不求急用，"旬"为多日等待，故曰"虽旬无咎"。"尚"，意为"希望"，前往就有希望。

《丰》卦初九爻变，得到《丰》之《小过》。卦象解析如下：

从卦象看，《丰》卦的卦象䷶，《小过》卦卦象䷽，两卦卦象结合起来看，离为网，互兑为破，艮为鸟，为飞，震为出，为乐，这是鸟从网破处飞出，快乐之象；巽为齐，兑为花，为华，震为春，为开，这是春天百花盛开之象。对于事业发展，卦象信息，曾遇到罗网困锢，终能摆脱困锢而自由飞翔，春天百花盛开，寓意发展环境转好，时机到了，事业会成功。

起卦时间：2017年阳历4月6日12点19分。占问得到《丰》之《小过》，动爻在初爻。"体"的位置在四爻，"用"在初爻。

"体"在四爻，在本宫卦（震卦）里的五行属性为午火，六亲为子孙，故

"体"的天干为丁。

体干在四爻，配丁火；坐下的地支，由十二宫的墓，动化为冠带。即，体干坐地支丑，动化未。于是得到卦象的两组干支为：

丁　　丁
丑　　未

2017年阳历4月6日12点19分，对应的八字四柱是：

　　　　　日
丁　　甲　　癸　　戊
酉　　辰　　亥　　午

卦象的两组干支与起卦时间的八字四柱合并，得到《丰》之《小过》的卦象干支六柱：

　　　　　体　　日　　　　用
丁　　甲　　丁　　癸　　戊　　丁
酉　　辰　　丑　　亥　　午　　未

此占问，若分类占断为求财，用神为财。求财，忌神为兄弟，元神为子孙。卦象六柱中，木为兄弟，火为子孙，土为财，金为官鬼，水为父母。卦中，丁火子孙临体干，忌空破，忌受克。日柱空亡子丑，癸水有根在辰，可受生；丑土空，辰未不空，财不缺位。戊土有根在辰，财可受生，时柱戊午，午火在柱内直接生戊土，元神生财，财旺。丁火有根在午，可受生，可通关。甲木被丁火左右紧夹，形同火把，木生火之象，忌神生元神，元神通关成功，忌神反成为财源，财有源，财旺。故，此占问结果，可得财。

继续看《丰》卦六二的爻变，先看爻辞：

䷶六二：丰其蔀，日中见斗，往得疑疾；有孚发若，吉。

现代文注释：

六二，居中得正，代表贤者，此时太阳大部分被盖了，中午看到了北斗星，月前往遮盖太阳，就如同得遇明君，但光明被遮挡，故有疑疾；月与太阳的相遇是宇宙天体运行的"有孚"，它正在发动，占为吉。

《丰》卦六二爻变，得到《丰》之《大壮》。卦象解析如下：

从卦象看，《丰》卦卦象䷶，《大壮》卦卦象䷡，两卦卦象结合起来看，离为日，兑为月，震为运行，乾为天，这是日月在天空运行之象；卦象中离兑相交，兑为乾缺边，皆为月遮盖太阳，日食之象；震为马，为路，为足，半震为走到半程，互坎为蒺藜，为刺，为犹豫，这是马沿路前行走到半程，足被刺而犹豫之象。对于事业发展，卦象信息，宇宙自然规律正在发动，如爻辞的"有孚发若"；前行的道路上虽有蒺藜，马走到半程，足被刺而出现犹豫，也只是事业发展暂时遇阻；得此占，半程遇阻，但宇宙自然规律已经发动，终会成功。

起卦时间：2017年阳历4月6日12点35分。占问得到《丰》之《大壮》，动爻在二爻。"体"的位置在五爻，"用"在二爻。

"体"在五爻，在本宫卦（震卦）里的五行属性为申金，六亲为官鬼，故"体"的天干为庚。

体干在五爻，配庚金；坐下的地支，由十二宫的养，动化为临官。即，体干坐地支辰，动化申。于是得到卦象的两组干支为：

```
庚    庚
辰    申
```

2017年阳历4月6日12点35分，对应的八字四柱是：

```
          日
丁    甲    癸    戊
酉    辰    亥    午
```

卦象的两组干支与起卦时间的八字四柱合并，得到《丰》之《大壮》的卦象干支六柱：

```
      体          日    用
丁    庚    甲    癸    庚    戊
酉    辰    辰    亥    申    午
```

此占问，若分类占断为求财，用神为财。求财，忌神为兄弟，元神为子孙。卦象六柱中，木为兄弟，火为子孙，土为财，金为官鬼，水为父母。卦中，庚金官鬼临体干，宜财旺生官，得财之象。日柱空亡子丑，癸水藏根在辰，可受生；丑土空，辰土不空，财不缺位。戊土有根在辰，财可受生。丁火有根在午，可受生，可通关，元神通关，忌神反成为财源，财有源，财旺。庚金有根在申，坐禄，自身旺，可受财生，财旺生官的条件具备。故，此占问结果，可得财。

继续看《丰》卦九三的爻变，先看爻辞：

☳☲ 九三：丰其沛，日中见沫，折其右肱，无咎。

现代文注释：

九三，人位中的下者，与上六有应，上六阴为暗，隐喻黑暗势力，故中午只能看到黑暗天空中微弱的小星。九三已经认识到自己的问题，故自折右臂，自伤而不用，以勿用为其用，以其不为而求自保，没有咎害。

《丰》卦九三爻变，得到《丰》之《震》。卦象解析如下：

从卦象看，《丰》卦卦象☳☲，《震》卦卦象☳☳，两卦卦象结合起来看，震为君侯，为出，震重叠，为频繁出游，互大坎为迷，为困，互大离为罗网，兑为媚，为女，这是君王为媚女所迷惑，频繁出游与之交往，媚惑如同罗网，君王为媚惑的罗网所困之象。对于事业发展，卦象信息，寓意领导人暗昧不明，且受困于暗昧，暗昧不明会是多方面的；爻辞中九三自伤而勿用，是九三引咎辞职的意思，离开领导岗位，不影响事业继续发展，故爻辞有"无咎"之辞，也就是做好领导人的调整，就没有咎害；得此占，会有成功。

起卦时间：2017年阳历4月6日12点51分。占问得到《丰》之《震》，动爻在三爻。"体"的位置在上爻，"用"在三爻。

"体"在上爻，在本宫卦（震卦）里的五行属性为戌土，六亲为财，故"体"的天干为戊。

体干在上爻，配戊土；坐下的地支，由十二宫的墓，动化为长生。即，体干坐地支戌，动化寅。于是得到卦象的两组干支为：

戊　　戊

戌　　寅

2017年阳历4月6日12点51分，对应的八字四柱是：

日

丁　甲　癸　戊

酉　辰　亥　午

卦象的两组干支与起卦时间的八字四柱合并，就得到《丰》之《震》的卦象干支六柱：

体　　　　　　　　用　　日

戊　丁　甲　戊　癸　戊

戌　酉　辰　寅　亥　午

此占问，若分类占断为求财，用神为财。求财，忌神为兄弟，元神为子孙。卦象六柱中，木为兄弟，火为子孙，土为财，金为官鬼，水为父母。卦中，戊土财临体干，宜旺。日柱空亡子丑，癸水藏根在辰，可受生。甲木有根在寅，可受生。戊土有根在戌，财可受生。丁火有根在午，可受生，可通关，元神通关，忌神反成为财源，财不受克。卦中，水木火土相生链形成，癸水生甲木，甲木生丁火，丁火生戊土，财源长，财旺。故，此占问结果，可得财。

继续看《丰》卦九四的爻变，先看爻辞：

䷶九四：丰其蔀，日中见斗，遇其夷主，吉。

现代文注释：

九四，上卦震主，人位的上者，暗喻西南联盟中的部落首领，太阳被盖住，中午看到了北斗星，因为九四遇到了夷主，于是像席子一样盖上去，吉。

《丰》卦九四爻变，得到《丰》之《明夷》。卦象解析如下：

从卦象看，《丰》卦卦象䷶，《明夷》卦卦象䷣，两卦卦象结合起来看，离为麟凤，震为飞，为来，为福，为乐，坤为国，为邑，为我，这是麟凤投奔于我，向我国邑飞来，带来福祉和欢乐之象。对于事业发展，是大量高端人才加盟于我，带来好项目和管理经验，事业成功。

起卦时间：2017年阳历4月6日12点27分。占问得到《丰》之《明夷》，动爻在四爻。"体"的位置在初爻，"用"在四爻。

"体"在初爻，在本宫卦（离卦）里的五行属性为卯木，六亲为父母，故"体"的天干为乙。

体干在初爻，配乙木；坐下的地支，由十二宫的沐浴，动化为临官。即体干坐地支巳，动化卯。于是得到卦象的两组干支为：

$$乙 \quad 乙$$
$$巳 \quad 卯$$

2017年阳历4月6日12点27分，对应的八字四柱是：

$$\qquad 日$$
$$丁 \quad 甲 \quad 癸 \quad 戊$$
$$酉 \quad 辰 \quad 亥 \quad 午$$

卦象的两组干支与起卦时间的八字四柱合并，得到《丰》之《明夷》的卦象干支六柱：

		用	日		体
丁	甲	乙	癸	戊	乙
酉	辰	卯	亥	午	巳

此占问，若分类占断为求财，用神为财。求财，忌神为兄弟，元神为子孙。卦象六柱中，火为兄弟，土为子孙，金为财，水为官鬼，木为父母。卦中，乙木父母临体干，宜财旺，喜财来克体，亦喜水通关，财间接生体干，皆为财来就体，得财之象。日柱空亡子丑，癸水藏根在辰，可受生；丑土空，辰土不空，土不缺位。戊土有根在辰，可受生，可通关，元神通关，忌神反成为财源，财旺。酉藏干辛，巳藏干庚，财藏地支中，天干不现，避免了兄弟夺财，又有元神通关，财源长，财旺。故，此占问结果，可得财。

继续看《丰》卦六五的爻变，先看爻辞：

六五：来章，有庆誉，吉。

现代文注释：

六五，居君王尊位，有柔中之德，“来章”，是天下章华、贤才皆来的意思，意为得到贤人、才俊的追随，众爻皆来与君王相遇，言六五能接纳天下俊才，会有福庆，得美誉，吉。

《丰》卦六五爻变，得到《丰》之《革》。卦象解析如下：

从卦象看，《丰》卦卦象☲☲，《革》卦卦象☱☲，两卦卦象结合起来看，兑为喜乐，为食，为酒肉，离为麟凤，震为飞，为来，为庆，互大坎为志，巽为齐，为聚，乾为仁德，为百福，为盛隆，为永久，这是麟凤贤才投奔前来，齐聚欢乐的庆宴，庆永久盛隆，得享共同福祉之象。对于事业发展，卦象信息，寓意领军人物的贤明美德，吸引了大量高端人才加盟，贤人齐聚的喜庆欢乐，是喜得人和，也寓意已经成功；得此占，事业成功。

起卦时间：2017年阳历4月6日12点11分。占问得到《丰》之《革》，动爻在五爻。"体"的位置在二爻，"用"在五爻。

"体"在二爻，在本宫卦（离卦）里的五行属性为丑土，六亲为子孙，故"体"的天干为己。

体干在二爻，配己土；坐下的地支，由十二宫的长生，动化为沐浴。即体干坐地支酉，动化申。于是得到卦象的两组干支为：

己　戊
酉　申

2017年阳历4月6日12点11分，对应的八字四柱是：

　　　日
丁　甲　癸　戊
酉　辰　亥　午

卦象的两组干支与起卦时间的八字四柱合并，就得到《丰》之《革》的卦象干支六柱：

```
       用           日      体
  丁    戊    甲    癸    己    戊
  酉    申    辰    亥    酉    午
```

此占问，若分类占断为求财，用神为财。求财，忌神为兄弟，元神为子孙。
卦象六柱中，火为兄弟，土为子孙，金为财，水为官鬼，木为父母。卦中，己土
子孙临体干，忌空破，忌受克。日柱空亡子丑，癸水有根在辰，可受生。丁己同
坐地支酉，通过地支相通，丁火直接生己土，忌神生元神，元神通关成功，忌神
反成为财源，财不受克，年柱酉金不再以盖头论。体柱己酉，己土在柱内直接生
酉金，元神生财，财旺。故，此占问结果，可得财。

继续看《丰》卦上六的爻变，先看爻辞：

䷶ 上六：丰其屋，蔀其家，闚其户，阒其无人，三岁不觌，凶。

现代文注释：

上六，以其晦暗，居"丰"之极，处于"动"之终，故有凶。其实，在周公
写爻辞的时候，殷商尚未覆灭，故有所忌惮而隐晦之。上六，在周公的笔下就是
商纣王，其辞"丰其屋，蔀其家，闚其户，阒其无人，三岁不觌，凶。"意思就
是："丰大的屋子，里面昏暗，从窗户往里看没有人，达三年之久，凶。"为什
么会有如此之"凶"，就是因为商纣王把天下的丰盛都据为己有。

《丰》卦上六爻变，得到《丰》之《离》。卦象解析如下：

从卦象看，《丰》卦卦象▓▓，《离》卦卦象▓▓，两卦卦象结合起来看，震为禾苗，离为日，为干燥，离重叠，卦中有三离，为旱灾之象，烈日把禾苗烤焦，兑为毁折，为伤害，离中虚，为饥，这是旱灾严重，饥荒到来之象。对于事业发展，是遇到不好的时机，还要面对资金困难，归于失败。

起卦时间：2017年阳历4月6日12点43分。占问得到《丰》之《离》，动爻在上爻。"体"的位置在三爻，"用"在上爻。

"体"在三爻，在本宫卦（离卦）里的五行属性为亥水，六亲为官鬼，故"体"的天干为壬。

体干在三爻，配壬水；坐下的地支，由十二宫的病，动化为墓。即，体干坐地支寅，动化辰。于是得到卦象的两组干支为：

壬　　壬
寅　　辰

2017年阳历4月6日12点43分，对应的八字四柱是：

　　　　日
丁　甲　癸　戊
酉　辰　亥　午

卦象的两组干支与起卦时间的八字四柱合并，就得到《丰》之《离》的卦象干支六柱：

用　　　　　　体　　日
壬　丁　甲　壬　癸　戊
辰　酉　辰　寅　亥　午

此占问，若分类占断为求财，用神为财。求财，忌神为兄弟，元神为子孙。卦象六柱中，火为兄弟，土为子孙，金为财，水为官鬼，木为父母。卦中，壬水官鬼临体干，宜财旺生官，得财之象。日柱空亡子丑，癸水有根在辰，壬水有根在亥，官鬼可受财生。但，丁火有根在午，可受生，忌神旺。火旺金弱，金天干不透，酉金有根无苗，年柱丁酉，酉金被丁火盖头，财被忌神制住，财衰。故，此占问结果，得不到财。

风水《涣》䷺（卦序号：28）

涣：亨。王假有庙，利涉大川，利贞。

本章介绍四个卦的独爻变卦象空间，本节进入《涣》卦。以下从初爻开始，介绍《涣》卦独爻变的卦象解析、干支五行分析方法和分类占断的分析过程。先看初爻的爻辞：

䷺ 初六：用拯马壮，吉。

现代文注释：

初六，《涣》卦的最低位，初六代表底层弱小的民众，力量微弱，然其心想济难，拯救时局，阴承阳，"拯"通假"承"，九二往上至六四为震，震为马，故就用马来比喻拯救伤人，马为阳，初六阴爻"承阳"。马强壮，故吉。

《涣》卦初六爻变，得到《涣》之《中孚》。卦象解析如下：

从卦象看，《涣》卦卦象䷺，《中孚》卦卦象䷥，两卦卦象结合起来看，巽为进退，为权衡，为犹豫，坎为耳，为听，为思，坎中实，为得，互艮为贤人，互震为君王，为喜乐，兑为口，为语，为辅佐，正覆兑相向为交流，这是君王喜得良辅，与贤人交换意见，以确定决策的正确，权衡得失和进退之象。对于事业发展，卦象信息，得辅为得人和，弱小故慎行，可得成功。

起卦时间：2017年阳历4月10日13点6分。占问得到《涣》之《中孚》，动爻在初爻。"体"的位置在四爻，"用"在初爻。

"体"在四爻，在本宫卦（巽卦）里的五行属性为未土，六亲为财，故"体"的天干为己。

体干在四爻，配己土；坐下的地支由十二宫的胎，动化为沐浴。即，体干坐地支亥，动化申。于是得到卦象的两组干支为：

己　　戊
亥　　申

2017年阳历4月10日13点6分，对应的八字四柱是：

　　　　　　日
丁　　甲　　丁　　丁
酉　　辰　　卯　　未

卦象的两组干支与起卦时间的八字四柱合并，得到《涣》之《中孚》的卦象干支六柱：

　　　　　　体　　日　　　　　用
丁　　甲　　己　　丁　　丁　　戊
酉　　辰　　亥　　卯　　未　　申

此占问，若分类占断为求财，用神为财。求财，忌神为兄弟，元神为子孙。卦象六柱中，木为兄弟，火为子孙，土为财，金为官鬼，水为父母。卦中，己土财临体干，宜旺。日柱空亡戌亥，戌土空，辰未不空，戊土有根在辰，财可受生。亥卯未三合木局，木旺，亥不论空。天干三丁，火旺，丁火有根在未，可受生，可通关。日柱丁卯，卯木在柱内直接生丁火，忌神生元神，元神通关成功，忌神反成为财源，财有源，财旺。故，此占问结果，可得财。

继续看《涣》卦九二的爻变，先看爻辞：

☵ 九二：涣奔其机，悔亡。

现代文注释：

九二，阳刚君子，阳居阴位，又有六三、六四两根阴爻乘其上，本有悔。但其位得中，有刚中之德，与九五虽无应，但"同德相求"可以走到一起，故悔亡。"奔"，古文通假"贲"，二爻其上为互艮，艮为机，"奔其机"即"贲其机"，为了君王九五来到宗庙，九二正在很细心的文饰宗庙里的几案，等待与君王在祭祀时的见面，其心诚。

《涣》卦九二爻变，得到《涣》之《观》。卦象解析如下：

从卦象看，《涣》卦卦象☴，《观》卦卦象☶，两卦卦象结合起来看，震为前行，为足，坎为疾，为孤，震在坎中，是足有伤之象；互艮为鸟，为飞，坤为弱，为疲，这是飞鸟受伤，疲倦而无力飞行，孤单之象；坤为聚，为大军，为会合，互艮为待，这是等待与大军会合之象。对于事业发展，卦象信息，是处在孤单之时，等待与大军的会合，重整旗鼓，可得成功。

起卦时间：2017年阳历4月10日13点46分。占问得到《涣》之《观》，动爻在二爻。"体"的位置在五爻，"用"在二爻。

"体"在五爻，在本宫卦（巽卦）里的五行属性为巳火，六亲为子孙，故"体"的天干为丙。

体干在五爻，配丙火，坐下的地支，由十二宫的胎，动化为墓。即，体干坐地支子，动化戌。于是得到卦象的两组干支为：

丙　　丙
子　　戌

2017年阳历4月10日13点46分，对应的八字四柱是：

　　　　　　　　　日
丁　　甲　　丁　　丁
酉　　辰　　卯　　未

卦象的两组干支与起卦时间的八字四柱合并，就得到《涣》之《观》的卦象干支六柱：

　　　　　体　　　　　日　　用
丁　　丙　　甲　　丁　　丙　　丁
酉　　子　　辰　　卯　　戌　　未

此占问，若分类占断为求财，用神为财。求财，忌神为兄弟，元神为子孙。卦象六柱中，木为兄弟，火为子孙，土为财，金为官鬼，水为父母。卦中，丙火子孙临体干，忌空破，忌受克。日柱空亡戌亥，戌土空，但月令辰冲戌，空亡被冲实，戌不以空论；财藏地支，戌未土与丙丁火同柱，皆受火生，丙丁火旺，生财之象。丁火有根在未，可受生，可通关，元神通关，忌神反成为财源，财不受克，财有源，财旺。故，此占问结果，可得财。

继续看《涣》卦六三的爻变，先看爻辞：

☰☰ 六三：涣其躬，无悔。

现代文注释：

六三，阴柔，不得位，偏中乘阳，自身问题很多。六三之上有巽象，巽为志，故其志在外，六三用"涣"之道加于自身，做到"涣其躬"，是六三有志在外，想做成大事，无所悔恨。

《涣》卦六三爻变，得到《涣》之《巽》。卦象解析如下：

从卦象看，《涣》卦卦象☴☴，《巽》卦卦象☴☴，两卦卦象结合起来看，卦象中有三巽，巽为志，三巽为多次重申志向，互震为践行，互艮为身，这是亲身践行其志之象；巽为木，为万物，震为春，为生，为繁茂，坎为雨，这是春雨催生万物，草木繁盛之象；巽为利，三巽为多利，互艮为抱，震为回，这是抱利而回之象。对于事业发展，卦象信息，亲身践行志向，是有人的保证；春天草木繁盛，寓意事业繁荣昌盛；抱利而回，是获利多，大成功。

起卦时间：2017年阳历4月10日13点14分。占问得到《涣》之《巽》，动爻在三爻。"体"的位置在上爻，"用"在三爻。

"体"在上爻，在本宫卦（巽卦）里的五行属性为卯木，六亲为兄弟，故"体"的天干为乙。

体干在上爻，配乙木；坐下的地支，由十二宫的养，动化为临官。即，体干坐地支未，动化卯。于是得到卦象的两组干支为：

乙　　乙

未　　卯

2017年阳历4月10日13点14分，对应的八字四柱是：

日
丁　甲　丁　丁
酉　辰　卯　未

卦象的两组干支与起卦时间的八字四柱合并，就得到《涣》之《巽》的卦象干支六柱：

体　　　　　　　用　　日
乙　丁　甲　乙　丁　丁
未　酉　辰　卯　卯　未

此占问，若分类占断为求财，用神为财。求财，忌神为兄弟，元神为子孙。卦象六柱中，木为兄弟，火为子孙，土为财，金为官鬼，水为父母。卦中，乙木兄弟临体干，忌神临体，财不能靠近，得不到财之象。日柱空亡戌亥，戌土空，辰未土不空，财不缺位。天干木火旺，地支有根，木火相生，元神可通关，忌神生元神，忌神反成为财源，忌神临体的问题得解。时柱丁未，丁火在柱内直接生未土，元神生财，财旺。故，此占问结果，可得财。

继续看《涣》卦六四的爻变，先看爻辞：

☴☵ 六四：涣其群，元吉。涣有丘，匪夷所思。

现代文注释：

六四，进入上卦巽体内，巽为齐，为群，故曰"涣其群"，群体齐心面对

"涣"了，这也是形势所迫，必然同心同德、同舟共济，形势比人强，团结起来共同面对患难的群体如同一座山，其组织起来的力量更是匪夷所思，大"涣"达到大治，故为元吉。

《涣》卦六四爻变，得到《涣》之《讼》。卦象解析如下：

从卦象看，《涣》卦卦象☴☵，《讼》卦卦象☰☵，两卦卦象结合起来看，坎为灾患，为水，巽为齐，为心，为团结，为志，乾为大，为千万，为群，艮为山，这是千万人组织起来的群体，齐心团结起来治理水患，其力量如山之象；坎中实，为获，巽为利，乾为多，为富实，这是获利多而富实之象。对于事业发展，卦象信息，寓意在面对灾患或很大的困难之时，同心协力就会力量如山，如愿实现获利多而富实的目标，得到大的成功。

起卦时间：2017年阳历4月10日13点38分。占问得到《涣》之《讼》，动爻在四爻。"体"的位置在初爻，"用"在四爻。

"体"在初爻，在本宫卦（坎卦）里的五行属性为寅木，六亲为子孙，故"体"的天干为甲。

体干在初爻，配甲木；坐下的地支，由十二宫的临官，动化为帝旺。即体干坐地支寅，动化卯。于是得到卦象的两组干支为：

甲　　乙
寅　　卯

2017年阳历4月10日13点38分，对应的八字四柱是：

		日	
丁	甲	丁	丁
酉	辰	卯	未

卦象的两组干支与起卦时间的八字四柱合并，就得到《涣》之《讼》的卦象干支六柱：

	用		日		体
丁	甲	乙	丁	丁	甲
酉	辰	卯	卯	未	寅

此占问，若分类占断为求财，用神为财。求财，忌神为兄弟，元神为子孙。卦象六柱中，水为兄弟，木为子孙，火为财，土为官鬼，金为父母。卦中，甲木子孙临体干，忌空破，忌受克。日柱空亡戌亥，月令为辰，元神不空，不犯月破。寅卯辰三会木局，元神旺，可受生，可通关。天干木火旺，地支有根，木火相生，元神生财，财旺。丁火自身旺，财旺之象。故，此占问结果，可得财。

继续看《涣》卦九五的爻变，先看爻辞：

䷺ 九五：涣汗其大号，涣王居，无咎。

现代文注释：

九五，君王处"涣"之时，坐镇指挥，令出必行，这是与国家尊严相对应的地位，"涣汗"同于"焕烂"，君王用华美、有文采的辞语表达、发布其大政令，王居住的地方也装饰的焕然一新，巍然而光彩，以示庄严，这些是为了国家尊严的形象，故没有咎害。

《涣》卦九五爻变，得到《涣》之《蒙》。卦象解析如下：

从卦象看，《涣》卦卦象☵☴，《蒙》卦卦象☶☵，两卦卦象结合起来看，爻变失巽得艮，巽为蝗虫，艮为安，坎为灾患，为忧愁，互震为解，这是虫灾解除，得安无忧之象；艮为求，为成，坤为祸，为事，为聚，互震为功业，为福，坎中实，为得，这是因祸受福，求事皆得，功业有成之象。对于事业发展，卦象信息，寓意灾祸已得解，民心重聚，功业有成，目标得以实现，获得大成功。

起卦时间：2017年阳历4月10日13点22分。占问得到《涣》之《蒙》，动爻在五爻。"体"的位置在二爻，"用"在五爻。

"体"在二爻，在本宫卦（坎卦）里的五行属性为辰土，六亲为官鬼，故"体"的天干为戊。

体干在二爻，配戊土；坐下的地支，由十二宫的冠带，动化为墓。即，体干坐地支辰，动化戌。于是得到卦象的两组干支为：

戊　　　戊
辰　　　戌

2017年阳历4月10日13点22分，对应的八字四柱是：

　　　　　　日
丁　甲　丁　丁
酉　辰　卯　未

卦象的两组干支与起卦时间的八字四柱合并，就得到《涣》之《蒙》的卦象干支六柱：

　　　用　　　　　日　体
丁　戊　甲　丁　戊　丁
酉　戌　辰　卯　辰　未

此占问，若分类占断为求财，用神为财。求财，忌神为兄弟，元神为子孙。卦象六柱中，水为兄弟，木为子孙，火为财，土为官鬼，金为父母。卦中，戊土官鬼临体干，宜财旺生官，得财之象。日柱空亡戌亥，亥水空，水缺位；月令为辰，辰戌冲，戌得月令冲，不以空论。丁火有根在未，财可受生。日柱丁卯，卯木在柱内直接生丁火，元神生财，财旺。戊土坐禄，有根，可受财生。财旺生官的条件具备。故，此占问结果，可得财。

继续看《涣》卦上九的爻变，先看爻辞：

☵ 上九：涣其血去逖出，无咎。

现代文注释：

上九，到此爻《涣》卦已达极致状态，暗伏杀机，有血光之灾，要考虑离开出走远方，惕之，方无咎害。上九，其伏象为坎，坎为血，上卦巽为斧，其伏象为震，震为戈兵，故暗伏杀机，会有兵戎相见、生灵涂炭的血光之灾，故，逃离此地、远走他乡，本来也是需要考虑的一种选择。但，正因为这只是暗伏的危机，故仅为伏象的警示。从大象上看，上九居大离之上，亦即居光明之上，"涣其"明确带有焕发光明的意思，爻辞确定了上九与光明之象有联系。故，最终的结局就是，上九因为居光明之上，而导致"忧患自免"，其隐伏的恤、惕皆去，故曰"涣其血去逖出"。故，上九最终不会有受伤害的忧患，无咎。

《涣》卦上九爻变，得到《涣》之《坎》。卦象解析如下：

从卦象看，《涣》卦卦象☵，《坎》卦卦象☵，两卦卦象结合起来看，坎象重叠，共有三个坎，坎为困厄，象征多次受困，震为德，为解，这是有德而困厄自解，有险而不危之象；卦象与爻辞相合。对于事业发展，这意味着顺利走出困厄，没有造成伤害；得此占，无誉无咎，是得平安的成功。

起卦时间：2017年阳历4月10日13点30分。占问得到《涣》之《坎》，动爻在上爻。"体"的位置在三爻，"用"在上爻。

"体"在三爻，在本宫卦（坎卦）里的五行属性为午火，六亲为财，故"体"的天干为丁。

体干在三爻，配丁火；坐下的地支，由十二宫的冠带，动化为胎。即，体干坐地支未，动化亥。于是得到卦象的两组干支为：

丁	丁
未	亥

2017年阳历4月10日13点30分，对应的八字四柱是：

		日	
丁	甲	丁	丁
酉	辰	卯	未

卦象的两组干支与起卦时间的八字四柱合并，就得到《涣》之《坎》的卦象干支六柱：

用			体	日	
丁	丁	甲	丁	丁	丁
亥	酉	辰	未	卯	未

此占问，若分类占断为求财，用神为财。求财，忌神为兄弟，元神为子孙。卦象六柱中，水为兄弟，木为子孙，火为财，土为官鬼，金为父母。卦中，丁火财临体干，宜旺。日柱空亡戌亥，戌在地支不现，亥水空，水缺位，忌神空亡。天干有五个丁，财旺。丁火有根在未，财可受生，天干甲木被丁火包围，形同火把，木生火之象，也是元神生财之象。日柱丁卯，卯木在柱内直接生丁火，元神生财，财旺。故，此占问结果，可得财。

第十九章　离、坎

《离》为火 ䷝（卦序号：29）

离：利贞，亨。畜牝牛吉。

本章介绍离、坎二卦的独爻变卦象空间，本节进入《离》卦。以下从初爻开始，介绍《离》卦独爻变的卦象解析、干支五行分析方法和分类占断的分析过程。先看初爻的爻辞：

䷝初九：履错然，敬之，无咎。

现代文注释：

初九，初阳有力，持正，并有震象，震为履，为脚步，"错然"，意为谨慎的样子，离为明察，为敬，故持恭敬谨慎的态度，不会有咎害。初爻的警示就是：行事的初始，持审谨的态度以善其始，从而也能善其终，不会有错。

《离》卦初九爻变，得到《离》之《旅》。卦象解析如下：

从卦象看，《离》卦卦象䷝，《旅》卦卦象䷝，两卦卦象结合起来看，卦中有三离，离中虚，为有失之象；震为脚步，半震为小步，艮为停，小步前进且不时的停下，是为谨慎之象；中爻互大坎中实，为得，互兑为谷粮，为丰，互巽为利，这是谷粮丰且得利之象。对于事业发展，卦象信息提醒，会有失，需谨慎，而谷粮丰收且得利之象，明确事业成功。

起卦时间：2017年阳历4月13日11点43分。占问得到《离》之《旅》，动爻在初爻。"体"的位置在四爻，"用"在初爻。

"体"在四爻，在本宫卦（离卦）里的五行属性为酉金，六亲为财，故"体"的天干为辛。

体干在四爻，配辛金；坐下的地支，由十二宫的临官，动化为墓。即，体干坐地支酉，动化辰。于是得到卦象的两组干支为：

辛　　庚
酉　　辰

2017年阳历4月13日11点43分，对应的八字四柱是：

　　　　日
丁　甲　庚　壬
酉　辰　午　午

卦象的两组干支与起卦时间的八字四柱合并，就得到《离》之《旅》的卦象干支六柱：

　　　　体　　日　　　　用
丁　甲　辛　庚　壬　庚
酉　辰　酉　午　午　辰

此占问，若分类占断为求财，用神为财。求财，忌神为兄弟，元神为子孙。卦象六柱中，火为兄弟，土为子孙，金为财，水为官鬼，木为父母。卦中，辛金财临体干，宜旺。日柱空亡戌亥，戌土空，辰土不空，元神不缺位。辛金有根在酉，财可受生。用爻庚辰，辰土在柱内直接生庚金，元神生财，财旺。体干坐下地支，酉动化辰，动化回头生，元神生财，财旺。地支火土金坐一个板凳，五行贪生忘克，火生土，土生金成为必然，元神通关，忌神反成为财源，财有源，财旺。故，此占问结果，可得财。

继续看《离》卦六二的爻变，先看爻辞：

☲ 六二：黄离，元吉。

现代文注释：

六二，为离的中爻，为中道，其色为黄，故六二爻有黄中之象，象征中正；太阳早上八、九点上升到日中，然后继续沿中且正的轨道缓缓运行，普照大地，这就是六二所象征的"日中之离"，以黄中之色附丽于物，元吉。

《离》卦六二爻变，得到《离》之《大有》。卦象解析如下：

从卦象看，《离》卦卦象☲，《大有》卦卦象☲，两卦卦象结合起来看，离为日，乾为天，这是日在天上运行之象；离为夏，乾亦为夏，互巽为木，互兑为华，为繁盛，这是夏季草木繁盛之象。对于事业发展，卦象信息，寓意正处在鼎盛期，呈现出的是一片繁荣气象，如同爻辞所述，是"黄离"，高贵而顺利，从始至终的吉祥，故曰元吉；得此占，事业成功。

起卦时间：2017年阳历4月13日11点3分。占问得到《离》之《大有》，动爻在二爻。"体"的位置在五爻，"用"在二爻。

"体"在五爻，在本宫卦（离卦）里的五行属性为未土，六亲为子孙，故"体"的天干为己。

体干在五爻，配己土；坐下的地支，由十二宫的长生，动化为帝旺。即体干坐地支酉，动化巳。于是得到卦象的两组干支为：

己	己
酉	巳

2017年阳历4月13日11点3分，对应的八字四柱是：

		日	
丁	甲	庚	壬
酉	辰	午	午

卦象的两组干支与起卦时间的八字四柱合并，得到《离》之《大有》的卦象干支六柱：

	体		日	用	
丁	己	甲	庚	己	壬
酉	酉	辰	午	巳	午

此占问，若分类占断为求财，用神为财。求财，忌神为兄弟，元神为子孙。卦象六柱中，火为兄弟，土为子孙，金为财，水为官鬼，木为父母。卦中，己土子孙临体干，忌空破，忌受克。日柱空亡戌亥，月令为辰，故，元神不空不破。甲木无根，不受生，受克，木气衰，土气则旺，元神旺。地支火土金，从右到左顺次排开，五行贪生忘克，火土金形成相生链，元神通关成功，忌神反成为财源，元神生财，财旺。故，此占问结果，可得财。

继续看《离》卦九三的爻变，先看爻辞：

☲ 九三：日昃之离，不鼓缶而歌，则大耋之嗟，凶。

现代文注释：

九三，居下卦离的上位，象征"日昃之离"。太阳西落，老人在"鼓缶而歌"，已到耄耋之年，如不敲着瓦器唱歌，就会因为老朽而嗟叹；但本为豁达，却生出夕阳垂暮的感叹，九三在中爻有草木被大火包围的凶险之象，占凶。

《离》卦九三爻变，得到《离》之《噬嗑》。卦象解析如下：

从卦象看，《离》卦卦象☲，《噬嗑》卦卦象☲，两卦卦象结合起来看，震为征战，互坎为寇，艮为城，离为戈兵，这是贼寇兵临城下，征战在即之象；正覆巽为草木，上下有离火，这是草木被大火包围之象；互坎为寇贼，上下雷电合击，这是寇贼覆灭之象；卦象凶险，兵戎相见，无法避免，大火燃起，草木被围困。对事业而言，草木被大火包围，是遇到凶险，但最终灾患解除，终得平安；得此占，最终能得平安，即为成功。

起卦时间：2017年阳历4月13日11点35分。占问得到《离》之《噬嗑》，动爻在三爻。"体"的位置在上爻，"用"在三爻。

"体"在上爻，在本宫卦（离卦）里的五行属性为巳火，六亲为兄弟，故"体"的天干为丙。

体干在上爻，配丙火；坐下的地支，由十二宫的墓，动化为长生。即，体干坐地支戌，动化寅。于是得到卦象的两组干支为：

丙　　丙

戌　　寅

2017年阳历4月13日11点35分，对应的八字四柱是：

日

丁	甲	庚	壬
酉	辰	午	午

卦象的两组干支与起卦时间的八字四柱合并，得到《离》之《噬嗑》的卦象干支六柱：

体			用	日	
丙	丁	甲	丙	庚	壬
戌	酉	辰	寅	午	午

此占问，若分类占断为求财，用神为财。求财，忌神为兄弟，元神为子孙。卦象六柱中，火为兄弟，土为子孙，金为财，水为官鬼，木为父母。卦中，丙火兄弟临体干，忌神临体，财无法靠近，得不到财之象。日柱空亡戌亥，戌土空，辰土不空。但，天干丙丁火旺，地支寅午戌，形成三合火局，火旺，戌进入三合火局，不以空论，忌神强大。天干甲木被丙丁火包围，形如火把，木生火之象，甲木通关，忌神不受克，忌神旺。辰戌冲，且戌进入三合火局，五行属性改变，元神不能通关，忌神临体的问题无解。年柱丁酉，酉金被丁火盖头，财衰。故，此占问结果，得不到财。

继续看《离》卦九四的爻变，先看爻辞：

☲ 九四：突如其来如，焚如，死如，弃如。

现代文注释：

九四，与九三接，中爻之象上为兑，下为巽，兑为草，巽为木，有草木被大火包围之象，九四和九三皆有被大火吞噬的危险，这种危险会来的很突然，故曰"突如其来如，焚如"，这突如其来的变故，含有宫廷之变的隐喻，出现骨肉相残，故曰"死如"，出现天人不容之事变，为天人所共弃，故曰"弃如"。

《离》卦九四为断，得到《离》之《贲》。卦象解析如下：

从卦象看，《离》卦卦象☲，《贲》卦卦象☲，两卦卦象结合起来看，互坎为疾，兑为倾危，震为君王，艮为国，这是国君有疾，倾危之象；爻变发生在上离的震阳，震阳失，得坤阴，震为君，坤为死，故有凶。对事业而言，有疾是出了问题，不能治而死亡，是发生重大的人事变故；故，得此占，归于失败。

起卦时间：2017年阳历4月13日11点11分。占问得到《离》之《贲》，动爻在四爻。"体"的位置在初爻，"用"在四爻。

"体"在初爻，在本宫卦（离卦）里的五行属性为卯木，六亲为父母，故"体"的天干为乙。

体干在初爻，配乙木；坐下的地支，由十二宫的死，动化为绝。即，体干坐地支亥，动化酉。于是得到卦象的两组干支为：

乙　　乙
亥　　酉

2017年阳历4月13日11点11分，对应的八字四柱是：

　　　　　　　　日
　丁　　甲　　庚　　壬
　酉　　辰　　午　　午

　　卦象的两组干支与起卦时间的八字四柱合并，就得到《离》之《贲》的卦象干支六柱：

　　　　　　用　　日　　　　体
　丁　　甲　　乙　　庚　　壬　　乙
　酉　　辰　　酉　　午　　午　　亥

　　此占问，若分类占断为求财，用神为财。求财，忌神为兄弟，元神为子孙。卦象六柱中，火为兄弟，土为子孙，金为财，水为官鬼，木为父母。卦中，乙木父母临体干，宜财旺，喜财来克体，亦喜水通关，财间接生体干，皆为财来就体，得财之象。日柱空亡戌亥，壬水无根。丁火有根在午，可受生。丁乙同坐地支酉，坐同一板凳，通过地支相通，乙木生丁火，忌神旺。月柱甲辰，辰土被甲木盖头，元神被克，功能尽失，元神不能通关，忌神直接克用神。庚金无根，酉金无苗。年柱丁酉，酉金被丁火盖头；日柱庚午，庚金被午火截脚；财被克，财衰。故，此占问结果，得不到财。

　　继续看《离》卦六五的爻变，先看爻辞：

䷝　六五：出涕沱若，戚嗟若，吉。

现代文注释：

六五，柔居中，君位，以"柔中之德"主导依附之道。居大坎之上，有忧伤之象，有流泪状的悲戚嗟叹，故曰"出涕沱若，戚嗟若"，六五居上卦离之中，居尊而知忧惧，占得吉祥。

《离》卦六五爻变，得到《离》之《同人》。卦象解析如下：

从卦象看，《离》卦卦象☲，《同人》卦卦象☰，两卦卦象结合起来看，爻变，离变乾，离为光明，乾为富实，这是先光明，后富实之象；乾为福，互巽为门，为入，震为履，为德，这是履德而入福门之象。对于事业发展，进入福门，先有光明，后得富实，这是天道，事业会成功。

起卦时间：2017年阳历4月13日11点27分。占问得到《离》之《同人》，动爻在五爻。"体"的位置在二爻，"用"在五爻。

"体"在二爻，在本宫卦（离卦）里的五行属性为丑土，六亲为子孙，故"体"的天干为己。

体干在二爻，配己土；坐下的地支，由十二宫的长生，动化为帝旺。即体干坐地支酉，动化巳。于是得到卦象的两组干支为：

己　　己
酉　　巳

2017年阳历4月13日11点27分，对应的八字四柱是：

　　　　　日
丁　甲　庚　壬
酉　辰　午　午

卦象的两组干支与起卦时间的八字四柱合并，得到《离》之《同人》的卦象干支六柱：

	用		日	体	
丁	己	甲	庚	己	壬
酉	巳	辰	午	酉	午

此占问，若分类占断为求财，用神为财。求财，忌神为兄弟，元神为子孙。卦象六柱中，火为兄弟，土为子孙，金为财，水为官鬼，木为父母。卦中，己土子孙临体干，忌空破，忌受克。日柱空亡戌亥，月令为辰，子孙元神不空不破。己土有根在午，可受生，可通关。丁己同坐地支酉，坐同一板凳，通过地支相通，丁火直接生己土，忌神生元神，元神通关成功，忌神反成为财源，财有源，财旺。庚金有根在巳，财可受生，体柱己酉，己土在柱内直接生酉金，元神生财。火土金相生链形成，元神通关，生财，财旺。故，此占问结果，可得财。

继续看《离》卦上九的爻变，先看爻辞：

☲ 上九：王用出征，有嘉折首，获匪其丑，无咎。

现代文注释：

上九，"离"的极致依附动用了武力，离为日，王之象，离又有兵戈之象，故曰"王用出征"。获嘉美功勋，折其魁首，不获其众，不滥刑，无咎之道。

《离》卦上九爻变，得到《离》之《丰》。卦象解析如下：

从卦象看，《离》卦卦象☲，《丰》卦卦象☲☲，两卦卦象结合起来看，互巽为鱼，中爻正反巽为绳网，离为网罟，震为征，为田猎，为獐鹿，为兔，艮为鸟兽，互大坎中实，为获，这是捕鱼和田猎皆有收获，捕获到鱼和鸟兽之象。对于事业发展，卦象信息，捕鱼和田猎的收获，寓意经营获利，这是有收获的成功之象，事业成功。

起卦时间：2017年阳历4月13日11点19分。占问得到《离》之《丰》，动爻在上爻。"体"的位置在三爻，"用"在上爻。

"体"在三爻，在本宫卦（离卦）里的五行属性为亥水，六亲为官鬼，故"体"的天干为壬。

体干在三爻，配壬水；坐下的地支，由十二宫的墓，动化为长生。即，体干坐地支辰，动化申。于是得到卦象的两组干支为：

壬　　壬
辰　　申

2017年阳历4月13日11点19分，对应的八字四柱是：

　　　　　　日
丁　甲　庚　壬
酉　辰　午　午

卦象的两组干支与起卦时间的八字四柱合并，就得到《离》之《丰》的卦象干支六柱：

用　　　　　　体　日
壬　丁　甲　壬　庚　壬
申　酉　辰　辰　午　午

此占问，若分类占断为求财，用神为财。求财，忌神为兄弟，元神为子孙。卦象六柱中，火为兄弟，土为子孙，金为财，水为官鬼，木为父母。卦中，壬水官鬼临体干，宜财旺生官，得财之象。日柱空亡戌亥，戌土空，辰土不空，元神不缺位。庚金有根在申，财可受生。地支火土金，从右到左顺次排开，五行贪生忘克，火土金相生链形成，元神通关成功，元神生财，财旺。壬水有根在申，可受财生，财旺生官的条件具备。故，此占问结果，可得财。

《坎》为水 ䷜（卦序号：30）

（习）坎：有孚，维心亨，行有尚。

本章介绍离、坎二卦的独爻变卦象空间，本节进入《坎》卦。以下从初爻开始，介绍《坎》卦独爻变的卦象解析、干支五行分析方法和分类占断的分析过程。先看初爻的爻辞：

䷜ 初六：习坎，入于坎窞，凶。

现代文注释：

初六，为柔弱的阴爻，"习"为重叠，意为两坎的重叠，即重卦的坎象。在重坎之下，初六居位不正，上又无应援，不应该深入重重险陷，落入陷穴的最深处，无法出险，故有凶。

《坎》卦初六爻变，得到《坎》之《节》。卦象解析如下：

从卦象看，《坎》卦卦象䷜，《节》卦卦象䷻，两卦卦象结合起来看，三坎一兑，坎为江河，为水，兑为泽，为海，这是三江之水泛滥，一片汪洋之象；中爻《颐》象，为饥荒之象；这是水灾到来，田无收成，灾后出现饥荒。对于事业发展，卦象信息，是遭遇到不利的灾患因素，饥荒代表资金不足，没有现金收入，财政出现困难，不会成功。

起卦时间：2017年阳历4月13日14点46分。占问得到《坎》之《节》，动爻在初爻。"体"的位置在四爻，"用"在初爻。

"体"在四爻，在本宫卦（坎卦）里的五行属性为申金，六亲为父母，故"体"的天干为庚。

体干在四爻，配庚金；坐下的地支，由十二宫的养，动化为沐浴。即，体干坐地支辰，动化午。于是得到卦象的两组干支为：

庚　　庚
辰　　午

2017年阳历4月13日14点46分，对应的八字四柱是：

　　　　　　　日
丁　　甲　　庚　　癸
酉　　辰　　午　　未

卦象的两组干支与起卦时间的八字四柱合并，就得到《坎》之《节》的卦象干支六柱：

　　　　　体　　日　　　　用
丁　　甲　　庚　　庚　　癸　　庚
酉　　辰　　辰　　午　　未　　午

此占问，若分类占断为求财，用神为财。求财，忌神为兄弟，元神为子孙。卦象六柱中，水为兄弟，木为子孙，火为财，土为官鬼，金为父母。卦中，庚金父母临体干，宜财旺，喜财来克体，亦喜土通关，财间接生体干，皆为财来就体，得财之象。日柱空亡戌亥。癸水有根在辰，忌神旺。甲木无根，不受生，不能通关，水直接克火，忌神直接克用神，财衰。故，此占问结果，得不到财。

继续看《坎》卦九二的爻变，先看爻辞：

☵ 九二：坎有险，求小得。

现代文注释：

九二，阳刚有为，居中，有刚中之德，现履坎有险，在此时的情势下只可以先谋求小利益。九二的中位，为"险中"，九二尚未出"险中"，得到告诫，在未出"险中"之时，谋求利益不可操之过急。

《坎》卦九二爻变，得到《坎》之《比》。卦象解析如下：

从卦象看，《坎》卦卦象☵，《比》卦卦象☷，两卦卦象结合起来看，爻变，坎去而得坤，坎去，为洪水入海，得坤，为大水退去后大地露出水面，大地又出现了；互震为东，为流，艮为安，坤为海，坎为水，为民，这是大水流入东海，灾患过去，民得安宁之象。得此占，会有成功。

起卦时间：2017年阳历4月13日14点6分。占问得到《坎》之《比》，动爻在二爻。"体"的位置在五爻，"用"在二爻。

"体"在五爻，在本宫卦（坎卦）里的五行属性为戊土，六亲为官鬼，故"体"的天干为戊。

体干在五爻，配戊土；坐下的地支，由十二宫的胎，动化为临官。即，体干坐地支子，动化巳。于是得到卦象的两组干支为：

戊　　己
子　　巳

2017年阳历4月13日14点6分，对应的八字四柱是：

```
                  日
      丁    甲    庚    癸
      酉    辰    午    未
```

卦象的两组干支与起卦时间的八字四柱合并，就得到《坎》之《比》的卦象干支六柱：

```
            体         日    用
      丁    戊    甲    庚    己    癸
      酉    子    辰    午    巳    未
```

此占问，若分类占断为求财，用神为财。求财，忌神为兄弟，元神为子孙。卦象六柱中，水为兄弟，木为子孙，火为财，土为官鬼，金为父母。卦中，戊土官鬼临体干，宜财旺生官，得财之象。日柱空亡戌亥，戊土有根在辰，官鬼可受财生。元神不缺位，体干与财皆无月破。丁火有根在午，财可受生。巳午未三会火局，财旺。财旺生官的条件具备。故，此占问结果，可得财。

继续看《坎》卦六三的爻变，先看爻辞：

䷜六三：来之坎坎，险且枕，入于坎窞，勿用。

现代文注释：

六三，这里的"来之"即"来往"，"来往坎坎"，往内是下坎，往外是上坎，来去都处在险陷之中，故只能暂且等待观察。六三已进入险陷的深处，前后都是坎险，此时，只能静观其变，不可轻举妄动。六三得到警示："勿用"，处此时位，不要行动。

《坎》卦六三爻变，得到《坎》之《井》。卦象解析如下：

从卦象看，《坎》卦卦象☵，《井》卦卦象☴，两卦卦象结合起来看，三坎一巽，坎象多现，坎为陷，为陷阱，巽为香，为饵，这是陷阱环布，又有香饵引诱之象；中爻互震为射，互离为弓弩，为罗网，凶险异常，不能动之象。对于事业发展，这是处在罗网、陷阱环布的环境，并没有真正的机会存在，一切皆为假象，前往就会被捕获，或被射杀。得此占，只能停止行动，不要被假象迷惑，并无机会的存在，不会成功。

起卦时间：2017年阳历4月13日14点38分。占问得到《坎》之《井》，动爻在三爻。"体"的位置在上爻，"用"在三爻。

"体"在上爻，在本宫卦（坎卦）里的五行属性为子水，六亲为兄弟，故"体"的天干为癸。

体干在上爻，配癸水；坐下的地支，由十二宫的胎，动化为墓。即，体干坐地支巳，动化未。于是得到卦象的两组干支为：

癸　　癸
巳　　未

2017年阳历4月13日14点38分，对应的八字四柱是：

　　　　日
丁　甲　庚　癸
酉　辰　午　未

卦象的两组干支与起卦时间的八字四柱合并，就得到《坎》之《井》的卦象干支六柱：

体			用	日	
癸	丁	甲	癸	庚	癸
巳	酉	辰	未	午	未

此占问，若分类占断为求财，用神为财。求财，忌神为兄弟，元神为子孙。卦象六柱中，水为兄弟，木为子孙，火为财，土为官鬼，金为父母。卦中，癸水兄弟临体干，忌神临体，财不能靠近，得不到财之象。日柱空亡戌亥，亥水空，甲木无根，不受生，元神衰，且不能成为通关神，忌神临体的问题无解。故，此占问结果，得不到财。

继续看《坎》卦六四的爻变，先看爻辞：

☵ 六四：樽酒，簋贰，用缶，纳约自牖，终无咎。

现代文注释：

六四，一樽酒，两碗饭，用瓦盆盛饭，素约的食物从窗户递进来。作为君王的近臣，居位正，处境尽管不好，最终会协助九五渡过险难，终无咎害。

六四，阴爻居阴位，是卦中最柔弱的，故使用了女人敬神的典故，古代女人敬神的礼仪，祭品不走正门，从窗户进出，这里寓意居大臣之位的六四，用自己的行动来谏戒君王，要忍耐。也说明六四与九五阴阳相交，能承助九五。

《坎》卦六四爻变，得到《坎》之《困》。卦象解析如下：

从卦象看，《坎》卦卦象☵，《困》卦卦象☱，两卦卦象结合起来看，三坎一兑之象，皆为水，大水为患，艮阳在坎中，互巽为鱼，陆地、屋舍、稻田皆被淹没，如同水中之鱼；互震为年岁，为粮，艮为居，兑为食，为毁，坎为损，为困，这是大水为患，民无居所，无粮困于食之象。对于事业发展，卦象信息，是遇到灾患，无粮困于食，没有现金收入，不会成功。

起卦时间：2017年阳历4月13日14点14分。占问得到《坎》之《困》，动爻在四爻。"体"的位置在初爻，"用"在四爻。

"体"在初爻，在本宫卦（坎卦）里的五行属性为寅木，六亲为子孙，故"体"的天干为甲。

体干在初爻，配甲木；坐下的地支，由十二宫的养，动化为衰。即，体干坐地支戌，动化辰。于是得到卦象的两组干支为：

甲　甲
戌　辰

2017年阳历4月13日14点14分，对应的八字四柱是：

　　　　日
丁　甲　庚　癸
酉　辰　午　未

卦象的两组干支与起卦时间的八字四柱合并，就得到《坎》之《困》的卦象干支六柱：

		用	日		体
丁	甲	甲	庚	癸	甲
酉	辰	辰	午	未	戌

此占问，若分类占断为求财，用神为财。求财，忌神为兄弟，元神为子孙。卦象六柱中，水为兄弟，木为子孙，火为财，土为官鬼，金为父母。卦中，甲木子孙临体干，忌空破，忌受克。日柱空亡戌亥，辰戌冲，辰为月令，戌被冲实；亥空，甲木无根，木不受水生，元神衰，且不能成为通关神，忌神直接克用神，财衰之象。忌神癸水有根在辰，可受庚金生，忌神旺，用神受克严重，财衰。故，此占问结果，得不到财。

继续看《坎》卦九五的爻变，先看爻辞：

☵ 九五：坎不盈，祗既平，无咎。

现代文注释：

九五，居中得正，为天下所望，大水来了，九五疏导坎水流动而不溢出河床，仅与河床平，即"坎不盈，祗既平"，但九五的中位为"险中"，不能有大作为，又为上六阴爻所乘凌，同样要忍耐和等待。虽位尊而暂时不称其位，丢了面子，也无咎害。九五耐心等待大水在疏导下退去，等待采取进一步措施的适当时机，再平安走出险难，方法得当、不躁动就不会有灾难，故"无咎"。

《坎》卦九五爻变，得到《坎》之《师》。卦象解析如下：

从卦象看，《坎》卦卦象 ☵☵，《师》卦卦象 ☷☵，两卦卦象结合起来看，三坎为三条江河大水泛滥，震为战，抗洪之战，疏导大水不溢出河床，坤为地，在坎水之上，田地庄稼没有受灾，故无咎，卦象与爻辞相合。对事业而言，"无咎"代表没有过失，且有平安，保住了收获，事业成功。

起卦时间：2017年阳历4月13日14点30分。占问得到《坎》之《师》，动爻在五爻。"体"的位置在二爻，"用"在五爻。

"体"在二爻，在本宫卦（坎卦）里的五行属性为辰土，六亲为官鬼，故"体"的天干为戊。

体干在二爻，配戊土；坐下的地支，由十二宫的胎，动化为长生。即，体干坐地支子，动化寅。于是得到卦象的两组干支为：

戊　　戊
子　　寅

2017年阳历4月13日14点30分，对应的八字四柱是：

　　　　　　日
丁　甲　庚　癸
酉　辰　午　未

卦象的两组干支与起卦时间的八字四柱合并，就得到《坎》之《师》的卦象干支六柱：

　　　用　　　　　日　　体
丁　戊　甲　庚　戊　癸
酉　寅　辰　午　子　未

此占问，若分类占断为求财，用神为财。求财，忌神为兄弟，元神为子孙。卦象六柱中，水为兄弟，木为子孙，火为财，土为官鬼，金为父母。卦中，戊土官鬼临体干，宜财旺生官，得财之象。日柱空亡戌亥，戊土有根在辰，可受财生。丁火有根在午，财可受生。甲木有根在寅，可受生，可通关，元神通关，忌神反成为财源，财有源，财旺。财旺生官的条件具备。故，此占问结果，可得财。

继续看《坎》卦上六的爻变，先看爻辞：

☵ 上六：系用徽纆，寘于丛棘，三岁不得，凶。

现代文注释：

上六，其象占凶，在于其位不利，失刚中之德，又凌乘九五之上，所以凶险，要出险须等三年。上六伏象为巽，巽为绳，徽纆即为绳索，巽为草茅，为丛棘之象，上六所居上卦为坎伏离，离数为三，故曰"系用徽纆，寘于丛棘，三岁不得"，伏象呈现出的境况很不好，故"凶"。上六的爻辞，全部与伏象有关。上六的结局与六四相比也完全不同，就在于上六不能承助九五共同济险，处险难没有团结精神，变成孤单无助的个体，有凶。

《坎》卦上六爻变，得到《坎》之《涣》。卦象解析如下：

从卦象看，《坎》卦卦象☵，《涣》卦卦象☴，两卦卦象结合起来看，互艮为道路，巽为荆棘，坎为刺，震为行，这是道路布满带刺的植物，荆棘丛生，难行之象；坎为孤，巽覆兑，兑为友，覆兑为失友，这是失友而孤单无助之象。对于事业发展，卦象信息，孤单无助，为不得地利，也不得人和，道路长满荆棘是不得天时，不得天时、地利、人和的状态，君子又能有何作为呢？坎难中的这种状态，很难有好的前景，不会成功。

起卦时间：2017年阳历4月13日14点22分。占问得到《坎》之《涣》，动爻在上爻。"体"的位置在三爻，"用"在上爻。

"体"在三爻，在本宫卦（坎卦）里的五行属性为午火，六亲为财，故"体"的天干为丁。

体干在三爻，配丁火；坐下的地支，由十二宫的胎，动化为墓。即，体干坐地支亥，动化丑。于是得到卦象的两组干支为：

丁　　丁
亥　　丑

2017年阳历4月13日14点22分，对应的八字四柱是：

　　　　日
丁　甲　庚　癸
酉　辰　午　未

卦象的两组干支与起卦时间的八字四柱合并，就得到《坎》之《涣》的卦象干支六柱：

用　　　　　　　体　　日
丁　丁　甲　丁　庚　癸
丑　酉　辰　亥　午　未

　　此占问，若分类占断为求财，用神为财。求财，忌神为兄弟，元神为子孙。卦象六柱中，水为兄弟，木为子孙，火为财，土为官鬼，金为父母。卦中，丁火财临体干，宜旺。日柱空亡戌亥，戌土空，辰未不空，土不缺位；亥水空，癸水有根在辰，可受生，忌神旺；亥空，甲木无根，不受生，不能通关，用神不能通关，忌神直接克用神，财衰。故，此占问结果，得不到财。

卷六

以下卷六的内容，进入到文王卦序的"下经"部分。文王卦序，"下经"从《泰》、《否》两卦开始，到《剥》卦结束。

第二十章　泰、否

地天《泰》䷊（卦序号：31）

泰：小往大来，吉，亨。

本章介绍泰、否二卦的独爻变卦象空间，本节进入《泰》卦。以下从初爻开始，介绍《泰》卦独爻变的卦象解析、干支五行分析方法和分类占断的分析过程。先看初爻的爻辞：

䷊**初九：拔茅茹，以其汇，征吉。**

现代文注释：

初九，阳刚的君子，茅和茹，都是根部相连的植物，拔一棵则相牵连而皆起，故"拔茅茹"就有"以其汇"的现象；茅茹本为坤象，这里是说阳气升进，阳出，其根部相牵，根部看不见，为伏，乾的"伏象"为坤，坤为茅茹；隐喻阳刚君子以其类聚，其根相牵，相致共进，初九的升进会牵动九二、九三共同一起动，其根部相互牵动，如同茅茹被拔起；君子共同前进，吉。

《泰》卦初九爻变，得到《泰》之《升》。卦象解析如下：

从卦象看，《泰》卦卦象☷☰，《升》卦卦象☷☴，两卦卦象结合起来看，巽为商贾，为交易，为市，乾为珠玉，坤为帛，为民，兑为羊，为悦，震为稻谷，这是交易商品从粮食、牲畜、丝帛到珠玉，应有尽有，民心悦喜之象；震为龙，为飞，为马，为奔，乾为天，坤为平陆，为万里，这是龙飞腾在天上，马自由奔驰在万里平地之象；巽为草木，震为春，为木，为生，为繁茂，乾在下为根，坤在上为枝，这是春天草木生长，根深扎大地，枝叶繁茂之象。对事业而言，卦象信息，市场繁荣，龙马自由奔腾，寓意得天时；草木有根，深扎大地，枝叶繁茂，寓意产品贴近市场，根基牢固，状态良好，事业成功。

起卦时间：2017年阳历4月15日16点9分。占问得到《泰》之《升》，动爻在初爻。"体"的位置在四爻，"用"在初爻。

"体"在四爻，在本宫卦（坤卦）里的五行属性为丑土，六亲为兄弟，故"体"的天干为己。

体干在四爻，配己土；坐下的地支，由十二宫的帝旺，动化为冠带。即体干坐地支巳，动化未。于是得到卦象的两组干支为：

己　　己
巳　　未

2017年阳历4月15日16点9分，对应的八字四柱是：

　　　　　　　日
丁　　甲　　壬　　戊
酉　　辰　　申　　申

卦象的两组干支与起卦时间的八字四柱合并，就得到《泰》之《升》的卦象干支六柱：

	体	日		用	
丁	甲	己	壬	戊	己
酉	辰	巳	申	申	未

此占问，若分类占断为求财，用神为财。求财，忌神为兄弟，元神为子孙。卦象六柱中，土为兄弟，金为子孙，水为财，木为官鬼，火为父母。卦中，己土兄弟临体干，忌神临体，财不能靠近，得不到财之象。日柱空亡戌亥，亥水空，壬水有根在申，财可受生。时柱戊申，戊土在柱内直接生申金。日柱壬申，申金在柱内直接生壬水。申金通关作用明显，元神通关成功，忌神临体的问题得解。元神通关，忌神反成为财源，财有源，财旺。故，此占问结果，可得财。

继续看《泰》卦九二的爻变，先看爻辞：

☷☰ 九二：包荒，用冯河，不遐遗，朋亡，得尚于中行。

现代文注释：

九二，以刚居柔，在内卦的中位，并与上卦中位的六五有应，此乃同德之象。因为与六五的同德，九二得到六五的信任相托，这是《泰》卦长久大吉、长久亨通的保证。故，九二肩负有太平盛世、泰之世的治理责任，这就涉及治泰之道。故，九二提出"包荒，用冯河，不遐遗，朋亡，"四条大的措施，也是四条有力的治泰之道。泰之世，最容易出现弊病的就是社会过于安逸，在安逸中法度废弛，人情安于享乐，无节制，近忧远患。这里，"包荒"，为包容之道，"用冯河"为奋发、拼搏、越险之道，在不断的改革中有"暴虎冯河"的勇气，"不遐遗"为有远虑，"朋亡"为不结党营私。治泰之道，有此四者，已体现出九二的贤能、才干，故夸其"得尚于中行"，"尚"为"佑助"，九二守中道而行，得中道的佑助，得中道自然可以正行，是为中正之道。

《泰》卦九二爻变，得到《泰》之《明夷》。卦象解析如下：

从卦象看，《泰》卦卦象䷊，《明夷》卦卦象䷣，两卦卦象结合起来看，震为逐，为兔，互坎中实，为得，覆艮为獐鹿，这是逐兔得獐，超出所求收获之象；震为喜乐，为迎，为归，坤为麟凤，离为巢，这是喜迎麟凤归巢之象。对于事业发展，卦象信息，有战略实施超出预想目标，得到更理想结果的含义；同时，喜得麟凤之贤才，为下一步大展宏图做好了准备，是大成功。

起卦时间：2017年阳历4月15日16点25分。占问得到《泰》之《明夷》，动爻在二爻。"体"的位置在五爻，"用"在二爻。

"体"在五爻，在本宫卦（坤卦）里的五行属性为亥水，六亲为财，故"体"的天干为壬。

体干在五爻，配壬水；坐下的地支，由十二宫的帝旺，动化为长生。即体干坐地支子，动化申。于是得到卦象的两组干支为：

壬　　壬
子　　申

2017年阳历4月15日16点25分，对应的八字四柱是：

		日	
丁	甲	壬	戊
酉	辰	申	申

卦象的两组干支与起卦时间的八字四柱合并，得到《泰》之《明夷》的卦象干支六柱：

	体		日	用	
丁	壬	甲	壬	壬	戊
酉	子	辰	申	申	申

此占问，若分类占断为求财，用神为财。求财，忌神为兄弟，元神为子孙。卦象六柱中，土为兄弟，金为子孙，水为财，木为官鬼，火为父母。卦中，壬水财临体干，宜旺。日柱空亡戊亥，亥水空，壬水有根在申，财可受生。日柱壬申并用爻，申金在柱内直接生壬水，元神生财。时柱戊申，戊土在柱内直接生申金，元神通关，忌神反成为财源，财有源，财旺。故，此占问结果，可得财。

继续看《泰》卦九三的爻变，先看爻辞：

☷ 九三：无平不陂，无往不复，艰贞无咎。勿恤其孚，于食有福。

现代文注释：

九三，已到乾之极，物极必反，不会始终为平，平则必有陂，阴也不会始终往外走，往则必有复。三阳即为盛，故盛极而衰的状态已经很接近了。泰极将有否事，所以要艰贞守正，方可保无咎。往上走，靠近坤象，坤为忧，为恤，故告之九三"勿恤"，"其孚"是与上六之孚，不用忧恤会有不利的结果，艰贞守正即可；前往顺其自然，九三居兑口之下，其象为食，乾为福，故曰"于食有福"；此爻告诫的是，知无常而勿恤，九三到了乾之极，就要走向反面了，六爻皆应的"孚"即将成为泰否转化的条件，知其为宇宙的规律，故曰"勿恤其孚"。

《泰》卦九三爻变，得到《泰》之《临》。卦象解析如下：

从卦象看，《泰》卦卦象☰☷，《临》卦卦象☷☱，两卦卦象结合起来看，乾为白昼，为日，为明，坤为地，为夜，兑为月，为暗昧，这是日落而月尚未升起，月在地中，夜更加黑暗，暗昧代替光明之象。对事业而言，这意味着兴旺的阶段已经过去，事业进入到走下坡路的阶段，很快就要萧条没落了，要做好准备，以适应新情况，以艰贞来应对；得此占，事业归于失败。

起卦时间：2017年阳历4月15日16点17分。占问得到《泰》之《临》，动爻在三爻。"体"的位置在上爻，"用"在三爻。

"体"在上爻，在本宫卦（坤卦）里的五行属性为酉金，六亲为子孙，故"体"的天干为辛。

体干在上爻，配辛金；坐下的地支，由十二宫的临官，动化为衰。即，体干坐地支酉，动化未。于是得到卦象的两组干支为：

辛　　辛

酉　　未

2017年阳历4月15日16点17分，对应的八字四柱是：

```
            日
丁    甲    壬    戊
酉    辰    申    申
```

卦象的两组干支与起卦时间的八字四柱合并，就得到《泰》之《临》的卦象干支六柱：

```
体                用    日
辛    丁    甲    辛    壬    戊
酉    酉    辰    未    申    申
```

此占问，若分类占断为求财，用神为财。求财，忌神为兄弟，元神为子孙。卦象六柱中，土为兄弟，金为子孙，水为财，木为官鬼，火为父母。卦中，辛金子孙临体干，忌空破，忌受克。日柱空亡戌亥，亥水空，壬水有根在申，可受生。但，甲木无根，木不受生，受金克，同时影响到水和金，甲木不受生，能量流到达甲木之前就已经淤塞，只能采取克耗的形式从体干流出，能量流绕过财，不生财，而是去克官鬼。故，此占问结果，不生财。

继续看《泰》卦六四的爻变，先看爻辞：

䷒六四：翩翩，不富以其邻，不戒以孚。

现代文注释：

六四，居中爻互震之中，震为鸟，为飞，故曰"翩翩"，像鸟一样的翩翩然，轻盈飞翔，这是没有积累、没有辎重的状态，表示六四并不富足。六四进入上卦坤，虚而不富，与坤体的其他邻居一样都不富，故曰"不富以其邻"。"以孚"为有信，亦即有应。"不戒以孚"指的是，阴阳交泰，彼此皆无戒心防备，上卦坤的三阴爻会同时孚于下卦的三阳。六四下应初九，从阳爻那里得到阳富。

《泰》卦六四爻变，得到《泰》之《大壮》。卦象解析如下：

从卦象看，《泰》卦卦象☷☰，《大壮》卦卦象☳☰，两卦卦象结合起来看，坤为江河，互兑为海，震为至，为东，这是江河东流入海之象；坤为国，震为君，为德，兑为恩泽，乾为富实，这是国君有德，得恩泽富实之象。对于事业发展，卦象信息，江河东流入海，寓意战略目标会如期实现；国君代表企业，企业有德行美誉，德牵利市，企业得到市场兴盛的福报，得到的是恩泽的富实；得此占，事业会成功。

起卦时间：2017年阳历4月15日16点41分。占问得到《泰》之《大壮》，动爻在四爻。"体"的位置在初爻，"用"在四爻。

"体"在初爻，在本宫卦（乾卦）里的五行属性为子水，六亲为子孙，故"体"的天干为癸。

体干在初爻，配癸水；坐下的地支，由十二宫的病，动化为长生。即，体干坐地支酉，动化卯。于是得到卦象的两组干支为：

癸　　癸
酉　　卯

2017年阳历4月15日16点41分，对应的八字四柱是：

```
            日
丁    甲    壬    戊
酉    辰    申    申
```

　　卦象的两组干支与起卦时间的八字四柱合并，得到《泰》之《大壮》的卦象干支六柱：

```
            用    日          体
丁    甲    癸    壬    戊    癸
酉    辰    卯    申    申    酉
```

　　此占问，若分类占断为求财，用神为财。求财，忌神为兄弟，元神为子孙。卦象六柱中，金为兄弟，水为子孙，木为财，火为官鬼，土为父母。卦中，癸水子孙临体干，忌空破，忌受克。日干空亡戊亥，亥水空，壬水有根在申，元神可受生。癸水有根在辰，可受生。日柱壬申，申金在柱内直接生壬水，忌神生元神，元神通关成功，忌神反成为财源，财有源，财旺。用爻癸卯，癸水在柱内直接生卯木，元神生财，财旺。故，此占问结果，可得财。

　　继续看《泰》卦六五的爻变，先看爻辞：

䷒ 六五：帝乙归妹，以祉，元吉。

现代文注释：

　　六五，就是帝乙的妹妹，帝乙为殷高宗，这里用"帝乙嫁妹给周文王"的史事，来说明联姻成功，也进一步说明《泰》道的成功，这里九二为周文王，六五为帝乙的妹妹，六五虽然尊贵至极，但也不能久居闺房，她要前往九二之处下应九二，以得到她的福祉，此乃行其所愿，联姻成功；这符合本卦的主旨，少女也得到福祉，故其占为"元吉"。

《泰》卦六五爻变，得到《泰》之《需》。卦象解析如下：

从卦象看，《泰》卦卦象☷☰，《需》卦卦象☵☰，两卦卦象结合起来看，互震为前往，坎中实，为获，为得，乾为福，兑为悦，这是喜悦的前往，与福相得之象；爻变失坤得坎，坤为虚，坎中实，这是由虚变实之象，寓意成功；卦象吉祥，也与爻辞相合。对事业而言，前往的结果就是与福相得，意味着结果是好的，所求皆能实现，会有成功。

起卦时间：2017年阳历4月15日16点49分。占问得到《泰》之《需》，动爻在五爻。"体"的位置在二爻，"用"在五爻。

"体"在二爻，在本宫卦（乾卦）里的五行属性为寅木，六亲为财，故"体"的天干为甲。

体干在二爻，配甲木；坐下的地支，由十二宫的沐浴，动化为养。即，体干坐地支子，动化戌。于是得到卦象的两组干支为：

甲　甲
子　戌

2017年阳历4月15日16点49分，对应的八字四柱是：

　　　　　日
丁　甲　壬　戊
酉　辰　申　申

卦象的两组干支与起卦时间的八字四柱合并，就得到《泰》之《需》的卦象干支六柱：

	用		日	体	
丁	甲	甲	壬	甲	戊
酉	戌	辰	申	子	申

此占问，若分类占断为求财，用神为财。求财，忌神为兄弟，元神为子孙。卦象六柱中，金为兄弟，水为子孙，木为财，火为官鬼，土为父母。卦中，甲木财临体干，宜旺。日柱空亡戌亥，亥空，壬水有根在申，可受生。申子辰三合水局，水旺，元神旺局，天干透出在壬，可受生，可通关。日柱壬申，申金在柱内直接生壬水，忌神生元神，元神通关成功，忌神反成为财源，财旺。体柱甲子，子水在柱内直接生甲木，元神生财，财旺。故，此占问结果，可得财。

继续看《泰》卦上六的爻变，先看爻辞：

☷☰ 上六：城复于隍，勿用师。自邑告命，贞吝。

现代文注释：

上六，《泰》到了极致也要走向自身的反面，"泰极而否来"的时刻到了，高大庄严的巍巍之城，在"复"道的作用下，也就是自然规律的作用下，会倾覆而倒下，卑微的如同沟渠一般，不要忿忿不平的要动用武力做最后的抗争。"泰"道在此刻既已走到了极致的终点，那就得接受天命循环的安排；想开了就好，大自然中沧海桑田的变化，不也是如此吗？泰极而否来，否极而泰来，大自然的循环往复，就是如此。改朝换代，在禅让之外，还要下诏自我贬损，如此屈尊求安乃情势所迫，此爻揭示的，是人类社会"泰极而否来"的规律，其占为吝。

《泰》卦上六爻变，得到《泰》之《大畜》。卦象解析如下：

从卦象看，《泰》卦卦象䷊，《大畜》卦卦象䷙，两卦卦象结合起来看，震为功业，为岁，为乐，艮为止，为安，乾为福，坤为平，兑为和，这是功业有止，平和得安，岁乐不忧，有福相随之象。对于事业发展，卦象信息，无誉无咎，建功立业已经止步，但岁乐不忧；得此占，有平安，但功业止步。

起卦时间：2017年阳历4月15日16点33分。占问得到《泰》之《大畜》，动爻在上爻。"体"的位置在三爻，"用"在上爻。

"体"在三爻，在本宫卦（乾卦）里的五行属性为辰土，六亲为父母，故"体"的天干为戊。

体干在三爻，配戊土；坐下的地支，由十二宫的病，动化为墓。即，体干坐地支申，动化戌。于是得到卦象的两组干支为：

戊　　戊
申　　戌

2017年阳历4月15日16点33分，对应的八字四柱是：

　　　　日
丁　甲　壬　戊
酉　辰　申　申

卦象的两组干支与起卦时间的八字四柱合并，得到《泰》之《大畜》的卦象干支六柱：

```
用                 体   日
戊    丁    甲    戊    壬    戊
戌    酉    辰    申    申    申
```

　　此占问，若分类占断为求财，用神为财。求财，忌神为兄弟，元神为子孙。卦象六柱中，金为兄弟，水为子孙，木为财，火为官鬼，土为父母。卦中，戊土父母临体干，宜财旺，喜财来克体，亦喜火通关，财间接生体干，皆为财来就体，得财之象。日柱空亡戌亥，亥水空，壬水有根在申，可受生。但甲木无根，不受生，用神财不受生，源头的能量流就不能到达财的位置，是不生财之象，财衰。故，此占问结果，得不到财。

天地《否》 ䷋（卦序号：32）

否：否之匪人，不利君子贞，大往小来。

本章介绍泰、否二卦的独爻变卦象空间，本节进入《否》卦。以下从初爻开始，介绍《否》卦独爻变的卦象解析、干支五行分析方法和分类占断的分析过程。先看初爻的爻辞：

䷋ **初六：拔茅茹，以其汇，贞吉，亨。**

现代文注释：

初六，居否卦之始，柔爻不得正；"否"之时空，天地阴阳不交，上下卦之应与也受到阻碍；初六与九四有应，九四中爻为巽象，巽为志，象征初六有志向的追求，初六，拔起一根茅茹，茅茹根连着根，牵动六二、六三共同一起动，这象征着团结，团结济难；此时的初六，自守正道以求安吉，故曰"贞吉"；待机而动，终可获上应的亨通，故曰"亨"。

《否》卦初六爻变，得到《否》之《无妄》。卦象解析如下：

从卦象看，《否》卦卦象䷋，《无妄》卦卦象䷘，两卦卦象结合起来看，坤为国，为民，巽为志，为利，艮为时，为成，震为德，为立，为功业，大离为昭明，乾为天福，为长久，这是国立其德，天下昭明，民得其福，逢时利至，功业有成之象。对于事业发展，卦象信息，有时来则功成之意，以社会责任和道德感来努力做事，等待时的到来，功业和利都能得到，会有成功。

起卦时间：2017年阳历4月16日9点16分。占问得到《否》之《无妄》，动爻在初爻。"体"的位置在四爻，"用"在初爻。

"体"在四爻，在本宫卦（乾卦）里的五行属性为午火，六亲为官鬼，故

"体"的天干为丁。

体干在四爻，配丁火；坐下的地支，由十二宫的病，动化为长生。即，体干坐地支卯，动化酉。于是得到卦象的两组干支为：

　　丁　　丁
　　卯　　酉

2017年阳历4月16日9点16分，对应的八字四柱是：

　　　　　　日
　丁　甲　癸　丁
　酉　辰　酉　巳

卦象的两组干支与起卦时间的八字四柱合并，得到《否》之《无妄》的卦象干支六柱：

　　　　体　日　　　用
　丁　甲　丁　癸　丁　丁
　酉　辰　卯　酉　巳　酉

此占问，若分类占断为求财，用神为财。求财，忌神为兄弟，元神为子孙。卦象六柱中，金为兄弟，水为子孙，木为财，火为官鬼，土为父母。卦中，丁火官鬼临体干，宜财旺生官，得财之象。日柱空亡戌亥。癸水有根在辰，可受生，可通关。日柱癸酉，酉金在柱内直接生癸水，元神通关成功，财不受克。年柱和用爻皆为丁酉，柱内的丁火直接克酉金，火旺，故忌神受制。这是典型的护神的例，丁火旺，为财的护神，忌神受制，癸水、甲木的周围全是丁，在护神的保护下，癸水生甲木，财旺。财旺生官，得财。故，此占问结果，可得财。

继续看《否》卦六二的爻变，先看爻辞：

☰☷ 六二：包承，小人吉，大人否亨。

现代文注释：

六二，阴爻得正居中，对上卦九五是为"有应"之承，这种"承"在小人当道之时，就成为小人的"包承"，"包"为阳包阴，小人被君王"包住"，这样的状态对小人接近君王献媚是有利的，小人活的很舒服，故曰"包承，小人吉"；而大人指阳爻，阳为大，乾为人，大人处在"否"的状态中，被小人玩弄于股掌，但毕竟君子能团结济难，大人终有亨通的一天，故曰"大人否亨"。

《否》卦六二爻变，得到《否》之《讼》。卦象解析如下：

从卦象看，《否》卦卦象☰☷，《讼》卦卦象☰☵，两卦卦象结合起来看，乾为玉，为德，艮为君子，为时，为守，为待，为成，巽为志，坎为忧患，这是君子处忧患，志不移，守德待时，终有所成之象。对于谋求事业发展，卦象信息，有玉之德的君子在等待时机，终可得其用，得其亨通，会有成功。

起卦时间：2017年阳历4月16日9点32分。占问得到《否》之《讼》，动爻在二爻。"体"的位置在五爻，"用"在二爻。

"体"在五爻，在本宫卦（乾卦）里的五行属性为申金，六亲为兄弟，故"体"的天干为庚。

体干在五爻，配庚金；坐下的地支，由十二宫的死，动化为胎。即，体干坐地支子，动化卯。于是得到卦象的两组干支为：

庚　　辛

子　　卯

2017年阳历4月16日9点32分，对应的八字四柱是：

		日	
丁	甲	癸	丁
酉	辰	酉	巳

卦象的两组干支与起卦时间的八字四柱合并，就得到《否》之《讼》的卦象干支六柱：

		体		日	用
丁	庚	甲	癸	辛	丁
酉	子	辰	酉	卯	巳

此占问，若分类占断为求财，用神为财。求财，忌神为兄弟，元神为子孙。卦象六柱中，金为兄弟，水为子孙，木为财，火为官鬼，土为父母。卦中，庚金兄弟临体干，忌神临体，财无法靠近，得不到财之象。日柱空亡戌亥，亥水空，癸水有根在子，可受生，可通关。日柱癸酉，酉金在柱内直接生癸水，元神通关成功，忌神临体的问题得解，财不受克。故，此占问结果，可得财。

继续看《否》卦六三的爻变，先看爻辞：

䷌六三：包羞。

现代文注释：

六三，阴居阳位，位不得正，象征小人谄媚取宠之道不正，承阳而媚于九四，其上有应而媚于上九，靠媚态而得到阳爻的"包"，自然有羞，而君子接受小人不正的德行，对于君子也同样感受到羞耻，故阳爻包六三即为"包羞"。在"否"的时空，君子包好美食珍馐去祭祀场所祈祷，以此象征"包羞"。

六三的"包羞"，是说君子的"包羞"，自从有了《否》卦六三爻的"包羞"，"包羞"就成为君子在"否"的时空状态下的重要选择，在后世，多少英雄豪杰选择了"包羞"！汉代三杰的韩信宁愿受"胯下之辱"也不与地痞流氓争一口气，就是选择了"包羞"。"包羞"在后世被作为在"否"的极端状态下"大智"的选择，六三爻也是一样，君子选择了包容六三，忍耐于一时，静待时局变化。

《否》卦六三爻变，得到《否》之《遁》。卦象解析如下：

从卦象看，《否》卦卦象☲，《遁》卦卦象☵，两卦卦象结合起来看，坤为闭塞，为地，为丧，乾为天，艮为道，为家，为犬，艮覆震为不行，巽为退却，这是天地闭，道不行，儽如丧家之犬之象。对事业而言，卦象明显为不得其时，孤单无依，忍辱退却之意，此时什么也做不成；得此占，不会成功。

起卦时间：2017年阳历4月16日9点24分。占问得到《否》之《遁》，动爻在三爻。"体"的位置在上爻，"用"在三爻。

"体"在上爻，在本宫卦（乾卦）里的五行属性为戌土，六亲为父母，故"体"的天干为戊。

体干在上爻，配戊土；坐下的地支，由十二宫的病，动化为墓。即，体干坐地支申，动化戌。于是得到卦象的两组干支为：

戊　　　戊

申　　　戌

2017年阳历4月16日9点24分，对应的八字四柱是：

		日	
丁	甲	癸	丁
酉	辰	酉	巳

卦象的两组干支与起卦时间的八字四柱合并，就得到《否》之《遁》的卦象干支六柱：

体			用	日	
戊	丁	甲	戊	癸	丁
申	酉	辰	戌	酉	巳

此占问，若分类占断为求财，用神为财。求财，忌神为兄弟，元神为子孙。卦象六柱中，金为兄弟，水为子孙，木为财，火为官鬼，土为父母。卦中，戊土父母临体干，宜财旺，喜财来克体，亦喜火通关，财间接生体干，皆为财来就体，得财之象。日柱空亡戌亥，申酉戌三会金局，金旺，戌不论空；亥是甲木的根，亥空，甲木无根，财不受生，财衰。癸水有根在辰，可受生，可通关。但，甲木不受生，金直接克甲木，三会金局旺，甲木受伤严重，财衰。故，此占问结果，得不到财。

继续看《否》卦九四的爻变，先看爻辞：

☳☱ 九四：有命无咎，畴离祉。

现代文注释：

九四，人位的上者，有济否之志，也有济否之才，"否"虽尚在，自有天命，时至则"否去而泰来"。故，听从天命的安排，九四尽可大胆行其"济否"之人事，没有咎害，故曰"有命无咎"。"畴"同"俦"，意为同类，指上卦的三根阳爻，"离"即"丽"，依附的意思，"祉"为"福祉"，这里是说，上卦乾体的三阳相互依附，共同努力济否，可以得到福祉，故曰"畴离祉"。

《否》卦九四爻变，得到《否》之《观》。卦象解析如下：

从卦象看，《否》卦卦象☷☰，《观》卦卦象☴☷，两卦卦象结合起来看，乾为福祉，互艮为家，为君子，为身，为安，巽为齐，为进退，坤为国，为聚，这是君子齐聚而共进退，团结一致，国得安，身得存，共得福祉之象；卦象信息与爻辞相合。卦象信息，强调君子要共同行动。得此占，会有成功。

起卦时间：2017年阳历4月16日9点48分。占问得到《否》之《观》，动爻在四爻。"体"的位置在初爻，"用"在四爻。

"体"在初爻，在本宫卦（坤卦）里的五行属性为未土，六亲为兄弟，故"体"的天干为己。

体干在初爻，配己土；坐下的地支，由十二宫的病，动化为墓。即，体干坐地支卯，动化丑。于是得到卦象的两组干支为：

己　　己
卯　　丑

2017年阳历4月16日9点48分，对应的八字四柱是：

日

丁	甲	癸	丁
酉	辰	酉	巳

卦象的两组干支与起卦时间的八字四柱合并，就得到《否》之《观》的卦象干支六柱：

用 日 体

丁	甲	己	癸	丁	己
酉	辰	丑	酉	巳	卯

此占问，若分类占断为求财，用神为财。求财，忌神为兄弟，元神为子孙。卦象六柱中，土为兄弟，金为子孙，水为财，木为官鬼，火为父母。卦中，己土兄弟临体干，忌神临体，财无法靠近，得不到财之象。日柱空亡戌亥。癸水有根在辰，财可受生。巳酉丑三合金局，金旺，元神旺局，可受生，可通关，元神通关，忌神反成为财源，忌神临体的问题得解。日柱癸酉，酉金在柱内直接生癸水，元神生财，财旺。故，此占问结果，可得财。

继续看《否》卦九五的爻变，先看爻辞：

▤ 九五：休否，大人吉。其亡其亡，系于苞桑。

现代文注释：

九五，其位居中得正，其下的中爻互艮为止，止为休，故曰"休否"，

"否"的闭塞状况被打破了，乾坤反转而通泰，大人得到"吉祥"。但"否"虽终结，不要忘记"否"的凶险啊！故警之安固之道，要常常忧虞在心，警之"其亡"，要对自己喊道："其亡矣！其亡矣！"安不忘危也！还要采取稳妥的措施，立行安固之道，就像把生命维系在根系极为发达且深固的丛生的桑树之上。

《否》卦九五爻变，得到《否》之《晋》。卦象解析如下：

从卦象看，《否》卦卦象☰☷，《晋》卦卦象☲☷，两卦卦象结合起来看，乾在坤上，乾为天，为日在天空运行，离为舍，日之舍，这是天道运行之象；艮为鸟，为飞，互坎为伤，为矢，震为翼，覆震为翼折，坤为亡，这是鸟为箭矢所伤，翼折而亡之象；巽为桑，艮为安，这是生命系之苞桑为安之象；卦象中有凶，也有天道和安生之道；与爻辞相合。对于事业发展，天道运行会使闭塞转为通泰，意味着会从困难转向顺利；鸟为箭矢所伤、翼折而亡的凶象，提醒人们要警惕此爻隐藏的风险，若把事业比喻为生命，那就要有把生命系之苞桑的安固措施，总体而论，是伴随着风险，但终有成功。

起卦时间：2017年阳历4月16日9点56分。占问得到《否》之《晋》，动爻在五爻。"体"的位置在二爻，"用"在五爻。

"体"在二爻，在本宫卦（坤卦）里的五行属性为巳火，六亲为父母，故"体"的天干为丙。

体干在二爻，配丙火；坐下的地支，由十二宫的病，动化为墓。即，体干坐地支申，动化戌。于是得到卦象的两组干支为：

丙　　丙
申　　戌

2017年阳历4月16日9点56分，对应的八字四柱是：

```
              日
    丁    甲    癸    丁
    酉    辰    酉    巳
```

卦象的两组干支与起卦时间的八字四柱合并，就得到《否》之《晋》的卦象干支六柱：

```
         用              日    体
    丁    丙    甲    癸    丙    丁
    酉    戌    辰    酉    申    巳
```

此占问，若分类占断为求财，用神为财。求财，忌神为兄弟，元神为子孙。卦象六柱中，土为兄弟，金为子孙，水为财，木为官鬼，火为父母。卦中，丙火父母临体干，宜财旺，喜财来克体，亦喜木通关，财间接生体干，皆为财来就体，得财之象。日柱空亡戌亥，亥水空，癸水有根在辰，财可受生。申酉戌三会金局，金旺，元神旺局，可受生，可通关，元神通关，忌神反成为财源。日柱癸酉，酉金在柱内直接生癸水，元神生财，财旺。故，此占问结果，可得财。

继续看《否》卦上九的爻变，先看爻辞：

☶ 上九：倾否，先否后喜。

现代文注释：

上九，居《否》卦极致之位，否极而泰来，"否"道倾覆，故曰"倾否"，

"否"道已终，喜悦不禁，故曰"先否后喜"。从九五"休否"到上九的"倾否"，闭塞状况被打破，"否"道倾覆，"否"的状态终于结束，让人喜悦不禁。尽管宇宙天道循环，从时空上看《否》卦到达《泰》卦，中间相隔三十二卦，是很长的一段时空间隔；但要记住的是，由于《否》卦六爻皆有应，因此在《否》卦的时空里，君子的作为可以成就"济否"的大业，完成"否极泰来"之大功，君子在《否》卦的时空里就可以得到"大人吉"和喜庆。

《否》卦上九爻变，得到《否》之《萃》。卦象解析如下：

从卦象看，《否》卦卦象☰☷，《萃》卦卦象☱☷，两卦卦象结合起来看，兑为喜悦，乾为百福，为天，巽为陨，为落，坤为身，为我，艮为鸟，为飞，为手，为抱，这是百福如鸟儿从天空飞落我身，喜悦抱福之象。对于事业发展，卦象信息，意味着苦尽甘来，百福降临，事业成功。

起卦时间：2017年阳历4月16日9点40分。占问得到《否》之《萃》，动爻在上爻。"体"的位置在三爻，"用"在上爻。

"体"在三爻，在本宫卦（坤卦）里的五行属性为卯木，六亲为官鬼，故"体"的天干为乙。

体干在三爻，配乙木；坐下的地支，由十二宫的死，动化为沐浴。即，体干坐地支亥，动化巳。于是得到卦象的两组干支为：

乙　　　乙
亥　　　巳

2017年阳历4月16日9点40分，对应的八字四柱是：

```
                 日
     丁    甲    癸    丁
     酉    辰    酉    巳
```

卦象的两组干支与起卦时间的八字四柱合并，就得到《否》之《萃》的卦象干支六柱：

```
     用              体    日
     乙    丁    甲    乙    癸    丁
     巳    酉    辰    亥    酉    巳
```

此占问，若分类占断为求财，用神为财。求财，忌神为兄弟，元神为子孙。卦象六柱中，土为兄弟，金为子孙，水为财，木为官鬼，火为父母。卦中，乙木官鬼临体干，宜财旺生官，得财之象。日柱空亡戌亥，亥水空，甲木无根。丁火无根，不受生，不能通关，故，木直接克土，忌神受克。月柱甲辰，甲木在柱内直接克辰土，忌神被木盖头，忌神受制。癸水有根在辰，财可受生。日柱癸酉，酉金在柱内直接生癸水，元神生财，财旺。乙木有根在辰，官鬼可受财生。财旺生官的条件具备。故，此占问结果，可得财。

第二十一章 革、蒙、同人、师

泽火《革》☲ （卦序号：33）

革：己日乃孚，元亨，利贞，悔亡。

　　本章介绍四个卦的独爻变卦象空间，本节进入《革》卦。以下从初爻开始，介绍《革》卦独爻变的卦象解析、干支五行分析方法和分类占断的分析过程。先看初爻的爻辞：

☲ **初九：巩用黄牛之革。**

现代文注释：

　　初九，阳刚居正，行动谨慎，"黄牛"的"黄"是中色，象征"中道"，而"黄牛之革"寓意坚固、可靠，这是改革之前的谨慎，先用黄牛的皮革巩固原有的基础，意思就是采取措施以利于稳定。初九在上卦无应，故变革之前先持中道以自守，巩固自身的地位。

　　《革》卦初九爻变，得到《革》之《咸》。卦象解析如下：

　　从卦象看，《革》卦卦象☲，《咸》卦卦象☶，两卦卦象结合起来看，爻变失离得艮，离为兵灾，为乱，艮为居，为安，这是由戈兵之乱转安之象；兑为五谷，坤为囊，为仓，为年岁，乾为盈满，乾在坤中，是囊中盈满，仓庾盈满之象。对事业而言，卦象信息，由乱转安，是自守成功；仓庾盈满，年岁收获丰实，是开始盈利且有了丰实的积累；得此占，事业成功。

起卦时间：2017年阳历4月17日10点3分。占问得到《革》之《咸》，动爻在初爻。"体"的位置在四爻，"用"在初爻。

"体"在四爻，在本宫卦（兑卦）里的五行属性为亥水，六亲为子孙，故"体"的天干为壬。

体干在四爻，配壬水；坐下的地支，由十二宫的墓，动化为冠带。即，体干坐地支辰，动化戌。于是得到卦象的两组干支为：

壬　　壬
辰　　戌

2017年阳历4月17日10点3分，对应的八字四柱是：

　　　　　日
丁　甲　甲　己
酉　辰　戌　巳

卦象的两组干支与起卦时间的八字四柱合并，就得到《革》之《咸》的卦象干支六柱：

　　　　体　日　　用
丁　甲　壬　甲　己　壬
酉　辰　辰　戌　巳　戌

此占问，若分类占断为求财，用神为财。求财，忌神为兄弟，元神为子孙。

卦象六柱中，金为兄弟，水为子孙，木为财，火为官鬼，土为父母。卦中，壬水子孙临体干，忌空破，忌受克。日柱空亡申酉，忌神落空亡，用神不受克。体干壬水两边为甲木，自坐水库辰，元神生财之象。故，此占问结果，可得财。

继续看《革》卦六二的爻变，先看爻辞：

䷰ 六二：己日乃革之，征吉，无咎。

现代文注释：

六二，柔顺中正，且为下卦的主爻，与九五又有应，故可以发动改革。在正确的己日，时机成熟，就行动起来。六二的柔中之德，其德行禀赋有利于接近民众，容易取得民众的信任和对于改革的理解，故前进吉祥，没有咎害。

《革》卦六二爻变，得到《革》之《夬》。卦象解析如下：

从卦象看，《革》卦卦象䷰，《夬》卦卦象䷪，两卦卦象结合起来看，乾为宝马，伏坤为聚，互巽为齐，离为麟凤，兑为恩，为臣，为辅，伏艮为世，为世恩之辅臣，这是辅佐君王的世恩之臣，皆为良驹宝马麟凤之才，贤臣济济一堂之象。对于谋求事业发展，卦象信息，隐喻有成霸业的人才条件，一旦有发动改革的重大行动，或有大的项目启动，会取得成功。

起卦时间：2017年阳历4月17日10点43分。占问得到《革》之《夬》，动爻在二爻。"体"的位置在五爻，"用"在二爻。

"体"在五爻，在本宫卦（兑卦）里的五行属性为酉金，六亲为兄弟，故"体"的天干为辛。

体干在五爻，配辛金；坐下的地支，由十二宫的养，动化为临官。即，体干坐地支丑，动化酉。于是得到卦象的两组干支为：

辛　　辛

丑　　酉

2017年阳历4月17日10点43分，对应的八字四柱是：

　　　　　　日

丁　　甲　　甲　　己

酉　　辰　　戌　　巳

卦象的两组干支与起卦时间的八字四柱合并，就得到《革》之《夬》的卦象干支六柱：

　　　体　　　　日　　用

丁　　辛　　甲　　甲　　辛　　己

酉　　丑　　辰　　戌　　酉　　巳

此占问，若分类占断为求财，用神为财。求财，忌神为兄弟，元神为子孙。卦象六柱中，金为兄弟，水为子孙，木为财，火为官鬼，土为父母。卦中，辛金兄弟临体干，忌神临体，财不能靠近，得不到财之象。日柱空亡申酉，看似金落空亡，但，巳酉丑三合金局，金旺，酉不论空，忌神旺局，辛金有根。月柱甲辰，甲木坐水库上，辰戌冲，库门冲开，甲木可以得到墓库中的癸水，木为财，财受生，元神生财之象。但，甲木无根，水不能通关，辛金直接克甲木，财衰。故，此占问结果，得不到财。

继续看《革》卦九三的爻变，先看爻辞：

☷ 九三：征凶，贞厉；革言三就，有孚。

现代文注释：

九三，人位的下者，以阳刚居下卦之极，前面有二刚爻阻挡，前进有危险，其占为厉，下卦离，离数为三，故曰"革言三就"。改革方案的审察，三次皆合才可相信其可行，还要在公众中得到可信的反馈结果，方为可信，谨慎为之，既可以不失去时机，也得到众信，最终才不会有过错。

《革》卦九三爻变，得到《革》之《随》。卦象解析如下：

从卦象看，《革》卦卦象☰，《随》卦卦象☳，两卦卦象结合起来看，离为明视，震为行动，这是有了正确的判断，而后开始行动之象；兑为言，离数三，故其言三次，与爻辞的"革言三就"相合。对于事业发展，其视明，其行谨慎，不会有差错，终有成功。

起卦时间：2017年阳历4月17日10点11分。占问得到《革》之《随》，动爻在三爻。"体"的位置在上爻，"用"在三爻。

"体"在上爻，在本宫卦（兑卦）里的五行属性为未土，六亲为父母，故"体"的天干为己。

体干在上爻，配己土；坐下的地支，由十二宫的墓，动化为长生。即，体干坐地支丑，动化酉。于是得到卦象的两组干支为：

己　　己

丑　　酉

2017年阳历4月17日10点11分，对应的八字四柱是：

日

丁　　甲　　甲　　己

酉　　辰　　戌　　巳

卦象的两组干支与起卦时间的八字四柱合并，就得到《革》之《随》的卦象干支六柱：

体　　　　　用　日

己　　丁　　甲　　己　　甲　　己

丑　　酉　　辰　　酉　　戌　　巳

此占问，若分类占断为求财，用神为财。求财，忌神为兄弟，元神为子孙。卦象六柱中，金为兄弟，水为子孙，木为财，火为官鬼，土为父母。卦中，己土父母临体干，宜财旺，喜财来克体，亦喜火通关，财间接生体干，皆为财来就体，得财之象。日柱空亡申酉，看似金落空亡，但，巳酉丑三合金局，金旺，酉不论空。卦中，用神不空不破，月柱甲辰，甲木坐水库辰，辰戌冲，冲开库门，甲木可得水，乃元神出墓，生财之象。但，甲木无根，水通关也有问题，忌神克用神在所难免。故，此占问结果，财不旺，无大财，谨慎为之。

继续看《革》卦九四的爻变，先看爻辞：

䷰ 九四：悔亡，有孚改命，吉。

现代文注释：

九四，阳刚居柔位，其位不得正，且在下无应，本有悔；但九四中爻为乾，居乾中，悔亡。九四离开下卦而进入上卦，从"离"进入"兑"，兑综巽，覆巽之象，巽为命，覆巽为改命，九四居乾中，乾为信，为有孚，故曰"有孚改命"；九四已到"己日乃孚，革而信之"的新阶段，九四有孚而改命，得吉。

《革》卦九四爻变，得到《革》之《既济》。卦象解析如下：

从卦象看，《革》卦卦象☰，《既济》卦卦象☰，两卦卦象结合起来看，爻变，兑变坎，兑为害，为弊，坎中实，为得，这是去弊而有得之象；互乾为君王，兑为辅，离为麟凤，这是有麟凤之才辅佐君王之象；震为行动，多个半震，为不息，坎为心，互巽为志，这是心有志向，行动不息之象。对事业而言，卦象信息，是做事的条件皆已俱备，事业会成功。

起卦时间：2017年阳历4月17日10点35分。占问得到《革》之《既济》，动爻在四爻。"体"的位置在初爻，"用"在四爻。

"体"在初爻，在本宫卦（离卦）里的五行属性为卯木，六亲为父母，故"体"的天干为乙。

体干在初爻，配乙木；坐下的地支，由十二宫的沐浴，动化为养。即，体干坐地支巳，动化未。于是得到卦象的两组干支为：

乙　　乙
巳　　未

2017年阳历4月17日10点35分，对应的八字四柱是：

```
            日
丁    甲    甲    己
酉    辰    戌    巳
```

卦象的两组干支与起卦时间的八字四柱合并，得到《革》之《既济》的卦象干支六柱：

```
            用    日          体
丁    甲    乙    甲    己    乙
酉    辰    未    戌    巳    巳
```

此占问，若分类占断为求财，用神为财。求财，忌神为兄弟，元神为子孙。卦象六柱中，火为兄弟，土为子孙，金为财，水为官鬼，木为父母。卦中，乙木父母临体干，宜财旺，喜财来克体，亦喜水通关，财间接生体干，皆为财来就体，得财之象。日柱空亡申酉，天干庚辛不现，看似用神缺位。但地支中，戌藏干辛，巳藏干庚，庚辛金不缺位，财藏而不露。己土有根在未，可受生，可通关，时柱己巳，巳火在柱内直接生己土，忌神生元神，元神通关，忌神反成为财源，元神生暗财，财不露，但，财有源，财旺。故，此占问结果，可得财。

继续看《革》卦九五的爻变，先看爻辞：

☰ 九五：大人虎变，未占有孚。

现代文注释：

九五，以阳刚中正居上卦主位，是为卦主，故称"大人"，"虎"为大人之象，大人得"顺天应人"之时，有德行天下、天下人云集响应的"虎变"之象。其得时之正当，事理炳著，就如虎之斑纹，让民众看得清清楚楚，无不信从；大人虎变之炳然昭著，不待占筮，即有信于民众，故曰"未占有孚"。

《革》卦九五爻变，得到《革》之《丰》。卦象解析如下：

从卦象看，《革》卦卦象☱，《丰》卦卦象☳，两卦卦象结合起来看，爻变，兑变震，兑为虎，震为君王，这是君王显见，虎变之象；大坎为心，为忧，震为解，为喜乐，兑为悦，这是忧得解，心安乐之象。对于事业发展，卦象信息，君王的显见，忧得解而心安乐，明确事业已经成功。

起卦时间：2017年阳历4月17日10点19分。占问得到《革》之《丰》，动爻在五爻。"体"的位置在二爻，"用"在五爻。

"体"在二爻，在本宫卦（离卦）里的五行属性为丑土，六亲为子孙，故"体"的天干为己。

体干在二爻，配己土；坐下的地支，由十二宫的冠带，动化为长生。即体干坐地支未，动化酉。于是得到卦象的两组干支为：

己　　己
未　　酉

2017年阳历4月17日10点19分，对应的八字四柱是：

　　　　日
丁　甲　甲　己
酉　辰　戌　巳

卦象的两组干支与起卦时间的八字四柱合并，就得到《革》之《丰》的卦象干支六柱：

	用		日	体	
丁	己	甲	甲	己	己
酉	酉	辰	戌	未	巳

此占问，若分类占断为求财，用神为财。求财，忌神为兄弟，元神为子孙。卦象六柱中，火为兄弟，土为子孙，金为财，水为官鬼，木为父母。卦中，己土子孙临体干，忌空破，忌被克。日柱空亡申酉，天干庚辛不现，看似用神缺位；但，戌藏干辛，巳藏干庚，财并不缺位。元神不空不破，己土坐禄，土旺，有根可受生，可通关，时柱己巳，巳火在柱内直接生己土，忌神生元神，元神通关成功，忌神反成为财源，财有源，财旺。故，此占问结果，可得财。

继续看《革》卦上六的爻变，先看爻辞：

☰☱ 上六：君子豹变，小人革面，征凶，居贞吉。

现代文注释：

上六，为改革顺利进展后的守成之时，君子应时而动，如豹子般敏捷，亦如花豹之文采，而小人只有革面以听从。革之终，征有凶，是说不可过度，居中道贞固以守正，吉。

《革》卦上六爻变，得到《革》之《同人》。卦象解析如下：

从卦象看，《革》卦卦象☲☱，《同人》卦卦象☰☲，两卦卦象结合起来看，离中虚为贫，乾为富实，兑伏艮为盼，这是贫而盼富之象；互巽为商贾，为利，为交易，兑为羊，为养，大坎中实，为得，为辛苦，这是贩养羊群辛苦，但所求终能实现之象。对于事业发展，卦象信息，有勤劳致富的含义，是企业行正道，有实际可行的致富之路，最终得以成功。

起卦时间：2017年阳历4月17日10点27分。占问得到《革》之《同人》，动爻在上爻。"体"的位置在三爻，"用"在上爻。

"体"在三爻，在本宫卦（离卦）里的五行属性为亥水，六亲为官鬼，故"体"的天干为壬。

体干在三爻，配壬水；坐下的地支，由十二宫的冠带，动化为帝旺。即体干坐地支戌，动化子。于是得到卦象的两组干支为：

壬　　　壬
戌　　　子

2017年阳历4月17日10点27分，对应的八字四柱是：

　　　　　　日
丁　甲　甲　己
酉　辰　戌　巳

卦象的两组干支与起卦时间的八字四柱合并，得到《革》之《同人》的卦象干支六柱：

用　　　　　　体　日
壬　丁　甲　壬　甲　己
子　酉　辰　戌　戌　巳

此占问，若分类占断为求财，用神为财。求财，忌神为兄弟，元神为子孙。卦象六柱中，火为兄弟，土为子孙，金为财，水为官鬼，木为父母。卦中，壬水官鬼临体干，宜财旺生官，得财之象。日柱空亡申酉，天干庚辛不现，看似财缺位。但，戌藏干辛，巳藏干庚，财并不缺位。体干壬水两边为甲木，水生木之象。地支从右到左，初爻到上爻，火土金水按次序，顺次排开，五行贪生忘克，火土金水的相生链形成，元神旺，生财，财亦旺。相生链到达官鬼，财旺生官的条件具备。故，此占问结果，可得财。

山水《蒙》䷃（卦序号：34）

蒙：亨。匪我求童蒙，童蒙求我。初筮告，再三渎，渎则不告，利贞。

本章介绍四个卦的独爻变卦象空间，本节进入《蒙》卦。以下从初爻开始，介绍《蒙》卦独爻变的卦象解析、干支五行分析方法和分类占断的分析过程。先看初爻的爻辞：

䷃ 初六：发蒙，利于刑人，用说桎梏，以往吝。

现代文注释：

初六，在最下位，象征启蒙的最初阶段。"发蒙"，是智力启蒙的初始阶段出现的状态，这是在思考，因此不要觉得奇怪。我们就经历过听不懂的课，坐在那里发蒙。允许"发蒙"，就是启智的规律和重要方法，这有利于造就善于思考的人，去掉束缚启智教育的条条框框，又不放任自流，不致将来的遗憾。

《蒙》卦初六爻变，得到《蒙》之《损》。卦象解析如下：

从卦象看，《蒙》卦卦象䷃，《损》卦卦象䷨，两卦卦象结合起来看，坤虚为饿，为我，震为粮，为解，坎为忧，兑为恩泽，为食，艮为安，为敬，为拜，这是在饥饿无粮的境况下得到食物的恩赐，得安，笃敬拜谢之象。对事业而言，这是遭遇灾患，得到外援而获安定，事业未成功。

起卦时间：2017年阳历4月19日15点22分。占问得到《蒙》之《损》，动爻在初爻。"体"的位置在四爻，"用"在初爻。

"体"在四爻，在本宫卦（艮卦）里的五行属性为戌土，六亲为兄弟，故"体"的天干为戌。

体干在四爻，配戊土；坐下的地支，由十二宫的胎，动化为沐浴。即，体干坐地支子，动化卯。于是得到卦象的两组干支为：

戊　　己
子　　卯

2017年阳历4月19日15点22分，对应的八字四柱是：

		日	
丁	甲	丙	丙
酉	辰	子	申

卦象的两组干支与起卦时间的八字四柱合并，就得到《蒙》之《损》的卦象干支六柱：

		体	日		用
丁	甲	戊	丙	丙	己
酉	辰	子	子	申	卯

此占问，若分类占断为求财，用神为财。求财，忌神为兄弟，元神为子孙。卦象六柱中，土为兄弟，金为子孙，水为财，木为官鬼，火为父母。卦中，戊土兄弟临体干，忌神临体，财不能靠近，得不到财之象。日柱空亡申酉，天干庚辛不现，金缺位，元神空，无元神通关，财直接受克。申子辰三合水局，水旺，申不论空，财局旺。但，无元神通关，忌神不能成为财源，忌神临体的问题无解。故，此占问结果，得不到财。

继续看《蒙》卦九二的爻变，先看爻辞：

☷☷ 九二：包蒙，吉。纳妇吉，子克家。

现代文注释：

　　九二，有刚中之德，阳刚为明，故为老师。蒙为不明，暗为阴，故卦中阴爻是童蒙。九二往上至上九，大象为离，光明之象，九二与上九，两根阳爻有包住童蒙之象，象征老师将童蒙都带往光明。这是有责任心的"师道"，自然为"吉"。中爻出现震象，震为夫，伏象为巽，巽为妇，故曰"纳妇"；震为子，其上为艮，艮为家，故曰"子克家"，"纳妇吉，子克家"寓意刚柔得以相接，大吉。

　　《蒙》卦九二爻变，得到《蒙》之《剥》。卦象解析如下：

　　从卦象看，《蒙》卦卦象☷☷，《剥》卦卦象☷☷，两卦卦象结合起来看，爻变失坎得坤，坎中实，为有，坤虚，为无，为失，艮为高贵，为时，为位，这是失位之象；互震为履，为践行，坤为庶众，为低贱，这是没有趁势履位，失位而沦为庶众之象。对于事业发展，卦象信息，明示履位可以趁势发展，成为卓越，失之则沦为平凡，导致失败；得此占，事业不会成功。

　　起卦时间：2017年阳历4月19日15点38分。占问得到《蒙》之《剥》，动爻在二爻。"体"的位置在五爻，"用"在二爻。

　　"体"在五爻，在本宫卦（艮卦）里的五行属性为子水，六亲为财，故"体"的天干为癸。

　　体干在五爻，配癸水；坐下的地支，由十二宫的胎，动化为死。即，体干坐地支巳，动化申。于是得到卦象的两组干支为：

癸　壬
巳　申

2017年阳历4月19日15点38分，对应的八字四柱是：

　　　　　日
丁　甲　丙　丙
酉　辰　子　申

卦象的两组干支与起卦时间的八字四柱合并，就得到《蒙》之《剥》的卦象干支六柱：

　　体　　　　日　　用
丁　癸　甲　丙　壬　丙
酉　巳　辰　子　申　申

此占问，若分类占断为求财，用神为财。求财，忌神为兄弟，元神为子孙。卦象六柱中，土为兄弟，金为子孙，水为财，木为官鬼，火为父母。卦中，癸水财临体干，宜旺。日柱空亡申酉，天干庚辛不现，元神有缺位的可能。巳藏干庚，金看似没有缺位。但，金的余气藏于巳，在体干坐下，巳火被癸水盖头，巳火在体柱内被克制，金的余气难有作为，故，金仍应视为缺位状态，不能起通关神的作用，元神缺位，忌神克用神，财衰。故，此占问结果，得不到财。

继续看《蒙》卦六三的爻变，先看爻辞：

☶☵ 六三：勿用取女，见金夫，不有躬，无攸利。

现代文注释：

六三，阴居阳位，位不中不正，又以阴爻乘九二阳爻，象征行为不端的女子，故断为：不要娶这个女子。六三，没有受过礼教的启蒙，与上九有应，上艮有止，应有困难，六三转向与九二亲比，九二中爻覆艮，艮为金，为夫，故曰"金夫"，"不有躬"指"失身"于人，六三轻易失身于人，娶这样的女子没有好处。

《蒙》卦六三爻变，得到《蒙》之《蛊》。卦象解析如下：

从卦象看，《蒙》卦卦象☶☵，《蛊》卦卦象☶☴，两卦卦象结合起来看，艮为狐，坤为荒野，互震为农人，为逐，巽为散，坎为穴，为隐，这是逐狐于荒野，狐四散隐伏逃入洞穴之象。对事业而言，卦象信息，逐狐而抓不到狐，寓意正在进行的项目不能最终完成，归于失败。

起卦时间：2017年阳历4月19日15点54分。占问得到《蒙》之《蛊》，动爻在三爻。"体"的位置在上爻，"用"在三爻。

"体"在上爻，在本宫卦（艮卦）里的五行属性为寅木，六亲为官鬼，故"体"的天干为甲。

体干在上爻，配甲木；坐下的地支，由十二宫的沐浴，动化为冠带。即体干坐地支子，动化丑。于是得到卦象的两组干支为：

甲　乙

子　丑

2017年阳历4月19日15点54分，对应的八字四柱是：

```
            日
  丁    甲    丙    丙
  酉    辰    子    申
```

卦象的两组干支与起卦时间的八字四柱合并，就得到《蒙》之《蛊》的卦象干支六柱：

```
  体              用    日
  甲    丁    甲    乙    丙    丙
  子    酉    辰    丑    子    申
```

此占问，若分类占断为求财，用神为财。求财，忌神为兄弟，元神为子孙。卦象六柱中，土为兄弟，金为子孙，水为财，木为官鬼，火为父母。卦中，甲木官鬼临体干，宜财旺生官，得财之象。日柱空亡申酉，天干庚辛不现，金缺位。元神缺位，忌神直接克用神。申子辰三合水局，水旺，申不论空，财旺局。但，无元神生财，忌神直接克财，财无源，被克，财亦衰。财旺生官的条件不具备。故，此占问结果，得不到财。

继续看《蒙》卦六四的爻变，先看爻辞：

䷷ 六四：困蒙，吝。

现代文注释：

六四，在下无应，处在众阴的包围中，与蒙师九二的接触被六三隔开，与蒙师上九的接触又被六五隔开，故有"困蒙"之象，有遗憾，吝。

《蒙》卦六四爻变，得到《蒙》之《未济》。卦象解析如下：

从卦象看，《蒙》卦卦象▦，《未济》卦卦象▦，两卦卦象结合起来看，艮为山，为石，为虎狼，为居，坤为荒野，互震为摇，震覆艮为山崩，坎为忧，这是荒原野地虎狼出没，又遇山体不稳，居所不宜居，让人心忧之象。对于事业发展，卦象信息，是环境条件不好，不得地利，事业处于停滞，归于失败。

起卦时间：2017年阳历4月19日15点30分。占问得到《蒙》之《未济》，动爻在四爻。"体"的位置在初爻，"用"在四爻。

"体"在初爻，在本宫卦（坎卦）里的五行属性为寅木，六亲为子孙，故"体"的天干为甲。

体干在初爻，配甲木；坐下的地支，由十二宫的衰，动化为养。即，体干坐地支辰，动化戌。于是得到卦象的两组干支为：

甲　　甲
辰　　戌

2017年阳历4月19日15点30分，对应的八字四柱是：

　　　　日
丁　甲　丙　丙
酉　辰　子　申

卦象的两组干支与起卦时间的八字四柱合并，得到《蒙》之《未济》的卦象干支六柱：

```
          用      日            体
   丁  甲  甲  丙  丙  甲
   酉  辰  戌  子  申  辰
```

此占问，若分类占断为求财，用神为财。求财，忌神为兄弟，元神为子孙。卦象六柱中，水为兄弟，木为子孙，火为财，土为官鬼，金为父母。卦中，甲木子孙临体干，忌空破，忌被克。月柱空亡申酉，天干庚辛不现，金几近于缺位。无金克木，元神旺。但，丙丁火无根，不受生，忌神直接克财。申子辰三合水局，忌神旺，水克火，财被克，财衰。故，此占问结果，得不到财。

继续看《蒙》卦六五的爻变，先看爻辞：

䷃六五：童蒙，吉。

现代文注释：

六五，阴爻居于阳位，不得位，艮象为少男，故曰"童蒙"，巽顺且居中位，象征谦虚好学，始终以童蒙自处，也就是卦辞中的那位童蒙，六五与蒙师九二有应而前往，吉。

《蒙》卦六五爻变，得到《蒙》之《涣》。卦象解析如下：

从卦象看，《蒙》卦卦象䷃，《涣》卦卦象䷺，两卦卦象结合起来看，坎为泥泞，为陷，互震为行，为步履，互坤为心，为怯，艮为止，巽为进退，为犹豫，这是行道多泥泞，心有忧惧，进退犹豫，遇陷，心怯而止之象。对事业而言，卦象信息，陷于险难，心怯而止，归于失败。

　　起卦时间：2017年阳历4月19日15点14分。占问得到《蒙》之《涣》，动爻在五爻。"体"的位置在二爻，"用"在五爻。

　　"体"在二爻，在本宫卦（坎卦）里的五行属性为辰土，六亲为官鬼，故"体"的天干为戊。

　　体干在二爻，配戊土；坐下的地支，由十二宫的病，动化为墓。即，体干坐地支申，动化戌。于是得到卦象的两组干支为：

$$戊\quad戊$$
$$申\quad戌$$

2017年阳历4月19日15点14分，对应的八字四柱是：

$$\qquad\qquad日$$
$$丁\quad甲\quad丙\quad丙$$
$$酉\quad辰\quad子\quad申$$

　　卦象的两组干支与起卦时间的八字四柱合并，就得到《蒙》之《涣》的卦象干支六柱：

$$\quad用\qquad\quad日\quad体$$
$$丁\quad戊\quad甲\quad丙\quad戊\quad丙$$
$$酉\quad戌\quad辰\quad子\quad申\quad申$$

　　此占问，若分类占断为求财，用神为财。求财，忌神为兄弟，元神为子孙。卦象六柱中，水为兄弟，木为子孙，火为财，土为官鬼，金为父母。卦中，戊土官鬼临体干，宜财旺生官，得财之象。日柱空亡申酉，天干庚辛不现，金近于缺位。甲木无根，不受生，不能通关，忌神直接克用神。申子辰三合水局，忌神强大，财被克，财衰。故，此占问结果，得不到财。

继续看《蒙》卦上九的爻变，先看爻辞：

☶☵ 上九：击蒙，不利为寇，利御寇。

现代文注释：

上九，教学方式走向极致，上卦艮为手，故有"击"之象，这里的击蒙是带有棒喝、震撼含义的教育，下卦六三居坎，与上九有应，坎为寇，"寇"指行为的不端，上九欲改变六三的行为，自身又要不为六三不良行为潜移默化的影响，自身不能向相反方向转变，故曰"不利为寇"；艮为刀兵，故曰"利御寇"，隐喻道德的力量，这里"寇"都是指行为的不良，上九是行为教育的蒙师，与不良行为接触，自身要有抵御的能力。

《蒙》卦上九爻变，得到《蒙》之《师》。卦象解析如下：

从卦象看，《蒙》卦卦象☶☵，《师》卦卦象☷☵，两卦卦象结合起来看，爻变失艮得坤，艮为小狐，为道，为成，坤为虚，为亡，为江河，这是小狐渡河，失其道而失败之象；坎为水，为信，为困，震为行，为渡，为功业，坤为虚，为无，这是小狐信守其道渡河，不能成功，愚守其道而无功之象。对事业而言，卦象信息，小狐困于不可行之道，虽有勇气，其终无果，明示了行动方案的不可靠；得此占，不会成功。

起卦时间：2017年阳历4月19日15点46分。占问得到《蒙》之《师》，动爻在上爻。"体"的位置在三爻，"用"在上爻。

"体"在三爻，在本宫卦（坎卦）里的五行属性为午火，六亲为财，故"体"的天干为丁。

体干在三爻，配丁火；坐下的地支，由十二宫的墓，动化为沐浴。即，体干坐地支丑，动化申。于是得到卦象的两组干支为：

丁　　丙
丑　　申

2017年阳历4月19日15点46分，对应的八字四柱是：

　　　　　　日
丁　　甲　　丙　　丙
酉　　辰　　子　　申

卦象的两组干支与起卦时间的八字四柱合并，就得到《蒙》之《师》的卦象干支六柱：

用　　　　　　体　日
丙　　丁　　甲　　丁　　丙　　丙
申　　酉　　辰　　丑　　子　　申

此占问，若分类占断为求财，用神为财。求财，忌神为兄弟，元神为子孙。卦象六柱中，水为兄弟，木为子孙，火为财，土为官鬼，金为父母。卦中，丁火财临体干，宜旺。日干空亡申酉，天干庚辛不现，金缺位，忌神受克。天干六个字有五个字是丙丁火，甲木被火包围，虽然是木生火之象，也是元神生财之象。

但，甲木无根，不受生，且势单，木弱，火虽旺，亦会燃尽成灰。申子辰三合水局，水旺，申不论空，忌神强大。元神不能通关，忌神直接克用神，木燃尽之时，火怎么经得起申子辰三合水局的冲克，没有元神在能量流上的补充，在强大忌神的冲克之下，财最终会趋于绝灭。故，此占问结果，得不到财。

天火《同人》☰☲（卦序号：35）

同人： 同人于野，亨。利涉大川，利君子贞。

本章介绍四个卦的独爻变卦象空间，本节进入《同人》卦。以下从初爻开始，介绍《同人》卦独爻变的卦象解析、干支五行分析方法和分类占断的分析过程。先看初爻的爻辞：

☰☲ **初九：** 同人于门，无咎。

现代文注释：

初九，阳刚的初爻刚刚启动，就在门口遇到了志趣相投的朋友，这位投缘的朋友指的就是六二，最靠近初九，六二中爻为巽，巽为门，故曰"同人于门"，这是初九在人生初始阶段刚开始与人"同"，其心单纯，故无咎害。

《同人》卦初九爻变，得到《同人》之《遁》。卦象解析如下：

从卦象看，《同人》卦卦象☰☲，《遁》卦卦象☰☶，两卦卦象结合起来看，离为光明，离伏坎为无忧，艮为山，为安，为得，乾为天福，巽为利，巽覆兑，兑为虎，兑覆为虎静伏不动，故无害，这是有福不危，利福皆得，安如山之象。对事业而言，卦象信息，能得利，又得安无忧，事业成功。

起卦时间：2017年阳历4月20日9点27分。占问得到《同人》之《遁》，动爻在初爻。"体"的位置在四爻，"用"在初爻。

"体"在四爻，在本宫卦（乾卦）里的五行属性为午火，六亲为官鬼，故"体"的天干为丁。

体干在四爻，配丁火；坐下的地支，由十二宫的长生，动化为墓。即，体干坐地支酉，动化丑。于是得到卦象的两组干支为：

丁　　丁

酉　　丑

2017年阳历4月20日9点27分，对应的八字四柱是：

　　　　　　　日

丁　　甲　　丁　　乙

酉　　辰　　丑　　巳

卦象的两组干支与起卦时间的八字四柱合并，得到《同人》之《遁》的卦象干支六柱：

　　　　　体　　日　　　　　用

丁　　甲　　丁　　丁　　乙　　丁

酉　　辰　　酉　　丑　　巳　　丑

此占问，若分类占断为求财，用神为财。求财，忌神为兄弟，元神为子孙。卦象六柱中，金为兄弟，水为子孙，木为财，火为官鬼，土为父母。卦中，丁火官鬼临体干，宜财旺生官，得财之象。日柱空亡申酉，天干庚辛不现，但，巳酉丑三合金局，金旺，酉不论空。天干四个丁，丁火旺，通过年柱、体柱的丁酉，酉金被盖头，忌神被克，受制，财不受克，财旺。月柱甲辰，甲木坐水库辰，可得水生，为生财之象。天干甲乙木被丁火包围，木生火之象，也是财生官之象。财旺生官的条件具备。故，此占问结果，可得财。

继续看《同人》卦六二的爻变，先看爻辞：

☲ 六二：同人于宗，吝。

现代文注释：

六二，与九五同为正中，为正应，九五乾为主，为宗，故曰"同人于宗"；只讲求与宗主九五的同人，使得六二不能就近与九三比承，六二不能承九三，也违背了"同人于野"的大道理，故得不到吉，转吝，有遗憾。

《同人》卦六二爻变，得到《同人》之《乾》。卦象解析如下：

从卦象看，《同人》卦卦象☲，乾卦卦象☰，两卦卦象结合起来看，乾为老，三乾为老态之象，离为麟凤，震为出，艮为贤人，互巽为散，纯乾无子，这是麟凤出走，贤人散去，无后代接班之象。对于事业发展，企业步入老态，此种状态多为上市公司，上市后企业内部富人变多，失去斗志，归于失败。

起卦时间：2017年阳历4月20日9点11分。占问得到《同人》之《乾》，动爻在二爻。"体"的位置在五爻，"用"在二爻。

"体"在五爻，在本宫卦（乾卦）里的五行属性为申金，六亲为兄弟，故"体"的天干为庚。

体干在五爻，配庚金；坐下的地支，由十二宫的养，动化为绝。即，体干坐地支辰，动化寅。于是得到卦象的两组干支为：

庚　　庚
辰　　寅

2017年阳历4月20日9点11分，对应的八字四柱是：

日

丁　甲　丁　乙

酉　辰　丑　巳

卦象的两组干支与起卦时间的八字四柱合并，得到《同人》之《乾》的卦象干支六柱：

体　　　　日　　用

丁　庚　甲　丁　庚　乙

酉　辰　辰　丑　寅　巳

此占问，若分类占断为求财，用神为财。求财，忌神为兄弟，元神为子孙。卦象六柱中，金为兄弟，水为子孙，木为财，火为官鬼，土为父母。卦中，庚金兄弟临体干，忌神临体，财不能靠近，得不到财之象。日柱空亡申酉。但，巳酉丑三合金局，金旺，酉不论空，忌神强大。水在卦中不现，藏于墓库，不能通关，忌神直接克用神，忌神临体的问题无解。故，此占问结果，得不到财。

继续看《同人》卦九三的爻变，先看爻辞：

☲☰ 九三：伏戎于莽，升其高陵，三岁不兴。

现代文注释：

九三，得不到六二主动的承比，故欲兴兵戎，与九五争夺六二；在草莽中藏伏重兵，不时登高观察形势。九三中爻为互巽，巽为草莽，下卦离为兵戎，乾在其上为高陵，离数为三，乾为岁，故曰"伏戎于莽，升其高陵，三岁不兴"。

《同人》卦九三爻变，得到《同人》之《无妄》。卦象解析如下：

从卦象看，《同人》卦卦象 ☰，《无妄》卦卦象 ☰，两卦卦象结合起来看，艮为山，为重载，为止，震为登，为推，为车，坤虚为无力，为劳，这是登山劳累，又推着重车，疲乏无力而止步之象；互巽为风，乾为寒，为冰雪，震为行，艮为阻，这是寒风冰雪阻挡前行之象。对于事业发展，卦象信息，寓意其时不对，无力完成预定目标，没有成功的条件，归于失败。

起卦时间：2017年阳历4月20日9点43分。占得《同人》之《无妄》，动爻在三爻。"体"的位置在上爻，"用"在三爻。

"体"在上爻，在本宫卦（乾卦）里的五行属性为戌土，六亲为父母，故"体"的天干为戊。

体干在上爻，配戊土；坐下的地支，由十二宫的冠带，动化为墓。即，体干坐地支辰，动化戌。于是得到卦象的两组干支为：

戊　　戊
辰　　戌

2017年阳历4月20日9点43分，对应的八字四柱是：

　　　　　日
丁　甲　丁　乙
酉　辰　丑　巳

卦象的两组干支与起卦时间的八字四柱合并，就得到《同人》之《无妄》的卦象干支六柱：

体			用	日	
戊	丁	甲	戊	丁	乙
辰	酉	辰	戌	丑	巳

此占问，若分类占断为求财，用神为财。求财，忌神为兄弟，元神为子孙。卦象六柱中，金为兄弟，水为子孙，木为财，火为官鬼，土为父母。卦中，戊土父母临体干，宜财旺，喜财来克体，亦喜火通关，财间接生体干，皆为财来就体，得财之象。日柱空亡申酉，庚辛不现，看似金缺位，但，巳酉丑三合金局，金旺，酉不论空，忌神强大。卦中，缺位的是水，水藏墓中，元神入墓，水不能通关，不生财，忌神直接克用神，财衰。故，此占问结果，得不到财。

继续看《同人》卦九四的爻变，先看爻辞：

☰ 九四：乘其墉，弗克攻，吉。

现代文注释：

九四，下乘九三，故曰"乘其墉"，出征有时日了，欲攻克敌方城池，但深思之，自己欲用强夺得六二乃不义之举，故主动决定放弃攻城，班师，"弗"与"不"有别，是自己主动决定弗"克攻"，故，吉祥。

《同人》卦九四爻变，得到《同人》之《家人》。卦象解析如下：

从卦象看，《同人》卦卦象☰，《家人》卦卦象☰，两卦卦象结合起来看，乾为刚直，巽为柔顺，为进退，爻变失乾得巽，为过刚转柔，可进退之象；离为丽日，互坎为和，巽为风，乾为冰，乾失为冰消，这是和风丽日，寒冰消融之象。对事业而言，寒冰消融是解除旧怨，息战罢兵，事业可成功。

起卦时间：2017年阳历4月20日9点19分。占得《同人》之《家人》，动爻在四爻。"体"的位置在初爻，"用"在四爻。

"体"在初爻，在本宫卦（离卦）里的五行属性为卯木，六亲为父母，故"体"的天干为乙。

体干在初爻，配乙木；坐下的地支，由十二宫的绝，动化为临官。即，体干坐地支酉，动化卯。于是得到卦象的两组干支为：

乙　　乙
酉　　卯

2017年阳历4月20日9点19分，对应的八字四柱是：

　　　　　　日
丁　　甲　　丁　　乙
酉　　辰　　丑　　巳

卦象的两组干支与起卦时间的八字四柱合并，就得到《同人》之《家人》的卦象干支六柱：

　　　　　用　　日　　　　　体
丁　　甲　　乙　　丁　　乙　　乙
酉　　辰　　卯　　丑　　巳　　酉

此占问，若分类占断为求财，用神为财。求财，忌神为兄弟，元神为子孙。

卦象六柱中，火为兄弟，土为子孙，金为财，水为官鬼，木为父母。卦中，乙木父母临体干，宜财旺，喜财来克体，亦喜水通关，财间接生体干，皆为财来就体，得财之象。日柱空亡申酉，金几近于缺位。但，巳酉丑三合金局，金旺，酉不论空，财局旺，可受生。日柱丁丑，丁火在柱内直接生丑土，忌神生元神，元神通关成功，忌神反成为财源，财有源，财旺。故，此占问结果，可得财。

继续看《同人》卦九五的爻变，先看爻辞：

☰ 九五：同人，先号咷而后笑，大师克，相遇。

现代文注释：

九五，居中得正，与六二为正应；与正应的相遇却几度受阻，这在"同人"的时空意味着"同"的不易；九五孤军作战，援兵不至，几度陷入绝境，然而最终打了胜仗，与援军相遇，故曰"先号咷而后笑"。九五的援兵即为六二，有应而先受阻，后相遇。

《同人》卦九五爻变，得到《同人》之《离》。卦象解析如下：

从卦象看，《同人》卦卦象☰，《离》卦卦象☲，两卦卦象结合起来看，离为屋舍，为干燥，乾为长久，乾伏坤为旧，艮为安，这是屋舍虽旧，干燥无湿，可安居长久之象；半艮为待，为时，为居，为安，震为乐，半震为小小的欢乐，这是等待时机，安居有欢乐之象。对事业而言，卦象信息，屋舍指企业，虽旧可长久安居，是说可长期维持经营和安定，等待时机终有成，会成功。

起卦时间：2017年阳历4月20日9点35分。占问得到《同人》之《离》，动爻在五爻。"体"的位置在二爻，"用"在五爻。

"体"在二爻，在本宫卦（离卦）里的五行属性为丑土，六亲为子孙，故"体"的天干为己。

体干在二爻，配己土；坐下的地支，由十二宫的病，动化为养。即，体干坐地支卯，动化戌。于是得到卦象的两组干支为：

己　戊
卯　戌

2017年阳历4月20日9点35分，对应的八字四柱是：

　　　　　日
丁　甲　丁　乙
酉　辰　丑　巳

卦象的两组干支与起卦时间的八字四柱合并，得到《同人》之《离》的卦象干支六柱：

　用　　　　日　体
丁　戊　甲　丁　己　乙
酉　戌　辰　丑　卯　巳

此占问，若分类占断为求财，用神为财。求财，忌神为兄弟，元神为子孙。卦象六柱中，火为兄弟，土为子孙，金为财，水为官鬼，木为父母。卦中，己土子孙临体干，忌空破，忌被克。日柱空亡申酉，天干庚辛不现，看似金缺位。但，巳酉丑三合金局，金旺，酉不论空，财可受生。元神不空不破，己土有根在丑，可受生，可通关。日柱丁丑，丁火在柱内直接生丑土，忌神生元神，元神通关成功，忌神反成为财源，财有源，财旺。故，此占问结果，可得财。

继续看《同人》卦上九的爻变，先看爻辞：

☰ 上九：同人与郊，无悔。

现代文注释：

上九，隐退的君子，处在人生的又一个新的起点，过去的辉煌或不如意，皆已经看空，"同人"选择在郊外山林间，自得其友，做自己喜欢的事。"同"的范围小，选择与自己志趣相投的同伴在一起，尽管没有达到"同人于野"，但也没有后悔的事。

《同人》卦上九爻变，得到《同人》之《革》。卦象解析如下：

从卦象看，《同人》卦卦象☰，《革》卦卦象☱，两卦卦象结合起来看，乾为远，为冰雪，伏坤为山野，兑为鹊鸟，为溪流，互巽为松林，为木屋，离为雉鸟，为朱雀，这是隐退的君子居住的山野木屋及其环境之象。对事业而言，做高雅的事业，不以利的追求为唯一目的，所做的事也不为众所瞩目，虽处繁华城市，犹如居山野之地，这就是郊野的含义，同人与郊，不亦乐乎！君子寓快乐于事业中，播种快乐，收获的却有事业的成功。得此占，事业会有成功。

起卦时间：2017年阳历4月20日9点51分。占问得到《同人》之《革》，动爻在上爻。"体"的位置在三爻，"用"在上爻。

"体"在三爻，在本宫卦（离卦）里的五行属性为亥水，六亲为官鬼，故"体"的天干为壬。

体干在三爻，配壬水；坐下的地支，由十二宫的帝旺，动化为长生。即体干坐地支子，动化申。于是得到卦象的两组干支为：

壬　　壬
子　　申

2017年阳历4月20日9点51分，对应的八字四柱是：

　　　　　　日
丁　甲　丁　乙
酉　辰　丑　巳

卦象的两组干支与起卦时间的八字四柱合并，得到《同人》之《革》的卦象干支六柱：

用　　　　　　　体　日
壬　丁　甲　壬　丁　乙
申　酉　辰　子　丑　巳

此占问，若分类占断为求财，用神为财。求财，忌神为兄弟，元神为子孙。卦象六柱中，火为兄弟，土为子孙，金为财，水为官鬼，木为父母。卦中，壬水官鬼临体干，喜财旺生官，得财之象。日柱空亡申酉，天干庚辛不现，看似金缺位。但，巳酉丑三合金局，金旺，酉不论空，财局旺，可受生。日柱丁丑，丁火在柱内直接生丑土，忌神生元神，元神通关成功，忌神反成为财源，财有源，财旺。申子辰三合水局，水旺，可受生。地支只有三合金局和三合水局，金生水成为必然，财旺生官的条件具备。故，此占问结果，可得财。

地水《师》䷆（卦序号：36）

师：贞，丈人吉，无咎。

本章介绍四个卦的独爻变卦象空间，本节进入《师》卦。以下从初爻开始，介绍《师》卦独爻变的卦象解析、干支五行分析方法和分类占断的分析过程。先看初爻的爻辞：

䷆ 初六：**师出以律，否臧凶。**

现代文注释：

初六，行师之初，军队出动要用军法约束，号令严明，整肃有方，失律则必导致兵败，"臧"为善，治军的任何不善，都会带来凶险，故"否臧凶"。

《师》卦初六爻变，得到《师》之《临》。卦象解析如下：

从卦象看，《师》卦卦象䷆，《临》卦卦象䷒，两卦卦象结合起来看，坎中实，为得，兑为辅，互震为君王，爻变得兑，是君王得辅之象；坤为大地，为平陆，为万里，互震为马，为奔跑，这是马奔跑在万里平陆之象。对事业而言，卦象信息，是得贤臣辅佐，有了成事的条件；得此占，事业可成功。

起卦时间：2017年阳历4月25日16点38分。占问得到《师》之《临》，动爻在初爻。"体"的位置在四爻，"用"在初爻。

"体"在四爻，在本宫卦（坤卦）里的五行属性为丑土，六亲为兄弟，故"体"的天干为己。

体干在四爻，配己土；坐下的地支，由十二宫的胎，动化为沐浴。即，体干坐地支亥，动化申。于是得到卦象的两组干支为：

己　戊
亥　申

2017年阳历4月25日16点38分，对应的八字四柱是：

　　　　　　日
丁　甲　壬　戊
酉　辰　午　申

卦象的两组干支与起卦时间的八字四柱合并，就得到《师》之《临》的卦象干支六柱：

　　　　　体　　日　　　　用
丁　甲　己　壬　戊　戊
酉　辰　亥　午　申　申

此占问，若分类占断为求财，用神为财。求财，忌神为兄弟，元神为子孙。卦象六柱中，土为兄弟，金为子孙，水为财，木为官鬼，火为父母。卦中，己土兄弟临体干，忌神临体，财不能靠近，得不到财之象。日柱空亡申酉，天干庚辛不现，金缺位，土直接克水，忌神克用神，财受克。但，己土无根，壬水有根在亥，江河之浩荡大水，无根的己土不能阻挡，水反克土，财克体干，得财之象。故，此占问结果，可得财。

继续看《师》卦九二的爻变，先看爻辞：

☷ 九二：在师中，吉，无咎；王三锡命。

现代文注释：

九二，居下卦中位，居将位，有刚中之德，为众阴所孚，故居中而"吉"。将居军中，得君王的信任，故专其事而无咎害；"锡"即赐，君王六五给予九二充分信任，同时赏赐有加，九二为坎伏离，离数为三，故曰"王三锡命"。

《师》卦九二爻变，得到《师》之《坤》。卦象解析如下：

从卦象看，《师》卦卦象☷☵，《坤》卦卦象☷☷，两卦卦象结合起来看，震为将帅，为马，为驰骋，坤为四夷，为顺服，为国土，为军，为通途，为大道，这是骏马驰骋在通途大道，将军帅师，四夷宾服，扩大国土之象。对事业而言，这是在市场竞争中取胜，市场份额增大，地位巩固，事业成功。

起卦时间：2017年阳历4月25日16点22分。占问得到《师》之《坤》，动爻在二爻。"体"的位置在五爻，"用"在二爻。

"体"在五爻，在本宫卦（坤卦）里的五行属性为亥水，六亲为财，故"体"的天干为壬。

体干在五爻，配壬水；坐下的地支，由十二宫的胎，动化为帝旺。即，体干坐地支午，动化子。于是得到卦象的两组干支为：

壬　　壬

午　　子

2017年阳历4月25日16点22分，对应的八字四柱是：

　　　　　　　　　　日
丁　　甲　　壬　　戊
酉　　辰　　午　　申

　　卦象的两组干支与起卦时间的八字四柱合并，就得到《师》之《坤》的卦象干支六柱：

　　　　　体　　　　日　　用
丁　　壬　　甲　　壬　　壬　　戊
酉　　午　　辰　　午　　子　　申

　　此占问，若分类占断为求财，用神为财。求财，忌神为兄弟，元神为子孙。卦象六柱中，土为兄弟，金为子孙，水为财，木为官鬼，火为父母。卦中，壬水财临体干，宜旺。日柱空亡申酉，金缺位，元神缺位，忌神直接克用神，但其结局是忌神被用神反克。丁火有根在午，午火在日柱被壬水盖头，体干坐下的午火同样被壬水盖头，丁火的根受伤，不受生，不能通关，木直接克土，忌神受克，受制，忌神衰弱。天干三个壬相并，壬水强大，申子辰三合水局，水旺，申不论空，财局旺。金不通关，土直接克水，但土弱水强，土被水反克。壬水有根在申，地支的子水在用爻汇入壬水，助力强大，财旺。故，此占问结果，可得财。

　　继续看《师》卦六三的爻变，先看爻辞：

䷆六三：师或舆尸，凶。

现代文注释：

六三，阴爻居位不中不正，乘九二，有凌驾主帅之上不听号令的情况出现，阴居阳位，其才柔弱而其志过刚，这种情况下，会有载尸而归的兵败，"舆"为大车载物、载人的空间，"舆尸"即载尸，大车载尸而归，故"凶"。

《师》卦六三爻变，得到《师》之《升》。卦象解析如下：

从卦象看，《师》卦卦象☷☵，《升》卦卦象☷☴，两卦卦象结合起来看，震为功业，为行，巽为利，坤为虚，为闭塞，为暗，互兑为暗昧，坎为耳，为困，坎伏离，离伏为目不明，这是耳目闭塞，不聪不明，谋利为虚，功业无成之象。对事业而言，卦象信息，寓意对市场错误判断，导致严重结果，企业处于困局，谋利为虚，前行方向昏暗不明，不会成功。

起卦时间：2017年阳历4月25日16点30分。占问得到《师》之《升》，动爻在三爻。"体"的位置在上爻，"用"在三爻。

"体"在上爻，在本宫卦（坤卦）里的五行属性为酉金，六亲为子孙，故"体"的天干为辛。

体干在上爻，配辛金；坐下的地支，由十二宫的沐浴，动化为墓。即，体干坐地支亥，动化辰。于是得到卦象的两组干支为：

辛　　庚
亥　　辰

2017年阳历4月25日16点30分，对应的八字四柱是：

　　　　日
丁　甲　壬　戊
酉　辰　午　申

卦象的两组干支与起卦时间的八字四柱合并，就得到《师》之《升》的卦象干支六柱：

体			用	日	
辛	丁	甲	庚	壬	戊
亥	酉	辰	辰	午	申

此占问，若分类占断为求财，用神为财。求财，忌神为兄弟，元神为子孙。卦象六柱中，土为兄弟，金为子孙，水为财，木为官鬼，火为父母。卦中，辛金子孙临体干，忌空破，忌被克。日柱空亡申酉，元神落空亡，辛金无根，不受生，元神受克，功能丧失，不能生财。且无元神通关，忌神直接克用神，财衰。故，此占问结果，得不到财。

继续看《师》卦六四的爻变，先看爻辞：

☷☵ 六四：师左次，无咎。

现代文注释：

六四，居上卦靠近君王之位，为多"惧"之位，六四在下方又无应援，故持谨慎的态度方可无忧，"左"为后，"次"为舍弃，"左次"即后撤，放弃原来的营地，以退守的谨慎以防不测，这是贤明之举，故无咎害。

《师》卦六四爻变，得到《师》之《解》。卦象解析如下：

从卦象看,《师》卦卦象☷☵,《解》卦卦象☳☵,两卦卦象结合起来看,震为时,震数为四,坎为和,为合,离坎交叠为阴阳之交,这是阴阳相交,四时和合之象;坤为家国,坎为忧,震在上,为忧已解,互离交叠在坎上,是雨后天晴见彩虹,家国无忧之象;震为行,离为明,为聪,坎为耳,这是耳目聪明,利于行之象。对事业而言,卦象信息,阴阳相交,四时和合,寓意得天时,亦得人和;耳目聪明,寓意团队能力提升;得此占,事业成功。

起卦时间:2017年阳历4月25日16点54分。占问得到《师》之《解》,动爻在四爻。"体"的位置在初爻,"用"在四爻。

"体"在初爻,在本宫卦(坎卦)里的五行属性为寅木,六亲为子孙,故"体"的天干为甲。

体干在初爻,配甲木;坐下的地支,由十二宫的死,动化为长生。即,体干坐地支午,动化亥。于是得到卦象的两组干支为:

甲	乙
午	亥

2017年阳历4月25日16点54分,对应的八字四柱是:

		日	
丁	甲	壬	戊
酉	辰	午	申

卦象的两组干支与起卦时间的八字四柱合并,就得到《师》之《解》的卦象干支六柱:

		用	日		体
丁	甲	乙	壬	戊	甲
酉	辰	亥	午	申	午

　　此占问，若分类占断为求财，用神为财。求财，忌神为兄弟，元神为子孙。卦象六柱中，水为兄弟，木为子孙，火为财，土为官鬼，金为父母。卦中，甲木子孙临体干，忌空破，忌被克。日柱空亡申酉，金缺位，土直接克水，忌神被克，受制，不能克财。丁火有根在午，财可受生，不受克。甲木有根在亥，元神有根，可受生，可通关，元神通关，忌神反成为财源，元神生财，财旺。故，此占问结果，可得财。

　　继续看《师》卦六五的爻变，先看爻辞：

☷☵ 六五：田有禽，利执言，无咎。长子帅师，弟子舆尸，贞凶。

现代文注释：

　　六五，用"师"的君王，柔而居中，执理而行，不主动挑起战端，故其用"师"必具备"田有禽，利执言，"的条件，无咎害。但战争是残酷的，尽管用"将"得当，国之存亡的大事解决，老成的"长子"九二帅军得胜而归，但六三的士兵队伍里，载尸的大车带回阵亡的子弟，也带着军士抑郁的伤感，"兵"者，凶器也，占为凶。

　　《师》卦六五爻变，得到《师》之《坎》。卦象解析如下：

从卦象看，《师》卦卦象☷☵，《坎》卦卦象☵☵，两卦卦象结合起来看，大离为戈兵，艮为国，震为战，为动，为摇，这是战争动摇国本之象；震为粮，坤为虚，坎为忧，中爻大离的互象为《颐》卦，为饥荒，这是国中无粮，有饥荒忧患之象。对事业而言，卦象信息，国本动摇，是指在一场大规模的市场争夺战之后，资金严重困难，面临资源枯竭的危局；之前市场争夺战的胜利，并没有带来好处，资源枯竭的影响反而更加深远，已是不安的状态；归于失败。

起卦时间：2017年阳历4月25日16点46分。占问得到《师》之《坎》，动爻在五爻。"体"的位置在二爻，"用"在五爻。

"体"在二爻，在本宫卦（坎卦）里的五行属性为辰土，六亲为官鬼，故"体"的天干为戊。

体干在二爻，配戊土；坐下的地支，由十二宫的病，动化为胎。即，体干坐地支申，动化子。于是得到卦象的两组干支为：

戊　　戊
申　　子

2017年阳历4月25日16点46分，对应的八字四柱是：

　　　　　　日
丁　　甲　　壬　　戊
酉　　辰　　午　　申

卦象的两组干支与起卦时间的八字四柱合并，就得到《师》之《坎》的卦象干支六柱：

```
        用        日    体
丁    戊    甲   壬   戊    戊
酉    子    辰   午   申    申
```

此占问，若分类占断为求财，用神为财。求财，忌神为兄弟，元神为子孙。卦象六柱中，水为兄弟，木为子孙，火为财，土为官鬼，金为父母。卦中，戊土官鬼临体干，宜财旺生官，得财之象。日柱空亡申酉，金缺位，土可直接克水。申子辰三合水局，水旺，申不论空，忌神强大。丁火有根在午，可受生。但，甲木无根，不受生，不能通关，无元神通关，忌神直接克用神，财被克，财衰。故，此占问结果，得不到财。

继续看《师》卦上六的爻变，先看爻辞：

☷ 上六：大君有命，开国承家，小人勿用。

现代文注释：

上六，为《师》卦之终，战争结束，自然要论功行赏。君王发出诰命，分封王侯，封赏大夫爵位和食邑，即"有家"，"家"为食邑，也称为采邑。对匹夫之勇的猛士，则给以金银和田地的奖赏，解除其兵权，不生祸端。进入到治国的阶段，需要得到贤人的辅佐，小人乱政是国家长治的最大危害，也是战争结束后国家兴衰的关键问题。

《师》卦上六爻变，得到《师》之《蒙》。卦象解析如下：

从卦象看，《师》卦卦象☷☵，《蒙》卦卦象☶☵，两卦卦象结合起来看，艮为家国，大离为日，离象上半边为艮阳，艮为臣，为贤人，为辉光，离象下半边为震阳，震为君，下坎侵入大离之象，阴爻遮蔽震阳，这是君王为小人遮蔽之象；离为目，坎为树叶，这是决策者的眼睛为树叶所遮之象，所谓一叶障目不见泰山。对事业而言，卦象信息，寓意小人和贤人同时存在，虽有贤人的辉光，但君王的眼睛为小人遮蔽，看不到辉光，事业前景堪忧，不会成功。

起卦时间：2017年阳历4月25日16点14分。占问得到《师》之《蒙》，动爻在上爻。"体"的位置在三爻，"用"在上爻。

"体"在三爻，在本宫卦（坎卦）里的五行属性为午火，六亲为财，故"体"的天干为丁。

体干在三爻，配丁火；坐下的地支，由十二宫的病，动化为墓。即，体干坐地支卯，动化丑。于是得到卦象的两组干支为：

丁　　丁

卯　　丑

2017年阳历4月25日16点14分，对应的八字四柱是：

　　　　　日

丁　甲　壬　戊

酉　辰　午　申

卦象的两组干支与起卦时间的八字四柱合并，就得到《师》之《蒙》的卦象干支六柱：

```
用              体  日
丁   丁   甲   丁   壬   戊
丑   酉   辰   卯   午   申
```

　　此占问，若分类占断为求财，用神为财。求财，忌神为兄弟，元神为子孙。卦象六柱中，水为兄弟，木为子孙，火为财，土为官鬼，金为父母。卦中，丁火财临体干，宜旺。日柱空亡申酉，天干庚辛不现，金缺位。月令为辰，元神不犯月破，元神不空不破。但，甲木无根，不受生，不能通关，元神不能通关，忌神直接克用神，财受克，财衰。丁火有根在午，日柱壬午，壬水在柱内直接克午火，午火被壬水盖头，丁火的根受伤，财衰。故，此占问结果，得不到财。

第二十二章　临、遁、损、咸

地泽《临》☷☱（卦序号：37）

临：元亨，利贞，至于八月有凶。

本章介绍四个卦的独爻变卦象空间，本节进入《临》卦。以下从初爻开始，介绍《临》卦独爻变的卦象解析、干支五行分析方法和分类占断的分析过程。先看初爻的爻辞：

☷☱ **初九：咸临，贞吉。**

现代文注释：

初九，是从下生长的阳气，与九二共临群阴，"咸"，即感，是亲身临察后的感受，也是阳爻与阴爻感应的状态。无论是保护山林的规定，还是其他的政策措施，在大家理解后，就会变成维护自身利益的共同行动。这里强调民众理解后的参与、全员管理。初九的"咸"，是与六四有上应的咸，故曰"咸临"；初九的临有责任在身，阳临阴，大临小，六四会因之而应。初九，刚居阳位，得正，占为吉。

《临》卦初九爻变，得到《临》之《师》。卦象解析如下：

从卦象看，《临》卦卦象☷☱，《师》卦卦象☷☵，两卦卦象结合起来看，坤为云，互震为雷，兑为雨，坎为水，坎伏离，离为旱，离伏为旱灾解，这是云化雨降下，旱灾得解之象。对事业而言，卦象信息，寓意问题和困难都得到了解决，灾患已解，发展顺利，事业成功。

起卦时间：2017年阳历4月27日16点26分。占问得到《临》之《师》，动爻在初爻。"体"的位置在四爻，"用"在初爻。

"体"在四爻，在本宫卦（坤卦）里的五行属性为丑土，六亲为兄弟，故"体"的天干为己。

体干在四爻，配己土；坐下的地支，由十二宫的帝旺，动化为墓。即，体干坐地支巳，动化丑。于是得到卦象的两组干支为：

己　　己
巳　　丑

2017年阳历4月27日16点26分，对应的八字四柱是：

　　　　　　日
丁　甲　甲　壬
酉　辰　申　申

卦象的两组干支与起卦时间的八字四柱合并，就得到《临》之《师》的卦象干支六柱：

　　　　　体　日　　　用
丁　甲　己　甲　壬　己
酉　辰　巳　申　申　丑

此占问，若分类占断为求财，用神为财。求财，忌神为兄弟，元神为子孙。卦象六柱中，土为兄弟，金为子孙，水为财，木为官鬼，火为父母。卦中，己土兄弟临体干，忌神临体，财不能靠近，得不到财之象。日柱空亡午未，丁火无根，不受生，不能通关，木直接克土，忌神受克，受制约。巳酉丑三合金局，金旺，元神旺局。地支辰土，被金局和申金包围，土生金之象，忌神生元神，元神通关，忌神反成为财源，忌神临体的问题得解。故，此占问结果，可得财。

继续看《临》卦九二的爻变，先看爻辞：

䷒九二：咸临，吉，无不利。

现代文注释：

九二，居中，有刚中之德，与初九共同"咸临"，是因为九二在上卦同样有六五之应，故九二与初九都为"咸临"。九二的阳已经到了下卦中位，阳已长至二爻位置，开始兴盛，故，得吉祥；阳气的兴盛刚刚开始，遇上方坤阴而通达，为大亨通之象，故，无所不利。

《临》卦九二爻变，得到《临》之《复》。卦象解析如下：

从卦象看，《临》卦卦象䷒，《复》卦卦象䷗，两卦卦象结合起来看，震为福禄，为爵，为升，为乐，坤为国，为顺，兑为辅，这是福禄常在，顺利升爵，国有良辅，乐而无忧之象；震为马，为奔，坤为平川，为万里，这是骏马驰骋在万里平川之象。对事业而言，卦象信息，有事业得到提升的含义，同时寓意方案的实施顺畅，如同骏马奔跑在万里平川上，事业成功。

起卦时间：2017年阳历4月27日16点10分。占问得到《临》之《复》，动爻在二爻。"体"的位置在五爻，"用"在二爻。

"体"在五爻，在本宫卦（坤卦）里的五行属性为亥水，六亲为财，故"体"的天干为壬。

体干在五爻，配壬水；坐下的地支，由十二宫的帝旺，动化为长生。即体干坐地支子，动化申。于是得到卦象的两组干支为：

壬　　　壬
子　　　申

2017年阳历4月27日16点10分，对应的八字四柱是：

　　　　　日
丁　　甲　　甲　　壬
酉　　辰　　申　　申

卦象的两组干支与起卦时间的八字四柱合并，就得到《临》之《复》的卦象干支六柱：

　　　体　　　　日　　用
丁　　壬　　甲　　甲　　壬　　壬
酉　　子　　辰　　申　　申　　申

此占问，若分类占断为求财，用神为财。求财，忌神为兄弟，元神为子孙。卦象六柱中，土为兄弟，金为子孙，水为财，木为官鬼，火为父母。卦中，壬水财临体干，宜旺。日柱空亡午未，丁火无根。壬水有根在申，财可受生。申子辰三合水局，水旺，财旺局。六柱中，地支仅有金和水局，金生水之象，元神生财，且财自身旺。故，此占问结果，可得财。

继续看《临》卦六三的爻变，先看爻辞。

≣ 六三：甘临，无攸利。既忧之，无咎。

现代文注释：

六三，人位的下者，阴居阳位，不正，六三居下卦兑之口，口有品尝之象，其上中爻为坤，坤味甘，故曰"甘临"；其上无应，故曰"无攸利"。坤象为忧，知无利而忧之，无咎。六三，寓意：震阳得坤，口有甘甜，而征战天下就要依靠实干的人才。

《临》卦六三爻变，得到《临》之《泰》。卦象解析如下：

从卦象看，《临》卦卦象≣，《泰》卦卦象≣，两卦卦象结合起来看，坤为天下，为多，为聚，为四夷，震为豪杰，为猛士，为威，为随，为功业，为争，为战，覆艮为宾服，兑为勇，乾为德，为恩福，为王侯，这是君王有德，豪杰猛将群聚追随，战夷狄，勇争天下，恩威施予外邦，四夷宾服之象。对事业而言，卦象信息，寓意有良将猛士的追随，可争霸天下，事业会成功。

起卦时间：2017年阳历4月27日16点42分。占问得到《临》之《泰》，动爻在三爻。"体"的位置在上爻，"用"在三爻。

"体"在上爻，在本宫卦（坤卦）里的五行属性为酉金，六亲为子孙，故"体"的天干为辛。

体干在上爻，配辛金；坐下的地支，由十二宫的沐浴，动化为临官。即体干坐地支亥，动化酉。于是得到卦象的两组干支为：

辛　　　辛

亥　　　酉

2017年阳历4月27日16点42分，对应的八字四柱是：

日

丁　甲　甲　壬
酉　辰　申　申

卦象的两组干支与起卦时间的八字四柱合并，就得到《临》之《泰》的卦象干支六柱：

体　　　　用　日

辛　丁　甲　辛　甲　壬
亥　酉　辰　酉　申　申

此占问，若分类占断为求财，用神为财。求财，忌神为兄弟，元神为子孙。卦象六柱中，土为兄弟，金为子孙，水为财，木为官鬼，火为父母。卦中，辛金子孙临体干，忌空破，忌被克。日柱空亡午未，丁火无根，不受生，不能通关，木直接克土，忌神受克，受制约。壬水有根在亥，财可受生。辛金有根在酉，可受生，可通关。地支辰土被申酉金包围，土生金之象，忌神生元神，元神通关成功，忌神反成为财源，财有源，财旺。故，此占问结果，可得财。

继续看《临》卦六四的爻变，先看爻辞：

䷒ 六四：至临，无咎。

现代文注释：

六四，人位的上者，与初九有应，下应为"至"，故曰"至临"；六四当位，又有坤的顺德而下应初九，故无咎。

《临》卦六四爻变，得到《临》之《归妹》。卦象解析如下：

从卦象看，《临》卦卦象☷☱，《归妹》卦卦象☳☱，两卦卦象结合起来看，爻变得震，为出，震在上，为已出，兑为沼泽，是已走出沼泽之象；震为春，为生，为树木，坤为枝条，兑为繁茂，这是春天树木长出新枝条，生长繁茂之象。对事业而言，卦象信息，走出沼泽，春天树木的繁茂，明确事业成功。

起卦时间：2017年阳历4月27日16点18分。占问得到《临》之《归妹》，动爻在四爻。"体"的位置在初爻，"用"在四爻。

"体"在初爻，在本宫卦（兑卦）里的五行属性为巳火，六亲为官鬼，故"体"的天干为丙。

体干在初爻，配丙火；坐下的地支，由十二宫的病，动化为长生。即，体干坐地支申，动化寅。于是得到卦象的两组干支为：

丙　　　丙
申　　　寅

2017年阳历4月27日16点18分，对应的八字四柱是：

　　　　　日
丁　甲　甲　壬
酉　辰　申　申

卦象的两组干支与起卦时间的八字四柱合并，得到《临》之《归妹》的卦象

干支六柱：

		用	日		体
丁	甲	丙	甲	壬	丙
酉	辰	寅	申	申	申

　　此占问，若分类占断为求财，用神为财。求财，忌神为兄弟，元神为子孙。卦象六柱中，金为兄弟，水为子孙，木为财，火为官鬼，土为父母。卦中，丙火官鬼临体干，宜财旺生官，得财之象。日柱空亡午未，丁火无根。甲木有根在寅，财可受生。壬水有根在申，可受生，可通关。时柱壬申，申金在柱内直接生壬水，忌神生元神，元神通关成功，忌神反成为财源，财有源，财旺。丙火有根在寅，官鬼可受财生，财旺生官的条件具备。故，此占问结果，可得财。

　　继续看《临》卦六五的爻变，先看爻辞：

☷☱ 六五：知临，大君之宜，吉。

现代文注释：

　　六五，居上卦主位，，有柔中之德，"知"，即智。六五，虽阴爻不得位，但得中道自然有正，其下有九二相应，得将帅之才，知人善任，实为其智，故曰"知临"。九二中爻为震，震为大君，六五居尊亦为大君，故称六五与九二之应为"大君之宜"，其用人的统御之道亦为"大君之宜"，占为吉。

　　《临》卦六五爻变，得到《临》之《节》。卦象解析如下：

从卦象看，《临》卦卦象▤▤，《节》卦卦象▤▤，两卦卦象结合起来看，兑为海，坤为江河，坎为水，四处皆为水，是阴淫而水多之象；互艮为山，为高，为居，为安，这是高处而居，安如山之象。对事业而言，居高而得安，是占领战略制高点，取得控制市场的主动权，不在低处混战，得安，事业成功。

起卦时间：2017年阳历4月27日16点34分。占问得到《临》之《节》，动爻在五爻。"体"的位置在二爻，"用"在五爻。

"体"在二爻，在本宫卦（兑卦）里的五行属性为卯木，六亲为财，故"体"的天干为乙。

体干在二爻，配卯木；坐下的地支，由十二宫的死，动化为养。即，体干坐地支亥，动化未。于是得到卦象的两组干支为：

乙　　乙
亥　　未

2017年阳历4月27日16点34分，对应的八字四柱是：

　　　　　日
丁　甲　甲　壬
酉　辰　申　申

卦象的两组干支与起卦时间的八字四柱合并，就得到《临》之《节》的卦象干支六柱：

　　　用　　　　日　体
丁　乙　甲　甲　乙　壬
酉　未　辰　申　亥　申

此占问，若分类占断为求财，用神为财。求财，忌神为兄弟，元神为子孙。卦象六柱中，金为兄弟，水为子孙，木为财，火为官鬼，土为父母。卦中，乙木财临体干，宜旺。日柱空亡午未，丁火无根。甲木有根在亥，财可受生。壬水有根在亥，可受生，可通关。时柱壬申，申金在柱内直接生壬水，忌神生元神，元神通关成功，忌神反成为财源，财有源，财旺。故，此占问结果，可得财。

继续看《临》卦上六的爻变，先看爻辞：

☷ 上六：敦临，吉，无咎。

现代文注释：

上六，"临"的极致位，"敦"，为厚，有坤之象，有坤之德；"敦"，在古文里还有视察、督促之意。故，上六的"敦临"，有针对六三的督促之意，这与九二的"咸临，吉"有意义上的贴合，这厚道的临，和贴合卦主之意的临，皆为吉祥，没有咎害。在本卦中，上六强调"敦临，吉"的思想，是与九二相配合，等待阳刚的继续兴盛而上长，六三伏象为九三，伏象得正，故暗伏着对六三变爻后得正的期待，六三变爻后《临》卦变卦为《泰》卦，这正是上六所期待的结果，这在阳息阴的卦中是完全可以期待到的。

《临》卦上六爻变，得到《临》之《损》。卦象解析如下：

从卦象看，《临》卦卦象☷，《损》卦卦象☷，两卦卦象结合起来看，兑为正秋，为穴，巽为蛇，巽覆为蛇蛰伏冬眠，坤为冬，为霜，为静，为息，艮为庐，为安居，秋霜起，唯有洞穴为蛇虫之庐，可以静息安居，这是入秋后，蛇虫返回洞穴冬眠之象。对事业而言，卦象信息，秋霜代表发展环境中的萧条寒冷，在萧条期到来之时，要像蛇虫那样寻找到安居的洞穴，要及时考虑到寒冬的到来，寻洞穴取暖，无咎，得吉，可得成功。

起卦时间：2017年阳历4月27日16点50分。占问得到《临》之《损》，动爻在上爻。"体"的位置在三爻，"用"在上爻。

"体"在三爻，在本宫卦（兑卦）里的五行属性为丑土，六亲为父母，故"体"的天干为己。

体干在三爻，配己土；坐下的地支，由十二宫的病，动化为墓。即，体干坐地支卯，动化丑。于是得到卦象的两组干支为：

己　　己
卯　　丑

2017年阳历4月27日16点50分，对应的八字四柱是：

　　　　　日
丁　甲　甲　壬
酉　辰　申　申

卦象的两组干支与起卦时间的八字四柱合并，就得到《临》之《损》的卦象干支六柱：

用　　　　　体　日
己　丁　甲　己　甲　壬
丑　酉　辰　卯　申　申

此占问，若分类占断为求财，用神为财。求财，忌神为兄弟，元神为子孙。卦象六柱中，金为兄弟，水为子孙，木为财，火为官鬼，土为父母。卦中，己土父母临体干，宜财旺，喜财来克体，亦喜火通关，财间接生体干，皆为财来就体，得财之象。日柱空亡午未，丁火无根。壬水有根在申，可受生，可通关。时柱壬申，申金在柱内直接生壬水，忌神生元神，元神通关成功。元神通关，忌神反成为财源，财有源，财旺。日柱和时柱，甲壬同坐地支申，坐同一板凳，通过地支相通，壬水直接生甲木，元神生财，财旺。故，此占问结果，可得财。

天山《遁》䷠（卦序号：38）

遁：亨，小利贞。

本章介绍四个卦的独爻变卦象空间，本节进入《遁》卦。以下从初爻开始，介绍《遁》卦独爻变的卦象解析、干支五行分析方法和分类占断的分析过程。先看初爻的爻辞：

䷠ **初六：遁尾，厉。勿用有攸往。**

现代文注释：

初六，柔而不得位，居全卦最下方，其象为尾，故曰"遁尾"，象征无德、无才华之人。但在"遁"的时空，阴爻在进逼，初六无须遁。他留在那里有什么灾祸呢？初六的"厉"，从何而来？此时的他，事理不明，一味的前往进逼阳刚的贤人。贤人君子不为所用，只能一个个的都离去，阴的势力盘踞在内卦，不能在事业上有所作为，很快，危险的"厉"就出现了。警示之辞"勿用有攸往"，一语双关，小人无需进逼，君子的遁离不要落在最后，故曰"勿用有攸往"。

《遁》卦初六爻变，得到《遁》之《同人》。卦象解析如下：

从卦象看，《遁》卦卦象䷠，《同人》卦卦象䷌，两卦卦象结合起来看，巽为商贾，为利，艮为求，艮覆震，震为行，为时，覆震为失时，为不能行，巽覆兑，兑为花，为和，覆兑为花落，为失和，半震为其行不远，这是商人求利，内部失和，时机已失，落花无奈，其行不远之象。对事业而言，内部失和，企业如落花流水，时已失，其行不远，归于失败。

起卦时间：2017年阳历4月30日9点39分。占问得到《遁》之《同人》，动爻在初爻。"体"的位置在四爻，"用"在初爻。

"体"在四爻，在本宫卦（乾卦）里的五行属性为午火，六亲为官鬼，故"体"的天干为丁。

体干在四爻，配丁火；坐下的地支，由十二宫的病，动化为墓。即，体干坐地支卯，动化丑。于是得到卦象的两组干支为：

丁　　丁
卯　　丑

2017年阳历4月30日9点39分，对应的八字四柱是：

　　　　　日
丁　甲　丁　乙
酉　辰　亥　巳

卦象的两组干支与起卦时间的八字四柱合并，得到《遁》之《同人》的卦象干支六柱：

　　　　体　日　　　用
丁　甲　丁　丁　乙　丁
酉　辰　卯　亥　巳　丑

此占问，若分类占断为求财，用神为财。求财，忌神为兄弟，元神为子孙。卦象六柱中，金为兄弟，水为子孙，木为财，火为官鬼，土为父母。卦中，丁火官鬼临体干，宜财旺生官，得财之象。甲木有根在亥，乙木有根在卯，财可受生。但，巳酉丑三合金局，金旺，忌神强大。亥水有根无苗，日柱丁亥，也没有提供亥水通关的机会，忌神直接克用神，财被克，财衰。日柱空亡午未，丁火无根，不受财生，财旺生官的条件不具备。故，此占问结果，得不到财。

继续看《遁》卦六二的爻变，先看爻辞：

☰☰ 六二：执之用黄牛之革，莫之胜说。

现代文注释：

六二，得位又居中，中色为黄，艮为牛，为皮革，艮又为手，为执，故爻辞有"执之用黄牛之革"之言；六二与居尊位的九五有应，欲予以加害。"说"，通假"脱"，这里是用中国古代的一个典故，就是用坚固的黄牛皮捆绑醉酒后的武人的典故，这样的结果，就是被捆绑之人再有力量也无法挣脱。六二之所以有这样的念头，是惦记九五的财产；六二居心叵测，已准备好了使九五无法反抗的整套方案。

《遁》卦六二爻变，得到《遁》之《姤》。卦象解析如下：

从卦象看，《遁》卦卦象☰☰，《姤》卦卦象☰☰，两卦卦象结合起来看，乾为君子，艮为牛皮，巽为绳，为捆绑，艮覆震，震为生，为返，震覆为无生返之机，巽覆兑，兑为恩泽，兑覆为无恩泽，这是无恩泽，君子为黄牛皮捆绑无生返机会之象。对人际关系而言，卦象信息，明确六二与九五之间无恩泽可言，君子若被黄牛皮捆绑，就无生返之机，这意味着内部关系完全破裂，不要继续存有幻想，君子已经考虑遁离求安，故，六二无胜机，归于失败。

起卦时间：2017年阳历4月30日9点23分。占问得到《遁》之《姤》，动爻在二爻。"体"的位置在五爻，"用"在二爻。

"体"在五爻，在本宫卦（乾卦）里的五行属性为申金，六亲为兄弟，故"体"的天干为庚。

体干在五爻，配庚金；坐下的地支，由十二宫的衰，动化为冠带。即，体干坐地支戌，动化未。于是得到卦象的两组干支为：

```
庚      辛
戌      未
```

2017年阳历4月30日9点23分，对应的八字四柱是：

```
            日
丁      甲      丁      乙
酉      辰      亥      巳
```

卦象的两组干支与起卦时间的八字四柱合并，就得到《遁》之《姤》的卦象干支六柱：

```
        体              日      用
丁      庚      甲      丁      辛      乙
酉      戌      辰      亥      未      巳
```

此占问，若分类占断为求财，用神为财。求财，忌神为兄弟，元神为子孙。卦象六柱中，金为兄弟，水为子孙，木为财，火为官鬼，土为父母。卦中，庚金兄弟临体干，忌神临体，财不能靠近，得不到财之象。日柱空亡午未，丁火无根。元神天干不现，亥水有根无苗，日柱丁亥，没有提供亥水通关的机会，无元神通关，用神受克，忌神临体的问题无解。故，此占问结果，得不到财。

继续看《遁》卦九三的爻变，先看爻辞：

☰ 九三：系遁，有疾厉，畜臣妾吉。

现代文注释：

九三，中爻为巽，巽为系，故曰"系遁"。心有系挂，是有利益的权衡，有留下分到该得利益的想法，故其"遁"道因为心的动摇不定而不通畅；巽为疾，在此爻里"疾"是指心为利欲所缠绕之困苦，这对于九三是有害处的，有厉，故曰"系遁，有疾厉"。九三，没有选择遁离，是对六二还存有幻想，他想与进逼的小人处好关系，委屈求平安。九三之下的两根阴爻为小人，即爻辞里的"臣妾"，九三为艮阳，故有畜止之象，"畜"，为畜养，在此处其意为相处，孔子与弟子谈论此爻时，曾说："唯女人与小人为难养也，近之不逊，远之则怨。"孔子说的"女人"指的是侍妾，故"畜臣妾"说的就是与小人、侍妾相处，孔子深知委屈求安的相处很难。九三若能做到，则仍为"吉"，故曰"畜臣妾吉"。

《遁》卦九三爻变，得到《遁》之《否》。卦象解析如下：

从卦象看，《遁》卦卦象☰，《否》卦卦象☰，两卦卦象结合起来看，乾为天，艮为砂石，坤为土，巽为风，这是风吹砂石黄土满天之象；艮覆震，震为粮，为收成，为年岁，覆震为年岁无收成，巽覆兑，兑为花，覆兑为花落，坤为流水，这是年岁无收，落花流水之象。对事业而言，风沙黄土满天，是企业内部争端起，朗朗乾坤不再，有厉；年岁无收，寓意不得利，时机已过。九三虽委屈求全，暂有安定，但求事、求利皆不可得，归于失败。

起卦时间：2017年阳历4月30日9点31分。占问得到《遁》之《否》，动爻在三爻。"体"的位置在上爻，"用"在三爻。

"体"在上爻，在本宫卦（乾卦）里的五行属性为戌土，六亲为父母，故"体"的天干为戊。

体干在上爻，配戊土；坐下的地支，由十二宫的墓，动化为绝。即，体干坐地支戌，动化亥。于是得到卦象的两组干支为：

戊　　己

戌　　亥

2017年阳历4月30日9点31分，对应的八字四柱是：

　　　　　　日

丁　甲　丁　乙

酉　辰　亥　巳

卦象的两组干支与起卦时间的八字四柱合并，就得到《遁》之《否》的卦象干支六柱：

体　　　　　　用　日

戊　丁　甲　己　丁　乙

戌　酉　辰　亥　亥　巳

此占问，若分类占断为求财，用神为财。求财，忌神为兄弟，元神为子孙。卦象六柱中，金为兄弟，水为子孙，木为财，火为官鬼，土为父母。卦中，戊土父母临体干，宜财旺，喜财来克体，亦喜火通关，财间接生体干，皆为财来就体，得财之象。日柱空亡午未，丁火无根，火不受生。戊土有根在戌，可受生，可通关，戊土为忌神通关，忌神不受克，忌神旺。元神在天干不现，亥水有根无苗，日柱丁亥，用爻己亥，都没有提供亥水通关的机会，无元神通关，忌神直接克用神，财受克，财衰。故，此占问结果，得不到财。

继续看《遁》卦九四的爻变，先看爻辞：

☰☰ 九四：好遁，君子吉，小人否。

现代文注释：

九四，与初六有应，故，亦是心有牵挂，有利益的牵挂，也有对阴的势力抱有的幻想，因为此刻阴的祸患尚未显露；但，九四仍能断然退避，这是君子毅然割舍心中牵挂的利益，其决断是在最好时机、最及时的遁离，故曰"好遁"。能抑制心中对利益的欲念，就是君子的作为，可得吉祥；若心系利益之欲念不能解脱，则沦为小人，会有凶否；故曰"君子吉，小人否"。

《遁》卦九四爻变，得到《遁》之《渐》。卦象解析如下：

从卦象看，《遁》卦卦象☰☰，《渐》卦卦象☰☰，两卦卦象结合起来看，艮为星，为门，为求，乾为福，互坎为忧患，巽为商贾，为利，为陨落，为入，艮覆震，震为时，为功，覆震为失时，为无功，这是福星陨落，忧患进门，商人求利，失时无功之象。君子处在《遁》卦的时空，不可追求功名利禄，卦象信息，明确商人求之亦不可得，故，毅然割舍利益的牵挂，有君子之吉，反之有小人之否；得此占，求利者失败，遁离者成功。

起卦时间：2017年阳历4月30日9点55分。占问得到《遁》之《渐》，动爻在四爻。"体"的位置在初爻，"用"在四爻。

"体"在初爻，在本宫卦（艮卦）里的五行属性为辰土，六亲为兄弟，故"体"的天干为戊。

体干在初爻，配戊土；坐下的地支，由十二宫的冠带，动化为胎。即，体干坐地支辰，动化子。于是得到卦象的两组干支为：

戊　　戊

辰　　子

2017年阳历4月30日9点55分，对应的八字四柱是：

　　　　　　　日

丁　甲　丁　乙

酉　辰　亥　巳

卦象的两组干支与起卦时间的八字四柱合并，就得到《遁》之《渐》的卦象干支六柱：

　　　　　用　　　日　　　　　体

丁　甲　戊　丁　乙　戊

酉　辰　子　亥　巳　辰

此占问，若分类占断为求财，用神为财。求财，忌神为兄弟，元神为子孙。卦象六柱中，土为兄弟，金为子孙，水为财，木为官鬼，火为父母。卦中，戊土兄弟临体干，忌神临体，财不能靠近，得不到财之象。日柱空亡午未，丁火无根，火不能通关，木直接克土，忌神受制约。水不现天干，亥子水有根无苗，日柱丁亥，用爻戊子，都没有提供亥子水受生的机会，财不受生，受克。元神天干不现，酉金有根无苗，年柱丁酉，没有提供酉金通关的机会，无元神通关，忌神临体的问题无解，财直接受克，财衰。故，此占问结果，无财。

继续看《遁》卦九五的爻变，先看爻辞：

☰ 九五：嘉遁，贞吉。

现代文注释：

九五，阳刚，其位居中得正，得中正之道，时行而行，时止而止，不为利益所牵，虽与六二为正应，但明察阴爻强盛的情势，也洞察了六二的不良居心，故毅然决定不应六二，而是与乾体上下的两根阳爻共进退，完成乾体共同的遁离，这样共同行动的会合，就是乾道得亨通的"嘉之汇"，故曰"嘉遁"。九五能守乾阳的正道，占为"吉"。

《遁》卦九五爻变，得到《遁》之《旅》。卦象解析如下：

从卦象看，《遁》卦卦象 ☰，《旅》卦卦象 ☲，两卦卦象结合起来看，乾为盛德，离为明智，为洞察，离象的上艮阳为尊严，下震阳为卫，为遁，下卦艮为君子，为身，为家，为国，为安，互巽为利，为牵，这是虽有利益牵挂，君子洞察六二居心叵测，为了身安，也为了尊严和盛德，以遁离作为防卫，家国得安之象。对事业而言，卦象信息，明确遁离后可得安，爻辞则称九五的遁为嘉遁，是亨通美好的遁离，得吉；得此占，事业成功。

起卦时间：2017年阳历4月30日9点47分。占问得到《遁》之《旅》，动爻在五爻。"体"的位置在二爻，"用"在五爻。

"体"在二爻，在本宫卦（艮卦）里的五行属性为午火，六亲为父母，故"体"的天干为丁。

体干在二爻，配丁火；坐下的地支，由十二宫的帝旺，动化为墓。即，体干坐地支巳，动化丑。于是得到卦象的两组干支为：

```
丁    丁
巳    丑
```

2017年阳历4月30日9点47分，对应的八字四柱是：

```
              日
丁    甲    丁    乙
酉    辰    亥    巳
```

卦象的两组干支与起卦时间的八字四柱合并，就得到《遁》之《旅》的卦象干支六柱：

```
      用              日    体
丁    丁    甲    丁    丁    乙
酉    丑    辰    亥    巳    巳
```

此占问，若分类占断为求财，用神为财。求财，忌神为兄弟，元神为子孙。卦象六柱中，土为兄弟，金为子孙，水为财，木为官鬼，火为父母。卦中，丁火父母临体干，宜财旺，喜财来克体，亦喜木通关，财间接生体干，皆为财来就体，得财之象。日柱空亡午未，丁火无根，不受生，不能通关，木直接克土，忌神受克，受制，财不受克。巳酉丑三合金局，金旺，元神可受生，可通关，元神通关，忌神反成为财源。地支六个字，亥水为财，辰土为兄弟，巳酉丑三合金局，为元神，刚好是元神、财和忌神三者，三合金局为元神，力量强大，通关有力，五行贪生忘克，更是相生得宜，财旺。故，此占问结果，可得财。

继续看《遁》卦上九的爻变，先看爻辞：

☰☶ 上九：肥遁，无不利。

现代文注释：

上九，"遁"之极，居乾之上，乾为肥，故曰"肥遁"，古代卦书里皆写为"飞遁，无不利"，故"肥"亦通假"飞"。上九处"遁"之极致位，故，远走高飞，飞快的远离，是其本意。上九能快速的遁离，是吉祥的，其未来无所不利，故其占为"无不利"。

《遁》卦上九爻变，得到《遁》之《咸》。卦象解析如下：

从卦象看，《遁》卦卦象☰☶，《咸》卦卦象☱☶，两卦卦象结合起来看，艮为丘陵，为手，为采，为家，为安，下坤为野，巽为薇，兑为虎，兑在艮外，为不遇，覆震为回，乾为天福，这是野外采薇，不遇虎狼，天福相伴，平安回家之象。对于事业发展，卦象信息，是处境平安，成功的结局。

起卦时间：2017年阳历4月30日9点15分。占问得到《遁》之《咸》，动爻在上爻。"体"的位置在三爻，"用"在上爻。

"体"在三爻，在本宫卦（艮卦）里的五行属性为申金，六亲为子孙，故"体"的天干为庚。

体干在三爻，配庚金；坐下的地支，由十二宫的临官，动化为沐浴。即体干坐地支申，动化午。于是得到卦象的两组干支为：

庚　　庚

申　　午

2017年阳历4月30日9点15分，对应的八字四柱是：

	日	
丁 甲	丁	乙
酉 辰	亥	巳

卦象的两组干支与起卦时间的八字四柱合并，就得到《遁》之《咸》的卦象干支六柱：

用			体	日	
庚	丁	甲	庚	丁	乙
午	酉	辰	申	亥	巳

此占问，若分类占断为求财，用神为财。求财，忌神为兄弟，元神为子孙。卦象六柱中，土为兄弟，金为子孙，水为财，木为官鬼，火为父母。卦中，庚金子孙临体干，忌空破，忌被克。日柱空亡午未，丁火无根，不受生，不能通关，木直接克土，官鬼克忌神，忌神受制。庚金有根在申，坐禄，元神旺，可受生，可通关，元神通关，忌神反成为财源，财不受克，元神可生财，财旺。地支辰土被申酉金包围，土生金之象，忌神生元神，元神通关成功之象，财有源，财旺。故，此占问结果，可得财。

山泽《损》䷨（卦序号：39）

损：有孚，元吉，无咎。可贞，利有攸往。曷之用？二簋可用享。

本章介绍四个卦的独爻变卦象空间，本节进入《损》卦。以下从初爻开始，介绍《损》卦独爻变的卦象解析、干支五行分析方法和分类占断的分析过程。先看初爻的爻辞：

䷨初九：已事遄往，无咎；酌损之。

现代文注释：

初九，阳刚居阳位，行事果断，初九与六四有应，前去探视六四之疾，完成刚柔的损益，帮助六四转疾为喜，他迅速的前往，无咎害，只是损己益人要酌量，损刚益柔要适度。

《损》卦初九爻变，得到《损》之《蒙》。卦象解析如下：

从卦象看，《损》卦卦象䷨，《蒙》卦卦象䷃，两卦卦象结合起来看，艮为家国，为安，坎中实，为得，坤为病，为我，震为前往，为助，为速，兑为恩泽，正反震为互助，正反艮为同安，这是我有病难，得人恩泽相助而得安，进而互助之象。对事业而言，卦象信息，有遇到问题能够迅速得到解决，得人相助的含义，意味着得地利；得此占，事业会成功。

起卦时间：2017年阳历5月1日15点10分。占问得到《损》之《蒙》，动爻在初爻。"体"的位置在四爻，"用"在初爻。

"体"在四爻，在本宫卦（艮卦）里的五行属性为戌土，六亲为兄弟，故"体"的天干为戊。

体干在四爻，配戊土；坐下的地支，由十二宫的病，动化为胎。即，体干坐地支申，动化子。于是得到卦象的两组干支为：

戊　　　　戊
申　　　　子

2017年阳历5月1日15点10分，对应的八字四柱是：

　　　　　　　日
丁　　甲　　戊　　庚
酉　　辰　　子　　申

卦象的两组干支与起卦时间的八字四柱合并，就得到《损》之《蒙》的卦象干支六柱：

　　　　　　　体　　　日　　　　　用
丁　　甲　　戊　　戊　　庚　　戊
酉　　辰　　申　　子　　申　　子

此占问，若分类占断为求财，用神为财。求财，忌神为兄弟，元神为子孙。卦象六柱中，土为兄弟，金为子孙，水为财，木为官鬼，火为父母。卦中，戊土兄弟临体干，忌神临体，财不能靠近，得不到财之象。日柱空亡午未，丁火无根，火不能通关，木直接克土，忌神受制约。庚金有根在申，可受生，可通关，元神通关，忌神反成为财源，忌神临体的问题得解。地支六个字，只有土金水，辰土被申酉金包围，土生金之象；申金被两个子水包围，金生水之象；五行贪生忘克，土金水自然形成相生链，金为通关神，元神通关成功，财不受克，财旺。故，此占问结果，可得财。

继续看《损》卦九二的爻变，先看爻辞：

☲ 九二：利贞，征凶，弗损益之。

现代文注释：

九二，居中位，应守中正之道，九二与六五有应，但，急于前往有凶。不要盲目损己益人，只要坚守中道即可。己不损，而能益人，是最佳的选择，也是世间的大道理。

《损》卦九二爻变，得到《损》之《颐》。卦象解析如下：

从卦象看，《损》卦卦象☲，《颐》卦卦象☲，两卦卦象结合起来看，震为年岁，为粮，坤为虚，艮为仓庾，兑为秋，为毁折，为损，这是年岁不好，粮食欠收，仓庾虚空，饥荒之象。对事业而言，是遇到困难，事业不成功。

起卦时间：2017年阳历5月1日15点26分。占问得到《损》之《颐》，动爻在二爻。"体"的位置在五爻，"用"在二爻。

"体"在五爻，在本宫卦（艮卦）里的五行属性为子水，六亲为财，故"体"的天干为癸。

体干在五爻，配癸水；坐下的地支，由十二宫的冠带，动化为病。即，体干坐地支丑，动化酉。于是得到卦象的两组干支为：

癸　　癸

丑　　酉

2017年阳历5月1日15点26分，对应的八字四柱是：

日
丁　　甲　　戊　　庚
酉　　辰　　子　　申

卦象的两组干支与起卦时间的八字四柱合并，就得到《损》之《颐》的卦象干支六柱：

体　　　　日　　用
丁　　癸　　甲　　戊　　癸　　庚
酉　　丑　　辰　　子　　酉　　申

此占问，若分类占断为求财，用神为财。求财，忌神为兄弟，元神为子孙。卦象六柱中，土为兄弟，金为子孙，水为财，木为官鬼，火为父母。卦中，癸水财临体干，宜旺。日柱空亡午未，丁火无根，不受生，火不能通关，木直接克土。但，甲木无根，衰弱之木，戊土有根在辰，强盛之土，故出现戊土反克甲木，忌神不受克，忌神旺。甲木无根，不受生，水直接克火，财克父母，财为父母所得，这是体干留不住财之象。故，此占问结果，得不到财。

继续看《损》卦六三的爻变，先看爻辞：

≣ 六三：三人行，则损一人。一人行，则得其友。

现代文注释：

六三，是下卦的主爻，中爻为互震，为行，六三是《损》卦形成的变爻，也就是《泰》之《损》，《泰》下卦的乾体即为"三人行"，乾体九三爻阳变阴，即为"损一人"，"损一人"后《泰》卦变卦为《损》卦。"一人行"，指六三与上九有应，独往则为"一人行"，前往则"得其友"；互为"得其友。

《损》卦六三爻变，得到《损》之《大畜》。卦象解析如下：

从卦象看，《损》卦卦象☶，《大畜》卦卦象☶，两卦卦象结合起来看，艮为国，坤为政，兑为损，是国政有损之象；艮为贤人，为辉光，兑为月，乾为圆，这是月缺复圆之象；乾为大，伏坤为事，艮为成，这是大事有成之象。对事业而言，卦象意味着，折损之后还可努力做成大事，六三与上九有得友之喜悦，是得贤人相助，事业得以成功。

起卦时间：2017年阳历5月1日15点18分。占问得到《损》之《大畜》，动爻在三爻。"体"的位置在上爻，"用"在三爻。

"体"在上爻，在本宫卦（艮卦）里的五行属性为寅木，六亲为官鬼，故"体"的天干为甲。

体干在上爻，配甲木；坐下的地支，由十二宫的衰，动化为临官。即，体干坐地支辰，动化寅。于是得到卦象的两组干支为：

甲	甲
辰	寅

2017年阳历5月1日15点18分，对应的八字四柱是：

	日		
丁	甲	戊	庚
酉	辰	子	申

卦象的两组干支与起卦时间的八字四柱合并，得到《损》之《大畜》的卦象干支六柱：

体			用	日	
甲	丁	甲	甲	戊	庚
辰	酉	辰	寅	子	申

此占问，若分类占断为求财，用神为财。求财，忌神为兄弟，元神为子孙。卦象六柱中，土为兄弟，金为子孙，水为财，木为官鬼，火为父母。卦中，甲木官鬼临体干，宜财旺生官，得财之象。日柱空亡午未，丁火无根。申子辰三合水局，即三合财局，财旺，可受生。庚金有根在申，坐禄，元神强盛有力，可受生，可通关，元神通关，忌神反成为财源，财有源，财旺。甲木有根在寅，官鬼可受生。财旺生官的条件具备。故，此占问结果，可得财。

继续看《损》卦六四的爻变，先看爻辞：

☶☱ 六四：损其疾，使遄有喜，无咎。

现代文注释：

六四，柔爻居柔位，虽得其正，但过柔则有疾，即有问题，从六四的伏象来看，其中爻伏象为坎，坎象为心病，为疾，从明象看，中爻为震，为速，"遄"为急速，故有"损其疾，使遄有喜"之言，六四急速见到初九，完成损刚益柔，转疾为喜，当然无咎。

《损》卦六四爻变，得到《损》之《睽》。卦象解析如下：

从卦象看，《损》卦卦象䷨，《睽》卦卦象䷥，两卦卦象结合起来看，爻变导致中爻坤变坎，坤为虚，坎中实，为得，这是由虚变实，有得之象；离为网，艮为手，震为张，坤为鱼，为多，兑为河海，这是在河海张网捕鱼，鱼多之象。对于事业发展，卦象信息，有鱼象征有利、有余，寓意开始有了积累，鱼多是利多。得此占，事业成功。

起卦时间：2017年阳历5月1日15点42分。占问得到《损》之《睽》，动爻在四爻。"体"的位置在初爻，"用"在四爻。

"体"在初爻，在本宫卦（兑卦）里的五行属性为巳火，六亲为官鬼，故"体"的天干为丙。

体干在初爻，配丙火；坐下的地支，由十二宫的病，动化为胎。即，体干坐地支申，动化子。于是得到卦象的两组干支为：

丙　　丙
申　　子

2017年阳历5月1日15点42分，对应的八字四柱是：

　　　　　日
丁　　甲　　戊　　庚
酉　　辰　　子　　申

卦象的两组干支与起卦时间的八字四柱合并，就得到《损》之《睽》的卦象干支六柱：

		用	日		体
丁	甲	丙	戊	庚	丙
酉	辰	子	子	申	申

此占问，若分类占断为求财，用神为财。求财，忌神为兄弟，元神为子孙。卦象六柱中，金为兄弟，水为子孙，木为财，火为官鬼，土为父母。卦中，丙火官鬼临体干，宜财旺生官，得财之象。日柱空亡午未，丁火无根。申子辰三合水局，元神旺，生财。甲木坐地支辰，坐在三合水局的板凳上，财旺。甲木为丙丁火包围，木生火之象。财旺生官的条件具备。故，此占问结果，可得财。

继续看《损》卦六五的爻变，先看爻辞：

䷨ 六五：或益之十朋之龟，弗克违，元吉。

现代文注释：

六五，柔爻居中，有柔中之德，得上九的佑助，"朋"，是古代货币单位，两贝为一朋，中爻为坤，坤数为十，六五居艮之中，艮为龟，故曰"或益之十朋之龟"。六五柔爻居中，有虚中而自损之象，故大得人心，上九将损下益上所收到的，包括他受益于六三的东西，转捐一部分给六五。有人捐献，当然不能推辞，即"弗克违"，只能收下，占得"元吉"。

《损》卦六五爻变，得到《损》之《中孚》。卦象解析如下：

从卦象看，《损》卦卦象䷨，《中孚》卦卦象䷼，两卦卦象结合起来看，爻变得巽，巽为利，这是得利之象；互震为君王，兑为辅，坤为政，艮为贤人，为得，这是君王得贤人辅政之象；巽为鱼，兑为海，大离为大网，为多得，互坤为江河，这是在江河湖海撒大网多得鱼之象。对事业而言，卦象信息，君王得辅，利来，寓意得到高端人才的加盟，企业状况改观，开始盈利；江海拉网捕鱼，鱼代表利，江河湖海代表市场很大，撒大网多得鱼，是争得较大的市场份额，多得利；得此占，事业成功。

起卦时间：2017年阳历5月1日15点50分。占问得到《损》之《中孚》，动爻在五爻。"体"的位置在二爻，"用"在五爻。

"体"在二爻，在本宫卦（兑卦）里的五行属性为卯木，六亲为财，故"体"的天干为乙。

体干在二爻，配乙木；坐下的地支，由十二宫的衰，动化为临官。即，体干坐地支丑，动化卯。于是得到卦象的两组干支为：

乙　　　乙
丑　　　卯

2017年阳历5月1日15点50分，对应的八字四柱是：

　　　　　日
丁　　甲　　戊　　庚
酉　　辰　　子　　申

卦象的两组干支与起卦时间的八字四柱合并，得到《损》之《中孚》的卦象干支六柱：

　　　用　　　　　日　　体
丁　　乙　　甲　　戊　　乙　　庚
酉　　卯　　辰　　子　　丑　　申

此占问，若分类占断为求财，用神为财。求财，忌神为兄弟，元神为子孙。卦象六柱中，金为兄弟，水为子孙，木为财，火为官鬼，土为父母。卦中，乙木财临体干，宜旺。日柱空亡午未，丁火无根，但，甲乙木紧靠丁火，可生火。申子辰三合水局，水旺，元神旺局，可生财。甲木坐地支辰，坐在三合水局的板凳上，木受水生，财旺。故，此占问结果，可得财。

继续看《损》卦上九的爻变，先看爻辞：

☶☷ 上九：弗损益之；无咎，贞吉，利有攸往，得臣无家。

现代文注释：

上九，《损》道走到极致，会走到其反面，会自损而益下，故警示上九不要再减损，六三前来相应，互为"得其友"，六三是《损》之卦主，六三之损，即为"损所当损"；六三已损在先，上九之艮，为止，可不再自损而益下，无咎，守持正道就有吉祥，占为吉。前往应六三有利，上九得到六三，阳为君，阴为臣，故曰"得臣"，得到有才干的贤臣的辅佐，上卦艮变坤，艮为家，坤为国，这是"有国无家"之象变，寓意贤臣为国而忘家，故言得臣"无家"。

《损》卦上九爻变，得到《损》之《临》。卦象解析如下：

从卦象看，《损》卦卦象☶☷，《临》卦卦象☷☱，两卦卦象结合起来看，互震为春，为生，为元亨，坤为天下，为通达，为麟凤，兑为正秋，为丰盛，为辅，艮为贤人，这是春生秋实，贤人辅佐，元亨通达，得天下之象。对事业而言，卦象信息，元亨通达，得天下，已明确事业成功。

起卦时间：2017年阳历5月1日15点34分。占问得到《损》之《临》，动爻在上爻。"体"的位置在三爻，"用"在上爻。

"体"在三爻，在本宫卦（兑卦）里的五行属性为丑土，六亲为父母，故"体"的天干为己。

体干在三爻，配己土；坐下的地支，由十二宫的冠带，动化为长生。即体干坐地支未，动化酉。于是得到卦象的两组干支为：

己　　己
未　　酉

2017年阳历5月1日15点34分，对应的八字四柱是：

　　　　　　　日
丁　　甲　　戊　　庚
酉　　辰　　子　　申

卦象的两组干支与起卦时间的八字四柱合并，就得到《损》之《临》的卦象干支六柱：

用　　　　　　　体　　日
己　　丁　　甲　　己　　戊　　庚
酉　　酉　　辰　　未　　子　　申

此占问，若分类占断为求财，用神为财。求财，忌神为兄弟，元神为子孙。卦象六柱中，金为兄弟，水为子孙，木为财，火为官鬼，土为父母。卦中，己土父母临体干，宜财旺，喜财来克体，亦喜火通关，财间接生体干，皆为财来就体，得财之象。日柱空亡午未，丁火无根。申子辰三合水局，水旺，元神生财的旺局。甲木坐地支辰，坐在三合水局的板凳上，木受水生，财旺。故，此占问结果，可得财。

泽山《咸》☷☱（卦序号：40）

咸：亨，利贞。取女吉。

本章介绍四个卦的独爻变卦象空间，本节进入《咸》卦。以下从初爻开始，介绍《咸》卦独爻变的卦象解析、干支五行分析方法和分类占断的分析过程。先看初爻的爻辞：

☷ **初六：咸其拇。**

现代文注释：

初六，居艮的最下方，艮为兵戈，为操练，为戴，故"咸其拇"是古代秋天在收割后的田地里练兵的表达，是指人们在感受戴在拇指上射箭用的扳指，人们都在练习拉弓射箭，这是为了防止疏于练习而导致荒废了极为重要的军事技能。作为农业文明的古代中国，寓兵于民，秋天是一年中练习骑射的季节。

《咸》卦初六爻变，得到《咸》之《革》。卦象解析如下：

从卦象看，《咸》卦卦象☷☱，《革》卦卦象☲☱，两卦卦象结合起来看，兑为秋天，乾为健动，艮为操练，为手，大坎为弓矢，震为射，为骑，这是秋天操练骑射之象；离为戈兵，离伏坎为无忧，乾为君，为德，艮为国，为安，这是兵德为治，国安无忧之象；表达黄帝兵德为治的思想，修德振兵，国可无忧。对事业而言，卦象信息，有加强职业培训的含义，寓意企业素质因培训而得到提升，有利于长远的发展，得安无忧，是为大吉，事业成功。

起卦时间：2017年阳历5月3日10点15分。占问得到《咸》之《革》，动爻在初爻。"体"的位置在四爻，"用"在初爻。

"体"在四爻，在本宫卦（兑卦）里的五行属性为亥水，六亲为子孙，故"体"的天干为壬。

体干在四爻，配壬水；坐下的地支，由十二宫的墓，动化为养。即，体干坐地支辰，动化未。于是得到卦象的两组干支为：

壬　　癸
辰　　未

2017年阳历5月3日10点15分，对应的八字四柱是：

　　　　　日
丁　甲　庚　辛
酉　辰　寅　巳

卦象的两组干支与起卦时间的八字四柱合并，就得到《咸》之《革》的卦象干支六柱：

　　　　　体　日　　　　用
丁　甲　壬　庚　辛　癸
酉　辰　辰　寅　巳　未

此占问，若分类占断为求财，用神为财。求财，忌神为兄弟，元神为子孙。卦象六柱中，金为兄弟，水为子孙，木为财，火为官鬼，土为父母。卦中，壬水子孙临体干，忌空破，忌被克。日柱空亡午未。壬水无根，不受生，不能通关。庚金有根在巳，忌神旺。甲木有根在寅，但寅木在日柱被庚金盖头，甲木的根受伤，忌神克用神，财衰。故，此占问结果，得不到财。

继续看《咸》卦六二的爻变，先看爻辞：

☱ 六二：咸其腓，凶，居吉。

现代文注释：

六二，柔爻得正居中，艮为操练，"腓"为疾病，也为小腿，六二小腿有疾，有碍于走路，故不宜动，宜居，动则凶，居则吉。这里六二的爻辞有明确的暗喻，喻其"疾"是来自六二与九五有应而不能前往，这是因为六二顺承九三，中爻巽象为系，已经系之九三，不能上应九五，是为六二之心疾，巽为志，为心，六二不能上应九五，是六二心志已有所向，亦可谓之心疾。六二已有小腿之疾，动则为"凶"，故曰"咸其腓，凶"。六二，其爻位为艮中，艮为家，为居，下卦艮为反震，反震亦为居，顺之则吉，逆之则凶，"居"就是不动，就是坚守，这里很明确就是告诫六二宜坚守二爻之位不动，不动则吉，故曰"居吉"。

《咸》卦六二爻变，得到《咸》之《大过》。卦象解析如下：

从卦象看，《咸》卦卦象☶，《大过》卦卦象☱，两卦卦象结合起来看，兑为害，乾为江河，巽为木，为柏，巽伏震，震为舟，为行，震伏为不往，艮为时，为居，为安，这是时机不利涉大川，虽有柏舟而不往，居安不动之象。对于事业发展，卦象信息，提醒时机的重要性，在条件不利于投资之时，动则有凶，居安不动则吉，此时，什么也不要做，不会成功。

起卦时间：2017年阳历5月3日10点31分。占问得到《咸》之《大过》，动爻在二爻。"体"的位置在五爻，"用"在二爻。

"体"在五爻，在本宫卦（兑卦）里的五行属性为酉金，六亲为兄弟，故"体"的天干为辛。

体干在五爻，配辛金；坐下的地支，由十二宫的衰，动化为死。即，体干坐地支未，动化巳。于是得到卦象的两组干支为：

辛　　辛
未　　巳

2017年阳历5月3日10点31分，对应的八字四柱是：

　　　　　　日
丁　　甲　　庚　　辛
酉　　辰　　寅　　巳

卦象的两组干支与起卦时间的八字四柱合并，得到《咸》之《大过》的卦象干支六柱：

　　　体　　　　日　　用
丁　　辛　　甲　　庚　　辛　　辛
酉　　未　　辰　　寅　　巳　　巳

此占问，若分类占断为求财，用神为财。求财，忌神为兄弟，元神为子孙。卦象六柱中，金为兄弟，水为子孙，木为财，火为官鬼，土为父母。卦中，辛金兄弟临体干，忌神临体，财不能靠近，得不到财之象。日柱空亡午未。甲木有根在寅，但日柱庚寅，寅被庚金盖头，根受伤，财衰。水入墓，功能缺位，无水通关，忌神临体的问题无解，财被克，财衰。故，此占问结果，得不到财。

继续看《咸》卦九三的爻变，先看爻辞：

☰ 九三：咸其股，执其随，往吝。

现代文注释：

九三，与六二为相邻的亲比关系，并形成巽体，巽为股，股为双，象征六二已与九三成双，巽为牵手，为随，故曰"咸其股，执其随"；九三虽然与上六有应，本该前往，但为六二所系，不能往应上六，且上六是年龄大的老人，已脱离骑射操练在山上喝酒，九三若前往，会耽误操练，故曰"往吝"。

《咸》卦九三爻变，得到《咸》之《萃》。卦象解析如下：

从卦象看，《咸》卦卦象☰，《萃》卦卦象☰，两卦卦象结合起来看，兑为月，为和，乾为天，为日，巽为系，为同，艮为家，为国，为安，坤为聚，为志，这是阴阳和合，日月同天，志同而聚，家国得安之象。对于事业发展，卦象信息，是得天道，也得人和，事业成功。

起卦时间：2017年阳历5月3日10点23分。占问得到《咸》之《萃》，动爻在三爻。"体"的位置在上爻，"用"在三爻。

"体"在上爻，在本宫卦（兑卦）里的五行属性为未土，六亲为父母，故"体"的天干为己。

体干在上爻，配己土；坐下的地支，由十二宫的冠带，动化为病。即，体干坐地支未，动化卯。于是得到卦象的两组干支为：

己　　己

未　　卯

2017年阳历5月3日10点23分，对应的八字四柱是：

日

丁　　甲　　庚　　辛

酉　　辰　　寅　　巳

卦象的两组干支与起卦时间的八字四柱合并，就得到《咸》之《萃》的卦象干支六柱：

体　　　　　　用　　日

己　　丁　　甲　　己　　庚　　辛

未　　酉　　辰　　卯　　寅　　巳

此占问，若分类占断为求财，用神为财。求财，忌神为兄弟，元神为子孙。卦象六柱中，金为兄弟，水为子孙，木为财，火为官鬼，土为父母。卦中，己土父母临体干，宜财旺，喜财来克体，亦喜火通关，财间接生体干，皆为财来就体，得财之象。日柱空亡午未，丁火无根。辛金有根在酉，但年柱丁酉，酉金被丁火盖头；时柱辛巳，辛金被巳火截脚，金被克，被制，无力克木。寅卯辰三会木局，三会局为五行旺象，财局形成，财旺。故，此占问结果，可得财。

继续看《咸》卦九四的爻变，先看爻辞：

䷞ 九四：贞吉，悔亡。憧憧往来，朋从尔思。

现代文注释：

九四，其位不居中，也不得正，本有悔；但九四居中爻乾体之中，亦为得中，占为吉，后悔消失。进入上卦，往来皆有阻隔，憧憧不定，九四与九三、九五为朋，乾体行动相牵，故曰"朋从"；与初六有应，欲前往，为九三所阻，有思念之苦，故曰"尔思"。

《咸》卦九四爻变，得到《咸》之《蹇》。卦象解析如下：

从卦象看，《咸》卦卦象☱☶，《蹇》卦卦象☵☶，两卦卦象结合起来看，乾为仁德，为天，兑为和，为恩泽，巽为系，为进退，艮为手，为牵，为得，为安，坎为心，为忧思，这是仁德为系，忧思无悔，相牵而行，天恩安定之象。对事业而言，是得人和，虽有牵挂不影响进退，团结共进，事业成功。

起卦时间：2017年阳历5月3日10点47分。占问得到《咸》之《蹇》，动爻在四爻。"体"的位置在初爻，"用"在四爻。

"体"在初爻，在本宫卦（艮卦）里的五行属性为辰土，六亲为兄弟，故"体"的天干为戊。

体干在初爻，配戊土；坐下的地支，由十二宫的冠带，动化为胎。即，体干坐地支辰，动化子。于是得到卦象的两组干支为：

戊　　　戊

辰　　　子

2017年阳历5月3日10点47分，对应的八字四柱是：

　　　　　日

丁　　甲　　庚　　辛

酉　　辰　　寅　　巳

卦象的两组干支与起卦时间的八字四柱合并，就得到《咸》之《蹇》的卦象干支六柱：

	用	日		体	
丁	甲	戊	庚	辛	戊
酉	辰	子	寅	巳	辰

此占问，若分类占断为求财，用神为财。求财，忌神为兄弟，元神为子孙。卦象六柱中，土为兄弟，金为子孙，水为财，木为官鬼，火为父母。卦中，戊土兄弟临体干，忌神临体，财不能靠近，得不到财之象。日柱空亡午未，丁火无根，未土空，辰土不空，戊土有根在辰，可受生，忌神旺。财不透天干，藏于地支，避开了兄弟夺财。庚金有根在巳，辛金有根在酉，可受生，可通关，元神通关，忌神反成为财源，忌神临体的问题得解，财不受克，得财源，财旺。故，此占问结果，可得财。

继续看《咸》卦九五的爻变，先看爻辞：

九五：咸其脢，无悔。

现代文注释：

九五，居九四之上，上六之下，九四讲心的感受，上六讲口的感受，故九五的感受就在心之上、口之下；九五居中得正，与六二有应，皆为中正，但与六二的正应被九三阻隔，他把感受放心上不说出口，自守中正，没有悔恨。

《咸》卦九五爻变，得到《咸》之《小过》。卦象解析如下：

从卦象看，《咸》卦卦象☷☶，《小过》卦卦象☳☶，两卦卦象结合起来看，艮为道，震为行，正反艮相背，正反震亦为相背，这是道不同，背道而行之象；互巽为利，正反巽相背向，为利益不一致，兑为和，正反兑为不和，互乾为德，大坎为祸殃，为害，这是利益不合，背道而行，不和有殃，害德招祸之象。对于事业发展，卦象信息，明确了失败的原因，不会成功。

起卦时间：2017年阳历5月3日10点55分。占问得到《咸》之《小过》，动爻在五爻。"体"的位置在二爻，"用"在五爻。

"体"在二爻，在本宫卦（艮卦）里的五行属性为午火，六亲为父母，故"体"的天干为丁。

体干在二爻，配丁火；坐下的地支，由十二宫的长生，动化为病。即，体干坐地支酉，动化卯。于是得到卦象的两组干支为：

丁　丁
酉　卯

2017年阳历5月3日10点55分，对应的八字四柱是：

　　　日
丁　甲　庚　辛
酉　辰　寅　巳

卦象的两组干支与起卦时间的八字四柱合并，得到《咸》之《小过》的卦象干支六柱：

	用		日		体
丁	丁	甲	庚	丁	辛
酉	卯	辰	寅	酉	巳

此占问，若分类占断为求财，用神为财。求财，忌神为兄弟，元神为子孙。卦象六柱中，土为兄弟，金为子孙，水为财，木为官鬼，火为父母。卦中，丁火父母临体干，宜财旺，喜财来克体，亦喜木通关，财间接生体干，皆为财来就体，得财之象。日柱空亡午未，丁火无根，不受生，不能通关，木直接克土，忌神受制。庚金有根在巳，可受生，可通关。但，金的通关，没有水的配合，水缺位，无财之象。故，此占问结果，得不到财。

继续看《咸》卦上六的爻变，先看爻辞：

☰☷ 上六：咸其辅、颊、舌。

现代文注释：

上六，是年龄大的老人，体弱不参加操练，上六居上卦兑的上方，在象学里，兑为秋，为肉，为酒，为食，为饮，为吞，为咽，故象征重阳节在山上喝酒吃肉、品尝肥美的河蟹，有咀嚼、吞咽和口舌中味蕾的感受，这是老人在山上过重阳节，喝菊花酒，做老人适宜的事。古代农业文明，金秋时节，年轻人"沙场秋点兵"，在秋天清凉的日子里操练骑射；老人登高过重阳节，"咸其辅颊舌"，是在山上喝酒吃肉，品尝肥美的河蟹，还金秋一个态度，做适宜的事。

《咸》卦上六爻变，得到《咸》之《遁》。卦象解析如下：

从卦象看，《咸》卦卦象☰，《遁》卦卦象☰，两卦卦象结合起来看，兑为饮酒，为吞，为食，乾为老，大坎为孤，为苦，艮为山，为时，艮覆震，震覆为不归，这是老人在山上过重阳节，流连山野，逾时不归，虽有口腹的享受和友人的相聚，也有秋风萧瑟的悲秋之感，是老年孤苦之象。对事业而言，卦象里，孤老流连山野，不谋功业，逾时不归，寓意不成功。

起卦时间：2017年阳历5月3日10点39分。占问得到《咸》之《遁》，动爻在上爻。"体"的位置在三爻，"用"在上爻。

"体"在三爻，在本宫卦（艮卦）里的五行属性为申金，六亲为子孙，故"体"的天干为庚。

体干在三爻，配庚金；坐下的地支，由十二宫的沐浴，动化为衰。即，体干坐地支午，动化戌。于是得到卦象的两组干支为：

庚　　庚
午　　戌

2017年阳历5月3日10点39分，对应的八字四柱是：

　　　　　　日
丁　甲　庚　辛
酉　辰　寅　巳

卦象的两组干支与起卦时间的八字四柱合并，就得到《咸》之《遁》的卦象干支六柱：

用　　　　　　体　日
庚　丁　甲　庚　庚　辛
戌　酉　辰　午　寅　巳

此占问，若分类占断为求财，用神为财。求财，忌神为兄弟，元神为子孙。卦象六柱中，土为兄弟，金为子孙，水为财，木为官鬼，火为父母。卦中，庚金子孙临体干，忌空破，忌被克。日柱空亡午未，丁火无根，但火不缺位，未土空，辰戌土不空，忌神不缺位。体干坐下地支，午动化戌，动化忌神，忌神旺，求财不利。寅午戌三合火局，火旺生土，忌神更强大。卦中，水缺位，为无财之象。故，此占问结果，得不到财。

第二十三章 节、旅、中孚、小过

水泽《节》䷻（卦序号：41）

节：亨。苦节，不可贞。

本章介绍四个卦的独爻变卦象空间，本节进入《节》卦。以下从初爻开始，介绍《节》卦独爻变的卦象解析、干支五行分析方法和分类占断的分析过程。先看初爻的爻辞：

☵ 初九：不出户庭，无咎。

现代文注释：

初九，初阳得正，象征人生事业的初始阶段，初九与六四有应，本该前往，但六四为坎之初，险也，故又不该前往；九二、六三两爻为反艮，艮为门，为庭，初九为单数，两扇为门，一扇称户，合称户庭，且初九有乾阳初爻的"勿用"，故曰"不出户庭"，占为无咎。持谨慎态度，不出户庭，对初九是适合的，时机未到，应该等待。

《节》卦初九爻变，得到《节》之《坎》。卦象解析如下：

从卦象看，《节》卦卦象䷻，《坎》卦卦象䷜，两卦卦象结合起来看，坎为阻塞，为险，为害，为忧，互艮为虎狼，为路，互震为行，为商旅，这是路有虎狼为害，商旅不通，忧愁之象。对于事业发展，卦象信息，寓意出行有咎害，不具备做事的天时与地利，故，不会成功。

起卦时间：2017年阳历5月9日14点34分。占问得到《节》之《坎》，动爻在初爻。"体"的位置在四爻，"用"在初爻。

"体"在四爻，在本宫卦（坎卦）里的五行属性为申金，六亲为父母，故"体"的天干为庚。

体干在四爻，配庚金；坐下的地支，由十二宫的衰，动化为养。即，体干坐地支戌，动化辰。于是得到卦象的两组干支为：

庚　　庚
戌　　辰

2017年阳历5月9日14点34分，对应的八字四柱是：

　　　　　日
丁　　乙　　丙　　乙
酉　　巳　　申　　未

卦象的两组干支与起卦时间的八字四柱合并，就得到《节》之《坎》的卦象干支六柱：

　　　　体　　日　　　　用
丁　　乙　　庚　　丙　　乙　　庚
酉　　巳　　戌　　申　　未　　辰

此占问，若分类占断为求财，用神为财。求财，忌神为兄弟，元神为子孙。

卦象六柱中，水为兄弟，木为子孙，火为财，土为官鬼，金为父母。卦中，庚金父母临体干，宜财旺，喜财来克体，亦喜土通关，财间接生体干，皆为财来就体，得财之象。日柱空亡辰巳，辰土空，戌未不空，土不缺位，巳火空，丙火无根，不受生，丙火受克，财衰。丁火有根在未，但时柱乙未，未土被乙木盖头，被克，丁藏在未土中的根受伤，财受伤。故，此占问结果，得不到财。

　　继续看《节》卦九二的爻变，先看爻辞：

☵☱ 九二：不出门庭，凶。

现代文注释：

　　九二，阳刚居中位，守持中道可得正，爻位为偶数，中爻艮象为门，为庭，九二震象，震为出，故其顺向为"出门庭"，而逆之则凶，故曰"不出门庭，凶"；在此爻中，九二阳刚得中，且时机成熟，应当外出打拼事业，不能呆在家中，无所事事。太过于保守，反而会应了"人在家中，祸从天降。"之说。故占为凶。这是提醒九二，要守持中道，不可过于保守。

　　《节》卦九二爻变，得到《节》之《屯》。卦象解析如下：

　　从卦象看，《节》卦卦象☵☱，《屯》卦卦象☵☳，两卦卦象结合起来看，艮为求，坎为饱，兑为食，震为粮，为年岁，坤为虚，为不足，为劳，坤伏乾，乾为禄福，伏乾为无禄福，这是仅求吃饱而粮不足，身劳而无禄福之象。对于事业发展，卦象信息，是家无余粮，勉强度日都很困难，企业境况不好，是福薄的命，身劳而无获，与利无缘，不会成功。

起卦时间：2017年阳历5月9日14点18分。占问得到《节》之《屯》，动爻在二爻。"体"的位置在五爻，"用"在二爻。

"体"在五爻，在本宫卦（坎卦）里的五行属性为戊土，六亲为官鬼，故"体"的天干为戊。

体干在五爻，配戊土；坐下的地支，由十二宫的长生，动化为养。即，体干坐地支寅，动化丑。于是得到卦象的两组干支为：

戊　　　己
寅　　　丑

2017年阳历5月9日14点18分，对应的八字四柱是：

　　　　　　日
丁　　乙　　丙　　乙
酉　　巳　　申　　未

卦象的两组干支与起卦时间的八字四柱合并，就得到《节》之《屯》的卦象干支六柱：

　　　体　　　　　日　　　用
丁　　戊　　乙　　丙　　己　　乙
酉　　寅　　巳　　申　　丑　　未

此占问，若分类占断为求财，用神为财。求财，忌神为兄弟，元神为子孙。卦象六柱中，水为兄弟，木为子孙，火为财，土为官鬼，金为父母。卦中，戊土官鬼临体干，宜财旺生官，得财之象。日柱空亡辰巳，巳酉丑三合金局，金旺，巳不论空，但五行属性改变为金。水缺位，金直接克木，元神被克，不生财。丙火无根，不受生。丁火有根在未，然而是余气的侧根，与丁火远隔，又在时柱被乙盖头，根受伤，不能受生，财衰。戊土有根在申，可受财生，然而财衰，财不旺，财旺生官的条件不具备。故，此占问结果，得不到财。

继续看《节》卦六三的爻变，先看爻辞：

☵ 六三：不节若，则嗟若，无咎。

现代文注释：

六三，阴爻乘凌阳刚之上，为危险的处境，居人位之下者，其位在兑之口，有"接"之象，上接坎水；且在卦中六三之位居于兑之极，有喜极之义，其上为坎，坎为忧叹，故六三有喜极而生忧叹之象；故曰"不节若，则嗟若"。人生需在安乐之时就知其有忧患，需在坎水充沛之时就知其也会有干涸之日，故，六三若不思节度，则只有嗟叹。六三知其中道理，有感悟，也知道了正确的方向，故，可以免除咎害。

《节》卦六三爻变，得到《节》之《需》。卦象解析如下：

从卦象看，《节》卦卦象☵，《需》卦卦象☵，两卦卦象结合起来看，爻变下卦得乾，乾为福，是得福之象；兑为食，坎中实，为饱，为得，互离为温，互艮为求，为居，为安，这是求事有得，食有温饱，居安之象。对事业而言，卦象信息，寓意得天福眷顾，获温饱和安居，求事有得，事业成功。

起卦时间：2017年阳历5月9日14点26分。占问得到《节》之《需》，动爻在三爻。"体"的位置在上爻，"用"在三爻。

"体"在上爻，在本宫卦（坎卦）里的五行属性为子水，六亲为兄弟，故"体"的天干为癸。

体干在上爻，配癸水；坐下的地支，由十二宫的长生，动化为帝旺。即体干坐地支卯，动化亥。于是得到卦象的两组干支为：

癸　　　癸
卯　　　亥

2017年阳历5月9日14点26分，对应的八字四柱是：

　　　　　　　日
丁　　乙　　丙　　乙
酉　　巳　　申　　未

卦象的两组干支与起卦时间的八字四柱合并，就得到《节》之《需》的卦象干支六柱：

体　　　　　　　用　　日
癸　　丁　　乙　　癸　　丙　　乙
卯　　酉　　巳　　亥　　申　　未

此占问，若分类占断为求财，用神为财。求财，忌神为兄弟，元神为子孙。卦象六柱中，水为兄弟，木为子孙，火为财，土为官鬼，金为父母。卦中，癸水兄弟临体干，忌神临体，财不能靠近，得不到财之象。日柱空亡辰巳，辰土空，未土不空，土不缺位；巳火空，丙火无根。但，丁火有根在未，财可受生。乙木有根在卯，可受生，可通关，元神通关，忌神反成为财源，忌神临体的问题得解。元神生财，财旺。故，此占问结果，可得财。

继续看《节》卦六四的爻变，先看爻辞：

☵ 六四：安节，亨。

现代文注释：

六四，居中爻互艮中，艮为安，故曰"安节"；六四居人位之上者，阴居于阴位，当位得正，故能"安"其位。且六四进入人生的上卦阶段，也就是下半生的开始，这是进入不惑之年的人生阶段，故容易进入"安节"的状态，安于自我节制，安于天道，知天命而常乐。阴爻承阳，阴遇阳而通达，故曰"亨"，可得亨通。

《节》卦六四爻变，得到《节》之《兑》。卦象解析如下：

从卦象看，《节》卦卦象☵，《兑》卦卦象☱，两卦卦象结合起来看，互艮为星，为尾，兑为海，兑伏艮为星海，互巽为风，星海中的天箕星主风，互震为龙马，为驾驭，为周，为行，这是天箕星尾上的王良星御龙马周天而行之象，为王者兴之象；爻变，坎变兑，坎为忧，兑为悦，互震为乐，为解，艮为安，这是乐而得安，无忧之象。对于事业发展，卦象信息，有王者兴的寓意，明示未来无忧而得安，会有大成功。

起卦时间：2017年阳历5月9日14点50分。占问得到《节》之《兑》，动爻在四爻。"体"的位置在初爻，"用"在四爻。

"体"在初爻，在本宫卦（兑卦）里的五行属性为巳火，六亲为官鬼，故"体"的天干为丙。

体干在初爻，配丙火；坐下的地支，由十二宫的胎，动化为帝旺。即，体干坐地支子，动化午。于是得到卦象的两组干支为：

丙　　丙
子　　午

2017年阳历5月9日14点50分，对应的八字四柱是：

　　　　　　日
丁　　乙　　丙　　乙
酉　　巳　　申　　未

卦象的两组干支与起卦时间的八字四柱合并，就得到《节》之《兑》的卦象干支六柱：

　　　　用　　日　　　　体
丁　　乙　　丙　　丙　　乙　　丙
酉　　巳　　午　　申　　未　　子

此占问，若分类占断为求财，用神为财。求财，忌神为兄弟，元神为子孙。卦象六柱中，金为兄弟，水为子孙，木为财，火为官鬼，土为父母。卦中，丙火官鬼临体干，宜财旺生官，得财之象。日柱空亡辰巳。巳午未三会火局，火旺，巳不论空，火有根，可受财生。水不缺位，乙木有根在未，故乙木可受水生，财旺。财旺生官的条件都具备。故，此占问结果，可得财。

继续看《节》卦九五的爻变，先看爻辞：

☵ 九五：甘节，吉；往有尚。

现代文注释：

九五，居上卦的坎中，坎的形成为刚爻进入坤中，坤味甘，故曰"甘节"；其爻位如象辞所说"当位以节，中正以通。"以王者的地位节制天下，占为吉。此时的九五，其能力、阅历、人脉、社会资源在其人生阶段都进入到一个新阶段，前往就会得到佑助，故曰"往有尚"。

《节》卦九五爻变，得到《节》之《临》。卦象解析如下：

从卦象看，《节》卦卦象☵，《临》卦卦象☷，两卦卦象结合起来看，爻变得坤，坤为天下，为道路，坎为忧患，震为解，为乐，为通达，兑为悦喜，这是大道通达，悦喜无忧，得天下之象。对事业而言，大道通达，是得天时，前往就会成功，可无忧的前往，事业会成功。

起卦时间：2017年阳历5月9日14点42分。占问得到《节》之《临》，动爻在五爻。"体"的位置在二爻，"用"在五爻。

"体"在二爻，在本宫卦（兑卦）里的五行属性为卯木，六亲为财，故"体"的天干为乙。

体干在二爻，配乙木；坐下的地支，由十二宫的养，动化为临官。即，体干坐地支未，动化卯。于是得到卦象的两组干支为：

乙　　乙

未　　卯

2017年阳历5月9日14点42分，对应的八字四柱是：

```
                 日
  丁      乙      丙      乙
  酉      巳      申      未
```

卦象的两组干支与起卦时间的八字四柱合并，就得到《节》之《临》的卦象干支六柱：

```
          用              日      体
  丁      乙      乙      丙      乙      乙
  酉      卯      巳      申      未      未
```

此占问，若分类占断为求财，用神为财。求财，忌神为兄弟，元神为子孙。卦象六柱中，金为兄弟，水为子孙，木为财，火为官鬼，土为父母。卦中，乙木财临体干，宜旺。日柱空亡辰巳，辰土空，未土不空，土不缺位；巳火空，丙火无根，但丁火有根在未，可受生。乙木有根在卯，可受生，不受克。申藏干壬水，水不缺位，用神受生得以确定，元神生财。天干四个乙木透出，地支有根在卯，财旺，不怕兄弟夺财。故，此占问结果，有财，可得财。

继续看《节》卦上六的爻变，先看爻辞：

☵☱ 上六：苦节，贞凶，悔亡。

现代文注释：

上六，《节》的极致会走向反面，资源枯竭，固守有"凶"；"苦节"，即腐朽的竹签，不可用于占筮，上六在最后阶段再次提醒："枯节，不可占。"这句话真正的寓意，是某些重要资源的枯竭现象已经出现，固守为"凶"。知道这种情况，规避风险，后悔的事情也就没有了。

《节》卦上六爻变，得到《节》之《中孚》。卦象解析如下：

从卦象看，《节》卦卦象☵，《中孚》卦卦象☱，两卦卦象结合起来看，巽为松柏，为长，坎为雨露，震为生，为繁茂，为神，艮为安，兑为恩泽，这是松柏得雨露滋润而繁茂生长，得神恩泽而长安之象；爻变导致坎隐而得巽，坎为忧，巽为利，这是得利无忧之象；互震为功业，为通利，为乐，互艮为成，为大道，兑为悦喜，这是功业有成，乐而无忧，大道通利，喜不自禁之象。对于事业发展，卦象信息，明确得到神佑的恩泽，功业有成，大道通利，得利而昌盛，企业得长安，事业成功。

起卦时间：2017年阳历5月9日14点10分。占问得到《节》之《中孚》，动爻在上爻。"体"的位置在三爻，"用"在上爻。

"体"在三爻，在本宫卦（兑卦）里的五行属性为丑土，六亲为父母，故"体"的天干为己。

体干在三爻，配己土；坐下的地支，由十二宫的胎，动化为冠带。即，体干坐地支亥，动化未。于是得到卦象的两组干支为：

己　　己
亥　　未

2017年阳历5月9日14点10分，对应的八字四柱是：

```
            日
丁      乙      丙      乙
酉      巳      申      未
```

卦象的两组干支与起卦时间的八字四柱合并，得到《节》之《中孚》的卦象干支六柱：

```
用              体      日
己      丁      乙      己      丙      乙
未      酉      巳      亥      申      未
```

此占问，若分类占断为求财，用神为财。求财，忌神为兄弟，元神为子孙。卦象六柱中，金为兄弟，水为子孙，木为财，火为官鬼，土为父母。卦中，己土父母临体干，宜财旺，喜财来克体，亦喜火通关，财间接生体干，皆为财来就体，得财之象。日柱空亡辰巳，辰土空，未土不空，体干己土有根在未，土不缺位。巳火空，丙火无根，但丁火有根在未，可受生，火不缺位。忌神天干不现，地支申酉在年柱和时柱都被火盖头，忌神受制，失去生克能力，财不受克。体干坐亥水，水不缺位，乙木有根在未，财可受生，不受克，元神生财，财旺。故，此占问结果，可得财。

火山《旅》☲☶（卦序号：42）

旅：小亨，旅贞吉。

　　本章介绍四个卦的独爻变卦象空间，本节进入《旅》卦。以下从初爻开始，介绍《旅》卦独爻变的卦象解析、干支五行分析方法和分类占断的分析过程。先看初爻的爻辞：

☶ 初六：旅琐琐，斯其所取灾。

现代文注释：

　　初六，阴柔之质，人穷志短，旅途初始，表现出猥琐卑贱、穷困潦倒的样子，志气也就一样的穷窘了，志穷有灾，这样的状态只会招来旁人的欺负，招致本来不该有的灾祸。

　　《旅》卦初六爻变，得到《旅》之《离》。卦象解析如下：

　　从卦象看，《旅》卦卦象☲☶，《离》卦卦象☲☲，两卦卦象结合起来看，有三离一艮，离为烈火，艮为家，为次舍，为衣，这是次舍起火，烈火燎衣之象；离为目，为视，艮为道路，中爻互大坎为黑，为盲，这是目眇如盲人，黑夜行走在路上之象。对于事业发展，卦象既有遭遇灾患的信息，亦有自身条件的缺陷，缺少能成事的内外条件，不会成功。

　　起卦时间：2017年阳历5月11日11点31分。占问得到《旅》之《离》，动爻在初爻。"体"的位置在四爻，"用"在初爻。
　　"体"在四爻，在本宫卦（离卦）里的五行属性为酉金，六亲为财，故"体"的天干为辛。

体干在四爻，配辛金；坐下的地支，由十二宫的绝，动化为养。即，体干坐地支卯，动化丑。于是得到卦象的两组干支为：

辛　　辛
卯　　丑

2017年阳历5月11日11点31分，对应的八字四柱是：

　　　　　日
丁　乙　戊　戊
酉　巳　戌　午

卦象的两组干支与起卦时间的八字四柱合并，就得到《旅》之《离》的卦象干支六柱：

　　　　　体　日　　　用
丁　乙　辛　戊　戊　辛
酉　巳　卯　戌　午　丑

此占问，若分类占断为求财，用神为财。求财，忌神为兄弟，元神为子孙。卦象六柱中，火为兄弟，土为子孙，金为财，水为官鬼，木为父母。卦中，辛金财临体干，宜旺。日柱空亡辰巳，辰土空，戌丑不空，元神不缺位；巳火空，丁火有根在午，忌神强大。辛金有根在酉，年柱丁酉，酉金被丁火盖头，财的根受伤，财不受生，受克，财衰。故，此占问结果，得不到财。

继续看《旅》卦六二的爻变，先看爻辞：

☲ 六二：旅即次，怀其资，得童仆，贞。

现代文注释：

六二，其位得正居中，得中正之道，旅途中安排好行程，适时到达下一站的旅馆，准备好所要用的盘缠，得到一个童仆，坚守"旅"的正道。

《旅》卦六二爻变，得到《旅》之《鼎》。卦象解析如下：

从卦象看，《旅》卦卦象☲，《鼎》卦卦象☲，两卦卦象结合起来看，离为文，乾为周，为仁德，为君王，这是文王之象，巽为旅客，艮为居，为安，这是文王客居殷商，居有平安之象。对于事业发展，客居，寓意企业刚进入一个新的地域，或者刚进入一个新的发展领域，须守持正道，先得到安定。得此占，有进入新领域的初步安定，归于成功。

起卦时间：2017年阳历5月11日11点15分。占问得到《旅》之《鼎》，动爻在二爻。"体"的位置在五爻，"用"在二爻。

"体"在五爻，在本宫卦（离卦）里的五行属性为未土，六亲为子孙，故"体"的天干为己。

体干在五爻，配己土；坐下的地支，由十二宫的墓，动化为冠带。即，体干坐地支丑，动化未。于是得到卦象的两组干支为：

己　　己
丑　　未

2017年阳历5月11日11点15分，对应的八字四柱是：

日

丁　　乙　　戊　　戊

酉　　巳　　戌　　午

卦象的两组干支与起卦时间的八字四柱合并，就得到《旅》之《鼎》的卦象干支六柱：

体　　　　　日　　用

丁　　己　　乙　　戊　　己　　戊

酉　　丑　　巳　　戌　　未　　午

此占问，若分类占断为求财，用神为财。求财，忌神为兄弟，元神为子孙。卦象六柱中，火为兄弟，土为子孙，金为财，水为官鬼，木为父母。卦中，己土子孙临体干，忌空破，忌被克。日柱空亡辰巳，辰土空，丑未戌不空。巳火空，丁火有根在午，可受生。巳午未三会火局，忌神旺。年柱酉金受伤，但，戌丑墓库藏干酉，财不受克。戊土有根在戌，坐禄，元神旺象，可受生，可通关，元神通关，忌神反成为财源，财旺。故，此占问结果，可得财。

继续看《旅》卦九三的爻变，先看爻辞：

≡≡ 九三：旅焚其次，丧其童仆，贞，厉。

现代文注释：

九三，三爻之位，多凶险，艮为居，为火，故旅途中出了意外，旅馆起火了，住所烧毁了，童仆也走了；占的结果，有凶险。

《旅》卦九三爻变，得到《旅》之《晋》。卦象解析如下：

从卦象看，《旅》卦卦象☲☶，《晋》卦卦象☲☷，两卦卦象结合起来看，离为鸟巢，互巽为秋风，为树枝，艮为安，艮阳进入互坎中，为不安，这是鸟巢为秋风所吹，树枝摇动而不安之象。对于事业发展，卦象信息，鸟巢的不安定，就是事业的不安定，秋风是鸟巢得不到安定的外部因素，树枝太细小是自身原因，秋风是天时，树枝为地利，皆欠缺，不会成功，归于失败。

起卦时间：2017年阳历5月11日11点47分。占问得到《旅》之《晋》，动爻在三爻。"体"的位置在上爻，"用"在三爻。

"体"在上爻，在本宫卦（离卦）里的五行属性为巳火，六亲为兄弟，故"体"的天干为丙。

体干在上爻，配丙火；坐下的地支，由十二宫的墓，动化为病。即，体干坐地支戌，动化申。于是得到卦象的两组干支为：

丙　　丙
戌　　申

2017年阳历5月11日11点47分，对应的八字四柱是：

　　　　日
丁　乙　戊　戊
酉　巳　戌　午

卦象的两组干支与起卦时间的八字四柱合并，就得到《旅》之《晋》的卦象干支六柱：

```
体                   用      日
丙    丁    乙    丙    戊    戊
戌    酉    巳    申    戌    午
```

此占问，若分类占断为求财，用神为财。求财，忌神为兄弟，元神为子孙。卦象六柱中，火为兄弟，土为子孙，金为财，水为官鬼，木为父母。卦中，丙火兄弟临体干，忌神临体，财不能靠近，得不到财之象。日柱空亡辰巳，辰土空，戌土不空。申酉戌三会金局，本为金旺之象，但，申酉戌都被丙丁火盖头，财在柱内被克，财被忌神制住，财衰。故，此占问结果，得不到财。

继续看《旅》卦九四的爻变，先看爻辞：

䷐ 九四：旅于处，得其资斧，我心不快。

现代文注释：

九四，是周文王，居兑象之中，兑为斧，即为职权，在异乡得到俸禄和相应的职权，中爻是大坎，坎为心忧，客居在外有思乡之情，文王的心不快乐。

《旅》卦九四爻变，得到《旅》之《艮》。卦象解析如下：

从卦象看，《旅》卦卦象䷐，《艮》卦卦象䷠，两卦卦象结合起来看，是一离三艮，离为鸟巢，艮为鸟，为小子，为孙，这是多子多孙之象；互兑为雏鸟，为和，为悦，互巽为长久，为系，为齐，互坎为心，为合，艮为护，这是母鸟和雄鸟齐心，合护子孙，子孙兴旺，欢乐长久之象。对事业而言，卦象信息，子孙代表新项目，也寓意未来，新项目很多，且都会成功，不会夭折，企业兴旺，得长久平安；得此占，事业成功。

起卦时间：2017年阳历5月11日11点23分。占问得到《旅》之《艮》，动爻在四爻。"体"的位置在初爻，"用"在四爻。

"体"在初爻，在本宫卦（艮卦）里的五行属性为辰土，六亲为兄弟，故"体"的天干为戊。

体干在初爻，配戊土；坐下的地支，由十二宫的墓，动化为冠带。即，体干坐地支戌，动化辰。于是得到卦象的两组干支为：

戊　　戊
戌　　辰

2017年阳历5月11日11点23分，对应的八字四柱是：

　　　　　　日
丁　　乙　　戊　　戊
酉　　巳　　戌　　午

卦象的两组干支与起卦时间的八字四柱合并，就得到《旅》之《艮》的卦象干支六柱：

　　　　用　　日　　　　体
丁　　乙　　戊　　戊　　戊　　戊
酉　　巳　　辰　　戌　　午　　戌

此占问，若分类占断为求财，用神为财。求财，忌神为兄弟，元神为子孙。

卦象六柱中，土为兄弟，金为子孙，水为财，木为官鬼，火为父母。卦中，戊土兄弟临体干，忌神临体，财不能靠近，得不到财之象。日柱空亡辰巳，辰土空，戊土不空，忌神旺。五行贪生忘克，强盛透出的戊土要通过生酉金来泄秀，元神受生乃必然，元神通关，忌神临体的问题得解。癸水藏于辰，财不受克。故，此占问结果，财藏而不露，月内出旬可得财。

继续看《旅》卦六五的爻变，先看爻辞：

☶☲ 六五：射雉一矢亡，终以誉命。

现代文注释：

六五，居上卦离之中，离为雉，六五射雉，一箭就中，离之中为虚，为孚，象征六五虚心且诚信待人，最终获得荣誉，完成天命的成就。

《旅》卦六五爻变，得到《旅》之《遁》。卦象解析如下：

从卦象看，《旅》卦卦象☲☶，《遁》卦卦象☰☶，两卦卦象结合起来看，离为戈兵，为乱，互兑为害，为摧折，乾为天，为誉，为长久，为圣贤，艮为国，为家园，为防卫，为安，互巽为命，巽在乾下，为天命，这是叛乱发生，圣贤完成天命而有誉，家国长安之象。对事业而言，卦象信息，寓意有危乱之事发生，但最终可平定，终得长安，事业会成功。

起卦时间：2017年阳历5月11日11点39分。占问得到《旅》之《遁》，动爻在五爻。"体"的位置在二爻，"用"在五爻。

"体"在二爻，在本宫卦（艮卦）里的五行属性为午火，六亲为父母，故"体"的天干为丁。

体干在二爻，配丁火；坐下的地支，由十二宫的墓，动化为病。即，体干坐地支丑，动化卯。于是得到卦象的两组干支为：

丁　丁

丑　卯

2017年阳历5月11日11点39分，对应的八字四柱是：

　　　　　　日

丁　乙　戊　戊

酉　巳　戌　午

卦象的两组干支与起卦时间的八字四柱合并，就得到《旅》之《遁》的卦象干支六柱：

　　　用　　　　日　体

丁　丁　乙　戊　丁　戊

酉　卯　巳　戌　丑　午

此占问，若分类占断为求财，用神为财。求财，忌神为兄弟，元神为子孙。卦象六柱中，土为兄弟，金为子孙，水为财，木为官鬼，火为父母。卦中，丁火父母临体干，宜财旺，喜财来克体，亦喜木通关，财间接生体干，皆为财来就体，得财之象。日柱空亡辰巳，辰土空，戌丑不空，戊土有根，依然强盛；巳火空，丙火无根，但丁火有根在午，火不受影响，只是火土的强势略有收敛。金水天干不透，乃藏晦的状态，避开忌神的锋芒，避免受克。财藏干在丑，体干在柱内生之，忌神亦贪生忘克，土生金的泄秀乃必然的能量流趋势。这是金水藏晦而得生的好处，元神得生，财亦得生。故，此占问结果，有财，终可得财。

继续看《旅》卦上九的爻变，先看爻辞：

☶☲ 上九：鸟焚其巢，旅人先笑后号啕。丧牛于易，凶。

现代文注释：

上九，以阳刚处高亢之位，旅人尊高自处，不知灾祸即将到来。离象之终，按象学，离为鸟，为巢，为火，为焚毁，故曰"鸟焚其巢"；旅人先是笑而后号啕大哭，寓意：旅人先顺利后有灾祸。"丧牛于易"是历史典故，讲的是先周的王亥客居"有易"国，养牛成功，还发明了牛车，他出了名并积累了财富，但生活也放荡起来，结果被国王杀害，其财富主要是牛，也都丧失了，这是凶兆。

《旅》卦上九爻变，得到《旅》之《小过》。卦象解析如下：

从卦象看，《旅》卦卦象☶☲，《小过》卦卦象☳☶，两卦卦象结合起来看，离为纷争，互兑为倾，互巽为殒，大坎为祸殃，为忧，震为商旅，为惊，为走，为扰，艮为求，为安，艮阳进入大坎中，为求安不得，这是纷争起，商旅有倾殒之祸，受扰而惊走，祸来有忧，求安不得之象。对事业而言，是有纠纷起灾祸，求安不得，惊扰和忧愁不断，事业不会成功，归于失败。

起卦时间：2017年阳历5月11日11点55分。占问得到《旅》之《小过》，动爻在上爻。"体"的位置在三爻，"用"在上爻。

"体"在三爻，在本宫卦（艮卦）里的五行属性为申金，六亲为子孙，故"体"的天干为庚。

体干在三爻，配庚金；坐下的地支，由十二宫的养，动化为衰。即，体干坐地支辰，动化戌。于是得到卦象的两组干支为：

庚　　　庚
辰　　　戌

2017年阳历5月11日11点55分，对应的八字四柱是：

　　　　　日
丁　乙　戊　戊
酉　巳　戌　午

卦象的两组干支与起卦时间的八字四柱合并，得到《旅》之《小过》的卦象干支六柱：

用　　　　　　体　日
庚　丁　乙　庚　戊　戊
戌　酉　巳　辰　戌　午

此占问，若分类占断为求财，用神为财。求财，忌神为兄弟，元神为子孙。卦象六柱中，土为兄弟，金为子孙，水为财，木为官鬼，火为父母。卦中，庚金子孙临体干，忌空破，忌受克。日柱空亡辰巳，辰土空，戌土不空，戊土有根在戌，忌神仍然强大。庚金犯月破，元神忌月破，不生财。且巳火空亡，庚金无根，元神不能通关，用神直接受克，财衰。故，此占问结果，得不到财。

风泽《中孚》䷼（卦序号：43）

中孚：豚鱼吉，利涉大川，利贞。

本章介绍四个卦的独爻变卦象空间，本节进入《中孚》卦。以下从初爻开始，介绍《中孚》卦独爻变的卦象解析、干支五行分析方法和分类占断的分析过程。先看初爻的爻辞：

☱ **初九：**虞吉，有它不燕。

现代文注释：

初九当位，燕，安定之意。"有它"，指天敌存在，出现了天敌、异邦来犯的迹象。"虞"，为春秋时期掌管山泽之官职，引申为保护雌鸟孵蛋的安定，故"有虞"吉。但，有天敌、异邦来犯的迹象，令人不安。

《中孚》卦初九爻变，得到《中孚》之《涣》。卦象解析如下：

从卦象看，《中孚》卦卦象䷼，《涣》卦卦象䷺，两卦卦象结合起来看，巽为商贾，为利，互艮为求，坎中实，为得，兑为悦，这是商人求利有得，悦喜之象；互艮为时，为得，为成，巽为利，正反巽口相对，为利益相合，为人和，互震为福，为功业，这是得天时，配合人和，功业有成之象。对事业而言，卦象信息，是天时逢遇人和，功业有成，求利有得，事业成功。

起卦时间：2017年阳历5月14日13点18分。占问得到《中孚》之《涣》，动爻在初爻。"体"的位置在四爻，"用"在初爻。

"体"在四爻，在本宫卦（巽卦）里的五行属性为未土，六亲为财，故"体"的天干为己。

体干在四爻，配己土；坐下的地支，由十二宫的冠带，动化为胎。即，体干坐地支未，动化亥。于是得到卦象的两组干支为：

己　　己
未　　亥

2017年阳历5月14日13点18分，对应的八字四柱是：

　　　　　日
丁　　乙　　辛　　乙
酉　　巳　　丑　　未

卦象的两组干支与起卦时间的八字四柱合并，得到《中孚》之《涣》的卦象干支六柱：

　　　　体　日　　　用
丁　　乙　己　辛　乙　己
酉　　巳　未　丑　未　亥

此占问，若分类占断为求财，用神为财。求财，忌神为兄弟，元神为子孙。卦象六柱中，木为兄弟，火为子孙，土为财，金为官鬼，水为父母。卦中，己土财临体干，宜旺。日柱空亡辰巳，辰土空，丑未不空，财不缺位。丁火有根在未，可受生，可通关，月柱乙巳，乙木在柱内直接生巳火，忌神生元神，元神通关成功，忌神反成为财源，财有源，财旺。故，此占问结果，可得财。

继续看《中孚》卦九二的爻变，先看爻辞：

☲ 九二：鸣鹤在阴，其子和之。我有好爵，吾与尔靡之。

现代文注释：

九二，外邦入侵的威胁出现了，君王和他的臣民，同气相求、同仇敌忾。君王平时与民同乐，总是"我有好爵，吾与尔靡之。"这平时的诚信，到危难出现之时，就开始起作用了。这是一首比兴特色的古诗歌，是一首诚信之歌，团结之歌。"鸣鹤在阴，其子和之。"表示上下一心，"鹤"指君王，"其子"即君王的子民，君王发出号令，其子民愿意以死相随，保卫家园。

《中孚》卦九二爻变，得到《中孚》之《益》。卦象解析如下：

从卦象看，《中孚》卦卦象☲，《益》卦卦象☲，两卦卦象结合起来看，坤为河，为女，兑为溪流，为淑女，为媚，为花，为姣好，震为君子，为喜，为春，为行，为语，巽为约，互艮为求，为金，为夫，金夫为美男，卦象体现的是，春游之时在溪流之浜，单身男女踏春相逢，如《诗·周南》"关关雎鸠，在河之洲，窈窕淑女，君子好逑。"对于事业发展，卦象信息，有遇到心仪对象的含义，也就是遇到好项目，从机遇的角度，已是成功。

起卦时间：2017年阳历5月14日13点34分。占问得到《中孚》之《益》，动爻在二爻。"体"的位置在五爻，"用"在二爻。

"体"在五爻，在本宫卦（巽卦）里的五行属性为巳火，六亲为子孙，故"体"的天干为丙。

体干在五爻，配丙火；坐下的地支，由十二宫的冠带，动化为长生。即体干坐地支辰，动化寅。于是得到卦象的两组干支为：

　　丙　　丙

　　辰　　寅

2017年阳历5月14日13点34分，对应的八字四柱是：

　　　　　　　　日

　丁　　乙　　辛　　乙

　酉　　巳　　丑　　未

　　卦象的两组干支与起卦时间的八字四柱合并，得到《中孚》之《益》的卦象干支六柱：

　　　　体　　　　　日　　用

　丁　　丙　　乙　　辛　　丙　　乙

　酉　　辰　　巳　　丑　　寅　　未

　　此占问，若分类占断为求财，用神为财。求财，忌神为兄弟，元神为子孙。卦象六柱中，木为兄弟，火为子孙，土为财，金为官鬼，水为父母。卦中，丙火子孙临体干，忌空破，忌被克。日柱空亡辰巳，辰土空，丑未不空，土不空，财不缺位；巳火虽空，丙火有根在寅，可受生，可通关。用爻丙寅，寅木在柱内直接生丙火，忌神生元神，元神通关成功，忌神反成为财源，财有源，财旺。故，此占问结果，可得财。

　　继续看《中孚》卦六三的爻变，先看爻辞：

☱ 六三：得敌，或鼓，或罢，或泣，或歌。

现代文注释：

六三，战争开始了。这是一首诚信、团结应战之歌。语言生动，极有场面感的描写。"得敌"，即面对敌人。"或鼓，或罢，"为金鼓齐鸣的战斗场面描述，有时激烈，有时停歇。"或泣，或歌。"为胜利之后，人们喜泣相对和高亢的歌声相和的场面。六三，人位两根阴爻并列，故，从其象来看，有"得敌"之象，阴与阴为敌，六四会阻止六三前往应上九。

《中孚》卦六三爻变，得到《中孚》之《小畜》。卦象解析如下：

从卦象看，《中孚》卦卦象☲，《小畜》卦卦象☰，两卦卦象结合起来看，乾为德，为福报，互离为昭明，互艮为求，为道路，为成，巽为利，正反巽口相对，为利益相合，为团结，互震为行，为商旅，为通利，为功业，兑为恩泽，为喜悦，这是德业昭明，福报自来，内部团结，功业有成，求利有得，悦喜之象。对于事业发展，卦象信息，是德业彪炳，带来的福报，领导人的诚信有德，带来内部团结一心，事业有成，已明确成功。

起卦时间：2017年阳历5月14日13点50分。占得《中孚》之《小畜》，动爻在三爻。"体"的位置在上爻，"用"在三爻。

"体"在上爻，在本宫卦（巽卦）里的五行属性为卯木，六亲为兄弟，故"体"的天干为乙。

体干在上爻，配乙木；坐下的地支，由十二宫的沐浴，动化为临官。即体干坐地支巳，动化卯。于是得到卦象的两组干支为：

乙　　乙

巳　　卯

2017年阳历5月14日13点50分，对应的八字四柱是：

日

丁	乙	辛	乙
酉	巳	丑	未

卦象的两组干支与起卦时间的八字四柱合并，就得到《中孚》之《小畜》的卦象干支六柱：

体　　　　　用　日

乙	丁	乙	乙	辛	乙
巳	酉	巳	卯	丑	未

此占问，若分类占断为求财，用神为财。求财，忌神为兄弟，元神为子孙。卦象六柱中，木为兄弟，火为子孙，土为财，金为官鬼，水为父母。卦中，乙木兄弟临体干，忌神临体，财不能靠近，得不到财之象。日柱空亡辰巳，辰土空，丑未不空，财不缺位；巳火空，丙火无根，但丁火有根在未，可受生，可通关，元神通关，忌神临体的问题得解。故，此占问结果，可得财。

继续看《中孚》卦六四的爻变，先看爻辞：

䷻ 六四：月几望，马匹亡，无咎。

现代文注释：

六四，柔得位，爻位进入到上卦巽，巽为覆兑之象，为月，几望的月，承比九五。《中孚》从大象看，是大离之象，为光明，六四的光明来自所承比的九五。上卦为巽体，巽为系，故六四系之九五之心很坚定。六四，其伏象为乾，乾为马，与初九正应，合为"匹"，伏为亡，故曰"马匹亡"，其意就是六四不会与初九合为匹，寓意：六四已决意顺承九五，不会前往应初九。有下应，而不应，确定了爻辞中"几望"是十五的月亮，在《周易》中，只有十五的月亮不会出现爻变，这与六四是否应初九有直接关系。六四已心系九五，故不应初九，决意顺承九五，维护《中孚》卦不变，这是知大义而舍小义，系心于一，无咎。

《中孚》卦六四爻变，得到《中孚》之《履》。卦象解析如下：

从卦象看，《中孚》卦卦象☲，《履》卦卦象☲，两卦卦象结合起来看，乾为大德，为百福，为万年，巽为利，为长，正反巽口相对，为利益相合，互震为履，为君子，为德，为通利，互艮为求，为高贵，为大道，为家国，为安，兑为恩泽，这是君子德行高贵，履德求利，恩泽自来，大道通利，百福绵长，享用万年，家国为安之象。对事业而言，卦象信息，寓意履德就有恩泽福报，诸事顺利，求利得利，高贵且有平安，事业成功。

起卦时间：2017年阳历5月14日13点26分。占问得到《中孚》之《履》，动爻在四爻。"体"的位置在初爻，"用"在四爻。

"体"在初爻，在本宫卦（兑卦）里的五行属性为巳火，六亲为官鬼，故"体"的天干为丙。

体干在初爻，配丙火；坐下的地支，由十二宫的冠带，动化为帝旺。即体干坐地支辰，动化午。于是得到卦象的两组干支为：

丙　　丙
辰　　午

2017年阳历5月14日13点26分，对应的八字四柱是：

		日	
丁	乙	辛	乙
酉	巳	丑	未

卦象的两组干支与起卦时间的八字四柱合并，得到《中孚》之《履》的卦象干支六柱：

		用	日		体
丁	乙	丙	辛	乙	丙
酉	巳	午	丑	未	辰

此占问，若分类占断为求财，用神为财。求财，忌神为兄弟，元神为子孙。卦象六柱中，金为兄弟，水为子孙，木为财，火为官鬼，土为父母。卦中，丙火官鬼临体干，宜财旺生官，得财之象。日柱空亡辰巳，辰土空，丑未不空，土不缺位；巳火空，丙火无根，但丁火有根在午，丁火助力，官鬼可受财生。巳酉丑三合金局，金旺，巳不论空，忌神强大。巳午未三会火局，火旺，可受生，财旺生官的条件具备。乙木有根在未辰，癸水藏干在辰丑，皆为藏晦而不缺位，不受克。丑未冲，库门冲开，元神可生财，财旺。故，此占问结果，可得财。

继续看《中孚》卦九五的爻变，先看爻辞：

☵ 九五：有孚挛如，无咎。

现代文注释：

九五，位居中正，君王的诚信，牵系天下，当以至诚感通天下，使天下之心信之。能固守诚信挛如，与民紧紧相连，则万民之心不会离散，故无咎。

《中孚》卦九五爻变，得到《中孚》之《损》。卦象解析如下：

从卦象看，《中孚》卦卦象☶，《损》卦卦象☶，两卦卦象结合起来看，巽为利，为志，为心，为齐，正反巽口相对，为利益相合，为志向相同，这是利合而齐心之象；坤为凤凰，为麒麟，为北，为聚集，为国，巽为高，为双，艮为山，为冈，为居，为安，兑为辅，互震为鸣，为君，为乐，这是麟居岐山，凤鸣高冈，辅国良才聚集，国安君乐之象。对事业而言，卦象信息，寓意高端人才聚集，上下志同齐心，事业成功。

起卦时间：2017年阳历5月14日13点10分。占问得到《中孚》之《损》，动爻在五爻。"体"的位置在二爻，"用"在五爻。

"体"在二爻，在本宫卦（兑卦）里的五行属性为卯木，六亲为财，故"体"的天干为乙。

体干在二爻，配乙木；坐下的地支，由十二宫的临官，动化为衰。即，体干坐地支卯，动化丑。于是得到卦象的两组干支为：

乙　　乙
卯　　丑

2017年阳历5月14日13点10分，对应的八字四柱是：

　　　　　日
丁　乙　辛　乙
酉　巳　丑　未

卦象的两组干支与起卦时间的八字四柱合并，得到《中孚》之《损》的卦象干支六柱：

```
          用           日    体
  丁    乙    乙    辛    乙    乙
  酉    丑    巳    丑    卯    未
```

此占问，若分类占断为求财，用神为财。求财，忌神为兄弟，元神为子孙。卦象六柱中，金为兄弟，水为子孙，木为财，火为官鬼，土为父母。卦中，乙木财临体干，宜旺。乙木有根在卯，可受生，四乙相并，财旺。日柱空亡辰巳，丁火有根在未，可受生，旺财泄秀。丑藏干癸水，水不缺位，丑未冲，库门冲开，癸水可在日柱受辛金生，元神通关，财不受克。故，此占问结果，可得财。

继续看《中孚》卦上九的爻变，先看爻辞：

☴☱ 上九：翰音登于天，贞凶。

现代文注释：

上九，居天位，也是上卦巽的最上位，巽为鸡，野鸡正往天上飞去，其不断往上飞的声音传的很远。这里，寓意有得势的小人存在，小人得势且自鸣得意，同时也提醒有不实的事物存在，占为凶。

《中孚》卦上九爻变，得到《中孚》之《节》。卦象解析如下：

从卦象看，《中孚》卦卦象☴☱，《节》卦卦象☵☱，两卦卦象结合起来看，巽为交易，为商人，为利，互艮为舍，为牢，为手，为补，兑为羊，为折损，为失，互震为逃，坎为心，为悔，这是商人的羊从圈舍里逃走，利损而有悔，亡羊补牢之象。对事业而言，出现利的折损，已有咎害，故，归于失败。

起卦时间：2017年阳历5月14日13点42分。占问得到《中孚》之《节》，动爻在上爻。"体"的位置在三爻，"用"在上爻。

"体"在三爻，在本宫卦（兑卦）里的五行属性为丑土，六亲为父母，故"体"的天干为己。

体干在三爻，配己土；坐下的地支，由十二宫的冠带，动化为胎。即，体干坐地支未，动化亥。于是得到卦象的两组干支为：

```
己      己
未      亥
```

2017年阳历5月14日13点42分，对应的八字四柱是：

```
              日
丁      乙      辛      乙
酉      巳      丑      未
```

卦象的两组干支与起卦时间的八字四柱合并，得到《中孚》之《节》的卦象干支六柱：

```
用                      体      日
己      丁      乙      己      辛      乙
亥      酉      巳      未      丑      未
```

此占问，若分类占断为求财，用神为财。求财，忌神为兄弟，元神为子孙。卦象六柱中，金为兄弟，水为子孙，木为财，火为官鬼，土为父母。卦中，己土父母临体干，宜财旺，喜财来克体，亦喜火通关，财间接生体干，皆为财来就体，得财之象。日柱空亡辰巳，辰空，丑未不空，辛火有根在未，火可受生。巳酉丑三合金局，金旺，巳不论空。用爻己亥，亥水被己土盖头，亥水被克，失去活力。月令为巳火，巳亥冲，元神亥水犯月破，元神衰，不生财。木被金克，财几近绝灭。故，此占问结果，得不到财。

雷山《小过》䷽（卦序号：44）

小过：亨，利贞。可小事，不可大事。飞鸟遗之音，不宜上，宜下，大吉。

本章介绍四个卦的独爻变卦象空间，本节进入《小过》卦。以下从初爻开始，介绍《小过》卦独爻变的卦象解析、干支五行分析方法和分类占断的分析过程。先看初爻的爻辞：

䷽ **初六**：飞鸟以凶。

现代文注释：

初六，阴爻，其位失中，且不得正，在《小过》之初，会有过越的行动。虽然初六与九四有应，但《小过》的卦辞已指出"不宜上，宜下"，此时，鸟应该向下找一个地方停栖，而不应该强行逆向往上飞，强做"不可"之事，就有"凶"。这里是提出警示，初六不可前往应九四，但，这又是阴爻的趋向，阴在《小过》卦里有欲"灭阳"的倾向，故会有倒行逆施之举动。故，初六有"凶"，是阴爻之过，也是小人之过，小人有凶。

《小过》卦初六爻变，得到《小过》之《丰》。卦象解析如下：

从卦象看，《小过》卦卦象䷽，《丰》卦卦象䷶，两卦卦象结合起来看，大坎为陷，为伤，震为君子，为解，为出，为回，离为巢，艮为鸟，为飞，为安，这是君子走出坎陷，受伤的鸟飞回巢，得安之象。对于事业发展，鸟回巢得安，寓意可躲过凶劫，君子得吉，归之于成功。

起卦时间：2017年阳历5月16日12点7分。占问得到《小过》之《丰》，动爻在初爻。"体"的位置在四爻，"用"在初爻。

　　"体"在四爻，在本宫卦（震卦）里的五行属性为午火，六亲为子孙，故"体"的天干为丁。

　　体干在四爻，配丁火；坐下的地支，由十二宫的墓，动化为养。即，体干坐地支丑，动化戌。于是得到卦象的两组干支为：

　　丁　　丙

　　丑　　戌

2017年阳历5月16日12点7分，对应的八字四柱是：

　　　　　　　日

　　丁　　乙　　癸　　戊

　　酉　　巳　　卯　　午

　　卦象的两组干支与起卦时间的八字四柱合并，得到《小过》之《丰》的卦象干支六柱：

　　　　　　体　　日　　　　用

　　丁　　乙　　丁　　癸　　戊　　丙

　　酉　　巳　　丑　　卯　　午　　戌

　　此占问，若分类占断为求财，用神为财。求财，忌神为兄弟，元神为子孙。卦象六柱中，木为兄弟，火为子孙，土为财，金为官鬼，水为父母。卦中，丁火子孙临体干，忌空破，忌被克。日柱空亡辰巳，辰土空，丑戌不空，戌土有根在戌，财可受生。丁火有根在午，可受生，可通关，月柱乙巳，乙木在柱内直接生巳火，忌神生元神，元神通关成功，忌神反成为财源，财有源，财旺。故，此占问结果，可得财。

继续看《小过》卦六二的爻变，先看爻辞：

䷽六二：过其祖，遇其妣。不及其君，遇其臣。无咎。

现代文注释：

六二，位居中得正，能行其中道，卦辞里"可小事"说的就是六二。九四为上卦震主，为君，六二往上走，越过九四，遇到六五，下卦艮为孙，上卦震为祖，故，六二越过九四为"过其祖"，遇到六五为"遇其妣"，这里"妣"为妣祖，即祖母以上的女性祖先。六二往上走，寻找"主心骨"人物。他实际上遇到了可以做主的祖母六五，六二能守持中正，故其遇无咎害；上卦震为君，下卦艮为臣，六二在上无应，故曰"不及其君"；六二往上走先遇九三，后遇六五，是先遇艮，后遇坤，皆为"遇其臣"。因为九四的周文王被囚羑里，故不得遇。

《小过》卦六二爻变，得到《小过》之《恒》。卦象解析如下：

从卦象看，《小过》卦卦象䷽，《恒》卦卦象䷟，两卦卦象结合起来看，乾为圣君，为德，为天福，艮为贤人，为时，为成，巽为机，为齐，互大坎为忧患，震为解，为行，这是贤人同行，得遇圣君，忧患得解，前行有成之象。对于事业发展，卦象信息，寓意灾患就要过去，时机已到，贤人聚齐同行，得遇圣君，前行就会成功。

起卦时间：2017年阳历5月16日12点47分。占问得到《小过》之《恒》，动爻在二爻。"体"的位置在五爻，"用"在二爻。

"体"在五爻，在本宫卦（震卦）里的五行属性为申金，六亲为官鬼，故"体"的天干为庚。

体干在五爻，配庚金；坐下的地支，由十二宫的死，动化为冠带。即，体干坐地支子，动化未。于是得到卦象的两组干支为：

庚　　辛
子　　未

2017年阳历5月16日12点47分，对应的八字四柱是：

　　　　　　　日
丁　乙　癸　戊
酉　巳　卯　午

卦象的两组干支与起卦时间的八字四柱合并，得到《小过》之《恒》的卦象干支六柱：

　　　体　　　　　日　　用
丁　庚　乙　癸　辛　戊
酉　子　巳　卯　未　午

此占问，若分类占断为求财，用神为财。求财，忌神为兄弟，元神为子孙。卦象六柱中，木为兄弟，火为子孙，土为财，金为官鬼，水为父母。卦中，庚金官鬼临体干，宜财旺生官，得财之象。日柱空亡辰巳，辰土空，未土不空，戊土有根，财不缺位。巳午未三会火局，火旺，巳不论空，元神三会局，旺，可受生，可通关，元神通关，忌神反成为财源，财有源，财旺。时柱戊午，午火在柱内直接生戊土，元神生财，财旺。庚金有根在酉，官鬼可受财生，财旺生官的条件具备。故，此占问结果，可得财。

继续看《小过》卦九三的爻变，先看爻辞：

☷☳ 九三：弗过防之，从或戕之，凶。

现代文注释：

九三，位得正，与上六有应，卦象凶险，故警示莫往从之，从之或为上六所戕，上六隐喻商纣王，"从"为追逐攻取之意。卦象中的凶险，在于中爻上下皆有兑象，兑为斧，为毁折，且中爻的大象为坎象，坎为危难，为弓矢、为血，皆为凶险之象，九三阳刚，勇于入险攻取敌之巢穴，故得到警示，曰"弗过防之"，意思就是"怎么防备都不过分"，九三过刚，略有大意，不谨慎，就有凶。

《小过》卦九三爻变，得到《小过》之《豫》。卦象解析如下：

从卦象看，《小过》卦卦象☷☳，《豫》卦卦象☳☷，两卦卦象结合起来看，互坎为险，坤为死，为地，震为逃，为出，这是死地勿留，逃出死地之象；震在上，是已经走出死地而得安。对于事业发展，卦象信息，有很重要的道理，险地勿居，死地勿留，不要贪恋任何虚幻的荣誉，走为上策，险地不利作为，死地难以生存，逃出死地，身得以保存，就是成功；得此占，成功。

起卦时间：2017年阳历5月16日12点15分。占问得到《小过》之《豫》，动爻在三爻。"体"的位置在上爻，"用"在三爻。

"体"在上爻，在本宫卦（震卦）里的五行属性为戌土，六亲为财，故"体"的天干为戊。

体干在上爻，配戊土；坐下的地支，由十二宫的墓，动化为病。即，体干坐地支戌，动化申。于是得到卦象的两组干支为：

戊　　　戊

戌　　　申

2017年阳历5月16日12点15分，对应的八字四柱是：

　　　　　　日

丁　　乙　　癸　　戊

酉　　巳　　卯　　午

卦象的两组干支与起卦时间的八字四柱合并，得到《小过》之《豫》的卦象干支六柱：

体　　　　　　用　　　日

戊　　丁　　乙　　戊　　癸　　戊

戌　　酉　　巳　　申　　卯　　午

此占问，若分类占断为求财，用神为财。求财，忌神为兄弟，元神为子孙。卦象六柱中，木为兄弟，火为子孙，土为财，金为官鬼，水为父母。卦中，戊土财临体干，宜旺。日柱空亡辰巳，辰土空，戌土不空，戊土有根在戌，可受生，不受克；巳火空，丁火有根在午，可受生，可通关，元神通关，忌神反成为财源，财有源，财旺。时柱戊午，午火在柱内直接生戊土，元神生财，财旺。用爻戊申，戊土在柱内生申金，泄秀不阻滞，源流通畅。故，此占问结果，可得财。

继续看《小过》卦九四的爻变，先看爻辞：

䷽ **九四：无咎，弗过遇之，往厉必戒。勿用，永贞。**

现代文注释：

九四，位不得正，但为上卦震的卦主，阳刚居柔位，刚柔相济，不用强，就有最终"勿用，永贞"的结果，故"无咎"。九四身为震主，本应"动"，但在《小过》的时空，阴的势力强盛，阴欲灭阳，故严守诫命，不主动过越上下卦的中线，不前往应初六，前往就有危险，故曰"弗过遇之，往厉必戒"。只有勿动，勿往，勿用而守持贞正，才能无咎。此爻，为周文王被囚羑里的写照，文王此时尚未脱离灾难，"勿用"是他最明智的选择。

《小过》卦九四爻变，得到《小过》之《谦》。卦象解析如下：

从卦象看，《小过》卦卦象䷽，《谦》卦卦象䷎，两卦卦象结合起来看，爻变，震变坤，震为动，坤为静息，是由动转为息之象；大坎为险，坤为死地，震为行，艮为君子，为贤人，为止，为居，为安，坤在震上，行动则进入死地，这是君子居而安，不可行动之象；与爻辞的"勿用"相合。对于事业，卦象信息明确居而安，时机未到；得此占，是明智的选择"勿用"，居安的成功。

起卦时间：2017年阳历5月16日12点39分。占问得到《小过》之《谦》，动爻在四爻。"体"的位置在初爻，"用"在四爻。

"体"在初爻，在本宫卦（艮卦）里的五行属性为辰土，六亲为兄弟，故"体"的天干为戊。

体干在初爻，配戊土；坐下的地支，由十二宫的冠带，动化为病。即，体干坐地支辰，动化申。于是得到卦象的两组干支为：

戊　　戊

辰　　申

2017年阳历5月16日12点39分，对应的八字四柱是：

　　　　　　　　日
丁　　乙　　癸　　戊
酉　　巳　　卯　　午

卦象的两组干支与起卦时间的八字四柱合并，得到《小过》之《谦》的卦象干支六柱：

　　　　　　用　　日　　　　　体
丁　　乙　　戊　　癸　　戊　　戊
酉　　巳　　申　　卯　　午　　辰

此占问，若分类占断为求财，用神为财。求财，忌神为兄弟，元神为子孙。卦象六柱中，土为兄弟，金为子孙，水为财，木为官鬼，火为父母。卦中，戊土兄弟临体干，忌神临体，财不能靠近，得不到财之象。日柱空亡辰巳，辰土空，戊土无根，不受生，受克，忌神受制约，忌神衰，求财有利；巳火空，丙火无根，但丁火有根在午。用爻戊申，戊土在柱内直接生申金，忌神生元神，元神通关成功，忌神反成为财源，忌神临体的问题得解。财不受克，申藏干壬水，癸水得到壬水助力，财旺。故，此占问结果，可得财。

继续看《小过》卦六五的爻变，先看爻辞：

六五：密云不雨，自我西郊，公弋取彼在穴。

现代文注释：

六五，重阴为密云，其下中爻为巽，巽为风，风从西面吹来，古代气象谚语有西风不能成雨的说法，故曰"密云不雨"。浓密的云自我西郊飘来，没有降雨，一切都在准备中，但，力量的积蓄需待时日，这就是周文王对西岐形势的判断。"不雨"隐喻阴与阳不能和合，六五不称王，而为"公"，可小事，不可大事；恶鸟躲在很高的巢穴中，公的飞弋要射取它须直入其巢穴，此为大事，此时不可为之，只能等待，也在"不雨"的隐喻之中。恶鸟指商纣王。

《小过》卦六五爻变，得到《小过》之《咸》。卦象解析如下：

从卦象看，《小过》卦卦象☳☳，《咸》卦卦象☱☶，两卦卦象结合起来看，震为春，为耕种，兑为秋，为收获，为华，为丰，为美好，为悦，坤为年岁，为腹，为囊，为收藏，为仓庾，乾在坤中，乾为富实，为盈满，这是春种秋收，喜获美好结果，仓庾盈满，年丰岁熟之象；震为履，为德，巽为利，艮为君子，为家国，为求，为安，乾为天福，这是君子履德求利，自有天福，家国得安之象。对于事业发展，卦象信息，是耕耘自有收获，可获华美结果，求利可得，家国得安，这寓意发展顺利，有美好结局；得此占，事业成功。

起卦时间：2017年阳历5月16日12点23分。占问得到《小过》之《咸》，动爻在五爻。"体"的位置在二爻，"用"在五爻。

"体"在二爻，在本宫卦（艮卦）里的五行属性为午火，六亲为父母，故"体"的天干为丁。

体干在二爻，配丁火；坐下的地支，由十二宫的墓，动化为长生。即，体干坐地支丑，动化酉。于是得到卦象的两组干支为：

丁　　丁

丑　　酉

2017年阳历5月16日12点23分，对应的八字四柱是：

　　　　　　　　日

丁　　乙　　癸　　戊

酉　　巳　　卯　　午

卦象的两组干支与起卦时间的八字四柱合并，得到《小过》之《咸》的卦象干支六柱：

　　　　用　　　　日　体

丁　　丁　　乙　　癸　　丁　　戊

酉　　酉　　巳　　卯　　丑　　午

此占问，若分类占断为求财，用神为财。求财，忌神为兄弟，元神为子孙。卦象六柱中，土为兄弟，金为子孙，水为财，木为官鬼，火为父母。卦中，丁火父母临体干，宜财旺，喜财来克体，亦喜木通关，财间接生体干，皆为财来就体，得财之象。日柱空亡辰巳。癸水有根在丑，财可受生。巳酉丑三合金局，金旺，巳不论空。元神三合局，为旺局，可受生，可通关，元神通关，忌神反成为财源，财有源，财旺。故，此占问结果，可得财。

继续看《小过》卦上六的爻变，先看爻辞：

䷽上六：弗遇，过之。飞鸟离之，凶，是谓灾眚。

现代文注释：

上六，晦暗的君王，高高在上，与九三有应，由于九三的警惕，没有从上六，"从"为追逐，故上六没有遇会到九三，上六是《小过》的极致之位，阴的过强开始走向它的反面，成为过亢的状态，不断做出戕害忠良的事情，故遇之则有凶，这是《小过》之"过"最极端的表现，故曰"弗遇，过之"。而"飞鸟离之"，是"鸟焚其巢"的凶象，是商纣王兵败自杀"自焚其宫殿"的写照，灾祸已降临到这位戕害忠良的晦暗君王身上，"眚"，为人祸，这是他自作孽的人祸，故曰"是谓灾眚"。这位晦暗的君王，最终难逃坠入地狱的结局。

《小过》卦上六爻变，得到《小过》之《旅》。卦象解析如下：

从卦象看，《小过》卦卦象☵，《旅》卦卦象☲，两卦卦象结合起来看，离为巢，艮为贤人，为居，为家，为鸟，为飞，互大坎为忧，震为君王，为德，为解，为乐，为功业，互兑为呼，这是君王呼唤，贤人来投，如鸟回巢，欢乐无忧之象；震为王，为武，为征伐，为解，为福，离为戈兵，互坎为弓矢，为忧，艮为刀兵，为成，坤为天下，为义，为牧，为野，这是武王伐纣，牧野决战之象。对于事业发展，卦象信息，是圣君贤臣相聚，决战得胜，解天下之忧，功业有成，终有大福的结果，是事业的成功。

起卦时间：2017年阳历5月16日12点31分。占问得到《小过》之《旅》，动爻在上爻。"体"的位置在三爻，"用"在上爻。

"体"在三爻，在本宫卦（艮卦）里的五行属性为申金，六亲为子孙，故"体"的天干为庚。

体干在三爻，配庚金；坐下的地支，由十二宫的死，动化为墓。即，体干坐地支子，动化丑。于是得到卦象的两组干支为：

庚　　辛

子　　丑

2017年阳历5月16日12点31分，对应的八字四柱是：

日

丁　乙　癸　戊

酉　巳　卯　午

卦象的两组干支与起卦时间的八字四柱合并，得到《小过》之《旅》的卦象干支六柱：

用　　　　　体　日

辛　丁　乙　庚　癸　戊

丑　酉　巳　子　卯　午

此占问，若分类占断为求财，用神为财。求财，忌神为兄弟，元神为子孙。卦象六柱中，土为兄弟，金为子孙，水为财，木为官鬼，火为父母。卦中，庚金子孙临体干，忌空破，忌被克。日柱空亡辰巳。巳酉丑三合金局，金旺，巳不论空。元神三合局，为旺局，可受生，可通关；用爻辛丑，丑土在柱内直接生辛金，忌神生元神，元神通关成功，忌神反成为财源，财有源，财旺。癸水有根在子，财可受生。体柱庚子，庚金在柱内直接生子水，元神生财，财旺。故，此占问结果，可得财。

第二十四章　归妹、渐、睽、蹇

雷泽《归妹》䷵（卦序号：45）

归妹：征凶，无攸利。

本章介绍四个卦的独爻变卦象空间，本节进入《归妹》卦。以下从初爻开始，介绍《归妹》卦独爻变的卦象解析、干支五行分析方法和分类占断的分析过程。先看初爻的爻辞：

䷵**初九：归妹以娣，跛能履，征吉。**

现代文注释：

初九，初阳得正，但《周易》的说法，不居中即为"跛"，"娣"，是妻子之妹，陪姐姐出嫁为妾，春秋时期亦称介妇。介妇地位低，故比喻为跛脚之人，活动范围很小。初阳得正说明她有德行、有能力操持家，故曰"跛能履"，初九要以偏助正，协助姐姐管理好家庭，免除丈夫出征远行的后顾之忧，占为吉。

《归妹》卦初九爻变，得到《归妹》之《解》。卦象解析如下：

从卦象看，《归妹》卦卦象䷵，《解》卦卦象䷧，两卦卦象结合起来看，兑为羊，为泽地，坎为陷，震为行，为出，震在泽上，也在坎陷之上，是出泽地之象。对于事业发展，走出泥泽之陷，是正确的努力得到的成功。

起卦时间：2017年阳历5月19日12点42分。占问得到《归妹》之《解》，动爻在初爻。"体"的位置在四爻，"用"在初爻。

"体"在四爻，在本宫卦（震卦）里的五行属性为午火，六亲为子孙，故"体"的天干为丁。

体干在四爻，配丁火；坐下的地支，由十二宫的冠带，动化为胎。即，体干坐地支未，动化亥。于是得到卦象的两组干支为：

　　丁　　丁
　　未　　亥

2017年阳历5月19日12点42分，对应的八字四柱是：

　　　　　　　　日
　　丁　乙　丙　甲
　　酉　巳　午　午

卦象的两组干支与起卦时间的八字四柱合并，得到《归妹》之《解》的卦象干支六柱：

　　　　　　　体　日　　　　用
　　丁　乙　丁　丙　甲　丁
　　酉　巳　未　午　午　亥

此占问，若分类占断为求财，用神为财。求财，忌神为兄弟，元神为子孙。卦象六柱中，木为兄弟，火为子孙，土为财，金为官鬼，水为父母。卦中，丁火子孙临体干，忌空破，忌受克。日柱空亡寅卯，乙木藏根在未。丁火有根在午，可受生，可通关，元神通关，忌神反成为财源。月柱、时柱，甲乙木在柱内直接生巳午火，忌神生元神，元神通关成功，忌神反成为财源，财有源，财旺。体柱丁未，丁火在柱内直接生未土，元神生财，财旺。故，此占问结果，可得财。

继续看《归妹》卦九二的爻辞。

☳ 九二：眇能视，利幽人之贞。

现代文注释：

九二，位不得正，按《周易》的说法，位不得正为"眇"，但九二位居中，中自有正，故曰"眇能视"，守中道而行事，等待正当的婚配。九二居兑中，兑为"幽人"，为有德之女，不论将来的婚配如何，都无怨的守其幽静的贞正，平静的等待，不去想未来夫家的状况，唯守己之贤良，故曰"利幽人之贞"。

《归妹》卦九二爻变，得到《归妹》之《震》。卦象解析如下：

从卦象看，《归妹》卦卦象☳，《震》卦卦象☳，两卦卦象结合起来看，三震一兑，震为德，为福，为时，为开，兑为月，为静，为花，为美好，互艮为待，这是有德多福，花好月圆，静待其时之象。对事业而言，卦象信息，寓意先做好自己，积累德行，福报有时，可得成功。

起卦时间：2017年阳历5月19日12点50分。占问得到《归妹》之《震》，动爻在二爻。"体"的位置在五爻，"用"在二爻。

"体"在五爻，在本宫卦（震卦）里的五行属性为申金，六亲为官鬼，故"体"的天干为庚。

体干在五爻，配庚金；坐下的地支，由十二宫的临官，动化为长生。即体干坐地支申，动化巳。于是得到卦象的两组干支为：

庚　　辛
申　　巳

2017年阳历5月19日12点50分，对应的八字四柱是：

　　　　　日
丁　乙　丙　甲
酉　巳　午　午

卦象的两组干支与起卦时间的八字四柱合并，得到《归妹》之《震》的卦象干支六柱：

　　体　　　　日　　用
丁　庚　乙　丙　辛　甲
酉　申　巳　午　巳　午

此占问，若分类占断为求财，用神为财。求财，忌神为兄弟，元神为子孙。卦象六柱中，木为兄弟，火为子孙，土为财，金为官鬼，水为父母。卦中，庚金官鬼临体干，宜财旺生官。日柱空亡寅卯，木无根。巳申藏干戊土，财不缺位，藏而不露。丙丁火有根在巳午，元神有根，可受生，可通关，元神通关，忌神反成为财源。月柱、时柱，甲乙木直接生巳午火，忌神生元神，元神通关成功，忌神反成为财源，财有源，财旺。庚金有根在申，可受生，财旺生官的条件具备。故，此占问结果，可得财。

继续看《归妹》卦六三的爻变，先看爻辞：

☳ 六三：归妹以须，反归以娣。

现代文注释：

六三，位不居中，亦不正，"须"，为等待，"反归以娣"之所以用"反归"二字，说明在出嫁之前六三曾有想充作正室，只是她的愿望没能实现。从六三的爻位来看，阴爻乘凌九二阳刚之爻，说明她有过不安分的努力。少女一直在等待一桩好的姻缘，最终甘愿以娣的身份陪嫁，自然是情势所迫。

《归妹》卦六三爻变，得到《归妹》之《大壮》。卦象解析如下：

从卦象看，《归妹》卦卦象☳，《大壮》卦卦象☳，两卦卦象结合起来看，乾为福，爻变得乾，为得福；互离为文，震为帝王，合象为文王；乾为老，震为公，合象为太公，兑为辅，这是太公辅佐文王之象。对于事业而言，卦象信息，太公遇到文王，是知遇双方共同的渴望，事业会有成功。

起卦时间：2017年阳历5月19日12点34分。占得《归妹》之《大壮》，动爻在三爻。"体"的位置在上爻，"用"在三爻。

"体"在上爻，在本宫卦（震卦）里的五行属性为戌土，六亲为财，故"体"的天干为戊。

体干在上爻，配戊土；坐下的地支，由十二宫的冠带，动化为帝旺。即体干坐地支辰，动化午。于是得到卦象的两组干支为：

戊　　戊
辰　　午

2017年阳历5月19日12点34分，对应的八字四柱是：

日

丁　乙　丙　甲

酉　巳　午　午

卦象的两组干支与起卦时间的八字四柱合并，就得到《归妹》之《大壮》的卦象干支六柱：

体　　　　　用　　日

戊　丁　乙　戊　丙　甲

辰　酉　巳　午　午　午

此占问，若分类占断为求财，用神为财。求财，忌神为兄弟，元神为子孙。卦象六柱中，木为兄弟，火为子孙，土为财，金为官鬼，水为父母。卦中，戊土财临体干，宜旺。日柱空亡寅卯，木无根，不受生，忌神受克，减力。戊土有根在辰巳，财可受生。丙火有根在巳，丁火有根在午，可受生，可通关，元神通关，忌神反成为财源。月柱、时柱，甲乙木在柱内直接生巳午火，忌神生元神，元神通关成功，忌神反成为财源，财有源，财旺。用爻戊午，午火在柱内直接生戊土，元神生财，财旺。故，此占问结果，可得财。

继续看《归妹》卦九四的爻变，先看爻辞：

䷴九四：归妹愆期，迟归有时。

现代文注释：

九四，刚爻居柔，失位，象征有才德的女子等待好的姻缘，耽误了不少青春时光，婚嫁的妙龄已过。婚期延误，终有到来的时日，为了等待正当的婚配对象，等待一个称心的好男人，延误也是值得的。

《归妹》卦九四爻变，得到《归妹》之《临》。卦象解析如下：

从卦象看，《归妹》卦卦象☳，《临》卦卦象☷，两卦卦象结合起来看，震为马，为奔，坤为平川，为万里，这是骏马奔驰在万里平川之象；震为君王，坤为麟凤，兑为辅，这是有麟凤之才辅佐君王之象。对于事业发展，卦象信息，骏马奔腾，是得天时地利，君王得辅，是得人和，事业会成功。

起卦时间：2017年阳历5月19日12点10分。占问得到《归妹》之《临》，动爻在四爻。"体"的位置在初爻，"用"在四爻。

"体"在初爻，在本宫卦（兑卦）里的五行属性为巳火，六亲为官鬼，故"体"的天干为丙。

体干在初爻，配丙火；坐下的地支，由十二宫的冠带，动化为病。即，体干坐地支辰，动化申。于是得到卦象的两组干支为：

丙　　丙
辰　　申

2017年阳历5月19日12点10分，对应的八字四柱是：

　　　　　　日
丁　　乙　　丙　　甲
酉　　巳　　午　　午

卦象的两组干支与起卦时间的八字四柱合并，得到《归妹》之《临》的卦象干支六柱：

	用	日		体	
丁	乙	丙	丙	甲	丙
酉	巳	申	午	午	辰

此占问，若分类占断为求财，用神为财。求财，忌神为兄弟，元神为子孙。卦象六柱中，金为兄弟，水为子孙，木为财，火为官鬼，土为父母。卦中，丙火官鬼临体干，宜财旺生官，得财之象。日柱空亡寅卯，乙木藏根在辰，可受生，且寅卯旬内空，出旬不空，只是时间上有十天的延误，如同爻辞的"归妹愆期"。申藏干壬水，辰藏干癸水，水不缺位，元神可生财。年柱和用爻，申酉金受到丙丁火盖头，忌神被克，受制。相应的，财不受克。故，此占问结果，旬内就有财，月内出旬可得财。

继续看《归妹》卦六五的爻变，先看爻辞：

䷵ **六五**：帝乙归妹，其君之袂，不如其娣之袂良，月几望，吉。

现代文注释：

六五，这里的"君"是女君，指的就是帝乙的妹妹，中古时期诸侯之妻称君。《归妹》卦是说帝乙嫁妹。她是天子的妹妹，衣着却还不如陪嫁的娣那样鲜亮。然而，在德行上却像几望满月般的光辉。此爻的"几望"为十四的月亮，《周易》中，十五之前的月亮象征阳息阴，六五得九二的上应，阴得阳，为阳息阴，变爻后《归妹》卦变为《随》卦，隐喻帝乙的妹妹选择了追随周文王，吉祥。

《归妹》卦六五爻变，得到《归妹》之《兑》。卦象解析如下：

从卦象看，《归妹》卦卦象☳，《兑》卦卦象☱，两卦卦象结合起来看，三兑一震，兑为少女，为悦，震为动，为归，为随，这是女归而悦随之象；爻变后，中爻得互巽，巽为利，正反巽口相对，是利相合之象；互坎为忧，震为解，为乐，这是乐而无忧之象。对事业而言，卦象信息，女归代表结盟，利相合，是结盟的商业利益一致，事业成功。

起卦时间：2017年阳历5月19日12点26分。占问得到《归妹》之《兑》，动爻在五爻。"体"的位置在二爻，"用"在五爻。

"体"在二爻，在本宫卦（兑卦）里的五行属性为卯木，六亲为财，故"体"的天干为乙。

体干在二爻，配乙木；坐下的地支，由十二宫的死，动化为临官。即体干坐地支亥，动化卯。于是得到卦象的两组干支为：

　乙　　乙
　亥　　卯

2017年阳历5月19日12点26分，对应的八字四柱是：

　　　　　　日
丁　　乙　　丙　　甲
酉　　巳　　午　　午

卦象的两组干支与起卦时间的八字四柱合并，得到《归妹》之《兑》的卦象干支六柱：

	用		日		体
丁	乙	乙	丙	乙	甲
酉	卯	巳	午	亥	午

此占问，若分类占断为求财，用神为财。求财，忌神为兄弟，元神为子孙。卦象六柱中，金为兄弟，水为子孙，木为财，火为官鬼，土为父母。卦中，乙木财临体干，宜旺。日柱空亡寅卯，乙木根在卯，受到空亡影响，但，甲木有根在亥，乙木得助于甲木，仍可受生。卦中，土缺位，无土通关，火直接克金，忌神受克。年柱丁酉，酉金被丁火盖头，忌神功能尽失，受制，财不受克。体柱乙亥，亥水在柱内直接生乙木，元神生财，财旺。故，此占问结果，可得财。

继续看《归妹》卦上六的爻变，先看爻辞：

☳ 上六：女承筐无实，士刲羊无血；无攸利。

现代文注释：

这里用"女承筐无实，士刲羊无血，"来说明，在祭祖时，陪嫁的妾即娣，没有地位。"承筐"和"刲羊"是中古时期祭祖的仪式，筐中有物和刲羊时有血都代表吉祥；"无攸利"是指娣不能参加正式的祭祖，象征无所利。上六是整个卦走到终点，往往会从反面提出告诫。这里告诫的是，婚姻要有正当的对象，要和女方自身的地位相配合，才能有名有实。

《归妹》卦上六爻变，得到《归妹》之《睽》。卦象解析如下：

从卦象看，《归妹》卦卦象☳，《暌》卦卦象☲，两卦卦象结合起来看，兑为有言，震为争执，震覆艮，艮为止，覆艮为不止，为不休，这是内部矛盾产生，争执不休之象；兑覆巽，巽为利，覆巽为无利，兑为谄佞，互坎为反目，震为出走，覆艮为贤人，这是谄佞得势，贤人出走，无利之象。对事业而言，卦象信息，寓意已失人和，留不住人才，处在无利的状态；得此占，归于失败。

起卦时间：2017年阳历5月19日12点18分。占问得到《归妹》之《暌》，动爻在上爻。"体"的位置在三爻，"用"在上爻。

"体"在三爻，在本宫卦（兑卦）里的五行属性为丑土，六亲为父母，故"体"的天干为己。

体干在三爻，配己土；坐下的地支，由十二宫的病，动化为墓。即，体干坐地支卯，动化丑。于是得到卦象的两组干支为：

己　　己
卯　　丑

2017年阳历5月19日12点18分，对应的八字四柱是：

　　　　　日
丁　乙　丙　甲
酉　巳　午　午

卦象的两组干支与起卦时间的八字四柱合并，得到《归妹》之《暌》的卦象干支六柱：

用　　　　体　日
己　丁　乙　己　丙　甲
丑　酉　巳　卯　午　午

此占问，若分类占断为求财，用神为财。求财，忌神为兄弟，元神为子孙。卦象六柱中，金为兄弟，水为子孙，木为财，火为官鬼，土为父母。卦中，己土父母临体干，宜财旺，喜财来克体，亦喜火通关，财间接生体干，皆为财来就体，得财之象。日柱空亡寅卯，甲乙木无根，财不受生。癸水藏干在丑，乃余气入墓，不能通关，忌神直接克用神。巳酉丑三合金局，金旺，忌神三合局克财，财受伤严重，财衰。故，此占问结果，得不到财。

风山《渐》䷴（卦序号：46）

渐：女归吉，利贞。

本章介绍四个卦的独爻变卦象空间，本节进入《渐》卦。以下从初爻开始，介绍《渐》卦独爻变的卦象解析、干支五行分析方法和分类占断的分析过程。先看初爻的爻辞：

䷴ **初六：鸿渐于干，小子厉，有言无咎。**

现代文注释：

初六，大雁渐渐飞到河岸边停下，这是渐进的初始，年轻的大雁还没有经验，感觉有危险出现，雁群里一片的叫声不停，惊慌不安，如同是在责备，又如同在抱怨，但没有咎害。

《渐》卦初六爻变，得到《渐》之《家人》。卦象解析如下：

从卦象看，《渐》卦卦象䷴，《家人》卦卦象䷤，两卦卦象结合起来看，巽为木，巽覆兑，兑为花，覆兑为花落，离为火，为燥，为干枯，这是花落木枯之象；互坎为忧患，艮阳进入坎中，故不安，艮覆震，震覆，故忧不得解，是有忧不安之象。对于事业发展，卦象信息，花落木枯象征企业败落；有忧不安，是找不到出路，处在衰败、极为不佳的状态，归于失败。

起卦时间：2017年阳历5月24日13点47分。占问得到《渐》之《家人》，动爻在初爻。"体"的位置在四爻，"用"在初爻。

"体"在四爻，在本宫卦（巽卦）里的五行属性为未土，六亲为财，故"体"的天干为己。

体干在四爻，配己土；坐下的地支，由十二宫的病，动化为养。即，体干坐地支卯，动化戌。于是得到卦象的两组干支为：

己　　戊
卯　　戌

2017年阳历5月24日13点47分，对应的八字四柱是：

　　　　　　日
丁　乙　辛　乙
酉　巳　亥　未

卦象的两组干支与起卦时间的八字四柱合并，得到《渐》之《家人》的卦象干支六柱：

　　　　体　日　　　用
丁　乙　己　辛　乙　戊
酉　巳　卯　亥　未　戌

此占问，若分类占断为求财，用神为财。求财，忌神为兄弟，元神为子孙。卦象六柱中，木为兄弟，火为子孙，土为财，金为官鬼，水为父母。卦中，己土财临体干，宜旺。日柱空亡寅卯，乙木有根在未，可受生，忌神仍旺。己土有根在未，戊土有根在戌，财可受生。丁火有根在戌未，得巳火助力，元神旺，可受生，可通关，元神通关成功，财不受克，财旺。辛金有根在酉，年柱丁酉，酉金被丁火盖头，辛金的根受伤，金不受生，不能通关，土直接克水，财直接克父母，财找父母，成为父母得财的结局。故，此占问结果，得不到财。

继续看《渐》卦六二的爻变，先看爻辞：

☴ 六二：鸿渐于磐，饮食衎衎，吉。

现代文注释：

六二，居中得正，能获"渐"的安稳之象，大雁渐渐飞到磐石之上，在安稳的磐石上吃东西，欢畅快乐的叫着，吉祥。

《渐》卦六二爻变，得到《渐》之《巽》。卦象解析如下：

从卦象看，《渐》卦卦象☴，《巽》卦卦象☴，两卦卦象结合起来看，爻变导致艮隐而得巽，艮为墙，巽为利，这是利回到墙内，不为墙所隔，得利之象；巽为利，为齐，为同，正反巽口相对，为利益相合，象征人和，坎中实，为得，为获，为心，艮为贤人，爻变中爻得兑，兑为辅，这是利相合而同心，得贤人辅佐之象。对事业而言，卦象信息，得利，和得到贤人辅佐而得人和，是事业顺利进行的两个方面；得此占，事业成功。

起卦时间：2017年阳历5月24日13点55分。占问得到《渐》之《巽》，动爻在二爻。"体"的位置在五爻，"用"在二爻。

"体"在五爻，在本宫卦（巽卦）里的五行属性为巳火，六亲为子孙，故"体"的天干为丙。

体干在五爻，配丙火；坐下的地支，由十二宫的病，动化为冠带。即，体干坐地支申，动化辰。于是得到卦象的两组干支为：

丙　　丙
申　　辰

2017年阳历5月24日13点55分，对应的八字四柱是：

		日	
丁	乙	辛	乙
酉	巳	亥	未

卦象的两组干支与起卦时间的八字四柱合并，就得到《渐》之《巽》的卦象干支六柱：

	体		日	用	
丁	丙	乙	辛	丙	乙
酉	申	巳	亥	辰	未

此占问，若分类占断为求财，用神为财。求财，忌神为兄弟，元神为子孙。卦象六柱中，木为兄弟，火为子孙，土为财，金为官鬼，水为父母。卦中，丙火子孙临体干，忌空破，忌受克。日柱空亡寅卯，乙木藏根在辰未，可受生，水不缺位，有水生木，忌神仍旺。丙火有根在巳，可受生，可通关，元神通关，忌神反成为财源，财不受克，财旺。用爻丙辰，丙火在柱内直接生辰土，元神生财，财旺。故，此占问结果，可得财。

继续看《渐》卦九三的爻辞。

☴ 九三：鸿渐于陆，夫征不复，妇孕不育，凶。利御寇。

现代文注释：

九三，大雁渐渐飞到陆地了，陆地不是水鸟有利生存的环境，九三冒进欲穿越陆地，不守"渐"之道，实为躁进，失去正确的选择，"夫征不复，妇孕不育，"的戒辞，暗喻有去无回、没有结果的凶险，判为"凶"。九三，有坎象，坎为寇盗，而九三为艮之主，艮为刀兵，有刀兵故"利御寇"；寓意此时九三已处险境，只有自守其正，加上阳刚力量的奋力拼搏，方可出险。

《渐》卦九三爻变，得到《渐》之《观》。卦象解析如下：

从卦象看，《渐》卦卦象☶，《观》卦卦象☶，两卦卦象结合起来看，互艮为鸿，为飞，为路途，为安，巽为齐，伏震为东，为避，互坎为险，为隐伏，为弓矢，离为网，坤为万里，为远，为聚，这是鸿鸟齐聚东飞，避开隐伏的弓矢和罗网，飞越万里，终于平安到达之象。对于事业发展，卦象信息，鸿鸟东飞，沿途避开隐伏的罗网和弓矢，平安到达预定的地点，明示事业成功。

起卦时间：2017年阳历5月24日13点39分。占问得到《渐》之《观》，动爻在三爻。"体"的位置在上爻，"用"在三爻。

"体"在上爻，在本宫卦（巽卦）里的五行属性为卯木，六亲为兄弟，故"体"的天干为乙。

体干在上爻，配乙木；坐下的地支，由十二宫的死，动化为沐浴。即，体干坐地支亥，动化巳。于是得到卦象的两组干支为：

乙　　乙
亥　　巳

2017年阳历5月24日13点39分，对应的八字四柱是：

　　　　日
丁　乙　辛　乙
酉　巳　亥　未

卦象的两组干支与起卦时间的八字四柱合并，就得到《渐》之《观》的卦象干支六柱：

体			用	日	
乙	丁	乙	乙	辛	乙
亥	酉	巳	巳	亥	未

此占问，若分类占断为求财，用神为财。求财，忌神为兄弟，元神为子孙。卦象六柱中，木为兄弟，火为子孙，土为财，金为官鬼，水为父母。卦中，乙木兄弟临体干，忌神临体，财不能靠近，得不到财之象。日柱空亡寅卯，但木不缺位，乙木藏根在未。月柱乙巳，并用爻的乙巳。用爻得到月柱的并，大为增力。用爻为乙木生巳火，忌神生元神，元神直接通关成功，月柱相并，助力通关，乃生财之象，忌神临体的问题得解。巳火得乙木生，财源旺，财亦旺。故，此占问结果，可得财。

继续看《渐》卦六四的爻变，先看爻辞：

☷☶ 六四：鸿渐于木，或得其桷，无咎。

现代文注释：

六四，阴爻居阴位，在下无应，象征六四是最柔弱、无应援、无退路的情况，大雁渐渐飞到高高的树木之上，或许能够栖息在横平的树枝上，不致咎害。

《渐》卦六四爻变，得到《渐》之《遁》。卦象解析如下：

从卦象看，《渐》卦卦象☴☶，《遁》卦卦象☰☶，两卦卦象结合起来看，艮为止，为阻，为墙，巽为利，乾为天福，艮覆震，震覆为不通，这是利在墙外，天福遁离，不通利，与福无缘之象；艮伏兑，兑伏为不悦，为愁苦，为失去恩泽，这是失恩泽而愁苦之象。对于事业发展，卦象信息寓意，天赐福泽已经离去，有了忧愁，与利福无缘，归于失败。

起卦时间：2017年阳历5月24日13点15分。占问得到《渐》之《遁》，动爻在四爻。"体"的位置在初爻，"用"在四爻。

"体"在初爻，在本宫卦（艮卦）里的五行属性为辰土，六亲为兄弟，故"体"的天干为戊。

体干在初爻，配戊土；坐下的地支，由十二宫的冠带，动化为帝旺。即体干坐地支辰，动化午。于是得到卦象的两组干支为：

戊　　　戊
辰　　　午

2017年阳历5月24日13点15分，对应的八字四柱是：

　　　　　日
丁　　乙　　辛　　乙
酉　　巳　　亥　　未

卦象的两组干支与起卦时间的八字四柱合并，就得到《渐》之《遁》的卦象干支六柱：

　　　　用　　日　　　　体
丁　　乙　　戊　　辛　　乙　　戊
酉　　巳　　午　　亥　　未　　辰

此占问，若分类占断为求财，用神为财。求财，忌神为兄弟，元神为子孙。卦象六柱中，土为兄弟，金为子孙，水为财，木为官鬼，火为父母。卦中，戊土兄弟临体干，忌神临体，财不能靠近，得不到财之象。日柱空亡寅卯，乙木藏根在辰未。辛金有根在酉，但酉金被丁火盖头，又有巳火紧夹，两面遇火，被克而失去金的功能，辛金如同无根，不受生，元神不能通关，财直接受克，忌神临体的问题无解。故，此占问结果，得不到财。

继续看《渐》卦九五的爻变，先看爻辞：

☳ 九五：鸿渐于陵，妇三岁不孕，终莫之胜，吉。

现代文注释：

九五，大雁渐渐飞到开阔的山岗之上了，象征到达"渐"的最高境界；九五阳刚的君王，居中得正，"渐"的进程，此时进入到最好的阶段，过往的困难，皆得以克服，"渐"道已成；九五中爻为离象，离数为三，故曰"三岁"，其与六二的正应终于有了结果，如同正妻的六二没有被其他女子代替，终得吉。

《渐》卦九五爻变，得到《渐》之《艮》。卦象解析如下：

从卦象看，《渐》卦卦象☴，《艮》卦卦象☶，两卦卦象结合起来看，巽为商旅，为利，艮为山，为阻，为虎狼，为终，互坎为忧，为困，为害，正覆艮为虎狼聚集，坎折坤，为伤害，为道路不通，这是山谷道路虎狼群聚为害，道闭而商旅不行，商人失利之象；坎为忧患，互震为解，艮为成，为安，这是忧患最终得解，有成，且得安之象。对于事业发展，卦象信息，寓意出现了危害商旅的因素，商人失利，最终忧患得解，商人得安，先凶后吉，最终成功。

起卦时间：2017年阳历5月24日13点31分。占问得到《渐》之《艮》，动爻在五爻。"体"的位置在二爻，"用"在五爻。

"体"在二爻，在本宫卦（艮卦）里的五行属性为午火，六亲为父母，故"体"的天干为丁。

体干在二爻，配丁火；坐下的地支，由十二宫的冠带，动化为墓。即，体干坐地支未，动化丑。于是得到卦象的两组干支为：

丁 丁
未 丑

2017年阳历5月24日13点31分，对应的八字四柱是：

日
丁 乙 辛 乙
酉 巳 亥 未

卦象的两组干支与起卦时间的八字四柱合并，就得到《渐》之《艮》的卦象干支六柱：

用 日 体
丁 丁 乙 辛 丁 乙
酉 丑 巳 亥 未 未

此占问，若分类占断为求财，用神为财。求财，忌神为兄弟，元神为子孙。卦象六柱中，土为兄弟，金为子孙，水为财，木为官鬼，火为父母。卦中，丁火父母临体干，宜财旺，喜财来克体，亦喜木通关，财间接生体干，皆为财来就体，得财之象。日柱空亡寅卯，但木不缺位，乙木藏根在未，可受生。巳酉丑三合金局，金旺，可受生，可通关，元神通关，忌神反成为财源。日柱辛亥，辛金在柱内直接生亥水，元神生财，财旺。故，此占问结果，可得财。

继续看《渐》卦上九的爻变，先看爻辞：

☳☶ 上九：鸿渐于陆，其羽可用为仪，吉。

现代文注释：

上九，为"渐进"之极，大雁渐渐聚集在高地上，它的羽毛洁白而有光泽，这样洁白美丽的羽毛可以作为人们尊从仪礼的象征，吉祥。羽，象征德行，仪，指风范。其德行可为风范，当然吉祥。

《渐》卦上九爻变，得到《渐》之《蹇》。卦象解析如下：

从卦象看，《渐》卦卦象☴☶，《蹇》卦卦象☵☶，两卦卦象结合起来看，巽为松柏，为利，艮为山，为求，为时，为安，坎为水，坎中实，为获，为得，这是水比山高，滋养松柏，求利得时，获利得安之象。对事业而言，卦象信息，是得天时地利，所求可以实现，事业成功。

起卦时间：2017年阳历5月24日13点23分。占问得到《渐》之《蹇》，动爻在上爻。"体"的位置在三爻，"用"在上爻。

"体"在三爻，在本宫卦（艮卦）里的五行属性为申金，六亲为子孙，故"体"的天干为庚。

体干在三爻，配庚金；坐下的地支，由十二宫的临官，动化为长生。即体干坐地支申，动化巳。于是得到卦象的两组干支为：

庚　　辛
申　　巳

2017年阳历5月24日13点23分，对应的八字四柱是：

　　　　　日
丁　乙　辛　乙
酉　巳　亥　未

卦象的两组干支与起卦时间的八字四柱合并，就得到《渐》之《蹇》的卦象干支六柱：

用　　　　　　体　日
辛　丁　乙　庚　辛　乙
巳　酉　巳　申　亥　未

此占问，若分类占断为求财，用神为财。求财，忌神为兄弟，元神为子孙。卦象六柱中，土为兄弟，金为子孙，水为财，木为官鬼，火为父母。卦中，庚金子孙临体干，忌空破，忌被克。日柱空亡寅卯，但，木不缺位，乙木有根在未，可受生。财天干不现，藏于地支，兄弟不能夺财。日柱辛亥，辛金在柱内直接生亥水，元神生财。庚金有根在申，可受生，可通关，元神通关，忌神反成为财源，财不受克，财旺。故，此占问结果，可得财。

火泽《睽》▤（卦序号：47）

睽：小事吉。

本章介绍四个卦的独爻变卦象空间，本节进入《睽》卦。以下从初爻开始，介绍《睽》卦独爻变的卦象解析、干支五行分析方法和分类占断的分析过程。先看初爻的爻辞：

▤ **初九：悔亡，丧马勿逐自复。见恶人无咎。**

现代文注释：

初九，无上应，有悔，但阳刚得其位，故"悔亡"。初九乾为马，其伏象坎为盗，为藏，故曰"丧马"；九二、六三在上有应而终得，故下卦会有爻变，爻变后，其象为覆震，震为马，覆震向下，其象为奔跑回来的马，即为"自复"，故曰"丧马勿逐自复"。初九无上应，因"交孚"而前往见九四，会同时遇坎和离，坎为盗、离为恶人，皆有恶人之象，但不用担心，不会有咎害。

《睽》卦初九爻变，得到《睽》之《未济》。卦象解析如下：

从卦象看，《睽》卦卦象▤，《未济》卦卦象▤，两卦卦象结合起来看，卦中有两个离象，五个半艮之象，四个半震之象，离为南，为刀兵，艮为仓庾，为库，为山坡，震为马，这是刀兵入库、马放南山之象，是和平之象；卦象多艮阳，艮阳为高贵，为位，多震阳，震阳为福，为履，这是履位高贵，多福之象；兑为食，坎为饱，离为温，这是食有温饱之象。对事业而言，天下太平，利于做事，已有温饱，高贵且多福，事业成功。

起卦时间：2017年阳历5月26日11点50分。占问得到《睽》之《未济》，动爻在初爻。"体"的位置在四爻，"用"在初爻。

"体"在四爻，在本宫卦（离卦）里的五行属性为酉金，六亲为财，故"体"的天干为辛。

体干在四爻，配辛金；坐下的地支，由十二宫的临官，动化为养。即，体干坐地支酉，动化丑。于是得到卦象的两组干支为：

辛　　辛
酉　　丑

2017年阳历5月26日11点50分，对应的八字四柱是：

　　　　日
丁　乙　癸　戊
酉　巳　丑　午

卦象的两组干支与起卦时间的八字四柱合并，得到《睽》之《未济》的卦象干支六柱：

　　　　体　日　　　用
丁　乙　辛　癸　戊　辛
酉　巳　酉　丑　午　丑

此占问，若分类占断为求财，用神为财。求财，忌神为兄弟，元神为子孙。卦象六柱中，火为兄弟，土为子孙，金为财，水为官鬼，木为父母。卦中，辛金财临体干，宜旺。日柱空亡寅卯，乙木无根，不受生，官鬼可直接克兄弟，忌神受克。巳酉丑三合金局，金旺，财三合局，可受生，财旺。戊土有根在巳，可受生，可通关，元神通关，忌神反成为财源，财旺。用爻辛丑，丑土在柱内直接生辛金，元神生财，财旺。故，此占问结果，可得财。

继续看《睽》卦九二的爻变，先看爻辞：

☲☱ 九二：遇主于巷，无咎。

现代文注释：

九二，与六五为正应，前往相遇，所遇之处在离中，离中为虚，两旁为实，故离中为巷，故曰"遇主于巷"，九二兑中为悦，愉悦的前往，无咎。

《睽》卦九二爻变，得到《睽》之《噬嗑》。卦象解析如下：

从卦象看，《睽》卦卦象☲☱，《噬嗑》卦卦象☲☳，两卦卦象结合起来看，兑为月，震为行，为往，离为宫，为日之舍，这是月在天上运行，前往离宫与日会合，这是日食的天象。对于企业战略而言，卦象信息，日食是月对日的追随，天象的日月会合，爻辞的巷中相遇，都象征不可回避的追随，代表成功。

起卦时间：2017年阳历5月26日11点42分。占问得到《睽》之《噬嗑》，动爻在二爻。"体"的位置在五爻，"用"在二爻。

"体"在五爻，在本宫卦（离卦）里的五行属性为未土，六亲为子孙，故"体"的天干为己。

体干在五爻，配己土；坐下的地支，由十二宫的冠带，动化为长生。即体干坐地支未，动化酉。于是得到卦象的两组干支为：

己　　己
未　　酉

2017年阳历5月26日11点42分，对应的八字四柱是：

　　　　　　　　日
丁　　乙　　癸　　戊
酉　　巳　　丑　　午

　　卦象的两组干支与起卦时间的八字四柱合并，得到《睽》之《噬嗑》的卦象干支六柱：

　　　　　体　　　　　日　用
丁　　己　　乙　　癸　　己　　戊
酉　　未　　巳　　丑　　酉　　午

　　此占问，若分类占断为求财，用神为财。求财，忌神为兄弟，元神为子孙。卦象六柱中，火为兄弟，土为子孙，金为财，水为官鬼，木为父母。卦中，己土子孙临体干，忌空破，忌被克。日柱空亡寅卯，但木不缺位，乙木有根在未，可受生。月令为巳火，元神不犯月破，不空。己土有根在丑未，可受生，元神通关成功，忌神反成为财源。巳酉丑三合金局，金旺，财局旺象。用爻己酉，己土在柱内直接生酉金，元神生财，财旺。故，此占问结果，可得财。

　　继续看《睽》卦六三的爻变，先看爻辞：

☲☱ 六三：见舆曳，其牛掣；其人天且劓，无初有终。

现代文注释：

　　六三阴爻，居两个刚爻之间，故六三与上九虽有应，但受到掣肘。"舆曳"

指九二在后面拽拉，"牛掣"指九四在前面掣阻，乖违冲突很严重。下卦兑伏艮，艮伏不见，故相对身体部位会有伤缺，"天"为额头，"其人天且劓"为额头和鼻子都受伤。六三没有初始的顺利，但其后有终，最终结果会是好的。

《睽》卦六三爻变，得到《睽》之《大有》。卦象解析如下：

从卦象看，《睽》卦卦象☲☱，《大有》卦卦象☲乾，两卦卦象结合起来看，卦中有三个半艮之象和三个半震之象，艮为狐，震为逐，互坎为隐伏，这是三狐被逐，隐伏消失之象；震为兔，为逃，兑为穴，离为巢窟，三离为三巢窟，这是狡兔三窟之象；兑为华，离为灯，震为上，为初，乾为大明，这是华灯初上，大放光明之象。对事业而言，卦象信息，狐和兔都代表弱小者，被强大的对手所追逐，狐和兔都逃脱而生存下来，寓意在市场竞争中的弱小者最终得以生存，华灯是生存下来后的光辉阶段，最终大放光明，事业成功。

起卦时间：2017年阳历5月26日11点10分。占问得到《睽》之《大有》，动爻在三爻。"体"的位置在上爻，"用"在三爻。

"体"在上爻，在本宫卦（离卦）里的五行属性为巳火，六亲为兄弟，故"体"的天干为丙。

体干在上爻，配丙火；坐下的地支，由十二宫的冠带，动化为帝旺。即体干坐地支辰，动化午。于是得到卦象的两组干支为：

丙　　丙

辰　　午

2017年阳历5月26日11点10分，对应的八字四柱是：

```
            日
  丁    乙    癸    戊
  酉    巳    丑    午
```

卦象的两组干支与起卦时间的八字四柱合并，得到《睽》之《大有》的卦象干支六柱：

```
  体              用    日
  丙    丁    乙    丙    癸    戊
  辰    酉    巳    午    丑    午
```

此占问，若分类占断为求财，用神为财。求财，忌神为兄弟，元神为子孙。卦象六柱中，火为兄弟，土为子孙，金为财，水为官鬼，木为父母。卦中，丙火兄弟临体干，忌神临体，财不能靠近，得不到财之象。日柱空亡寅卯，但木不缺位，乙木有根在辰，可受生。巳酉丑三合金局，金旺，财旺。戊土有根在巳，可受生，可通关。体柱丙辰，丙火在柱内直接生辰土，忌神生元神，元神通关成功，忌神反成为财源，财旺。故，此占问结果，可得财。

继续看《睽》卦九四的爻变，先看爻辞：

䷥九四：睽孤，遇元夫，交孚，厉无咎。

现代文注释：

九四，居坎中，坎为孤，故曰"睽孤"，是说九四无应。遇元夫，是说九四能得遇初九，初为元，初阳为元夫。九四中爻为坎中，坎中即刚入坤而"交孚"之象，这里是说相互信任而得遇。在乖睽之时，九四与初九虽无应，但在各自皆无应援之时，同德相求，走到一起。虽然危险，但无咎，故曰"厉无咎"。

《睽》卦九四爻变，得到《睽》之《损》。卦象解析如下：

从卦象看，《睽》卦卦象☲，《损》卦卦象☶，两卦卦象结合起来看，兑为昏暗，为雨，坤为暮，为闭，艮为次舍，为居，为道路，为山谷，为时，为止，为待，震为商旅，为行，坎为泥泞，为陷，离为日，为晴，这是日暮有雨，商旅到次舍住下，前有山谷，雨天难行，道路闭陷，等待雨停，等到太阳出来的晴天，出行穿越山谷。对于事业发展，卦象信息，雨天难行，前有山谷，寓意方案实施难度大，天晴代表有助力成功的条件，终得成功。

起卦时间：2017年阳历5月26日11点34分。占问得到《睽》之《损》，动爻在四爻。"体"的位置在初爻，"用"在四爻。

"体"在初爻，在本宫卦（兑卦）里的五行属性为巳火，六亲为官鬼，故"体"的天干为丙。

体干在初爻，配丙火；坐下的地支，由十二宫的胎，动化为沐浴。即，体干坐地支子，动化卯。于是得到卦象的两组干支为：

丙　　丁
子　　卯

2017年阳历5月26日11点34分，对应的八字四柱是：

　　　　　　日
丁　　乙　　癸　　戊
酉　　巳　　丑　　午

卦象的两组干支与起卦时间的八字四柱合并，就得到《睽》之《损》的卦象干支六柱：

		用	日		体
丁	乙	丁	癸	戊	丙
酉	巳	卯	丑	午	子

此占问，若分类占断为求财，用神为财。求财，忌神为兄弟，元神为子孙。卦象六柱中，金为兄弟，水为子孙，木为财，火为官鬼，土为父母。卦中，丙火官鬼临体干，宜财旺生官，得财之象。日柱空亡寅卯，但木不缺位，乙木根在卯，旬内空，出旬不空，这与卦象解析里等待太阳出来的晴天是一样的意思。巳酉丑三合金局，金旺，忌神旺局。癸水有根在子，可受生，可通关，元神通关，忌神反成为财源，财旺。故，此占问结果，有财，月内出旬可得大财。

继续看《睽》卦六五的爻变，先看爻辞：

☲☱ 六五：悔亡，厥宗噬肤，往何咎？

现代文注释：

六五，乖睽之时居主位为卦主，有悔；但六五居中，又得下应，后悔消失。"厥宗"是"同宗"之意，"噬肤"，咬入肌肤，其义为介入很深，也是信任很深的意思，九二是阳刚能干的臣子，此时六五能得到贤人九二的辅佐，往前去，又有何咎害呢？

《睽》卦六五为断，得到《睽》之《履》。卦象解析如下：

从卦象看，《睽》卦卦象 ☲☱，《履》卦卦象 ☰☱，两卦卦象结合起来看，离为光明，乾为大君，为富实，兑为辅，为口，为言，正反兑口相向，为对话，互坎为信，为和，互巽为利，正反巽口相对，为利相合，这是君臣对话，互信有和，利相合而得良辅，先有光明，后得富实之象。对事业而言，卦象信息，君王得到可靠的辅臣，是得到高端人才的加盟，利合而有互信，先有光明，后得富实，如爻辞所言，这又有何咎害呢？得此占，事业成功。

起卦时间：2017年阳历5月26日11点18分。占问得到《睽》之《履》，动爻在五爻。"体"的位置在二爻，"用"在五爻。

"体"在二爻，在本宫卦（兑卦）里的五行属性为卯木，六亲为财，故"体"的天干为乙。

体干在二爻，配乙木；坐下的地支，由十二宫的养，动化为临官。即，体干坐地支未，动化卯。于是得到卦象的两组干支为：

乙　　乙

未　　卯

2017年阳历5月26日11点18分，对应的八字四柱是：

　　　　　　　日

丁　　乙　　癸　　戊

酉　　巳　　丑　　午

卦象的两组干支与起卦时间的八字四柱合并，就得到《睽》之《履》的卦象干支六柱：

		用		日	体
	丁	乙	乙	癸	乙	戊
	酉	卯	巳	丑	未	午

此占问，若分类占断为求财，用神为财。求财，忌神为兄弟，元神为子孙。卦象六柱中，金为兄弟，水为子孙，木为财，火为官鬼，土为父母。卦中，乙木财临体干，宜旺。日柱空亡寅卯，但木不缺位，乙木有根在未，可受生。巳酉丑三合金局，金旺，忌神强大。癸水有根在丑，可受生，可通关，元神通关，忌神反成为财源，财不受克，财旺。故，此占问结果，可得财。

继续看《暌》卦上九的爻变，先看爻辞：

☲ 上九：暌孤，见豕负涂，载鬼一车，先张之弧，后说之弧；匪寇，婚媾；往遇雨则吉。

现代文注释：

上九，六三前来与上九会合，受阻，故上九也处于"暌孤"的状态，其象为离对坎，离为目，为见，幻觉的"豕负涂"和"鬼"皆为坎象，坎的后天数为一，故曰"载鬼一车"，紧张的拉开弓欲射，又松开弓。不是遇到匪寇，而是遇到前来婚媾的六三，终于遇合，六三为兑之主爻，有雨之象，故曰"遇雨则吉"。

《暌》卦上九爻变，得到《暌》之《归妹》。卦象解析如下：

从卦象看，《暌》卦卦象☲，《归妹》卦卦象☳，两卦卦象结合起来看，离为麟凤，兑为辅，震为君王，坎中实，为得，这是君王得麟凤之才辅佐之象；震为时，为乐，坎为得，兑为友，为悦，这是得时，多友，喜乐之象。对事业而言，卦象信息，得麟凤辅佐代表得人和；得时，代表顺境；多友，代表得地利；喜乐无忧，明确事业成功。

起卦时间：2017年阳历5月26日11点26分。占问得到《睽》之《归妹》，动爻在上爻。"体"的位置在三爻，"用"在上爻。

"体"在三爻，在本宫卦（兑卦）里的五行属性为丑土，六亲为父母，故"体"的天干为己。

体干在三爻，配己土；坐下的地支，由十二宫的墓，动化为长生。即，体干坐地支丑，动化酉。于是得到卦象的两组干支为：

己　　己
丑　　酉

2017年阳历5月26日11点26分，对应的八字四柱是：

　　　　　日
丁　　乙　　癸　　戊
酉　　巳　　丑　　午

卦象的两组干支与起卦时间的八字四柱合并，得到《睽》之《归妹》的卦象干支六柱：

用　　　　　　　体　　日
己　　丁　　乙　　己　　癸　　戊
酉　　酉　　巳　　丑　　丑　　午

　　此占问，若分类占断为求财，用神为财。求财，忌神为兄弟，元神为子孙。卦象六柱中，金为兄弟，水为子孙，木为财，火为官鬼，土为父母。卦中，己土父母临体干，宜财旺，喜财来克体，亦喜火通关，财间接生体干，皆为财来就体，得财之象。日柱空亡寅卯，乙木无根，但旬内空，出旬不空。巳酉丑三合金局，金旺，忌神强大。癸水有根在丑，可受生，可通关，元神通关，忌神反成为财源，财有源，财旺。故，此占问结果，卯木空亡是关键，月内出旬可遇到卯值日，也就是两天后的卯日，可得财。

水山《蹇》☵☶（卦序号：48）

蹇：利西南，不利东北。利见大人，贞吉。

本章介绍四个卦的独爻变卦象空间，本节进入《蹇》卦。以下从初爻开始，介绍《蹇》卦独爻变的卦象解析、干支五行分析方法和分类占断的分析过程。先看初爻的爻辞：

☵☶ **初六：往蹇来誉。**

现代文注释：

初六，柔爻不得位，明显不是济蹇之才，只是西岐的一位没有职务、地位很低的臣子，中爻为互坎就挡在初六的前面，上无应援，前行有"蹇"是很明显的，他最先赴命前往羑里探文王之蹇，而不顾很明显的自身之蹇，他虽柔弱且地位低，但不顾自身之危，前往探文王的蹇难。前往可能有去无回，需要勇气，他的勇气胜过济蹇的才干，往蹇归来后，得到嘉奖，有美誉，故曰"往蹇来誉"。

《蹇》卦初六爻变，得到《蹇》之《既济》。卦象解析如下：

从卦象看，《蹇》卦卦象☵☶，《既济》卦卦象☵☲，两卦卦象结合起来看，坎象重叠，为多困厄，震为行，半震重叠，且震与坎交叠，是在艰难中前行，艮为山谷，为石，半艮重叠为山路难行，初六在艰难中爬山涉水不为求利，而是探文王的蹇难，故无利而有誉。对事业而言，卦象信息，寓意所做的艰辛努力，另有所求，另有战略目标，会得到预定目标的成功。

起卦时间：2017年阳历5月27日14点23分。占问得到《蹇》之《既济》，动爻在初爻。"体"的位置在四爻，"用"在初爻。

"体"在四爻，在本宫卦（坎卦）里的五行属性为申金，六亲为子孙，故

"体"的天干为庚。

体干在四爻，配庚金；坐下的地支，由十二宫的衰，动化为养。即，体干坐地支戌，动化辰。于是得到卦象的两组干支为：

庚　　　庚
戌　　　辰

2017年阳历5月27日14点23分，对应的八字四柱是：

　　　　　　　　日
丁　　乙　　甲　　辛
酉　　巳　　寅　　未

卦象的两组干支与起卦时间的八字四柱合并，得到《蹇》之《既济》的卦象干支六柱：

　　　　　　体　　日　　　　用
丁　　乙　　庚　　甲　　辛　　庚
酉　　巳　　戌　　寅　　未　　辰

此占问，若分类占断为求财，用神为财。求财，忌神为兄弟，元神为子孙。卦象六柱中，水为兄弟，木为子孙，火为财，土为官鬼，金为父母。卦中，庚金父母临体干，宜财旺，喜财来克体，亦喜土通关，财间接生体干，皆为财来就体，得财之象。日柱空亡子丑，癸水入墓在辰，忌神无活力。丁火有根在未，财可受生。甲木有根在寅，乙木根在辰，元神有根，可受生，可通关，元神通关，忌神反成为财源，财有源，财旺。月柱乙巳，乙木在柱内直接生巳火，元神生财，财旺。故，此占问结果，可得财。

继续看《蹇》卦六二的爻变，先看爻辞：

䷦ 六二：王臣蹇蹇，匪躬之故。

现代文注释：

六二，柔顺中正，与九五有应，九五君王有蹇难，臣子不能安心，而从中爻看，二、三、四亦为坎，臣子也在蹇难中，蹇而又蹇，王和臣都陷于坎险之中，故称"蹇蹇"。作为君王的臣子，六二是忠义之臣，艰难跋涉于道路，往来于殷商与西岐之间，那可不是为了他自身的事情，是在为国效力。

《蹇》卦六二爻变，得到《蹇》之《井》。卦象解析如下：

从卦象看，《蹇》卦卦象䷦，《井》卦卦象䷯，两卦卦象结合起来看，艮为止步，巽为进退，坎为困厄，为陷，这是前有险陷，处于困厄，进退犹豫而止步之象。对于事业发展，这是陷于坎险，处困局之中，事业不成功。

起卦时间：2017年阳历5月27日14点39分。占问得到《蹇》之《井》，动爻在二爻。"体"的位置在五爻，"用"在二爻。

"体"在五爻，在本宫卦（坎卦）里的五行属性为戊土，六亲为官鬼，故"体"的天干为戊。

体干在五爻，配戊土；坐下的地支，由十二宫的病，动化为墓。即，体干坐地支申，动化戌。于是得到卦象的两组干支为：

　　戊　　戊
　　申　　戌

2017年阳历5月27日14点39分，对应的八字四柱是：

```
                  日
      丁    乙    甲    辛
      酉    巳    寅    未
```

卦象的两组干支与起卦时间的八字四柱合并，就得到《蹇》之《井》的卦象干支六柱：

```
         体           日    用
      丁    戊    乙    甲    戊    辛
      酉    申    巳    寅    戌    未
```

此占问，若分类占断为求财，用神为财。求财，忌神为兄弟，元神为子孙。卦象六柱中，水为兄弟，木为子孙，火为财，土为官鬼，金为父母。卦中，戊土官鬼临体干，宜财旺生官，得财之象。日柱空亡子丑。申酉戌三会金局，天干辛金透出，金旺，父母的旺局。年柱丁酉，丁火在柱内直接克酉金，这是财找父母之象，得财的是父母。故，此占问结果，得不到财。

继续看《蹇》卦九三的爻变，先看爻辞：

䷦ 九三：往蹇来反。

现代文注释：

九三，刚正，为下卦艮之主，靠近上卦，其位就有险，进则入于险，然知其险而能止，本是艮主的能力和特点，能止而又敢于进，进入坎险又能平安返回，能往能来，来往自由，且回来之时"不辱使命"，成就"救主"的大功，自身也有福报之"反"，说的就是九三。这也是敌方有佞臣被我方收买的缘故，西岐之臣闳夭设计买通了殷商的宰相费仲，让费仲做些配合，故能"往蹇来反"，最终救回西伯侯。

《蹇》卦九三爻变，得到《蹇》之《比》。卦象解析如下：

从卦象看，《蹇》卦卦象☵☶，《比》卦卦象☵☷，两卦卦象结合起来看，坎为忧患，为思，为通，离为乱，坤为穷极，这是忧患达到穷极，穷则思变，变则通之象；艮为金，为财贝，为手，为递送，坤为暗，为暗昧的交易，这是为了解救西伯侯，而用金银财贝收买殷商宰相费仲，目的正当，行为暗昧之象。对事业而言，卦象信息，有为了成就大功而不择手段的含义，寓意核心问题遇到外界阻力，无奈之下，行暗昧之事，行为不光明正大，事虽成，不可夸耀。

起卦时间：2017年阳历5月27日14点55分。占问得到《蹇》之《比》，动爻在三爻。"体"的位置在上爻，"用"在三爻。

"体"在上爻，在本宫卦（坎卦）里的五行属性为子水，六亲为兄弟，故"体"的天干为癸。

体干在上爻，配癸水；坐下的地支，由十二宫的墓，动化为沐浴。即，体干坐地支未，动化寅。于是得到卦象的两组干支为：

癸　　壬
未　　寅

2017年阳历5月27日14点55分，对应的八字四柱是：

```
            日
丁    乙    甲    辛
酉    巳    寅    未
```

卦象的两组干支与起卦时间的八字四柱合并，就得到《蹇》之《比》的卦象干支六柱：

```
体                用    日
癸    丁    乙    壬    甲    辛
未    酉    巳    寅    寅    未
```

此占问，若分类占断为求财，用神为财。求财，忌神为兄弟，元神为子孙。卦象六柱中，水为兄弟，木为子孙，火为财，土为官鬼，金为父母。卦中，癸水兄弟临体干，忌神临体，财不能靠近，得不到财之象。日柱空亡子丑，癸水无根。甲木有根在寅，乙木有根在未，元神有根，可受生，可通关，用爻壬寅，壬水在柱内直接生寅木，元神通关成功，忌神反成为财源，忌神临体的问题得解。月柱乙巳，乙木生巳火，元神生财，财旺。故，此占问结果，可得财。

继续看《蹇》卦六四的爻变，先看爻辞：

䷦ 六四：往蹇来连。

现代文注释：

六四，得位居正，指君王身边的臣子，西伯侯其时，身边的重臣有他最倚重的"四友"散宜生、南宫适、闳夭、泰颠等四人，六四暗喻以四人为首的群臣，西伯侯被囚羑里之时，轮番前往探视，设计搭救。"来连"是说明六四的爻位，连接六二、九三、六四的中爻之坎与上卦之坎，六四与九五的"连"，就是群臣与西伯侯的"连"，群臣都期盼西伯侯能早日脱离牢狱之灾回到西岐。

《蹇》卦六四爻变，得到《蹇》之《咸》。卦象解析如下：

从卦象看，《蹇》卦卦象☵☶，《咸》卦卦象☱☶，两卦卦象结合起来看，兑为月，为暗，乾为天，这是月在天上，暗弱无光之象；乾为君，为高山，兑为倾覆，互巽为陨落，为崩塌，艮为牢，为囚禁，这是文王被囚，高山崩塌之象；卦象显示文王被囚对于西岐臣子的影响，是多么重大。对事业而言，领军人物同样重要，不可缺；得此占，是核心人物缺位的状态，不会成功。

起卦时间：2017年阳历5月27日14点31分。占问得到《蹇》之《咸》，动爻在四爻。"体"的位置在初爻，"用"在四爻。

"体"在初爻，在本宫卦（艮卦）里的五行属性为辰土，六亲为兄弟，故"体"的天干为戊。

体干在初爻，配戊土；坐下的地支，由十二宫的胎，动化为沐浴。即，体干坐地支子，动化卯。于是得到卦象的两组干支为：

戊　　　己

子　　　卯

2017年阳历5月27日14点31分，对应的八字四柱是：

		日	
丁	乙	甲	辛
酉	巳	寅	未

卦象的两组干支与起卦时间的八字四柱合并，就得到《蹇》之《咸》的卦象干支六柱：

	用	日		体	
丁	乙	己	甲	辛	戊
酉	巳	卯	寅	未	子

此占问，若分类占断为求财，用神为财。求财，忌神为兄弟，元神为子孙。卦象六柱中，土为兄弟，金为子孙，水为财，木为官鬼，火为父母。卦中，戊土兄弟临体干，忌神临体，财不能靠近，得不到财之象。日柱空亡子丑，体柱子水被戊土盖头，子水为真空，财缺位。辛金有根在酉，年柱酉金被丁火盖头，月令巳火紧贴酉金，元神的根受伤严重，不受生，不能通关，忌神直接克用神。故，此占问结果，得不到财。

继续看《蹇》卦九五的爻变，先看爻辞：

☳ 九五：大蹇，朋来。

现代文注释：

九五，中正之位的君王，指周文王，其时为西伯侯，"大蹇"者，非常之蹇也。九五居尊，有刚健中正之德，遇"大蹇"，得"朋来"之助，即有圣贤之臣汇聚身边辅佐，"朋"不仅指"王臣"，还包括西南方向同盟的朋友，"朋来"在西伯侯出狱前为众友前来探视，"朋来"在西伯侯出狱后则为众臣和西南联盟前来共济天下之"大蹇";西伯侯被囚之难的解脱,为解天下的"大蹇"提供了条件,以西伯侯的威望可以聚集天下英豪的"朋来",济蹇有望。

《蹇》卦九五爻变,得到《蹇》之《谦》。卦象解析如下:

从卦象看,《蹇》卦卦象☵☶,《谦》卦卦象☷☶,两卦卦象结合起来看,坤为天门,震为开,为解,艮为牢,为囚,坎为灾患,这是灾患结束,天门开,囚禁解脱之象。对事业而言,此占意味着有重大事件发生,走向成功。

起卦时间:2017年阳历5月27日14点15分。占问得到《蹇》之《谦》,动爻在五爻。"体"的位置在二爻,"用"在五爻。

"体"在二爻,在本宫卦(艮卦)里的五行属性为午火,六亲为父母,故"体"的天干为丁。

体干在二爻,配丁火;坐下的地支,由十二宫的胎,动化为沐浴。即,体干坐地支亥,动化申。于是得到卦象的两组干支为:

```
丁    丙
亥    申
```

2017年阳历5月27日14点15分,对应的八字四柱是:

```
           日
丁    乙    甲    辛
酉    巳    寅    未
```

卦象的两组干支与起卦时间的八字四柱合并,就得到《蹇》之《谦》的卦象干支六柱:

```
     用         日  体
  丁   丙   乙   甲   丁   辛
  酉   申   巳   寅   亥   未
```

此占问，若分类占断为求财，用神为财。求财，忌神为兄弟，元神为子孙。卦象六柱中，土为兄弟，金为子孙，水为财，木为官鬼，火为父母。卦中，丁火父母临体干，宜财旺，喜财来克体，亦喜木通关，财间接生体干，皆为财来就体，得财之象。日柱空亡子丑，子水空，亥水不空，财不缺位。辛金有根在酉，可受生，申金助力，时柱辛未，未土在柱内直接生辛金，忌神生元神，元神通关成功，忌神反成为财源，财不受克，财旺。故，此占问结果，可得财。

继续看《蹇》卦上六的爻变，先看爻辞：

☷☶ 上六：往蹇来硕，吉。利见大人。

现代文注释：

上六，已在《蹇》卦之极位，共赴蹇难，共济蹇难，到了最后的时刻，是要见到结果的时候了，"硕"为"硕果"，"来硕"说的就是"回来时的成果很大"。故，其占为"吉祥"。本卦的六爻，唯有上六得"吉"，《周易》六十四卦中，上位的爻得"吉"，是很少见的。因为这不是个人的蹇难，而是天下之"大蹇"。这样的蹇难之时，唯有大圣贤之人，才能济天下之难，故"利见大人"者，利于大德大才的伟大人物显见，现在西伯侯回来了，有大德大才的"大人"显见了，这应该就是合其"时"的天意安排。

《蹇》卦上六爻变，得到《蹇》之《渐》。卦象解析如下：

从卦象看，《蹇》卦卦象☵☶，《渐》卦卦象☴☶，两卦卦象结合起来看，爻变结果失坎得巽，坎为灾难，巽为利，这是灾难离去，利来之象；巽为商贾，为利，半震为开，艮为果，为成，为求，为安，坎中实，为得，这是利门开启，求利有得，有成功的硕果，平安之象。对于事业发展，卦象信息，是灾难已离去，利门开启，求利有得；得此占，天时已到，可得成功。

起卦时间：2017年阳历5月27日14点47分。占问得到《蹇》之《渐》，动爻在上爻。"体"的位置在三爻，"用"在上爻。

"体"在三爻，在本宫卦（艮卦）里的五行属性为申金，六亲为子孙，故"体"的天干为庚。

体干在三爻，配庚金；坐下的地支，由十二宫的养，动化为临官。即，体干坐地支辰，动化申。于是得到卦象的两组干支为：

庚　　　庚
辰　　　申

2017年阳历5月27日14点47分，对应的八字四柱是：

　　　　　　日
丁　　乙　　甲　　辛
酉　　巳　　寅　　未

卦象的两组干支与起卦时间的八字四柱合并，就得到《蹇》之《渐》的卦象干支六柱：

```
用            体  日
庚  丁  乙  庚  甲  辛
申  酉  巳  辰  寅  未
```

此占问，若分类占断为求财，用神为财。求财，忌神为兄弟，元神为子孙。卦象六柱中，土为兄弟，金为子孙，水为财，木为官鬼，火为父母。卦中，庚金子孙临体干，忌空破，忌被克。日柱空亡子丑，子水空，但申藏干壬水，辰藏干癸水，水不缺位。庚金有根在申，可受生，可通关，元神通关，忌神反成为财源。体柱庚辰，辰土在柱内直接生庚金，忌神生元神，元神通关成功，财有源，财旺。故，此占问结果，可得财。

第二十五章　兑、艮、履、谦

《兑》为悦 ䷹（卦序号：49）

兑：亨，利贞。

本章介绍四个卦的独爻变卦象空间，本节进入《兑》卦。以下从初爻开始，介绍《兑》卦独爻变的卦象解析、干支五行分析方法和分类占断的分析过程。先看初爻的爻辞：

䷹ 初九：和兑，吉。

现代文注释：

初九，阳刚得正，上无应，与二爻阳刚的相处是得敌还是为朋，在一念间，同性本相斥，但"和"之为德，是广大的，初九与九二、九四的比应本为"敌应"，但若能以朋类来比应，做到以和睦为基础，则可称"和兑"，得吉祥。

《兑》卦初九爻变，得到《兑》之《困》。卦象解析如下：

从卦象看，《兑》卦卦象䷹，《困》卦卦象䷮，两卦卦象结合起来看，爻变失兑得坎，兑为悦，坎为忧，是失悦内忧之象；兑为花，为华，互离为日火，为旱，为干枯，这是离火上熇，华干无实之象；二爻往上到上爻，互象为《革》卦，是离火炎上，把泽水烤干之象；失人和之象；卦中，艮象皆为半艮，艮为时，半艮矮小，为天时不足，上兑覆巽，巽为商贾，为利，覆巽为利失，坎为忧，为困，这是不得天时，而利失之象。对事业而言，卦象信息，寓意天时未到，环境中有类似天旱的灾患，故华干无实，无成果，亦失人和，有忧，结局就是无果，利失，不成功；故，得此占，归于失败。

起卦时间：2017年阳历5月30日10点26分。占问得到《兑》之《困》，动爻在初爻。"体"的位置在四爻，"用"在初爻。

"体"在四爻，在本宫卦（兑卦）里的五行属性为亥水，六亲为子孙，故"体"的天干为壬。

体干在四爻，配壬水；坐下的地支，由十二宫的冠带，动化为胎。即，体干坐地支戌，动化午。于是得到卦象的两组干支为：

壬	壬
戌	午

2017年阳历5月30日10点26分，对应的八字四柱是：

		日	
丁	乙	丁	乙
酉	巳	巳	巳

卦象的两组干支与起卦时间的八字四柱合并，就得到《兑》之《困》的卦象干支六柱：

		体	日		用
丁	乙	壬	丁	乙	壬
酉	巳	戌	巳	巳	午

此占问，若分类占断为求财，用神为财。求财，忌神为兄弟，元神为子孙。卦象六柱中，金为兄弟，水为子孙，木为财，火为官鬼，土为父母。卦中，壬水子孙临体干，忌空破，忌被克。日柱空亡子丑，丑土空，戌土不空，土不缺位。乙木无根，财不受生。体柱壬戌，戌土在柱内直接克壬水，元神被克，不能生财。壬水无根，不受生，元神不受生，不能通关，财直接受克，财衰。故，此占问结果，得不到财。

继续看《兑》卦九二的爻变，先看爻辞：

☱ 九二：孚兑，吉，悔亡。

现代文注释：

九二，中爻互离，为有孚，心怀诚信，故曰"孚兑"；阳遇阴则通，得"吉"；阳居阴位不正，本有悔，但其阳刚孚信之气内充，能诚信、和悦的待人，以孚为悦，自守而不失刚中，又得通达之吉，终而"悔亡"。

《兑》卦九二爻变，得到《兑》之《随》。卦象解析如下：

从卦象看，《兑》卦卦象☱，《随》卦卦象☱，两卦卦象结合起来看，二爻往上，互象为《革》之《咸》，咸卦卦象，为乾在坤中，乾为盈满，坤为囊，是有盈余之象；震为年岁，为时，为粮，兑为丰，互艮为仓庾，大坎中实，为盈满，这是年岁逢时，粮丰而仓庾盈满之象；震为玉，为归，为车，为载，艮为君子，为金，为抱，巽为利，这是君子抱利载金而归之象。对事业而言，卦象信息，得天时的配合，企业进入到有盈余的阶段，事业成功。

起卦时间：2017年阳历5月30日10点10分。占问得到《兑》之《随》，动爻在二爻。"体"的位置在五爻，"用"在二爻。

"体"在五爻，在本宫卦（兑卦）里的五行属性为酉金，六亲为兄弟，故"体"的天干为辛。

体干在五爻，配辛金；坐下的地支，由十二宫的沐浴，动化为长生。即体干坐地支亥，动化子。于是得到卦象的两组干支为：

辛　　庚
亥　　子

2017年阳历5月30日10点10分，对应的八字四柱是：

　　　　　日
丁　乙　丁　乙
酉　巳　巳　巳

卦象的两组干支与起卦时间的八字四柱合并，就得到《兑》之《随》的卦象干支六柱：

　　体　　　日　用
丁　辛　乙　丁　庚　乙
酉　亥　巳　巳　子　巳

此占问，若分类占断为求财，用神为财。求财，忌神为兄弟，元神为子孙。卦象六柱中，金为兄弟，水为子孙，木为财，火为官鬼，土为父母。卦中，辛金兄弟临体干，忌神临体，财不能靠近，得不到财之象。日柱空亡子丑，子水空，亥水不空。体柱辛亥，辛金在柱内直接生亥水，忌神生元神，元神通关成功，忌神反成为财源，忌神临体的问题得解。故，此占问结果，可得财。

继续看《兑》卦六三的爻变，先看爻辞：

☲ 六三：来兑，凶。

现代文注释：

六三，自外而内为"来"，六三所居之位，为下兑上覆兑，两兑相向的正反兑之象，此象因为兑的相向，就有自外而内的朝向，故曰"来兑"。两兑皆朝着六三，故一"兑"将尽，另一"兑"复来，这是阴柔小人左右逢源之道，此道不正，故"凶"。

《兑》卦六三爻变，得到《兑》之《夬》。卦象解析如下：

从卦象看，《兑》卦卦象☱，《夬》卦卦象☱，两卦卦象结合起来看，兑为秋收，为华，乾为果，重乾为果实累累，这是丰收之象；兑为和，为含，乾为德，为天福，这是含和建德，得天福之象；乾为福，为木果，为万年，互巽为利，兑为辅，为养，伏艮为贤人，这是木果甘美，为我利福，养贤有辅，君子万年之象；互乾为天门，半震为开，天门开启，互乾与下乾重叠为群英聚集，上兑为享，下乾为百福，这是天门开启，得享百福，群英聚集之象；也是人和逢遇天时之象；卦象吉。爻辞之凶，哲理上另有所指，卦象为吉，爻辞之凶可得化解。对于事业发展，卦象信息，寓意迎来重生、中兴的机会，天门开启，群英聚集，得享百福，人和逢遇天时；得此占，可得成功。

起卦时间：2017年阳历5月30日10点42分。占问得到《兑》之《夬》，动爻在三爻。"体"的位置在上爻，"用"在三爻。

"体"在上爻，在本宫卦（兑卦）里的五行属性为未土，六亲为父母，故"体"的天干为己。

体干在上爻，配己土；坐下的地支，由十二宫的冠带，动化为帝旺。即体干坐地支未，动化巳。于是得到卦象的两组干支为：

己　　　己
未　　　巳

2017年阳历5月30日10点42分，对应的八字四柱是：

　　　　　　　日
丁　　乙　　丁　　乙
酉　　巳　　巳　　巳

卦象的两组干支与起卦时间的八字四柱合并，就得到《兑》之《夬》的卦象干支六柱：

体　　　　　　　用　　日
己　　丁　　乙　　己　　丁　　乙
未　　酉　　巳　　巳　　巳　　巳

此占问，若分类占断为求财，用神为财。求财，忌神为兄弟，元神为子孙。卦象六柱中，金为兄弟，水为子孙，木为财，火为官鬼，土为父母。卦中，己土父母临体干，宜财旺，喜财来克体，亦喜火通关，财间接生体干，皆为财来就体，得财之象。日柱空亡子丑，水缺位，忌神本会直接克用神。但，忌神酉金在年柱被丁火盖头，紧靠酉金的是四个巳火，火势猛烈，在一片大火的包围下，酉金失去功能，金相当于缺位。金水同时缺位，卦象六柱中只剩下木火土，由财到体干，形成三者的相生链，财来就体，得财之象。故，此占问结果，可得财。

继续看《兑》卦九四的爻变，先看爻辞：

九四：商兑，未宁。介疾有喜。

现代文注释：

九四，"商"，商度也，未决的事情方需"商"。兑，为悦，尚需"商"乎？故，出现"商兑"这样的情况，感觉就有毛病，问题出在六三靠近求悦，九四心知其非，但实际上乐其柔媚，心中"未宁"是很自然的。但，这毕竟只是小毛病。"介"，在这里意思为微贱、微小，"介疾"，即小病也，小病不用吃药也就好了，转而"喜"。在《易》中，"疾"与"喜"经常配对，疾去则喜。

《兑》卦九四爻变，得到《兑》之《节》。卦象解析如下：

从卦象看，《兑》卦卦象䷹，《节》卦卦象䷻，两卦卦象结合起来看，大坎为危，互巽为蛇，兑为虎，震为行，为出，这是离开危地之象；坎为困，为北，为露水，兑为夜，为雨，艮为宿，为道，震为晨，为行，为衣襦，互巽为草莽，这是困于北国，夜不久宿，清晨早起行路，道多草莽，衣湿于雨露之象；兑为羊，震兑相连，为亡羊，艮为手，正覆艮相对，为空手握拳，这是亡羊失利，两手空空之象；坎为水，兑为海，是百川归海之象；坤为顺，为流水，乾为德，是百流归德之象。对事业而言，卦象信息，困厄中的君子离开北国危地，目前还是两手空空，寓意企业刚脱离困境，目前还处于起步的阶段，有亡羊失利的经历，亦知百流归德的道理，重新开始创业；得此占，事业尚未成功。

起卦时间：2017年阳历5月30日10点18分。占问得到《兑》之《节》，动爻在四爻。"体"的位置在初爻，"用"在四爻。

"体"在初爻，在本宫卦（兑卦）里的五行属性为巳火，六亲为官鬼，故"体"的天干为丙。

体干在初爻，配丙火；坐下的地支，由十二宫的病，动化为胎。即，体干坐地支申，动化子。于是得到卦象的两组干支为：

丙　　丙
申　　子

2017年阳历5月30日10点18分，对应的八字四柱是：

　　　　　日
丁　乙　丁　乙
酉　巳　巳　巳

卦象的两组干支与起卦时间的八字四柱合并，就得到《兑》之《节》的卦象干支六柱：

　　　　用　日　　　体
丁　乙　丙　丁　乙　丙
酉　巳　子　巳　巳　申

此占问，若分类占断为求财，用神为财。求财，忌神为兄弟，元神为子孙。

卦象六柱中，金为兄弟，水为子孙，木为财，火为官鬼，土为父母。卦中，丙火官鬼临体干，宜财旺生官，得财之象。日柱空亡子丑，子水空，元神缺位，忌神直接克用神，财衰。卦中，申酉金皆被火盖头，巳火紧贴，忌神被克制，衰弱，月柱、时柱皆为木生火之象，火成为木的护神，克制忌神。卦中，火克金，忌神衰，因此，在元神缺位，无元神通关的情况下，忌神克用神，就会出现反克现象，即用神反克忌神，忌神受伤，用神同样也有克耗，财亦衰。故，此占问结果，财可生官，但财不旺，暂时得不到财。要等到出旬，子水值日，可得财。

　　继续看《兑》卦九五的爻变，先看爻辞：

☰ **九五：孚于剥，有厉。**

现代文注释：

　　九五，阳刚中正，但有上六阴爻乘凌之，阳刚会被腐蚀，在《易》中，"剥"者，消阳之名，阴消阳也。"孚"为有信，自然规律亦为有信，"剥"按照自然规律正在靠近九五。客观规律的孚信，让"剥"一步步靠近九五，那么九五自己主观上的孚信，能否接受小人，能否接受"剥"？甚至乐于接受"剥"？信小人，则小人之道长，即"剥"之道长也，故而此道是危险的。小人之道，其渐渐而入，而人不觉其浸入也，故虽圣人亦畏小人的"巧言令色"，更何况平凡为君子者乎！信小人，确乃"危厉"之道也。故曰："孚于剥，有厉"。

　　《兑》卦九五爻变，得到《兑》之《归妹》。卦象解析如下：

　　从卦象看，《兑》卦卦象☱，《归妹》卦卦象☳，两卦卦象结合起来看，兑为虎，为哺，震为惊，互坎为心，为祸患，这是养虎为患，心有惊惧之象；巽为利，坎为祸，为害，兑为口，这是口舌为祸而害利之象；互离为罗网，兑为刀斧，坎为破，震为鸟，为奋，为飞，这是鸟儿从罗网破口处奋力飞出，免遭刀斧之象；震在互离之上，为已飞出罗网。对事业而言，卦象信息，口舌之害和养虎为患，都是内部的祸害，是可怕的人祸，这些祸患在内部形成罗网，鸟儿喻君子，故卦象有鸟儿冲出罗网，免遭刀斧的信息；君子对祸患已有充分认识，胜利出逃而得安；故，虽先有厉，终得安；得此占，事业终可成功。

起卦时间：2017年阳历5月30日10点34分。占问得到《兑》之《归妹》，动爻在五爻。"体"的位置在二爻，"用"在五爻。

"体"在二爻，在本宫卦（兑卦）里的五行属性为卯木，六亲为财，故"体"的天干为乙。

体干在二爻，配乙木；坐下的地支，由十二宫的衰，动化为长生。即，体干坐地支丑，动化午。于是得到卦象的两组干支为：

乙　　甲
丑　　午

2017年阳历5月30日10点34分，对应的八字四柱是：

　　　　　日
丁　乙　丁　乙
酉　巳　巳　巳

卦象的两组干支与起卦时间的八字四柱合并，得到《兑》之《归妹》的卦象干支六柱：

	用		日	体	
丁	甲	乙	丁	乙	乙
酉	午	巳	巳	丑	巳

此占问，若分类占断为求财，用神为财。求财，忌神为兄弟，元神为子孙。卦象六柱中，金为兄弟，水为子孙，木为财，火为官鬼，土为父母。卦中，乙木财临体干，宜旺。日柱空亡子丑，子水空，元神缺位，无元神通关，忌神直接克用神。但，酉金在年柱内被丁火盖头，午火紧贴，被火包围，被克制，严重受伤，功能尽失，金如同缺位。体干乙木，得到月干、时干的乙木相并，得到助力，财旺。故，此占问结果，旬内有财，出旬第七日为甲子日，水值日，可得财。

继续看《兑》卦上六的爻变，先看爻辞：

☱ 上六：引兑。

现代文注释：

上六，不说吉凶，只说"引兑"，是何意？上六伏艮，艮为手，为牵引，故曰"引兑"。这里的"引"，为引导。上六一爻为主，为上卦之主，兑之主，故有引导之责任，当此"悦"动之时，刚正有节，柔顺则无度，这也是《兑》卦中，初九、九二以阳刚而得"吉"的原因，"兑"亦须引导。

《兑》卦上六爻变，得到《兑》之《履》。卦象解析如下：

从卦象看，《兑》卦卦象☱，《履》卦卦象☲，两卦卦象结合起来看，爻变失兑得乾，兑为月，乾为日，这是月亮离去，日在当空之象；乾为君王，为仁德，为福，为长久，半艮为求，为得，为国，为安，兑为享，这是求仁得仁，福喜长久，国享安宁之象；兑为燕雀，为衔，为和，为悦，乾为岁，为福，互巽为茅草，大坎为孚，坎数六，震为生，为生六只小鸟，这是燕雀衔茅草筑巢，岁生六只小鸟，和悦相处之象；乾为圣贤，为高冈，离为凤，兑为辅，为口，为鸣，这是圣贤辅佐，凤鸣高冈之象；兑为河海，艮为求，互巽为鱼，离为网，震为举，这是求鱼于河海，网举必得之象。对于事业发展，卦象信息，小鸟代表新项目，寓意每年都有新成果、新项目诞生，福与德相伴；鱼为利，网举必得，是求利可得，有长久安定，天时、地利、人和得到完美的配合，事业成功。

起卦时间：2017年阳历5月30日10点50分。占问得到《兑》之《履》，动爻在上爻。"体"的位置在三爻，"用"在上爻。

"体"在三爻，在本宫卦（兑卦）里的五行属性为丑土，六亲为父母，故"体"的天干为己。

体干在三爻，配己土；坐下的地支，由十二宫的病，动化为临官。即，体干坐地支卯，动化未。于是得到卦象的两组干支为：

己　　戊
卯　　午

2017年阳历5月30日10点50分，对应的八字四柱是：

　　　　　日
丁　　乙　　丁　　乙
酉　　巳　　巳　　巳

卦象的两组干支与起卦时间的八字四柱合并，就得到《兑》之《履》的卦象

干支六柱：

用			体	日	
戊	丁	乙	己	丁	乙
午	酉	巳	卯	巳	巳

　　此占问，若分类占断为求财，用神为财。求财，忌神为兄弟，元神为子孙。卦象六柱中，金为兄弟，水为子孙，木为财，火为官鬼，土为父母。卦中，己土父母临体干，宜财旺，喜财来克体，亦喜火通关，财间接生体干，皆为财来就体，得财之象。日柱空亡子丑，子水空，元神缺位。乙木有根在卯，财可受生。年柱丁酉，酉金被丁火盖头，巳午火紧贴包围，忌神受制，财不受克，财旺。故，此占问结果，可得财。

《艮》为山 ☶ （卦序号：50）

艮：艮其背，不获其身，行其庭，不见其人，无咎。

本章介绍四个卦的独爻变卦象空间，本节进入《艮》卦。以下从初爻开始，介绍《艮》卦独爻变的卦象解析、干支五行分析方法和分类占断的分析过程。先看初爻的爻辞：

☶ 初六：艮其趾，无咎。利永贞。

现代文注释：

初六，阴柔居阳位，自身条件不好，登山走了几步，走不动了，但没有咎害。像登山这种事该停止时就停止，不超出自己的能力，一切都根据自身的条件，这有利于永远守持正道。初爻之止，象征无可为之才，而止于事之初。

《艮》卦初六爻变，得到《艮》之《贲》。卦象解析如下：

从卦象看，《艮》卦卦象☶，《贲》卦卦象☲，两卦卦象结合起来看，互震为春，为耕，为黍稷，互坎为雨水，为滋润，离为夏，艮为获，艮伏兑为秋，这是春耕和夏季都有雨水滋润，夏收和秋收皆有收获之象；离为明智，坎为水，艮为宅，为高处，为安，这是避雨水为害，在高处建宅得安之象；离为凤，艮为飞，为高冈，互震为鸣，这是凤凰于飞，凤鸣高冈之象；卦象吉祥。对事业而言，卦象信息，年岁收成好，是获利有保障；高处建宅得安，寓意占领战略制高点，是明智且有远见的战略眼光，保证了长期安定，能战而不殆；凤凰于飞，凤鸣高冈，是得时运的吉兆，福运祥和；事业成功。

起卦时间：2017年阳历6月12日15点39分。占问得到《艮》之《贲》，动爻在初爻。"体"的位置在四爻，"用"在初爻。

"体"在四爻，在本宫卦（艮卦）里的五行属性为戌土，六亲为兄弟，故"体"的天干为戊。

体干在四爻，配戊土；坐下的地支，由十二宫的墓，动化为养。即，体干坐地支戌，动化丑。于是得到卦象的两组干支为：

戊　　己

戌　　丑

2017年阳历6月12日15点39分，对应的八字四柱是：

　　　　　　日

丁　丙　庚　甲

酉　午　午　申

卦象的两组干支与起卦时间的八字四柱合并，就得到《艮》之《贲》的卦象干支六柱：

　　　　体　日　　用

丁　丙　戊　庚　甲　己

酉　午　戌　午　申　丑

此占问，若分类占断为求财，用神为财。求财，忌神为兄弟，元神为子孙。卦象六柱中，土为兄弟，金为子孙，水为财，木为官鬼，火为父母。卦中，戊土兄弟临体干，忌神临体，财不能靠近，得不到财之象。日柱空亡戌亥，戊土空，戊土有根在申，可受生；亥水空，申藏干壬水，丑藏干癸水，财不缺位。申酉戌三会金局，金旺，戌不论空。三会金局旺，可受生，可通关，元神通关，忌神反成为财源，忌神临体的问题得解。财有源，财旺。故，此占问结果，可得财。

继续看《艮》卦六二的爻变，先看爻辞：

☶六二：艮其腓，不拯其随，其心不快。

现代文注释：

六二，柔居中得正，是"时止则止"的最好的爻位。六二承九三，有巽象，巽为随，但登山过程六二感觉到了腿脚乏力，不能继续承九三跟随大家共同上山，与九三之随不得其终，心情有些不快乐。六二的"止"，寓意：止之道，不可随。六二之止，为当止之时，无法随九三，九三也不会听从六二而一同停止，止有时，是自己的时。六二"其心不快"，还不习惯各自的独立性。

《艮》卦六二爻变，得到《艮》之《蛊》。卦象解析如下：

从卦象看，《艮》卦卦象☶，《蛊》卦卦象☶，两卦卦象结合起来看，巽为风，大坎为云，大离为旱，这是风吹云却、旱魃肆虐之象；震为耕种，为农人，巽为稻谷，兑为折，这是农人收成有折损之象；艮为鸟，为飞，为宋，互震为公，为战，为功业，互震覆艮，为鸟退飞，互兑为折，巽为病，为命，为殒，这是宋公出征，见天空的鸟退飞，结果战败命殒（见《左传》宋公战败命殒）之象；互震为军士，为马，为征，为返，为乐，为福，坎为劳，艮为时，为止，为息，为安，巽为命，为顺，为利，这是息兵罢战，顺时命班师，军士息劳而喜，乐有利福之象。对事业而言，卦象信息，寓意时机不好，不可强为，失时而强为，则必有损折、危殆、命殒的结局，顺时命而止，息兵罢战，班师而回，则乐有利福；得此占，为不得时运，事不成。

起卦时间：2017年阳历6月12日15点23分。占问得到《艮》之《蛊》，动爻在二爻。"体"的位置在五爻，"用"在二爻。

"体"在五爻，在本宫卦（艮卦）里的五行属性为子水，六亲为财，故

"体"的天干为癸。

体干在五爻，配癸水；坐下的地支，由十二宫的墓，动化为冠带。即，体干坐地支未，动化丑。于是得到卦象的两组干支为：

癸　　癸

未　　丑

2017年阳历6月12日15点23分，对应的八字四柱是：

　　　　　日

丁　　丙　　庚　　甲

酉　　午　　午　　申

卦象的两组干支与起卦时间的八字四柱合并，就得到《艮》之《蛊》的卦象干支六柱：

　　体　　　　日　　用

丁　　癸　　丙　　庚　　癸　　甲

酉　　未　　午　　午　　丑　　申

此占问，若分类占断为求财，用神为财。求财，忌神为兄弟，元神为子孙。卦象六柱中，土为兄弟，金为子孙，水为财，木为官鬼，火为父母。卦中，癸水财临体干，宜旺。日柱空亡戌亥。癸水有根在丑，财可受生。庚金有根在申，本可受生，然而日柱庚午，庚金在柱内直接受克，元神忌被克，不生财之象，通关不成功，财直接受克，财衰。故，此占问结果，得不到财。

继续看《艮》卦九三的爻变，先看爻辞：

☶九三：艮其限，列其夤，厉薰心。

现代文注释：

九三，阳刚有力的男子，但也感觉到体力的极限到了，无法继续往山上爬，背上的肌肉就像火烧一样，钻心般的疼痛，心脏也有了危险，必须立即停下来休息。九三中爻为互坎之象，坎为心，九三居坎中，同时居上下卦的结合部，反应的部位在腰部和心的部位，故，爻辞描写腰背的酸痛，心也受到影响，无力继续。九三的止，寓意：失去中道，过于阳刚，没有听从六二的劝说一起停止，没有给体力留些余地，故出现危险。

《艮》卦九三爻变，得到《艮》之《剥》。卦象解析如下：

从卦象看，《艮》卦卦象☶，《剥》卦卦象☶，两卦卦象结合起来看，艮为大鸟，为鹏，互震为飞，为举，大鹏乘风可一举千里，互震伏巽，伏巽为无风，这是大鹏无风可乘，无法一举千里而展其抱负之象；坤为寿，为老，为万里，艮为止，这是路远人老，止步不与之象；艮为辉光，为位，为高，为上，互震为功业，为行，为履，为升，爻变导致中爻艮震皆失，是失去履位机会之象。对事业而言，卦象信息，寓意条件不足，只能放弃远大的目标，不能成功。

起卦时间：2017年阳历6月12日15点31分。占问得到《艮》之《剥》，动爻在三爻。"体"的位置在上爻，"用"在三爻。

"体"在上爻，在本宫卦（艮卦）里的五行属性为寅木，六亲为官鬼，故"体"的天干为甲。

体干在上爻，配甲木；坐下的地支，由十二宫的衰，动化为死。即，体干坐地支辰，动化午。于是得到卦象的两组干支为：

甲　　甲
辰　　午

2017年阳历6月12日15点31分，对应的八字四柱是：

　　　　　　日
丁　　丙　　庚　　甲
酉　　午　　午　　申

卦象的两组干支与起卦时间的八字四柱合并，就得到《艮》之《剥》的卦象干支六柱：

体　　　　　　用　　日
甲　　丁　　丙　　甲　　庚　　甲
辰　　酉　　午　　午　　午　　申

此占问，若分类占断为求财，用神为财。求财，忌神为兄弟，元神为子孙。卦象六柱中，土为兄弟，金为子孙，水为财，木为官鬼，火为父母。卦中，甲木官鬼临体干，宜财旺生官得财之象。日柱空亡戌亥，亥水空，但水不缺位，申藏干壬水，辰藏干癸水。庚金有根在申，但申金与三个午火紧贴，坐同一个板凳，火克金，申金受伤严重。元神的根受伤严重，如同无根，不受生，元神通关失败，财直接受克，财衰。故，此占问结果，得不到财。

继续看《艮》卦六四的爻变，先看爻辞：

☶ 六四：艮其身，无咎。

现代文注释：

六四，柔爻居正，是可以抑止自己的最好爻位，体力柔弱者，登山爬不动了，身体也不能再动了，就躺在山石上休息，身体静静的躺着，也不去想爬山的事，没有咎害。六四之止，寓意：没有逞强的心念，自己可以抑止自己，故而可以做到"心静而身安"。

《艮》卦六四爻变，得到《艮》之《旅》。卦象解析如下：

从卦象看，《艮》卦卦象☶，《旅》卦卦象☲，两卦卦象结合起来看，离为文，互震为王，合象为文王，震为猎，为走，这是文王行猎私访民间；互巽为长发，艮为手，为钓，坤为河，这是太公披发在河边垂钓，遇文王而归周，为文王成就霸业之象；离为凤凰，艮为望，为安，为成，互震为君子，为德，为游，为履，为福禄，这是凤鸟游望，君子得安，履德不息，福禄来成之象。对事业而言，卦象信息，太公的静心等待，是为了王侯的霸业；而君子修德，自有福报，则是天道归于人事的终极道理，事业成功。

起卦时间：2017年阳历6月12日15点55分。占问得到《艮》之《旅》，动爻在四爻。"体"的位置在初爻，"用"在四爻。

"体"在初爻，在本宫卦（艮卦）里的五行属性为辰土，六亲为兄弟，故"体"的天干为戊。

体干在初爻，配戊土；坐下的地支，由十二宫的病，动化为长生。即，体干坐地支申，动化寅。于是得到卦象的两组干支为：

戊　　戊
申　　寅

2017年阳历6月12日15点55分，对应的八字四柱是：

　　　　　　　　　日

丁　　丙　　庚　　甲

酉　　午　　午　　申

卦象的两组干支与起卦时间的八字四柱合并，就得到《艮》之《旅》的卦象干支六柱：

　　　　　　用　　日　　　　　体

丁　　丙　　戊　　庚　　甲　　戊

酉　　午　　寅　　午　　申　　申

此占问，若分类占断为求财，用神为财。求财，忌神为兄弟，元神为子孙。卦象六柱中，土为兄弟，金为子孙，水为财，木为官鬼，火为父母。卦中，戊土兄弟临体干，忌神临体，财不能靠近，得不到财之象。日柱空亡戊亥，亥水空，但水不缺位，申藏干壬水。庚金有根在申，可受生，可通关。体柱戊申，戊土在柱内直接生申金，忌神生元神，元神通关成功，忌神反成为财源，忌神临体的问题得解，财不受克，财旺。故，此占问结果，可得财。

继续看《艮》卦六五的爻变，先看爻辞：

䷳六五：艮其辅，言有序，悔亡。

现代文注释：

六五，柔居中，不妄言，说话有条理，时言则言，时止则止，这既是在阐明平时说话要懂得抑止的"止"道，防止祸从口出，也是爬山节省体力的一方面；六五在爬山过程中节省体力而缓行，靠近上九艮主，故能"止"而悔亡。

《艮》卦六五爻变，得到《艮》之《渐》。卦象解析如下：

从卦象看，《艮》卦卦象☶，《渐》卦卦象☴，两卦卦象结合起来看，巽为商贾，为利，艮为求，为山，为墙，艮覆震，震为行，覆震为不行，这是利在墙外，在山之外，重山阻隔，求利不得之象。对事业而言，卦象信息，求利不可得，其意已很明确；得此占，不会成功。

起卦时间：2017年阳历6月12日15点47分。占问得到《艮》之《渐》，动爻在五爻。"体"的位置在二爻，"用"在五爻。

"体"在二爻，在本宫卦（艮卦）里的五行属性为午火，六亲为父母，故"体"的天干为丁。

体干在二爻，配丁火；坐下的地支，由十二宫的病，动化为墓。即，体干坐地支卯，动化丑。于是得到卦象的两组干支为：

丁	丁
卯	丑

2017年阳历6月12日15点47分，对应的八字四柱是：

		日	
丁	丙	庚	甲
酉	午	午	申

卦象的两组干支与起卦时间的八字四柱合并，就得到《艮》之《渐》的卦象干支六柱：

	用		日	体	
丁	丁	丙	庚	丁	甲
酉	丑	午	午	卯	申

此占问，若分类占断为求财，用神为财。求财，忌神为兄弟，元神为子孙。卦象六柱中，土为兄弟，金为子孙，水为财，木为官鬼，火为父母。卦中，丁火父母临体干，宜财旺，喜财来克体，亦喜木通关，财间接生体干，皆为财来就体，得财之象。日柱空亡戌亥，亥水空，但水不缺位，申藏干壬水。六柱中，火偏旺，十二字中六个字是火。庚金有根在申，本可以通关，但日柱为庚午，午火直接克庚金，为截脚之象，庚金受克，受伤严重，元神忌被克，火又偏旺，克力过强，故元神失去能力，不能生财，财衰。故，此占问结果，得不到财。

继续看《艮》卦上九的爻变，先看爻辞：

▤▤▤ 上九：敦艮，吉。

现代文注释：
上九，是艮卦的极限上位，"敦"是厚重的意思，寓意艮山的品德。上九之位类同于九三，但上九不但没有危险，还得到"吉"，这是因为上九终得"止"之真义，其德如山，敦实厚重，该止之时可巍然不动，故得吉祥。

《艮》卦上九爻变，得到《艮》之《谦》。卦象解析如下：

从卦象看，《艮》卦卦象☶，《谦》卦卦象☷，两卦卦象结合起来看，坤为天门，艮与坤皆居戌亥，艮亦为天门，坤为顺，艮为安，震为开，为生，这是天门开，顺天可得利福，得安生之象；艮为星，艮数七，为北斗七星之象；坤为凤，艮为高冈，坤在艮上，是凤鸣高冈之象；坎为酒，艮为山神，为求，为安，坤为民，震为岁，为乐，这是祭祀山神，祈求物多蕃茂，岁丰民安之象；艮为时，为贤人，为山，重艮为深山，坎为隐，坤为身，这是贤人归隐，藏身于深山之象。对事业而言，卦象信息，天门开，代表天时到来，北斗代表团队，凤鸣高冈，是企业福运到来的吉兆；祭祀山神是盼求年岁有得；贤人的归隐，代表时止则止，贤人知止而身隐，把事业交给后来人，事业成功。

起卦时间：2017年阳历6月12日15点15分。占问得到《艮》之《谦》，动爻在上爻。"体"的位置在三爻，"用"在上爻。

"体"在三爻，在本宫卦（艮卦）里的五行属性为申金，六亲为子孙，故"体"的天干为庚。

体干在三爻，配庚金；坐下的地支，由十二宫的衰，动化为死。即，体干坐地支戌，动化子。于是得到卦象的两组干支为：

庚　　庚
戌　　子

2017年阳历6月12日15点15分，对应的八字四柱是：

　　　　　日
丁　丙　庚　甲
酉　午　午　申

　　卦象的两组干支与起卦时间的八字四柱合并，就得到《艮》之《谦》的卦象干支六柱：

用			体	日	
庚	丁	丙	庚	庚	甲
子	酉	午	戌	午	申

　　此占问，若分类占断为求财，用神为财。求财，忌神为兄弟，元神为子孙。卦象六柱中，土为兄弟，金为子孙，水为财，木为官鬼，火为父母。卦中，庚金子孙临体干，忌空破，忌被克。日柱空亡戌亥，亥水空，但水不缺位，子水不空，财不透天干，不怕兄弟夺财。申酉戌三会金局，金旺，戌不论空，元神三会局强盛，可受生，可通关，元神通关，忌神反成为财源，财有源，财旺。用爻庚子，庚金在柱内直接生子水，元神生财。故，此占问结果，可得财。

天泽《履》䷉（卦序号：51）

履： 履虎尾，不咥人。亨。

本章介绍四个卦的独爻变卦象空间，本节进入《履》卦。以下从初爻开始，介绍《履》卦独爻变的卦象解析、干支五行分析方法和分类占断的分析过程。先看初爻的爻辞：

䷉ **初九：** 素履往，无咎。

现代文注释：

初九，位处最下，素装合其身份，素装前往，朴素自然的初九，没有咎错。这里"素履往"寓意初九在其一生中的行事作风要朴素。从礼教的基础看，初九代表最基本、最低层次的"礼"，需要白素无华，六十四卦中叙述"礼"的还有《贲》卦，《贲》卦的上九也说到"白贲，无咎"，道理相同。

《履》卦初九爻变，得到《履》之《讼》。卦象解析如下：

从卦象看，《履》卦卦象䷉，《讼》卦卦象䷅，两卦卦象结合起来看，爻变失兑得坎，兑为辅，坎为祸，为忧，这是失辅得祸，有忧之象；乾为天福，为仁德，互巽为陨落，为蛊，为害，这是有蛊害德，天福有损之象。对事业而言，卦象信息，是仁德有亏，天福有损，失辅得祸，不会成功，归于失败。

起卦时间：2017年阳历6月14日9点10分。占问得到《履》之《讼》，动爻在初爻。"体"的位置在四爻，"用"在初爻。

"体"在四爻，在本宫卦（乾卦）里的五行属性为午火，六亲为官鬼，故"体"的天干为丁。

体干在四爻，配丁火；坐下的地支，由十二宫的帝旺，动化为胎。即，体干坐地支巳，动化亥。于是得到卦象的两组干支为：

丁　　丁
巳　　亥

2017年阳历6月14日9点10分，对应的八字四柱是：

$$
\begin{array}{cccc}
 & & 日 & \\
丁 & 丙 & 壬 & 乙 \\
酉 & 午 & 申 & 巳
\end{array}
$$

卦象的两组干支与起卦时间的八字四柱合并，就得到《履》之《讼》的卦象干支六柱：

$$
\begin{array}{cccccc}
 & & 体 & 日 & & 用 \\
丁 & 丙 & 丁 & 壬 & 乙 & 丁 \\
酉 & 午 & 巳 & 申 & 巳 & 亥
\end{array}
$$

此占问，若分类占断为求财，用神为财。求财，忌神为兄弟，元神为子孙。卦象六柱中，金为兄弟，水为子孙，木为财，火为官鬼，土为父母。卦中，丁火官鬼临体干，宜财旺生官，得财之象。日柱空亡戌亥，亥水空，壬水有根在申，元神不缺位。乙木无根，不受生，财衰。丁火过旺，六柱十二字里七个字为火，火旺木焚，木化为灰烬。故，此占问结果，得不到财。

继续看《履》卦九二的爻变，先看爻辞：

☲ 九二：履道坦坦，幽人贞吉。

现代文注释：

九二，得中位，但上无应，故需守中正之道，不要对未来抱有过高期待，履道平坦，为人生幸运。九二下卦伏艮，为道路，得中为坦坦，故曰"履道坦坦"，九二居兑，兑为幽昧，其无上应，为幽静，故为"幽人"，九二执着于心的纯正，不求闻达，故曰"幽人贞吉"，这是高洁的品德。占到此爻，吉祥。

《履》卦九二爻变，得到《履》之《无妄》。卦象解析如下：

从卦象看，《履》卦卦象☲，《无妄》卦卦象☲，两卦卦象结合起来看，乾为天，大离为旱，为燥，为枯槁，艮为时，为日火，震为年岁，为黍稷，为禾苗，巽为损，兑为正秋，为毁折，这是大旱的年岁，禾苗枯槁，秋无收成，不得天时之象；震为耕，艮为山，乾为山巅，这是山巅耕田，不得地利之象；震为举，为飞，艮为鸟，乾为大，为千里，互巽为风，这是大鸟借风一举千里腾飞离去之象。对事业而言，卦象信息，天时、地利皆失，大鸟腾飞离去，去寻找新的居所；其终，为失败而离去；故，得此占，归于失败。

起卦时间：2017年阳历6月14日9点26分。占问得到《履》之《无妄》，动爻在二爻。"体"的位置在五爻，"用"在二爻。

"体"在五爻，在本宫卦（乾卦）里的五行属性为申金，六亲为兄弟，故"体"的天干为庚。

体干在五爻，配庚金；坐下的地支，由十二宫的沐浴，动化为长生。即体干坐地支午，动化巳。于是得到卦象的两组干支为：

```
庚      辛
午      巳
```

2017年阳历6月14日9点26分，对应的八字四柱为：

```
              日
丁      丙      壬      乙
酉      午      申      巳
```

卦象的两组干支与起卦时间的八字四柱合并，得到《履》之《无妄》的卦象干支六柱：

```
      体              日      用
丁      庚      丙      壬      辛      乙
酉      午      午      申      巳      巳
```

此占问，若分类占断为求财，用神为财。求财，忌神为兄弟，元神为子孙。卦象六柱中，金为兄弟，水为子孙，木为财，火为官鬼，土为父母。卦中，庚金兄弟临体干，忌神临体，财不能靠近，得不到财之象。日柱空亡戌亥，亥水空，但水不缺位，申藏干壬水。然而，申被巳午火两面夹击，被克制，壬水的根受伤严重，等同于无根，不能受生，壬水元神不能通关，财受克，元神也受克，财衰。故，此占问结果，得不到财。

继续看《履》卦六三的爻变，先看爻辞：

☰ 六三：眇能视，跛能履，履虎尾，咥人，凶。武人为于大君。

现代文注释：

六三，阴居阳，位不正，不正为眇，其见不明；爻位不居中，不中为跛，其行不稳；眇且跛，踩到了老虎尾巴。六三不具才德，不明而强行，以此履虎尾，必受伤害，观其象：爻位居兑口，故老虎咬人，有凶。六三伏震，震为武人，其上方的乾为大君，故曰"武人为于大君"，寓意：护卫君王，虽死无怨。

《履》卦六三爻变，得到《履》之《乾》。卦象解析如下：

从卦象看，《履》卦卦象☰，《乾》卦卦象☰，两卦卦象结合起来看，爻变导致兑变乾，兑为弊，乾为福，这是去弊而得福之象；乾为大君，半艮为执，互巽为鞭，为惩，巽伏震为武人，为卫，兑为小人，为虎，为害，这是大君依规惩罚，小人如虎，武人护卫大君得安之象。对事业而言，卦象信息，原有小人为害，终去弊而得福，得平安；得此占，事业会成功。

起卦时间：2017年阳历6月14日9点18分。占问得到《履》之《乾》，动爻在三爻。"体"的位置在上爻，"用"在三爻。

"体"在上爻，在本宫卦（乾卦）里的五行属性为戌土，六亲为父母，故"体"的天干为戊。

体干在上爻，配戌土；坐下的地支，由十二宫的病，动化为帝旺。即，体干坐地支申，动化午。于是得到卦象的两组干支为：

戊　　戊
申　　午

2017年阳历6月14日9点18分，对应的八字四柱是：

<pre>
                    日
    丁   丙   壬   乙
    酉   午   申   巳
</pre>

卦象的两组干支与起卦时间的八字四柱合并，就得到《履》之《乾》的卦象干支六柱：

<pre>
    体   用   日
    戊   丁   丙   戊   壬   乙
    申   酉   午   午   申   巳
</pre>

此占问，若分类占断为求财，用神为财。求财，忌神为兄弟，元神为子孙。卦象六柱中，金为兄弟，水为子孙，木为财，火为官鬼，土为父母。卦中，戊土父母临体干，宜财旺，喜财来克体，亦喜火通关，财间接生体干，皆为财来就体，得财之象。日柱空亡戌亥，亥水空，但水不缺位，申藏干壬。体柱戊申，戊土在柱内直接生申金，戊土通关，申金不受火克。壬水有根在申，可受生，可通关，日柱壬申，申金在柱内直接生壬水，忌神生元神，元神通关成功，忌神反成为财源，财有源，财旺。故，此占问结果，可得财。

继续看《履》卦九四的爻变，先看爻辞：

☰ 九四：履虎尾，愬愬，终吉。

现代文注释:

九四，居乾之后，故九四即虎尾。居虎尾之位，伴虎前行，故心怀恐惧，这里"愬愬"为畏惧之貌，知惧而能谨慎，终获"吉"。

《履》卦九四爻变，得到《履》之《中孚》。卦象解析如下：

从卦象看，《履》卦卦象☰☱，《中孚》卦卦象☴☱，两卦卦象结合起来看，离为旱，大离为大旱，巽为风，风吹云却，这是旱灾之象；巽为虫，为蛊，兑为害，正反巽与正反兑重叠，是蛊上下为害之象；震为春，为神，兑为秋，为祷，为祭祀，艮为求，这是人们在春秋两季的祭祀时求神保佑、给予佑助之象；震为神，为行动，兑为雨，为雨神，为鸡，为鸡神，为夜，为佑助，这是得神助佑，雨神在夜里下雨，润泽大地，鸡神灭掉蛊虫，灾患解除之象；震为春，为生，为福，为万物，巽为入，为齐，艮为飞，为翼，为家，为门，震巽为夫妻，兑为和，正反艮为比翼齐飞，这是家和，春来万物萌生，百福入门之象。对事业而言，卦象信息，先有灾患，人们心怀恐惧，求神佑助，神助再加人和，祸患离去，福泽到来；故，知惧而谨慎，终获吉，事业会成功。

起卦时间：2017年阳历6月14日9点42分。占问得到《履》之《中孚》，动爻在四爻。"体"的位置在初爻，"用"在四爻。

"体"在初爻，在本宫卦（兑卦）里的五行属性为巳火，六亲为官鬼，故"体"的天干为丙。

体干在初爻，配丙火；坐下的地支，由十二宫的病，动化为冠带。即，体干坐地支申，动化辰。于是得到卦象的两组干支为：

丙　　丙
申　　辰

2017年阳历6月14日9点42分，对应的八字四柱是：

```
                日
 丁      丙      壬      乙
 酉      午      申      巳
```

卦象的两组干支与起卦时间的八字四柱合并，得到《履》之《中孚》的卦象干支六柱：

```
              用      日              体
 丁      丙      丙      壬      乙      丙
 酉      午      辰      申      巳      申
```

此占问，若分类占断为求财，用神为财。求财，忌神为兄弟，元神为子孙。卦象六柱中，金为兄弟，水为子孙，木为财，火为官鬼，土为父母。卦中，丙火官鬼临体干，宜财旺生官，得财之象。乙木有根在辰，财可受生。日柱空亡戌亥，亥水空，但水不缺位，壬水有根在申，可受生，日柱壬申，申金在柱内直接生壬水，忌神生元神，元神通关成功，财不受克，财旺。丙火有根在巳，可受生，财旺生官的条件具备。故，此占问结果，可得财。

继续看《履》卦九五的爻变，先看爻辞：

☰ 九五：夬履，贞厉。

现代文注释：

九五，居乾的中位，阳刚中正，践履帝王之位；帝行事刚决，故曰"夬履"。在《履》卦中，重在"礼"的教化，过刚不利。故"夬履"非圣人之道，会走向刚愎自用，听不进不同意见。过刚则入危道，占为厉，危险。

《履》卦九五爻变，得到《履》之《睽》。卦象解析如下：

从卦象看，《履》卦卦象☱，《睽》卦卦象☲，两卦卦象结合起来看，离为日，为旱，重离为久旱，兑为食，坎为庶民，为榆，食榆树之皮，坎两阴爻皆进入离，离为燥，为枯槁，这是榆树成枯木，庶民无树皮可食，日子更艰难之象；对应天象，互坎为牢，艮为北斗，坎在艮下，坎数六，为北斗之下的天牢六星，这是贵人受困天牢之象；卦象不吉。对事业而言，卦象信息，旱灾严重，民生艰难，其天象为贵人受困天牢，故，不会成功，归于失败。

起卦时间：2017年阳历6月14日9点50分。占问得到《履》之《睽》，动爻在五爻。"体"的位置在二爻，"用"在五爻。

"体"在二爻，在本宫卦（兑卦）里的五行属性为卯木，六亲为财，故"体"的天干为乙。

体干在二爻，配乙木；坐下的地支，由十二宫的衰，动化为绝。即，体干坐地支丑，动化酉。于是得到卦象的两组干支为：

乙　　乙

丑　　酉

2017年阳历6月14日9点50分，对应的八字四柱是：

　　　　　日

丁　丙　壬　乙

酉　午　申　巳

卦象的两组干支与起卦时间的八字四柱合并，就得到《履》之《睽》的卦象干支六柱：

	用		日	体	
丁	乙	丙	壬	乙	乙
酉	酉	午	申	丑	巳

此占问，若分类占断为求财，用神为财。求财，忌神为兄弟，元神为子孙。卦象六柱中，金为兄弟，水为子孙，木为财，火为官鬼，土为父母。卦中，乙木财临体干，宜旺。日柱空亡戌亥，亥水空，但水不缺位，壬水有根在申，可受生，可通关。然而，乙木无根，无根之木不受生，用爻乙酉，乙木截脚，酉金在柱内直接克乙木，忌神直接克用神，元神的通关失去效力，通关不成功，财受克，财衰。故，此占问结果，得不到财。

继续看《履》卦上九的爻变，先看爻辞：

☰ 上九：视履考祥，其旋元吉。

现代文注释：

上九，履卦之终，履为行走，为践行，故需得其善终，终吉才可称为大吉，卦中五刚爻唯上九与六三有应，"其旋"指转回，回视其履，"视履考祥"同时督促六三收敛过刚的心志，遵循礼数，六三获福祥，上九得元吉。

《履》卦上九爻变，得到《履》之《兑》。卦象解析如下：

从卦象看，《履》卦卦象 ☰，《兑》卦卦象 ☱，两卦卦象结合起来看，一乾三兑，兑为燕雀，为衔，为和，为乐，乾为岁，为福，互巽为茅草，大坎为孚，坎数六，震为生，为生六只小鸟，这是燕雀衔茅草筑巢，岁生六只小鸟，和悦相处之象；乾为圣贤，为高冈，互离为凤，兑为辅，为口，为鸣，这是圣贤辅佐，凤鸣高冈之象；乾为仁德，为王，为长久，互巽为松柏，互大坎为甘露，为心，为感应，艮为国，为安，兑为享，震为福喜，这是王者仁德感应，得甘露降于松柏，福喜长久，国享安宁之象；兑为河海，艮为求，为得，互巽为鱼，离为网，震为举，这是求鱼于河海，网举必得之象。对事业而言，卦象信息，小鸟代表新项目，寓意每年都有新成果、新项目诞生，鱼为利，网举必得，是求利可得，有长久安定，天时、地利、人和得到完美的配合，事业成功。

起卦时间：2017年阳历6月14日9点34分。占问得到《履》之《兑》，动爻在上爻。"体"的位置在三爻，"用"在上爻。

"体"在三爻，在本宫卦（兑卦）里的五行属性为丑土，六亲为父母，故"体"的天干为己。

体干在三爻，配己土；坐下的地支，由十二宫的帝旺，动化为冠带。即体干坐地支巳，动化未。于是得到卦象的两组干支：

己　　　己
巳　　　未

2017年阳历6月14日9点34分，对应的八字四柱是：

　　　　　　日
丁　　丙　　壬　　乙
酉　　午　　申　　巳

卦象的两组干支与起卦时间的八字四柱合并，就得到《履》之《兑》的卦象干支六柱：

用			体	日	
己	丁	丙	己	壬	乙
未	酉	午	巳	申	巳

此占问，若分类占断为求财，用神为财。求财，忌神为兄弟，元神为子孙。卦象六柱中，金为兄弟，水为子孙，木为财，火为官鬼，土为父母。卦中，己土父母临体干，宜财旺，喜财来克体，亦喜火通关，财间接生体干，皆为财来就体，得财之象。乙木有根在未，可受水生。日柱空亡戌亥，亥水空，但壬水不空，壬水有根在申，可受生，可通关，元神通关，忌神反成为财源，财不受克，财旺。故，此占问结果，可得财。

地山《谦》䷎（卦序号：52）

谦：亨。君子有终。

本章介绍四个卦的独爻变卦象空间，本节进入《谦》卦。以下从初爻开始，介绍《谦》卦独爻变的卦象解析、干支五行分析方法和分类占断的分析过程。先看初爻的爻辞：

䷎初六：谦谦君子，用涉大川，吉。

现代文注释：

初六，有谦德，是谦而又谦的君子。谦卦上坤下艮，其大象是一个大大的坎卦，初六其上无应，难以涉坎水。然而，其上方有"震"之木道，可渡过大川到远方开创事业；古代周的部落时代，古公亶父的长子太伯谦让王位予三弟，自己和二弟涉过黄河长江到荆蛮之地躲避即位，吉祥。

《谦》卦初六爻变，得到《谦》之《明夷》。卦象解析如下：

从卦象看，《谦》卦卦象䷎，《明夷》卦卦象䷣，两卦卦象结合起来看，坤为海，为鱼，坎为隐，艮为家，为求，为安，离为巷，为藏身，这是鱼儿游入深海，隐藏在如同小巷般的海沟，只求平安之象。对事业而言，卦象信息，寓意在特殊阶段，隐伏藏身而得到平安是必要的，得到平安就是成功。

起卦时间：2017年阳历6月18日16点15分。占问得到《谦》之《明夷》，动爻在初爻。"体"的位置在四爻，"用"在初爻。

"体"在四爻，在本宫卦（坤卦）里的五行属性为丑土，六亲为兄弟，故"体"的天干为己。

体干在四爻，配己土；坐下的地支，由十二宫的墓，动化为养。即，体干坐地支丑，动化戌。于是得到卦象的两组干支为：

己　　戊

丑　　戌

2017年阳历6月18日16点15分，对应的八字四柱是：

　　　　日

丁　丙　丙　丙

酉　午　子　申

卦象的两组干支与起卦时间的八字四柱合并，得到《谦》之《明夷》的卦象干支六柱：

　　　　　体　　日　　　用

丁　丙　己　丙　丙　戊

酉　午　丑　子　申　戌

此占问，若分类占断为求财，用神为财。求财，忌神为兄弟，元神为子孙。卦象六柱中，土为兄弟，金为子孙，水为财，木为官鬼，火为父母。卦中，己土兄弟临体干，忌神临体，财不能靠近，得不到财之象。日柱空亡申酉，金几近于缺位，唯有丑藏干辛，金余气入墓，金虽没有缺位，但不能通关，忌神临体的问题无解。故，此占问结果，得不到财，需等待出旬申酉值日。

继续看《谦》卦六二的爻变，先看爻辞：

䷎ 六二：鸣谦，贞吉。

现代文注释：

六二，处中居下，为名符其实的"谦"；六二艮中覆震，震为声，有鸟象，故曰"鸣谦"；太伯兄弟谦虚的名声如同悦耳的鸟鸣，其传广远，占为吉。

《谦》卦六二爻变，得到《谦》之《升》。卦象解析如下：

从卦象看，《谦》卦卦象䷎，《升》卦卦象䷭，两卦卦象结合起来看，巽为商贾，为利，艮为求，为成，互震为行，为时，坤为顺，为多，这是求利得时，利多之象；坤为大地，为千里，艮为丘陵，为山岭，互坎为雨露，巽为松柏，震为生长，互兑为繁茂，这是松柏生长在千里大地和丘陵山岭，得雨露滋润，繁茂之象。对事业而言，卦象信息，是得天时和地利；得此占，事业成功。

起卦时间：2017年阳历6月18日16点31分。占问得到《谦》之《升》，动爻在二爻。"体"的位置在五爻，"用"在二爻。

"体"在五爻，在本宫卦（坤卦）里的五行属性为亥水，六亲为财，故"体"的天干为壬。

体干在五爻，配壬水；坐下的地支，由十二宫的墓，动化为冠带。即，体干坐地支辰，动化戌。于是得到卦象的两组干支为：

壬　　壬
辰　　戌

2017年阳历6月18日16点31分，对应的八字四柱是：

```
                      日
        丁    丙    丙    丙
        酉    午    子    申
```

　　卦象的两组干支与起卦时间的八字四柱合并，就得到《谦》之《升》的卦象干支六柱：

```
              体           日    用
        丁    壬    丙    丙    壬    丙
        酉    辰    午    子    戌    申
```

　　此占问，若分类占断为求财，用神为财。求财，忌神为兄弟，元神为子孙。卦象六柱中，土为兄弟，金为子孙，水为财，木为官鬼，火为父母。卦中，壬水财临体干，宜旺。日柱空亡申酉，但旬内空，出旬不空。申酉戌三会金局，出旬遇到申酉值日，会有力量积蓄的大爆发。壬水有根在申，财可受生。申子辰三合水局，水旺，即财旺。故，此占问结果，月内出旬可得财。

　　继续看《谦》卦九三的爻变，先看爻辞：

☷☶九三：劳谦，君子有终，吉。

现代文注释：

　　九三，中爻居坎中，坎为劳，故曰"劳谦"。太伯兄弟勤劳又谦虚，君子有好结果，得到民众拥戴，在吴地建立了吴国，终有最后的成就，吉祥。

《谦》卦九三爻变，得到《谦》之《坤》。卦象解析如下：

从卦象看，《谦》卦卦象☷☶，《坤》卦卦象☷☷，两卦卦象结合起来看，震为鸿鸟，为翼，为奋，为归，坤为风，为千里，为通途，坎为劳，这是鸿鸟迎风展翼奋飞，不辞劳苦，千里归途之象。对事业而言，卦象信息，是有风助力即可一飞冲天，展翼于高空，归途虽有劳苦，可得风的助力，鸿鸟千里归途，是企业朝着既定的战略目标努力前行，事业会成功。

起卦时间：2017年阳历6月18日16点23分。占问得到《谦》之《坤》，动爻在三爻。"体"的位置在上爻，"用"在三爻。

"体"在上爻，在本宫卦（坤卦）里的五行属性为酉金，六亲为子孙，故"体"的天干为辛。

体干在上爻，配辛金；坐下的地支，由十二宫的衰，动化为沐浴。即，体干坐地支未，动化亥。于是得到卦象的两组干支为：

辛　　辛

未　　亥

2017年阳历6月18日16点23分，对应的八字四柱是：

　　　　　　日

丁　　丙　　丙　　丙

酉　　午　　子　　申

卦象的两组干支与起卦时间的八字四柱合并，就得到《谦》之《坤》的卦象干支六柱：

体			用	日	
辛	丁	丙	辛	丙	丙
未	酉	午	亥	子	申

此占问，若分类占断为求财，用神为财。求财，忌神为兄弟，元神为子孙。卦象六柱中，土为兄弟，金为子孙，水为财，木为官鬼，火为父母。卦中，辛金子孙临体干，忌空破，忌被克。日柱空亡申酉，辛金因空亡失去根，无根不受生，看似元神无法起到通关作用。但，用爻辛亥，辛金在柱内直接生亥水，元神生财。体柱辛未，未土在柱内直接生辛金，忌神生元神，元神通关成功，财不受克，财旺。故，此占问结果，可得财。

继续看《谦》卦六四的爻变，先看爻辞：

☷☶ 六四：无不利，撝谦。

现代文注释：

六四，阴爻居阴位，尊阳而退避，"撝"为挥手，挥手而退避，故曰"撝谦"。阴能顺阳，比附于阳，故"无不利"。

《谦》卦六四爻变，得到《谦》之《小过》。卦象解析如下：

从卦象看，《谦》卦卦象☷☶，《小过》卦卦象☳☶，两卦卦象结合起来看，爻变导致坤变震，坤为冬，为死，为死地，震为春，为生，为走，为出，这是由寒冬到春天，走出死地，由死到生的转变之象；艮为贤人，为安，坤为政，震为主，互巽为利，坎中实，为得，这是贤人主政，得利为实，平安之象。对事业而言，卦象信息，是企业转安且得利；得此占，事业成功。

起卦时间：2017年阳历6月18日16点47分。占问得到《谦》之《小过》，动爻在四爻。"体"的位置在初爻，"用"在四爻。

"体"在初爻，在本宫卦（艮卦）里的五行属性为辰土，六亲为兄弟，故"体"的天干为戊。

体干在初爻，配戊土；坐下的地支，由十二宫的胎，动化为冠带。即，体干坐地支子，动化辰。于是得到卦象的两组干支为：

戊　　戊
子　　辰

2017年阳历6月18日16点47分，对应的八字四柱是：

　　　　日
丁　丙　丙　丙
酉　午　子　申

卦象的两组干支与起卦时间的八字四柱合并，得到《谦》之《小过》的卦象干支六柱：

　　　用　　日　　　　体
丁　丙　戊　丙　丙　戊
酉　午　辰　子　申　子

此占问，若分类占断为求财，用神为财。求财，忌神为兄弟，元神为子孙。

卦象六柱中，土为兄弟，金为子孙，水为财，木为官鬼，火为父母。卦中，戊土兄弟临体干，忌神临体，财不能靠近，得不到财之象。申子辰三合水局，即三合财局，财旺。日柱空亡申酉，金缺位，但金在旬内空，出旬不空，出旬可通关，忌神临体的问题，待出旬可得解。故，此占问结果，月内出旬可得财。

继续看《谦》卦六五的爻变，先看爻辞：

䷎ 六五：不富以其邻，利用侵伐，无不利。

现代文注释：

六五，坤阴不富，阴爻为其邻，九三象为震，震为侵伐，六五中爻居震，故曰"利用侵伐"，寓意六五比附九三，得九三之阳富，故"无不利"。

《谦》卦六五爻变，得到《谦》之《蹇》。卦象解析如下：

从卦象看，《谦》卦卦象䷎，《蹇》卦卦象䷦，两卦卦象结合起来看，爻变失坤得坎，坤为虚，为穷，坎中实，为得，这是由虚变实，由穷变为有得之象；艮为辅，为臣，为贤人，互震为征伐，坎中实，为得，这是居君王位的六五，在中爻与贤臣九三共同形成震体，利用征伐而有所得之象。对事业而言，卦象信息，有得，是改变贫穷，是得利；得此占，事业走向成功。

起卦时间：2017年阳历6月18日16点55分。占问得到《谦》之《蹇》，动爻在五爻。"体"的位置在二爻，"用"在五爻。

"体"在二爻，在本宫卦（艮卦）里的五行属性为午火，六亲为父母，故"体"的天干为丁。

体干在二爻，配丁火；坐下的地支，由十二宫的墓，动化为胎。即，体干坐地支丑，动化亥。于是得到卦象的两组干支为：

丁　丁
丑　亥

2017年阳历6月18日16点55分，对应的八字四柱是：

		日	
丁	丙	丙	丙
酉	午	子	申

卦象的两组干支与起卦时间的八字四柱合并，就得到《谦》之《蹇》的卦象干支六柱：

	用		日	体	
丁	丁	丙	丙	丁	丙
酉	亥	午	子	丑	申

此占问，若分类占断为求财，用神为财。求财，忌神为兄弟，元神为子孙。卦象六柱中，土为兄弟，金为子孙，水为财，木为官鬼，火为父母。卦中，丁火父母临体干，宜财旺，喜财来克体，亦喜木通关，财间接生体干，皆为财来就体，得财之象。日柱空亡申酉，元神空，但出旬不空。亥子丑三会水局，即财局形成，财旺。故，此占问结果，旬内就有财，出旬可得大财。

继续看《谦》卦上六的爻变，先看爻辞：

☷☶ 上六：鸣谦，利用行师，征邑国。

现代文注释：

上六，已居《谦》卦的极致位，此时吴太伯谦虚的美名远扬四方，商朝天子任用他为方伯；上六居坤上位，坤为邑国，与九三有应，九三为震，震为行师，故曰"利用行师，征邑国"。寓意：文武之道，一张一弛，谦道，需辅之以刚武，才更符合治理之道。

《谦》卦上六爻变，得到《谦》之《艮》。卦象解析如下：

从卦象看，《谦》卦卦象☷☶，《艮》卦卦象☶☶，两卦卦象结合起来看，坤为天下，为文，为志，震为武，为征伐，为治理，艮为邑，为国，重艮为多国，坎坤相连，为平天下，这是行文武之道，平天下之象。对事业而言，卦象信息，寓意治理进入新阶段，措施也相应有变化，随着时势的变化，通过兼并手段加快发展步伐，也是正道，事业成功。

起卦时间：2017年阳历6月18日16点39分。占问得到《谦》之《艮》，动爻在上爻。"体"的位置在三爻，"用"在上爻。

"体"在三爻，在本宫卦（艮卦）里的五行属性为申金，六亲为子孙，故"体"的天干为庚。

体干在三爻，配庚金；坐下的地支，由十二宫的死，动化为墓。即，体干坐地支子，动化丑。于是得到卦象的两组干支为：

　　庚　　辛

　　子　　丑

2017年阳历6月18日16点39分，对应的八字四柱是：

日

丁	丙	丙	丙
酉	午	子	申

卦象的两组干支与起卦时间的八字四柱合并，就得到《谦》之《艮》的卦象干支六柱：

用　　　　　　　　体　日

辛	丁	丙	庚	丙	丙
丑	酉	午	子	子	申

此占问，若分类占断为求财，用神为财。求财，忌神为兄弟，元神为子孙。卦象六柱中，土为兄弟，金为子孙，水为财，木为官鬼，火为父母。卦中，庚金子孙临体干，忌空破，忌被克。日柱空亡申酉，庚辛金根在申酉，落空亡。但，用爻辛丑，丑土在柱内直接生辛金，忌神生元神，元神通关成功，忌神反成为财源。体柱庚子，庚金在柱内直接生子水，元神生财，日令子水并之，财旺。故，此占问结果，可得财。

第二十六章　大畜、萃、需、晋

山天《大畜》䷙（卦序号：53）

大畜：利贞。不家食，吉。利涉大川。

本章介绍四个卦的独爻变卦象空间，本节进入《大畜》卦。以下从初爻开始，介绍《大畜》卦独爻变的卦象解析、干支五行分析方法和分类占断的分析过程。先看初爻的爻辞：

䷙**初九：有厉，利已。**

现代文注释：

初九，健而动的一开始，就感觉到了危险。看到危险而停下来，有利于畜养。上卦艮的卦德是待时而动，《大畜》卦，总的情势、时用，都在于完成蓄积，而不是前进，故只要符合《大畜》的卦情，就是合理的安排。爻辞中的"已"，就是停止的意思，停下来待命有利，不蓄积而急用就会有厉。初九也可以看作乾卦的初爻，潜龙勿用，说的就是不盲目行动，畜养自己。

《大畜》卦初九爻变，得到《大畜》之《蛊》。卦象解析如下：

从卦象看，《大畜》卦卦象䷙，《蛊》卦卦象䷑，两卦卦象结合起来看，乾为福，巽为利，为双，互兑为毁折，艮为止，为望，大离为目，大坎为心，为忧，为祸患，互震为前行，这是利福损折，眼望心忧，祸不单行，止而不行之象。对事业而言，卦象信息，明确利与福皆折损，且有祸殃，故，遵《大畜》之道，要停止，原来的行动要取消，不会成功。

起卦时间：2017年阳历6月24日15点33分。占问得到《大畜》之《蛊》，动爻在初爻。"体"的位置在四爻，"用"在初爻。

"体"在四爻，在本宫卦（艮卦）里的五行属性为戌土，六亲为兄弟，故"体"的天干为戊。

体干在四爻，配戌土；坐下的地支，由十二宫的病，动化为墓。即，体干坐地支申，动化戌。于是得到卦象的两组干支为：

戊　　戊

申　　戌

2017年阳历6月24日15点33分，对应的八字四柱是：

日

丁　　丙　　壬　　戊

酉　　午　　午　　申

卦象的两组干支与起卦时间的八字四柱合并，得到《大畜》之《蛊》的卦象干支六柱：

体　　日　　　　用

丁　　丙　　戊　　壬　　戊　　戊

酉　　午　　申　　午　　申　　戌

此占问，若分类占断为求财，用神为财。求财，忌神为兄弟，元神为子孙。卦象六柱中，土为兄弟，金为子孙，水为财，木为官鬼，火为父母。卦中，戊土兄弟临体干，忌神临体，财不能靠近，得不到财之象。日柱空亡申酉，金缺位。壬水无根，财不受生，受克。元神缺位，无元神通关，忌神临体的问题无解。故，此占问结果，得不到财。要等待出旬，申值日，即出旬后的甲申日，方可。

继续看《大畜》卦九二的爻变，先看爻辞：

☲ 九二：舆说輹。

现代文注释：

九二，前进的途中，车上的辐条脱掉了，只能停下来。九二遇阻而停止，是卦象的情势所致，九二与六五有应，六五主"畜止"，本卦以畜止为大畜之道，故九二不能前进。甚至可以理解为，主动将车厢的木构件卸掉，主动将行动的条件除去，不准备行动，主动的停止。

《大畜》卦九二爻变，得到《大畜》之《贲》。卦象解析如下：

从卦象看，《大畜》卦卦象☲，《贲》卦卦象☲，两卦卦象结合起来看，乾为天福，艮为时，为待，为君子，为安，互坎为忧，互震为解，为乐，为来，为福禄，这是君子安乐无忧，福禄自来之象。对事业而言，卦象信息，意味着在不利于行动的时间段，停下来安心的等待，不必忧虑，也不必着急，时机到来之时福禄会自来；得此占，会成功。

起卦时间：2017年阳历6月24日15点17分。占问得到《大畜》之《贲》，动爻在二爻。"体"的位置在五爻，"用"在二爻。

"体"在五爻，在本宫卦（艮卦）里的五行属性为子水，六亲为财，故"体"的天干为癸。

体干在五爻，配癸水；坐下的地支，由十二宫的病，动化为养。即，体干坐地支酉，动化辰。于是得到卦象的两组干支为：

癸　　壬
酉　　辰

2017年阳历6月24日15点17分，对应的八字四柱是：

　　　　日
丁　丙　壬　戊
酉　午　午　申

卦象的两组干支与起卦时间的八字四柱合并，得到《大畜》之《贲》的卦象干支六柱：

　　体　　　　日　用
丁　癸　丙　壬　壬　戊
酉　酉　午　午　辰　申

此占问，若分类占断为求财，用神为财。求财，忌神为兄弟，元神为子孙。卦象六柱中，土为兄弟，金为子孙，水为财，木为官鬼，火为父母。卦中，癸水财临体干，宜旺。日柱空亡申酉，金缺位，即元神缺位。时柱戊申，戊土在柱内直接生申金，忌神生元神，元神通关成功，申金虽空亡，出旬不空。癸水有根在辰，可受生。体柱癸酉，酉金在柱内直接生癸水，元神生财，酉金虽空亡，出旬不空。故，此占问结果，月内出旬可得财。

继续看《大畜》卦九三的爻变，先看爻辞：

☳ 九三：良马逐，利艰贞；日闲舆卫，利有攸往。

现代文注释：

　　九三，在卦象上乾为马，其上两根阴爻，半象为坤，坤为原野，呈现为良马在原野奔驰之象，坤象之上为艮，有止之象。故其整体卦象有利于在艰难中坚守正道。日闲之时，每日练习和舆卫有关的武备，舆为战车，卫为步兵，即进行军事训练，这是古代保护农耕文明的民兵训练制度，这样的安排，合乎上卦艮的畜止之意，是利有所往的。

　　《大畜》卦九三爻变，得到《大畜》之《损》。卦象解析如下：

　　从卦象看，《大畜》卦卦象 ☲，《损》卦卦象 ☶，两卦卦象结合起来看，艮为邑，为国，为虎，乾亦为虎，正反艮相对，乾艮相对，皆为两虎对峙之象，坤为军，为亡，震为卫，为武，正反震相对，为争，为战，兑为毁折，为伤，这是两虎相争，皆有损伤之象。对事业而言，卦象信息，寓意出现两强相争的格局，虽然早有实力对抗的准备，但折损已成必然，事业不成功。

　　起卦时间：2017年阳历6月24日15点25分。占问得到《大畜》之《损》，动爻在三爻。"体"的位置在上爻，"用"在三爻。

"体"在上爻，在本宫卦（艮卦）里的五行属性为寅木，六亲为官鬼，故"体"的天干为甲。

体干在上爻，配甲木；坐下的地支，由十二宫的养，动化为衰。即，体干坐地支戌，动化辰。于是得到卦象的两组干支为：

```
甲   甲
戌   辰
```

2017年阳历6月24日15点25分，对应的八字四柱是：

```
            日
丁   丙   壬   戊
酉   午   午   申
```

卦象的两组干支与起卦时间的八字四柱合并，得到《大畜》之《损》的卦象干支六柱：

```
体               用   日
甲   丁   丙   甲   壬   戊
戌   酉   午   辰   午   申
```

此占问，若分类占断为求财，用神为财。求财，忌神为兄弟，元神为子孙。卦象六柱中，土为兄弟，金为子孙，水为财，木为官鬼，火为父母。卦中，甲木官鬼临体干，宜财旺生官，得财之象。日柱空亡申酉，元神缺位，不生财，财衰。甲木无根，不受生，水直接克火，这是财直接找父母之象，得财的是父母。故，此占问结果，得不到财。

继续看《大畜》卦六四的爻变，先看爻辞：

☶ 六四：童牛之牿，元吉。

现代文注释：

六四，与初九有应，故把六四与初九联系起来，会发现初九就是六四爻辞里的童牛，而"童牛之牿"的牿，就是指六四，六四通过对童牛野性的制约，使之温顺，这种对自然野性的驯服，是《大畜》卦走向成功的过程，也是《大畜》卦的要义之一，这是因为童牛之牿包含了保护性的措施，保护童牛不受伤，故这种制约是含建设性的止，六四就是畜止之道，故"元吉"。

《大畜》卦六四爻变，得到《大畜》之《大有》。卦象解析如下：

从卦象看，《大畜》卦卦象☶，《大有》卦卦象☲，两卦卦象结合起来看，离为明智，居上代表未来光明，艮为止，为贤人，为时，为待，互震为履，为德，为福，乾为长久，互兑为养，兑覆巽，巽为利市，覆巽为无利市，这是无利市之时不急于求利，养贤待时，履德不忒，福自长久之象。对事业而言，卦象信息，是畜积贤才，成功在未来；眼下无利市，不会成功。

起卦时间：2017年阳历6月24日15点49分。占得《大畜》之《大有》，动爻在四爻。"体"的位置在初爻，"用"在四爻。

"体"在初爻，在本宫卦（乾卦）里的五行属性为子水，六亲为子孙，故"体"的天干为癸。

体干在初爻，配癸水；坐下的地支，由十二宫的墓，动化为养。即，体干坐地支未，动化辰。于是得到卦象的两组干支为：

```
癸    壬
未    辰
```

2017年阳历6月24日15点49分，对应的八字四柱是：

```
          日
丁    丙    壬    戊
酉    午    午    申
```

卦象的两组干支与起卦时间的八字四柱合并，就得到《大畜》之《大有》的卦象干支六柱：

```
          用    日         体
丁    丙    壬    壬    戊    癸
酉    午    辰    午    申    未
```

此占问，若分类占断为求财，用神为财。求财，忌神为兄弟，元神为子孙。卦象六柱中，金为兄弟，水为子孙，木为财，火为官鬼，土为父母。卦中，癸水子孙临体干，忌空破，忌被克。日柱空亡申酉，金缺位。体柱癸未，截脚之象，未土在柱内直接克癸水，元神被克，不生财，财衰。卦中，财缺位，无财之象。辰未藏干乙木，乃入墓之象。故，此占问结果，得不到财。

继续看《大畜》卦六五的爻变，先看爻辞：

☰ 六五：豶豕之牙，吉。

现代文注释：

六五，小猪长牙了，豶猪阉割去势后，它锋利的牙就不会伤人，这是一种从根本上解决问题的方法，从人类畜养牲畜的经验，总结出各种属于"豶豕之牙"的事物，知道最佳的处理之道。六五为卦主，得到这样的畜止之道，吉祥。

《大畜》卦六五爻变，得到《大畜》之《小畜》。卦象解析如下：

从卦象看，《大畜》卦卦象☰☰，《小畜》卦卦象☰☰，两卦卦象结合起来看，艮为时，为安，巽为利，为利市，正反巽相对为利相合，无利益冲突，这是利市之时已到，利益相合，四邻共利相安之象；兑为花，震为开，艮为果，为得，乾为富实，这是花开有果，得利富实之象。对事业而言，卦象信息，是利市到来，利及四邻，花开有果，得利丰厚，事业成功。

起卦时间：2017年阳历6月24日15点41分。占得《大畜》之《小畜》，动爻在五爻。"体"的位置在二爻，"用"在五爻。

"体"在二爻，在本宫卦（乾卦）里的五行属性为寅木，六亲为财，故"体"的天干为甲。

体干在二爻，配甲木；坐下的地支，由十二宫的死，动化为临官。即，体干坐地支午，动化寅。于是得到卦象的两组干支为：

甲　甲

午　寅

2017年阳历6月24日15点41分，对应的八字四柱是：

$$\begin{array}{cccc} & & 日 & \\ 丁 & 丙 & 壬 & 戊 \\ 酉 & 午 & 午 & 申 \end{array}$$

卦象的两组干支与起卦时间的八字四柱合并，就得到《大畜》之《小畜》的卦象干支六柱：

$$\begin{array}{cccccc} & 用 & & 日 & 体 & \\ 丁 & 甲 & 丙 & 壬 & 甲 & 戊 \\ 酉 & 寅 & 午 & 午 & 午 & 申 \end{array}$$

此占问，若分类占断为求财，用神为财。求财，忌神为兄弟，元神为子孙。卦象六柱中，金为兄弟，水为子孙，木为财，火为官鬼，土为父母。卦中，甲木财临体干，宜旺。日柱空亡申酉，金缺位，财不受克。甲木有根在寅，可受生。壬甲同坐地支午，坐同一板凳，通过地支相通，壬水生甲木，元神生财，财旺。故，此占问结果，可得财。

继续看《大畜》卦上九的爻变，先看爻辞：

☷☰ 上九：何天之衢，亨。

现代文注释：

上九，阳刚居尊位之上，得六五的顺承，为"尚贤"之象，"大畜"至上九已到达极致的上位，大畜之道至此已成，而大畜之道的发展和应用，其极致的状态就是事物的大发展，社会的养贤，其时已发展到可以大用了；上九，为天位，居艮之上，艮为道路，故曰"天之衢"；上爻天位，其道通达，亦带有"天之衢"之感叹，寓意"天之道"，这是吉祥的感叹；爻辞问道：什么叫做"天之衢"？就是其道大为亨通啊！

《大畜》卦上九爻变，得到《大畜》之《泰》。卦象解析如下：

从卦象看，《大畜》卦卦象▤，《泰》卦卦象▤，两卦卦象结合起来看，艮为堂，为居，为家，为安，为成，乾为圣贤，坤为聚，为平陆，震为行，为大道，为功业，兑为悦，为恩泽，为华，为盛茂，这是圣贤安居，相聚一堂，功业有成，华章盛茂，悦感恩泽，大道平坦之象。对事业而言，卦象信息，意味着已得天时、地利、人和，得长久的兴盛，事业成功。

起卦时间：2017年阳历6月24日15点57分。占问得到《大畜》之《泰》，动爻在上爻。"体"的位置在三爻，"用"在上爻。

"体"在三爻，在本宫卦（乾卦）里的五行属性为辰土，六亲为父母，故"体"的天干为戊。

体干在三爻，配戊土；坐下的地支，由十二宫的胎，动化为长生。即，体干坐地支子，动化寅。于是得到卦象的两组干支为：

戊　　戊
子　　寅

2017年阳历6月24日15点57分，对应的八字四柱是：

　　　　日
丁　丙　壬　戊
酉　午　午　申

卦象的两组干支与起卦时间的八字四柱合并，得到《大畜》之《泰》的卦象干支六柱：

用			体	日	
戊	丁	丙	戊	壬	戊
寅	酉	午	子	午	申

此占问，若分类占断为求财，用神为财。求财，忌神为兄弟，元神为子孙。卦象六柱中，金为兄弟，水为子孙，木为财，火为官鬼，土为父母。卦中，戊土父母临体干，宜财旺，喜财来克体，亦喜火通关，财间接生体干，皆为财来就体，得财之象。日柱空亡申酉，金缺位，财不受克。壬水有根在申，可受生，可通关，元神通关，忌神反成为财源，申虽空亡，出旬不空。申值日，就在两天后的甲申日，木得到甲，天干有苗，申藏干壬水的根，壬水有根，可受生，可通关，忌神反成为财源。故，此占问结果，旬内有财，出旬可得大财。

泽地《萃》䷬（卦序号：54）

萃：亨。王假有庙，利见大人，亨，利贞。用大牲吉，利有攸往。

本章介绍四个卦的独爻变卦象空间，本节进入《萃》卦。以下从初爻开始，介绍《萃》卦独爻变的卦象解析、干支五行分析方法和分类占断的分析过程。先看初爻的爻辞：

䷬初六：有孚不终，乃乱乃萃，若号，一握为笑，勿恤，往无咎。

现代文注释：

初六，萃的初爻，"有孚"是指九四，"聚"之始，心里已想好要去见正应的九四，但在看见居尊位的九五之时，心志为其所动，因为心志之乱，而导致了行为的迷乱，竟然凑到九五跟前想与九五聚会，这是初六信念不坚定而不能得其终的表现，故曰"有孚不终"；下卦坤为乱，聚会上人来人往，故曰"乃乱乃萃"；初六若醒悟过来，转向其正应者九四呼号，自然会有与九四满意的握手言欢，会有笑声；初六伏象为震，震为呼号，九四中爻为艮象，艮为手，为握，九四上卦兑为笑，故曰"若号，一握为笑"，初六前往四爻则得正，故曰"往无咎"。

《萃》卦初六爻变，得到《萃》之《随》。卦象解析如下：

从卦象看，《萃》卦卦象䷬，《随》卦卦象䷐，两卦卦象结合起来看，互大坎为艰难，兑为祭祀，为祷，坤为民，为心，震为君，为后福，巽为齐，艮为时，为得，这是君民齐心，共克时艰，必得后福之象。对事业而言，卦象信息，寓意前行虽有艰险，然而上下同心共进，必有后福，求事可成功。

起卦时间：2017年阳历6月28日10点32分。占问得到《萃》之《随》，动爻在初爻。"体"的位置在四爻，"用"在初爻。

"体"在四爻，在本宫卦（兑卦）里的五行属性为亥水，六亲为子孙，故"体"的天干为壬。

体干在四爻，配壬水；坐下的地支，由十二宫的病，动化为长生。即，体干坐地支寅，动化申。于是得到卦象的两组干支为：

壬　　壬
寅　　申

2017年阳历6月28日10点32分，对应的八字四柱是：

　　　　　日
丁　丙　丙　癸
酉　午　戌　巳

卦象的两组干支与起卦时间的八字四柱合并，就得到《萃》之《随》的卦象干支六柱：

　　　　体　日　　用
丁　丙　壬　丙　癸　壬
酉　午　寅　戌　巳　申

此占问，若分类占断为求财，用神为财。求财，忌神为兄弟，元神为子孙。卦象六柱中，金为兄弟，水为子孙，木为财，火为官鬼，土为父母。卦中，壬水子孙临体干，忌空破，忌被克。日柱空亡午未，午火空，丁火无根。体柱壬寅，壬水在柱内直接生寅木，元神生财之象。壬水有根在申，可受生，可通关，元神通关，忌神反成为财源，财有源，财旺。故，此占问结果，可得财。

继续看《萃》卦六二的爻变，先看爻辞：

☲☷ 六二：引吉，无咎，孚乃利用禴。

现代文注释：

六二，柔爻居中得正，有中正之德，以其柔中，应九五的刚中，"引"之意，等待招引，不主动求应，这不是六二的心志有什么变化，而是避开"求宠"之嫌，同样能得到九五，这样的应是吉祥的，故曰"引吉"。"禴"为春夏的薄祭，在这样的场合被引荐给九五，无咎害。"孚"，为六二孚于九五，六二之上的中爻为互巽，巽为夏，六二居坤，坤为吝啬，寓意为薄祭，因此卦中"禴"是为夏季的薄祭，故曰"孚乃利用禴"。

《萃》卦六二爻变，得到《萃》之《困》。卦象解析如下：

从卦象看，《萃》卦卦象 ☱☷，《困》卦卦象 ☱☵，两卦卦象结合起来看，爻变，坤变坎，坤为顺，坎为难，是由顺变难之象；艮为山，为路，坤为失，坎为难，为困，兑为毁折，艮覆震，震为车，为马，覆震为车毁马失，这是高山峻岭路难行，车毁马失，处于困境之象。对事业而言，卦象信息，路险难行，失去辎重和所携带财物，前行道路不通，不会成功。

起卦时间：2017年阳历6月28日10点16分。占问得到《萃》之《困》，动爻在二爻。"体"的位置在五爻，"用"在二爻。

"体"在五爻，在本宫卦（兑卦）里的五行属性为酉金，六亲为兄弟，故"体"的天干为辛。

体干在五爻，配辛金；坐下的地支，由十二宫的衰，动化为胎。即，体干坐地支未，动化寅。于是得到卦象的两组干支为：

```
辛      庚
未      寅
```

2017年阳历6月28日10点16分，对应的八字四柱是：

```
                 日
  丁      丙      丙      癸
  酉      午      戌      巳
```

卦象的两组干支与起卦时间的八字四柱合并，就得到《萃》之《困》的卦象干支六柱：

```
          体              日      用
  丁      辛      丙      丙      庚      癸
  酉      未      午      戌      寅      巳
```

此占问，若分类占断为求财，用神为财。求财，忌神为兄弟，元神为子孙。卦象六柱中，金为兄弟，水为子孙，木为财，火为官鬼，土为父母。卦中，辛金兄弟临体干，忌神临体，财不能靠近，得不到财之象。日柱空亡午未，午火空，丁火无根，但火不缺位。丙火有根在巳，可受生。日柱丙戌，丙火在柱内直接生戌土，土通关，忌神不受克，忌神不受制约。癸水无根，不受生，元神不能通关，忌神直接克用神，财衰。用爻庚寅，庚金在柱内直接克寅木，财受克，财衰。故，此占问结果，得不到财。

继续看《萃》卦六三的爻变，先看爻辞：

☷☳ 六三：萃如嗟如，无攸利，往无咎，小吝。

现代文注释：

六三，柔居刚，能力不够，事业无成，欲有萃是六三的愿望，故曰"萃如"；在聚会上有嗟叹和抱怨，即"嗟如"；六三居巽中，巽为利，但六三不得位又无上应，因此不会有利益，故曰"无攸利"，六三往上是重阳，前往无咎害，只是六三无上应，小有遗憾。

《萃》卦六三爻变，得到《萃》之《咸》。卦象解析如下：

从卦象看，《萃》卦卦象☷☱，《咸》卦卦象☶☱，两卦卦象结合起来看，爻变失坤得艮，坤为虚，为穷，艮为安，为时，为得，这是得时运，由贫穷转为有所得，安定之象；从中爻来看爻变，爻变后中爻得乾，乾为天福，为富实，艮为得，兑为悦，坤为聚，这是天福眷顾，得富实，愉悦的参加聚会之象。对于事业发展，卦象信息，是得时运，终由贫穷转为富实，事业成功。

起卦时间：2017年阳历6月28日10点48分。占问得到《萃》之《咸》，动爻在三爻。"体"的位置在上爻，"用"在三爻。

"体"在上爻，在本宫卦（兑卦）里的五行属性为未土，六亲为父母，故"体"的天干为己。

体干在上爻，配己土；坐下的地支，由十二宫的病，动化为墓。即，体干坐地支卯，动化丑。于是得到卦象的两组干支为：

己　　己

卯　　丑

2017年阳历6月28日10点48分，对应的八字四柱是：

		日	
丁	丙	丙	癸
酉	午	戌	巳

卦象的两组干支与起卦时间的八字四柱合并，就得到《萃》之《咸》的卦象干支六柱：

体			用	日	
己	丁	丙	己	丙	癸
卯	酉	午	丑	戌	巳

此占问，若分类占断为求财，用神为财。求财，忌神为兄弟，元神为子孙。卦象六柱中，金为兄弟，水为子孙，木为财，火为官鬼，土为父母。卦中，己土父母临体干，宜财旺，喜财来克体，亦喜火通关，财间接生体干，皆为财来就体，得财之象。日柱空亡午未，午火空，丁火无根，但丙火有根在巳，可受生。癸水有根在丑，可受生，可通关，元神通关，忌神反成为财源，财不受克，财旺。故，此占问结果，可得财。

继续看《萃》卦九四的爻变，先看爻辞：

☷☰ 九四：大吉，无咎。

现代文注释：

九四，君王身边的近臣，阳刚居柔位，刚柔并济，又干练有为，操办聚会很成功，增加了交流和感情，还为某些人提供了机会，但九四位不得正，不居中，有遗憾；九四其位不尊，却得到初六的应合，还得到六三亲比的承上，有夺九五在下卦的庶民的越分之嫌，本应有咎，这是九四阻隔九五与坤阴导致的，但九四做事尽心尽责，九五不劳心，故而悦之，其"夺民"之嫌没有至罪；九四居多惧之位，去除君王心中之忌，得到上悦，才能得到"大吉"，免除咎害。

《萃》卦九四爻变，得到《萃》之《比》。卦象解析如下：

从卦象看，《萃》卦卦象☷☱，《比》卦卦象☷☵，两卦卦象结合起来看，坤为天下，为平陆，为大道，伏乾为圣君，为天子，兑为恩泽，为雨师，巽为风伯，为散，为驱，互大坎为灾殃，这是天下太平，雨师洒道，风伯驱殃，天子巡狩封禅，以告功业大成之象。对事业而言，卦象信息，寓意天下太平而无灾殃，功业有大成，明示事业成功。

起卦时间：2017年阳历6月28日10点24分。占问得到《萃》之《比》，动爻在四爻。"体"的位置在初爻，"用"在四爻。

"体"在初爻，在本宫卦（坤卦）里的五行属性为未土，六亲为兄弟，故"体"的天干为己。

体干在初爻，配己土；坐下的地支，由十二宫的病，动化为长生。即，体干坐地支卯，动化酉。于是得到卦象的两组干支为：

己　　己
卯　　酉

2017年阳历6月28日10点24分，对应的八字四柱是：

```
                          日
        丁      丙      丙      癸
        酉      午      戌      巳
```

卦象的两组干支与起卦时间的八字四柱合并，就得到《萃》之《比》的卦象干支六柱：

```
                用      日              体
        丁      丙      己      丙      癸      己
        酉      午      酉      戌      巳      卯
```

此占问，若分类占断为求财，用神为财。求财，忌神为兄弟，元神为子孙。卦象六柱中，土为兄弟，金为子孙，水为财，木为官鬼，火为父母。卦中，己土兄弟临体干，忌神临体，财不能靠近，得不到财之象。日柱空亡午未，午火空，丁火无根，不受生，对外克力也变弱，年柱的盖头减效，酉金活力增强，有了生机。用爻己酉，己土在柱内直接生酉金，忌神生元神，元神通关成功，忌神反成为财源，财不受克，财旺。故，此占问结果，可得财。

继续看《萃》卦九五的爻变，先看爻辞：

☵☷ 九五：萃有位，无咎。匪孚，元永贞，悔亡。

现代文注释：

九五，位居中得正，为得正位之君王，故曰"有位，无咎"。但九五与六二之应有九四隔阻，六二为了避嫌而不主动靠近九五，九五得不到正应之孚，故曰"匪孚"。九五有大志向，九四得民的现状告诉了他，他的地位和信誉还没有得到公认，威信尚未建立，不能随随便便的放松自己，应当修好"元永贞"的品德，"元"为乾元之德，阳刚而中正，"永"为长久，"贞"为纯正而坚固，"永贞"即为长久的贞固，有了这样的修为，他的意志就会得以贯彻和光大，信誉和地位才能得以建立，后悔也就会消失。

《萃》卦九五爻变，得到《萃》之《豫》。卦象解析如下：

从卦象看，《萃》卦卦象☷，《豫》卦卦象☳，两卦卦象结合起来看，互坎为灾殃，为忧，震在上，为出，为脱，为解，这是脱去灾殃，无忧之象；坤为野，兑为华，为花，为繁盛，兑居坤上，为花繁锦簇，开遍原野，艮为时，为位，为大道，为得，为辉光，震为君王，为通达，这是君王得其时位，大道通达，辉光普照，原野花繁锦簇之象。对事业而言，卦象信息，是处在繁盛的阶段，得到时位之利，无祸无忧，辉光普照，大道通达，事业成功。

起卦时间：2017年阳历6月28日10点40分。占问得到《萃》之《豫》，动爻在五爻。"体"的位置在二爻，"用"在五爻。

"体"在二爻，在本宫卦（坤卦）里的五行属性为巳火，六亲为父母，故"体"的天干为丙。

体干在二爻，配丙火；坐下的地支，由十二宫的病，动化为胎。即，体干坐地支申，动化子。于是得到卦象的两组干支为：

丙　　丙
申　　子

2017年阳历6月28日10点40分，对应的八字四柱是：

```
              日
  丁    丙    丙    癸
  酉    午    戌    巳
```

卦象的两组干支与起卦时间的八字四柱合并，就得到《萃》之《豫》的卦象干支六柱：

```
        用         日    体
  丁    丙    丙    丙    丙    癸
  酉    子    午    戌    申    巳
```

此占问，若分类占断为求财，用神为财。求财，忌神为兄弟，元神为子孙。卦象六柱中，土为兄弟，金为子孙，水为财，木为官鬼，火为父母。卦中，丙火父母临体干，宜财旺，喜财来克体，亦喜木通关，财间接生体干，皆为财来就体，得财之象。日柱空亡午未，午火空，丁火无根，不受生，对外克力也变弱，年柱的盖头减效，酉金恢复活力。癸水有根在子，财可受生。元神有了活力，自然可生财，财旺。故，此占问结果，可得财。

继续看《萃》卦上六的爻变，先看爻辞：

☷☱ 上六：赍咨涕洟，无咎。

现代文注释：

上六，到了不问政事的退休年龄，很少参加聚会，闲暇之时自我反思一生的得失荣辱，也会有心情澎拜的时候，"赍咨涕洟"是流泪之状，带着叹息和悔恨，有"思过"的心情，故无咎。

《萃》卦上六爻变，得到《萃》之《否》。卦象解析如下：

从卦象看，《萃》卦卦象☲，《否》卦卦象☲，两卦卦象结合起来看，艮为鹿，巽为树林，为入，兑为食，乾为虎，坤为草，为腹，这是鹿儿食草进入树林，为虎所得，而入虎腹之象。对事业而言，卦象信息，吃草的鹿儿遭遇凶祸，也许是时运的缘故，但也有不谨慎的因素，故，此占，提醒占问者要行事谨慎，失败后的叹息于事无补；得此占，归于失败。

起卦时间：2017年阳历6月28日10点56分。占问得到《萃》之《否》，动爻在上爻。"体"的位置在三爻，"用"在上爻。

"体"在三爻，在本宫卦（坤卦）里的五行属性为卯木，六亲为官鬼，故"体"的天干为乙。

体干在三爻，配乙木；坐下的地支，由十二宫的沐浴，动化为衰。即，体干坐地支巳，动化丑。于是得到卦象的两组干支为：

乙　　乙
巳　　丑

2017年阳历6月28日10点56分，对应的八字四柱是：

　　　　　日
丁　丙　丙　癸
酉　午　戌　巳

卦象的两组干支与起卦时间的八字四柱合并，就得到《萃》之《否》的卦象

干支六柱：

用			体	日	
乙	丁	丙	乙	丙	癸
丑	酉	午	巳	戌	巳

此占问，若分类占断为求财，用神为财。求财，忌神为兄弟，元神为子孙。卦象六柱中，土为兄弟，金为子孙，水为财，木为官鬼，火为父母。卦中，乙木官鬼临体干，宜财旺生官，得财之象。日柱空亡午未，午火空，丁火无根，但，丙火有根在巳，可受生，乙木生之，丙火旺，丙火助力丁火，丁火强盛。体干坐下地支，巳动化丑，父母动化兄弟，化出忌神，不利生财。酉金年柱被盖头，被克，活力衰减，元神忌被克，元神衰弱，不生财。癸水有根在丑，本可受生，但苗根远隔，不利受生，又逢元神被克，不能生财，故，癸水实际上没有得到生的机会。酉金受制，不能通关，忌神直接克用神，财受克，财衰。日柱丙戌，丙火在柱内直接生戌土，仇神生忌神，忌神旺，克力强大，财受克严重，财衰。故，此占问结果，得不到财。

水天《需》䷄（卦序号：55）

需：有孚，光亨，贞吉。利涉大川。

本章介绍四个卦的独爻变卦象空间，本节进入《需》卦。以下从初爻开始，介绍《需》卦独爻变的卦象解析、干支五行分析方法和分类占断的分析过程。先看初爻的爻辞：

䷄初九：需于郊。利用恒，无咎。

现代文注释：

初九，祈雨的队伍，正走在郊外。已经有一次祈雨失败了，但心诚则灵，要有恒心，这样的坚持是没有过错的。

《需》卦初九爻变，得到《需》之《井》。卦象解析如下：

从卦象看，《需》卦卦象䷄，《井》卦卦象䷯，两卦卦象结合起来看，坎为云，为忧，为心，为民，乾为天，巽为风，为散，这是风吹云散，民心亦散，民心不聚之象；坎为耳，为阙，为壅塞，互离为目，互兑为暗昧，离兑相连为目不明，这是耳不聪目不明，得不到外界信息之象；也是前景不明之象。对事业而言，卦象信息，是前景不明、民心不聚，因为面对的是类似于大旱的困难；故，得此占，求事不利，不会成功。

起卦时间：2017年阳历7月12日14点17分。占问得到《需》之《井》，动爻在初爻。"体"的位置在四爻，"用"在初爻。

"体"在四爻，在本宫卦（坎卦）里的五行属性为申金，六亲为父母，故"体"的天干为庚。

体干在四爻，配庚金；坐下的地支，由十二宫的衰，动化为墓。即，体干坐地支戌，动化丑。于是得到卦象的两组干支为：

庚　　辛
戌　　丑

2017年阳历7月12日14点17分，对应的八字四柱是：

　　　　　　　日
丁　　丁　　庚　　癸
酉　　未　　子　　未

卦象的两组干支与起卦时间的八字四柱合并，就得到《需》之《井》的卦象干支六柱：

　　　　　　体　　日　　　　用
丁　　丁　　庚　　庚　　癸　　辛
酉　　未　　戌　　子　　未　　丑

此占问，若分类占断为求财，用神为财。求财，忌神为兄弟，元神为子孙。卦象六柱中，水为兄弟，木为子孙，火为财，土为官鬼，金为父母。卦中，庚金父母临体干，宜财旺，喜财来克体，亦喜土通关，财间接生体干，皆为财来就体，得财之象。癸水有根在子，可受生，日柱庚子，庚金在柱内直接生子水，忌神旺。日柱空亡辰巳，巳火空，但火不缺位，丁火有根在未，财可受生。但卦中，木缺位，元神缺位，无元神生财，亦缺元神通关，忌神直接克用神，财受克，财衰。故，此占问结果，得不到财。

继续看《需》卦九二的爻变，先看爻辞：

䷄ 九二：需于沙。小有言，终吉。

现代文注释：

九二，走到河滩的沙地，热气袭来，让大家小有微言。但大家终归是同心同德的，最终的结果会吉利。

《需》卦九二爻变，得到《需》之《既济》。卦象解析如下：

从卦象看，《需》卦卦象䷄，《既济》卦卦象䷾，两卦卦象结合起来看，震为出，为游，为福，为乐，为解，离为旱，为燥，兑为渴，为饮，坎为泉，为水，为忧，艮为安，这是出游口渴，遇泉水，忧得解，有福自有安乐之象。对于事业发展，卦象信息，是在最需要某种资源的时候，发现不缺乏这种资源，这是天福的眷顾，事业发展没有遇到问题，得到成功。

起卦时间：2017年阳历7月12日14点33分。占问得到《需》之《既济》，动爻在二爻。"体"的位置在五爻，"用"在二爻。

"体"在五爻，在本宫卦（坎卦）里的五行属性为戌土，六亲为官鬼，故"体"的天干为戌。

体干在五爻，配戌土；坐下的地支，由十二宫的长生，动化为胎。即，体干坐地支寅，动化子。于是得到卦象的两组干支为：

戊　　戊
寅　　子

2017年阳历7月12日14点33分，对应的八字四柱是：

日

丁　丁　庚　癸

酉　未　子　未

　　卦象的两组干支与起卦时间的八字四柱合并，得到《需》之《既济》的卦象干支六柱：

体　　　　日　用

丁　戊　丁　庚　戊　癸

酉　寅　未　子　子　未

　　此占问，若分类占断为求财，用神为财。求财，忌神为兄弟，元神为子孙。卦象六柱中，水为兄弟，木为子孙，火为财，土为官鬼，金为父母。卦中，戊土官鬼临体干，宜财旺生官，得财之象。日柱空亡辰巳，巳火空，但火不缺位，丁火有根在未，可受生。体干坐下地支，由寅木动化子水，动化回头生，水生木，忌神生元神，元神通关之象，财得到财源，财旺。戊土有根在寅，可受生。财旺生官的条件具备。故，此占问结果，可得财。

　　继续看《需》卦九三的爻变，先看爻辞：

䷄九三：需于泥，致寇至。

现代文注释：

　　九三，回来的路上，就遇到大雨从天而降，走在泥泞中。从卦象看，九三近坎，坎象为寇，故曰"致寇至"，这里寓意大雨如同强盗般的突如其来。

《需》卦九三爻变，得到《需》之《节》。卦象解析如下：

从卦象看，《需》卦卦象☰☵，《节》卦卦象☱☵，两卦卦象结合起来看，坎为云，为寇，乾为天，兑为雨，为恩泽，为悦，互震为惊，为乐，为功业，为福禄，互艮为成，为获，这是天上的云化为大雨降下，大雨的突如其来，让人受到惊吓，就像遭遇了寇盗，但马上就高兴起来，祈雨功业有成，福禄为获，让人喜悦不禁之象。对事业而言，卦象信息，带有突如其来的惊喜，长期的努力和期盼，在成功到来的那一刻，却如同遭遇寇盗般的突然，这里有功业已成的明确含义，所求之事已经成功，忧患已解除，获得了福禄和安定，事业成功。

起卦时间：2017年阳历7月12日14点49分。占问得到《需》之《节》，动爻在三爻。"体"的位置在上爻，"用"在三爻。

"体"在上爻，在本宫卦（坎卦）里的五行属性为子水，六亲为兄弟，故"体"的天干为癸。

体干在上爻，配癸水；坐下的地支，由十二宫的长生，动化为沐浴。即体干坐地支卯，动化寅。于是得到卦象的两组干支为：

癸　　壬
卯　　寅

2017年阳历7月12日14点49分，对应的八字四柱是：

日

丁　丁　庚　癸
酉　未　子　未

卦象的两组干支与起卦时间的八字四柱合并，就得到《需》之《节》的卦象干支六柱：

体　　　　　　　用　　日
癸　　丁　　丁　　壬　　庚　　癸
卯　　酉　　未　　寅　　子　　未

此占问，若分类占断为求财，用神为财。求财，忌神为兄弟，元神为子孙。卦象六柱中，水为兄弟，木为子孙，火为财，土为官鬼，金为父母。卦中，癸水兄弟临体干，忌神临体，财不能靠近，得不到财之象。日柱空亡辰巳，巳火空，但火不缺位，丁火有根在未，可受生。体柱癸卯，癸水在柱内直接生卯木，忌神生元神，元神通关成功，忌神反成为财源，忌神临体的问题得解，财不受克，财旺。故，此占问结果，可得财。

继续看《需》卦六四的爻变，先看爻辞：

䷙六四：需于血，出自穴。

现代文注释：

六四，其爻位进入到上卦坎，坎为血，为穴，故有"需于血，出自穴"之辞。"血"，即洫，古文中为生活区附近的沟渠。在家等待"祈雨"消息的人们看到雨下来了，都从家中跑出来，跑到生活区的沟渠旁等待祈雨的队伍，等待的希望在进入上卦之时实现了，这里"穴"为古代穴居的家。

《需》卦六四爻变，得到《需》之《夬》。卦象解析如下：

从卦象看，《需》卦卦象☵，《夬》卦卦象☱，两卦卦象结合起来看，坎为中，为孚，为信，兑为恩泽，为悦，为和，乾为仁德，为天福，这是和乐、孚信为本，中行不忒，积德而福泽自来之象。对于事业发展，卦象信息，强调积德对于福泽的重要性，在爻辞中这个福泽就是大雨，旱灾因之而解除，灾患过去，希望到来，雨水代表企业经营急需的资源，事业成功。

起卦时间：2017年阳历7月12日14点25分。占问得到《需》之《夬》，动爻在四爻。"体"的位置在初爻，"用"在四爻。

"体"在初爻，在本宫卦（乾卦）里的五行属性为子水，六亲为子孙，故"体"的天干为癸。

体干在初爻，配癸水；坐下的地支，由十二宫的胎，动化为沐浴。即，体干坐地支巳，动化寅。于是得到卦象的两组干支为：

癸　　壬
巳　　寅

2017年阳历7月12日14点25分，对应的八字四柱是：

　　　　　　日
丁　　丁　　庚　　癸
酉　　未　　子　　未

卦象的两组干支与起卦时间的八字四柱合并，就得到《需》之《夬》的卦象干支六柱：

```
        用    日        体
丁   丁   壬   庚   癸   癸
酉   未   寅   子   未   巳
```

此占问，若分类占断为求财，用神为财。求财，忌神为兄弟，元神为子孙。卦象六柱中，金为兄弟，水为子孙，木为财，火为官鬼，土为父母。卦中，癸水子孙临体干，忌空破，忌被克。日柱空亡辰巳，巳火空，但火不缺位，丁火有根在未，可受生。用爻壬寅，壬水在柱内直接生寅木，元神生财。癸水有根在子，可受生，可通关。日柱庚子，庚金在柱内直接生子水，忌神生元神，元神通关成功，忌神反成为财源，财有源，财旺。故，此占问结果，可得财。

继续看《需》卦九五的爻变，先看爻辞：

☵ 九五：需于酒席，贞吉。

现代文注释：

九五，村庄里酒席都准备好了，祈雨的队伍和家中的人们在一起庆祝，守持正道，占为吉祥。

《需》卦九五爻变，得到《需》之《泰》。卦象解析如下：

从卦象看，《需》卦卦象☵，《泰》卦卦象☷，两卦卦象结合起来看，坎为酒，互兑为食，为饮，为飨，为吃，为羊，为鸡，为悦，坤为众，为饥饿，乾为福庆，为喜，为隆盛，这是祈雨成功后的乡宴，杀鸡宰羊，人们此时在精神放松后也都感到了饥饿，宴会既热闹又食物丰盛，喝酒吃肉，路过村庄的旅客也都加入乡宴共享好酒和美食，尽其欢乐之卦象。对于事业发展，卦象信息，是庆祝成功的欢乐，是福庆的到来；得此占，事业成功。

　　起卦时间：2017年阳历7月12日14点57分。占问得到《需》之《泰》，动爻在五爻。"体"的位置在二爻，"用"在五爻。

　　"体"在二爻，在本宫卦（乾卦）里的五行属性为寅木，六亲为财，故"体"的天干为甲。

　　体干在二爻，配甲木；坐下的地支，由十二宫的养，动化为长生。即，体干坐地支戌，动化亥。于是得到卦象的两组干支为：

甲　　乙

戌　　亥

2017年阳历7月12日14点57分，对应的八字四柱是：

　　　　　　　日

丁　　丁　　庚　　癸

酉　　未　　子　　未

　　卦象的两组干支与起卦时间的八字四柱合并，就得到《需》之《泰》的卦象干支六柱：

　　　　用　　　　　日　　体

丁　　乙　　丁　　庚　　甲　　癸

酉　　亥　　未　　子　　戌　　未

此占问，若分类占断为求财，用神为财。求财，忌神为兄弟，元神为子孙。卦象六柱中，金为兄弟，水为子孙，木为财，火为官鬼，土为父母。卦中，甲木财临体干，宜旺。日柱空亡辰巳，巳火空，但火不缺位，丁火有根在未，可受生。用爻乙亥，亥水在柱内直接生乙木，元神生财。癸水有根在子，可受生，可通关。日柱庚子，庚金在柱内直接生子水，忌神生元神，元神通关成功，财有源，财旺。故，此占问结果，可得财。

继续看《需》卦上六的爻变，先看爻辞：

☰ 上六：入于穴，有不速之客三人来，敬之终吉。

现代文注释：

上六，酒席散了，回到家中的人们，会遇到躲雨的客人，此时应该做的就是以待客之道，恭敬相待，对于上六，预计中的客人会是九三，九三与上六有应，故本应是上六得一人，但爻辞写的就是"不速之客"，无应而不请自来，是整个下卦的乾体来做客，对于乾体，其结局是三人行而损一人，上六得九三而变爻，导致卦变，《需》卦变为《中孚》卦；上六以礼相待，最终结果，吉祥。

《需》卦上六爻变，得到《需》之《小畜》。卦象解析如下：

从卦象看，《需》卦卦象☵，《小畜》卦卦象☴，两卦卦象结合起来看，坎为忧，互兑为害，震为解，为喜乐，巽为旅客，为约，为交易，乾为故旧，为天福，为成，这是一位故旧朋友如约来访，带两位朋友前来，先有忧虑担心，后转为喜乐，达成了合作，如爻辞里的"敬之终吉"，有所获。对事业而言，卦象信息，是有意外的事情发生，用恭敬的态度去处理，最终又出现意外的收获，这是意外的意外，处理得当而得吉祥，事业成功。

起卦时间：2017年阳历7月12日14点41分。占问得到《需》之《小畜》，动爻在上爻。"体"的位置在三爻，"用"在上爻。

"体"在三爻，在本宫卦（乾卦）里的五行属性为辰土，六亲为父母，故"体"的天干为戊。

体干在三爻，配戊土；坐下的地支，由十二宫的长生，动化为冠带。即体干坐地支寅，动化辰。于是得到卦象的两组干支为：

戊　　戊
寅　　辰

2017年阳历7月12日14点41分，对应的八字四柱是：

　　　　　日
丁　丁　庚　癸
酉　未　子　未

卦象的两组干支与起卦时间的八字四柱合并，得到《需》之《小畜》的卦象干支六柱：

用　　　　　体　日
戊　丁　丁　戊　庚　癸
辰　酉　未　寅　子　未

此占问，若分类占断为求财，用神为财。求财，忌神为兄弟，元神为子孙。

卦象六柱中，金为兄弟，水为子孙，木为财，火为官鬼，土为父母。卦中，戊土父母临体干，宜财旺，喜财来克体，亦喜火通关，财间接生体干，皆为财来就体，得财之象。日柱空亡辰巳，辰土空，戊土有根在寅，可受生；巳火空，丁火有根在未，可受生。日柱庚子，庚金在柱内直接生子水，忌神生元神，元神通关成功，忌神反成为财源，财有源，财旺。故，此占问结果，可得财。

火地《晋》䷢（卦序号：56）

晋：康侯用锡马蕃庶，昼日三接。

本章介绍四个卦的独爻变卦象空间，本节进入《晋》卦。以下从初爻开始，介绍《晋》卦独爻变的卦象解析、干支五行分析方法和分类占断的分析过程。先看初爻的爻辞：

䷢初六：晋如催如，贞吉，罔孚，裕无咎。

现代文注释：

初六，初始之爻，不得位，与九四有应，单独前行有二阴之阻隔；上卦柔爻进居君位，居离中，有明君在上的希望，故可与下卦坤体共同上进，九四没有在初六的晋升道路上帮忙，还起阻隔的作用，"催"的意思就是抑制，初六的升进因九四多次的抑制而遭受挫败；这种情况下，初六固守自身的贞正，获得吉祥。初六，由于地位低下，下情上达经常是阻塞的，此时的初六还没得到别人的信任，故曰"罔孚"；故，把心放宽些，缓以时日，没有咎害。

《晋》卦初六爻变，得到《晋》之《噬嗑》。卦象解析如下：

从卦象看，《晋》卦卦象䷢，《噬嗑》卦卦象䷔，两卦卦象结合起来看，坤为民，为政，互坎为忧，为和，震为行动，为解，为乐，互艮为时，为阻，离在上，为前景光明，这是在下的小民暂不得时，但有乐无忧，政通人和自有时，前景光明之象。对事业而言，卦象信息，是暂不得时，有梗阻，震的行动，可解梗阻，故，前景光明，事业会成功。

起卦时间：2017年阳历7月18日11点56分。占问得到《晋》之《噬嗑》，动爻在初爻。"体"的位置在四爻，"用"在初爻。

"体"在四爻，在本宫卦（离卦）里的五行属性为酉金，六亲为财，故"体"的天干为辛。

体干在四爻，配辛金；坐下的地支，由十二宫的衰，动化为长生。即，体干坐地支未，动化子。于是得到卦象的两组干支为：

辛　　庚

未　　子

2017年阳历7月18日11点56分，对应的八字四柱是：

　　　　　　日

丁　　丁　　丙　　甲

酉　　未　　午　　午

卦象的两组干支与起卦时间的八字四柱合并，得到《晋》之《噬嗑》的卦象干支六柱：

　　　　　　体　　日　　　　用

丁　　丁　　辛　　丙　　甲　　庚

酉　　未　　未　　午　　午　　子

此占问，若分类占断为求财，用神为财。求财，忌神为兄弟，元神为子孙。卦象六柱中，火为兄弟，土为子孙，金为财，水为官鬼，木为父母。卦中，辛金财临体干，宜旺。日柱空亡寅卯，甲木无根，不受生。辛金有根在酉，可受生。体柱辛未，未土在柱内直接生辛金，元神生财之象。月柱丁未，丁火在柱内直接生未土，忌神生元神，元神通关成功，忌神反成为财源。五行贪生忘克，年干的丁并月干，酉金不再受克，财不受克，财旺。故，此占问结果，可得财。

继续看《晋》卦六二的爻变，先看爻辞：

☲☷ 六二：晋如愁如，贞吉，受兹介福，于其王母。

现代文注释：

六二，位居中得正，当然可以升进，但它在上卦与六五无应，为其忧，如若前行，前方有坎，坎亦为忧，故曰"晋如愁如"，这种情况下，守持正道可得吉祥。"介"，其意为安于节守，六二承受的福庆是他自己安守其位、自守贞正而得到的。王母指阴爻的尊者，在卦中，六二居坤中，六五居明中，同为阴的尊者，皆有王母之象，《晋》卦着重于讲臣道，故，六二、六五皆为臣，并都做到恪守其正道，也就是臣道，故"于其王母"的意思就是：六二的情况同于六五，都能做到明其道、自守贞正而升进，故都能得到"介福"。

《晋》卦六二爻变，得到《晋》之《未济》。卦象解析如下：

从卦象看，《晋》卦卦象☲，《未济》卦卦象☲，两卦卦象结合起来看，离为戈兵，坤为民，为军，坎为险，为凶危，艮为关，为城郭，为刀兵，为操练，为卫，半震为粮，半艮为仓庚，为粮食储备，这是一个重兵驻扎的城镇，粮食储备充足，军队操练常备，寓安宁于重险之中，卫师驻扎，设重险之关以御外敌入侵，然而，战事转瞬间即起之地，不利商旅之居，兵争之地随时会有凶危，对经商来说，并无地利。对事业而言，卦象信息，寓意边关之城设险可保国家长安，但不适合商旅，到此地经商，常遇凶危，常有忧愁，不会成功。

起卦时间：2017年阳历7月18日11点48分。占问得到《晋》之《未济》，动爻在二爻。"体"的位置在五爻，"用"在二爻。

"体"在五爻，在本宫卦（离卦）里的五行属性为未土，六亲为子孙，故"体"的天干为己。

体干在五爻，配己土；坐下的地支，由十二宫的病，动化为胎。即，体干坐地支卯，动化亥。于是得到卦象的两组干支为：

己　　己
卯　　亥

2017年阳历7月18日11点48分，对应的八字四柱是：

　　　　　日
丁　丁　丙　甲
酉　未　午　午

卦象的两组干支与起卦时间的八字四柱合并，得到《晋》之《未济》的卦象干支六柱：

　　体　　　　日　　用
丁　己　丁　丙　己　甲
酉　卯　未　午　亥　午

此占问，若分类占断为求财，用神为财。求财，忌神为兄弟，元神为子孙。卦象六柱中，火为兄弟，土为子孙，金为财，水为官鬼，木为父母。卦中，己土子孙临体干，忌空破，忌受克。日柱空亡寅卯，甲木无根。丁火有根在午，可受生，忌神旺。年柱丁酉，酉金被丁火盖头，柱内直接受克，己土无法通关，元神不能生财，财受克，财衰。故，此占问结果，得不到财。

继续看《晋》卦六三的爻变，先看爻辞：

☷☲ 六三：众允，悔亡。

现代文注释：

六三，不在中位，且阴爻居阳位，本有悔，但六三与上九有应，有上进之志，经过努力，终于得到上九的信任，得到众允而升进，悔亡。

《晋》卦六三爻变，得到《晋》之《旅》。卦象解析如下：

从卦象看，《晋》卦卦象☷☲，《旅》卦卦象☶☲，两卦卦象结合起来看，艮阳进入互坎，艮为安，故有不安之象；艮为贤人，为辉光，覆震为避，坎为困，为隐，为祸患，为晦暗，这是贤人困而隐，晦其辉光，韬晦避祸之象；巽为利，正反巽相背，为利益相背，利不合，巽伏震，震为功业，伏震为无功，互兑为毁折，大坎为反目，坤为劳，这是利不合而反目，功业毁折，劳而无功之象。对事业而言，卦象信息，明确失败，不会成功。

起卦时间：2017年阳历7月18日11点16分。占问得到《晋》之《旅》，动爻在三爻。"体"的位置在上爻，"用"在三爻。

"体"在上爻，在本宫卦（离卦）里的五行属性为巳火，六亲为兄弟，故"体"的天干为丙。

体干在上爻，配丙火；坐下的地支，由十二宫的病，动化为墓。即，体干坐地支申，动化戌。于是得到卦象的两组干支为：

丙　丙
申　戌

2017年阳历7月18日11点16分，对应的八字四柱是：

		日	
丁	丁	丙	甲
酉	未	午	午

卦象的两组干支与起卦时间的八字四柱合并，就得到《晋》之《旅》的卦象干支六柱：

体			用	日	
丙	丁	丁	丙	丙	甲
申	酉	未	戌	午	午

此占问，若分类占断为求财，用神为财。求财，忌神为兄弟，元神为子孙。卦象六柱中，火为兄弟，土为子孙，金为财，水为官鬼，木为父母。卦中，丙火兄弟临体干，忌神临体，财不能靠近，得不到财之象。日柱空亡寅卯，甲木无根。年柱丁酉，酉金被丁火盖头，体柱丙申，申金被丙火盖头，皆为柱内直接被克，元神无法通关，忌神临体的问题无解。故，此占问结果，得不到财。

继续看《晋》卦九四的爻变，先看爻辞：

䷢ 九四：晋如鼫鼠，贞厉。

现代文注释:

九四,阳爻居阴位,位不得正,其为阳爻又不利晋升,自身无一技之长,故被称为鼫鼠,九四在中爻居坎中,坎中即险中,寓意九四的四周充满着危险,要警惕自身会陷入困局,遭遇打击,由于九四没有得到晋升的机会,处境危险,故,其占为厉。

《晋》卦九四爻变,得到《晋》之《剥》。卦象解析如下:

从卦象看,《晋》卦卦象☲☷,《剥》卦卦象☶☷,两卦卦象结合起来看,离为戈兵,为网,互坎为破,为缺,艮覆震,覆震为败走,这是兵败出走又落入网中,网有破缺终于逃出之象;爻变,失离得艮,失坎得坤,离失为兵祸解除,得艮为得到安定,坎失为无忧,得坤为得国,这是灾患得解,获长久安定,得国无忧之象。对于事业发展,卦象信息,寓意先遇到危厉,得以逃脱,其后灾患得解,得长久安定,终得成功。

起卦时间:2017年阳历7月18日11点40分。占问得到《晋》之《剥》,动爻在四爻。"体"的位置在初爻,"用"在四爻。

"体"在初爻,在本宫卦(坤卦)里的五行属性为未土,六亲为兄弟,故"体"的天干为己。

体干在初爻,配己土;坐下的地支,由十二宫的胎,动化为沐浴。即,体干坐地支亥,动化申。于是得到卦象的两组干支为:

己　　戊

亥　　申

2017年阳历7月18日11点40分,对应的八字四柱是:

```
                    日
      丁      丁      丙      甲
      酉      未      午      午
```

卦象的两组干支与起卦时间的八字四柱合并，就得到《晋》之《剥》的卦象干支六柱：

```
             用      日              体
  丁      丁      戊      丙      甲      己
  酉      未      申      午      午      亥
```

此占问，若分类占断为求财，用神为财。求财，忌神为兄弟，元神为子孙。卦象六柱中，土为兄弟，金为子孙，水为财，木为官鬼，火为父母。卦中，己土兄弟临体干，忌神临体，财不能靠近，得不到财之象。日柱空亡寅卯，但木不缺位，甲木有根在亥，可受生。用爻戊申，戊土在柱内直接生申金，忌神生元神，元神通关，忌神反成为财源，忌神临体的问题得解。体干坐下地支，亥动化申，动化回头生，申金生亥水，元神生财之象。故，此占问结果，可得财。

继续看《晋》卦六五的爻变，先看爻辞：

☲☷ 六五：悔亡，失得勿恤，往吉，无不利。

现代文注释：

六五，就是《晋》卦之主康侯，这里讲他的品德，也讲他遵从臣道的心得，康侯位尊得中，但他为臣，故在本卦中以阴爻出现，阴爻居刚位，本有悔，但他做到了阴顺阳，臣顺君，因此能得到象辞所说的：顺而丽乎大明，柔进而上行，是以"康侯用锡马蕃庶，昼日三接"也。故，悔恨都消失了，个人的失与得是多方面的，也都无需考虑，不用忧愁了，大胆的去做自己认为对的事情，前往自然有吉祥，无不利。

《晋》卦六五爻变，得到《晋》之《否》。卦象解析如下：

从卦象看，《晋》卦卦象 ☷，《否》卦卦象 ☰，两卦卦象结合起来看，坤为冬，为北，为云，为心，为忧，互巽为风，乾为寒，为大，离为旱，这是北风寒冷猛烈，风吹云散，冬季雨雪不至，来年会有大旱，让人心忧之象；艮为鸟，为翼，为飞，互坎为矢，为伤，坤为灾凶，互巽为陨，这是鸟为箭矢所伤，有灾凶之象。对事业而言，卦象信息，来年的大旱，代表外部因素不利；鸟为箭矢所伤，而有灾凶，是提醒有风险和祸殃；得此占，求事不会成功。

起卦时间：2017年阳历7月18日11点24分。占问得到《晋》之《否》，动爻在五爻。"体"的位置在二爻，"用"在五爻。

"体"在二爻，在本宫卦（坤卦）里的五行属性为巳火，六亲为父母，故"体"的天干为丙。

体干在二爻，配丙火；坐下的地支，由十二宫的胎，动化为病。即，体干坐地支子，动化申。于是得到卦象的两组干支为：

丙　　丙
子　　申

2017年阳历7月18日11点24分，对应的八字四柱是：

```
                  日
     丁    丁    丙    甲
     酉    未    午    午
```

卦象的两组干支与起卦时间的八字四柱合并，就得到《晋》之《否》的卦象干支六柱：

```
          用         日    体
     丁    丙    丁    丙    丙    甲
     酉    申    未    午    子    午
```

此占问，若分类占断为求财，用神为财。求财，忌神为兄弟，元神为子孙。卦象六柱中，土为兄弟，金为子孙，水为财，木为官鬼，火为父母。卦中，丙火父母临体干，宜财旺，喜财来克体，亦喜木通关，财间接生体干，皆为财来就体，得财之象。日柱空亡寅卯，甲木无根。年柱酉金被丁火盖头，元神被克，丁火旺，元神受伤。用爻丙申，丙火在柱内直接克申金，丙火旺，元神受伤严重，不能生财。六柱的十二个字中，七个字是火，火旺。地支的子水，两面是午火，天干有三个丙火相并，盖头。体柱丙子，表面看，是子水克丙火，但丙火旺，火旺水干，子水被反克，水被大火烧干，财衰竭。故，此占问结果，得不到财。

继续看《晋》卦上九的爻变，先看爻辞：

☲☶ 上九：晋其角，维用伐邑，厉吉，无咎，贞吝。

现代文注释：

上九，到了《晋》卦的极致之位，走向反面，前进已走进了死胡同，"晋升"本该用柔，而到了上九这里，却转而要用刚，就像野兽要用兽角去顶，要去拼命，"维用伐邑，"开始动用武力了，这样即使胜利也是极为危险的，故称其"厉吉"，吉的前面加厉，危险啊！但还是没有咎害，只是有所遗憾。卦象上，下卦坤为邑，上卦离为戈兵，故这里的伐邑，泛指用武之道，武王伐纣，最终动用武力征伐，也是由于已没有了其他和平手段可供选择，"晋"的道路已经不通了。

《晋》卦上九爻变，得到《晋》之《豫》。卦象解析如下：

从卦象看，《晋》卦卦象☷☲，《豫》卦卦象☷☳，两卦卦象结合起来看，离为戈兵，互坎为困，坤为灾，为死，震为出，为逃，互艮为虎狼，为道，为安，艮阳进入坎中，为不安，这是兵戎为灾，虎狼当道，逃出死地，仍有不安之象。对于事业发展，卦象信息，寓意晋升之路不通，环境中有动荡不安的灾难因素，不利发展，不会成功。

起卦时间：2017年阳历7月18日11点32分。占问得到《晋》之《豫》，动爻在上爻。"体"的位置在三爻，"用"在上爻。

"体"在三爻，在本宫卦（坤卦）里的五行属性为卯木，六亲为官鬼，故"体"的天干为乙。

体干在三爻，配乙木；坐下的地支，由十二宫的养，动化为长生。即，体干坐地支未，动化午。于是得到卦象的两组干支为：

乙　　甲
未　　午

2017年阳历7月18日11点32分，对应的八字四柱是：

```
                  日
   丁    丁    丙    甲
   酉    未    午    午
```

　　卦象的两组干支与起卦时间的八字四柱合并，就得到《晋》之《豫》的卦象干支六柱：

```
   用                 体    日
   甲    丁    丁    乙    丙    甲
   午    酉    未    未    午    午
```

　　此占问，若分类占断为求财，用神为财。求财，忌神为兄弟，元神为子孙。卦象六柱中，土为兄弟，金为子孙，水为财，木为官鬼，火为父母。卦中，乙木官鬼临体干，宜财旺生官，得财之象。日柱空亡寅卯，甲乙木的根空亡，木无根不受生，官鬼不受财生。年柱酉金被丁火盖头，丁火旺，元神受伤严重，不能生财。六柱中，水缺位，无财。故，此占问结果，得不到财。

第二十七章　小畜、豫、大壯、觀

風天《小畜》䷈（卦序號：57）

小畜：亨。密雲不雨，自我西郊。

本章介紹四個卦的獨爻變卦象空間，本節進入《小畜》卦。以下從初爻開始，介紹《小畜》卦獨爻變的卦象解析、干支五行分析方法和分類占斷的分析過程。先看初爻的爻辭：

䷈ **初九：復自道，何其咎，吉。**

現代文註釋：

初九，初陽得位，與上卦六四正應，上往應六四後退回本位，下卦乾為道，故曰"復自道"，自守其正，回到自己的位置，又有何咎，得吉。

《小畜》卦初九爻變，得到《小畜》之《巽》。卦象解析如下：

從卦象看，《小畜》卦卦象䷈，《巽》卦卦象䷸，兩卦卦象結合起來看，巽為樹木，為枝條，巽伏震為春，為生，互兌為華，為繁茂，互離為夏，這是樹木的枝條春天萌發，夏天繁茂之象，是大自然中樹木春生夏長的現象，體現的道理卻是"時"的作用，是道；卦中三巽一乾，巽卦的陽爻均居於陰爻之上，是君王尊而臣遜順，各安其位之象；"時"的作用，"位"的分別，是自然的道。對於事业发展，卦象信息，寓意遵从自然规律，不违反"时"和"位"的要求，这样去做事，可无咎而得吉；得此占，功业可成。

　　起卦时间：2017年阳历7月24日13点41分。占问得到《小畜》之《巽》，动爻在初爻。"体"的位置在四爻，"用"在初爻。

　　"体"在四爻，在本宫卦（巽卦）里的五行属性为未土，六亲为财，故"体"的天干为己。

　　体干在四爻，配己土；坐下的地支，由十二宫的帝旺，动化为冠带。即体干坐地支巳，动化未。于是得到卦象的两组干支为：

　　己　　己
　　巳　　未

2017年阳历7月24日13点41分，对应的八字四柱是：

　　　　　　　日
丁　　丁　　壬　　丁
酉　　未　　子　　未

　　卦象的两组干支与起卦时间的八字四柱合并，得到《小畜》之《巽》的卦象干支六柱：

　　　　　　　体　　日　　　　用
丁　　丁　　己　　壬　　丁　　己
酉　　未　　巳　　子　　未　　未

　　此占问，若分类占断为求财，用神为财。求财，忌神为兄弟，元神为子孙。

卦象六柱中，木为兄弟，火为子孙，土为财，金为官鬼，水为父母。卦中，己土财临体干，宜旺。日柱空亡寅卯，木缺位，忌神空，求财有利。体柱己巳，巳火在柱内直接生己土，元神生财，财旺。故，此占问结果，可得财。

继续看《小畜》卦九二的爻变，先看爻辞：

☲☴ 九二：牵复，吉。

现代文注释：

九二，阳刚居中，其应爻是九五，与九五为敌应，但志向相同，故九二先与初九共同前行，而后相牵复回其乾中，守其中道，吉。

《小畜》卦九二为断，得到《小畜》之《家人》。卦象解析如下：

从卦象看，《小畜》卦卦象☴，《家人》卦卦象☲，两卦卦象结合起来看，离为星辰，为宫，互坎为北，为北辰，乾为圣贤，为周，为大，伏坤为政，巽为命，为利，互兑为辅，震为福喜，为步，为进，半艮为室，为门，为授，为求，为得，这是圣贤进入北辰之宫，领北辰太一大帝亲授大命，辅佐周室，福喜进门，求利可得之象。对于事业发展，卦象信息，寓意所行之事符合天时，且为正道，有圣贤辅佐，得人和，周公吐哺，天下归心，人才汇聚，同心协力，福气和喜庆常相伴随，求利可得，会成功。

起卦时间：2017年阳历7月24日13点49分。占得《小畜》之《家人》，动爻在二爻。"体"的位置在五爻，"用"在二爻。

"体"在五爻，在本宫卦（巽卦）里的五行属性为巳火，六亲为子孙，故"体"的天干为丙。

体干在五爻，配丙火；坐下的地支，由十二宫的帝旺，动化为长生。即体干坐地支午，动化寅。于是得到卦象的两组干支为：

丙　　丙
午　　寅

2017年阳历7月24日13点49分，对应的八字四柱是：

　　　　　　日
丁　丁　壬　丁
酉　未　子　未

卦象的两组干支与起卦时间的八字四柱合并，就得到《小畜》之《家人》的卦象干支六柱：

　　　体　　　　日　用
丁　丙　丁　壬　丙　丁
酉　午　未　子　寅　未

此占问，若分类占断为求财，用神为财。求财，忌神为兄弟，元神为子孙。卦象六柱中，木为兄弟，火为子孙，土为财，金为官鬼，水为父母。卦中，丙火子孙临体干，忌空破，忌被克。日柱空亡寅卯，忌神空亡，求财有利。丁火有根在午，可受生，三个丁相并，元神旺。月柱丁未，丁火在柱内直接生未土，元神生财，财旺。故，此占问结果，可得财。

继续看《小畜》卦九三的爻变，先看爻辞：

☴ 九三：舆说辐，夫妻反目。

现代文注释：

九三，靠近六四，为"亲比"关系，故称夫妻，夫妻拉车走在路上，车的辐条散了，不能前行，九三中爻离为反目，故曰"夫妻反目"。这里是说六四对九三畜止，但出现冲突，九三上无应爻；与六四的关系为亲比，但非正应，此爻的状态，寓意九三不能上行，只能停止。

《小畜》卦九三爻变，得到《小畜》之《中孚》。卦象解析如下：

从卦象看，《小畜》卦卦象☴，《中孚》卦卦象☴，两卦卦象结合起来看，互离为日，为旱，巽为风，兑口为吹，离伏坎，坎为云，坎伏为云散，艮为阳光，为火，为家，为止，震为出行，在艮下，为艮所止，这是旱灾肆虐，风吹云散，不能出行，反归回家之象。对于事业发展，卦象信息，寓意出现了不利于做事的因素，只能停止，不会成功，归于失败。

起卦时间：2017年阳历7月24日13点33分。占得《小畜》之《中孚》，动爻在三爻。"体"的位置在上爻，"用"在三爻。

"体"在上爻，在本宫卦（巽卦）里的五行属性为卯木，六亲为兄弟，故"体"的天干为乙。

体干在上爻，配乙木；坐下的地支，由十二宫的衰，动化为沐浴。即，体干坐地支丑，动化巳。于是得到卦象的两组干支为：

乙　　乙

丑　　巳

2017年阳历7月24日13点33分，对应的八字四柱是：

	日		
丁	丁	壬	丁
酉	未	子	未

卦象的两组干支与起卦时间的八字四柱合并，就得到《小畜》之《中孚》的卦象干支六柱：

体			用	日	
乙	丁	丁	乙	壬	丁
丑	酉	未	巳	子	未

此占问，若分类占断为求财，用神为财。求财，忌神为兄弟，元神为子孙。卦象六柱中，木为兄弟，火为子孙，土为财，金为官鬼，水为父母。卦中，乙木兄弟临体干，忌神临体，财不能靠近，得不到财之象。日柱空亡寅卯，乙木有根在未。丁壬合，合化木，丁的五行属性改变，合化为忌神，天干的五行仅剩木。巳酉丑三合金局，金旺，泄秀生子水。月柱和时柱，两柱丁未相并，天干的丁合化后为木，木克未土，财被忌神盖头，财衰。子水通过日柱，生天干的木，形成忌神独旺的结局，忌神临体的问题无解。故，此占问结果，得不到财。

继续看《小畜》卦六四的爻变，先看爻辞：

☰ 六四：有孚，血去惕出，无咎。

现代文注释：

六四，为《小畜》卦的主爻，位得正，责任重大，"有孚"指刚爻，六四的中爻离象为孚，五刚爻孚之；六四得到信任，能免去伤害，其伏象为坎，坎为血，为惕，暗伏危厉。六四因得到君王的孚信，暗伏的灾祸可自行免除；伤害去除，惧怕和猜忌也就没有了，故占者如有诚信，则可无咎。

《小畜》卦六四爻变，得到《小畜》之《乾》。卦象解析如下：

从卦象看，《小畜》卦卦象☰☴，《乾》卦卦象☰☰，两卦卦象结合起来看，爻变导致中爻离变乾，离中虚，乾为富实，为君王，这是由虚转为富实，君王归位之象；此象暗喻周文王回归其位。乾为福，离伏坎，坎为灾患，坎伏为灾伏而自免，是有福无忧之象。对于事业发展，卦象信息，有福无忧，灾祸自免，君王归位，由虚转为富实，事业会顺利，谋事会成功。

起卦时间：2017年阳历7月24日13点57分。占问得到《小畜》之《乾》，动爻在四爻。"体"的位置在初爻，"用"在四爻。

"体"在初爻，在本宫卦（乾卦）里的五行属性为子水，六亲为子孙，故"体"的天干为癸。

体干在初爻，配癸水；坐下的地支，由十二宫的冠带，动化为帝旺。即体干坐地支丑，动化亥。于是得到卦象的两组干支为：

癸　　癸

丑　　亥

2017年阳历7月24日13点57分，对应的八字四柱是：

<pre>
            日
丁   丁   壬   丁
酉   未   子   未
</pre>

卦象的两组干支与起卦时间的八字四柱合并，得到《小畜》之《乾》的卦象干支六柱：

<pre>
            用   日   体
丁   丁   癸   壬   丁   癸
酉   未   亥   子   未   丑
</pre>

此占问，若分类占断为求财，用神为财。求财，忌神为兄弟，元神为子孙。卦象六柱中，金为兄弟，水为子孙，木为财，火为官鬼，土为父母。卦中，癸水子孙临体干，忌空破，忌被克。日柱空亡寅卯，但木不缺位，亥藏干甲，未藏干乙，木藏而不露。亥子丑三会水局，水旺，元神生财。癸水有根在子，可受生，可通关，元神通关，财不受克，财旺。故，此占问结果，可得财。

继续看《小畜》卦九五的爻变，先看爻辞：

☰ 九五：有孚挛如，富以其邻。

现代文注释：

九五，居尊位，对"小畜"之道，给予配合。"有孚"是对六四，与六四紧密连接在一起，故曰"有孚挛如"，"邻"为六四，九五的阳富给以六四，故曰

"富以其邻"，阳富为六四畜止是"小畜"的主旨。

《小畜》卦九五爻变，得到《小畜》之《大畜》。卦象解析如下：

从卦象看，《小畜》卦卦象☴，《大畜》卦卦象☶，两卦卦象结合起来看，艮居西北，乾为大君，为周，乾伏坤为国，震为王，为出，为巡，为游，为德惠，巽为利市，兑为恩泽，为盛茂，这是西周君王巡狩天下，德惠四方，利市为盛，民被福泽之象。对于事业发展，卦象信息，寓意有好的政策环境，对利市有诸多优惠刺激，事业会成功。

起卦时间：2017年阳历7月24日13点25分。占得《小畜》之《大畜》，动爻在五爻。"体"的位置在二爻，"用"在五爻。

"体"在二爻，在本宫卦（乾卦）里的五行属性为寅木，六亲为财，故"体"的天干为甲。

体干在二爻，配甲木；坐下的地支，由十二宫的临官，动化为衰。即，体干坐地支寅，动化辰。于是得到卦象的两组干支为：

甲　甲
寅　辰

2017年阳历7月24日13点25分，对应的八字四柱是：

　　　日
丁　丁　壬　丁
酉　未　子　未

卦象的两组干支与起卦时间的八字四柱合并，就得到《小畜》之《大畜》的卦象干支六柱：

```
        用            日    体
  丁    甲    丁    壬    甲    丁
  酉    辰    未    子    寅    未
```

此占问，若分类占断为求财，用神为财。求财，忌神为兄弟，元神为子孙。卦象六柱中，金为兄弟，水为子孙，木为财，火为官鬼，土为父母。卦中，甲木财临体干，宜旺。日柱空亡寅卯，甲木无根。但，甲木的护神丁火强大，酉金在年柱被丁火盖头，受制于丁火，忌神不能动，财不受克，财旺。日柱壬水与子水合流，日柱紧贴体柱，元神可生财。故，此占问结果，可得财。

继续看《小畜》卦上九的爻变，先看爻辞：

䷈上九：既雨既处，尚德载，妇贞厉。月几望，君子征凶。

现代文注释：

上九，到达"小畜"的终了，密云已经降雨，阳已经与阴和冶相处，功德已经圆满，群阳的阳德皆已积载于六四而化雨。上九，巽体之上位，巽为妇，其德虽正亦有厉，故曰"妇贞厉"，这个警示也是对"小畜"卦的卦德的警示，也就是说"小畜"之道有危厉；上卦为覆兑之象，为月，上九阳德化雨寓意"阳"被消，已过满月，故"几望"通"既望"，已是十六"既望"的月亮，满则遭损，故"小畜"之道要适时停止。"君子征凶"，是说此时上九若行动就会有凶险。上卦巽为系，巽体系六四，故这里也同时提醒六四，继续行动会有凶险。

《小畜》卦上九爻变，得到《小畜》之《需》。卦象解析如下：

　　从卦象看，《小畜》卦卦象☲，《需》卦卦象☵，两卦卦象结合起来看，坎为隐蔽，离为巢，为新，巽为茅草，为松林，兑为燕雀，为衔，为乐，乾为高山，这是高山松林里的燕雀，衔草在安全隐蔽处又筑新巢，新家温暖安乐之象。对于事业发展，卦象信息，寓意在新址建立家园，准备搬迁，已有条件迁建新址，可以快乐安居，是事业的成功。

　　起卦时间：2017年阳历7月24日13点17分。占问得到《小畜》之《需》，动爻在上爻。"体"的位置在三爻，"用"在上爻。

　　"体"在三爻，在本宫卦（乾卦）里的五行属性为辰土，六亲为父母，故"体"的天干为戊。

　　体干在三爻，配戊土；坐下的地支，由十二宫的帝旺，动化为长生。即体干坐地支午，动化寅。于是得到卦象的两组干支为：

```
戊    戊
午    寅
```

2017年阳历7月24日13点17分，对应的八字四柱是：

```
          日
丁    丁   壬    丁
酉    未   子    未
```

　　卦象的两组干支与起卦时间的八字四柱合并，得到《小畜》之《需》的卦象干支六柱：

```
用              体   日
戊   丁   丁    戊   壬   丁
寅   酉   未    午   子   未
```

此占问，若分类占断为求财，用神为财。求财，忌神为兄弟，元神为子孙。卦象六柱中，金为兄弟，水为子孙，木为财，火为官鬼，土为父母。卦中，戊土父母临体干，宜财旺，喜财来克体，亦喜火通关，财间接生体干，皆为财来就体，得财之象。日柱空亡寅卯，木藏于未，财入墓。丁火有根在午，可受生，天干三丁相并，丁火旺。酉金在年柱受丁火盖头，忌神受制，财不受克。旬内，财受空亡影响，出旬不空。故，此占问结果，旬内就有财，月内出旬可得财。

雷地《豫》☶☶（卦序号：58）

豫：利建侯行师。

本章介绍四个卦的独爻变卦象空间，本节进入《豫》卦。以下从初爻开始，介绍《豫》卦独爻变的卦象解析、干支五行分析方法和分类占断的分析过程。先看初爻的爻辞：

☶☶ 初六：鸣豫，凶。

现代文注释：

初六，阴爻不得正，伏象震为鸟，为声，故曰"鸣豫"，在安乐中张扬，就像鸟儿在鸣叫，使得大家都知道鸟儿的存在，也就完全暴露了自己，会招来寇盗，故初六的张扬，得志后就沾沾自喜、洋洋得意，甚至到处自吹自擂，是轻浮的举动，也说明他的志气已经穷尽了，没有志气才会轻浮自贱，故"凶"。

《豫》卦初六爻变，得到《豫》之《震》。卦象解析如下：

从卦象看，《豫》卦卦象☶☶，《震》卦卦象☶☶，两卦卦象结合起来看，震为马，为请，为出，为乐，伏巽为商贾，为贩马的商人，为利，为买卖，艮为时，为止，为蓄留，为待，为位，为价，互坎为心，为平，这是贩马的商人识好马，蓄之时日，以待善价而出手，有客出了好价钱欲买，此时商人已得到善价，乐以成交，心情平稳，无悔之象。对事业而言，卦象信息，待时谋取厚利，并得到了厚利，是求事有成，事业成功。

起卦时间：2017年阳历7月26日12点48分。占问得到《豫》之《震》，动爻在初爻。"体"的位置在四爻，"用"在初爻。

"体"在四爻，在本宫卦（震卦）里的五行属性为午火，六亲为子孙，故"体"的天干为丁。

体干在四爻，配丁火；坐下的地支，由十二宫的病，动化为长生。即，体干坐地支卯，动化酉。于是得到卦象的两组干支为：

丁　丁
卯　酉

2017年阳历7月26日12点48分，对应的八字四柱是：

　　　　　　日
丁　丁　甲　庚
酉　未　寅　午

卦象的两组干支与起卦时间的八字四柱合并，就得到《豫》之《震》的卦象干支六柱：

　　　　体　日　　　用
丁　丁　丁　甲　庚　丁
酉　未　卯　寅　午　酉

此占问，若分类占断为求财，用神为财。求财，忌神为兄弟，元神为子孙。卦象六柱中，木为兄弟，火为子孙，土为财，金为官鬼，水为父母。卦中，丁火子孙临体干，忌空破，忌被克。日柱空亡子丑，水缺位，土不缺位。丁火有根在午，可受生，呈旺象。月柱丁未，丁火在柱内直接生未土，元神生财。体柱丁卯，卯木在柱内直接生丁火，忌神生元神，元神通关，忌神反成为财源，财不受克，财旺。故，此占问结果，可得财。

继续看《豫》卦六二的爻变，先看爻辞：

䷏六二：介于石，不终日，贞吉。

现代文注释：

六二，位居中得正，有中正之德，"介于石，不终日，"原为周朝建立之前西岐境内的法律规定之一，西岐的官员遵照西伯侯的人道旨意，规定轻罪的犯人不捆绑、不戴刑具，不进牢房，只是在大街的边上站立着，用小石头摆上一圈在他身边，寓意牢房，而且不终日站着，每天下午可以早些回去为家里的老母亲准备饭食，不至于家中老母饿死。这是极为守信的社会里才能做到的，故此做法在西周建立后就不再实行，人们也早就忘了"介于石，不终日，"有这样的含义。在其后的时代里，"介"通解"节"，做"节守"之意解，意思就是"有节守正"，而"石"是指"磐石"，寓意坚固，"介于石"就是把"有节守正"安放在磐石之上，表达"固守正道"之意。本卦中的六二，决意"固守正道"，在安乐的环境里不放纵自己，给自己定了一个规矩：绝不娱乐终日，每天都必须有节制，任何一天都不能违反。故曰"介于石，不终日"。"介于石"也暗含"守信"之意，这里面就包含了守持贞正，其占"吉"。

《豫》卦六二爻变，得到《豫》之《解》。卦象解析如下：

从卦象看，《豫》卦卦象䷏，《解》卦卦象䷧，两卦卦象结合起来看，互坎为孚信，为志，为栋梁，为不倾，坤为天下，为门，艮为国，为安，为君子，为守，为成，震为仁德，为行，为功业，为福喜，这是仁德行天下，福喜进门，孚信不失，守志介石，功业有成，国安不倾之象。对事业而言，卦象信息，寓意君子重德守信而行天下，可定鼎天下，成就功业，有福喜而无倾危之忧，得长久安定；得此占，事业会成功。

起卦时间：2017年阳历7月26日12点56分。占问得到《豫》之《解》，动爻在二爻。"体"的位置在五爻，"用"在二爻。

"体"在五爻，在本宫卦（震卦）里的五行属性为申金，六亲为官鬼，故"体"的天干为庚。

体干在五爻，配庚金；坐下的地支，由十二宫的死，动化为胎。即，体干坐地支子，动化卯。于是得到卦象的两组干支为：

庚　　辛
子　　卯

2017年阳历7月26日12点56分，对应的八字四柱是：

　　　　日
丁　丁　甲　庚
酉　未　寅　午

卦象的两组干支与起卦时间的八字四柱合并，就得到《豫》之《解》的卦象干支六柱：

　　体　　　　日　用
丁　庚　丁　甲　辛　庚
酉　子　未　寅　卯　午

此占问，若分类占断为求财，用神为财。求财，忌神为兄弟，元神为子孙。卦象六柱中，木为兄弟，火为子孙，土为财，金为官鬼，水为父母。卦中，庚金官鬼临体干，宜财旺生官，得财之象。日柱空亡子丑，子水空，水缺位；丑土空，未土不空，财不缺位。丁火有根在午，可受生，可通关，元神通关，忌神反成为财源，财有源，财旺。月柱丁未，丁火在柱内直接生未土，元神生财，财旺。故，此占问结果，可得财。

继续看《豫》卦六三的爻变，先看爻辞：

☳☶ 六三：盱豫，悔，迟有悔。

现代文注释：

六三，睁大眼睛观察"豫"，感觉有悔，"豫"的礼乐形式消磨了"建侯"之志，知其所悔而复有悔，实为悔而有悔，六三往上有互坎之象，坎为困，前往则困，故早去、晚去都"有悔"，六三之所以有这么多的悔，是他的爻位决定的，六三阴居阳位，位不正，又靠近上卦，三爻的爻位多凶险，也就多疑虑，多疑虑也就多"悔"。六三的半象为互巽之象，巽为系，六三为九四所系，为亲比的关系，承应九四本可以快，但六三在艮中，艮为止，未离开"艮中"，怎么能够快，又有了悔恨，与九四的亲近是六三的希望，故曰"迟有悔"。

《豫》卦六三爻变，得到《豫》之《小过》。卦象解析如下：

从卦象看，《豫》卦卦象☳☶，《小过》卦卦象☳☶，两卦卦象结合起来看，艮为山坡，为果，互巽为林木，互兑为华，为盛茂，坎为忧，震为福，为乐，为兴，为仁德，为筐，为载，坤为众，为聚，为采集，这是山坡林果丰收，有采集贩运之忧，仁德以兴，有福无忧，众人携筐来帮忙之象。对于事业发展，卦象信息，寓意大丰收到来，得众支援，事业成功。

起卦时间：2017年阳历7月26日12点40分。占问得到《豫》之《小过》，动爻在三爻。"体"的位置在上爻,"用"在三爻。

"体"在上爻,在本宫卦(震卦)里的五行属性为戊土,六亲为财,故"体"的天干为戊。

体干在上爻,配戊土;坐下的地支,由十二宫的病,动化为墓。即,体干坐地支申,动化戌。于是得到卦象的两组干支为:

```
戊    戊
申    戌
```

2017年阳历7月26日12点40分,对应的八字四柱是:

```
          日
丁    丁    甲    庚
酉    未    寅    午
```

卦象的两组干支与起卦时间的八字四柱合并,得到《豫》之《小过》的卦象干支六柱:

```
体              用    日
戊    丁    丁    戊    甲    庚
申    酉    未    戌    寅    午
```

此占问,若分类占断为求财,用神为财。求财,忌神为兄弟,元神为子孙。卦象六柱中,木为兄弟,火为子孙,土为财,金为官鬼,水为父母。卦中,戊土财临体干,宜旺。日柱空亡子丑,申藏干壬,水不缺位;丑土空,戌未不空,土不缺位。戊土有根在戌,财可受生。丁火有根在午,可受生,可通关,元神通关,忌神反成为财源,财有源,财旺。故,此占问结果,可得财。

继续看《豫》卦九四的爻变，先看爻辞：

☷☳ 九四：由豫，大有得。勿疑，朋盍簪。

现代文注释：

九四，《豫》卦唯一的刚爻，也是震主，为"动"的主导之爻。"由"，意思就是"随缘"。人生随缘，万事"由"它自来，"由"它自去，不主动追求。九四，志在"建侯"，不追求安乐，随缘的看待安乐，就是九四最美好的生命状态，故曰"由豫"。在随遇而乐的人生里，九四因不困于豫，其人生大有所得。人生有时会有沉溺之"困"，而懈怠自己。作为震主，九四持不困于豫的人生态度，就能做到不懈怠自己；故，"由豫"的好处在于心不迷失。九四，是《豫》卦唯一的阳，众阴都来应他、顺从他，这是"勿疑"的好环境，阴爻依附阳爻后就成为阳之友类，故亦可以称"朋"，"盍"即为"合"，"盍簪"，指九四在本卦中，为总合群阴的统领作用。

《豫》卦九四爻变，得到的是《豫》之《坤》。卦象解析如下：

从卦象看，《豫》卦卦象☷☳，《坤》卦卦象☷，两卦卦象结合起来看，震为大将军，为德，为功业，艮为贤臣，为望，为安，为成，为操练，为常备，坤为军，为兵众，为劳，为年，为天下，互坎为心，为存，为志，为平，这是大将军操练兵马，经年累月常备不懈，心存为国平天下的大志，劳苦终日，德行得众望之象。对于企业战略而言，卦象信息，寓意得到了良将，有九四这样的将帅之才，尽心尽力做事，何愁事业不成，将帅是团队的核心，对于建侯的大功业尤为重要；此占，为先得良将，后得天下，会有成功。

起卦时间：2017年阳历7月26日12点16分。占问得到《豫》之《坤》，动爻在四爻。"体"的位置在初爻，"用"在四爻。

"体"在初爻,在本宫卦(坤卦)里的五行属性为未土,六亲为兄弟,故"体"的天干为己。

体干在初爻,配己土;坐下的地支,由十二宫的长生,动化为沐浴。即体干坐地支酉,动化申。于是得到卦象的两组干支为:

己　戊
酉　申

2017年阳历7月26日12点16分,对应的八字四柱是:

　　　　　日
丁　丁　甲　庚
酉　未　寅　午

卦象的两组干支与起卦时间的八字四柱合并,就得到《豫》之《坤》的卦象干支六柱:

　　　　用　日　　　　体
丁　丁　戊　甲　庚　己
酉　未　申　寅　午　酉

此占问,若分类占断为求财,用神为财。求财,忌神为兄弟,元神为子孙。卦象六柱中,土为兄弟,金为子孙,水为财,木为官鬼,火为父母。卦中,己土兄弟临体干,忌神临体,财不能靠近,得不到财之象。日柱空亡子丑,申藏干壬水,财不缺位;丑土空,未土不空,戊土有根在寅,土不缺位。庚金有根在申,可受生,可通关。用爻戊申,戊土在柱内直接生申金,忌神生元神,元神通关成功,忌神反成为财源,忌神临体的问题得解。故,此占问结果,可得财。

继续看《豫》卦六五的爻变，先看爻辞：

☷☳ 六五：贞疾，恒不死。

现代文注释：

六五，柔弱之君，沉溺于安乐，失去正道，"守正"上有问题，故曰"贞疾"；但后果不会太严重，因六五位居中，未失去中道，故虽有"疾"，其疾"恒不死"，会长期生病，但都没有生命危险。这里"疾"和"恒不死"都是六五所处状态的比喻。六五，为了享乐，失去了正道，自身柔弱，故不再有君王的作为，疾病缠身，但尚未死于"疾"，沦落为一个傀儡。

《豫》卦六五爻变，得到的是《豫》之《萃》。卦象解析如下：

从卦象看，《豫》卦卦象☷☳，《萃》卦卦象☱☷，两卦卦象结合起来看，震为春，为黍稷，为粮，为兴，艮为仓庾，为安，坤为民，为国，为大地，互巽为菽，为豆荚，为利市，兑为食，为秋，为收获，为盛茂，为丰，为喜悦，坎为酒，为饱，这是粮食喜获丰收，秋有粮酿酒，民得温饱，仓庾充盈，利市兴盛，国得安宁之象。对于事业发展，卦象信息，寓意收成好，利市兴盛，是大好的年景，可加快发展步伐，事业会成功。

起卦时间：2017年阳历7月26日12点32分。占问得到《豫》之《萃》，动爻在五爻。"体"的位置在二爻，"用"在五爻。

"体"在二爻，在本宫卦（坤卦）里的五行属性为巳火，六亲为父母，故"体"的天干为丙。

体干在二爻，配丙火；坐下的地支，由十二宫的病，动化为长生。即，体干坐地支申，动化寅。于是得到卦象的两组干支为：

丙　　丙
申　　寅

2017年阳历7月26日12点32分，对应的八字四柱是：

　　　　　　　　　　日
丁　　丁　　甲　　庚
酉　　未　　寅　　午

卦象的两组干支与起卦时间的八字四柱合并，就得到《豫》之《萃》的卦象干支六柱：

　　　　　用　　　　日　　体
丁　　丙　　丁　　甲　　丙　　庚
酉　　寅　　未　　寅　　申　　午

此占问，若分类占断为求财，用神为财。求财，忌神为兄弟，元神为子孙。卦象六柱中，土为兄弟，金为子孙，水为财，木为官鬼，火为父母。卦中，丙火父母临体干，宜财旺，喜财来克体，亦喜木通关，财间接生体干，皆为财来就体，得财之象。日柱空亡子丑，子水空，但水不缺位，申藏干壬水；丑土空，未土不空。庚金有根在申，可受生，可通关，元神通关，忌神反成为财源，财有源，财旺。月柱丁未，丁火在柱内直接生未土，未土通关，丁火生土，五行贪生忘克，年柱的丁火并入月柱，共同生土，而不克酉金，克酉金的盖头解除，元神不受克，生财的能力恢复，元神生财，财旺。故，此占问结果，可得财。

继续看《豫》卦上六的爻变，先看爻辞：

☷ 上六：冥豫成，有渝，无咎。

现代文注释：

上六，《豫》卦的极致之位，合了人们常说的一句话"乐极生悲"，很快就要进入到反面了。"冥"是黑暗、愚昧。"渝"是改变。沉溺于昏天黑地的娱乐，整天醉生梦死，已经成了生活习惯，故曰"冥豫成"；这种状态若能改变，可以无咎害，故曰"有渝，无咎"。

《豫》卦上六爻变，得到《豫》之《晋》。卦象解析如下：

从卦象看，《豫》卦卦象☷，《晋》卦卦象☲，两卦卦象结合起来看，离为日，为明，坤为夜，为暗昧，震为走，为出，为脱离，震在上，为已走出，为已脱离，互坎为困，为陷，为祸患，这是走出困陷，脱离暗昧，祸患远去，未来光明之象。对于事业，卦象信息，寓意不良习惯得以改变，已从暗昧走向光明；得此占，事业可成功。

起卦时间：2017年阳历7月26日12点24分。占问得到《豫》之《晋》，动爻在上爻。"体"的位置在三爻，"用"在上爻。

"体"在三爻，在本宫卦（坤卦）里的五行属性为卯木，六亲为官鬼，故"体"的天干为乙。

体干在三爻，配乙木；坐下的地支，由十二宫的死，动化为胎。即，体干坐地支亥，动化申。于是得到卦象的两组干支为：

乙　甲

亥　申

2017年阳历7月26日12点24分，对应的八字四柱是：

		日	
丁	丁	甲	庚
酉	未	寅	午

卦象的两组干支与起卦时间的八字四柱合并，就得到《豫》之《晋》的卦象干支六柱：

		用		体	日
甲	丁	丁	乙	甲	庚
申	酉	未	亥	寅	午

此占问，若分类占断为求财，用神为财。求财，忌神为兄弟，元神为子孙。卦象六柱中，土为兄弟，金为子孙，水为财，木为官鬼，火为父母。卦中，乙木官鬼临体干，宜财旺生官，得财之象。日柱空亡子丑，子水空，但水不缺位；丑土空，未土不空。庚金有根在申，可受生，可通关，元神通关，忌神反成为财源，财有源，财旺。月柱丁未，丁火在柱内直接生未土，未土通关，丁火生土，五行贪生忘克，年柱的丁火并入月柱，共同生土，而不克酉金，克酉金的盖头解除，元神不受克，生财的能力恢复，元神生财，财旺。甲木有根在寅，可受生，财旺生官的条件具备。故，此占问结果，可得财。

雷天《大壮》䷡（卦序号：59）

大壮：利贞。

本章介绍四个卦的独爻变卦象空间，本节进入《大壮》卦。以下从初爻开始，介绍《大壮》卦独爻变的卦象解析、干支五行分析方法和分类占断的分析过程。先看初爻的爻辞：

䷡初九：壮于趾，征凶，有孚。

现代文注释：

初九，把强壮体现在脚趾上，为了小利而肆意征伐、欺凌弱小，终归会埋下"凶"的隐患。"壮于趾"，趾高气昂，最终会走向失败，故曰"征凶"；天道总是报应不爽，报应的轮回如同有信，故曰"有孚"。

《大壮》卦初九爻变，得到《大壮》之《恒》。卦象解析如下：

从卦象看，《大壮》卦卦象䷡，《恒》卦卦象䷟，两卦卦象结合起来看，震为春，为木，为生，为出，震在上为前，互乾为万，为繁盛，互兑为华，为美好，巽覆兑，为无华，为坏，为枯朽，为病树，这是病树前头万木春，大自然中的生命，生生不息之象。对于事业发展，卦象信息，寓意春天到来，草木逢春，萌发新的生机，不会停留在只有病树的状态，会有新项目的成功。

起卦时间：2017年阳历8月11日12点49分。占问得到《大壮》之《恒》，动爻在初爻。"体"的位置在四爻，"用"在初爻。

"体"在四爻，在本宫卦（震卦）里的五行属性为午火，六亲为子孙，故"体"的天干为丁。

体干在四爻，配丁火；坐下的地支，由十二宫的病，动化为冠带。即，体干坐地支卯，动化未。于是得到卦象的两组干支为：

> 丁 丁
> 卯 未

2017年阳历8月11日12点49分，对应的八字四柱是：

		日	
丁	戊	庚	壬
酉	申	午	午

卦象的两组干支与起卦时间的八字四柱合并，得到《大壮》之《恒》的卦象干支六柱：

		体	日		用
丁	戊	丁	庚	壬	丁
酉	申	卯	午	午	未

此占问，若分类占断为求财，用神为财。求财，忌神为兄弟，元神为子孙。卦象六柱中，木为兄弟，火为子孙，土为财，金为官鬼，水为父母。卦中，丁火子孙临体干，忌空破，忌被克。日柱空亡戌亥，戌土空，未土不空；亥水空，但申藏干壬，水不缺位。丁火有根在午，可受生，可通关。体柱丁卯，卯木在柱内直接生丁火，元神通关成功，忌神反成为财源，财有源，财旺。用爻丁未，丁火在柱内直接生未土，元神生财，财旺。故，此占问结果，可得财。

继续看《大壮》卦九二的爻变，先看爻辞：

☳ 九二：贞吉。

现代文注释：

九二，阳刚居于阴柔之位，刚居柔，故懂得用柔，即不以壮为壮，九二具有了柔中之德，其位虽不正，但其贞在中，守持中道就会得正，故可以固守贞正，而得到吉祥。

《大壮》卦九二爻变，得到《大壮》之《丰》。卦象解析如下：

从卦象看，《大壮》卦卦象☳，《丰》卦卦象☳，两卦卦象结合起来看，爻变导致中爻失乾得巽，乾为圣贤，巽为商贾，为利，离为陶，色朱，震为公，这是陶朱公范蠡弃政经商，舍弃贤臣的虚名，得实利而富足之象；震为春，为开，为福，为进，互兑为和，为花，为鸟鸣，离为家，互巽为风，为门，这是春风和气，花开鸟鸣，福进家门之象。对于事业发展，卦象信息，万物充满生机，利福可得，事业会成功。

起卦时间：2017年阳历8月11日12点41分。占问得到《大壮》之《丰》，动爻在二爻。"体"的位置在五爻，"用"在二爻。

"体"在五爻，在本宫卦（震卦）里的五行属性为申金，六亲为官鬼，故"体"的天干为庚。

体干在五爻，配庚金；坐下的地支，由十二宫的衰，动化为养。即，体干坐地支戌，动化辰。于是得到卦象的两组干支为：

庚　　庚

戌　　辰

2017年阳历8月11日12点41分，对应的八字四柱是：

　　　　　　　　　　日
　　丁　　戊　　庚　　壬
　　酉　　申　　午　　午

卦象的两组干支与起卦时间的八字四柱合并，得到《大壮》之《丰》的卦象干支六柱：

　　　　体　　　　　日　　用
　丁　　庚　　戊　　庚　　庚　　壬
　酉　　戌　　申　　午　　辰　　午

此占问，若分类占断为求财，用神为财。求财，忌神为兄弟，元神为子孙。卦象六柱中，木为兄弟，火为子孙，土为财，金为官鬼，水为父母。卦中，庚金官鬼临体干，宜财旺生官，得财之象。日柱空亡戊亥，戊土空，戊土有根在辰；亥水空，壬水有根在申，天干不受影响。丁火有根在午，可受生，可通关，元神通关，忌神反成为财源，财有源，财旺。庚金有根在申，可受生，用爻庚辰，辰土在柱内直接生庚金，财旺生官的条件具备。故，此占问结果，可得财。

继续看《大壮》卦九三的爻变，先看爻辞：

▦九三：小人用壮，君子用罔，贞厉。羝羊触藩，羸其角。

现代文注释:

九三，"罔"的意思是"无"，"无"即"道"。小人物会炫耀和使用自己的强壮，喜欢逞强；君子则虽有而若无，虽处于强盛，也不轻易使用蛮力，而是使用存在于天道中的智慧。九三靠近上卦，需警惕危险的存在；这种危险，就像公羊用强壮的角顶篱笆，自己的羊角被卡在篱笆中，容易被猎人捕获。

《大壮》卦九三爻变，得到《大壮》之《归妹》。卦象解析如下：

从卦象看，《大壮》卦卦象☳，《归妹》卦卦象☳，两卦卦象结合起来看，乾为君，震为车，互坎为陷，兑为危，为泽，为倾覆，这是车陷泽中，车覆君危之象；爻变失乾得兑，乾为福，兑为折损，这是失福，折损之象；震伏巽，巽为命，为利，伏巽为命乖，为失利，兑为害，为口舌，震覆艮，艮为墙，为室，艮覆为墙倒无室，这是口舌为害，墙倒无室，命乖失利之象。对于事业发展，卦象信息，车覆君危，是出征不利；失福，是不再有好运气，求事不成；口舌为害，是内部言语伤害；墙倒无室，是事业破败；不会成功。

起卦时间：2017年阳历8月11日12点57分。占得《大壮》之《归妹》，动爻在三爻。"体"的位置在上爻，"用"在三爻。

"体"在上爻，在本宫卦（震卦）里的五行属性为戌土，六亲为财，故"体"的天干为戊。

体干在上爻，配戊土；坐下的地支，由十二宫的病，动化为沐浴。即，体干坐地支申，动化卯。于是得到卦象的两组干支为：

戊　　己
申　　卯

2017年阳历8月11日12点57分，对应的八字四柱是：

```
                   日
丁     戊     庚     壬
酉     申     午     午
```

卦象的两组干支与起卦时间的八字四柱合并，就得到《大壮》之《归妹》的卦象干支六柱：

```
体                 用     日
戊     丁     戊     己     庚     壬
申     酉     申     卯     午     午
```

此占问，若分类占断为求财，用神为财。求财，忌神为兄弟，元神为子孙。卦象六柱中，木为兄弟，火为子孙，土为财，金为官鬼，水为父母。卦中，戊土财临体干，宜旺。日柱空亡戌亥，戊土空，戊土有根在申，财可受生；亥水空，申藏干壬，壬水有根，可受生，天干不受影响。丁火有根在午，可受生，可通关，元神通关，忌神反成为财源，财有源，财旺。故，此占问结果，可得财。

继续看《大壮》卦九四的爻变，先看爻辞：

☳ 九四：贞吉，悔亡，藩决不羸，壮于大舆之輹。

现代文注释：

九四，也是刚居柔位，位不正，本来有悔。但此阶段的壮盛，已经知道守正的重要，"大壮"的事业必须高举正义之旗，为天下利，行为原则都要利于贞正，这样的壮盛才是真正的壮，占为吉，后悔消失。九四，刚柔相济，不一味的用刚，更显强壮，能"藩决不羸"，把藩一触而破，体现了壮，这里用大车车轮的坚固辐条来比喻九四的强壮。

《大壮》卦九四爻变，得到《大壮》之《泰》。卦象解析如下：

从卦象看，《大壮》卦卦象☳，《泰》卦卦象☳，两卦卦象结合起来看，爻变阳刚退而得坤，坤为柔，为天下，这是以柔济刚，更为强壮，得天下之象；乾为明，为公，坤为亡，兑为羊，震为逃，震覆艮，艮为牢，为手，为扶，为补，覆艮为牢破，这是牢破而羊逃走，明公亡羊补牢之象。对事业而言，卦象信息，寓意以柔济刚，可得天下；亡羊补牢，亦为明智之举，企业堵塞漏洞，自身缺陷得以弥补，更为强大；得此占，会成功。

起卦时间：2017年阳历8月11日12点33分。占问得到《大壮》之《泰》，动爻在四爻。"体"的位置在初爻，"用"在四爻。

"体"在初爻，在本宫卦（乾卦）里的五行属性为子水，六亲为子孙，故"体"的天干为癸。

体干在初爻，配癸水；坐下的地支，由十二宫的长生，动化为病。即，体干坐地支卯，动化酉。于是得到卦象的两组干支为：

癸　　癸
卯　　酉

2017年阳历8月11日12点33分，对应的八字四柱是：

　　　　　日
丁　戊　庚　壬
酉　申　午　午

卦象的两组干支与起卦时间的八字四柱合并，得到《大壮》之《泰》的卦象干支六柱：

	用	日		体
丁	戊	癸	庚	壬	癸
酉	申	酉	午	午	卯

此占问，若分类占断为求财，用神为财。求财，忌神为兄弟，元神为子孙。卦象六柱中，金为兄弟，水为子孙，木为财，火为官鬼，土为父母。卦中，癸水子孙临体干，忌空破，忌被克。日柱空亡戌亥，戌土空，戌土有根在申，可受生；亥水空，壬水有根在申，不影响天干。体柱癸卯，癸水在柱内直接生卯木，元神生财，财旺。用爻癸酉，酉金在柱内直接生癸水，忌神生元神，元神通关成功，忌神反成为财源，财有源，财旺。故，此占问结果，可得财。

继续看《大壮》卦六五的爻变，先看爻辞：

☱☰ 六五：丧羊于易，无悔。

现代文注释：

六五，居兑，兑为羊，为毁折，故"丧羊"；六五居君位，君临群阳，但阴居阳，不得正，本有悔；"丧羊于易"，是说伏象，其伏象为阳，大壮进一步发展，六五就会变为九五；而现在的情况却是：九五变易为六五，因变易而丧失阳，故曰"丧羊于易"；六五有"柔中"之德，能以柔临刚，故而无悔。

《大壮》卦六五爻变，得到《大壮》之《夬》。卦象解析如下：

从卦象看，《大壮》卦卦象☰☳，《夬》卦卦象☰☱，两卦卦象结合起来看，兑为花，为华，为食，震为木，为花，为开，为车，为载，为筐，震覆艮为山坡，乾为实，为木果，为橘柚，为栗，为年岁，为富，互乾与乾重叠为果实累累，这是山坡上果林已开花结果，木果味美可食，贩卖可获利，年岁收成好，利多可致富之象。对于事业发展，卦象信息，寓意新开发的项目已经成功，开始有利润，收获颇丰，事业成功。

起卦时间：2017年阳历8月11日12点17分。占问得到《大壮》之《夬》，动爻在五爻。"体"的位置在二爻，"用"在五爻。

"体"在二爻，在本宫卦（乾卦）里的五行属性为寅木，六亲为财，故"体"的天干为甲。

体干在二爻，配甲木；坐下的地支，由十二宫的沐浴，动化为临官。即，体干坐地支子，动化寅。于是得到卦象的两组干支为：

甲　甲
子　寅

2017年阳历8月11日12点17分，对应的八字四柱是：

　　　　　　日
丁　戊　庚　壬
酉　申　午　午

卦象的两组干支与起卦时间的八字四柱合并，得到《大壮》之《夬》的卦象干支六柱：

	用		日		体
丁	甲	戊	庚	甲	壬
酉	寅	申	午	子	午

此占问，若分类占断为求财，用神为财。求财，忌神为兄弟，元神为子孙。卦象六柱中，金为兄弟，水为子孙，木为财，火为官鬼，土为父母。卦中，甲木财临体干，宜旺。日柱空亡戌亥，不影响天干。甲木有根在寅，财可受生。体柱甲子，子水在柱内直接生甲木，元神生财，财旺。壬水有根在申，可受生，庚壬坐同一地支午，坐同一板凳，通过地支相通，庚金直接生壬水，元神通关成功，忌神反成为财源，财有源，财旺。故，此占问结果，可得财。

继续看《大壮》卦上六的爻变，先看爻辞：

☳ 上六：羝羊触藩，不能退，不能遂，无攸利，艰则吉。

现代文注释：

上六，大象为兑，故为羝羊，进入大壮的极致，走向反面。羝羊冲向藩篱，羊角被藩篱挂住，六爻处最上，已不能退，又不能如愿冲破藩篱，故没有好处；在壮极之时要学会冷静，坚守正道，审时而进，艰忍守正则可得吉祥。

《大壮》卦上六爻变，得到《大壮》之《大有》。卦象解析如下：

从卦象看，《大壮》卦卦象☳，《大有》卦卦象☲，两卦卦象结合起来看，震为伐，为征战，离为戈兵，乾为仁德，互兑为毁折，为损，这是恃强好战，德有折损之象；震为晨，为朝，互兑为露水，离为日，这是朝露短暂，日出而消失之象；震為爭，離為明，爻變失震得離，這是由恃強爭鬥轉變為明白。對事業而言，卦象信息提醒，朝露和自恃剛猛，都不能長久，都是短暫的，德行方為長久，故，最終由恃強爭鬥轉變為明白，才得到轉機。卦象信息也明示，得此占，初咎終吉，初始階段不會成功，歸於失敗。最終明白道理，得到吉祥。

　　起卦時間：2017年陽曆8月11日12點25分。占得《大壯》之《大有》，動爻在上爻。"體"的位置在三爻，"用"在上爻。

　　"體"在三爻，在本宮卦（乾卦）裡的五行屬性為辰土，六親為父母，故"體"的天干為戊。

　　體干在三爻，配戊土；坐下的地支，由十二宮的長生，動化為養。即，體干坐地支寅，動化丑。於是得到卦象的兩組干支為：

戊　辛
寅　丑

2017年陽曆8月11日12點25分，對應的八字四柱是：

　　　　　　日
丁　戊　庚　壬
酉　申　午　午

　　卦象的兩組干支與起卦時間的八字四柱合併，就得到《大壯》之《大有》的卦象干支六柱：

用　　　　　體　日
辛　丁　戊　戊　庚　壬
丑　酉　申　寅　午　午

此占问，若分类占断为求财，用神为财。求财，忌神为兄弟，元神为子孙。卦象六柱中，金为兄弟，水为子孙，木为财，火为官鬼，土为父母。卦中，戊土父母临体干，宜财旺，喜财来克体，亦喜火通关，财间接生体干，皆为财来就体，得财之象。日柱空亡戌亥，不影响天干。壬水有根在申，可受生，可通关，庚壬坐同一地支午，坐同一板凳，通过地支相通，庚金直接生壬水，忌神生元神，壬水元神通关成功，忌神反成为财源。然而，寅申冲，申为月令，财有月破。故，此占问结果，月内得不到财；出月后，月破得解，方可得财。

风地《观》䷓（卦序号：60）

观：盥而不荐，有孚颙若。

本章介绍四个卦的独爻变卦象空间，本节进入《观》卦。以下从初爻开始，介绍《观》卦独爻变的卦象解析、干支五行分析方法和分类占断的分析过程。先看初爻的爻辞：

䷓ **初六：童观，小人无咎，君子吝。**

现代文注释：

初六，远离德和事理的教育，所见不明，对事物的观察如同儿童一般，这是初始而幼稚的"观"，对于小人而言，这没有咎害，而对于君子而言，则显见其浅鄙，是观之大忌，会有遗憾。

《观》卦初六爻变，得到《观》之《益》。卦象解析如下：

从卦象看，《观》卦卦象䷓，《益》卦卦象䷩，两卦卦象结合起来看，巽为秋，为风，为蛇，坤为冬，为寒，艮为巢室，为求，为温暖，震为时，为兔，为从，这是时令推移，秋风寒，冬天到，蛇入巢室冬眠，兔入洞穴度过寒冬，只求温暖之象。对事业而言，卦象信息，度过寒冬是"时"的需求，依时则无咎，无关浅鄙，有违自然中的常理才是浅鄙；得此占，可以成功。

起卦时间：2017年阳历8月25日13点24分。占问得到《观》之《益》，动爻在初爻。"体"的位置在四爻，"用"在初爻。

"体"在四爻，在本宫卦（巽卦）里的五行属性为未土，六亲为财，故"体"的天干为己。

体干在四爻，配己土；坐下的地支，由十二宫的病，动化为长生。即，体干坐地支卯，动化酉。于是得到卦象的两组干支为：

己　　己
卯　　酉

2017年阳历8月25日13点24分，对应的八字四柱是：

　　　　　　日
丁　戊　甲　辛
酉　申　申　未

卦象的两组干支与起卦时间的八字四柱合并，就得到《观》之《益》的卦象干支六柱：

　　　　体　日　　用
丁　戊　己　甲　辛　己
酉　申　卯　申　未　酉

此占问，若分类占断为求财，用神为财。求财，忌神为兄弟，元神为子孙。卦象六柱中，木为兄弟，火为子孙，土为财，金为官鬼，水为父母。卦中，己土财临体干，宜旺。日柱空亡午未，但火土皆不缺位。体干坐下地支，卯动化酉，忌神动化护神，动化回头克，忌神被克，受制。月令为申，忌神木犯月破，月破的木，失去功能，忌神衰。卦中，水缺位，不能通关，金直接克木，忌神受克，受制，财不受克。己土有根在未，可受生，未虽空亡，出旬不空。戊土有根在申，财可受生，财旺。丁火有根在未，可受生，可通关，元神通关，忌神反成为财源，等待出旬，财有源，财旺。故，此占问结果，旬内有财，出旬可得财。

继续看《观》卦六二的爻变，先看爻辞：

☶☷ 六二：闚观，利女贞。

现代文注释：

六二，阴爻居阴位，象征女子，"闚"同窥，从门窗或墙的缝隙偷窥，六二与九五为正应，不能出去正面看他一眼，就从门缝看个仿佛，这是古代的女子之"观"。对君子而言，她所窥见的不甚明了，行为也显得不庄重；但对于六二，这就够了，从闺房的门缝朝外看个大概，满足一下偷窥的愿望，这样的"观"仅限于女子为之，君子则不可有如此行为。六二爻寓意：这样的窥视行为，君子为之不妥，而对于女子是可以的，故曰"利女贞"；女子占到此爻，无不利。

《观》卦六二爻变，得到《观》之《涣》。卦象解析如下：

从卦象看，《观》卦卦象☶☷，《涣》卦卦象☴☵，两卦卦象结合起来看，巽为旅客，为木，互艮为手，为抱，为助，坤为河，坎为水，为险，互震为舟，为涉，这是旅人过河，抱着木头涉水，水深出现危险，舟人出手相助之象。对事业而言，卦象信息，过河是目标，水深是风险，而舟人相助，则是地利加福气；过河对于企业，是进入市场；遇到舟人相助，代表人文环境友善，同行的强者愿意给予提携；得此占，做事可成功。

起卦时间：2017年阳历8月25日13点40分。占问得到《观》之《涣》，动爻在二爻。"体"的位置在五爻，"用"在二爻。

"体"在五爻，在本宫卦（巽卦）里的五行属性为巳火，六亲为子孙，故"体"的天干为丙。

体干在五爻，配丙火；坐下的地支，由十二宫的病，动化为胎。即，体干坐地支申，动化子。于是得到卦象的两组干支为：

丙　　丙
申　　子

2017年阳历8月25日13点40分，对应的八字四柱是：

　　　　　　　日
丁　　戊　　甲　　辛
酉　　申　　申　　未

卦象的两组干支与起卦时间的八字四柱合并，就得到《观》之《涣》的卦象干支六柱：

　　　　体　　　　日　　用
丁　　丙　　戊　　甲　　丙　　辛
酉　　申　　申　　申　　子　　未

此占问，若分类占断为求财，用神为财。求财，忌神为兄弟，元神为子孙。卦象六柱中，木为兄弟，火为子孙，土为财，金为官鬼，水为父母。卦中，丙火子孙临体干，忌空破，忌被克。日柱空亡午未，丁火无根，但旬内空，出旬不空。戊土有根在申，财可受生，丙戊甲同坐地支申，坐同一板凳，通过地支相通，形成木火土的相生链，丙火元神通关，忌神反成为财源，财不受克，财旺。故，此占问结果，可得财。

继续看《观》卦六三的爻变，先看爻辞：

☷☴ 六三：觀我生，進退。

現代文註釋：

六三，失位，上有應；人生走過了將近一半，尚未得志，但坦然與上九應與，觀察各自的生命狀態，故曰「觀我生」。上卦巽為進，前往與上九應，可得位，故曰「進退」。心之坦坦，進退可不失據，可「自見」而達自然之道，生命經常需要「反求諸己」，人生只求我心無愧，求得良心尚存，明心見性，活出自己，還生命本來面目。

《觀》卦六三爻變，得到《觀》之《漸》。卦象解析如下：

從卦象看，《觀》卦卦象☷☴，《漸》卦卦象☶☴，兩卦卦象結合起來看，坤為冬，為夜，為寒，為衣裳，巽為絲綿，為女工，為長，艮為君子，為子，為安，互離為戈兵，艮居離下為從軍，互坎為心，為平，這是冬天到來，備好絲綿，縫制冬衣，長子從軍，家人深夜縫制棉衣，寄托愛心和思念，願君平安之象。對事業而言，卦象信息，寓意遇艱難階段，心平則氣和，多做有益的事，平安是福；得此占，可得成功。

起卦時間：2017年陽曆8月25日13點56分。占問得到《觀》之《漸》，動爻在三爻。「體」的位置在上爻，「用」在三爻。

「體」在上爻，在本宮卦（巽卦）裡的五行屬性為卯木，六親為兄弟，故「體」的天干為乙。

體干在上爻，配乙木；坐下的地支，由十二宮的沐浴，動化為墓。即，體干坐地支巳，動化戌。於是得到卦象的兩組干支為：

乙　　甲

巳　　戌

2017年阳历8月25日13点56分，对应的八字四柱是：

		日	
丁	戊	甲	辛
酉	申	申	未

卦象的两组干支与起卦时间的八字四柱合并，就得到《观》之《渐》的卦象干支六柱：

体			用	日	
乙	丁	戊	甲	甲	辛
巳	酉	申	戌	申	未

此占问，若分类占断为求财，用神为财。求财，忌神为兄弟，元神为子孙。卦象六柱中，木为兄弟，火为子孙，土为财，金为官鬼，水为父母。卦中，乙木兄弟临体干，忌神临体，财不能靠近，得不到财之象。日柱空亡午未，但火土皆不缺位。戊土有根在戌，财可受生。丁火有根在戌，可受生，可通关。体柱乙巳，乙木在柱内直接生巳火，忌神生元神，元神通关成功，忌神反成为财源，忌神临体的问题得解，财有源，财旺。故，此占问结果，可得财。

继续看《观》卦六四的爻变，先看爻辞：

䷓ 六四：观国之光，利用宾于王。

现代文注释：

六四，其位得正，已近君王位，上卦为巽，巽为宾客，其上乾为君王，故曰"宾于王"。以"宾于王"的身份，观君王之国，下卦坤为国，中爻互艮为观，为光，有"观光"之象，故曰"观国之光，利用宾于王"。反过来看，"宾于王"不只是"观光"的身份，而是内含"观光"的最终目的，"宾"在古代有雇员、门客、臣的意思，这里的"宾于王"同样有"臣于王"的意思，故，六四观国家的光辉，也观察君王的德行，有利于他决定是否从政，有利于走进仕途。

《观》卦六四爻变，得到《观》之《否》。卦象解析如下：

从卦象看，《观》卦卦象☴☷，《否》卦卦象☰☷，两卦卦象结合起来看，巽为蚕丝，为桑，为织布，为女工，艮为山，为居，为家，为屋，为男子，为安，坤为牛，为耕田，这是普通人家山下安居，男耕女织之象；艮为君子，为贤人，为栋梁，乾为仁德，为福，坤为天下，为国，为养，为民，这是贤人出仕为天下养，为国栋梁，德施天下，民被其福之象。对君子而言，卦象信息，寓意在安定的社会环境里，贤人有更大的责任，出仕服务社会，企业和社会也有为贤人提供更多机会的责任；得此占，是天时得遇人和，可得成功。

起卦时间：2017年阳历8月25日13点32分。占问得到《观》之《否》，动爻在四爻。"体"的位置在初爻，"用"在四爻。

"体"在初爻，在本宫卦（坤卦）里的五行属性为未土，六亲为兄弟，故"体"的天干为己。

体干在初爻，配己土；坐下的地支，由十二宫的冠带，动化为帝旺。即体干坐地支未，动化巳。于是得到卦象的两组干支为：

己　　　己

未　　　巳

2017年阳历8月25日13点32分，对应的八字四柱是：

		日	
丁	戊	甲	辛
酉	申	申	未

卦象的两组干支与起卦时间的八字四柱合并，就得到《观》之《否》的卦象干支六柱：

		用	日		体
丁	戊	己	甲	辛	己
酉	申	巳	申	未	未

此占问，若分类占断为求财，用神为财。求财，忌神为兄弟，元神为子孙。卦象六柱中，土为兄弟，金为子孙，水为财，木为官鬼，火为父母。卦中，己土兄弟临体干，忌神临体，财不能靠近，得不到财之象。日柱空亡午未，但火土皆不缺位。申藏干壬水，财不缺位。辛金有根在酉，可受生，可通关。月柱戊申，戊土在柱内直接生申金，忌神生元神，元神通关成功，忌神反成为财源，忌神临体的问题得解，财有源，财旺。故，此占问结果，可得财。

继续看《观》卦九五的爻变，先看爻辞：

☰ 九五：观我生，君子无咎。

现代文注释：

九五，位中得正，有中正之德，下面有四个阴爻仰视，表示民众顺服。处在这样顺境中的君王，仍然有反省、检视自己行为的必要，只是九五的"观我生"不同于六三的"观我生"，九五在此时，要更注重于他对天下苍生的责任，不可擅权专享，夺天下之利而不顾民生疾苦，不要像有些君王那样在生命的临终才会"观我生"写出一个《罪己诏》，那样于事又有何益？有君子德行的君王要及时视察民情，听听百姓的反应，及时知道自己的行为是否得当，对于君子这不会有问题，君子只做君子应该做的，故无咎。

《观》卦九五爻变，得到《观》之《剥》。卦象解析如下：

从卦象看，《观》卦卦象☷☴，《剥》卦卦象☷☶，两卦卦象结合起来看，爻变导致阳爻陨落，成"剥"之象，不吉；巽为陨，为高，坤为政，为祸，为乱，为孤寡，艮为止，艮覆震，覆震为闭，为不通，艮伏兑，兑为辅，伏兑为无辅，这是君王孤寡，无辅而失政，政乱致祸，国失安宁，位高而倾危之象。对于事业发展，卦象信息，有走向没落的含义，失辅而无助，君王孤寡的状态日趋明显，失政的后果，导致祸殃，君王居高而倾危，意味着行业的领导地位岌岌可危，有失去行业领导地位的危险；故，得此占，安康不会长久，归于失败。

起卦时间：2017年阳历8月25日13点16分。占问得到《观》之《剥》，动爻在五爻。"体"的位置在二爻，"用"在五爻。

"体"在二爻，在本宫卦（坤卦）里的五行属性为巳火，六亲为父母，故"体"的天干为丙。

体干在二爻，配丙火；坐下的地支，由十二宫的墓，动化为衰。即，体干坐地支戌，动化未。于是得到卦象的两组干支为：

丙　　丁

戌　　未

2017年阳历8月25日13点16分，对应的八字四柱是：

		日	
丁	戊	甲	辛
酉	申	申	未

卦象的两组干支与起卦时间的八字四柱合并，就得到《观》之《剥》的卦象干支六柱：

	用		日		体	
	丁	丁	戊	甲	丙	辛
	酉	未	申	申	戌	未

此占问，若分类占断为求财，用神为财。求财，忌神为兄弟，元神为子孙。卦象六柱中，土为兄弟，金为子孙，水为财，木为官鬼，火为父母。卦中，丙火父母临体干，宜财旺，喜财来克体，亦喜木通关，财间接生体干，皆为财来就体，得财之象。日柱空亡午未，午火空，丁火无根；未土空，影响时柱辛未。戊土有根在戌，忌神旺。申酉戌三会金局，金旺，元神旺局，有利生财。但卦中，水缺位，无财。申藏干壬，但申被三会局捆绑，类似被合，受到羁绊，藏干的壬不能单独作为壬水出现，水还是缺位。故，此占问结果，得不到财。

继续看《观》卦上九的爻变，先看爻辞：

☶☶ 上九：观其生，君子无咎。

现代文注释：

上九，象征有高尚品德的隐士，是民众景仰的人物，经常成为民众评论的对象，他过去的作为经常为人称道，成为人们用来对照自己的道德标杆，他的"隐"在某些方面如同无隐。对于君子，到了"从心所欲而不逾矩"的阶段，自我方面还有什么是他所要顾虑和"有所求"的呢？上九，此刻观察的境界，从"观我生"转为"观其生"，已不再把注意力放在自己身上了，转向关注天下苍生的生命状态。这样的君子，不论其地位、财富能够起到什么影响和作用，其用心的正确，就能影响周围的人和执政者，这样的君子，其作为又有何咎呢？

《观》卦上九爻变，得到《观》之《比》。卦象解析如下：

从卦象看，《观》卦卦象▦，《比》卦卦象▦，两卦卦象结合起来看，巽为志，为高，乾为大君，为德，为光明，坎为得，坤为平，为天下，为民，为心，艮为道，为得，这是君王有德，心怀平天下之高志，得民心而其道光明之象。对事业而言，卦象信息，寓意有德且志高，得民众追随，可做成大事，得民心者得天下，事业可以成功。

起卦时间：2017年阳历8月25日13点48分。占问得到《观》之《比》，动爻在上爻。"体"的位置在三爻，"用"在上爻。

"体"在三爻，在本宫卦（坤卦）里的五行属性为卯木，六亲为官鬼，故"体"的天干为乙。

体干在三爻，配乙木；坐下的地支，由十二宫的临官，动化为沐浴。即体干坐地支卯，动化巳。于是得到卦象的两组干支为：

乙　　乙
卯　　巳

2017年阳历8月25日13点48分，对应的八字四柱是：

```
                日
   丁     戊     甲     辛
   酉     申     申     未
```

卦象的两组干支与起卦时间的八字四柱合并，就得到《观》之《比》的卦象干支六柱：

```
   用                 体    日
   乙     丁     戊     乙     甲     辛
   巳     酉     申     卯     申     未
```

此占问，若分类占断为求财，用神为财。求财，忌神为兄弟，元神为子孙。卦象六柱中，土为兄弟，金为子孙，水为财，木为官鬼，火为父母。卦中，乙木官鬼临体干，宜财旺生官，得财之象。日柱空亡午未，丁火无根。申藏干壬，是壬水的长生位，财不缺位。辛金有根在酉，可受生，可通关。月柱戊申，戊土在柱内直接生申金，忌神生元神，元神通关成功，财不受克，财旺。乙木有根在卯，可受生，财旺生官的条件具备。故，此占问结果，可得财。

第二十八章　大有、比、夬、剥

火天《大有》☲☰（卦序号：61）

大有，元亨。

本章介绍四个卦的独爻变卦象空间，本节进入《大有》卦。以下从初爻开始，介绍《大有》卦独爻变的卦象解析、干支五行分析方法和分类占断的分析过程。先看初爻的爻辞：

☰ **初九：无交害，匪咎，艰则无咎。**

现代文注释：

初九，居初爻，地位较低，且是"大有"刚刚开始的阶段，与六五无应无交，不涉及到利害，故不会有交害，又何咎之有。但在"富有"的初始，要常念创业的艰辛，防止骄奢念头的产生，保持艰苦创业精神，则可得无咎。

《大有》卦初九为断，得到《大有》之《鼎》。卦象解析如下：

从卦象看，《大有》卦卦象☲☰，《鼎》卦卦象☲☴，两卦卦象结合起来看，离为日，为新，日新之象；巽为松柏，长青之象；乾为百年，乾伏坤，坤为忧，伏坤为无忧，是百年无忧之象；离为凤凰，乾为山陵，为周，互兑为鸣，是凤鸣岐山之象，寓意崛起。对于事业发展，卦象信息，是事业的崛起，会有百年大业，而长青要靠日新；从爻辞来看，则是强调新生企业无外援，靠独立发展而得到了兴盛，更强调艰苦创业的重要；得此占，谋事可成，事业成功。

起卦时间：2017年阳历9月10日11点25分。占问得到《大有》之《鼎》，动爻在初爻。"体"的位置在四爻，"用"在初爻。

"体"在四爻，在本宫卦（离卦）里的五行属性为酉金，六亲为财，故"体"的天干为辛。

体干在四爻，配辛金；坐下的地支，由十二宫的临官，动化为冠带。即体干坐地支酉，动化戌。于是得到卦象的两组干支为：

辛　　庚
酉　　戌

2017年阳历9月10日11点25分，对应的八字四柱是：

　　　　　　日
丁　己　庚　壬
酉　酉　子　午

卦象的两组干支与起卦时间的八字四柱合并，得到《大有》之《鼎》的卦象干支六柱：

　　　　体　日　　用
丁　己　辛　庚　壬　庚
酉　酉　酉　子　午　戌

此占问，若分类占断为求财，用神为财。求财，忌神为兄弟，元神为子孙。

卦象六柱中，火为兄弟，土为子孙，金为财，水为官鬼，木为父母。卦中，辛金财临体干，宜旺。日柱空亡辰巳，辰土空，戌土不空，土不缺位；巳火空，丁火有根在午，火不缺位。辛金有根在酉，可受生，丁己辛同坐地支酉，坐同一板凳，通过地支相通，形成丁己辛的相生链，元神通关，财不受克。用爻庚戌，戌土在柱内直接生庚金，元神生财，财旺。故，此占问结果，可得财。

继续看《大有》卦九二的爻变，先看爻辞：

☲ 九二：大车以载，有攸往，无咎。

现代文注释：

九二，以阳刚居下卦乾之中位，为六五所倚重，是承担重任的大臣，任重道远。要能够胜"大有"之任，就要如大车之材的强壮，可以载重而远行。九二与六五相应，故曰"有攸往"；九二有担当重任的能力，又能固守中道，不自盈，不自满，权大如无权，势大如无势，故可"无咎"。

《大有》卦九二爻变，得到《大有》之《离》。卦象解析如下：

从卦象看，《大有》卦卦象☲，《离》卦卦象☲，两卦卦象结合起来看，离为日，乾为天，是日在天上运行之象；离为夏，乾亦为夏，互巽为草木，为万物，为利市，互兑为华，为兴盛，为繁茂，这是夏季万物繁茂，利市兴盛之象。对于事业发展，卦象信息，是处在发展繁荣期，呈现出的是兴盛气象，没有问题，如爻辞的描述，得到的是"大车以载"的结果，可载重而远行，前往有所得；得此占，事业会成功。

起卦时间：2017年阳历9月10日11点57分。占问得到《大有》之《离》，动爻在二爻。"体"的位置在五爻，"用"在二爻。

"体"在五爻，在本宫卦（离卦）里的五行属性为未土，六亲为子孙，故"体"的天干为己。

体干在五爻，配己土；坐下的地支，由十二宫的帝旺，动化为长生。即，体干坐地支巳，动化酉。于是得到卦象的两组干支为：

己　　己
巳　　酉

2017年阳历9月10日11点57分，对应的八字四柱是：

　　　　　　日
丁　　己　　庚　　壬
酉　　酉　　子　　午

卦象的两组干支与起卦时间的八字四柱合并，得到《大有》之《离》的卦象干支六柱：

　　体　　　　日　　用
丁　　己　　己　　庚　　己　　壬
酉　　巳　　酉　　子　　酉　　午

此占问，若分类占断为求财，用神为财。求财，忌神为兄弟，元神为子孙。卦象六柱中，火为兄弟，土为子孙，金为财，水为官鬼，木为父母。卦中，己土子孙临体干，忌空破，忌被克。日柱空亡辰巳。体干坐下地支，由巳动化为酉，忌神动化用神，得财之象。体柱己巳，巳火在柱内直接生己土，忌神生元神，元神通关成功，财不受克。巳火虽空亡，体柱的元神通关仍视为有效。用爻己酉，己土在柱内直接生酉金，元神生财，财旺。故，此占问结果，可得财。

继续看《大有》卦九三的爻变，先看爻辞：

☰ 九三：公用亨于天子，小人弗克。

现代文注释：

九三，为王公，阳刚居正位，坚守正道，"用亨"为"朝献"的意思；公按礼仪朝献天子礼物，能敬上尊，如若让小人居大臣之位，则不能做到。

《大有》卦九三爻变，得到《大有》之《睽》。卦象解析如下：

从卦象看，《大有》卦卦象☰，《睽》卦卦象☲，两卦卦象结合起来看，卦中有三个半艮之象和三个半震之象，艮为狐，震为逐，坎为隐伏，为失，这是三狐被逐，隐伏消失之象；震为兔，兑为小，为穴，离为巢窟，三离为三巢窟，这是狡兔三窟，弱小者以其智慧求生存之象；兑为华，离为灯，震为上，为初，乾为大明，这是华灯初上，大放光明之象。对事业而言，卦象信息里，狐和兔都代表弱小者，被强大对手所追逐，狐和兔都逃脱而生存下来，寓意市场竞争中的弱小者最终得以生存；华灯代表生存下来后的光辉阶段，最终大放光明；企业的初创阶段就是如此，先求生存，活着才有未来；得此占，可得成功。

起卦时间：2017年阳历9月10日11点41分。占问得到《大有》之《睽》，动爻在三爻。"体"的位置在上爻，"用"在三爻。

"体"在上爻，在本宫卦（离卦）里的五行属性为巳火，六亲为兄弟，故"体"的天干为丙。

体干在上爻，配丙火；坐下的地支，由十二宫的帝旺，动化为衰。即，体干坐地支午，动化未。于是得到卦象的两组干支为：

丙　　丁
午　　未

2017年阳历9月10日11点41分，对应的八字四柱是：

　　　　　　日
丁　　己　　庚　　壬
酉　　酉　　子　　午

卦象的两组干支与起卦时间的八字四柱合并，得到《大有》之《暌》的卦象干支六柱：

体　　　　　　用　日
丙　　丁　　己　　丁　　庚　　壬
午　　酉　　酉　　未　　子　　午

此占问，若分类占断为求财，用神为财。求财，忌神为兄弟，元神为子孙。卦象六柱中，火为兄弟，土为子孙，金为财，水为官鬼，木为父母。卦中，丙火兄弟临体干，忌神临体，财不能靠近，得不到财之象。日柱空亡辰巳，辰土空，未土不空，己土有根在未，可受生，可通关。巳火空，丙火无根，不受生，火势减弱。体干坐下地支，由午动化未，忌神动化元神，元神通关之象。用爻丁未，丁火在柱内直接生未土，忌神生元神，元神通关成功，忌神反成为财源，忌神临体的问题得解，财有源，财旺。故，此占问结果，可得财。

继续看《大有》卦九四的爻变，先看爻辞：

☲☰ 九四：匪其彭，无咎。

现代文注释：

九四，其位过中，进入上卦；过中，就是有"富有"过盛的含义，"彭"，为盛多的意思；九四提出"匪其彭"的处富有理念，它的意思有几层，第一层的意思是防止物欲之念的膨胀，防止走向骄奢；第二层的意思是防止财富膨胀，浪费资源；第三层的意思是九四的"大有"不能过盛，九四已经接近六五的君位，过盛则会引起君王的忌妒而招损；遵守此三层"处富有"的理念，才能在富有之后得到平安，才能"无咎"。

《大有》卦九四爻变，得到《大有》之《大畜》。卦象解析如下：

从卦象看，《大有》卦卦象☲☰，《大畜》卦卦象☶☰，两卦卦象结合起来看，离为日，为新，为明智，为光明，乾为富有，为大明，为功德，为福祉，为长久，为健动，艮为止，为时，为辉光，为贞正，为道路，为贤人，震为君，为履，为德，为功业，为盛，互兑为养，为恩泽，这是明智的处富有，履德不忒，养贤而有辉光，止健而不过盛，其道贞正，有长久福祉之象。对于事业发展，卦象信息，寓意在富有之后，要蓄德养贤，尚贤而得辉光，履德而不逾矩，得长久之福；得此占，求事有成，事业成功。

起卦时间：2017年阳历9月10日11点17分。占得《大有》之《大畜》，动爻在四爻。"体"的位置在初爻，"用"在四爻。

"体"在初爻，在本宫卦（乾卦）里的五行属性为子水，六亲为子孙，故"体"的天干为癸。

体干在初爻，配癸水；坐下的地支，由十二宫的长生，动化为墓。即，体干坐地支卯，动化未。于是得到卦象的两组干支为：

癸　　癸
卯　　未

2017年阳历9月10日11点17分，对应的八字四柱是：

　　　　　日
丁　　己　　庚　　壬
酉　　酉　　子　　午

卦象的两组干支与起卦时间的八字四柱合并，就得到《大有》之《大畜》的卦象干支六柱：

　　　　　　用　　日　　　　　体
丁　　己　　癸　　庚　　壬　　癸
酉　　酉　　未　　子　　午　　卯

此占问，若分类占断为求财，用神为财。求财，忌神为兄弟，元神为子孙。卦象六柱中，金为兄弟，水为子孙，木为财，火为官鬼，土为父母。卦中，癸水子孙临体干，忌空破，忌受克。日柱空亡辰巳，辰土空，未土不空；巳火空，丁火有根在午，可受生。癸水有根在子，可受生，可通关。日柱庚子，庚金在柱内直接生子水，忌神生元神，元神通关成功，忌神反成为财源，财旺。体柱癸卯，癸水在柱内直接生卯木，元神生财，财旺。故，此占问结果，可得财。

继续看《大有》卦六五的爻变，先看爻辞：

☲☰ 六五：厥孚交如，威如，吉。

现代文注释：

六五，为《大有》的卦主，柔爻居中位，其象虚中，虚心诚恳自然得人心，虚中为有孚之象，其下乾为人，乾亦为信，故君王有诚信待人之道，众阳爻亦以孚信回报君王，"厥"的意思是"其"，"厥孚"就是"其孚"，这里指六五与众阳爻的孚信相交融，"大有"以诚信作为道德基础。但仅有孚信之交是不够的，六五必须有威严加之，才不至失之轻慢，才不失君道；六五既有诚信与上下众爻交往，又有威严，以威济柔，得"吉"。

《大有》卦六五爻变，得到《大有》之《乾》。卦象解析如下：

从卦象看，《大有》卦卦象☲，《乾》卦卦象☰，两卦卦象结合起来看，离为日，为宫，为光明，互兑伏艮为星，星斗朝上，为乾天顺行，天罡无冲，这是顺天道，得天时之象；六五柔爻居中，其象虚中，为有孚之象，乾为龙，为德，为信，君王与众阳爻孚信相交，以诚信为道德基础，又不失尊，爻变后九五有飞龙在天的自由快乐之象。对于事业发展，卦象信息，其天象吉祥，顺天道而光明，飞龙在天，以威济柔，得吉而长安，事业会成功。

起卦时间：2017年阳历9月10日11点33分。占问得到《大有》之《乾》，动爻在五爻。"体"的位置在二爻，"用"在五爻。

"体"在二爻，在本宫卦（乾卦）里的五行属性为寅木，六亲为财，故"体"的天干为甲。

体干在二爻，配甲木；坐下的地支，由十二宫的沐浴，动化为临官。即体干坐地支子，动化寅。于是得到卦象的两组干支为：

甲　甲
子　寅

2017年阳历9月10日11点33分，对应的八字四柱是：

　　　　　　　日
丁　　己　　庚　　壬
酉　　酉　　子　　午

卦象的两组干支与起卦时间的八字四柱合并，得到《大有》之《乾》的卦象干支六柱：

　　　　用　　　　　日　　体
丁　　甲　　己　　庚　　甲　　壬
酉　　寅　　酉　　子　　子　　午

此占问，若分类占断为求财，用神为财。求财，忌神为兄弟，元神为子孙。卦象六柱中，金为兄弟，水为子孙，木为财，火为官鬼，土为父母。卦中，甲木财临体干，宜旺。日柱空亡辰巳，辰土空，但土不缺位，寅藏干戊；巳火空，丁火有根在午，可受生。日柱庚子，庚金在柱内直接生子水，忌神生元神，元神通关成功，忌神反成为财源，财不受克，财旺。体柱甲子，子水在柱内直接生甲木，元神生财，财旺。故，此占问结果，可得财。

继续看《大有》卦上九的爻变，先看爻辞。

☲ 上九：自天祐之，吉无不利。

现代文注释：

上九，已到卦之终，位居离之上，是为至明，故不据富为己有，而不至富之过盛；以阳刚居天位，有天之象，"祐"为助，上九孚于六五，其富能助之六五，故称其为来自天上的助佑，这是隐喻的说法，六五居离中，有文明之德，上九居其上而应之，故曰"自天祐之"。上九助之六五，使得自己不会因自盈而招损，免除盈满之灾，上九与六五为亲比，履柔，故"吉无不利"。

《大有》卦上九爻变，得到《大有》之《大壮》。卦象解析如下：

从卦象看，《大有》卦卦象☲，《大壮》卦卦象☳，两卦卦象结合起来看，乾为天，为德，为天福，震为履，为乐，这是履德而得天福，快乐之象；震为朝，互兑为露水，离为日，这是朝露短暂，日出而消失之象；离为日，互兑为月，乾为天，为长久，震为君，为德，为运行，这是日月在天上运行，君德长久之象。对于事业发展，卦象信息，君德为长久，朝露为短暂，故，提醒占问者，要区别两类不同的影响因素，在发展过程中，有长久影响企业发展的因素，也有短暂的、稍瞬即逝的因素和事件，作为有远大理想的企业家，要多做一些能长久影响企业发展的有益的事，不求虚名，不做表面文章，不去炫耀刚猛的力量，育己之君德，这样自有天佑，吉祥而无不利；得此占，事业可得成功。

起卦时间：2017年阳历9月10日11点49分。占得《大有》之《大壮》，动爻在上爻。"体"在三爻，"用"在上爻。

"体"在三爻，在本宫卦（乾卦）里的五行属性为辰土，六亲为父母，故"体"的天干为戊。

体干在三爻，配戊土；坐下的地支，由十二宫的冠带，动化为长生。即体干坐地支辰，动化寅。于是得到卦象的两组干支为：

```
戊      戊
辰      寅
```

2017年阳历9月10日11点49分，对应的八字四柱是：

```
         日
丁    己    庚    壬
酉    酉    子    午
```

卦象的两组干支与起卦时间的八字四柱合并，就得到《大有》之《大壮》的卦象干支六柱：

```
用              体    日
戊    丁    己    戊    庚    壬
寅    酉    酉    辰    子    午
```

此占问，若分类占断为求财，用神为财。求财，忌神为兄弟，元神为子孙。卦象六柱中，金为兄弟，水为子孙，木为财，火为官鬼，土为父母。卦中，戊土父母临体干，宜财旺，喜财来克体，亦喜火通关，财间接生体干，皆为财来就体，得财之象。日柱空亡辰巳，辰土空，戊土有根在寅，可受生；巳火空，丁火有根在午，可受生。木不透天干，但，地支有寅，财不缺位。日柱庚子，庚金在柱内直接生子水，忌神生元神，元神通关成功，忌神反成为财源，财不受克，财旺。故，此占问结果，可得财。

水地《比》䷇（卦序号：62）

比：吉。原筮，元永贞，无咎。不宁方来，后夫凶。

本章介绍四个卦的独爻变卦象空间，本节进入《比》卦。以下从初爻开始，介绍《比》卦独爻变的卦象解析、干支五行分析方法和分类占断的分析过程。先看初爻的爻辞：

䷇ 初六：有孚比之，无咎。有孚盈缶，终来有它吉。

现代文注释：

初六，心怀诚信的亲附，没有咎害。上卦坎为孚，为酒，下卦坤为缶，孚信就像美酒从瓦器缶中溢出，酒香四溢，这样的相亲相辅，终有意外的吉祥。

《比》卦初六爻变，得到《比》之《屯》。卦象解析如下：

从卦象看，《比》卦卦象䷇，《屯》卦卦象䷂，两卦卦象结合起来看，爻变得震，震为仁德，为兴，是仁德以兴之象；震为马，坤为多，为牧，中爻艮为山，坎伏离为南，这是南山牧马之象；艮为时，为山，为果，为橘柚，为栗，为采摘，为得，坎为忧，震为解，为乐，为功利，为马，为车，为载，为筐，震伏巽为果香，坤为囊，为载重，这是山坡上林果丰收，贩运的忧愁很快得以解决而转为快乐，囊装筐载，马车运输，果香得贾市青睐，销路通畅而得利之象。对事业而言，南山牧马代表安定；林果丰收，卖出而得利，寓意得天时，有天福恩泽，产品市场销售旺盛，得利而有欢乐，事业成功。

起卦时间：2017年阳历9月22日14点40分。占问得到《比》之《屯》，动爻在初爻。"体"的位置在四爻，"用"在初爻。

　　"体"在四爻，在本宫卦（坎卦）里的五行属性为申金，六亲为父母，故"体"的天干为庚。

　　体干在四爻，配庚金；坐下的地支，由十二宫的沐浴，动化为长生。即体干坐地支午，动化巳。于是得到卦象的两组干支为：

```
庚     辛
午     巳
```

2017年阳历9月22日14点40分，对应的八字四柱是：

```
           日
丁    己    壬    丁
酉    酉    子    未
```

　　卦象的两组干支与起卦时间的八字四柱合并，就得到《比》之《屯》的卦象干支六柱：

```
           体    日         用
丁    己    庚    壬    丁    辛
酉    酉    午    子    未    巳
```

　　此占问，若分类占断为求财，用神为财。求财，忌神为兄弟，元神为子孙。卦象六柱中，水为兄弟，木为子孙，火为财，土为官鬼，金为父母。卦中，庚金父母临体干，宜财旺，喜财来克体，亦喜土通关，财间接生体干，皆为财来就体，得财之象。日柱空亡寅卯，未藏干乙木，木不缺位。丁火有根在午，财可受生。时柱丁未，丁火在柱内直接生未土，未藏干乙丁，相互为护神，乙木可生丁火，元神生财之象暗藏其中，财旺。故，此占问结果，可得财。

继续看《比》卦六二的爻变，先看爻辞：

☷ 六二：比之自内，贞吉。

现代文注释：

六二，位居中得正，与九五为正应，坤之中为"内"，故曰"比之自内"；内心的纯正导致行为的正，相亲相辅发自内心，坚守贞正，吉祥。

《比》卦六二爻变，得到《比》之《坎》。卦象解析如下：

从卦象看，《比》卦卦象☷，《坎》卦卦象☵，两卦卦象结合起来看，爻变导致坤变坎，坤为虚，为饥饿，坎中实，为饱，为得，是由虚转实，由饥饿转为饱之象；中爻因爻变而得震，震为仁德，为福，为功业，上有艮，为求，为成，这是求仁得仁，功业有成之象；艮为山，为高，为居，为安，坎为水，为忧，坤为民，互震为乐，这是民居高处而得安乐之象。对于事业发展，卦象信息，由虚转实，寓意有了实际的收获；又有发自内心的诚信，求仁得仁，功业有成；居高得安乐，是企业占领战略制高点而得到安定，事业成功。

起卦时间：2017年阳历9月22日14点24分。占问得到《比》之《坎》，动爻在二爻。"体"的位置在五爻，"用"在二爻。

"体"在五爻，在本宫卦（坎卦）里的五行属性为戊土，六亲为官鬼，故"体"的天干为戊。

体干在五爻，配戊土；坐下的地支，由十二宫的墓，动化为胎。即，体干坐地支戌，动化子。于是得到卦象的两组干支为：

戊　　戊

戌　　子

2017年阳历9月22日14点24分，对应的八字四柱是：

		日	
丁	己	壬	丁
酉	酉	子	未

卦象的两组干支与起卦时间的八字四柱合并，就得到《比》之《坎》的卦象干支六柱：

	体		日	用	
丁	戊	己	壬	戊	丁
酉	戌	酉	子	子	未

此占问，若分类占断为求财，用神为财。求财，忌神为兄弟，元神为子孙。卦象六柱中，水为兄弟，木为子孙，火为财，土为官鬼，金为父母。卦中，戊土官鬼临体干，宜财旺生官，得财之象。日柱空亡寅卯，但木不缺位，未藏干乙木。戊土有根在戌，可受生。壬水无根，不受生。壬戊同坐地支子，坐同一板凳，通过地支相通，戊土克壬水，忌神被克，受制。丁火有根在未，财可受生，财旺。时柱丁未，丁火在柱内直接生未土，未土藏干乙丁，乙木可生丁火，互为护神，元神生财之象暗藏其中，财旺。故，此占问结果，可得财。

继续看《比》卦六三的爻变，先看爻辞：

䷇ 六三：比之匪人。

现代文注释：

六三，阴柔，失位，不中不正，上无应，没有依靠，想归附，但不得其人，随天意的安排，又不会是正确的比附对象，这样的状况，很不妙。六三没有给出吉凶的判辞，只给出了警示，提醒六三"比之匪人"，周易中乾为"人"，故"人"指卦中唯一的乾阳九五，寓意六三得不到九五的比附。

《比》卦六三爻变，得到《比》之《蹇》。卦象解析如下：

从卦象看，《比》卦卦象☰，《蹇》卦卦象☰，两卦卦象结合起来看，坎为忧愁，为困，坤为民，为穷，为寒冬，艮为求，艮在坎下，为难求，这是温饱难求之象；九五的艮为高山，爻变得到蹇九三的艮，为庐，这是在高山下搭建草庐以度寒冬之象；互离为乱，坎为困，为忧患，离坎相连，阳陷坎中，是难以脱离困境和忧患之象；卦象中险难重重，无吉祥可言。对于事业发展，卦象信息，有困厄的局面难以解脱的含义，寓意发展环境很差，遇到了重险，脱离困境暂时还看不到机会，事业不会成功。

起卦时间：2017年阳历9月22日14点32分。占问得到《比》之《蹇》，动爻在三爻。"体"的位置在上爻，"用"在三爻。

"体"在上爻，在本宫卦（坎卦）里的五行属性为子水，六亲为兄弟，故"体"的天干为癸。

体干在上爻，配癸水；坐下的地支，由十二宫的病，动化为墓。即，体干坐地支酉，动化未。于是得到卦象的两组干支为：

癸　　癸

酉　　未

2017年阳历9月22日14点32分，对应的八字四柱是：

```
                       日
     丁       己       壬       丁
     酉       酉       子       未
```

　　卦象的两组干支与起卦时间的八字四柱合并，就得到《比》之《蹇》的卦象
干支六柱：

```
     体                       用       日
     癸       丁       己       癸       壬       丁
     酉       酉       酉       未       子       未
```

　　此占问，若分类占断为求财，用神为财。求财，忌神为兄弟，元神为子孙。
卦象六柱中，水为兄弟，木为子孙，火为财，土为官鬼，金为父母。卦中，癸水
兄弟临体干，忌神临体，财不能靠近，得不到财之象。日柱空亡寅卯，但木不缺
位，未藏干乙木。丁火有根在未，财可受生。但地支三个酉相并，金呈旺象，金
为仇神，生忌神，克元神，元神只能藏墓库之中，出墓库就会被克。癸水有根在
子，可受生，体柱癸酉，酉金在柱内直接生癸水，金水的势力强大。木藏于墓
库，不能透出，水克火成为必然。癸水有酉金相生，又得到壬水相助，汇成江河
之水，克力很大，忌神临体的问题无解。故，此占问结果，得不到财。

　　继续看《比》卦六四的爻变，先看爻辞：

䷇六四：外比之，贞吉。

现代文注释：

六四，向外寻找比附，与阳刚、中正的九五是亲比，很自然的去追随九五，追随比自己更高尚的人，这是见贤思齐的比附，坚守正道，可获吉祥。

《比》卦六四爻变，得到《比》之《萃》。卦象解析如下：

从卦象看，《比》卦卦象☵☷，《萃》卦卦象☱☷，两卦卦象结合起来看，坎为信，为友，艮为贤人，为辉光，坤为聚，乾为日，兑为月，为友，为悦，互巽为随，这是天道有信，月追随日，得日之辉光，贤人相聚，悦而为友之象。对事业而言，卦象信息，是得到正确的追随，事业成功。

起卦时间：2017年阳历9月22日14点56分。占问得到《比》之《萃》，动爻在四爻。"体"的位置在初爻，"用"在四爻。

"体"在初爻，在本宫卦（坤卦）里的五行属性为未土，六亲为兄弟，故"体"的天干为己。

体干在初爻，配己土；坐下的地支，由十二宫的胎，动化为沐浴。即，体干坐地支亥，动化申。于是得到卦象的两组干支为：

己　　戊
亥　　申

2017年阳历9月22日14点56分，对应的八字四柱是：

　　　　日
丁　己　壬　丁
酉　酉　子　未

卦象的两组干支与起卦时间的八字四柱合并，就得到《比》之《萃》的卦象干支六柱：

	用	日		体	
丁	己	戊	壬	丁	己
酉	酉	申	子	未	亥

此占问，若分类占断为求财，用神为财。求财，忌神为兄弟，元神为子孙。卦象六柱中，土为兄弟，金为子孙，水为财，木为官鬼，火为父母。卦中，己土兄弟临体干，忌神临体，财不能靠近，得不到财之象。日柱空亡寅卯，未藏干乙木。壬水有根在亥，财可受生。用爻戊申，戊土在柱内直接生申金，忌神生元神，元神通关成功，忌神反成为财源，忌神临体的问题得解，财有源，财旺。五行贪生忘克，体干己土会自行并入用爻的天干戊，共同生元神。财不受克，财旺。故，此占问结果，可得财。

继续看《比》卦九五的爻变，先看爻辞：

▤▤ 九五：显比，王用三驱，失前禽。邑人不诫，吉。

现代文注释：

九五，共主，"显"，明也；举行狩猎，用共同在一起狩猎的合作以"明"结盟成功，故曰"显比"。狩猎中，君王采用三面驱围的方法，网开一面，放走正前方的野兽，不赶尽杀绝，以示爱物之"仁"心。九五的仁爱，人人都愿意与之亲比，而不存任何戒心，就如同自己食邑的百姓那样放心的亲比九五，这种信任，代表九五所行的是"比"的中正之道，吉祥。

《比》卦九五爻变，得到《比》之《坤》。卦象解析如下：

从卦象看，《比》卦卦象☵☷，《坤》卦卦象☷☷，两卦卦象结合起来看，坎为幽谷，艮为鸟翼，为飞，这是艮阳可出幽谷之象；艮为辉光，为国，坤为天下，为万国，这是辉光普照万国，大光明之象；《比》卦是结盟比附的卦，爻变得坤，得坤为得天下，是吉祥的卦象。对事业而言，会有大的成功。

起卦时间：2017年阳历9月22日14点48分。占问得到《比》之《坤》，动爻在五爻。"体"在二爻，"用"在五爻。

"体"在二爻，在本宫卦（坤卦）里的五行属性为巳火，六亲为父母，故"体"的天干为丙。

体干在二爻，配丙火；坐下的地支，由十二宫的胎，动化为临官。即，体干坐地支子，动化巳。于是得到卦象的两组干支为：

丙　　丁
子　　巳

2017年阳历9月22日14点48分，对应的八字四柱是：

　　　　日
丁　己　壬　丁
酉　酉　子　未

卦象的两组干支与起卦时间的八字四柱合并，就得到《比》之《坤》的卦象干支六柱：

```
        用           日   体
丁   丁   己   壬   丙   丁
酉   巳   酉   子   子   未
```

此占问，若分类占断为求财，用神为财。求财，忌神为兄弟，元神为子孙。卦象六柱中，土为兄弟，金为子孙，水为财，木为官鬼，火为父母。卦中，丙火父母临体干，宜财旺，喜财来克体，亦喜木通关，财间接生体干，皆为财来就体，得财之象。日柱空亡寅卯，但木不缺位，未藏干乙木。日柱壬子，壬癸水合流，财旺。月柱己酉，己土在柱内直接生酉金，忌神生元神，忌神反成为财源，元神通关成功，财不受克，财旺。故，此占问结果，可得财。

继续看《比》卦上六的爻变，先看爻辞：

䷆ 上六：比之无首，凶。

现代文注释：

上六，终极走向反面，对九五无恭顺的态度，乘凌阳刚的九五，出现对"比"的排斥，故曰"无首"，上六与九五的关系最终会转向对立，有凶。

《比》卦上六爻变，得到《比》之《观》。卦象解析如下：

从卦象看，《比》卦卦象䷆，《观》卦卦象䷓，两卦卦象结合起来看，互艮为鸟，为翼，为飞，坎为凶，为弓矢，为患，为折，巽为陨落，坤为地，为亡，为祸殃，这是鸟被弓矢所伤，翼折而坠落地面，遇凶祸之象；卦象不吉。对事业而言，卦象信息，出现凶兆，要止步；得此占，不会成功。

起卦时间：2017年阳历9月22日14点16分。占问得到《比》之《观》，动爻在上爻。"体"的位置在三爻，"用"在上爻。

"体"在三爻，在本宫卦（坤卦）里的五行属性为卯木，六亲为官鬼，故"体"的天干为乙。

体干在三爻，配乙木；坐下的地支，由十二宫的养，动化为衰。即，体干坐地支未，动化丑。于是得到卦象的两组干支为：

乙　　乙
未　　丑

2017年阳历9月22日14点16分，对应的八字四柱是：

　　　　　　日
丁　　己　　壬　　丁
酉　　酉　　子　　未

卦象的两组干支与起卦时间的八字四柱合并，就得到《比》之《观》的卦象干支六柱：

用　　　　　　体　日
乙　　丁　　己　　乙　　壬　　丁
丑　　酉　　酉　　未　　子　　未

此占问，若分类占断为求财，用神为财。求财，忌神为兄弟，元神为子孙。卦象六柱中，土为兄弟，金为子孙，水为财，木为官鬼，火为父母。卦中，乙木官鬼临体干，宜财旺生官，得财之象。日柱空亡寅卯，但木不缺位，乙木有根在未，体干可受财生。月柱己酉，己土在柱内直接生酉金，忌神生元神，忌神反成为财源，元神通关成功，财不受克，财旺。体干可受财生，财旺生官的条件具备。故，此占问结果，可得财。

泽天《夬》䷪（卦序号：63）

夬：扬于王庭，孚号，有厉，告自邑，不利即戎，利有攸往。

本章介绍四个卦的独爻变卦象空间，本节进入《夬》卦。以下从初爻开始，介绍《夬》卦独爻变的卦象解析、干支五行分析方法和分类占断的分析过程。先看初爻的爻辞：

䷪初九：壮于前趾，往，不胜为咎。

现代文注释：

初九，保卫夏收的行动开始了，作为前哨的部分民众和少量军士，步伐坚定而有力，前往我方田地的边界驻扎。周边地区时遇旱灾，周边部落到我方田地抢割麦子的情况时有发生，保卫夏收若不得胜，就有咎错。

《夬》卦初九爻变，得到《夬》之《大过》。卦象解析如下：

从卦象看，《夬》卦卦象䷪，《大过》卦卦象䷛，两卦卦象结合起来看，爻变导致下乾变巽，乾为福，巽为陨落，爻变失乾，这是阳陨而失福之象；兑为雨，大坎为大雨，巽为商人，为利，兑为损折，这是遭遇水灾，商人利损之象。对事业而言，卦象信息，失福，是好运不来，做事不顺利；水灾，是损失；商人无利，是辛劳而无果；得此占，不会成功，归于失败。

起卦时间：2017年阳历10月14日10点57分。占得《夬》之《大过》，动爻在初爻。"体"的位置在四爻，"用"在初爻。

"体"在四爻，在本宫卦（兑卦）里的五行属性为亥水，六亲为子孙，故"体"的天干为壬。

体干在四爻，配壬水；坐下的地支，由十二宫的帝旺，动化为衰。即，体干坐地支子，动化丑。于是得到卦象的两组干支为：

壬　　癸
子　　丑

2017年阳历10月14日10点57分，对应的八字四柱是：

　　　　　　日
丁　庚　甲　己
酉　戌　戌　巳

卦象的两组干支与起卦时间的八字四柱合并，得到《夬》之《大过》的卦象干支六柱：

　　　　　体　日　　用
丁　庚　壬　甲　己　癸
酉　戌　子　戌　巳　丑

此占问，若分类占断为求财，用神为财。求财，忌神为兄弟，元神为子孙。卦象六柱中，金为兄弟，水为子孙，木为财，火为官鬼，土为父母。卦中，壬水子孙临体干，忌空破，忌受克。月令为戌，元神犯月破，被克，不能生财。日柱空亡申酉，庚金有根在巳，可受生。甲木无根，不受生，财衰。甲庚同坐地支戌，坐同一板凳，通过地支相通，庚金直接克甲木，财受克，财衰。故，此占问结果，得不到财。

继续看《夬》卦九二的爻变，先看爻辞：

☱ 九二：惕号，莫夜有戎，勿恤。

现代文注释：

九二，居中，得"居中慎行"之道，刚柔相济，乾为惕，兑为号，发出惕备的命令，夜晚随时会有军事行动。有九二的细心周到，无忧虑。

《夬》卦九二爻变，得到《夬》之《革》。卦象解析如下：

从卦象看，《夬》卦卦象☱，《革》卦卦象☲，两卦卦象结合起来看，兑为花，为华，离为火，为枯槁，这是花枯华干，败落之象；乾为惕，为周，离为戈兵，兑为毁折，互巽为陨落，为败亡，为退却，这是虽有惕备，尽到周全的努力，但仍得到败亡、退却的结局之象。对于事业发展，卦象信息，寓意天时不利，败落阶段已经到来，没有成功机会，归于失败。

起卦时间：2017年阳历10月14日10点25分。占问得到《夬》之《革》，动爻在二爻。"体"的位置在五爻，"用"在二爻。

"体"在五爻，在本宫卦（兑卦）里的五行属性为酉金，六亲为兄弟，故"体"的天干为辛。

体干在五爻，配辛金；坐下的地支，由十二宫的衰，动化为墓。即，体干坐地支未，动化辰。于是得到卦象的两组干支为：

辛　　庚

未　　辰

2017年阳历10月14日10点25分，对应的八字四柱是：

日

丁　　　庚　　　甲　　　己

酉　　　戌　　　戌　　　巳

卦象的两组干支与起卦时间的八字四柱合并，就得到《夬》之《革》的卦象干支六柱：

体　　　　　　日　　　用

丁　　辛　　庚　　甲　　庚　　己

酉　　未　　戌　　戌　　辰　　巳

此占问，若分类占断为求财，用神为财。求财，忌神为兄弟，元神为子孙。卦象六柱中，金为兄弟，水为子孙，木为财，火为官鬼，土为父母。卦中，辛金兄弟临体干，忌神临体，财不能靠近，得不到财之象。日柱空亡申酉，但金不缺位，庚金有根在巳，辛金有根在戌，可受生，忌神旺。甲木无根，不受生，财衰。卦象六柱中，癸水不透天干，藏于辰，乃入墓的衰水，不能通关，无元神通关，忌神临体的问题无解。故，此占问结果，得不到财。

继续看《夬》卦九三的爻变，先看爻辞：

䷪ 九三：壮于頄，有凶；君子夬夬，独行遇雨，若濡有愠，无咎。

现代文注释：

九三，居人位的下者，在夏收的前方，在与前来抢割庄稼的周边方国民众对峙中，忿怒都显露在脸上，有发生冲突的危险。君子执行保卫夏收的决心很大，接受新的行动方案，马上就行动，他带领几个人回去牵羊，配合九四与对方谈判的新方案，到家遇雨，衣服都淋湿了，乾为衣，"濡"为湿，面有愠色，但没有过错，无咎。

《夬》卦九三爻变，得到《夬》之《兑》。卦象解析如下：

从卦象看，《夬》卦卦象☰，《兑》卦卦象☱，两卦卦象结合起来看，兑为华，兑覆巽为枯木，这是枯树生华之象；乾为木果，为君子，为圣德，为福禄，为万年，互乾与下乾相重，重乾为果实累累，为众英聚集，兑为食，为美好，为恩，为养，伏艮为贤人，互巽为利，这是木果甘美，众英聚集，养贤蓄德，利福同来，君子万年之象；三个半震为频繁行动，巽为利，正反巽相对，为利相合，是动而有利之象；乾为天门，半震为开，是天门开之象，乾为百福，为金，为玉，重乾为积聚，这是天门开启，百福齐来，金玉积聚之象。对事业而言，卦象信息，寓意迎来重生、中兴的机会，枯树生华，天门开启，百福齐来，众英聚合，人和逢遇天时，事业会成功。

起卦时间：2017年阳历10月14日10点17分。占问得到《夬》之《兑》，动爻在三爻。"体"的位置在上爻，"用"在三爻。

"体"在上爻，在本宫卦（兑卦）里的五行属性为未土，六亲为父母，故"体"的天干为己。

体干在上爻，配己土；坐下的地支，由十二宫的病，动化为胎。即，体干坐地支卯，动化亥。于是得到卦象的两组干支为：

己 己
卯 亥

2017年阳历10月14日10点17分，对应的八字四柱是：

```
                    日
        丁      庚      甲      己
        酉      戌      戌      巳
```

卦象的两组干支与起卦时间的八字四柱合并，就得到《夬》之《兑》的卦象干支六柱：

```
    体                      用      日
    己      丁      庚      己      甲      己
    卯      酉      戌      亥      戌      巳
```

此占问，若分类占断为求财，用神为财。求财，忌神为兄弟，元神为子孙。卦象六柱中，金为兄弟，水为子孙，木为财，火为官鬼，土为父母。卦中，己土父母临体干，宜财旺，喜财来克体，亦喜火通关，财间接生体干，皆为财来就体，得财之象。日柱空亡申酉，忌神减力。甲木有根在亥，财可受生。体干坐下地支，卯动化亥，动化回头生，元神生财，财旺。故，此占问结果，可得财。

继续看《夬》卦九四的爻变，先看爻辞：

☰ 九四：臀无肤，其行次且；牵羊悔亡，闻言不信。

现代文注释：

九四，爻位居人位的上者，刚居柔，懂得刚柔并济，兑综巽，巽为臀，伏艮为无肤，故曰"臀无肤"；艮为覆震，震为行，覆震为次且，故曰"其行次且"。伏艮为牵，兑为羊，巽为绳，故九四有牵羊之象，他牵羊招待对方首领，和谈的结果，抢割麦子的人都散了，悔亡。兑为耳，为听，兑口在上六，为有言，九四听到上六对他有微辞，且都听着，但不信邪，只做正确的事。

《夬》卦九四爻变，得到《夬》之《需》。卦象解析如下：

从卦象看，《夬》卦卦象☰，《需》卦卦象☰，两卦卦象结合起来看，兑为祷，为巫，兑伏艮为求，坎中实，为得，为云，为雨水，为信，乾为天，为日，为干旱，为大，为德，为誉，为成，坎伏离，离数三，这是三年的大旱，云在天上，不降雨，巫觋在祈祷，最终祈雨成功，功成而有誉之象。对事业而言，卦象信息，是遇到了困难，等待时间长，只能遵从信心和德的指引，等待自然的改变，最终得到了所求；得此占，会有成功。

起卦时间：2017年阳历10月14日10点41分。占问得到《夬》之《需》，动爻在四爻。"体"的位置在初爻，"用"在四爻。

"体"在初爻，在本宫卦（乾卦）里的五行属性为子水，六亲为子孙，故"体"的天干为癸。

体干在初爻，配癸水；坐下的地支，由十二宫的长生，动化为衰。即，体干坐地支卯，动化戌。于是得到卦象的两组干支为：

癸　　壬
卯　　戌

2017年阳历10月14日10点41分，对应的八字四柱是：

　　　　　　日
丁　　庚　　甲　　己
酉　　戌　　戌　　巳

卦象的两组干支与起卦时间的八字四柱合并，就得到《夬》之《需》的卦象干支六柱：

	用	日		体	
丁	庚	壬	甲	己	癸
酉	戌	戌	戌	巳	卯

此占问，若分类占断为求财，用神为财。求财，忌神为兄弟，元神为子孙。卦象六柱中，金为兄弟，水为子孙，木为财，火为官鬼，土为父母。卦中，癸水子孙临体干，忌空破，忌被克。日柱空亡申酉，庚有根在巳，忌神不受空亡影响。用爻与月柱、日柱同坐地支戌，坐同一板凳，通过地支相通，庚壬甲三个天干，形成庚金生壬水，壬水生甲木的相生链，元神通关成功，财不受克，忌神反成为财源。体柱癸卯，癸水在柱内直接生卯木，元神生财，财旺。故，此占问结果，可得财。

继续看《夬》卦九五的爻变，先看爻辞：

☰☱ 九五：苋陆夬夬，中行无咎。

现代文注释：

九五，阳刚果决的君王，得到群阳的拥护，"苋陆"有隐喻在其中，"苋"通"见"，"陆"同"六"，六为乾的后天之数，故，"苋陆"就是"见到乾"的意思，《夬》卦爻变为《乾》，这就是九五的决心；西伯侯姬昌为西部诸侯盟主，称"伯"，其与殷商的关系因联姻而变得复杂，导致西伯侯被商纣王以入朝为官的名义邀请到殷都，最后几年失去人身自由，被囚禁在羑里，故"苋陆"暗喻九五可以见到西伯侯归国回到天位。苋陆草，根部坚固相连，再生能力极强，也代表君王与臣下的关系不会有问题。在夏收之际，君王完全明白，不利的情况下只能动用兵戎，即"不利即戎"；但君王有刚中之德，守持中正之道，明白战争不能最终解决问题，故力行"中和"之道，支持九四与前来抢割的来犯者和谈，最终解决了与周边部落、方国的冲突，故无咎。

《夬》卦九五爻变，得到《夬》之《大壮》。卦象解析如下：

从卦象看，《夬》卦卦象☱，《大壮》卦卦象☳，两卦卦象结合起来看，兑为花，为华，为繁盛，为美好，为食，震为年岁，为开，为车，为载，为筐，为乐，为通利，乾为山坡，为木果，为实，为富，互乾与下乾重叠，为果实累累，这是果林已开花结果，味美可食，筐装车载，贩卖获利，年岁收成好，通利致富，欢乐不禁之象。对于事业发展，卦象信息，是秋收的欢乐，成果累累，所做的项目开始有利润，前景美好，事业成功。

起卦时间：2017年阳历10月14日10点49分。占得《夬》之《大壮》，动爻在五爻。"体"的位置在二爻，"用"在五爻。

"体"在二爻，在本宫卦（乾卦）里的五行属性为寅木，六亲为财，故"体"的天干为甲。

体干在二爻，配甲木；坐下的地支，由十二宫的沐浴，动化为长生。即体干坐地支子，动化亥。于是得到卦象的两组干支为：

甲　乙
子　亥

2017年阳历10月14日10点49分，对应的八字四柱是：

```
                  日
        丁      庚      甲      己
        酉      戌      戌      巳
```

卦象的两组干支与起卦时间的八字四柱合并，得到《夬》之《大壮》的卦象干支六柱：

```
        用              日      体
    丁      乙      庚      甲      甲      己
    酉      亥      戌      戌      子      巳
```

此占问，若分类占断为求财，用神为财。求财，忌神为兄弟，元神为子孙。卦象六柱中，金为兄弟，水为子孙，木为财，火为官鬼，土为父母。卦中，甲木财临体干，宜旺。日柱空亡申酉，庚金虽有根在巳，但忌神减力，势单力薄，喜相生而忌克耗，元神通关具备条件。体柱甲子，用爻乙亥，亥子水在柱内直接生甲乙木，元神生财，财旺。故，此占问结果，可得财。

继续看《夬》卦上六的爻变，先看爻辞：

䷪ 上六：无号，终有凶。

现代文注释：

上六，伏震为号，伏象不见，故曰"无号"。上六是王后、太后等优柔寡断的贵妇人，没有遵从统一的部署，食邑的田地被周边的部落抢割，损失了也不敢说，此时也无须号啕大哭了，年景不好，粮食没有归仓，其后果可想而知，故曰"终有凶"。

《夬》卦上六爻变，得到《夬》之《乾》。卦象解析如下：

从卦象看，《夬》卦卦象☱，《乾》卦卦象☰，两卦卦象结合起来看，兑伏艮，艮为夫，伏艮为无夫，重乾伏坤，为不见其妻；卦象不吉。爻辞为"终有凶"，占问者需警觉。对于事业发展，卦象信息，阴得不到阳，阳见不到阴，是阴阳不配合的状态；得此占，事业无果，不会成功。

起卦时间：2017年阳历10月14日10点33分。占问得到《夬》之《乾》，动爻在上爻。"体"的位置在三爻，"用"在上爻。

"体"在三爻，在本宫卦（乾卦）里的五行属性为辰土，六亲为父母，故"体"的天干为戊。

体干在三爻，配戊土；坐下的地支，由十二宫的帝旺，动化为病。即，体干坐地支午，动化申。于是得到卦象的两组干支为：

戊　　戊
午　　申

2017年阳历10月14日10点33分，对应的八字四柱是：

　　　　　　日
丁　庚　甲　己
酉　戌　戌　巳

卦象的两组干支与起卦时间的八字四柱合并，就得到《夬》之《乾》的卦象干支六柱：

```
用                  体    日
戊    丁    庚    戊    甲    己
申    酉    戌    午    戌    巳
```

此占问，若分类占断为求财，用神为财。求财，忌神为兄弟，元神为子孙。卦象六柱中，金为兄弟，水为子孙，木为财，火为官鬼，土为父母。卦中，戊土父母临体干，宜财旺，喜财来克体，亦喜火通关，财间接生体干，皆为财来就体，得财之象。日柱空亡申酉，庚金有根在巳，可受生。月柱庚戌，戊土在柱内直接生庚金，忌神受生，忌神旺。甲木无根，不受生。卦中，水缺位，无元神通关，财直接受克。庚甲同坐地支戌，坐同一板凳，通过地支相通，庚金直接克甲木，忌神克用神，财受克，财衰。故，此占问结果，得不到财。

山地《剥》☷☶（卦序号：64）

剥：不利有攸往。

本章介绍四个卦的独爻变卦象空间，本节进入《剥》卦。以下从初爻开始，介绍《剥》卦独爻变的卦象解析、干支五行分析方法和分类占断的分析过程。先看初爻的爻辞：

☷☶ **初六：剥床以足，蔑贞凶。**

现代文注释：

初六，全卦的大象就是一个大大的艮，艮为床，故本卦六爻的爻辞多次出现"床"被剥蚀的描述。"剥"从下部开始，故曰"剥床以足"，这里"床"象征高山，也象征"载物"之坤。坤的"至德"为"安贞吉"，为顺而承天，以乾阳为主人，顺合天道而生物，而"剥"之时义，最后一根阳也要剥尽，故初爻的"剥"就出现"蔑贞凶"之警告。"蔑"，通灭，"贞"为阳，其意就是阴欲"灭阳"；天道之贞正，随最后一阳的被灭而处在危险之中，生生之道在剥的时空难以固守，万物的生存受到挑战，有凶；故曰"蔑贞凶"。

《剥》卦初六爻变，得到《剥》之《颐》。卦象解析如下：

从卦象看，《剥》卦卦象☷☶，《颐》卦卦象☶☳，两卦卦象结合起来看，坤为文，震为王，艮为拘，这是文王被囚羑里之象；坤为水，为身，艮为火，是身处水火之中，也是赴汤蹈火之象；坤为劳，为虚，为无，震为前行，为功业，艮为止，这是劳苦而无功，前行止步之象。对于事业发展，卦象信息，文王被囚，是君王有难，企业遇到灾祸，此时的处境，是处在不利于做事的境况中，做的很辛苦，身劳心疲，甚至不辞赴汤蹈火，但都劳而无功，无所得，企业前行止步；得此占，不会成功，归于失败。

起卦时间：2017年阳历11月13日15点16分。占问得到《剥》之《颐》，动爻在初爻。"体"的位置在四爻，"用"在初爻。

"体"在四爻，在本宫卦（艮卦）里的五行属性为戊土，六亲为兄弟，故"体"的天干为戊。

体干在四爻，配戊土；坐下的地支，由十二宫的病，动化为长生。即，体干坐地支申，动化寅。于是得到卦象的两组干支为：

戊　　戊
申　　寅

2017年阳历10月18日15点16分，对应的八字四柱是：

　　　　　日
丁　庚　戊　庚
酉　戌　寅　申

卦象的两组干支与起卦时间的八字四柱合并，就得到《剥》之《颐》的卦象干支六柱：

　　　　体　日　　用
丁　庚　戊　戊　庚　戊
酉　戌　申　寅　申　寅

此占问，若分类占断为求财，用神为财。求财，忌神为兄弟，元神为子孙。卦象六柱中，土为兄弟，金为子孙，水为财，木为官鬼，火为父母。卦中，戊土兄弟临体干，忌神临体，财不能靠近，得不到财之象。日柱空亡申酉，庚金无根，不受生，元神不能通关，财受克。壬水原本藏于申，申空亡，水缺位，无财之象。故，此占问结果，得不到财。

继续看《剥》卦六二的爻变，先看爻辞：

六二：剥床以辨，蔑贞凶。

现代文注释：

六二，"辨"，显也；阴欲灭阳的"剥"现在已清晰可辨了，由下而上，阴的进逼明显就要到达最后的阳爻，在初六之时得到的警告"蔑贞凶"，此时就要到来了。

《剥》卦六二爻变，得到《剥》之《蒙》。卦象解析如下：

从卦象看，《剥》卦卦象，《蒙》卦卦象，两卦卦象结合起来看，艮为高贵，为时，为位，为居，为求，坎为留，震为行，为进取，坤为虚，为亡，这是力求留住地位和居所，但，时不利，行动结果为虚，位和居所皆亡失之象。对事业而言，卦象信息，寓意已取得的行业地位会失去，尽管做了努力，但不会有结果，时势不利，努力皆为虚空，归于失败。

起卦时间：2017年阳历10月18日15点32分。占问得到《剥》之《蒙》，动爻在二爻。"体"的位置在五爻，"用"在二爻。

"体"在五爻，在本宫卦（艮卦）里的五行属性为子水，六亲为财，故"体"的天干为癸。

体干在五爻，配癸水；坐下的地支，由十二宫的病，动化为胎。即，体干坐地支酉，动化巳。于是得到卦象的两组干支为：

癸　　癸
酉　　巳

2017年阳历10月18日15点32分，对应的八字四柱是：

　　　　　日
丁　庚　戊　庚
酉　戌　寅　申

卦象的两组干支与起卦时间的八字四柱合并，就得到《剥》之《蒙》的卦象干支六柱：

　　　　体　　　　日　用
丁　癸　庚　戊　癸　庚
酉　酉　戌　寅　巳　申

此占问，若分类占断为求财，用神为财。求财，忌神为兄弟，元神为子孙。卦象六柱中，土为兄弟，金为子孙，水为财，木为官鬼，火为父母。卦中，癸水财临体干，宜旺。日柱空亡申酉，巳藏干庚，庚金有根，可受生，元神可通关。但，癸水无根，财不受生，财衰。故，此占问结果，得不到财。

继续看《剥》卦六三的爻变，先看爻辞：

▤▤ 六三：剥之无咎。

现代文注释：

六三，与上九有应，前往应阳；六三无"灭阳"之心，故无咎，"之"不为代词，不指阳爻，其意为"的"，"剥之"意为"剥卦的"。此爻为《剥》卦中对阳爻无咎害的爻，故曰"剥之无咎"。六三独自前行而应阳，无咎。

《剥》卦六三爻变，得到《剥》之《艮》。卦象解析如下：

从卦象看，《剥》卦卦象▤▤，《艮》卦卦象▤▤，两卦卦象结合起来看，艮为辉光，为位，为高，为上，坤为阶，震为登，这是履位登高之象；坤为舆，为车载，为远，为万里，艮为庐，为停歇，为休息，这是半路停歇，恢复体力，利于继续前行之象；艮为鸟，为飞，坤为风，是鸟儿乘风飞行之象。对于事业发展，卦象信息，寓意坚定向前，朝着战略目标靠近，可得成功。

起卦时间：2017年阳历10月18日15点24分。占问得到《剥》之《艮》，动爻在三爻。"体"的位置在上爻，"用"在三爻。

"体"在上爻，在本宫卦（艮卦）里的五行属性为寅木，六亲为官鬼，故"体"的天干为甲。

体干在上爻，配甲木；坐下的地支，由十二宫的衰，动化为养。即，体干坐地支辰，动化戌。于是得到卦象的两组干支为：

甲　　甲
辰　　戌

2017年阳历10月18日15点24分，对应的八字四柱是：

```
                     日
    丁      庚      戊      庚
    酉      戌      寅      申
```

卦象的两组干支与起卦时间的八字四柱合并，就得到《剥》之《艮》的卦象干支六柱：

```
    体                   用      日
    甲      丁      庚      甲      戊      庚
    辰      酉      戌      戌      寅      申
```

此占问，若分类占断为求财，用神为财。求财，忌神为兄弟，元神为子孙。卦象六柱中，土为兄弟，金为子孙，水为财，木为官鬼，火为父母。卦中，甲木官鬼临体干，宜财旺生官，得财之象。日柱空亡申酉，庚金无根，不受生，元神不能通关。申藏干壬，申的空亡，导致壬水缺位，但辰为水库，辰藏干癸，体干坐水库，辰戌冲，冲开墓库，癸水可出墓，财不缺位。甲木有根在寅，官鬼可受财生。申酉旬内空，出旬不空。故，此占问结果，月内出旬可得财。

继续看《剥》卦六四的爻变，先看爻辞：

☶ 六四：剥床以肤，凶。

现代文注释：

六四，阴的"剥"蚀进入上卦，上卦艮为肤，伤及体肤，高山有倾颓之危，此爻阴欲"灭阳"的状态更进了一步，故为凶。

《剥》卦六四爻变，得到《剥》之《晋》。卦象解析如下：

从卦象看，《剥》卦卦象☷☶，《晋》卦卦象☲☷，两卦卦象结合起来看，离为戈兵，为网，互坎为破，为缺，艮覆震，震覆为败走，这是兵败出走，又落入网中，网有破缺，终于逃出之象；离为巷，艮为门，为遇，为藏，为安，坤为祸，为孤，互坎为友，为酒，为肉，为饱，这是孤身出巷门遇灾祸，只能躲藏，幸遇友，酒肉款待，饱食得安之象。对于事业，卦象信息，是遇到灾祸，只能躲藏、逃避，所幸遇友，得助，求得身安；此爻力量弱小，得助，求得身安就是成功；故，得此占，出灾祸而得安，可归于成功。

起卦时间：2017年阳历10月18日15点48分。占问得到《剥》之《晋》，动爻在四爻。"体"的位置在初爻，"用"在四爻。

"体"在初爻，在本宫卦（坤卦）里的五行属性为未土，六亲为兄弟，故"体"的天干为己。

体干在初爻，配己土；坐下的地支，由十二宫的墓，动化为养。即，体干坐地支丑，动化戌。于是得到卦象的两组干支为：

己　　戊

丑　　戌

2017年阳历10月18日15点48分，对应的八字四柱是：

　　　　　日

丁　　庚　　戊　　庚

酉　　戌　　寅　　申

卦象的两组干支与起卦时间的八字四柱合并，就得到《剥》之《晋》的卦象干支六柱：

	用		日		体
丁	庚	戊	戊	庚	己
酉	戌	戌	寅	申	丑

此占问，若分类占断为求财，用神为财。求财，忌神为兄弟，元神为子孙。卦象六柱中，土为兄弟，金为子孙，水为财，木为官鬼，火为父母。卦中，己土兄弟临体干，忌神临体，财不能靠近，得不到财之象。日柱空亡申酉，庚金无根，不受生，但申酉旬内空，出旬不空。申藏干壬，申空亡，壬水缺位，财缺位。故，此占问结果，旬内得不到财，月内出旬可得财。

继续看《剥》卦六五的爻变，先看爻辞：

▤ 六五：贯鱼，以宫人宠，无不利。

现代文注释：

六五，处在最上方阳爻之下，地位特殊，得上九君王的临宠最方便，六五之下群阴列队如串，故曰"贯"，阴爻为鱼，故曰"贯鱼"，六五居上卦中位，其位尊，隔开群阴与上九的接触；"以"，意思为控制，故曰"以宫人宠"；此爻明确了本卦有"女主当政"的情况，这是女主、小人当道的时刻，对女主而言，只要不过分的飞扬跋扈、为所欲为，她完全可以控制后宫的宫人，不使群阴进逼，如此，维持上九继续存在，六五的地位也就继续存在，对六五无不利。

《剥》卦六五爻变，得到《剥》之《观》。卦象解析如下：

从卦象看，《剥》卦卦象☶☷，《观》卦卦象☴☷，两卦卦象结合起来看，艮为国，为安，坤为政，为虚，为孤寡，艮伏兑，兑为辅，伏兑为无辅，巽为权，为高，为陨落，为利，坤为虚，巽坤相连，为无利，艮覆震，震为开，覆震为闭，这是君王孤寡，失忠言沟通，谋事无利，无辅而失政，国失安宁，居高位而陨之象。对于事业发展，卦象信息，有走向没落的含义，居高位而陨，寓意失去行业的领导地位，事业失败。

起卦时间：2017年阳历10月18日15点56分。占问得到《剥》之《观》，动爻在五爻。"体"的位置在二爻，"用"在五爻。

"体"在二爻，在本宫卦（坤卦）里的五行属性为巳火，六亲为父母，故"体"的天干为丙。

体干在二爻，配丙火；坐下的地支，由十二宫的墓，动化为衰。即，体干坐地支戌，动化未。于是得到卦象的两组干支为：

丙　　丁
戌　　未

2017年阳历10月18日15点56分，对应的八字四柱是：

　　　　　日
丁　　庚　　戊　　庚
酉　　戌　　寅　　申

卦象的两组干支与起卦时间的八字四柱合并，就得到《剥》之《观》的卦象干支六柱：

		用		日		体
丁	丁	庚	戊	丙	庚
酉	未	戌	寅	戌	申

此占问，若分类占断为求财，用神为财。求财，忌神为兄弟，元神为子孙。卦象六柱中，土为兄弟，金为子孙，水为财，木为官鬼，火为父母。卦中，丙火父母临体干，宜财旺，喜财来克体，亦喜木通关，财间接生体干，皆为财来就体，得财之象。日柱空亡申酉，庚金无根，不受生，元神不能通关，财受克，财衰。申藏干壬，申空亡，壬水缺位，财缺位。财不旺，又处在缺位状态，无财之象。故，此占问结果，得不到财。

继续看《剥》卦上九的爻变，先看爻辞：

☶☷ 上九：硕果不食，君子得舆，小人剥庐。

现代文注释：

上九，是《剥》卦时空留下的最后一个阳爻，就像树上留下的最后一颗硕大的果实，故曰"硕果不食"，意思就是一颗硕大的果实不曾被吃掉。对待《剥》卦时空的态度，君子与小人是决然不同的，结果也不同，君子会用好时势，因势利导，安抚和引导身边的女人同乘大车出行，"得舆"隐喻得民，阳爻之下为坤象，坤为民众，但这仅仅是愿望而已，君子的愿望是阳爻可以继续为民所载，如同乘坐大舆；而实际上，这最后的"阳"不会长久；小人会击落这颗最后的硕果，如同"剥"庐，上卦艮为庐，故曰"剥庐"。

《剥》卦上九爻变，得到《剥》之《坤》。卦象解析如下：

从卦象看，《剥》卦卦象▤，《坤》卦卦象▤，两卦卦象结合起来看，坤为大地，为祸患，为怯，为忧，为亡，艮覆震，震为进，为开，为事遂，覆震为退，为事不遂，为闭，这是天地闭，忧祸患，怯而退，事不遂之象。对于事业发展，卦象信息，寓意环境条件不利于做事，无吉而有咎，有遗憾，无作为；得此占，不会成功，归于失败。

起卦时间：2017年阳历10月18日15点40分。占问得到《剥》之《坤》，动爻在上爻。"体"的位置在三爻，"用"在上爻。

"体"在三爻，在本宫卦（坤卦）里的五行属性为卯木，六亲为官鬼，故"体"的天干为乙。

体干在三爻，配乙木；坐下的地支，由十二宫的衰，动化为绝。即，体干坐地支丑，动化酉。于是得到卦象的两组干支为：

乙　　乙
丑　　酉

2017年阳历10月18日15点40分，对应的八字四柱是：

　　　　　　日
丁　　庚　　戊　　庚
酉　　戌　　寅　　申

卦象的两组干支与起卦时间的八字四柱合并，就得到《剥》之《坤》的卦象干支六柱：

```
用                  体   日
乙    丁   庚   乙   戊   庚
酉    酉   戌   丑   寅   申
```

　　此占问，若分类占断为求财，用神为财。求财，忌神为兄弟，元神为子孙。卦象六柱中，土为兄弟，金为子孙，水为财，木为官鬼，火为父母。卦中，乙木官鬼临体干，宜财旺生官，得财之象。日柱空亡申酉，庚金无根，不受生，元神不能通关，财受克，财衰。乙木无根，不受生。申藏干壬，申空亡，壬水缺位，财不旺，又处在缺位，无财之象。故，此占问结果，得不到财。

写在最后的话

  卷五、卷六把六十四卦独爻变的384个空间，全部使用"梅花易数"的新起卦规则，进行了全面的验证。用实践检验的客观方法，验证新起卦规则，是否与独爻变的空间可以有全面的对应。也许有的读者，认为大可不必用如此大的篇幅来验证。但是，清朝版《梅花易数》的起卦规则，只能对应192个独爻变的空间，每个本卦都只能对应三根爻变，这个缺陷在《梅花易数》流传几百年的时间里，竟然没有被人发现，正是没有进行全面检验，才会出现的大失误。故，笔者这次重写"梅花易数"，宁愿花费更多的心力，做系统化的工作，为易学爱好者和从事预测工作的专业人员，提供一本可备查的工具书。

  在卷五、卷六六十四卦的章节中，笔者把一对本卦、变卦转化为两组干支，进而形成独爻变卦象的干支六柱的方法做了详细的介绍，对于这个在二千年易学历史上从来没有被人提及的知识，笔者不仅是想让易学爱好者感觉到一种"新"，更大的心愿，是要把这个已经失传的占术，毫无保留的奉献给读者。这个占术，包含的天干、地支相结合的运算，是许多易学家梦寐以求的干支运算法，其难点，长期无法突破，是因为卦象与干支对应转化的方法在历史上没有留下资料。

  预测术应用于社会实践，在千百年的历史中，已经是很现实的事情。准确的预测会给谋事带来很好的结果，而错误的预测，其后果就是一种误导。故，提高整个易学界在预测术上的水平，其实就是在造福社会。故，笔者耗尽心力，所做工作，唯旨在为社会造福，为子孙后代造福。在这里，感谢万卷楼出版社的同仁与我的密切合作，他（她）们的细致工作就是在造福社会。笔者顿首。

张耀建周易研究丛书　1300A03

新梅花易数

作　　者	张耀建
责任编辑	杨婉慈
特约校稿	林秋芬

发 行 人	陈满铭
总 经 理	梁锦兴
总 编 辑	陈满铭
副总编辑	张晏瑞
编 辑 所	万卷楼图书股份有限公司
排　　版	林晓敏
印　　刷	森蓝印刷事业有限公司
封面设计	斐类设计工作室

发　　行　万卷楼图书股份有限公司

　　台北市罗斯福路二段 41 号 6 楼之 3

　　电话 (02)23216565

　　传真 (02)23218698

　　电邮 SERVICE@WANJUAN.COM.TW

大陆经销　厦门外图台湾书店有限公司

　　电邮 JKB188@188.COM

香港经销　香港联合书刊物流有限公司

　　电话 (852)21502100

　　传真 (852)23560735

ISBN 978-986-478-149-2

2018 年 3 月初版一刷

定价：新台币 1200 元

如何购买本书：

1. 划拨购书，请透过以下邮政划拨账号：

　　账号：15624015

　　户名：万卷楼图书股份有限公司

2. 转账购书，请透过以下账户

　　合作金库银行　古亭分行

　　户名：万卷楼图书股份有限公司

　　账号：0877717092596

3. 网络购书，请透过万卷楼网站

　　网址 WWW.WANJUAN.COM.TW

大量购书，请直接联系我们，将有专人为

您服务。客服：(02)23216565 分机 10

如有缺页、破损或装订错误，请寄回更换

国家图书馆出版品预行编目资料

新梅花易数 / 张耀建着. -- 初版. -- 台北市：
万卷楼, 2018.03

　　面 ；　公分. -- (张耀建周易研究丛书)

简体字版

ISBN 978-986-478-149-2(平装)

1.易占

292.1　　　　　　　　　　　　　107004085